Kompendien
für Studium, Praxis und Fortbildung

Prof. Dr. Daniela Birkenfeld

Kommunalrecht
Hessen

7. Auflage

Die Deutsche Nationalbibliothek verzeichnet diese Publikation in
der Deutschen Nationalbibliografie; detaillierte bibliografische
Daten sind im Internet über http://dnb.d-nb.de abrufbar.

ISBN 978-3-8487-6096-1 (Print)
ISBN 978-3-7489-0120-4 (ePDF)

7. Auflage 2020
© Nomos Verlagsgesellschaft, Baden-Baden 2020. Gedruckt in Deutschland. Alle Rechte, auch die des Nachdrucks von Auszügen, der fotomechanischen Wiedergabe und der Übersetzung, vorbehalten. Gedruckt auf alterungsbeständigem Papier.

Für Nicholas

Vorwort

Die Buchreihe hat sich zum Ziel gesetzt, bedeutsame Bereiche des Landesrechts für Studium, Ausbildung und Fortbildung besonders aufzubereiten. Zu diesem Zweck besteht eine enge Verbindung zwischen dem Nomos Verlag und der Hessischen Hochschule für Polizei und Verwaltung in Wiesbaden. Die Autoren dieser Buchreihe sind Hochschullehrer bzw. frühere Hochschullehrer in Zusammenarbeit mit erfahrenen Praktikern aus der Verwaltung.

Die einzelnen Bände sind inhaltlich insbesondere auf die Bedürfnisse von Studierenden an Universitäten und Verwaltungsfachhochschulen zugeschnitten. Von besonderem Nutzen werden sie auch für die Absolventen von anderen Bildungseinrichtungen sein, wie zB die Lehrgangsteilnehmer der Verwaltungsseminare des Hessischen Verwaltungsschulverbandes. Darüber hinaus sind die Lehrbücher so gestaltet, dass sie auch sachkundige Ratgeber für die tägliche Verwaltungspraxis als auch für ehrenamtliche Kommunalpolitiker in Kreistagen, Stadtverordnetenversammlungen sowie in Gemeindevertretungen sein können.

Das Werk Kommunalrecht von Prof. Dr. Daniela Birkenfeld beruht sowohl auf den Erfahrungen der Autorin als Hochschullehrerin als auch auf ihrer langjährigen praktischen kommunalpolitischen Tätigkeit. So lehrte Frau Prof. Dr. Birkenfeld als Professorin für Kommunalrecht an der Hessischen Hochschule für Polizei und Verwaltung und wirkte darüber hinaus ehrenamtlich in kommunalen Vertretungskörperschaften mit, zuletzt als Stadtverordnete und Vorsitzende des Ausschusses für Bildung und Integration der Stadt Frankfurt am Main. Seit Juni 2007 ist sie dort hauptamtliche Stadträtin, zunächst als Dezernentin für Soziales und Sport, seit 2009 für Soziales, Senioren, Jugend und Recht.

Auch die vorliegende siebte Auflage zeichnet sich durch eine fachlich umfassende Darstellung des hessischen Kommunalrechts sowie durch eine klare und übersichtliche Gliederung des umfangreichen Fachgebiets aus. Rechtsgrundlagen, Rechtsprechung und Schrifttum wurden nach dem neuesten Stand berücksichtigt.

Frankfurt am Main, im September 2019

Inhaltsverzeichnis

Verzeichnis der Schaubilder 21

Abkürzungsverzeichnis 23

Kapitel 1 Grundlagen der gemeindlichen Selbstverwaltung 27
A. Die Geschichte der kommunalen Selbstverwaltung 27
   I. Die Entwicklung der kommunalen Selbstverwaltung 27
      1. Dorf und Stadt 27
      2. Die Stadtentwicklung im Mittelalter 28
      3. Das Zeitalter des Absolutismus 30
      4. Die Steinsche Städtereform 30
      5. Die kommunale Selbstverwaltung in der Zeit der Industrialisierung 32
      6. Die kommunale Selbstverwaltung in der Weimarer Republik 32
      7. Die Beschneidung der kommunalen Selbstverwaltung während des Nationalsozialismus 33
      8. Die Stellung der Gemeinden im föderativen Verfassungssystem der Nachkriegszeit 33
   II. Die Entwicklung der kommunalen Selbstverwaltung in Hessen 34
      1. Die kommunale Selbstverwaltung in der Stadt Frankfurt am Main und der Provinz Hessen-Nassau 34
      2. Die kommunale Selbstverwaltung im Großherzogtum Hessen 35
      3. Die Entwicklung der kommunalen Selbstverwaltung in der Weimarer Republik und zu Zeiten des Nationalsozialismus 35
      4. Die kommunale Selbstverwaltung nach der Gründung von Groß-Hessen 36

B. Kommunale Verfassungssysteme 37
   I. Rechtssetzungszuständigkeiten 37
   II. Die herkömmliche Typologie 37
      1. Die Norddeutsche Ratsverfassung 38
      2. Die Süddeutsche Ratsverfassung 39
      3. Die (Rheinische) Bürgermeisterverfassung 39
      4. Die Magistratsverfassung 40
   III. Die neuen Bundesländer 41
   IV. Der Trend zu Mischformen 42

C. Rechtsquellen des Kommunalrechts 43
   I. Grundgesetz für die Bundesrepublik Deutschland 43
   II. Bundesgesetze und Rechtsverordnungen 46
   III. Verfassung des Landes Hessen 46
   IV. Gesetze und Rechtsverordnungen des Landes Hessen 47
   V. Ortsrecht 48
   VI. Recht der Europäischen Union 49

D. Das Recht auf kommunale Selbstverwaltung — 51
   I. Begriff der kommunalen Selbstverwaltung — 51
   II. Grundgesetz — 52
      1. Inhalt und Umfang der Selbstverwaltungsgarantie — 52
         1.1. Die institutionelle Rechtssubjektsgarantie — 52
         1.2. Die objektive Rechtsinstitutionsgarantie — 52
         1.3. Die subjektive Rechtsstellungsgarantie — 55
      2. Kernbestand kommunaler Hoheitsrechte — 56
         2.1. Gebietshoheit — 56
         2.2. Personalhoheit — 56
         2.3. Organisationshoheit — 57
         2.4. Finanzhoheit — 58
         2.5. Planungshoheit — 62
         2.6. Satzungshoheit — 63
         2.7. Kulturhoheit — 63
   III. Die Selbstverwaltungsgarantie im Rahmen des Europäischen Rechts — 63
      1. Die Selbstverwaltungsgarantie – ein deutsches Unikum? — 63
      2. Garantie der kommunalen Selbstverwaltung in den Verträgen der Europäischen Union — 64
      3. Garantie der kommunalen Selbstverwaltung durch die Europäische Charta der kommunalen Selbstverwaltung — 65
      4. Der Kollisionsfall – Verhältnis von EU-Recht zu Art. 28 Abs. 2 GG — 66
      5. Rechtsschutz der Kommunen in der Europäischen Union — 68
         5.1. Rechtsschutz vor dem Europäischen Gerichtshof — 68
         5.2. Rechtsschutz der Kommunen vor dem Bundesverfassungsgericht — 69
         5.3. Rechtsschutz vor den Instanzgerichten — 70
         5.4. Rechtsschutz im Kooperationsverfahren — 71
   IV. Rechtsschutz der Kommunen — 72
      1. Kommunale Verfassungsbeschwerde — 72
         1.1. Zulässigkeit — 72
         1.2. Begründetheit — 73
      2. Kommunale Grundrechtsklage in Hessen — 73
      3. Verwaltungsgerichtliche Normenkontrolle — 74
      4. Verwaltungsgerichtliche Klage — 74

E. Ausblick — 76
   I. Künftige Rechtsentwicklung — 76
   II. Modernisierung der Kommunalverwaltung — 77

Kapitel 2   Rechte und Aufgaben der Gemeinde — 79

A. Die Stellung der Gemeinden im Staatsaufbau — 79

B. Die Stellung der Gemeinden im Verwaltungsaufbau — 80

C. Die Rechtsstellung der Gemeinde — 80
   I. Rechtsfähigkeit — 80
   II. Handlungs- und Geschäftsfähigkeit — 82
   III. Beteiligten- und Parteifähigkeit — 82

Inhaltsverzeichnis

IV. Prozessfähigkeit	82
V. Haftungsfähigkeit und Deliktsfähigkeit	83
1. Privatrechtliche Haftung	83
2. Öffentlich-rechtliche Haftung	84
3. Haftung kommunaler Beamter im Innenverhältnis	85
4. Haftung der Angestellten und Arbeiter im Innenverhältnis	85
5. Regress gegen Gemeindevertreter	86
6. Strafrechtliche Deliktsfähigkeit	86
7. Haftung nach dem OWiG	86
VI. Dienstherrenfähigkeit	87

D. Die Aufgaben der Gemeinde — 87
- I. Selbstverwaltungsaufgaben — 88
  - 1. Freiwillige Selbstverwaltungsaufgaben — 88
  - 2. Pflichtige Selbstverwaltungsaufgaben — 88
  - 3. Rechtsfolgen — 89
- II. Weisungsaufgaben und Auftragsangelegenheiten — 89
  - 1. Weisungsaufgaben — 90
  - 2. Auftragsangelegenheiten infolge bundesrechtlicher Regelungen — 90
  - 3. Auftragsangelegenheiten in Form der Organleihe — 91
  - 4. Finanzierung — 92
  - 5. Rechtsfolgen — 93

Kapitel 3   Einwohner und Bürger — 95

A. Rechte und Pflichten der Einwohner — 95
- I. Begriff — 95
- II. Nutzung öffentlicher Einrichtungen — 96
  - 1. Begriff der öffentlichen Einrichtung — 96
    - 1.1. Abgrenzung von privaten Einrichtungen — 97
    - 1.2. Abgrenzung von anderen öffentlichen Sachen — 98
  - 2. Anspruch auf Einrichtung, Erhaltung oder Ausbau einer öffentlichen Einrichtung — 98
  - 3. Organisations- und Rechtsformen — 99
  - 4. Der öffentlich-rechtliche Zulassungsanspruch — 100
    - 4.1. Anspruch auf Zulassung — 100
    - 4.2. Grenzen der Zulassung — 102
    - 4.3. Ausschließungsgründe — 105
  - 5. Die Ausgestaltung des Benutzungsverhältnisses — 106
    - 5.1. Öffentlich-rechtliches Benutzungsverhältnis — 106
    - 5.2. Privatrechtliches Benutzungsverhältnis — 107
    - 5.3. Indizien — 108
    - 5.4. Rechtsschutz — 108
  - 6. Anschluss- und Benutzungszwang — 108
    - 6.1. Anwendungsbereich und Voraussetzungen — 109
    - 6.2. Eingriff in Grundrechtspositionen — 110
    - 6.3. Rechtsschutz — 112
    - 6.4. Recht der Europäischen Union — 112
- III. Beteiligung der Einwohner an der gemeindlichen Willensbildung — 114
  - 1. Mitwirkung in Kommissionen — 114

2. Mitwirkung in Ausschüssen — 114
3. Mitwirkung in Ortsbeiräten — 114
4. Beteiligung von Beiräten, Kommissionen und Sachverständigen — 114
5. Beteiligung von Kindern und Jugendlichen — 115
6. Bürgerversammlung — 115
IV. Petitionsrecht — 115
V. Tragung von Gemeindelasten — 116

B. Rechte und Pflichten der Bürger — 117
  I. Begriff — 117
  II. Das aktive und passive Wahlrecht — 117
  III. Ehrenamtliche Tätigkeit — 118
　 1. Begründungtatbestand — 118
　　 1.1. Verpflichtung zur ehrenamtlichen Tätigkeit — 119
　　 1.2. Abgrenzung zum kommunalpolitischen Mandat — 120
　　 1.3. Ehrenbeamte — 120
　 2. Rechte und Pflichten ehrenamtlich Tätiger — 120
　　 2.1. Verschwiegenheitspflicht — 120
　　 2.2. Widerstreit der Interessen — 121
　　　 2.2.1. Ausnahmen von der Befangenheit — 124
　　　 2.2.2. Mitteilungspflicht und Entscheidung — 125
　　　 2.2.3. Folgen des Interessenwiderstreites — 125
　　　 2.2.4. Rechtsfolgen von Verstößen — 126
　　 2.3. Treuepflicht — 127
　　 2.4. Anzeigepflicht — 128
　　 2.5. Aufwandsentschädigung — 128
  IV. Ehrenbürgerschaft und Ehrenbezeichnungen — 130
  V. Informationsanspruch — 130
  VI. Beteiligung der Bürger an der gemeindlichen Willensbildung — 131
　 1. Bürgerversammlung — 132
　　 1.1. Unterrichtungspflicht — 132
　　 1.2. Teilnahmeverpflichtete und Teilnahmeberechtigte — 132
　　 1.3. Ablauf der Bürgerversammlung — 132
　 2. Bürgerbegehren und Vertreterbegehren — 135
　　 2.1. Antragsgegenstand — 135
　　 2.2. Negativkatalog — 136
　　 2.3. Sonstige Zulässigkeitsvoraussetzungen — 137
　　　 2.3.1. Schriftform und Antragsgegner — 138
　　　 2.3.2. Fragestellung — 138
　　　 2.3.3. Begründung — 138
　　　 2.3.4. Kostendeckungsvorschlag — 139
　　　 2.3.5. Benennung von Vertrauenspersonen — 139
　　　 2.3.6. Unterstützungsunterschriften — 140
　　　 2.3.7. Einreichungsfrist — 140
　　 2.4. Ausschlussfrist — 141
　　 2.5. Wirkung und Rechtsfolgen des Bürgerbegehrens — 141
　　 2.6. Widerspruch und Beanstandung — 142
　　 2.7. Rechtsmittel — 142
　 3. Bürgerentscheid — 144
　　 3.1. Organisation und Durchführung — 144
　　 3.2. Entscheidungsquorum — 145

	3.3. Wirkung	145
	3.4. Abänderung durch die Gemeindevertretung	146
	3.5. Folgen bei Rechtswidrigkeit	146

Kapitel 4 Kommunales Wahlrecht 148

A. Wahlgrundsätze 148
  I. Grundsatz der allgemeinen Wahl 148
  II. Grundsatz der Freiheit der Wahl 148
  III. Grundsatz der Gleichheit der Wahl 149
  IV. Grundsatz der geheimen Wahl 150
  V. Grundsatz der Unmittelbarkeit der Wahl 151

B. Wahl der kommunalen Vertretungskörperschaft 151
  I. Wahlgebiet und Wahlorgane 152
    1. Wahlkreis, Wahlleiter und Wahlausschuss 152
    2. Wahlbezirk, Wahlvorsteher und Wahlvorstand 153
    3. Aufgaben des Gemeindevorstandes 154
  II. Wahlverfahren 154
    1. Aufstellung und Einreichung von Wahlvorschlägen 154
    2. Anlegung, Offenlegung und Fortführung des Wählerverzeichnisses 156
    3. Beantragung und Ausstellung von Wahlscheinen 156
    4. Leitung und Überwachung der Wahlhandlung 157
  III. Ermittlung des Wahlergebnisses 157
  IV. Sitzverteilung 158
    1. Mehrheitswahlrecht 158
    2. Verhältniswahlrecht 158
    3. Erwerb des Mandats 160
    4. Wählbarkeitsbeschränkungen 160
      4.1. Vorliegen von Hinderungsgründen 160
        4.1.1. Hauptamtliche Beamte und haupt- und nebenberufliche Angestellte 160
          4.1.1.1. Bedienstete der Gemeinde 160
          4.1.1.2. Bedienstete einer gemeinschaftlichen Verwaltungseinrichtung, an der die Gemeinde beteiligt ist 161
          4.1.1.3. Bedienstete einer Körperschaft, Anstalt oder Stiftung des öffentlichen Rechts, an der die Gemeinde maßgeblich beteiligt ist 161
          4.1.1.4. Bedienstete des Landes, die beim Oberbürgermeister als Behörde der Landesverwaltung beschäftigt sind 161
          4.1.1.5. Bedienstete des Landes, die unmittelbar Aufgaben der Staatsaufsicht (Kommunal- und Fachaufsicht) über die Gemeinde wahrnehmen 162
          4.1.1.6. Bedienstete des Landkreises, die mit Aufgaben der Rechnungsprüfung für die Gemeinde befasst sind 162
        4.1.2. Leitende Angestellte einer Gesellschaft oder einer Stiftung des bürgerlichen Rechts, an der die Gemeinde maßgeblich beteiligt ist 162
      4.2. Folgen von Hinderungsgründen 163

5. Verlust des Mandats	163
6. Rechtsfolgen	164
V. Rechtsschutz bei Kommunalwahlen	165
1. Rechtsschutz vor der Wahl	165
2. Rechtsschutz nach der Wahl	165
2.1. Wahlprüfungsverfahren	166
2.1.1. Anordnung des Ausscheidens eines Vertreters	166
2.1.2. Anordnung einer Wiederholungswahl	166
2.1.3. Anordnung der Neufeststellung des Wahlergebnisses	168
2.1.4. Gültigkeitserklärung	168
2.2. Rechtsmittel	168
VI. Nachwahl	169

C. Wahl des Bürgermeisters   171

I. Wählbarkeit und Amtszeit	171
II. Ausschließungsgründe	172
III. Vorbereitung der Wahl	172
1. Wahlleiter und Wahlausschuss	172
2. Festlegung des Wahltags und Einreichung von Wahlvorschlägen	172
3. Zulassung der Wahlvorschläge und Stimmzettel	173
IV. Wahlverfahren	173
V. Rechtsfolgen	174
VI. Rechtsschutz	176
VII. Vorzeitige Abberufung und Ruhestand aus besonderen Gründen	178

Kapitel 5   Die Organe der Willensbildung in den Gemeinden   179

A. Gemeindevertretung   179

I. Konstituierung	179
1. Einladung und Tagesordnung zur ersten Sitzung	179
2. Sitzungsleitung bis zur Konstituierung	180
3. Wahl des Vorsitzenden und der Stellvertreter	180
4. Veränderung der Beigeordnetenzahl	181
5. Muster einer Einladung zur konstituierenden Sitzung	181
II. Allgemeine Verfahrensgrundsätze	181
1. Einberufung	181
2. Ladungsfristen	183
3. Tagesordnung	183
4. Beschlussfähigkeit	184
5. Öffentlichkeitsgrundsatz	186
6. Beschlussfassung	188
7. Abstimmungsmodus	188
8. Wahlen	189
9. Niederschrift	192
III. Zuständigkeiten	193
1. Willensbildungskompetenz	193
2. Überwachungskompetenz	195
3. Informationskompetenz	197
IV. Ausschließliche und übertragbare Aufgaben	198
V. Geschäftsordnung	199

VI. Rechtsstellung der Gemeindevertreter — 201
1. Inhalt des kommunalen Mandats — 201
2. Sicherung der Mandatsausübung — 201
3. Mitwirkungsrechte und Mitwirkungspflichten — 201
4. Mitwirkungsverbote — 202

B. Vorsitzender der Gemeindevertretung — 202
I. Aufgaben und Stellung — 202
1. Sitzungsleitung und Neutralitätsgebot — 203
2. Aufstellung der Tagesordnung — 203
3. Sitzungsordnung und Hausrecht — 204
   3.1. Allgemeine Ordnungsmaßnahmen — 204
   3.2. Sitzungsausschluss gegenüber Gemeindevertretern — 205
   3.3. Hausverbot — 206
II. Abwahl — 207

C. Fraktionen — 207
I. Begriff — 207
II. Bildung und Zweck — 208
III. Freies Mandat und Fraktionszwang — 209
IV. Ein-Personen-Fraktion und Fraktionsstatus — 209
V. Rechte und Pflichten der Fraktionen — 210
VI. Fraktionslose Gemeindevertreter — 212
VII. Innere Ordnung — 212
1. Allgemeines — 212
2. Mitwirkung von Nicht-Fraktionsmitgliedern — 212
3. Fraktionsausschluss — 213
VIII. Rechtsschutz und Haftung — 213

D. Ausschüsse — 214
I. Arten — 214
1. Kontinuierliche Ausschüsse — 215
2. Temporäre Ausschüsse — 215
   2.1. Wahlvorbereitungsausschuss — 215
   2.2. Akteneinsichtsausschuss — 216
II. Zusammensetzung der Ausschüsse — 216
1. Wahl — 217
2. Einheitsliste — 217
3. Benennung — 217
III. Vorsitz — 218
IV. Zuständigkeiten — 218
V. Verfahren — 219
VI. Teilnahmeberechtigte und Teilnahmeverpflichtete — 219

E. Ortsbeirat — 220
I. Schaffung von Ortsbezirken und Ortsbeiräten — 220
II. Wahl der Ortsbeiräte — 221
III. Rechtsstellung der Ortsbeiratsmitglieder — 222
IV. Zuständigkeiten und Aufgaben — 223
1. Anhörung — 223
2. Vorschlagsrecht — 224

	3. Pflicht zur Stellungnahme	225
	4. Aufgabendelegation	225
V.	Verfahren und Geschäftsordnung	226
VI.	Leitung einer Außenstelle	227
VII.	Finanzierung	227

F. Ausländerbeirat 229
- I. Schaffung von Ausländerbeiräten 229
- II. Wahl der Ausländerbeiräte 229
- III. Rechtsstellung der Mitglieder des Ausländerbeirats 230
- IV. Zuständigkeiten und Aufgaben 231
  - 1. Unterrichtungsrecht 231
  - 2. Anhörungsrecht 231
  - 3. Vorschlagsrecht 232
- V. Verfahren und Geschäftsordnung 232
- VI. Finanzierung 232

Kapitel 6 Die Verwaltungsorganisation 234

A. Der Gemeindevorstand 234
- I. Rechtsstellung der Beigeordneten 234
  - 1. Wahl der ehrenamtlichen Beigeordneten 235
    - 1.1. Amtszeit 235
    - 1.2. Vorzeitiges Ausscheiden 236
    - 1.3. Sicherung der Amtsausübung 236
  - 2. Wahl der hauptamtlichen Beigeordneten 236
    - 2.1. Neuwahl 237
    - 2.2. Wiederwahl 237
  - 3. Weiterführung der Geschäfte 237
  - 4. Wahlfolgen und Wahlanfechtung 238
  - 5. Ausschließungsgründe 238
  - 6. Vertretung des Bürgermeisters 239
  - 7. Erzwingung von Disziplinarverfahren 239
  - 8. Abberufung 239
- II. Zuständigkeit 241
  - 1. Generalklausel 241
  - 2. Einzelzuständigkeiten 241
  - 3. Personalangelegenheiten 242
  - 4. Kommissionen 242
    - 4.1. Aufgaben 243
    - 4.2. Bildung und Besetzung 243
    - 4.3. Verfahren und Geschäftsgang 244
  - 5. Außenvertretung 244
  - 6. Widerspruchs- und Beanstandungspflicht 245
- III. Geschäftsgang und innere Ordnung 245

B. Der Bürgermeister 246
- I. Rechtsstellung und Zuständigkeiten 246
  - 1. Vorbereitungskompetenz 247
  - 2. Leitung und Beaufsichtigung des Geschäftsganges der Verwaltung 247

Inhaltsverzeichnis

3. Geschäftsverteilungskompetenz	247
3.1. Grenzen	248
3.2. Rechtsschutz	249
4. Der Bürgermeister als Dienstvorgesetzter	249
5. Eilentscheidungsrecht	250
6. Vertretungsbefugnis und Verpflichtungserklärungen	250
7. Vertretung der Gemeinde in Gesellschaften	253
8. Antrags- und Rederecht in der Gemeindevertretung	254
9. Widerspruchs- und Beanstandungspflicht	255
9.1. Widerspruchs- und Beanstandungspflicht gegenüber der Gemeindevertretung	255
9.2. Widerspruchs- und Beanstandungspflicht gegenüber dem Gemeindevorstand	257
II. Der Bürgermeister als örtliche Ordnungsbehörde	260
III. Der Bürgermeister als untere Landesbehörde	260

Kapitel 7 Der kommunale Verfassungsstreit 262

A. Begriff 262

B. Entwicklung und Abgrenzung 262

C. Zulässigkeit 263
    I. Verwaltungsrechtsweg 263
    II. Statthaftigkeit der Klageart 264
    III. Klagebefugnis und Rechtsschutzbedürfnis 265
    IV. Beteiligtenfähigkeit 266

D. Begründetheit 267

E. Einstweiliger Rechtsschutz 267

F. Kostentragung 269

Kapitel 8 Die Kreise 270

A. Rechtsstellung, Funktion und Aufgabenbereich 270
    I. Rechtsstellung 270
    II. Die Selbstverwaltungsgarantie der Gemeindeverbände 270
    III. Funktion und Aufgaben 272
        1. Grundsatz 272
        2. Städte mit Sonderstatus 273
    IV. Finanzierung 273

B. Die Organe des Kreises 274
    I. Der Kreistag 275
    II. Der Kreisausschuss 275
    III. Der Landrat 276
        1. Der Landrat als Vorsitzender des Kreisausschusses 276

2. Der Landrat als untere Landesbehörde — 276

Kapitel 9 Das Satzungsrecht der Gemeinden — 279

A. Grundlagen — 279
  I. Satzungsbegriff — 279
  II. Satzungsautonomie und deren Grenzen — 279
  III. Abgrenzungen — 281
    1. Satzungen als Gesetze im formellen Sinn — 281
    2. Satzungen als Gesetze im materiellen Sinn — 281
    3. Satzungen im Vergleich zu anderen Rechtsinstituten — 281
      3.1. Verwaltungsvorschriften — 281
      3.2. Kommunale Verordnungen — 282
      3.3. Geschäftsordnungen — 282
      3.4. Ortsgewohnheitsrecht (Observanz) — 282
  IV. Satzungsbestandteile — 283

B. Arten von Satzungen — 283
  I. Unbedingte Pflichtsatzungen — 283
  II. Bedingte Pflichtsatzungen — 283
  III. Freiwillige Satzungen — 283
  IV. Beispiel Hauptsatzung — 284

C. Zustandekommen von Satzungen — 285
  I. Formelle Rechtmäßigkeit — 285
    1. Zuständigkeit — 285
      1.1. Verbandskompetenz — 285
      1.2. Organkompetenz — 285
    2. Ordnungsgemäßer Satzungsbeschluss — 285
    3. Form — 285
    4. Anzeigepflicht und Genehmigung — 286
      4.1. Anzeigepflichten — 286
      4.2. Genehmigung — 286
        4.2.1. Grundsätzliches — 286
        4.2.2. Arten der Genehmigung — 286
        4.2.3. Rechtsanspruch auf Genehmigung — 287
    5. Ausfertigung — 287
    6. Öffentliche Bekanntmachung — 288
      6.1. Bekanntmachungsformen — 288
      6.2. Notbekanntmachungsrecht — 290
      6.3. Bekanntmachungsfehler — 290
    7. Inkrafttreten — 291
  II. Materielle Rechtmäßigkeit — 293
    1. Ermächtigungsgrundlage — 293
    2. Kein Verstoß gegen höherrangiges Recht — 293
    3. Bestimmtheit — 293
    4. Zwangsbestimmungen und Strafbewehrung — 294
    5. Haftungsregelungen — 294
  III. Rückwirkung von Satzungen — 295
  IV. Änderung und Außer-Kraft-Treten — 296

Inhaltsverzeichnis

V. Rechtsfolgen bei Rechtsverstößen — 296
  1. Verletzung von Verfahrens- und Formvorschriften — 296
  2. Unbeachtlichkeit wegen Fristablauf — 297
  3. Nichtigkeit — 298
  4. Behebung der Rechtsmängel — 298
VI. Rechtskontrolle und Rechtsschutz — 298
  1. Rechtskontrolle — 298
  2. Rechtsschutz — 299
    2.1. Konkrete Normenkontrolle — 299
    2.2. Abstrakte Normenkontrolle — 299
    2.3. Verfassungsbeschwerde — 300
    2.4. Grundrechtsklage — 300
VII. Hilfen für die Praxis und Fallbearbeitung — 302
VIII. Satzungsmuster — 302

Kapitel 10 Die Staatsaufsicht — 303

A. Allgemeine Rechtsgrundlagen — 303
  I. Kommunalaufsicht als Korrelat zum Selbstverwaltungsrecht — 303
  II. Allgemeine Grundsätze — 303
    1. Opportunitätsprinzip — 303
    2. Verhältnismäßigkeitsgrundsatz — 304
    3. Subsidiaritätsprinzip — 304
  III. Arten der Aufsicht — 304

B. Die Rechtsaufsicht — 304
  I. Kommunalaufsicht im engeren Sinn — 304
    1. Kommunale Aufsichtsbehörden — 305
    2. Mittel der allgemeinen Kommunalaufsicht — 305
      2.1. Präventive Aufsicht — 305
        2.1.1. Informelle Aufsicht — 305
        2.1.2. Anzeige- und Vorlagepflichten — 306
        2.1.3. Genehmigungsvorbehalte — 306
      2.2. Repressive Aufsicht — 307
        2.2.1. Informationsrecht — 307
        2.2.2. Beanstandung — 307
        2.2.3. Anweisung — 308
        2.2.4. Ersatzvornahme — 309
        2.2.5. Bestellung eines Beauftragten — 310
        2.2.6. Auflösung der Gemeindevertretung — 311
    3. Kostentragung — 312
    4. Subjektives Recht auf Einschreiten — 312
    5. Rechtsschutz — 313
  II. Sonderaufsicht — 314

C. Die Fachaufsicht — 315
  I. Begriff und Grundlagen — 315
  II. Rechtsfolgen bei fehlerhafter Aufsicht — 315
  III. Rechtsschutz — 315
    1. Förmliche Rechtsbehelfe — 315

2. Formlose Rechtsbehelfe 316

D. Zwangsvollstreckung gegen Gemeinden und Insolvenz 317

Kapitel 11 Gemeindeverbände und andere Formen kommunaler Zusammenarbeit 320

A. Notwendigkeit und Bedeutung 320

B. Arten kommunaler Gemeinschaftsarbeit 320
    I. Der Zweckverband 321
        1. Mitglieder und Entstehung 321
        2. Zuständigkeiten und Rechtsstellung 322
        3. Organe 323
    II. Die kommunale Arbeitsgemeinschaft 323
    III. Die öffentlich-rechtliche Vereinbarung 323
    IV. Die Gemeinsame kommunale Anstalt 324
    V. Gemeindeverwaltungsverband und Verwaltungsgemeinschaft 324
    VI. Sonstige Formen kommunaler Zusammenarbeit 324

C. Kommunalverbände in Hessen 325
    I. Landeswohlfahrtsverband 325
    II. Metropolregion Frankfurt/Rhein-Main 326
        1. Regionalverband FrankfurtRheinMain 326
        2. Interkommunale Zusammenarbeit 327
    III. Zweckverband Raum Kassel 327
    IV. Kommunale Spitzenverbände 327

Literaturverzeichnis 331

Stichwortverzeichnis 343

Verzeichnis der Schaubilder

Nr. 1	Die herkömmliche Typologie der kommunalen Verfassungssysteme	44
Nr. 2	Die Aufgaben der Gemeinde	94
Nr. 3	Öffentliche Einrichtungen	113
Nr. 4	Rechte und Pflichten von Einwohnern und Bürgern	134
Nr. 5	Ablauf eines Bürgerbegehrens nach § 8 b HGO	147
Nr. 6	Das Wahlprüfungsverfahren	170
Nr. 7	Bürgermeisterwahl nach § 39 HGO	175
Nr. 8	Widerspruchsverfahren bei delegierten Aufgaben (§ 63 Abs. 3 und 4 HGO)	228
Nr. 9	Widerspruchs- und Beanstandungsverfahren I (§ 63 HGO)	258
Nr. 10	Widerspruchs- und Beanstandungsverfahren II (§ 74 HGO)	259
Nr. 11	Kommunalverfassungsstreitverfahren	268
Nr. 12	Zustandekommen einer Satzung	292
Nr. 13	Das Satzungsrecht der Gemeinden	301
Nr. 14	Die Staatsaufsicht	318
Nr. 15	Metropolregion Frankfurt/Rhein-Main	329

Abkürzungsverzeichnis

a.A.	anderer Ansicht
aaO.	am angegebenen Ort
Abs.	Absatz
AEUV	Vertrag über die Arbeitsweise der Europäischen Union
aF	Alte Fassung
AfK	Archiv für Kommunalwissenschaften (jetzt Deutsche Zeitschrift für Kommunalwissenschaften)
AG	Amtsgericht
AktG	Aktiengesellschaft
AGBG	Gesetz über allgemeine Geschäftsbedingungen
ALR	Allgemeines Preußisches Landrecht
Anm.	Anmerkung
Art.	Artikel
Aufl.	Auflage
AUR	Arbeit und Recht
Bad.-Württb.VGH	Verwaltungsgerichtshof Baden-Württemberg
BbgKomVerf	Kommunalverfassung des Landes Brandenburg
BAT	Bundesangestelltentarifvertrag
BauGB	Baugesetzbuch
BauNVO	Baunutzungsverordnung
BauR	Baurecht
BayVGH	Bayerischer Verwaltungsgerichtshof
BB	Betriebsberater
BBesG	Bundesbesoldungsgesetz
BekanntVO	Bekanntmachungsverordnung
BGB	Bürgerliches Gesetzbuch
BGBl.	Bundesgesetzblatt
BGHZ	Entscheidungssammlung des Bundesgerichtshofes in Zivil- und Strafsachen
BMTG	Bundesmanteltarifvertrag
BRRG	Beamtenrechtsrahmengesetz
BrSHG	Brandschutzhilfeleistungsgesetz
BSHG	Bundessozialhilfegesetz
BT-Drs.	Bundestagsdrucksache
BVerfG	Bundesverfassungsgericht
BVerfGE	Entscheidungssammlung des Bundesverfassungsgerichtes
BVG	Beamtenversorgungsgesetz
BVerwG	Bundesverwaltungsgericht
BWGZ	Gemeindezeitung Baden-Württemberg
BWVBl.	Verwaltungsblätter Baden-Württemberg
BWVpr	Baden-Württembergische Verwaltungspraxis
DAVO	Dienstaufsichtsverordnung
dh	das heißt
DDR	Deutsche Demokratische Republik
ders.	derselbe
DfK	Deutsche Zeitschrift für Kommunalwissenschaften (ehemals Archiv für Kommunalwissenschaften)

DGO	Deutsche Gemeindeordnung
DÖV	Die Öffentliche Verwaltung
DVBl.	Deutsches Verwaltungsblatt
DVP	Deutsche Verwaltungspraxis
EG	Europäische Gemeinschaft
EigbG	Eigenbetriebsgesetz
ESVGH	Entscheidungssammlung der Verwaltungsgerichtshöfe und Staatsgerichtshöfe von Hessen und Baden-Württemberg
EU	Europäische Union
EuGH	Europäischer Gerichtshof
EuZW	Europäische Zeitschrift für Wirtschaftsrecht
f, ff	(fort-)folgende
FAG	Gesetz zur Regelung des Finanzausgleichs
FriedhG	Friedhofs- und Bestattungsgesetz
GBl.	Gesetzblatt
GemHVO	Gemeindehaushaltsverordnung
GemKVO	Gemeindekassenverordnung
GeschO BT	Geschäftsordnung des Deutschen Bundestages
GewArch	Gewerbe Archiv
GG	Grundgesetz
GmbH	Gesellschaft mit beschränkter Haftung
GO	Gemeindeordnung
GVG	Gerichtsverfassungsgesetz
HAG	Hessisches Ausführungsgesetz
HBG	Hessisches Beamtengesetz
HdKWP	Handbuch der kommunalen Wissenschaft und Praxis
HDG	Hessische Disziplinargesetz
HessVGH	Hessischer Verwaltungsgerichtshof
HessVGRspr.	Hessische Verwaltungsgerichtsrechtsprechung, Beilage zum Staatsanzeiger, hrsg. vom HMI
HGO	Hessische Gemeindeordnung
HGrG	Haushaltsgrundsätzegesetz
HGZ	Hessische Gemeindezeitung
HKO	Hessische Landkreisordnung
HMG	Hessisches Meldegesetz
HMdI	Hessischer Minister des Innern
HNatSchG	Hessisches Naturschutzgesetz
Hrsg.	Herausgeber
Hs.	Halbsatz
HSGZ	Hessische Städte- und Gemeindezeitung
HSchG	Hessisches Schulgesetz
HStGH	Hessischer Staatsgerichtshof
HV	Hessische Verfassung
idF	in der Fassung
Inf.HStT	Informationen des Hessischen Städtetages
iS	im Sinne
iVm	in Verbindung mit
JA	Juristische Arbeitsblätter
JURA	Juristische Ausbildung
Juris	Juristisches Informationssystem der Juris GmbH
JuS	Juristische Schulung

Abkürzungsverzeichnis

JZ	Juristische Zeitung
KAG	Kommunales Abgabengesetz
KGG	Gesetz über kommunale Gemeinschaftsarbeit
KJHG	Kinder- und Jugendhilfegesetz (heute SGB VIII)
KomDAVO	Kommunale Dienstaufsichtsverordnung
KomBesDAV	Verordnung über die Besoldung, Dienstaufwandsentschädigung und Reisekostenpauschale der hauptamtlichen kommunalen Wahlbeamtinnen und Wahlbeamten auf Zeit
KomJur	Kommunaljurist
KOPO	Kommunalpolitische Blätter
KP	Kommunalpraxis
KWG	Kommunales Wahlgesetz
KWO	Kommunale Wahlordnung
Ls.	Leitsatz
LG	Landgericht
LKV	Landes- und Kommunalverwaltung
LT	Landtag
MdI	Ministerium des Inneren und für Sport
mwN	mit weiteren Nachweisen
NKomVG	Niedersächsisches Kommunalverfassungsgesetz
NdsOVG	Niedersächsisches Oberverwaltungsgericht
NJW	Neue Juristische Wochenschrift
Nr.	Nummer
NuR	Natur und Recht
NVwZ	Neue Zeitschrift für Verwaltungsrecht
NVwZ-RR	Rechtsprechungsreport der Neuen Zeitschrift für Verwaltungsrecht
NWGO	Nordrheinwestfälische Gemeindeordnung
OVG NRW	Oberverwaltungsgericht für das Land Nordrhein-Westfalen
OVG Rh.-Pf.	Oberwaltungsgericht Rheinland-Pfalz
OVG Schl.-Hol.	Schleswig-Holsteinisches Oberverwaltungsgericht
OWiG	Gesetz über Ordnungswidrigkeiten
ParteiG	Parteiengesetz
RGBl.	Reichsgesetzblatt
RGZ	Amtliche Entscheidungen des Reichsgerichts in Zivilsachen
RiLi	Richtlinie
Rn.	Randnummer
ROG	Raumordnungsgesetz
Rspr.	Rechtsprechung
RVO	Reichsversicherungsordnung
s.	siehe
S.	Seite
SchlHA	Schleswig-Holsteinische Anzeigen
sog.	sogenannte
StAnz.	Staatsanzeiger
u.a.	und andere
UVF-Gesetz	Gesetz über den Umlandverband Frankfurt
VerwArch	Verwaltungsarchiv
VG	Verwaltungsgericht
VGH	Verwaltungsgerichtshof
vgl.	vergleiche

VO	Verordnung
VOP	Verwaltungsführung, Organisation, Personal
VR	Verwaltungsrundschau
VV	Verwaltungsvorschrift
VwGO	Verwaltungsgerichtsordnung
VwRspr.	Verwaltungsrechtsprechung in Deutschland
WHG	Wasserhaushaltsgesetz
WRV	Weimarer Reichsverfassung
WVG	Wasserverbandsgesetz
zB	zum Beispiel
zit.	zitiert
ZG	Zeitschrift für Gesetzgebung
ZKf	Zeitschrift für Kommunalfinanzen
ZNR	Zeitschrift für neues Energierecht
ZPO	Zivilprozessordnung
ZRP	Zeitschrift für Rechtspolitik

Kapitel 1 Grundlagen der gemeindlichen Selbstverwaltung

A. Die Geschichte der kommunalen Selbstverwaltung

I. Die Entwicklung der kommunalen Selbstverwaltung

1. Dorf und Stadt

Das Zusammenleben in Städten und Gemeinden war den Menschen zunächst völlig fremd. Sie zogen als Nomaden den Tierherden nach, sorgten als Sammler und Jäger für ihren Unterhalt und lebten in **Höhlen** und anderen **naturgegebenen Unterschlüpfen**. Mit der Zunahme an Kenntnissen im Ackerbau nahm die **Landnahme der Nomaden** zu. Die Entstehung von Gemeinden kennzeichnet daher den Übergang menschlichen Zusammenlebens vom Nomadendasein zum Zustand der **Sesshaftigkeit**. Bei der geschichtlichen Betrachtung der Entwicklung der kommunalen Selbstverwaltung muss zwischen zwei Grundformen des kommunalen Lebens unterschieden werden: dem **Dorf** und der **Stadt**. Beide nahmen im Rechtlichen als auch im Tatsächlichen unterschiedliche Entwicklung, die sich erst im 20. Jahrhundert durch eine einheitliche Gemeindeordnung rechtlich – und langsam auch tatsächlich – zu nähern begann. 1

Das **Dorf** war die von den **Germanen** bevorzugte Lebensform. Es hatte allerdings noch wenig gemein mit heutigen Dörfern. In seiner **Urform** war das Dorf lediglich eine **Vereinigung von Dorfgenossen,** die zunächst durch die **(Groß-)Familie** und später durch nachbarschaftliche Beziehungen zusammengehalten wurde. Haus und Hof standen im Eigentum des einzelnen Dorfgenossen. Das hiervon nicht in Anspruch genommene Gebiet der Feldmark stand zunächst im Gemeingut der Dorfgenossenschaft. Dem Einzelnen war es jedoch auch möglich durch zusätzliche Rodung Eigentum an Flächen zu erlangen. Wald, Weide, Wege, Gewässer, Sandgruben und Steinbrüche standen im Gemeinschaftseigentum und wurden auch gemeinsam bewirtschaftet **(sog. Allmende).** 2

Neben diesen **gemeinsamen wirtschaftlichen Interessen** verbanden die Dorfgenossen aber auch andere Rechte und Pflichten, so vor allem die **Tragung der gemeinsamen Lasten.** Zu den **Obliegenheiten** gehörten der Ausbau und die Unterhaltung von Weg und Steg, die Überwachung des Herdfeuers, die Reinigung des Brunnens, die Verteidigung des Dorfes. Zu den **Rechten** zählten die Beratung und Beschlussfassung über die wirtschaftlichen Angelegenheiten der Gemeinschaft, das Recht zur Nutzung der Feldmark und den gemeinsamen Einrichtungen ebenso wie der Anspruch auf Unterstützung durch die Dorfgenossen. Zur Wahrnehmung gemeinsamer Aufgaben, etwa zur Regulierung von Wasserläufen, schlossen sich die Dorfgemeinschaften zu **überörtlichen Markgenossenschaften** – vergleichbar mit den heutigen Zweckverbänden (vgl. Kap.11 B I) – zusammen. 3

Organ der Dorfgenossenschaft war die **Dorfversammlung** der stimmberechtigten Vollgenossen. Die Vollversammlung entschied über die wichtigen Angelegenheiten der Gemeinschaft, wie zB über die Gestattung der Zuwanderung Fremder, die Ausübung der Waffenhilfe und Beistandspflicht, die Beilegung von Grenzstreitigkeiten und in Fällen der Verschmutzung von Brunnen und Gewässern. Für die Erledigung 4 der laufenden Geschäfte hingegen war der von der Gemeinde selbst gewählte **Vorsteher** zuständig.

5 Mit dem Aufkommen und der Erstarkung des **Grundherrentums** und des **Lehenswesens** im frühen **Mittelalter** wurde jedoch die freie Selbstverwaltung der Dorfgenossen durch den Grundherren und mit dem Aufkommen der Landeshoheit um das Jahr 1200 von dem Landesherren immer weiter zurückgedrängt. Erbzins- und Erbpachtverhältnisse wandelten die ehemals freien Bauerngemeinden bis auf wenige Ausnahmen in grundherrliche Dörfer. Grund hierfür war nicht zuletzt die in dem Aufbau und der Zusammensetzung begründete Schwäche der Dorfgemeinschaft. Dorfgenossen mit allen Rechten und Pflichten waren ausschließlich die Eigentümer von Haus und Hof, denen die Genossen minderen Rechts (Halbspänner und Schutzgenossen) gegenüberstanden. Durch die beschränkte Möglichkeit der Landnahme veränderte sich das Verhältnis von Vollgenossen zu Mindergenossen zulasten der Privilegierten. Mit dem zahlenmäßigen Übergewicht der Mindergenossen vollzog sich aber auch zwangsläufig eine **Lockerung der genossenschaftlichen Ordnung,** die sich nach außen als Schwächung der Gemeinschaft bemerkbar machen musste. Hinzu kamen volkswirtschaftliche Veränderungen, wie die Ablösung der Tauschwirtschaft durch die **Einführung der Geld- und Kreditwirtschaft.**

6 Der **Ursprung der Stadtgründung** kann nicht auf einen einheitlichen Vorgang zurückgeführt werden, sondern vollzog sich vielmehr regional und zeitlich in unterschiedlicher Weise. Die ersten, auf dem Boden des späteren deutschen Reiches, von den **Römern** gegründeten Städte gehen teilweise auf frühere **Kastelle** und **Legionslager** zurück (Augsburg, Trier, Köln, Mainz, Regensburg, Koblenz, Worms und Passau), andere entwickelten sich im Schutz von **Burgen** und **Klöstern** (München). Wuchsen sie teilweise zunächst zu recht beachtlicher Größe heran, so fielen sie am Ende Eroberungen und Brandstiftungen zum Opfer. Zählte bsp. Trier im 4. Jahrhundert 80.000 Einwohner und Köln 50.000 Einwohner, wird von dem 9. Jahrhundert auch als der städtelosen Zeit berichtet. Erst im 11. Jahrhundert entwickelten sich die Städte aufgrund des zunehmenden Handels- und Wirtschaftslebens erneut, wobei die mittelalterlichen Städte, auch zu ihrer Blütezeit im 13. und 14. Jahrhundert, niemals mehr die Größenordnungen der römischen Städte erreichten.

Literatur: *Pagenkopf*, Kommunalwissenschaft, S. 13ff.; *Kunkel/Lerche/Mieth/Vogt*, Enzyklopädie, S. 4ff.

2. Die Stadtentwicklung im Mittelalter

7 Während die Bewohner in den Dörfern in ihrer Mehrheit Landesherren oder Gutsherrenschaften unterstanden und sich die persönliche Abhängigkeit bis hin zur Leibeigenschaft durchsetzte, traten mit Zunahme des Handels in der Mitte des **11. Jahrhunderts** die ersten Städte mit eigener **Stadtverfassung** und **Marktprivilegien** in Erscheinung. Das Marktrecht, die Steuerhoheit, die eigene Gerichtsbarkeit, das örtliche Rechtssetzungsprivileg und die Schutz- und Wehrhoheit gelten als **Wesensmerkmale der mittelalterlichen Stadt.** Zwar waren die Rechte der Bürger in den einzelnen Städten sehr unterschiedlich ausgestaltet, wesentliche Privilegien einer mittelalterlichen Stadt waren jedoch das Recht auf Grundeigentum und auf Freizügigkeit. So stammt aus dem 12. Jahrhundert der Rechtssatz „**Stadtluft macht frei".** Dies bedeutete, dass auch der vom Land Hinzuziehende, der durch das Stadttor schritt und nicht binnen eines Jahres von seinem Herrn zurückgefordert wurde, die Freiheitsrechte erlangte und Bürger werden konnte.

Diese Keime einer kommunalen Selbstverwaltung dürfen aber nicht darüber hinwegtäuschen, dass der **Stadtherr** zunächst eine umfassende **obrigkeitliche Gewalt** ausübte. Auch waren nicht alle Bürger mit gleichen Rechten ausgestattet. Das passive Wahlrecht stand nur den **Patriziern,** also den Grundbesitzern und den in Gilden organisierten Kaufleuten zu, während den in Zünften zusammengeschlossenen Handwerkern das Amt des Ratsherrn zunächst verschlossen blieb. Erst mit wachsender Bedeutung erstarkte im 14. und 15. Jahrhundert der **Einfluss der Zünfte** soweit, dass sie eigene Vertreter in den Stadtrat entsenden konnten. Zu dieser Zeit kann auch von dem Stadtrat als regelmäßige Verwaltungsbehörde gesprochen werden. Das Amt des Ratsherrn war ein unbezahltes Ehrenamt. Zu den **Aufgaben des Rates** gehörte die Verwaltung der öffentlichen Einrichtungen (Badehaus, Ratskeller, Stadtmühle, öffentliche Waage) und der kirchlichen Einrichtungen (Schulen, Armen- und Krankenhäuser), deren Unterhalt aber von der Kirche bestritten wurde. Der Rat sorgte weiterhin für die Wahrung der öffentlichen Sicherheit und Ordnung, übte die Kontrolle über die Güte und Angemessenheit der Preise für Lebensmittel aus und legte den Steuersatz fest.

Auch das aktive Wahlrecht unterlag mit der Zeit einigen Veränderungen. Wurde der Stadtrat zunächst von der Stadtgemeinde gewählt, wurde dieses plebiszitäre Element immer weiter zugunsten eines **Wahlmännersystems** zurückgedrängt, an dem sich nur die vermögenden Bürger beteiligen durften. Infolgedessen setzte sich in zahlreichen Städten eine Alleinherrschaft einzelner Geschlechter durch.

Eine besondere Stellung unter den Städten nahmen die königlichen Städte oder Reichsstädte ein. Die **Reichsstädte** schuldeten dem König Huldigung, Heerfahrt und Steuern und waren verpflichtet, ihn und seinen Hof aufzunehmen. Auf der anderen Seite standen ihnen die Gesetzgebungshoheit, die Verteidigungshoheit, das Bündnis- und Fehderecht sowie einnahmebringende Hoheitsrechte zu. Im Gegensatz hierzu waren die **freien Reichsstädte,** die sich von der bischöflichen Herrschaft befreit hatten und unter dem unmittelbaren Schutz des Reiches standen, von diesen Verpflichtungen weitgehend freigestellt. Sie bildeten daher territoriale Zwergstaaten und verteidigten im **westfälischen Frieden** gleich den Reichsstädten das ihnen im Jahre 1582 vom Reichstag neben den anderen Reichsständen (Kurfürstenkollegium und Reichsfürstenrat) zugestandene Stimmrecht, wenn auch weiterhin das **Städtekollegium** von Entscheidungen in etlichen Reichsangelegenheiten ausgeschlossen blieb. Ende des 18. Jahrhunderts hatten 51 Städte Sitz und Stimme im Städtekollegium, dessen Vorsitz die Stadt hatte, in der der Reichstag jeweils tagte. Nach der Auflösung des Reiches (1806) sank die Zahl der Reichsstädte erheblich. Der **Deutsche Bund** erkannte 1815 als Reichsstädte nur noch Bremen, Hamburg, Lübeck und Frankfurt am Main an.

Zusammenfassend lässt sich feststellen, dass die Städte des Mittelalters bereits viele uns bekannten Züge aufwiesen, die als Vorläufer und Wegbereiter der heutigen kommunalen Selbstverwaltung angesehen werden können. Dem äußeren Wachstum der Städte entsprach aber nicht ihre innere Organisation. Der Kampf zwischen den Patriziern und den Zünften lähmte ihre Entwicklung. Die von den Patriziern bekannten oligarchischen Strukturen wurden von den Zünften nach dem Erreichen ihrer Anerkennung fortgesetzt. Insofern kann es nicht verwundern, dass die Unzufriedenheit der im Vergleich zu ihren Meistern weitgehend ohne Rechte existierenden Gesellen stetig zunahm.

Literatur: *Pagenkopf*, Kommunalwissenschaft, S. 26ff.; *Wiegelmann*, Kommunalverfassungsrecht, Bd.1, S. 38ff.

3. Das Zeitalter des Absolutismus

12 Die im Mittelalter gewachsene Selbstverwaltung der Städte ging in der Zeit des **Absolutismus** in dem Maße verloren, in dem die Landesherren ihre verlorene Macht wieder an sich zogen. Die wirtschaftlichen **Folgen des 30-jährigen Krieges** trugen das Ihrige dazu bei, die städtische Selbstverwaltung den Aktivitäten der Territorialfürsten zu opfern. Fast alle Städte waren vom Krieg zerstört, viele der Bewohner waren gefallen oder verhungert, der Ratsschatz war geplündert und das eigene Hab und Gut geraubt. Die Unfähigkeit die städtischen Finanzen zu ordnen, führte dazu, dass die Landesfürsten mit den Städten nahezu genauso umgingen, wie es mit den Landgemeinden ohnehin gang und gäbe war.

13 Die **Rechtsverhältnisse der Städte** beruhten nicht auf einem allgemeinen Gesetz, sondern auf unterschiedlichen Reglements, die für jede Stadt gesondert erlassen wurden. Soweit aber diese Vorschriften keine Regelung trafen, galt ab **1794 das Preußische Allgemeine Landrecht (ALR)**. Mit dem ALR wurde erstmalig für ganz Preußen ein einheitliches Städterecht geschaffen, das die Entmachtung der Gemeinden festschrieb, indem es sie als **Anstalten des Staates** bezeichnete. Mithilfe von **Weisungen** war es dem Staat hiernach möglich, unmittelbar in die Verwaltung der Gemeinden einzugreifen. Die Stadtverwaltung degradierte zum untersten Organ der Staatsverwaltung. Die eingeengte Befugnis der städtischen Organe lässt sich exemplarisch anhand des § 157 des ALR demonstrieren: "Übrigens genießen Stadtgemeinden in Ansehung ihres Cämmereyvermögens die Rechte der Minderjährigen". Im Übrigen legte das ALR für alle Städte fest, dass das Stadtrecht und damit auch das Marktrecht auf königlicher Verleihung beruhten.

14 Die Stadtgemeinden wurden durch den auf Lebenszeit bestellten **Magistrat** vertreten. Dieser wurde je nach Ortsverfassung von den Bürgern gewählt oder vom Landesherren bestellt (ALR, Teil II, Tit. 8, §§ 120 ff.). In Zweifelsfällen erfolgte seine Wahl durch den bestehenden Magistrat im Wege der Kooptation. Aber selbst im Fall einer Wahl hatten nicht alle Einwohner das **Wahlrecht**. Das Gesetz unterschied zwischen **Bürgern**, die in der Gemeinde ihren Wohnsitz hatten und das Bürgerrecht erworben hatten, **Eximierten**, dh Personen, die kraft ihrer Ämter von der Gerichtsbarkeit ihres Wohnortes befreit waren und sog. **Schutzverwandten** mit minderen Rechten. Auch benötigte ein gewählter Magistrat die Bestätigung durch den Landesherren. Die Staatsaufsicht war nicht hinlänglich geordnet, so dass die städtische Verwaltung stetiger **Bevormundung** und **Willkür** ausgesetzt war. Hierdurch verloren die Bürger immer mehr Interesse am gemeindlichen Geschehen und zogen sich in ihr Privatleben zurück. Erst die Lehren der **Aufklärung** und die Folgen der **französischen Revolution** führten zu einer Zurückdrängung der Macht der Landesfürsten.

Literatur: *Pagenkopf*, Kommunalwissenschaft, S. 34 f.

4. Die Steinsche Städtereform

15 Unmittelbarer Auslöser für eine Rückbesinnung auf die verloren gegangenen Freiheiten und Rechte der Städte und einen Neubeginn war die **Niederlage Preußens gegen Napoleon** im Jahre 1806. Die von Reichsfreiherrn *Carl vom und zum Stein* (1757-1831) als preußischem Minister geschaffene **Städteordnung vom 19.11.1808** gilt als der **Ausgangspunkt der modernen kommunalen Selbstverwaltung**. Nach der Städteordnung erhielten die nach dem Frieden von Tilsit im Gebiet Preußens verbliebenen Städte die **Magistratsverfassung**. Das Ziel der Reform war darauf gerich-

Kapitel **1** Grundlagen der gemeindlichen Selbstverwaltung 31

tet, die Gemeinden von der weitgehenden Bevormundung des Staates zu befreien und die Verwaltung ihrer Angelegenheiten in eigener Zuständigkeit zu überlassen. Von einer **Partizipation der Bürger am Gemeindeleben** und einer daraus resultierenden verstärkten Identifikation der Bürger mit dem Staat versprach man sich eine raschere Beseitigung der Lasten und Kosten des Krieges.

Die Bürger wählten die **Stadtverordnetenversammlung** als willensbildendes Organ, **16** die wiederum den **Magistrat** als ausführendes Organ bestellte. Der Magistrat setzte sich je zur Hälfte aus ehrenamtlichen und hauptamtlichen Magistratsmitgliedern zusammen, die auf 6 Jahre bzw. auf 12 Jahre gewählt wurden. Der Magistrat hatte die Beschlüsse der Stadtverordnetenversammlung auszuführen und wurde darin von den Stadtverordneten überwacht. Stadtverordnete durften nicht gleichzeitig dem Magistrat angehören. Verglichen mit diesen Grundstrukturen kommunaler Selbstverwaltung ist von den heutigen Kommunalverfassungen das von *Stein* begründete Modell der sog. **unechten Magistratsverfassung** nur noch in **Hessen** bewahrt.

Die bis zu diesem Zeitpunkt übliche Wahl der Stadtverordneten nach Ordnungen, **17** Zünften, Korporationen wurde völlig aufgehoben. Der Staat übte im Vergleich zu dem absolutistischen Zeitalter eine **eingeschränkte Aufsicht** über die Gemeinden aus. Sie äußerte sich vor allem in der Bestätigung der Magistratswahlen, in der Genehmigung von Satzungen und in der Entgegennahme von Beschwerden aus der Bürgerschaft. Die finanzielle Eigenverantwortlichkeit wurde durch die **Wiederherstellung der Steuerhoheit** erreicht. Trotzdem setzten sich demokratische Grundsätze noch nicht durch. Nur solche Bürger hatten nämlich das **Wahlrecht,** die Grundbesitz und Gewerbebetrieb hatten oder Steuern in bestimmter Höhe zahlten, und Frauen stand es grundsätzlich nicht zu. In den meisten Städten besaßen deshalb nur 6 -20% der Bevölkerung das Stimmrecht. *Stein*s Absicht, den Gedanken der kommunalen Selbstverwaltung auch auf die Landgemeinden zu übertragen, scheiterte am starken Widerstand des Adels.

Die *Stein*sche Städteordnung sah sich in den folgenden Jahren heftiger Kritik ausgesetzt. **18** Insbesondere erwies es sich als bedenklich, dass die Stadtverordneten berechtigt waren, Gemeindevermögen zu veräußern und Schulden aufzunehmen. *Stein* betrachtete diesen Umstand selbst als unhaltbar und forderte deshalb zur Sicherstellung des Gemeindewohls bei der Veräußerung von Eigentum und bei Eingehung von Schulden die **Einwilligung des Magistrats** und der staatlichen Behörden. Zudem zeigten sich Mängel in der Abgrenzung der Zuständigkeiten zwischen Magistrat und Stadtverordnetenversammlung. Diesen erkannten Schwächen sollte die sog. **revidierte Städteordnung vom 17.3.1831** Rechnung tragen. Sie forderte in wichtigen Angelegenheiten **übereinstimmende Beschlüsse** der Stadtverordnetenversammlung und des Magistrats und wurde daher später „**echte Magistratsverfassung**" genannt. Die Zahl der Genehmigungsvorbehalte durch die Aufsichtsbehörde wurde ausgeweitet. Entgegen ursprünglicher Absicht wurde die revidierte Städteordnung nur in den **östlichen Teilen Preußens** eingeführt, in denen die Städteordnung von 1808 nicht galt. Im Übrigen wurde den Städten die Einführung freigestellt, wovon jedoch kaum Gebrauch gemacht wurde. In Westfalen wurde sie zunächst nur den größeren Städten, später allen Gemeinden über 2500 Einwohnern verliehen. Schließlich wurde für die rheinischen Gemeinden 1845 eine Gemeindeordnung nach französischem Vorbild erlassen. Die sich hieraus ergebende **Aufsplitterung des Kommunalverfassungsrechts** führte zu kaum durchschaubaren Strukturen kommunaler Selbstverwaltung.

Literatur: *Hubatsch*, Der Freiherr vom Stein und die preußische Verwaltung DVP 1981,181; *Püttner/Gerber*, Zur kommunalen Selbstverwaltung in Preußen DVP 1981, 202; *Schwab*, Die

Selbstverwaltungsidee des Freiherrn vom Stein; *v.Liszt/Kaskel*, Enzyklopädie, S. 7ff.; *v.Unruh*, Steins Staatsverständnis und die Eigenart seiner Reformziele DVP 1981, 235.

5. Die kommunale Selbstverwaltung in der Zeit der Industrialisierung

19 Infolge der **Revolution von 1848** wurde am 11.3.1850 für das gesamte preußische Staatsgebiet eine **einheitliche Gemeindeordnung** erlassen, die den bis dahin bestehenden Unterschied zwischen Städten und Landgemeinden beseitigte. Bereits 1852, nach der Niederschlagung der Revolution, wurde diese Gemeindeordnung jedoch wieder außer Kraft gesetzt. An ihre Stelle trat erneut eine Vielzahl von Städte- und Gemeindeordnungen.

20 Am **Ende des 19. Jahrhunderts** löste die Industrialisierung ein **Wachstum der Städte** aus, das diese vor völlig neue Probleme stellte, die es zu bewältigen galt. Die gewaltigen Wanderungsbewegungen, die sich nach dem Arbeitsplatzangebot richteten, gingen einher mit einer starken Wohnungsbautätigkeit, die von den Städten zunächst eine ordnende Städteplanung forderte und im weiteren Verlauf die Erweiterung des Straßennetzes sowie den Ausbau des Personennahverkehrs verlangte. Folgeaufgaben wie die Bereitstellung von Energie, die Sicherstellung der Wasserversorgung und Abwasserentsorgung, die Beseitigung des Mülls und die wachsenden sozialen Aufgaben mussten von den Organen der Kommunen verantwortlich gelöst werden. Trotz der Veränderung der Bevölkerungszusammensetzung und der Lebensumstände blieb jedoch die kommunale Selbstverwaltung im Prinzip in ihrer alten Struktur erhalten. Das bis **1918 geltende Dreiklassenwahlrecht** schloss die Mehrheit der Bevölkerung von der politischen Willensbildung und den Entscheidungen ihrer Stadt aus. Die Bürger wurden nach dem Grad wirtschaftlicher Selbständigkeit, dem Umfang des Hausbesitzes und der Steuerleistung in drei Gruppen eingeteilt, die jeweils 1/3 der Stadtverordneten wählte. Zudem galt der **Grundsatz der öffentlichen Stimmabgabe**, so dass jeder Wahlberechtigte dem Wahlvorstand mündlich und vernehmlich zu Protokoll geben musste, wem er seine Stimme gab. Sozial und wirtschaftlich abhängige Bürger konnten aus diesem Grund kaum eine „freie" Wahl treffen. Nach wie vor stand den Frauen das Wahlrecht nicht zu.

Literatur: *Gross/ Hofmann/ Unruh*, Kommunale Selbstverwaltung im Zeitalter der Industrialisierung, Schriftenreihe des Vereins für Kommunalwissenschaften, Bd.33; *Hofmann*, Die Entwicklung der kommunalen Selbstverwaltung von 1848 bis 1918, HdKWP, Bd.1 S. 73ff.; *Reulecke*, Die deutsche Stadt im Industriezeitalter.

6. Die kommunale Selbstverwaltung in der Weimarer Republik

21 Die eigentliche erste Demokratisierung vollzog sich in der Folge der **Revolution von 1918** mit dem **Wegfall des Dreiklassenwahlrechts** und mit der Einführung des allgemeinen, gleichen, unmittelbaren und geheimen Wahlrechts nach den Grundsätzen der Verhältniswahl (Art. 17 Abs. 2 WRV) auch auf der gemeindlichen Ebene. Zudem wurde den Gemeinden und Gemeindeverbänden das **Recht der Selbstverwaltung innerhalb der Schranken der Gesetze** gewährleistet (Art. 127 WRV). Diese zunächst nur den Landesgesetzgeber bindende Aussage wurde im Laufe der Zeit als eine in der Verfassung verankerte **institutionelle Garantie des Rechts auf Selbstverwaltung** ausgelegt (StGH RGZ 126, Anhang S. 22), die die kommunale Selbstverwaltung vor Aushöhlung bewahren und den Kern der Selbstverwaltung schützen sollte. Die institutionelle Selbstverwaltungsgarantie gewährleistete aber weder den

Bestand der einzelnen Gemeinde, noch eröffnete sie einen subjektiven Rechtsschutz der Gemeinde gegen Eingriffe in den Kern der Selbstverwaltung.
Die Gestaltung des Kommunalverfassungsrechts blieb jedoch Sache der Länder. Trotz aller erkennbaren Bemühungen, eine Vereinheitlichung des Kommunalverfassungsrechts zu Zeiten der Weimarer Republik herbeizuführen, gelang die Beseitigung der bestehenden Rechtszersplitterung nicht. Wirtschaftlich gerieten die Gemeinden durch die 1929 beginnende **Weltwirtschaftskrise** und die damit einhergehende Massenarbeitslosigkeit in starke finanzielle Nöte, die ihre **Abhängigkeit vom Staat** ständig steigen ließ. Dem immensen Anwachsen der Soziallasten stand ein hoher Rückgang der Einnahmen gegenüber. In manchen Gemeinden erhielten ein Viertel bis ein Drittel aller Haushalte Zuwendungen von der Gemeinde. Unpopuläre Folgen wie die Einführung einer Bürgersteuer und Steuererhöhungen zum Zwecke des Haushaltsausgleichs, die den Gemeinden reichsgesetzlich vorgeschrieben wurden, führten zum Versagen der Gemeinderäte durch absichtliche Beschlussverweigerung. Allein in Preußen kam es infolgedessen in dieser Zeit in den Gemeinden zur Bestellung von über 600 Staatskommissaren (vgl. Kap. 10 B I 2.2.5.).

22

Literatur: *Rebentisch*, Kommunalpolitik, Konjunktur und Arbeitsmarkt in der Endphase der Weimarer Republik, in: Verwaltungsgeschichte – Aufgaben, Zielsetzungen, Beispiele, 107ff.; *Rudloff*, Die Selbstverwaltung in der Weimarer Zeit, HdKWP, Bd.1, S. 93ff..

7. Die Beschneidung der kommunalen Selbstverwaltung während des Nationalsozialismus

Mit dem Ziel, einen **Einheitsstaat** schaffen zu wollen, erließ die nationalsozialistische Regierung am **30.1.1935 die Deutsche Gemeindeordnung** (DGO), die ein einheitliches Recht für alle Städte und Gemeinden im ganzen Reich festschrieb. Nach der DGO wurde das sog. **Führerprinzip** auch auf der Gemeindeebene eingeführt. Nachdem die Gemeindewahlen verboten wurden, wurde die Gemeinde von einem Bürgermeister geleitet, der nach dem **Prinzip des Zusammenwirkens von Partei und Staat** durch den Innenminister nach Rücksprache mit den Funktionsträgern der NSDAP ernannt wurde. Ihm wurde die Führung der Verwaltung in voller und ausschließlicher Verantwortung übertragen. Die gewählten Vertretungskörperschaften verschwanden und an ihre Stelle traten von den Ortsgruppen- bzw. Kreisleitern der NSDAP nach dem Gesichtspunkt der nationalen Zuverlässigkeit berufene Gemeinderäte, die der Bürgermeister in gewissen Fragen zu befragen hatte. Die **Organe der kommunalen Selbstverwaltung** wurden zu Dienststellen der Reichsverwaltung und damit letztlich zu **Befehlsempfängern der NSDAP** degradiert.

23

Literatur: *Matzerath*, Die Zeit des Nationalsozialismus, HdKWP, Bd.1, S. 119ff.; *ders.*, Nationalsozialismus und kommunale Selbstverwaltung.

8. Die Stellung der Gemeinden im föderativen Verfassungssystem der Nachkriegszeit

Nach dem Krieg wurde von den **Alliierten** die sog. **revidierte Deutsche Gemeindeordnung** erlassen, aus der die auf dem Führerprinzip beruhenden Vorschriften gestrichen waren. Andere ordnungspolitisch neutrale, technische Teile der DGO, insbesondere die Bestimmungen über die wirtschaftliche Betätigung der Gemeinden, wurden allerdings später von den Kommunalverfassungen vieler Bundesländer wieder aufgegriffen.

24

Beeinflusst von der **britischen Besatzungsmacht** wurde in der revidierten Deutschen Gemeindeordnung die sog. **doppelte Verwaltungsspitze**, also Rat und Bürgermeister einerseits und Gemeindedirektor und Verwaltungsmitarbeiter andererseits, verankert. Da die **übrigen Besatzungsmächte** aber andere Vorstellungen über die Strukturen einer kommunalen Selbstverwaltung hatten, setzte sich die geschichtlich gewachsene Vielfalt, ergänzt um die Einflüsse der Besatzungsmächte, durch. Die Folge war eine **Zersplitterung des Kommunalverfassungsrechts**. Während aber die **westlichen Besatzungsmächte** das gemeinsame Ziel verfolgten, die **kommunale Selbstverwaltung** in Deutschland zu **reaktivieren** und auszubauen, stellte die Gemeinde in der **sowjetischen Besatzungszone** in Erfüllung des Prinzips des **demokratischen Zentralismus** die untere staatliche Verwaltungsebene ohne eigenen Wirkungskreis und ohne Rechtsfähigkeit dar. Mit dem **Niedergang der DDR** beschloss die Volkskammer noch vor Vollzug der deutschen Einheit das Gesetz über die kommunale Selbstverwaltung der DDR (GBl. DDR 1990, 255), das die kommunale Selbstverwaltung nach dem Vorbild der in den alten Bundesländern geltenden Strukturen einführte.

Literatur: *Groh*, Neuanfänge der Selbstverwaltung nach 1945, HdKWP, Bd.1, S. 133ff.

II. Die Entwicklung der kommunalen Selbstverwaltung in Hessen

25 Der Versuch einer übersichtlichen Darstellung der Entwicklung der Kommunalverfassung in Hessen ist zwangsläufig von einer für das durch Vielstaaterei lange gezeichnete Deutschland typischen Landesgeschichte geprägt. Das **Land Hessen** in seiner heutigen Form wurde erst **1945** von der amerikanischen Besatzungsmacht aus der ehemaligen **Provinz Hessen-Nassau** und dem **Volksstaat Hessen,** vormals Großherzogtum Hessen (Darmstadt), geschaffen. Die Provinz Hessen-Nassau entstand wiederum, als Preußen nach dem Sieg im deutschen Krieg von 1866 sein Staatsgebiet neu ordnete und das Kurfürstentum Hessen, das Großherzogtum Nassau, die Freie Stadt Frankfurt, die Landgrafschaft Hessen (Homburg) sowie Teile von Hessen-Darmstadt zusammenschloss. Aufgrund eines Staatsvertrages wurde schließlich 1829 der **Freistaat Waldeck** in den Preußischen Staat und dort in die Provinz Hessen-Nassau eingegliedert. Bis zu diesem Zeitpunkt zergliederte sich das jetzige hessische Landesgebiet in selbstständige Staaten, in denen sich die kommunale Selbstverwaltung so **vielfältig** und damit auch so **unübersichtlich** entwickelt hatte, wie nirgendwo sonst in Preußen.

Literatur: *Fleck*, Die Verfassung des Großherzogtums Hessen, in Heidenreich/Böhm, Hessen, Band 4; *Franz*, Vom Hessengau und Terra Hassia zum heutigen Hessen; *Hollmann/Wettengel*, Nassaus Beitrag für das heutige Hessen; *Lange*, Hessen-Darmstadts Beitrag für das heutige Hessen; *Menk*, Waldecks Beitrag für das heutige Hessen; *Menk*, Staat und Stände in Waldeck, S. 126 in: Heidenreich/Böhm, Hessen, Band 4; *Wegner*, Kurhessens Beitrag für das heutige Hessen.

1. Die kommunale Selbstverwaltung in der Stadt Frankfurt am Main und der Provinz Hessen-Nassau

26 Die erste neue Kommunalverfassung nach dem Krieg von 1866 erließ König Wilhelm I. von Preußen am **25.3.1867** für **Frankfurt am Main**. Sie hatte zwar die Preußische Städteordnung für die östlichen Provinzen zum Vorbild, trug aber aufgrund der Intervention demokratisch gesinnter Frankfurter Bürger den örtlichen Wünschen Rechnung. Entgegen dem in Preußen sonst üblichen Dreiklassen-Wahlrecht erhielt Frankfurt am Main daher das mit dem Bürgerrecht gekoppelte **allgemeine und geheime Wahlrecht**, das allerdings durch Bindung an Besitz und Einkommen eingeschränkt war. Damit besaß Frankfurt drei Wahlrechte: Einmal die direkte, allgemeine und gleiche Wahl für den Reichstag, zum anderen die indirekte, allgemeine Dreiklassenwahl für das preußische Abgeordnetenhaus (Landtag), und schließlich die direkte, aber nur bedingt allgemeine Wahl zur Stadtverordnetenversammlung.

Entsprechend der Preußischen Gemeindeordnung teilte das Frankfurter Stadtrecht die **Leitungskompetenzen** unter zwei Organen auf, der parlamentarisch beschließenden **Stadtverordnetenversammlung** und dem administrativ ausführenden **Magistrat**. Der Vorsitzende des Magistrats, der Oberbürgermeister, wurde von dem preußischen König aus drei von der Stadtverordnetenversammlung vorgeschlagenen Kandidaten ausgewählt. Zwar oblag es der Stadtverordnetenversammlung über alle Angelegenheiten zu beschließen, die Wirksamkeit ihrer Beschlüsse bedurfte jedoch – gemäß den Prinzipien der **echten Magistratsverfassung** – der Zustimmung des Magistrats. **27**

In der übrigen **Provinz Hessen-Nassau** wurde das Kommunalverfassungsrecht zunächst nur punktuell – etwa **1891 für den Regierungsbezirk Wiesbaden** – verändert. Eine Vereinheitlichung der bestehenden Kommunalverfassungen in der Provinz Hessen-Nassau wurde erst **1897** mit Erlass einer neuen Städteordnung und einer Landgemeindeordnung erreicht. Eingeführt wurde damit die preußische **echte Magistratsverfassung**, allerdings mit der Besonderheit, dass der Bürgermeister und seine Stellvertreter von der Stadtverordnetenversammlung und den unbesoldeten Magistratsmitgliedern in gemeinsamer Sitzung unter Leitung des Stadtverordnetenvorstehers gewählt wurden. Im Unterschied zu der Frankfurter Kommunalverfassung wurde ferner mit dem Erlass der Städteordnung die **Einführung des preußischen Dreiklassenwahlrechts** verbunden. **28**

Literatur: *Bothe*, Geschichte der Stadt Frankfurt; *Fischer*, Frankfurts Beitrag für das heutige Hessen; *Maly*, Die Macht der Honoratioren.

2. Die kommunale Selbstverwaltung im Großherzogtum Hessen

Eine andere Entwicklung nahm das Kommunalverfassungsrecht im vormaligen **Großherzogtum Hessen** und späteren **Volksstaat Hessen**. Mit der **1874** erlassenen Städteordnung wurde die **Bürgermeisterverfassung** eingeführt, wonach der von der Stadtverordnetenversammlung gewählte Bürgermeister stimmberechtigter Vorsitzender der Stadtverordnetenversammlung und Leiter der Stadtverwaltung zugleich war. In größeren Städten konnte die kollegiale Magistratsverfassung eingeführt werden, wovon aber keine Stadt Gebrauch gemacht hat. Zudem waren die Vorschriften über den Magistrat lückenhaft und wurden schließlich bei der Neufassung der Städteordnung im Jahre **1911** nach dem Vorbild der hessen-nassauischen **Magistratsverfassung** neu gefasst. **29**

3. Die Entwicklung der kommunalen Selbstverwaltung in der Weimarer Republik und zu Zeiten des Nationalsozialismus

Sowohl in der Provinz Hessen-Nassau als auch im Volksstaat Hessen beschränkten sich die Änderungen des Kommunalverfassungsrechts in der Zeit der **Weimarer Republik** im Wesentlichen auf die Einführung des allgemeinen, gleichen, unmittelbaren **30** und geheimen Wahlrechts bei den Gemeinde- und den Kreistagswahlen. Während der Zeit des **Nationalsozialismus** wurden die Städteordnung und die Landgemeindeordnung in Hessen-Nassau als auch die im Volksstaat Hessen 1931 eingeführte einheitliche Gemeindeordnung durch die **Deutsche Gemeindeordnung** von 1935 abgelöst (vgl. Kap. 1 A I 7). Die bestehenden Kreisordnungen von Hessen-Nassau und dem Volksstaat Hessen blieben zwar formell in Kraft, wurden aber durch eine Vielzahl von Einzelvorschriften dem Führerprinzip angeglichen, die Kreistage aufgelöst, und schließlich wurden auch die Kreisausschussmitglieder ihrer verbliebenen Mitwirkungsrechte enthoben.

4. Die kommunale Selbstverwaltung nach der Gründung von Groß-Hessen

31 Am **21.12.1945** verabschiedete der Gesetzgeber zunächst die **Großhessische Gemeindeordnung,** die provisorischen Charakter hatte und sich an der von nationalsozialistischen Gedankengut befreiten Deutschen Gemeindeordnung orientierte. Am **25.2.1952** wurde schließlich die **Hessische Gemeindeordnung** verabschiedet, die als **unechte Magistratsverfassung** ausgestaltet wurde. Für die Landkreise galt vom **24.1.1946** an eine **provisorische Kreisordnung,** die sich an überkommene hessennassauische Strukturen anlehnte, also die Doppelnatur des Kreises als untere staatliche Verwaltungsebene und als Kommunalverband vorsah. Die früher gesetzlich vorgesehene staatliche Ernennung des Landrates wurde jedoch zugunsten der Wahl durch den Kreistag aufgegeben. Die **Hessische Landkreisordnung** vom **25.2.1952** baute auf diesen Prinzipien auf und verfeinerte sie.

32 Die Grundstrukturen der Hessischen Gemeindeordnung und der Hessischen Landkreisordnung sind zwar bis in die jüngste Zeit erhalten geblieben. Allerdings erfuhren die Hessische Gemeindeordnung und die Hessische Landkreisordnung durch die zahlreiche Novellierungen der letzten Jahre eine Stärkung der plebiszitären Elemente. So wurden zum einen 1993 **Beteiligungsmöglichkeiten von Kindern und Jugendlichen** in die Hessische Gemeindeordnung und die Hessische Landkreisordnung aufgenommen sowie die Möglichkeit der Durchführung von **Bürgerbegehren und Bürgerentscheiden** auf kommunaler Ebene zugelassen. Der mit der gleichzeitigen Einführung der **Direktwahl von Bürgermeistern und Landräten** begonnene Umbau der ursprünglichen mit der unechten Magistratsverfassung gelegten **Strukturen** wurde durch das vom 23.12.1999 eingeführte **Gesetz zur Stärkung der Bürgerbeteiligung und kommunalen Selbstverwaltung** weiter **nachhaltig verändert** (GVBl. 2000 I S. 2). Die Einführung des aus Bayern, Baden-Württemberg und Rheinland-Pfalz bereits bekannten **Kumulierens und Panaschierens** hat den Einfluss der Wahlberechtigten auf die kommunale Politik gemehrt. Aber nicht nur das kommunale Wahlrecht wurde verändert, auch die Rechtsstellung der von den Wahlberechtigten direkt gewählten Bürgermeistern und Landräten wurde durch ein Bündel von zusätzlichen Kompetenzen gestärkt.

33 Das neue Wahlrecht wurde am 18.3.2001 erstmals praktiziert. Die mit ihm gemachten Erfahrungen erforderten neuerliche Änderungen, die mit dem **Gesetz zur Änderung der Hessischen Gemeindeordnung und anderer Gesetze** (GVBl. I 2005, 54) Eingang in die HGO gefunden haben. Mit dem Erlass des **Gesetzes zur Kommunalisierung des Landrats sowie des Oberbürgermeisters als Behörden der Landesverwaltung** vom 21.3.2005 (GVBl. I S. 229, zuletzt geändert durch Gesetz v. 5.10.2017, GVBl. I 294) hat der Gesetzgeber den **Landrat sowie den Oberbür-**

germeister als Behörde der Landesverwaltung aufgelöst. Aufgaben und Personal wurden weitgehend auf die Landkreise und kreisfreien Städte überführt.

In 2015 erfuhren die kommunalrechtlich relevanten Gesetze erneut zahlreiche Neuerungen. Mit dem **Gesetz zur Modernisierung des Dienstrechts der kommunalen Wahlbeamten und zur Änderung wahlrechtlicher Vorschriften** vom 28.3.2015 (GVBl. I S. 158, 188) wurden die Rechtsverhältnisse des Bürgermeisters und der Beigeordneten, insbesondere das Wahlalter und die ruhegehaltsfähigen Dienstzeiten neu bestimmt. Durch das **Gesetz zur Erleichterung der Bürgerbeteiligung auf Gemeindeebene und zur Änderung kommunalrechtlicher Rechtsvorschriften** vom 20.12.2015 (GVBl. I S. 618ff.) wurde insbesondere die Einleitung von Bürgerentscheiden in großen Städten erleichtert, ein **Vertreterbegehren** neu verankert und die Zuständigkeiten der Gemeindevertretung gestärkt. **34**

Literatur: *Borchmann*, Die Entwicklung der Gemeinde- und Kreisverfassung in Hessen, DVBl. 1982, 1033; *Borchmann/Breithaupt/Kaiser*, Kommunalrecht in Hessen, S. 15ff.; *Dreßler*, 50 Jahre Hessische Gemeindeordnung, Inf.HStT 2002, 48ff.; *Schmidt-De Caluwe*, Die Novellierung des Kommunalrechts in Hessen; *Stolleis*, Die Entstehung des Landes Hessen und seiner Verfassung, in: Meyer/Stolleis, Staats- und Verwaltungsrecht in Hessen.

B. Kommunale Verfassungssysteme

I. Rechtssetzungszuständigkeiten

Die **Zuständigkeit** zur Regelung des Kommunalrechts liegt nach **Art. 70 GG** grundsätzlich bei den **Ländern**. Es gibt daher mangels Gesetzgebungskompetenz des Bundes kein Bundesgesetz, etwa eine Bundesgemeindeordnung, das das Kommunalrecht umfassend regelt. Obwohl das Kommunalrecht nach dem Grundgesetz also nicht unter eine der dem Bundesgesetzgeber zugewiesenen Regelungsmaterien (Art. 73 GG) fällt, hat der **Bund** vor allem im Interesse der Wahrung der Rechts- und Wirtschaftseinheit **punktuelle Zuständigkeiten aufgrund Sachzusammenhangs**. Derartige bundesrechtliche Vorschriften finden sich im Grundgesetz, in zahlreichen Gesetzen, Rechtsverordnungen und Verwaltungsvorschriften des Bundes. Hinzu treten immer mehr europäische Regelungen, die sich auf die Gemeinden auswirken. **35**

II. Die herkömmliche Typologie

Die Zuständigkeit der Bundesländer für die Regelung des Kommunalrechts hat dazu geführt, dass das Kommunalrecht in den einzelnen Ländern unterschiedlich ausgestaltet ist. Die Länder hatten zunächst bei der Schaffung ihrer Kommunalverfassungen auf vier unterschiedliche, historisch gewachsene Kommunalverfassungssysteme zurückgegriffen und sie unter Beachtung des **Art. 28 GG** gestaltet. Inzwischen haben die alten Bundesländer ihre Kommunalverfassungen zahlreichen Modifikationen ausgesetzt. Die neuen Bundesländer haben bei der Gestaltung ihrer Gemeindeordnungen von vornherein Elemente unterschiedlicher Verfassungstypen aufgegriffen und kombiniert. Infolgedessen sind die Grundstrukturen der hergebrachten Kommunalverfassungssysteme nur noch zum Teil erkennbar. **36**

Literatur: *Gern/Brüning*, Deutsches Kommunalrecht, S. 70ff.; *Ipsen*, Die Entwicklung der Kommunalverfassung in Deutschland, HdKWP, Bd.1, S. 565ff.; *Schmidt-Jortzig*, Gemeindeverfassungstypen in der Bundesrepublik, DÖV 1987, 281; *Stober*, Kommunalrecht in der Bundesrepublik Deutschland, S. 15ff.; *v. Mutius*, Grundstrukturen der Kommunalverfassungen, Jura 1981, 126.

1. Die Norddeutsche Ratsverfassung

37 Die **Norddeutsche Ratsverfassung** geht – bedingt durch die Vorstellungen der britischen Militärregierung nach dem 2. Weltkrieg – auf das englische Kommunalrecht zurück, das von dem Willen zur Trennung von Kommunalpolitik und Administration geleitet wird. Die von den Gemeindebürgern direkt gewählte Gemeindevertretung, der **Gemeinderat**, ist als **oberstes Gemeindeorgan** für die Erledigung **aller Angelegenheiten** zuständig. Die **Gemeindeverwaltung** wird von einem **Gemeinde- bzw. Stadtdirektor** geleitet, der vom Gemeinderat gewählt wird. Seine Kompetenzen sind im Vergleich zu denjenigen der Hauptverwaltungsbeamten anderer Gemeindeordnungen eher gering. Lediglich die Erledigung der einfachen Geschäfte der laufenden Verwaltungsgeschäfte fällt in seinen Aufgabenbereich. Der Gemeinderat kann überdies an ihn übertragene Aufgaben jederzeit wieder an sich ziehen (Rückholrecht). Der Gemeindedirektor ist **Rechtsvertreter** und **Verwaltungsleiter** der Gemeinde. Allerdings kann der Gemeinderat den Geschäftskreis der Beigeordneten festlegen. Beigeordnete sind weitere, den Weisungen des Gemeindedirektors unterworfene Wahlbeamte, die aber im Übrigen grundsätzlich die gleiche Rechtsstellung wie der Gemeindedirektor haben. Bezeichnend für die beabsichtigte **Unterordnung des Verwaltungsleiters** unter den Gemeinderat ist, dass hier im Gegensatz zu allen anderen Kommunalverfassungstypen nicht der Verwaltungsleiter als **Bürgermeister** bezeichnet wird, sondern der **ehrenamtlich tätige Vorsitzende des Gemeinderates**. Der Bürgermeister führt den Vorsitz im Gemeinderat und ist Repräsentant der Gemeinde. Seine weit reichenden Kompetenzen entsprechen teilweise denen der Hauptverwaltungsbeamten anderer Gemeindeordnungen. So steht dem Bürgermeister ein **eigenes Widerspruchsrecht** gegen gemeinwohlwidrige Ratsbeschlüsse zu, und gemeinsam mit einem anderen Ratsmitglied bzw. gemeinsam mit dem Gemeindedirektor kann er **Dringlichkeitsentscheidungen** anstelle des Rates treffen.

38 Die Norddeutsche Ratsverfassung wurde nach 1945 in **Nordrhein-Westfalen** und in **Niedersachsen** eingeführt. Das im Hinblick auf die umfassende, alleinige Organstellung des Gemeinderates **monistisch** angelegte Verfassungssystem wurde im Laufe der Jahre mehrfach modifiziert. Es zeigte sich nämlich, dass die Räte angesichts immer zahlreicher und komplizierter werdender Verwaltungsaufgaben nicht in der Lage waren, dem Allzuständigkeits- und Alleinzuständigkeitsanspruch gerecht zu werden. Zum anderen verhielten sich die hauptamtlichen Verwaltungsbeamten nicht so neutral und unpolitisch wie dies ursprünglich gedacht war. Infolgedessen wurden in einem ersten Schritt dem Gemeinde- bzw. Stadtdirektor vom Rat unabhängige Kompetenzen eingeräumt (zB Außenvertretung, Erledigung übertragener Aufgaben, Beanstandungsrecht gegenüber rechtswidrigen Beschlüssen des Rates), die zunächst den Wandel von einer monistischen Verfassungsstruktur zu einer "zweiköpfigen" oder "doppelten" Verwaltungsspitze eingeleitet haben.

39 Mit Gesetz zur Änderung der Kommunalverfassung vom 14.7.1994 (GV NW S. 666) hat sich **Nordrhein-Westfalen** endgültig von dem Modell der Norddeutschen Ratsverfassung verabschiedet und durch die modifizierte Süddeutsche Ratsverfassung ersetzt. Die Amtszeit der Gemeindedirektoren endete 1999. 1996 ist schließlich auch **Niedersachsen** diesem Weg gefolgt. Gleichzeitig wurden plebiszitäre Elemente, wie Einwohnerantrag, Bürgerbegehren und Bürgerentscheid in die Kommunalverfassung eingeführt.

Literatur: *Gern/Brüning*, Deutsches Kommunalrecht, S. 70ff.; *Ihnen*, Kommunalrecht Niedersachsen; *Suckow/Schirzke*, Allg. Niedersächsisches Kommunalrecht; *Sundermann*, Kommunalverfassung in Nordrhein-Westfalen; *Stock*, Der hauptamtliche Bürgermeister in Nordrhein-Westfalen – ein umbenannter Gemeindedirektor?, VR 1995, 113.

2. Die Süddeutsche Ratsverfassung

Eindeutig **dualistisch** ausgestaltet ist die **Süddeutsche Ratsverfassung**, die ihre Ursprünge im 19. Jahrhundert in Württemberg und Baden hat, sich später aber auch in Bayern durchsetzte. Die von den Gemeindebürgern direkt gewählte Gemeindevertretung, der **Gemeinderat** besteht aus dem **Bürgermeister als Vorsitzendem** und den ehrenamtlichen Gemeinderatsmitgliedern. Der Gemeinderat legt die Grundsätze der Verwaltung fest, überwacht die Verwaltung und entscheidet über alle wichtigen Angelegenheiten. Zwar ist der Gemeinderat wie in allen herkömmlichen Kommunalverfassungen der Bundesrepublik das **oberste Gemeindeorgan**, doch ist das **zweite Organ**, der **direkt von den Bürgern gewählte Bürgermeister** in keiner anderen Kommunalverfassung – auch nicht in der sog. Bürgermeisterverfassung – mit so umfangreichen Kompetenzen versehen. Der Bürgermeister ist sowohl **stimmberechtigter Vorsitzender des Gemeinderats und der Ausschüsse, Leiter der Verwaltung** als auch **Vertreter der Gemeinde nach außen**. Seine Rechtsstellung wird zudem durch ein ihm eingeräumtes **Widerspruchsrecht** gegen gesetzwidrige Beschlüsse des Gemeinderates und die **Eilentscheidungsbefugnis** gestärkt. Der Bürgermeister nimmt also in **allen Phasen des kommunalen Entscheidungsprozesses**, bei der Initiierung und Vorbereitung, bei der eigentlichen Entscheidungsfindung im Gemeinderat und in der Ausführung die **zentrale Stellung** ein. Von dem Gemeinderat gewählte Beigeordnete erhalten zwar einen eigenen Geschäftsbereich und vertreten in diesem den Bürgermeister; sie haben jedoch kein Stimmrecht im Gemeinderat und sind teilweise den Weisungen des Bürgermeisters unterworfen.

40

Dieses Verfassungssystem besteht heute in **Bayern**, **Baden-Württemberg** und **Sachsen**. Mit – teilweise erheblichen – Abwandlungen gilt die Süddeutsche Ratsverfassung seit einigen Jahren nun auch in **Nordrhein-Westfalen, Niedersachsen, Rheinland-Pfalz,** im **Saarland, Sachsen-Anhalt, Schleswig-Holstein** und **Thüringen**. Die **Modifikationen der Kommunalverfassungen** in **Rheinland-Pfalz,** im **Saarland** und in **Schleswig-Holstein** sind mit der historischen Entwicklung ihrer kommunalen Selbstverwaltung, insbesondere der bis dahin geltenden **Bürgermeisterverfassung**, zu erklären.

41

Literatur: *Gern/Brüning*, Deutsches Kommunalrecht, S. 70ff.; *Engel/Heilshorn*, Kommunalrecht in Baden-Württemberg; *Knemeyer*, Bayerisches Kommunalrecht; *Plate/Schulze*, Kommunalrecht Baden-Württemberg.

3. Die (Rheinische) Bürgermeisterverfassung

Beeinflusst durch das **napoleonisch-französische Kommunalrecht**, das infolge der napoleonischen Besetzungen auf das deutsche linksrheinische Gebiet einwirkte, wird die **Bürgermeisterverfassung** auch als **Rheinische Bürgermeisterverfassung** bezeichnet. Ist der **Bürgermeister** kraft Gesetzes **Ratsvorsitzender mit Stimmrecht**, so wird von einer **echten Bürgermeisterverfassung** gesprochen, ist er **nicht Ratsvorsitzender** oder hat er als solcher **kein Stimmrecht im Rat** von einer **unechten Bürgermeisterverfassung**.

42

Die **dualistisch** strukturierte Bürgermeisterverfassung sieht als **Organe** den von den Gemeindebürgern gewählten **Gemeinderat** und den **Bürgermeister** vor. Der Gemeinderat beschließt über alle Selbstverwaltungsangelegenheiten der Gemeinde, soweit nicht der Bürgermeister kraft Gesetzes zuständig ist. Charakteristisch für die Bürgermeisterverfassung ist die starke Stellung des Bürgermeisters als **geborener Vorsitzender des Gemeinderates und der Ausschüsse**, als **Leiter der Verwal-**

43

tung und als **Vertreter der Gemeinde nach außen**. Ein wesentlicher Unterschied zu der insoweit vergleichbaren Süddeutschen Ratsverfassung liegt darin begründet, dass der **Bürgermeister nicht direkt von den Gemeindebürgern gewählt** wird. Zudem kommt ihm kein oder nur ein eingeschränktes Stimmrecht im Gemeinderat zu.

44 Die Bürgermeisterverfassung galt bis 1994 in Rheinland-Pfalz in Gemeinden und kleineren Städten, im Saarland und bis 1996 in den (nichtstädtischen) Gemeinden Schleswig-Holsteins. Diese klassische Form haben **Rheinland-Pfalz** mit Gesetz vom 5.10.1993 (GVBl. 1993, 481), das **Saarland** mit Gesetz vom 11.5.1994 (ABl. Saarl. 1994, 818) und **Schleswig-Holstein** mit Gesetz vom 22.12.1995 (GS Schl.-H. II, Gl.Nr. 2020-20) durch die **Einführung der Direktwahl der Bürgermeister** aufgegeben.

Literatur: *Dehn*, Grundlagen des Kommunalverfassungsrechts in Schleswig-Holstein; *Gern/Brüning*, Deutsches Kommunalrecht; S. 70ff; *Wohlfarth*, Saarländisches Landesrecht, Kommunalrecht, 1995.

4. Die Magistratsverfassung

45 Die **Magistratsverfassung** geht auf die Preußische Städteordnung zurück und ist ursprünglich **dualistisch** ausgeprägt. Das Haupt- und Beschlussorgan der Gemeinde ist die von den Gemeindebürgern gewählte **Gemeindevertretung** (Stadtverordnetenversammlung, Stadtvertretung). Sie beschließt über alle **wichtigen Angelegenheiten und überwacht die gesamte Verwaltung**. Die Gemeindevertretung wählt sich aus ihren Reihen einen Vorsitzenden (Stadtverordnetenvorsteher, Bürgervorsteher, Stadtpräsident). Dieser ist neben seinen Aufgaben als Vorsitzender auch oberster Repräsentant („Erster Bürger") der Gemeinde. Das zweite Organ ist der von der Gemeindevertretung gewählte **Gemeindevorstand** (Magistrat), der aus dem **Bürgermeister und den haupt- und ehrenamtlichen Beigeordneten** (Stadträte) besteht, die nicht gleichzeitig der Gemeindevertretung angehören dürfen (**Inkompatibilität**). Insoweit liegt der Kommunalverfassung der Grundsatz der **Trennung von Amt und Mandat** zugrunde. Kennzeichnend für die Magistratsverfassung ist, dass nicht nur das eigentliche Willensbildungsorgan, die Gemeindevertretung, sondern auch das Exekutivorgan, der Gemeindevorstand, aus einem Kollegium besteht. Der Gemeindevorstand ist als **wichtigstes Verwaltungsorgan** mit von der Gemeindevertretung unabhängigen Kompetenzen ausgestattet. Er ist zuständig für die vorbereitende und vollziehende Verwaltung, Geschäfte der laufenden Verwaltung und die Vertretung der Gemeinde nach außen. Seine Aufgaben nimmt der Gemeindevorstand in erster Linie kollegial und zwar durch Beschluss wahr. Bei **Stimmengleichheit** gibt die Stimme des **Bürgermeisters den Ausschlag**. In der klassischen Ausformung hat der Gemeindevorstand weiterhin die Pflicht, rechtswidrigen oder das Gemeinwohl gefährdenden Beschlüssen der Gemeindevertretung zu widersprechen. **Bürgermeister** und **Beigeordnete** werden von der Gemeindevertretung gewählt. Bei der auf *Freiherr vom und zum Stein* zurückgehenden **echten Magistratsverfassung**, die es in Deutschland nicht mehr gibt, muss der Gemeindevorstand den Beschlüssen der Gemeindevertretung zustimmen; dieses Erfordernis entfällt bei der **unechten Magistratsverfassung**.

46 In **Hessen** gilt zwar weiterhin die **unechte Magistratsverfassung**, jedoch wird seit 1994 der **Bürgermeister unmittelbar von den Bürgern** gewählt. Der Bürgermeister ist **Leiter der Verwaltung und Vorsitzender des Gemeindevorstands (primus inter pares). In Hessen obliegt ihm nunmehr auch ein eigenes **Widerspruchsrecht gegenüber rechtswidrigen und gemeinwohlgefährdenden Beschlüssen des Gemeindevorstands** einerseits und ein **Beanstandungsrecht gegen rechtswidrige Beschlüsse der Gemeindevertretung** andererseits. Des Weiteren stehen ihm die umfassende **Geschäftsverteilungskompetenz** innerhalb des Gemeindevorstands und ein **Eilentscheidungsrecht** bei Aufgaben zu, bei denen sonst der Gemeindevorstand zuständig ist sowie ein eigenes **Antragsrecht in der Gemeindevertretung** zu. Obwohl die unter Beibehaltung der Rechte der kommunalen Vertretungskörperschaften **gedachten Veränderungen der hessischen Kommunalverfassung zunächst nur als Stärkung der Rechtsstellung der Direktgewählten** gedacht waren, geben sie der unechten Magistratsverfassung einen **trialistischen Kompetenzeinschlag,** der letztendlich einen „Abschied" von der Hessischen unechten Magistratsverfassung bedeutet hat.

Die in den Städten Schleswig-Holsteins geltende **unechte Magistratsverfassung** ist mit Gesetz zur Änderung des kommunalen Verfassungsrechts 1995 v. 22.12.1995 (GS Schl.-Holst. II, Gl. Nr. 2020-20) aufgehoben worden.

Literatur: *Gern/Brüning*, Deutsches Kommunalrecht, S. 70ff.

III. Die neuen Bundesländer

Als eines der wesentlichen Reformgesetze nach der Wende verabschiedete die nach demokratischen Grundsätzen neu gewählte Volkskammer der DDR am **17.5.1990 das Gesetz über die Selbstverwaltung der Gemeinden und Landkreise** in der DDR. Das hiernach in den neuen Bundesländern zunächst in Kraft gesetzte Kommunalverfassungssystem lässt sich nicht eindeutig in die herkömmlichen Verfassungstypen einordnen, weil es Elemente mehrerer Kommunalverfassungstypen aufgriff und verband. **47**

Die in **Sachsen** (GO v. 21.4.1993, GVBl. S. 301 idF v. 19.7.1993, GVBl. S. 577) und **Thüringen** (GO v. 16.8.1993, GVBl. S. 501) eingeführten Kommunalverfassungen folgten dem Modell der **Süddeutschen Ratsverfassung.** Hingegen lassen sich die Kommunalverfassungen von **Sachsen-Anhalt** (GO v. 5.10.1993, GVBl. S. 568), **Brandenburg** (GO v. 15.10.1993, GVBl. S. 398) und **Mecklenburg-Vorpommern** GO v. 18.2.1994, GVBl. 249) nicht eindeutig einem Verfassungstypus zuordnen. Sie vereinen Elemente der **unechten Bürgermeisterverfassung** und der **Süddeutschen Ratsverfassung. Organe** sind die **Gemeindevertretung** und der **Bürgermeister,** die inzwischen in allen drei Bundesländern unmittelbar von den Gemeindebürgern gewählt wird. Die Stellung des Bürgermeisters ist allerdings nicht so stark ausgeprägt wie in den Bundesländern, die den Grundstrukturen der Süddeutschen Ratsverfassung gefolgt sind. **48**

Auffallend bei **allen Kommunalverfassungen der neuen Bundesländer** ist die starke **Betonung der Elemente direkter Demokratie.** Die Einführung der Direktwahl der Bürgermeister und die Zulässigkeit von Bürgerbegehren und Bürgerentscheid sind sicherlich auch als Folge der die gesellschaftspolitische Wende im Jahre 1989 einleitenden Bürgerbewegung anzusehen. **49**

Literatur: *Hegele/Ewert*, Kommunale Selbstverwaltung in Sachsen, 1994; *v. Mutius*, Kommunalrecht, S. 338ff.; *Petzold*, Zur neuen Kommunalverfassung in der DDR, DÖV 1990, 816; *Pink*, Das neue Kommunalverfassungsrecht in Sachsen-Anhalt, DVP 1995, 194; *Schäfer*, Auswirkungen erweiterter Bürgerbeteiligung auf die hessische Gemeindeverfassung, S. 127ff.; *Schmidt-Eichstaedt*, Das Gesetz über die Selbstverwaltung der Gemeinden und Landkreise in der DDR

v. 17. Mai 1990, DVBl. 1990, 848ff.; *Stargardt*, Die neue kommunale Verfassungslandschaft in Deutschland, DVP 1994, 271.; *ders.*, Kommunalverfassungen in Deutschland, VR 1995, 118; *Sundermann/Miltkau*, Kommunalrecht Brandenburg, 1995.

IV. Der Trend zu Mischformen

50 Der Überblick über die in der Bundesrepublik geltenden Kommunalverfassungen hat gezeigt, dass die ursprünglichen historisch gewachsenen **vier Grundstrukturen immer weiter verwässern.** Dies liegt zunächst an den **zunehmenden** und immer **komplizierter werdenden Aufgaben der Gemeinde.** Die verständige und verantwortungsbewusste Wahrnehmung dieser Aufgaben erfordern vor allem in Großstädten nicht nur einen hohen Zeiteinsatz der ehrenamtlich in der Gemeindevertretung tätigen Bürger, sondern auch einen hohen Sachverstand in allen Fragen der kommunalen Selbstverwaltung. Zwangsläufig wächst daher die **Aufgabenübertragung** kraft Gesetzes oder per Delegation durch die Gemeindevertretung auf den **Verwaltungsleiter.** Damit ist aber nicht nur ein Zuwachs seiner Aufgabenkompetenz verbunden, sondern auch eine Verlagerung innerhalb der Entscheidungsstrukturen. Der Zunahme der auf einer Person sich vereinigenden Machtfülle wurde in den Kommunalverfassungen von den Landesgesetzgebern zunächst mit der Wahl von Beigeordneten mit bestimmten Aufgabengebieten oder der Einrichtung von den Organen gemeinsam zu bildenden Verwaltungs- und Hauptausschüssen begegnet. Monistische Verfassungstypen haben sich so zu dualistischen Systemen entwickelt, dualistische auf den Weg zu einem trialistisch geprägten Kommunalverfassungstyp gemacht.

51 Maßnahmen zur Stärkung des ehrenamtlichen Elements und der von ihm ausgehenden Kontrolle der Verwaltung haben sich jedoch in jüngerer Zeit auch in anderer Hinsicht als zusätzlich ergänzungsbedürftig erwiesen. Infolgedessen wurden nicht nur in den neuen Bundesländern, sondern auch in den alten Bundesländern die bestehenden Kommunalverfassungen mehr und mehr mit **plebiszitären Elementen** „gestärkt". Dies kann im Einzelfall dazu führen, dass einer historisch gewachsenen Kommunalverfassung ein neues Element wie ein **Fremdkörper** übergestülpt wird. So steht bsp. die in der Süddeutschen Ratsverfassung verankerte Direktwahl des Bürgermeisters in engem Zusammenhang mit anderen diesem Organ zustehenden Rechten. Die Einfügung dieses plebiszitären Elements in eine Kommunalverfassung, in der der Bürgermeister nicht gleichzeitig mit den der Süddeutschen Ratsverfassung eigenen Rechte ausgestattet ist oder in der Folge wird, kann jedoch nur vordergründig zu einer Verbesserung des bestehenden Systems führen.

Literatur: *Schäfer*, Auswirkungen erweiterter Bürgerbeteiligung auf die hessische Gemeindeverfassung, S. 127ff.

52 Die historisch gewachsenen Kommunalverfassungstypen haben sich im Grunde bewährt. Eine Ausnahme bildet demgegenüber die **Norddeutsche Ratsverfassung**, die mit ihrer Doppelspitze und der Allzuständigkeit des Gemeinderates sich als zu schwerfällig erwiesen hat. Gemessen an den verfassungsrechtlichen Vorgaben sowie den Grundsätzen der sachlichen Richtigkeit und der Verwaltungspraktikabilität, speziell der Effizienz und der Effektivität der Erfüllung der kommunalen Aufgaben, scheint die **Süddeutsche Ratsverfassung** weiterhin das zukunftsweisende Modell zu sein.

C. Rechtsquellen des Kommunalrechts

Die rechtliche Zersplitterung des Kommunalrechts und die Fülle der die Kommunen tangierenden Rechtsquellen erschwert das Auffinden von und das Wissen um vorhandene Vorschriften. Diese sollen daher im Folgenden ohne Anspruch auf Vollständigkeit und unter Berücksichtigung der landesrechtlichen Spezifika Hessens aufgezeigt werden. **53**

I. Grundgesetz für die Bundesrepublik Deutschland

Das **Grundgesetz** vom 23.5.1949 (BGBl. S. 1), zuletzt geändert durch Gesetz vom 28.3.2019 (BGBl. I S. 404), trifft in einigen Artikeln **gemeinderechtliche Kern- und Rahmenaussagen**, die durch Bundes- oder Landesgesetze konkretisiert werden. Fundamentale Bedeutung für die Gemeinden und Gemeindeverbände haben **Art. 28 Abs. 1-3 GG**, die die Volksvertretung in den Gemeinden und Kreisen und die hierfür geltenden Wahlgrundsätze festschreibt, die kommunale Selbstverwaltung garantiert und die verfassungsmäßige Ordnung in den Ländern durch den Bund gewährleistet. **Art. 93 Abs. 1 Nr. 4b GG** ermöglicht den Gemeinden und Gemeindeverbänden bei Verletzung des Rechts auf Selbstverwaltung **Verfassungsbeschwerde** zu erheben. Bei bestimmten **Gebietsänderungen** sind die Gemeinden und Kreise nach **Art. 29 Abs. 7 und 8 GG** anzuhören. Auch im Bereich des Vollzuges von Bundesgesetzen durch die Gemeinden hat der Bundesgesetzgeber Möglichkeiten zur Einflussnahme. Nach **Art. 84 Abs. 1 und 85 Abs. 1 GG** kann er nämlich beim Vollzug von Bundesgesetzen durch die Länder mit Zustimmung des Bundesrates die Einrichtung der Behörden und das Verwaltungsverfahren regeln. Damit hat er in gewissem Umfang die Möglichkeit, in die kommunale **Organisation** einzugreifen. **54**

Durch die **Föderalismusreform** wurde in **Art. 84 Abs. 1 S. 7 GG** ein **Aufgabenübertragungsverbot zulasten des Bundes** (sog. „Durchgriffsverbot") aufgenommen. Es soll der Entwicklung, dass den Gemeinden als Teil der Länder immer neue kostenträchtige Aufgaben (zB Rechtsanspruch auf Kinderbetreuung) aufgebürdet bekommen, ohne das Ihnen wegen einer fehlenden Rechtsbeziehung zum Bund (Art. 104a Abs. 1 GG) gleichermaßen Ausgleichsansprüche entstehen, entgegenwirken (vgl. Burgi, Kommunalrecht, § 18, Rn. 5f.). **55**

Die finanzverfassungsrechtlichen Regelungen der **Art. 104a ff. GG** bilden die Grundlage für die Finanzierung der Kommunen. Nach **Art. 104b GG** kann der Bund den Ländern unter bestimmten Voraussetzungen Finanzhilfen für besonders bedeutsame Investitionen der Länder und der Gemeinden gewähren. Dies gilt nach **Art. 104c GG** im Fall von finanzschwachen Gemeinden auch für den Bereich der kommunalen Bildungsstruktur (kritisch *Liebing*, Ein neuer goldener Zügel?, KOPO 2017, 10).

Schaubild 1: Die herkömmliche Typologie der kommunalen Verfassungssysteme

1. Die Norddeutsche Ratsverfassung

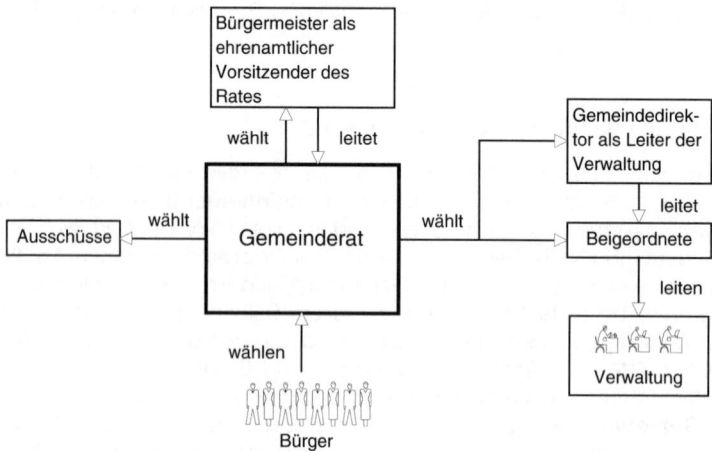

In Nordrhein-Westfalen wurde 1994 und in Niedersachsen 1996 die Norddeutsche Ratsverfassung durch die Süddeutsche Ratsverfassung abgelöst.

2. Die Süddeutsche Ratsverfassung

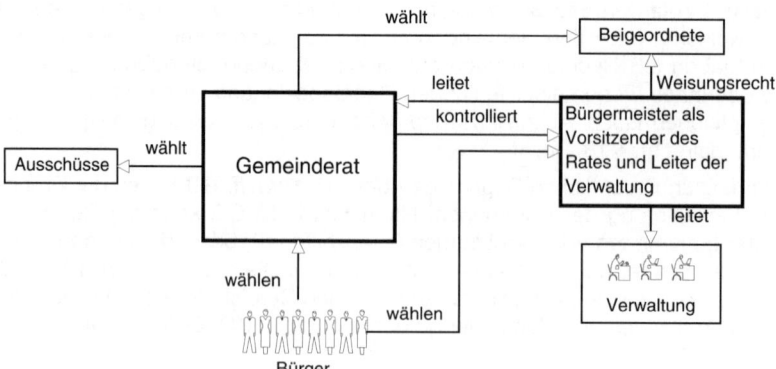

Kapitel **1** Grundlagen der gemeindlichen Selbstverwaltung 45

3. Die (Rheinische) Bürgermeisterverfassung

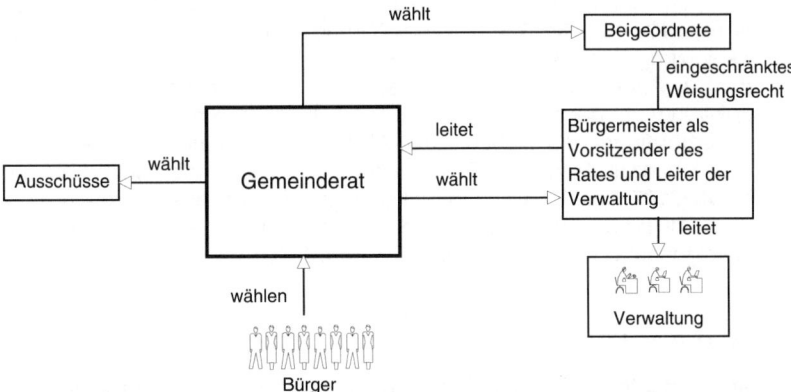

In Rheinland-Pfalz werden die Bürgermeister seit 1994 vom Volk unmittelbar für 8 Jahre gewählt.

4. Die Magistratsverfassung

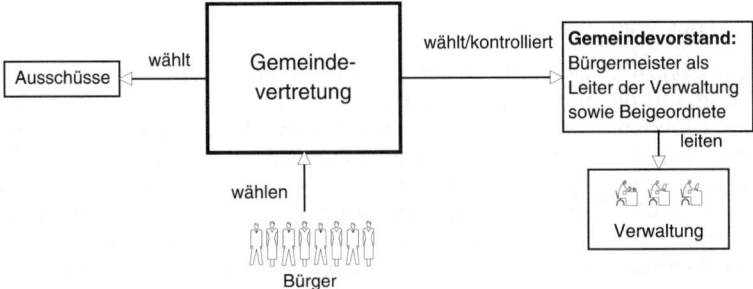

In Hessen werden die Bürgermeister seit 1993 vom Volk unmittelbar für 6 Jahre gewählt.

Zu erwähnen sind hier auch das Gesetzgebungsrecht der Länder für die örtlichen Verbrauchs- und Aufwandsteuern (**Art. 105 Abs. 2a, Art. 106 Abs. 6 GG**), der Anteil der Gemeinden am Einkommensteueraufkommen (**Art. 106 Abs. 5 GG**) und der Umsatzsteuer (**Art. 106 Abs. 5a GG**) sowie die Grund- und Gewerbesteuer und das Recht zur Festsetzung von Hebesätzen und Realsteuern (**Art. 106 Abs. 6 GG**). Der Gemeinde steht in Anbetracht der Pflicht der Defizitausgleichung ein weiter Entschließungsspielraum zu, der seine Grenze im Erdrosselungsverbot, Übermaßverbot und im Willkürverbot findet (VG Gießen LKRZ 2015, 389, Berufung zugelassen). Des Weiteren ist der Finanzkraft und des Finanzbedarfs der Gemeinden beim Länderfinanzausgleich (**Art. 107 Abs. 2 GG**) zu berücksichtigen. Die Lebensfähigkeit der Gemeinden und Gemeindeverbände ist, insbesondere auch in finanzieller Hinsicht, selbst im Verteidigungsfall zu wahren (**Art. 115 c Abs. 3 GG**).

II. Bundesgesetze und Rechtsverordnungen

56 Der Bund nimmt darüber hinaus durch eine Vielzahl von Bundesgesetzen und Rechtsverordnungen **unmittelbar oder mittelbar** auf die Tätigkeit der Gemeinden und Gemeindeverbände Einfluss. Die Gemeinden und Gemeindeverbände führen etwa **70-80% aller Bundesgesetze aus**. Beispiele für Gesetze, die überwiegend von den Gemeinden und Gemeindeverbänden ausgeführt werden sind das Baugesetzbuch, das Städtebauförderungsgesetz, das Sozialgesetzbuch, das Personenstandsgesetz und das Passgesetz.

III. Verfassung des Landes Hessen

57 Der landesverfassungsrechtliche Status der Kommunen ergibt sich im Wesentlichen aus **Art. 137 und 138 der Verfassung des Landes Hessen** vom 1.12.1946 (GVBl. S. 229), zuletzt geändert durch Gesetz vom 12.12.2018 (GVBl. I S. 752). Funktion und Status der Gemeinden und Gemeindeverbände werden ähnlich wie in Art. 28 Abs. 2 GG beschrieben, gehen jedoch den Umfang betreffend im Einzelnen darüber hinaus. Gegenüber Art. 28 Abs. 2 GG verstärkt Art. 137 Abs. 1 HV die Stellung der Gemeinden insofern, als sie in ihrem Gebiet die ausschließlichen **Träger der gesamten örtlichen öffentlichen Verwaltung** sind, und zwar unabhängig von einem staatlichen oder nichtstaatlichen Charakter der Aufgabe. Das Recht auf Übernahme einer öffentlichen Aufgabe kann nur aufgrund eines Gesetzes beschnitten werden. Voraussetzung hierfür ist jedoch das Vorliegen eines **dringenden öffentlichen Interesses**. Insoweit steht auch Art. 28 GG einer weiter gehenden Garantie der Landesverfassung nicht entgegen, da Art. 31 GG bei Landesverfassungsrecht lediglich dann Wirkung entfaltet, wenn und soweit die Landesverfassung mit dem Grundgesetz oder anderem Bundesrecht unvereinbar ist, nicht aber bei gleichem Wortlaut oder inhaltlicher Übereinstimmung. Letztere liegt auch in dem Fall einer weiterreichenden Regelung vor, die aber dem Grundgesetz noch nicht widerspricht (*Schmidt*, Verfassungsrecht, S. 38f.).

58 Das Recht auf Selbstverwaltung wird den Kommunen nach **Art. 137 Abs. 3 HV** garantiert. Ein ausdrücklicher **Gesetzesvorbehalt** für die Einschränkung der Eigenverantwortlichkeit sowie des Umfanges der eigenen Aufgaben fehlt in Art. 137 HV (vgl. *Meyer*, Kommunalrecht, S. 184). Die Zulässigkeit gesetzlicher Einschränkungen lässt sich jedoch indirekt aus **Art. 137 Abs. 3 S. 2 HV** entnehmen, der die Überwachung der gemeindlichen Verwaltung durch die **staatliche Aufsicht** auf eine Gesetzmäßig-

keitskontrolle (**Rechtsaufsicht**) beschränkt. Daraus lässt sich schließen, dass Eingriffsmaßnahmen gegenüber Gemeinden nur durch Gesetz oder aufgrund eines Gesetzes erfolgen können. Insofern besteht ein Gesetzesvorbehalt auch nach der Hessischen Verfassung.

Art. 137 Abs. 3, 4 und 5 HV gewährleistet den Gemeindeverbänden eine den Gemeinden entsprechende Garantie der Selbstverwaltung. Lediglich Art. 137 Abs. 2 HV weist auf den hierfür zu treffenden Rahmen, nämlich dem Erfordernis einer gesetzlich zu regelnden Kompetenzzuweisung hin. **59**

Des Weiteren können den Gemeinden **staatliche Aufgaben** zur Erfüllung nach Weisung übertragen werden. Die für die Durchführung der eigenen und der übertragenen Aufgaben erforderlichen **finanziellen Mittel** hat der Staat zunächst nach **Art. 137 Abs. 5 HV** im Wege des Lasten- und Finanzausgleichs zu sichern. Im Gegensatz zu dieser Verpflichtung des Staates geht die finanzverfassungsrechtliche Regelung des **Art. 137 Abs. 5 Satz 2 HV** über die in anderen Landesverfassungen getroffenen Regelungen hinaus. Hiernach ist das Land verpflichtet der Gemeinde für die Wahrnehmung der freiwilligen Selbstverwaltungsaufgaben **eigenverantwortlich zu verwaltende Einnahmequellen** zur Verfügung zu stellen. Seit 2002 soll die geänderte Hessische Verfassung einem echten **Konnexitätsgebot** Rechnung tragen. Werden die Gemeinden oder Gemeindeverbände nunmehr durch Landesgesetz zur Erfüllung neuer Aufgaben verpflichtet, die zu einer Mehrbelastung führen, muss hierfür nach **Art. 137 Abs. 6 HV** ein entsprechender Ausgleich geschaffen werden. **60**

Literatur: *Backhaus*, Konnexitätsprinzip, KP SW 1998, 303; *Meyer*, Kommunalrecht, in: Meyer/Stolleis, Staats- und Verwaltungsrecht für Hessen; *Schmidt*, Verfassungsrecht, in: Meyer/Stolleis, Staats- und Verwaltungsrecht für Hessen.

IV. Gesetze und Rechtsverordnungen des Landes Hessen

Die wichtigsten Rechtsquellen unterhalb der Hessischen Verfassung sind die **Hessische Gemeindeordnung** (HGO) idF vom 7.3.2005 (GVBl. I S. 142), zuletzt geändert durch Gesetz vom 21.6.2018 (GVBl. I S. 291) und die **Hessische Landkreisordnung** (HKO) idF vom 7.3.2005 (GVBl. I S. 183), zuletzt geändert durch Gesetz vom 20.12.2015 (GVBl. I S. 618). In dem **Hessischen Kommunalwahlgesetz** (KWG) idF vom 7.3.2005 (GVBl. I S. 197), zuletzt geändert durch Gesetz vom 20.12.2015 (GVBl. I S. 618) und in der **Kommunalwahlordnung** (KWO) idF vom 26.3.2000 (GVBl. I S. 198, 233), zuletzt geändert durch VO vom 3.7.2017 (GVBl. I S. 266) ist das Wahlrecht zu den Gemeindevertretungen, den Kreistagen und den Ortsbeiräten geregelt. Die öffentlichen Bekanntmachungen der Gemeinden werden durch die **Verordnung über öffentliche Bekanntmachungen der Gemeinden und Landkreise** idF vom 12.10.1977 (GVBl. I S. 409) bestimmt, zuletzt geändert durch Gesetz vom 16.12.2011 (GVBl. I S. 786). **61**

Die Grundsätze über den Lasten- und Finanzausgleich sind in dem Gesetz zur Regelung des **Finanzausgleichs** (FAG) idF vom 23.7.2015 (GVBl. I S. 298), zuletzt geändert durch Gesetz vom 13.9.2018 (GVBl. I S. 599) festgelegt, die Regelungen zur Feststellung und Deckung des Finanzbedarfs in der **Hessischen Landeshaushaltsverordnung** (LHO) vom 15.3.1999 (GVBl. I S. 248), zuletzt geändert durch Gesetz vom 3.5.2018 (GVBl. I S. 82). Das Recht zur Erhebung kommunaler Abgaben folgt aus dem **Gesetz über kommunale Abgaben** (KAG) vom 24.3.2013 (GVBl. I S. 134), zuletzt geändert durch Gesetz vom 28.5.2018 (GVBl. I S. 247). Mit dem am 14.5.2012 (GVBl. I S. 128) erlassenen **Schutzschirmgesetz** (SchuSG), zuletzt geändert durch Gesetz vom 25.4.2018 (GVBl. I S. 59) wird den defizitären Kommunen ein **Entschuldungsfond** geboten. Voraussetzung ist, dass die Kommunen mit dem Land eine Vereinbarung schließen, in der sie sich verpflichten, ihren Ergebnishaushalt innerhalb eines bestimmten Zeitraums auszugleichen. Mit dem „Gesetz zur Sicherstellung der finanziellen Leistungsfähigkeit der hessischen Kommunen bei liquiditätswirksamen Vorgängen und zur Förderung von Investitionen", der sog. **Hessenkasse** (Gesetz v. 25.4.2018, HessGVBl. 2018 S. 59), will der hessische Gesetzgeber neben dem SchuSG und den Zuweisungen aus dem Lastenausgleichsstock mit einem weiteren Instrument die Entschuldung der Kommunen vorantreiben.

62 Das Gesetz über die **Regierungspräsidien und Regierungsbezirke** des Landes Hessen vom 16.9.2011 (GVBl. I S. 420) teilt das Land Hessen in drei Regierungsbezirke Darmstadt, Gießen und Kassel (sog. Mittelstufe). Das **Gesetz über den Landeswohlfahrtsverband Hessen** vom 7.5.1953 (GVBl. S. 93), zuletzt geändert durch Gesetz vom 20.12.2015 (GVBl. I S. 618) bestimmt den Landeswohlfahrtsverband Hessen zum überörtlichen Sozialhilfeträger. Mit dem **Gesetz über kommunale Gemeinschaftsarbeit** (KGG) vom 16.12.1969 (GVBl. I S. 307), zuletzt geändert durch Gesetz vom 20.12.2015 (GVBl. I S. 618) werden die Formen kommunaler Gemeinschaftsarbeit geregelt.

Das Gesetz **zur Stärkung der kommunalen Zusammenarbeit im Ballungsraum Frankfurt/Rhein-Main (BallrG)** vom 19.12.2000 (GVBl. I 2000, 542), zuletzt geändert durch § 23 Nr. 1 MetropolregionG F/Rh-M vom 8.3.2011 (GVBl. I S. 153) und das Gesetz über den **Planungsverband Ballungsraum Frankfurt/Rhein-Main (PlanvG)** vom 19.12.2000, zuletzt geändert durch § 23 Nr. 2 MetropolregionG F/Rh-M vom 8.3.2011 (GVBl. I S. 153) sowie das Gesetz über die **Auflösung des Umlandverbandes Frankfurt** vom 19.12.2000 (GVBl. I S. 542) ordneten den Ballungsraum Frankfurt/Rhein-Main neu (vgl. Kap.11 C II). Eine von 24 Gemeinden, Städten und Landkreisen erhobene kommunale Grundrechtsklage gegen das Ballungsraumgesetz hat der Staatsgerichtshof (StAnz. 2004, 2097) teilweise wegen Unzulässigkeit, teilweise wegen Unbegründetheit abgewiesen. Mit dem Inkrafttreten des Gesetzes über die **Metropolregion Frankfurt/Rhein-Main** vom 8.3.2011 (GVBl. I S. 153), zuletzt geändert durch Gesetz vom 28.8.2018 (GVBl. I S. 387) wurden das Ballungsraumgesetz und das Planungsverbandsgesetz zusammengefasst.

Neben diesen typischen im Wesentlichen die Organisation der Gemeinde betreffenden Gesetze, sind die Gemeinden durch zahlreiche **Fachgesetze** betroffen, die sie berechtigen und verpflichten. Dazu gehören unter anderem die Umweltschutzgesetze, die Schulgesetze, das Polizei- und Ordnungsrecht, das Bau- und Planungsrecht, das Landesbeamtenrecht und das Verwaltungsverfahrensrecht.

V. Ortsrecht

63 Art. 28 Abs. 2 GG räumt den Gemeinden und Gemeindeverbänden die **Satzungshoheit** zur eigenverantwortlichen Regelung ihrer Angelegenheiten ein. Durch die Nutzung der Satzungsautonomie können die örtlichen Satzungsgeber den **individuellen Verhältnissen** in den einzelnen Gemeinden und Gemeindeverbänden Rechnung tragen. Zudem befreit sie den Gesetzgeber von lokalen Detailregelungen, deren Hintergründe ihm unbekannt sind. Örtliche **Satzungen** stehen in der **Hierarchie der Normen** an unterster Stelle, also im Rang unter Europa-, Bundes- und Landesrecht. Örtliches Recht muss sich daher in die staatliche Ordnung einfügen und darf nicht ge-

Kapitel **1** Grundlagen der gemeindlichen Selbstverwaltung 49

gen höherrangiges Recht verstoßen. Beispiele sind die Hauptsatzung, die Haushaltssatzung und Benutzungssatzungen für Öffentliche Einrichtungen.

Ein Recht zum Erlass von **Rechtsverordnungen** iSd Art. 80 Abs. 1 GG durch die Gemeinden besteht in Hessen nicht. Jedoch können die Gemeinden auf der Grundlage des § 74 HSOG **Gefahrenabwehrverordnungen** für ihr Gebiet bzw. die Landkreise nach § 73 HSOG für den ganzen Landkreis oder mehrere kreisangehörige Gemeinden erlassen, die den Charakter von Rechtsverordnungen haben, da sie Gebote und Verbote enthalten, die für eine unbestimmte Zahl von Fällen an eine unbestimmte Zahl von Personen zur Gefahrenabwehr verbunden sind. Sie werden von der Gemeindevertretung bzw. dem Kreistag beschlossen und dürfen nach § 75 HSOG keine Bestimmungen enthalten, die zu Gesetzen oder Rechtsverordnungen des Landes in Widerspruch stehen. **64**

Beispiel: Erlass einer Verordnung, die das Tragen von Maulkörben für Kampfhunde zur Pflicht macht.

Neben dem geschriebenen Recht besteht das **örtliche Gewohnheitsrecht**, das auch als **Observanz** bezeichnet wird. Örtliches Gewohnheitsrecht entsteht durch langandauernde Übung, die von der Rechtsüberzeugung aller Gemeindebürger getragen wird. Im Verhältnis zum geschriebenen Recht hat es ergänzende und lückenausfüllende Funktion (*Vogelgesang/Lübking/Jahn*, Kommunale Selbstverwaltung, S. 22). **65**

Beispiele: örtlich begrenzte Feiertage, Wasser- und Wegerechte sowie Holznutzrechte der Bürger am Gemeindewald.

Die Steuerung des Verwaltungshandelns auf der Gemeindeebene erfolgt durch den Erlass von **Verwaltungsvorschriften** bzw. **Richtlinien**. Sie regeln die Durchführung von Rechtsvorschriften, die Organisation der Verwaltung oder den internen Dienstbetrieb. Im Allgemeinen entfalten Verwaltungsvorschriften nur **interne Wirkungen** (*Stober*, Kommunalrecht, S. 12). **66**

Beispiele: Geschäftsverteilungspläne, Allgemeine Dienstanweisungen und Geschäftsordnungen.

VI. Recht der Europäischen Union

Die bisher dargestellten Rechtsquellen betreffen nur das nationale Recht der Bundesrepublik Deutschland. Neben den Einfluss des Bundes und der Länder auf die Gemeinden ist aber stetig zunehmend das **Recht der Europäischen Union** getreten. Seit dem Inkrafttreten des Vertrages von Lissabon wird das Recht der Europäischen Union als **Unionsrecht** bezeichnet. **67**

Rechtsgrundlage für die Befugnis des Bundes, durch Gesetz eigene Hoheitsrechte und einzelne Länder-Kompetenzen mit Zustimmung des Bundesrates auf die Europäische Union zu übertragen, ist **Art. 23 Abs. 1 GG**. Das Europarecht im engeren Sinne besteht aus dem Primärrecht und dem ihm untergeordneten Sekundärrecht. Die wichtigsten primärrechtlichen Verträge sind heute der **Vertrag über die Europäische Union** (EU-Vertrag) und der **Vertrag über die Arbeitsweise der Europäischen Union** (AEU-Vertrag), auch **die Verträge** genannt (Art. 1 Abs. 2 S. 1 AEUV). Das **Sekundärrecht** sind die auf Grundlage des Primärrechts von den Organen der der Europäischen Union erlassene Rechtsakte. Nach **Art. 288 AEUV** können Verordnungen, Richtlinien, Beschlüsse, Empfehlungen und Stellungnahmen erlassen werden. Mit Ausnahme der Empfehlungen und Stellungnahmen sind die Rechtsakte im Bund und den Ländern geltendes bindendes Recht. Sie wirken sich in vielfältiger

Weise auf den Handlungsbereich der Gemeinden und Gemeindeverbände aus (vgl. *Matjeka/Peetz/Welz,* Vorschriftensammlung Europarecht).

Da das Recht der Europäischen Union im Interesse der Verwirklichung eines vereinten Europas verbindlich und vorrangig ist, müssen die Gemeinden auch den Verwaltungsvollzug darauf ausrichten. Die rechtlichen Vorgaben beziehen sich auf den **Bereich der Selbstverwaltung ebenso wie auf den übertragenen Aufgabenkreis**. Rechtshandlungen der Europäischen Union betreffen fast den **gesamten Wirkungsbereich der Kommunen**: die Umweltpolitik, das öffentliche Auftragswesen, die Elektrizitätswirtschaft, die Beihilfenpolitik, das Sparkassenwesen, die Kommune als Arbeitgeber, die Planungspolitik und den Städtebau, das Kommunalwahlrecht sowie den öffentlichen Personennahverkehr.

68 Das Recht der Europäischen Union hat in den vergangenen Jahren unter anderem prägend in das öffentliche Dienstrecht, den Datenschutz, die öffentliche Auftragsvergabe durch diverse Vergaberichtlinien, der Pflicht zur Ausschreibung von Konzessionsverträgen, die verpflichtende Vergabe von Aufträgen durch Auftraggeber im Bereich der (Ab-)Wasser-, Energie-, Müllentsorgung- und Verkehrsversorgung, die Datenschutzgrundverordnung sowie mit Vorschriften zur Personenbeförderung und der Liberalisierung der Postdienste in das selbstbestimmte kommunale Handlungsgeschehen eingegriffen. Die früher bestehende Gewährträgerhaftung der Kommunen für die Sparkassen wurde als unrechtmäßige Beihilfe (Art. 107 AEUV) bewertet und in Folge das SparkassenG geändert. Selbst bei der Erbringung sozialer Dienstleistungen (SGB II, III, VIII und XII) sind Unternehmen nur dann von den Wettbewerbsregeln freigestellt, wenn sie mit Dienstleistungen von allgemeinem Interesse betraut sind und die Anwendung der Wettbewerbsregeln rechtlich oder tatsächlich die übertragene Aufgabe verhindern würde (Art. 106 Abs. 2 AEUV).

Selbst an sich keine Rechtsbindungen entfaltende Entschließungen, wie bsp. die zum Rauchverbot in öffentlichen Einrichtungen und Verkehrsmitteln, können die kommunale Selbstverwaltung tangieren (abgedruckt in NJW 1989, 2936).

Literatur: *Bleckmann,* Die kommunale Leistungsverwaltung, insbesondere die Subventionsvergabe im europäischen Binnenmarkt, NVwZ 1990, 820; *Bundschuh,* Der Querverbund kommunaler Unternehmen; *Ehlers,* Das Wirtschaftsverwaltungsrecht im europäischen Binnenmarkt, NVwZ 1990, 810; *Hailbronner/Nachbaur,* Niederlassungsfreiheit und Dienstleistungsfreiheit, WiVW 1992, 57; *Nierhaus,* Selbstverwaltungsgarantie und wirtschaftliche Betätigung der Kommunen, HdKWP, Bd.2 S. 35;*Schmidt-Eichstaedt,* Das Bau- und Planungsrecht in der Europäischen Union, DÖV 1995, 969; *Ziegelmeier,* Die Reichweite des landesverfassungsrechtlichen Konnexitätsprinzips am Beispiel der Umsetzung der EU-Dienstleistungsrichtlinie, NVwZ 2009, 1455.

69 Um ihrerseits sich am **Willensbildungs- und Entscheidungsprozess der Gemeinschaft** beteiligen zu können, sind die Gemeinden und Gemeindeverbände in dem nach **Art. 305f. AEUV** zu bildenden **Ausschuss der Regionen** (AdR) vertreten. Der Ausschuss besteht aus höchstens 350 Mitgliedern der regionalen und lokalen Gebietskörperschaften Europas, die für die Dauer von fünf Jahren auf Vorschlag der Mitgliedsstaaten vom EU-Ministerrat ernannt werden. Von den 24 Mitgliedern aus der Bundesrepublik sind 21 Mitglieder Vertreter der Bundesländer und 3 Mitglieder der deutschen Spitzenverbände der Landkreise, Städte und Gemeinden (vgl. § 14 Gesetz zur Zusammenarbeit von Bund und Ländern in Angelegenheiten der EU [BGBl. I 1993, 313]). Die **Mitglieder sind an keine Weisungen** gebunden (Art. 300 AEUV).

Der Ausschuss ermöglicht, dass Erfahrungen und Interessen der Regionen unmittelbar in den europäischen Entscheidungsprozess einfließen. Seine Aufgaben sind **be-**

ratender Natur. Er ist von dem Europäischen Parlament, dem Rat und der Kommission in den vertraglich vorgesehenen Fällen und in allen anderen Fällen anzuhören, in denen eines dieser beiden Organe dies für zweckmäßig erachtet (Art. 307 AEUV). Die vertraglich vorgesehene Anhörung bezieht sich auf die Bereiche **Beschäftigung, Soziale Angelegenheiten, Öffentliche Gesundheit, Umwelt, Europäischer Sozialfond, Berufliche Bildung, kulturelle Fördermaßnahmen, Verkehr sowie wirtschaftlicher und sozialer Zusammenhalt.** In Fällen, in denen der Wirtschafts- und Sozialausschuss angehört werden muss, kann er sich äußern, wenn er der Ansicht ist, dass spezifische regionale Belange berührt sind. Der Ausschuss der Regionen kann aber auch von sich aus sog. **Initiativstellungnahmen** abgeben. Im Übrigen nimmt er zu den von den Organen ihm vorgelegten Fragen Stellung.

Der Vertrag von Lissabon 2009 formalisierte die dem Ausschuss der Regionen seit dem Vertrag von Maastricht 1994 zuerkannte Rolle als **Hüter des Subsidiaritätsprinzips.** Der Ausschuss der Regionen kann nach Art. 263 Abs. 3 AEUV zum Schutz eigener, ihm nach den Europäischen Verträgen verliehenen Rechte und Befugnisse, Nichtigkeitsklage **vor dem Europäischen Gerichtshof** erheben. Bei einem von ihm vermuteten Verstoß (vgl. zB RESOL-VI/29 v. 1.2.2018) eines erlassenen Rechtsaktes gegen das Subsidiaritätsprinzip steht ihm, wenn er im Rahmen des Rechtsetzungsverfahrens anzuhören war, die sog. **teilprivilegierte Klagebefugnis** zu.

Daneben unterhalten die Gemeinden und Gemeindeverbände in Brüssel ein Europabüro der Deutschen Kommunalen Selbstverwaltung.

Literatur: v. *Ameln*, Auswirkungen des Europäischen Binnenmarktes auf Kommunalpolitik und Kommunalrecht der EG-Mitgliedsstaaten, DVBl. 1992, 477; *Gern*, Umstellung der kommunalen Rechtsvorschriften auf den Euro, NVwZ 1998, 350; *Knemeyer*, Europa der Regionen – Europa der Kommunen, 1994; *Mombaur/v.Lennep*, Die deutsche kommunale Selbstverwaltung und das Europarecht, DÖV 1988, 988, *Stargardt*, Europäisierung und Regionalisierung der kommunalen Selbstverwaltung, DVP 1995, 62; *Taurus*, Der Ausschuss der Regionen, Institutionalisierte Mitwirkung der Regionen in der EU; *Waechter*, Kommunalrecht, S. 8ff..

D. Das Recht auf kommunale Selbstverwaltung

I. Begriff der kommunalen Selbstverwaltung

Der **Begriff der kommunalen Selbstverwaltung** kann sowohl politisch als auch juristisch verstanden werden. Die Selbstverwaltung im **politischen Sinn** ist die bürgerschaftliche Selbstverwaltung, deren Hauptmerkmal die ehrenamtliche Mitwirkung der Bürger an öffentlichen Aufgaben ist (BVerfGE 11, 351 [363]). Ihr Ziel ist es, der Übermacht der Verwaltungsbürokratie entgegenzuwirken, der Entfremdung zwischen Staat und Bürger durch Beteiligung der Bürger an der Verwaltung Einhalt zu gebieten, das Verantwortungsbewusstsein für das Gemeinwesen zu stärken und die Identifikation zwischen Staatsgewalt und Staatsvolk zu fördern. Demgegenüber meint Selbstverwaltung im **juristischen Sinn** die eigenverantwortliche Verwaltung öffentlicher Aufgaben durch verselbständigte juristische Personen des öffentlichen Rechts, die im eigenen Namen und durch eigene Organe im Rahmen der Gesetze handeln. Dieser Begriff liegt auch der in **Art. 28 Abs. 2 GG** gewährleisteten Garantie der kommunalen Selbstverwaltung zugrunde (*Stober*, Kommunalrecht, S. 30f.).

Literatur: *Steinger*, Amtsverfassung und Demokratieprinzip.

II. Grundgesetz

71 Durch **Art. 28 Abs. 2 S. 1 GG** wird den **Gemeinden** das Recht gewährleistet, **alle Angelegenheiten der örtlichen Gemeinschaft im Rahmen der Gesetze in eigener Verantwortung** zu regeln. Ferner haben nach **Art. 28 Abs. 2 S. 2 GG** auch die **Gemeindeverbände** im Rahmen ihres gesetzlichen Aufgabenbereichs nach Maßgabe der Gesetze das Recht auf Selbstverwaltung. Die Rechtsstellung der Gemeinden gegenüber dem Staat im Allgemeinen wird demnach von unbestimmten Rechtsbegriffen geprägt, die es auszulegen gilt.

1. Inhalt und Umfang der Selbstverwaltungsgarantie

72 Art. 28 Abs. 2 GG ist **kein Grundrecht** und fällt daher nicht unter den Gewährleistungsbestand des Art. 79 Abs. 3 GG (vgl. auch HessStGH ESVGH 23, 147 zu Art. 1 HV und Art. 137 Abs. 3 HV). Obwohl Art. 28 GG im organisatorischen Teil der Verfassung „Der Bund und die Länder" niedergelegt ist, sollte den Gemeinden das Recht auf Selbstverwaltung aber in ähnlichem Umfang garantiert werden, wie es in dem unter den Grundrechten stehenden Art. 127 Weimarer Reichsverfassung (WRV) der Fall gewesen war. Für Art. 127 WRV war jedoch anerkannt, dass er den Gemeinden das Selbstverwaltungsrecht als **Institution** verbürgt (BVerfGE 1, 167 [174ff.]). Die **institutionelle Garantie der Selbstverwaltung** besteht aus **drei Elementen**: der institutionellen Rechtssubjektsgarantie, der objektiven Rechtsinstitutionsgarantie und der subjektiven Rechtsstellungsgarantie.

1.1. Die institutionelle Rechtssubjektsgarantie

73 **Art. 28 Abs. 2 GG** enthält zunächst eine **institutionelle Rechtssubjektsgarantie**. Da die eigenverantwortliche Erledigung aller Angelegenheiten der örtlichen Gemeinschaft einer entsprechenden Organisationseinheit bedarf, schützt die Verfassung die Gemeinden und Gemeindeverbände als **Bestandteil des Verwaltungsaufbaus** der Bundesrepublik Deutschland. Art. 28 Abs. 2 GG garantiert aber nicht den Bestand einzelner Gemeinden oder Gemeindeverbände, auch nicht in ihrem Gebietsbestand. Die Garantie bezieht sich also auf einen bestimmten Typus, nicht aber auf eine bestimmte Größe oder eine bestimmte Fläche (*Stober*, Kommunalrecht, S. 33). Von der grundsätzlichen Zulässigkeit der Auflösung bzw. Zusammenlegung einzelner Gemeinden und Gemeindeverbände wurde im Zuge der **kommunalen Gebietsreform** in weitem Umfang Gebrauch gemacht. In **Hessen** ging die Zahl der selbstständigen Gemeinden von 2684 im Jahre 1968, dem Beginn der Gebietsreform auf fünf kreisfreie Städte und 421 Städte und Gemeinden in 21 Landkreisen im Jahr 1979 zurück. Erst im Jahr 2018 schlossen sich vier Kommunen im Odenwaldkreis zur Stadt Oberzent zusammen. Damit verminderte sich die Zahl der kreisangehörigen Städte und Gemeinden auf 418.

1.2. Die objektive Rechtsinstitutionsgarantie

74 Neben dem Institut Gemeinde garantiert **Art. 28 Abs. 2 GG** den Gemeinden ganz abstrakt und objektiv die **eigenverantwortliche Erledigung aller Angelegenheiten der örtlichen Gemeinschaft im Rahmen der Gesetze**. Diese Garantie umfasst das Recht, alles, was in den räumlichen Geltungsbereich der Gemeinden an Verwaltungsaufgaben fällt, in eigener Zuständigkeit zu erledigen (sog. **Verbandskompetenz**), sofern der Staat sich durch Gesetz bestimmte Aufgaben nicht selbst vorbehalten oder sie nicht anderen Aufgabenträgern ausdrücklich zugewiesen hat. Dieser **Grundsatz der Universalität oder Allzuständigkeit** des örtlichen Wirkungskreises war bereits in der *Stein*schen Städteordnung anerkannt und bestimmt seitdem den Inhalt der kommunalen Selbstverwaltung.

Angelegenheiten der örtlichen Gemeinschaft sind nach der Rechtsprechung des Bundesverfassungsgerichts diejenigen Bedürfnisse und Interessen, die **in der örtlichen Gemeinschaft wurzeln** oder einen **spezifischen Bezug** zu ihr haben, die also den Gemeindeeinwohnern gerade als solchen gemeinsam sind, indem sie das Zusammenleben und -wohnen der Menschen in der Gemeinde betreffen (grundlegend BVerfGE 8, 122 [134]); auf die Verwaltungskraft der Gemeinde kommt es hierfür nicht an [BVerfGE 79, 127 [[152]] Rastede-Urteil). Zur **Bestimmung der Örtlichkeit** stellt die Rechtsprechung in Zweifelsfällen zunächst auf die **geschichtliche Entwicklung** der kommunalen Selbstverwaltung ab. Des Weiteren werden **Hilfsmerkmale wie Einwohnerzahl, flächenmäßige Ausdehnung und Struktur der Gemeinde** herangezogen (*Stober*, Kommunalrecht, S. 37). Ob eine Angelegenheit hiernach noch örtlich ist, hat nach der Rechtsprechung anhand von Sachkriterien unter Orientierung an den Anforderungen zu erfolgen, die an eine ordnungsgemäße Aufgabenerfüllung zu stellen sind (BVerfGE 79, 127 [153] – Rastede-Urteil). Die Angelegenheiten bilden **keinen feststehenden Aufgabenkreis**. Die Gemeinden haben vielmehr das Recht, entsprechend den sich wandelnden Bedürfnissen jederzeit neue öffentliche Aufgaben in ihren Bereich zu übernehmen oder aufzugeben. 75

Der Schutzbereich des Art. 28 Abs. 2 GG erstreckt sich nicht auf die gemeindlichen Aufgaben des übertragenen staatlichen Wirkungskreises, da es sich bei **Weisungsaufgaben und Auftragsangelegenheiten** um die Wahrnehmung von **Fremdaufgaben** handelt. Hier fehlt es an einer kommunalen **Verbandskompetenz** in Gestalt einer materiellen **Erledigungs-** und prinzipiell auch einer **Befassungskompetenz** (*Stober*, Kommunalrecht, S. 36; BVerwG DÖV 1989, 266). Aus dieser Umschreibung ist ohne weiteres ersichtlich, dass Fragen der Außen-, Wirtschafts- und Verteidigungspolitik nicht zu den Angelegenheiten der örtlichen Gemeinschaft gehören. Keine Angelegenheit der örtlichen Gemeinschaft ist daher die Befassung der Gemeindeorgane mit einer „**Erklärung der Gemeinde zur atomwaffenfreie Zone**" im Allgemeinen, da eine Gemeinde durch die Stationierung von Atomwaffen im Bundesgebiet grundsätzlich nicht anders betroffen ist als jede andere Gemeinde, die der Verteidigungshoheit des Bundes untersteht (BVerwG NVwZ 1991, 682). 76

Ausnahmsweise besteht jedoch auch im Bereich staatlicher Aufgaben eine kommunale Befassungskompetenz, die sich zu Anhörungs-, Mitwirkungs- und Sachantragsrechten verdichten kann. Dies kann dann der Fall sein, wenn und soweit aus dem Selbstverwaltungsrecht oder dem übertragenen Wirkungskreis abzuleitende **Rechtspositionen der Gemeinden in spezifischer Weise** konkret gegenwärtig oder abstrakt künftig (potenziell) **betroffen werden** (können) (BVerwG DVBl.1991, 491ff). Eine konkrete Befassungskompetenz kann daher bei Fragen der **Landesverteidigung** bestehen, soweit durch den Bund als Träger der Verteidigungshoheit (Art. 73 Nr. 1, 87a und 87b GG) militärische Einrichtungen oder Maßnahmen auf dem Gebiet der Gemeinde vorhanden oder geplant sind. Dies gilt nach der Rechtsprechung auch, sofern zwar eine konkrete Maßnahme noch nicht geplant ist, aber mögliche **Auswirkungen** solcher Maßnahmen **auf die Angelegenheiten der örtlichen Gemeinschaft** diskutiert werden sollen, etwa die Auswirkungen einer **Stationierung von Atomwaffen im Gemeindegebiet** auf die Infrastruktur und den Brand- und Ka- 77 tastrophenschutz (BVerwG NVwZ 1991, 682 [684]). In diesem Fall werden sogar sog. **Vorratsbeschlüsse** für rechtlich zulässig erachtet (BVerwG NVwZ 1991, 682 [683]). Eine Überschreitung des örtlichen Wirkungskreises ist aber in den Fällen **zulässig**, in denen es sich um die Zusammenarbeit in kommunalen Spitzenverbänden, den Abschluss einer **Städtepartnerschaft** oder um einen **Beschluss zur internationalen kommunalen Zusammenarbeit** handelt (*Vogelsang/Lübking/Jahn*, Kommunalrecht, S. 31). So wird etwa der Beitritt zu einem von den Städten Hiroshima und Nagasaki ausgehenden „Programm für Förderung der Solidarität der Städte" mit dem Ziel einer weltweiten Abrüstung der Kernwaffen wegen der Zielsetzung einer friedlichen Völkerverständigung und Bürgerbegegnung für zulässig gehalten (BVerwG NVwZ 1991, 682 [685]).

Literatur: *Schoch*, Erklärung des Gemeindegebiets zur „atomwaffenfreie Zone" – BVerwG NVwZ 1991, 682, JUS 1991, 728.

78 Das Selbstverwaltungsrecht steht den Gemeinden „im Rahmen der Gesetze" zu. Der sich hieraus im Sinne des Art. 20 Abs. 3 GG ergebende **Gesetzesvorbehalt** begrenzt das Selbstverwaltungsrecht und gewährt dem Staat ein beschränktes Eingriffsrecht. Gesetz im Sinne des Art. 28 Abs. 2 GG ist dabei nicht förmlich zu verstehen. Neben Bundes- und Landesgesetzen können auch Rechtsverordnungen, soweit sie auf einer nach Inhalt, Zweck und Ausmaß spezifizierten Ermächtigungsgrundlage beruhen, das Selbstverwaltungsrecht wirksam begrenzen (BVerfGE 26, 228 (237); 56, 298 (309); NVwZ 1987, 42). Gesetz im geforderten Sinn kann auch ein Raumordnungsprogramm (BVerfG NVwZ 1988, 47) oder vorkonstitutionelles Gewohnheitsrecht (BVerwG DVBl. 1979, 116) sein. Darüber hinaus ist allgemein anerkannt, dass auch das EU-Recht die kommunale Selbstverwaltung einschränken kann.

79 Hinsichtlich der **Intensität** des Eingriffes muss zwischen einer absoluten und einer relativen unterschieden werden. Der **Kernbereich** oder **Wesensgehalt** der Selbstverwaltung ist **unantastbar**. Er kennzeichnet den Bereich der Selbstverwaltungsgarantie, demgegenüber es keine begrenzenden gleich- oder höherwertigen Rechtsgüter mehr gibt. Die kommunale Selbstverwaltung darf daher auch nicht soweit eingeschränkt werden, dass sie innerlich ausgehöhlt wird, die Möglichkeit zur eigenständigen Betätigung verliert und nur noch ein Schattendasein führt (BVerfGE 38, 258 [279]).

80 Eine allgemeine Bestimmung des Kernbereichs ist nicht möglich; vielmehr ist in jedem Einzelfall zu fragen, ob diese bestimmte Angelegenheit konkret zum Kernbereich der kommunalen Selbstverwaltung gehört. Nach der Rechtsprechung des Bundesverfassungsgerichts gehört zum Kernbereich (Wesensgehalt) zwar **kein gegenständlich bestimmter oder nach feststehenden Merkmalen bestimmter Aufgabenkatalog**, wohl aber die Befugnis, sich aller Angelegenheiten der örtlichen Gemeinschaft, die nicht anderen Trägern öffentlicher Verwaltung durch Gesetz rechtmäßig übertragen sind, ohne besonderen Kompetenztitel anzunehmen (BVerfGE 79, 127 [151]). Nach herkömmlichem Verständnis gehört zum besonders geschützten Kernbereich eine **Anzahl von gemeindlichen Hoheitsrechten**, die der Staat den Gemeinden im Interesse einer funktionsgerechten Aufgabenwahrnehmung garantiert. Hierzu gehören insbesondere die **Gebietshoheit, die Personal- und Organisationshoheit, die Finanzhoheit, die Planungshoheit und die Satzungshoheit**. Diese Rechte der Gemeinde genießen einen erhöhten Schutz, gehören aber **nur nach ihrem Grundbestand zum Kernbereich**. Einzelausformungen dieser Rechte können auch außerhalb des Kernbereichs liegen und genießen insoweit dann nicht

den besonderen Schutz der Wesensgehaltsgarantie. Verletzt ist der Kernbereich auf jeden Fall, wenn nach dem Eingriff von dem betroffenen Bereich nichts mehr übrig bleibt (sog. **Subtraktionsmethode**, vgl. BVerfGE 7, 358, StGH Bad.-Württ. ESVGH 24, 155).

Außerhalb des Kernbereichs ist der Gesetzgeber befugt, das Selbstverwaltungsrecht zu regeln und näher auszugestalten. Die Ausgestaltung der Selbstverwaltung durch den Gesetzgeber muss aber durch **tragfähige Gründe des Gemeinwohls** gerechtfertigt sein, wobei insoweit zugunsten des Gesetzgebers eine Beurteilungsprärogative besteht (BVerfG NVwZ 1982, 367; BVerfG NVwZ-RR 1989, 347). Darüber hinaus sind das **Willkürverbot** zu beachten und der **Grundsatz der Verhältnismäßigkeit** zu wahren, die Ausgestaltung muss also auf das unbedingt notwendige Maß begrenzt sein. 81

Der Gesetzgeber kann eine Aufgabe mit relevantem örtlichem Charakter den Gemeinden auch entziehen, indem er die Zuständigkeit auf einen anderen Verwaltungsträger verlagert. Auch diese sog. **Hochzonung** (auf Land oder Landkreise) oder **Querzonung** (auf Nachbargemeinden) ist nur aus **Gründen des Gemeinwohls** zulässig, vor allem also etwa dann, wenn anders die **ordnungsgemäße Aufgabenerfüllung** nicht sicherzustellen wäre und die den Aufgabenentzug tragenden Gründe gegenüber dem verfassungsrechtlichen Aufgabenverteilungsprinzip des Art. 28 Abs. 2 S. 1 GG überwiegen. Der Entscheidungsspielraum des Gesetzgebers ist insoweit nach dem Ergebnis der Güterabwägung normativ gebunden (BVerfGE 79, 127 [152]). Überwiegende Gründe für eine Hochzonung und Querzonung sind nach dem Bundesverfassungsgericht **Fragen des Umweltschutzes oder der Seuchenabwehr**. **Wirtschaftlichkeitserwägungen** hingegen vermögen einen Aufgabenentzug nur dann rechtfertigen, wenn das Belassen der Aufgabe in der gemeindlichen Zuständigkeit zu einem unverhältnismäßigen Kostenanstieg führen würde (BVerfG, Urt.v. 21.11.2017 – 2 BvR 2177/16 – zur Zulässigkeit der Übertragung der Zuständigkeit für die Erfüllung des Kinderbetreuungsanspruchs von Gemeinden auf Landkreis). Die Erreichung **bloßer Verwaltungsvereinfachung** oder einer **Zuständigkeitskonzentration** können einen Aufgabenentzug jedenfalls nicht rechtfertigen (BVerfGE 79, 127 [153]). Das Nichterreichen dieser Ziele ist durch die vom Grundgesetz gewollte dezentrale Aufgabenerledigung bedingt (BVerfGE 79, 127 [152]). 82

Literatur: *Knemeyer/Hofmann*, Gemeinden und Kreise – Anmerkungen zum "Rastede-Urteil" des BVerwG.

1.3. Die subjektive Rechtsstellungsgarantie

Die Selbstverwaltungsgarantie gewährt den Gemeinden auch ein **subjektives Recht zur Abwehr von Eingriffen in das Selbstverwaltungsrecht** (BVerwG DVBl. 1990, 1066). Nach **Art. 93 Abs. 1 Nr. 4b GG iVm § 91 BVerfGG** können die Gemeinden und Gemeindeverbände wegen Verletzung der Garantie der kommunalen Selbstverwaltung **Verfassungsbeschwerde** vor dem Bundesverfassungsgericht erheben. Des Weiteren steht den Gemeinden und Gemeindeverbänden in Hessen der Rechtsweg zum Hessischen Staatsgerichtshof nach **§ 46 StGHG (Grundrechtsklage)** offen (vgl. Kap. 1 IV 2). Keine Rechtswirkung entfaltet die Selbstverwaltungsgarantie zugunsten privater Dritter. Die Rüge, das Selbstverwaltungsrecht sei verletzt, kann nur von der Gemeinde selbst, nicht dagegen von den Bürgern erhoben werden (BVerfG NVwZ 1989, 45 [46]). 83

2. Kernbestand kommunaler Hoheitsrechte

84 Wie bereits dargelegt gehören zum besonders geschützten Kernbereich der kommunalen Selbstverwaltung eine **Anzahl von gemeindlichen Hoheitsrechten**, die der Staat den Gemeinden und teilweise den Gemeindeverbänden im Interesse einer effektiven bürgernahen und eigenständigen Aufgabenerledigung gewährleistet.

2.1. Gebietshoheit

85 Die **Gebietshoheit** ist ein vom Staat abgeleitetes Recht, das alle Personen und Gegenstände im Gemeindegebiet umfasst. Hiernach unterliegen alle Personen, die sich auf dem Gemeindegebiet aufhalten oder die durch Grundbesitz oder Gewerbebetrieb zu ihm in Beziehung stehen, der Hoheit der jeweiligen Gemeinde (**Territorialprinzip**). Die Gebietshoheit umfasst die Kompetenz, gegenüber **allen Personen und Gegenständen im Gemeindegebiet im Rahmen der Gesetze rechtserhebliche Handlungen** vorzunehmen. Die Gebietshoheit gehört insofern zum Kernbereich der Selbstverwaltung, als sie die örtliche Zuständigkeit der Gemeinde zur Erfüllung kommunaler Aufgaben innerhalb der Gemeindegrenzen garantiert. Nicht zum Kernbereich gehört der unveränderte Bestand der Gemeindegrenzen. Ein **Eingriff in die Gebietshoheit** mit dem **Ziel der Gebietsänderung** ist daher dann im Rahmen der Gesetze zulässig, wenn das **öffentliche Wohl** (§ 16 Abs. 1 HGO) dies erfordert (BVerfG NJW 1979, 1347; HessVGH HessVGRspr. 1974, 41). Gründe des öffentlichen Wohls werden regelmäßig anerkannt werden, wenn unübersichtliche Gemengelagen, Gebietseinschlüsse (Enklaven) oder Gebietsausschlüsse (Exklaven) sowie geographisch unhaltbare Grenzziehungen vorliegen. Die Voraussetzungen für die völlige Auflösung einer Gemeinde durch eine Grenzänderung werden in der Regel nur dann vorliegen, wenn die Lebensfähigkeit der betroffenen oder aller beteiligten Gemeinden auf andere Weise nicht gesichert werden kann.

Nach Jahrzehnten ist erstmals wieder eine **freiwillige Fusion** (§ 16 Abs. 3 HGO) von einer Stadt und drei Gemeinden im Odenwald von den Beteiligten Bürgern und Organen geglückt. Zum 1.1.2018 ist die Stadt Oberzent aus der Stadt Beerfelden und den Gemeinden Hesseneck, Rothenberg und Sensbachtal entstanden. Die Beteiligten versprechen sich von dem Zusammenschluss eine **effektivere Verwaltung** und eine **bessere finanzielle Ausstattung**. Weitere freiwillige Fusionen sind in Hessen in Planung.

2.2. Personalhoheit

86 Die **Personalhoheit** ist das Recht der Gemeinden und Gemeindeverbände, die zur ordnungsgemäßen Erfüllung ihrer Aufgaben benötigten **Beamten, Angestellten und Arbeiter auszuwählen, anzustellen, zu befördern und zu entlassen** (BVerfGE 17, 172 [181f.]). Zu den konkreten Rechten der Personalhoheit gehören die Personalbedarfsplanung, die Stellenausschreibung, die Stellenbewertung, Aus- und Weiterbildungsmaßnahmen, der Erlass von Beurteilungsrichtlinien und die Erarbeitung von Personalauswahl- und Beförderungsrichtlinien. Die Personalhoheit ist **zahlreichen** rechtlich zulässigen **Einschränkungen** unterworfen, die sich aus dem **Grundgesetz** (Art. 3 und Art. 33 GG), **bundes- und landesrechtlichen Vorschriften des Beamtenrechts** (BRRG, HBG, BBesG) sowie für die privatrechtlichen Beschäftigungsverhältnisse der Angestellten und Arbeiter aus dem **Tarifvertrag für den öffentlichen**

Dienst (TVöD) ergeben, zu deren Anwendung die Gemeinden als Mitglieder von kommunalen Arbeitgeberverbänden verpflichtet sind. Die **Grenze** zur zulässigen Einschränkung der Personalhoheit dürfte dort zu ziehen sein, dass der **Staat** befugt ist Angelegenheiten von **allgemeiner Bedeutung** zu regeln, die die Dienstverhältnisse aller Gemeinden und Gemeindeverbände betreffen, wohingegen das Recht zur **individuellen Ausgestaltung** des jeweiligen Dienst- und Arbeitsverhältnisses den **Gemeinden** vorbehalten bleiben muss. Zu letzterem zählen etwa Vereinbarungen über flexible Arbeitszeiten, Fortbildungsangebote und örtliche Feiertage.

Eine weitere Einschränkung kann sich aus dem in **Art. 45 AEUV** verankerten Grundsatz der **Freizügigkeit der Arbeitnehmer**, der die Abschaffung jeder auf der Staatsangehörigkeit beruhender unterschiedlicher Behandlung der Arbeitnehmer umfasst, ergeben. Zwar findet der Grundsatz nach Art. 45 Abs. 4 AEUV auf die Beschäftigung in der öffentlichen Verwaltung keine Anwendung. Der EuGH beschränkt den Nationalvorbehalt aber auf eindeutig hoheitliche Tätigkeiten, wie die der Polizei und die der Rechtspflege. Hingegen seien in den Bereichen des öffentlichen Verkehrswesen, des Schul- und Gesundheitswesens sowie der Strom- und Wasserversorgung auch Angehörige anderer Mitglieder zuzulassen werden (EuGH NJW 1981, 2633; EuGH NJW 1988, 1441 [1442]). 87

2.3. Organisationshoheit

Die **Organisationshoheit** ist das Recht der Gemeinden und Gemeindeverbände zur **selbstständigen Schaffung und Erhaltung der verwaltungsmäßigen Voraussetzungen** für die ordnungsgemäße Wahrnehmung der ihnen obliegenden Aufgaben (**Aufbau- und Ablauforganisation**). Zur Organisationshoheit gehört aber auch die Entscheidung über die **Ausgliederung bestimmter Einrichtungen**, sowie die Entscheidung, ob die Gemeinde sich öffentlich-rechtlicher oder privatrechtlicher Organisationsformen bedienen will (*Stober*, Kommunalrecht, S. 44). So hat der Hessische Staatsgerichtshof (StAnz. 1986, 1089 [1099]) darauf hingewiesen, dass Organisationsgewalt die „Zuständigkeit zur Errichtung, Erhaltung und Umgestaltung des kommunalen Apparates und die Zuweisung der gemeindlichen... Verwaltungskompetenzen an Organe, Dienststellen und ausgegliederte Einrichtungen einschließlich der Organisation der inneren Kontrolle " beinhalte. 88

Eine besondere Ausprägung der Organisationshoheit ist die **Kooperationshoheit** (BVerfG NVWZ 1987, 123f.). Den Gemeinden steht nämlich das Recht zu mit anderen Gemeinden zusammenzuarbeiten und gemeinsam mit ihnen Institutionen und Handlungsinstrumente zu schaffen. Eine derartige Zusammenarbeit kommt etwa bei der Wahrnehmung von umweltrelevanten Aufgaben mit überörtlicher Ausstrahlung in Betracht (zB Gründung eines Zweckverbandes zur Abwasserbeseitigung nach den §§ 5ff. KGG). 89

Die Organisationshoheit gehört nur in ihrem **Grundbestand** zum Kernbereich der kommunalen Selbstverwaltung, der gänzliche Entzug wäre also unzulässig. Seit jeher hat aber der Gesetzgeber die **äußere Organisation** der Kommunen einheitlich gestaltet. Vor allem greift der Landesgesetzgeber durch die **Kommunalverfassung** in die Organisationshoheit ein, indem er das Vorhandensein und die Bildung der Gemeindeorgane, die Formen ihres Zusammenwirkens und das Wahlrecht zu den kommunalen Willensbildungsorganen regelt. Den **Gemeinden** verbleiben somit vornehmlich die **innere Organisationsgewalt**, also zB die Ausstattung mit sachlichen und personellen Mitteln, die Erstellung von Geschäftsverteilungsplänen und Ge- 90 schäftsordnungen sowie die Erteilung von Dienstanweisungen. So steht auch die nähere Ausgestaltung der Personalakten im Organisationsermessen des Dienstherrn, das grundsätzlich nur durch die einschlägigen personalaktenrechtlichen Vorgaben (§§ 106ff. BGB) begrenzt wird. Werden die Personalakten von der schriftlichen Form auf rein elektronische Form umgestellt, hat der Mitarbeiter keinen Anspruch auf Beibehaltung seiner Personalakte in Papierform neben der E-Akte (OVG Nordrhein-Westfalen NVwZ 2019,576).

91 Einen **Eingriff** in die **Personal- und Organisationshoheit** stellt auch § 4b HGO dar (vgl. zur Verfassungsmäßigkeit der Pflicht zur Bestellung kommunaler Frauenbeauftragter, BVerfGE 91,228 (242), der die Gemeinden verpflichtet durch die **Einrichtung von Frauenbüros** oder vergleichbare Maßnahmen die Verwirklichung des Verfassungsauftrages der **Gleichberechtigung** von Frau und Mann sicherzustellen. Dieser **Auftrag** ist von einer Frau wahrzunehmen und in der Regel einer **hauptamtlichen Wahlbeamten** zuzuordnen. Allerdings folgt aus § 4b HGO weder die Verpflichtung eine eigene hauptamtliche Position zur Wahrnehmung der Aufgaben zu schaffen noch hindert es den mit der Aufgabe betrauten hauptamtliche Bürgermeister oder Beigeordneten, unter seiner Verantwortung andere Mitarbeiter in der Verwaltung mit der Ausführung der Aufgaben zu betrauen. Die mit § 4b HGO bezweckte Förderung der Gleichberechtigung in der Gemeinde wird durch § 15 Abs. 1 HGLG und § 5 Abs. 3 HGIG ergänzt, der die Gemeinden und Dienststellen mit mehr als 50 Beschäftigten verpflichtet zur Förderung der Gleichberechtigung in der Verwaltung eine Frauen- und Gleichstellungsbeauftrage zu bestellen und je einen Frauen- und Gleichberechtigungsplan aufzustellen. Die Aufgaben können gem. § 14 Abs. 1 HGIG personell und organisatorisch verbunden werden.

Ohnehin sind gem. § 11a HGO sowie § 10a HKO alle Funktionsbezeichnungen in weiblicher und männlicher Form zu führen.

Literatur: *Frenz,* Der Schutz der kommunalen Organisationshoheit, VerwArch 1995, 378; v.Mutius, Kommunalrecht, S. 116ff.

2.4. Finanzhoheit

92 Die kommunale **Finanzhoheit** gewährt den Gemeinden und Gemeindeverbänden die Befugnis zu einer eigenverantwortlichen Regelung ihrer Finanzen im Rahmen eines gesetzlich geordneten Haushaltswesens. Die Finanzhoheit umfasst auch das **Recht auf eine eigenverantwortliche Einnahmen- und Ausgabenwirtschaft** einschließlich eigener **Haushaltsführung und Vermögensverwaltung** im Rahmen der vom Staat überlassenen Einnahmequellen. Sie ist Folge davon, dass ohne eigene, frei verfügbare Finanzmittel eine Gemeinde keine eigenverantwortliche Sachentscheidung treffen kann. Nicht geschützt durch die Finanzhoheit sind jedoch die Gemeinden vor der **Auferlegung kostenträchtiger Aufgaben** oder vor deren gesetzlichen Aufrechterhaltung (BVerfG NVwZ 1987, 123). Das Bundesverfassungsgericht hat bislang offen gelassen, ob die Finanzhoheit auch das **Recht auf eine angemessene Finanzausstattung** umfasst (BVerfGE 71, 25 [36f.], NVwZ 1987, 123; zum Anspruch auf finanzielle Mindestausstattung *Waechter,* Kommunalrecht, S. 140f.).

93 Es war daher auch die Intention der von der Gemeinsamen Verfassungskommission im Jahre 1994 vorgelegten Empfehlung zur Änderung des Art. 28 Abs. 2 GG (Bericht der Gemeinsamen Verfassungskommission, S. 90ff.) ein deutliches Zeichen zur **Stärkung der kommunalen Selbstverwaltung** und zum **Erhalt der Handlungsfähigkeit** – trotz der in der Vergangenheit gewachsenen Belastungen der Kommunen – zu

setzen. **Art. 28 Abs. 2 Satz 3 GG** bestimmt nunmehr, dass die **Gewährleistung der Selbstverwaltung** auch die **Grundlagen der finanziellen Eigenverantwortlichkeit** umfasst. Die ausdrückliche Aufnahme der kommunalen Finanzhoheit als institutionelle Grundlage der kommunalen Selbstverwaltung stellte nach Auffassung der Gemeinsamen Verfassungskommission aber **keine konstitutive Neuerung** dar. Die Ergänzung sei weder als eine **Finanzausstattungsgarantie des Bundes** zugunsten der Kommunen zu interpretieren, noch ließe sich aus ihr die Möglichkeit einer über die Bestimmungen des X. Abschnitts des Grundgesetzes hinausreichenden finanziellen Inpflichtnahme des Bundes ableiten. Die Kommunen müssten vielmehr weiterhin in dem **Spannungsverhältnis** leben, dass ihnen einerseits Aufgaben durch Gesetz zugewiesen würden, die finanzielle Ausstattung zur Erfüllung dieser Aufgaben jedoch andererseits nach Maßgabe der gesamtverfassungsrechtlichen Regelungen unabhängig davon vorgenommen werde (Bericht der Gemeinsamen Verfassungskommission, S. 91 und 95). Dementsprechend liegt die Funktion des Art. 28 Abs. 2 S. 3 GG lediglich darin, die Bedeutung der seit jeher durch Art. 28 Abs. 2 GG garantierten kommunalen Finanzhoheit und die finanzielle Eigenverantwortung der Gemeinden stärker als bislang herauszustellen.

Maßgeblich für Qualität und Umfang der kommunalen Finanzausstattung ist daher nach wie vor die Beachtung des sog. **Konnexitätsgebots** (BVerwG NVwZ 1989, 876), das besagt, dass sich die finanzielle Ausstattung der Gemeinden nach den wahrzunehmenden Aufgaben bestimmt und nicht umgekehrt. **Art. 137 Abs. 5 HV** verpflichtet das Land den Gemeinden und Gemeindeverbänden die für die Durchführung ihrer eigenen und der übertragenen Aufgaben erforderlichen Finanzmittel im Wege des **Lasten- und Finanzausgleichs** zu sichern. Damit obliegt dem Land zunächst die Entscheidung, mit welcher Finanzierungsform es seiner Verpflichtung nachkommen möchte. In Betracht kommt neben Zuweisungen im Rahmen des Finanzausgleichs insbesondere auch die Erschließung neuer Abgaben. Einem **echten Konnexitätsgebot** soll der im Jahr 2002 eingefügte **Art. 137 Abs. 6 HV** Rechnung tragen („Wer bestellt, bezahlt"). Werden die Gemeinden oder Gemeindeverbände nunmehr durch Landesgesetz zur Erfüllung neuer Aufgaben verpflichtet, die zu einer Mehrbelastung führen, muss hierfür nach **Art. 137 Abs. 6 HV** ein entsprechender Ausgleich geschaffen werden.

94

Der **Hessische Staatsgerichtshof** hat mit zwei Entscheidungen **Art. 137 Abs. 6 HV** mit Leben erfüllt. In beiden Fällen klagten hessische Kommunen erfolgreich gegen Vorschriften des Landesrechts, die ihnen aufgrund einer Aufgabenänderung Mehrkosten auferlegten bzw. ihnen vorher gewährte Mittel des Finanzausgleichs entzogen. Im ersten Fall (ESVGH 63, 24) stellte der Staatsgerichtshof eine **Verletzung des Konnexitätsprinzips** nach **Art. 137 Abs. 6 HV** fest, weil eine Verordnung der Landesregierung, die die Anforderungen an die personelle Ausstattung von Tageseinrichtungen für Kinder erhöhte (sog. Mindestverordnung), zu einer mit einer finanziellen **Mehrbelastung der Kommunen** verbundenen Aufgabenänderung führte, ohne dass das Land diese Mehrbelastung kompensierte. Im zweiten Fall veränderte der Landesgesetzgeber mit dem im Jahr 2011 in Kraft getretenen Finanzausgleichsänderungsgesetz die **Zuweisung der Steuerverbundmasse** an die Kommunen. Mit der damit einhergehenden Einführung einer sog. Kompensationsumlage kürzte der Landesgesetzgeber die Mittel des kommunalen Finanzausgleichs zulasten der kreisangehörigen Kommunen um mehr als 350 Millionen Euro. Auf eine erhobene **Kommunalverfassungsbeschwerde** hin urteilte der Hessische Staatsgerichtshof, dass die aus dem kommunalen Selbstverwaltungsrecht abzuleitende Garantie der Kommunen auf **angemessene Finanzausstattung** jedenfalls verlangt, dass die Kommunen in die Lage versetzt werden, neben **Pflichtaufgaben** auch ein **Mindestmaß an freiwilligen Selbstverwaltungsaufgaben** wahrzunehmen. Über die **Mindestausstattung hinaus** bestehe ein **weitergehender Anspruch abhängig von der Finanzkraft des Landes Hessen**. Der Verpflichtung einen aufgabengerechten verfassungskonformen Finanzausgleich vorzunehmen, könne das Land Hessen nur gerecht werden, wenn es die Höhe der zur kommunalen Aufgabenerfüllung notwendigen Finanzmittel in einer **Bedarfsanalyse** zuvor erhoben habe. Die Bedarfsermittlungspflicht erstrecke sich auch auf den horizontalen Ausgleich. Der Landesgesetzgeber habe bei der Bedarfsanalyse Gestaltungs- und Einschätzungsspielräume, könne bei der Kostenermittlung pauschalieren und die ermittelten Ausgaben auf ihre Angemessenheit prüfen (StGH NVwZ 2013, 1151, Anm. Dreßler VR 2014, 263).

Gegen das in Folge erlassene **Gesetz zur Neuregelung der Finanzbeziehungen (HFAG) zwischen Land und Kommunen vom 23.6.2015 (GVBl. I S. 298)** hatten die kreisfreie Stadt Frankfurt am Main und 17 weitere Städte und Gemeinden **Grundrechtsklage** vor dem Hessischen Staatsgerichtshof gegen das Land Hessen wegen Verletzung ihres Rechts auf kommunale Selbstverwaltung aus Art. 137 HV erhoben, die als unzulässig bzw. im Fall der Stadt Frankfurt als unbegründet zurückgewiesen wurde (HStGH NVwZ 2019, 1036).

Das hessische Finanzausgleichsgesetz 2016 soll nunmehr auf seine Wirksamkeit überprüft werden. Bis zum Ende des Jahres 2020/Anfang 2021 will das Finanzministerium Schwachstellen des geltenden Rechts aufdecken und die Anliegen der kommunalen Spitzenverbände bearbeiten, um zu einer möglichst einvernehmlichen Neuregelung des Finanzausgleichs zu gelangen. Das veränderte Finanzausgleichsgesetz soll dann zum 1.1.2022 in Kraft treten.

Literatur: *Backhaus*, Konnexitätsprinzip, KP SW 1998, 303; *Dieter*, Finanzlage der hessischen Kommunen bietet keinen Anlass zu Euphorie, Inf.HStT 2019, 5-6 (4); *Engelken*, Konnexitätsansprüche der Kommunen gegen die Länder eventuell über den Kita-Ausbau hinaus, NVwZ 2013, 1529; *Zieglmeier*, Die Reichweite des landesverfassungsrechtlichen Konnexitätsprinzips am Beispiel der Umsetzung der EU-Dienstleistungsrichtlinie, NVwZ 2009, 1455.

95 Auch die obersten Gerichte anderer **Bundesländer** haben zur Finanzausstattung der Gemeinden grundlegende Entscheidungen getroffen. Der **Niedersächsische Staatsgerichtshof** (DVBl. 1998, 185) hat die vom BverfG entwickelte Dogmatik zu Art. 28 Abs. 2 GG überzeugend auf die kommunale Finanzausstattung übertragen. Danach ist zu unterscheiden zwischen dem Anspruch der Kommunen auf **angemessene Finanzausstattung** zur Erfüllung auch **freiwilliger Aufgaben**, der im **Randbereich gesetzgeberisch gestaltbar** ist (sog. **Gebot der Verteilungssymmetrie**), und dem Anspruch auf eine **finanzielle Mindestausstattung**, der als Ausdruck des **Kernbereichs** vom Gesetzgeber **nicht unterschritten** werden darf. Letzterer diene der **Erfüllung von Pflichtaufgaben** und einem **Mindestmaß an freiwilligen Aufgaben**, der auch durch eine fehlende finanzielle Leistungsfähigkeit des Landes nicht beeinträchtigt werden dürfe. Auch die obersten Gerichte anderer Bundesländer haben zur Finanzausstattung der Gemeinden grundlegende Entscheidungen getroffen. Auch das **Rheinlandpfälzische Verfassungsgericht** stellte angesichts der grundsätzlichen Gleichwertigkeit staatlicher und kommunaler Aufgaben fest, dass der vertikale Finanzausgleich durch den **Grundsatz der Verteilungssymmetrie** zu bestimmen sei. Bei der Ausgestaltung des **horizontalen Finanzausgleichs** habe der Gesetzgeber zudem das **Gebot interkommunaler Gleichbehandlung** zu beachten. Insbesondere seien signifikant hohe Sozialausgaben zu beachten; sie dürften nicht zu erheblichen Ungleichgewichten zwischen Landkreisen und kreisfreien Städten und den Gebietskörperschaften unterhalb der Kreisebene führen (RhPfVerfGH NVwZ

Kapitel 1 Grundlagen der gemeindlichen Selbstverwaltung

2012, 1034). Zwar nimmt der **Bayerische Verfassungsgerichtshof** eine derartige Differenzierung nicht vor, geht aber auch von einer **Verletzung der finanziellen Mindestausstattung** aus, **wenn nicht** neben den pflichtigen Aufgaben auch noch **freiwillige Aufgaben** erfüllt werden können. Dem Gesetzgeber will er bei der Frage, wie er seiner Verpflichtung nachkommt, einen weiten normativen Entscheidungsspielraum einräumen (BayVerfGH, BayVBl. 1997, 303 [304]; 1996, 462 [463]). Nötigenfalls müsse der Landesgesetzgeber Pflichtaufgaben zurückführen.

Literatur: *Henneke*, Begrenzt die finanzielle Leistungsfähigkeit des Landes den Anspruch der Kommunen auf eine aufgabenangemessene Finanzausstattung?, DÖV 1998, 334; *Kleerbaum*, Gemeindefinanzierungsgesetze rechtswidrig?, KOPO 2013, I); *Schetzke*, Das Urteil des Hessischen Staatsgerichtshofes vom 21. Mai 2013 und seine Bedeutung für hessische Kommunen, HSGZ 2014, 194; Schoch, Verfassungsrechtlicher Schutz der kommunalen Finanzautonomie.

Wichtigste kommunale **Einnahmequelle** sind die **Steuern**. Nach welchen Grundsätzen den Gemeinden Steuern zustehen, legen die Art. 104a ff. GG fest. Die Einkommens-, Körperschafts- und Umsatzsteuer (Gemeinschaftssteuern) werden in einen gemeinsamen Verbund eingebracht und nach bestimmten Quoten auf Bund, Länder und Gemeinden aufgeteilt. Die Sicherung einheitlicher Lebensverhältnisse in der Bundesrepublik wird durch einen **Finanzausgleich mit Ausgleichszahlungen** zwischen dem Bund und den Ländern gewahrt. Hiervon fließt den Gemeinden ein von der Landesgesetzgebung festzulegender Teil zu. Die Gemeinden erhalten des Weiteren von Bund und Land zweckgebundene Finanzzuweisungen für bestimmte Vorhaben (zB Sonderlastenausgleich des Bundes Art. 106 Abs. 8 S. 1 GG).

96

Literatur: *Henneke*, Finanzierungsverantwortung im Bundesstaat, DÖV 1996, 713; *ders*. Die Steuerung der kommunalen Aufgabenerfüllung durch Finanz- und Haushaltsrecht, DVBl. 1996, 791; *Heun*, Die Zusammenführung der Aufgaben- und Ausgabenverantwortung von Bund, Ländern und Gemeinden als Aufgabe einer Reform der Finanzverfassung – Probleme und Risiken, DVBl. 1996, 1020; *Witte*, Konnexität – oder: Kostenlast dem Kostenverursacher, Der Städtetag 1996, 604.

Zwar steht den Gemeinden an sich – auch nach der Neufassung des Art. 105 Abs. 2 und der Einfügung des Absatzes 2a GG – ein eigenes **Steuererfindungsrecht** zu (Art. 28 Abs. 2 GG). Da es sich bei der Steuergesetzgebung aber um konkurrierende Gesetzgebung des Bundes handelt, gilt es nur soweit der Bund nicht von seinem Steuergesetzgebungsrecht (Art. 72 Abs. 1 GG) abschließend Gebrauch gemacht hat und das Land es nicht eingeschränkt hat. Dies ist in **Hessen** der Fall. Neue Steuern können Gemeinden **nur aufgrund einer speziellen gesetzlichen Ermächtigung** erheben (vgl. § 7 Abs. 1 KAG). Das Steuererfindungsrecht (§ 7 Abs. 2 KAG) wurde auf die örtliche Verbrauchs- und Aufwandssteuer (zB Vergnügungs-, Getränke-, Hunde- und Jagdsteuer) beschränkt. Nach § 13 KAG können die hessischen Gemeinden, die als Kur-, Erholungs- oder Tourismusort anerkannt sind einen **Kur- oder Tourismusbeitrag** erheben.

97

(vgl. zur Problematik einer kommunalen Verpackungssteuer, BVerfG NJW 1998, 2341; zur Zulässigkeit einer kommunalen Wettbürosteuer, BverwG NVwZ 2017, 1871 m.Anm.v. Wernsmann, Rainer NVwZ 2017, 1878; zur Unzulässigkeit einer Übernachtungssteuer oder Kulturförderabgabe für entgeltliche Übernachtungen, BVerwGE 143, 301, soweit sie mit einer Berufs- oder Gewerbeausübung oder freiberuflichen Tätigkeit zwangsläufig verbunden ist, VGH Mannheim NVwZ 2015, 1237).

Die Erhebung einer kommunalen Vergnügungssteuer verstößt nicht gegen Europarecht (Richtlinie 2006/112/EG); sie kann auch auf Glücksspiele neben der Mehrwertsteuer erhoben werden (BVerwG, Gemeindehaushalt 2013, 148 (Leitsatz)).

Die Gemeinden können jedoch durch die **Festsetzung von Hebesätzen der Realsteuern** (Grund- und Gewerbesteuer) ihre Einnahmen maßgeblich beeinflussen (Art. 106 Abs. 6 S. 2 GG). Der Gemeinde steht in Anbetracht der Pflicht der Defizitausgleichung ein weiter Entschließungsspielraum zu, der seine Grenze im Erdrosselungsverbot, Übermaßverbot und im Willkürverbot findet (VG Gießen LKRZ 2015, 389, Berufung zugelassen). Neben den Kommunalsteuern bilden Gebühren und Beiträge den Inhalt der kommunalen **Abgabenhoheit**. Sie realisiert den Grundsatz der kommunalen Selbstfinanzierung durch Heranziehung der Gemeindeeinwohner (§ 20 Abs. 1 HGO) zur örtlichen Lastentragung (zur Problematik einer Zweitwohnsteuer: BVerwG NVwZ 1990, 568; BVerfGE 65, 325 und BVerwGE 58, 230, wonach es sich bei der Zweitwohnsteuer um eine örtliche Aufwandssteuer iSd Art. 105 Abs. 2a GG handelt; hinsichtlich der Zweckbestimmung der Zweitwohnung (reine Kapitalanlage oder Vorhaltung auch für die persönliche Lebensführung) ist nach BVerwG NVwZ 1997, 86ff. eine umfassende Würdigung aller objektiven Umstände des Einzelfalls notwendig).

98 Die Finanzhoheit gehört in ihrem **Grundbestand** zum Kernbereich der kommunalen Selbstverwaltung. **Beschränkungen** der Finanzhoheit ergeben sich vor allem aus den in zahlreichen Gesetzen und Verordnungen vorgesehenen Genehmigungsvorbehalten, die das Wirksamwerden der Beschlüsse der kommunalen Körperschaften von der Genehmigung der staatlichen Aufsichtsbehörden abhängig machen. Darüber hinaus gibt es zahlreiche Durchführungsverordnungen zu den Kommunalverfassungen, die Regelungen zum Haushalts-, Kassen- und Rechnungswesen enthalten.

Literatur: Henneke, Die Kommunen in der Finanzverfassung des Bundes und der Länder; *Dieckmann*, Kommunale Selbstverwaltung am Ende?, Der Städtetag 1996, 515; Dokumentation zur Anhörung des Innenausschusses des Deutschen Bundestages v. 24.6.1996 "Strukturfragen der finanziellen Sicherung der kommunalen Selbstverwaltung", Der Städtetag 1996, 517.

2.5. Planungshoheit

99 Die **Planungshoheit** ist das Recht der Gemeinden, das Gemeindegebiet selbst zu ordnen und zu gestalten. Die wichtigste Form planerischen Gestaltens ist die **Flächennutzungs- und Bebauungsplanung** sowie die Planung der **Raumordnung**. Der Grundbestand der Planungshoheit gehört zum Kernbereich der kommunalen Selbstverwaltung, ein gänzlicher Entzug ist nicht zulässig (BVerfGE 56, 298; vgl. auch HessVGH NVwZ-RR 1991, 158). Die gemeindliche Planungshoheit erfährt inzwischen aber vielfältige gesetzliche Beschränkungen. Erwähnenswert sind insbesondere die notwendige Anpassung der gemeindlichen Planung an die Raumordnungspläne, an die aufgrund des Landesplanungsgesetzes ergehenden Entwicklungs- und Regionalpläne und die die konkrete Planung eines Vorhabens einschränkenden Umweltgesetze. Aus der Planungshoheit ergeben sich für die Gemeinden sogenannte **Erstreckungsgarantien**. Sie bestehen vornehmlich in **Beteiligungsrechten** an staatlichen oder anderen kommunalen Planungsentscheidungen, die die gemeindliche Planung tangieren. Hierzu gehören zB **Informations- und Anhörungsrechte** bei überörtlichen Planungen, das Recht zu verlangen, dass der überörtliche Planungsträger die Belange der Gemeinde bei einer etwaigen Interessenabwägung berücksichtigt, und die Pflicht, dass Nachbargemeinden ihre Planung mit der eigenen abstimmen müssen (§ 2 Abs. 2 BauGB).

Nach § 36 Abs. 1 S. 1 BauGB ist über die Zulässigkeit von Bauvorhaben nach §§ 31, 33, 34 und 35 BauGB von der Bauaufsichtsbehörde in bauaufsichtlichen sowie in den meisten anderen Genehmigungsverfahren im Einvernehmen mit der Gemeinde zu entscheiden. Das Einvernehmensgebot des § 36 BauGB soll dem Schutz der kommunalen Planungshoheit dienen, ist aber kein Planungsinstrument. Vielmehr dient es der Ausübung der kommunalen Planungshoheit. Das Einvernehmen kann gem. § 36 Abs. 2 BauGB nur aus den in §§ 31, 33, 34 und 35 BauGB Gründen rechtmäßig versagt werden, wobei die Gemeinde kein Ermessen hat. Ein rechtswidrig versagtes Einvernehmen kann nach § 36 Abs. 2 S. 3 BauGB von der nach Landesrecht zuständigen Behörde ersetzt werden (vgl. OVG Saarlouis BeckRS 2014, 55605, VGH Mannheim NVwZ-RR 2012, 58).

Literatur: *Dippel*, Das gemeindliche Einvernehmen gem. § 36 BauGB in der jüngeren Rechtsprechung – alle Fragen schon geklärt? NVwZ 2011, 769; *Kröninger,* Das gemeindliche Einvernehmen nach § 36 BauGB und die Verhinderung von Windkraftanlagen, NVwZ 2017, 826; *Wehowsky,* Amtshaftung bei der Verweigerung des gemeindlichen Einvernehmens in der jüngeren Rechtsprechung des BGH, NVwZ 2013, 1525.

2.6. Satzungshoheit

Die **Satzungshoheit** gibt den Gemeinden und Gemeindeverbänden das Recht, ihre Angelegenheiten durch Satzung im Rahmen der Gesetze zu regeln (BVerwGE 6, 247). Folglich darf durch Gesetz, bsp. durch die Hessische Gemeindeordnung das Satzungsrecht eingeschränkt werden. Außerdem müssen Satzungen im Einklang mit höherrangigem Recht, etwa den Grundrechten stehen (ausführlich hierzu Kap. 9). 100

2.7. Kulturhoheit

Die **Kulturhoheit** umfasst die Befugnis der Gemeinde, Kulturgüter im Gemeindegebiet zu schaffen, zu pflegen und zu fördern. Schwerpunkte kulturellen Wirkens in den Gemeinden sind Bildung, Wissenschaft und Kunst, Denkmalschutz, Vereinsförderung, Sport- und Freizeitgestaltung. Eingriffe des Gesetzgebers in die Kulturhoheit sind nur zulässig, wenn Interessen geltend gemacht werden können, die höherrangig als die verfassungsrechtlich geschützte kommunale Kulturhoheit sind. Des Weiteren müssen die einschlägigen Grundrechte anderer, insbesondere die Wissenschafts- und Kunstfreiheit (Art. 5 Abs. 3 GG), die Bekenntnisfreiheit (Art. 4 GG) und die Meinungsfreiheit (Art. 5 Abs. 1 GG) Beachtung finden. Regelungen in diesem Sinn finden sich in den Schul-, Hochschul-, Volkshochschul-, Archiv-. Denkmalschutz- und Baugesetzen. 101

Literatur: *Stober*, Kommunalrecht, S. 42ff.; *Seewald*, Kommunalrecht, S. 25ff.; *Vogelsang/Lübking/Jahn*, Kommunale Selbstverwaltung, S. 26ff.

III. Die Selbstverwaltungsgarantie im Rahmen des Europäischen Rechts

1. Die Selbstverwaltungsgarantie – ein deutsches Unikum?

Mit Ausnahme von Irland, dem Vereinigten Königreich von Großbritannien und Nordirland finden sich in den **anderen Verfassungen der Staaten der Europäischen Union** Regelungen über die Zuständigkeiten der Gemeinde, ihre Organisation und – teilweise – auch über die über sie auszuübende kommunale Aufsicht. Ein **höherer Standard kommunaler Selbstverwaltung** als derjenige, der in der Bundesrepublik Deutschland gewährleistet wird, **existiert** in den übrigen Mitgliedstaaten jedoch 102

nicht. Im Gegenteil, vielfach bleiben die verfassungsrechtliche Garantie der kommunalen Selbstverwaltung und die damit verknüpften Hoheitsrechte in den übrigen Mitgliedstaaten erheblich hinter der bundesdeutschen Garantie zurück.

Literatur: *Wollmann*, Die traditionelle deutsche kommunale Selbstverwaltung – ein „Auslaufmodell"?, 2002, 24.

2. Garantie der kommunalen Selbstverwaltung in den Verträgen der Europäischen Union

103 In welchem Umfang das Selbstverwaltungsrecht der Kommunen durch das Recht der Europäischen Union garantiert wird, ist bis heute nicht abschließend geklärt und wirft weiter Fragen auf. Eine ausdrückliche **institutionelle Garantie der kommunalen Selbstverwaltung** findet sich jedenfalls weder in den Römischen Verträgen (1958) noch in den Verträgen von Maastricht (1992) oder Lissabon (2007). Jedoch bringt die Neufassung des Art. 4 Abs. 2 AEUV durch den Vertrag von Lissabon in Anlehnung an den gescheiterten Vertrag über eine Verfassung für Europa (VVE) die **Achtung der Gleichheit der Mitgliedsstaaten vor den Verträgen und ihre jeweilige nationale Identität** zum Ausdruck, und damit ihre grundlegenden politischen und verfassungsmäßigen Strukturen „einschließlich der regionalen und lokalen Selbstverwaltung". Die Achtungspflicht bedingt damit einen **individuellen Prüfungsmaßstab** der nationalen Identitäten, also auch der deutschen Selbstverwaltungsgarantie. Insoweit ist der Europäische Gerichtshof jedenfalls berufen die Achtungspflicht zu überprüfen. **Kommunen** können als sog. **nicht-privilegierte Klageberechtigte** unter den Voraussetzungen des **Art. 263 Abs. 4 AEUV** eine Verletzung ihres Selbstverwaltungsrechts mit der **Nichtigkeitsklage** geltend machen.

Das Prinzip der kommunalen Selbstverwaltung wird auch durch die in Art. 5 Abs. 1 AEUV festgeschriebenen **Grundsätze der Subsidiarität und der Verhältnismäßigkeit** gestützt. Nach Art. 5 Abs. 3 AEUV wird die Union, soweit sie nicht ausschließlich zuständig ist, nur tätig, sofern **und** soweit die Ziele der in Betracht gezogenen Maßnahmen von den Mitgliedstaaten weder auf zentraler noch auf regionaler oder lokaler Ebene ausreichend verwirklicht werden können und daher wegen ihres Umfangs oder ihrer Wirkungen besser auf Unionsebene erreicht werden können. Schon vom Wortlaut ist allerdings zweifelhaft, ob es sich hierbei nicht eher um ein **Optimierungs- und Effektivitätsprinzip** handelt, als um ein echtes Subsidiaritätsprinzip. Denn die Europäische Union **kann** hiernach im Bereich der ihr nicht ausdrücklich zugewiesenen Kompetenzen in Übereinstimmung mit dem Subsidiaritätsprinzip handeln, wenn und soweit jene Ziele **besser** durch die Union erreicht werden können. Entscheidend ist aber vor allem, dass sich das in Art. 5 Abs. 3 AEUV benannte Subsidiaritätsprinzip ausdrücklich auf das **Verhältnis zwischen der Europäischen Union und ihren Mitgliedsstaaten** bezieht und somit eine unmittelbare Wirkung zugunsten der Kommunen daher ausscheidet. Aus Art. 5 AEUV lässt sich daher keine Garantie für die kommunale Selbstverwaltung iSd Art. 28 Abs. 2 GG herleiten.

104 Etwas anderes ergibt sich auch nicht aus dem im Zusammenhang mit Art. 5 Abs. 3 AEUV zu beachtenden Zusatzprotokoll Nr. 2 „über die Anwendung der **Grundsätze der Subsidiarität und Verhältnismäßigkeit**". Hier ist bestimmt, dass die Kommission Anhörungen vornimmt bevor sie einen Gesetzgebungsakt, der regionale und lokale Bedeutung hat, vorschlägt. Nach Art. 5 des Zusatzprotokolls Nr. 2 soll jeder Gesetzgebungsakt detaillierte Angaben darüber enthalten, ob die Grundsätze der Subsidiarität und Verhältnismäßigkeit eingehalten wurden (sog. Subsidiaritätsvermerk).

Dieser Vermerk soll auch Angaben zu den voraussichtlichen finanziellen Auswirkungen enthalten.

Zwar sieht Art. 8 des Zusatzprotokolls Nr. 2 die Zuständigkeit des Europäischen Gerichtshofs für Klagen wegen Verstoßes eines Gesetzgebungsaktes gegen das Subsidiaritäts- und Verhältnismäßigkeitsprinzips gegen die Kommission vor. **Privilegiert klagebefugt** ist aber nur der **Ausschuss der Regionen** (AdR), nicht eine einzelne Kommune, und auch nur insoweit seine Anhörung bei Gesetzgebungsverfahren zwingend vorgeschrieben ist (Art. 307 AEUV). Die Klageberechtigung bezieht sich also lediglich auf die Absicherung seiner eigenen Rechte, nämlich des Anhörungsrechts, nicht etwa auf eine etwaige Verletzung des **Subsidiaritäts- und Verhältnismäßigkeitsprinzips**. Wie bereits dargestellt (Kap. 1 C VI) stellen die Gemeinden zudem lediglich 3 der 24 deutschen Mitglieder im AdR. Im Übrigen ist allerdings jeder Mitgliedsstaat klagebefugt. 105

Literatur: *Heberlein*, Subsidiarität und kommunale Selbstverwaltung, NVwZ 1995, 1053; *Schmidt-Eichstaedt, A,* Kommunale Selbstverwaltung in der Europäischen Union: Wie kann die Position der Kommunen in der EU gestärkt werden?, KommJur 2009, 249; *Stirn*, Kommunen sind unverzichtbare Gestaltung der Einigung Europas!, KommJur 2012, 251; *Soria*, Kommunale Selbstverwaltung im europäischen Vergleich, HdKWP, Bd. 1, S. 1015.

In der Literatur wird allerdings teilweise versucht, die Garantie des Selbstverwaltungsrechts aus dem Recht der Europäischen Union indirekt abzuleiten. Vereinzelt wird vertreten, der Kern kommunaler Selbstverwaltung, wie er durch Art. 28 Abs. 2 GG geschützt ist, sei **ungeschriebener Bestandteil** der europäischen Rechtsordnung und werde als solcher geschützt (vgl. *Zuleeg*, Selbstverwaltung und Europäisches Gemeinschaftsrecht, S. 92). Begründet wird diese Ansicht damit, dass die kommunale Selbstverwaltung im **Verfassungsgrundsatz der Demokratie** wurzele, der wiederum in allen Mitgliedstaaten gewährleistet werde und auch nach der Rechtsprechung des EuGH Bestandteil des EG-Rechts sei. Selbst wenn der Verfassungsgrundsatz der Demokratie aber ein Bestandteil des Europäischen Gemeinschaftsrechts ist, so garantiert er doch noch nicht die als **Bestandteile der Selbstverwaltung** nach dem Grundgesetz herausgearbeiteten und konkretisierten Teile der Organisations-, Personal-, Finanz- und Planungshoheit oder unsere gegenwärtige Struktur der Selbstverwaltung. Dies gilt umso mehr, als man bedenken muss, dass einige Mitgliedstaaten, zB Großbritannien, den Organisationsstrukturen kommunaler Selbstverwaltung – wie sie in der Bundesrepublik Deutschland bestehen – fast völlig entsagen. Folglich kann von einer **Garantie der Selbstverwaltung** auf der Ebene der Europäischen Union als Bestandteil des **Demokratieprinzips nicht gesprochen werden**. 106

3. Garantie der kommunalen Selbstverwaltung durch die Europäische Charta der kommunalen Selbstverwaltung

Das erste völkerrechtlich verbindliche Instrument, das den kommunalen Gebietskörperschaften in Europa das Recht auf Selbstverwaltung zuerkennt, ist die **Europäische Charta der kommunalen Selbstverwaltung** (EKC) vom 15.10.1985 (BGBl. II 1987, S. 65; abgedruckt auch in NVwZ 1988, 1111), welche am 1.9.1988 in Kraft trat. Sie verpflichtet die unterzeichnenden Mitgliedsstaaten des Europarates zur Einhaltung von **Grundsätzen kommunaler Selbstverwaltung**, die in **Art. 3 Abs. 1 EKC** als „das Recht und die tatsächliche Fähigkeit der kommunalen Gebietskörperschaften, im Rahmen der Gesetze einen wesentlichen Teil der öffentlichen Angelegenhei- 107 ten in eigener Verantwortung zum Wohl ihrer Einwohner zu regeln und zu gestalten", definiert wird. Diese Prinzipien sind in der Bundesrepublik Deutschland durch **Art. 28 Abs. 2 GG** realisiert. Inzwischen haben alle 47 Mitgliedsstaaten des Europarates die Charta ratifiziert. Allerdings sind die Vertragsparteien nach **Art. 12 EKC** nicht verpflichtet, alle Bestimmungen der Charta einzuführen, sondern müssen von 30 Paragrafen 20, darunter mindestens 10 aus einem harten Kern der Grundprinzipien, auswählen. Zudem binden völkerrechtliche Verträge immer nur die **Vertragspartner**. Die Europäische Union ist ihr aber bis heute nicht beigetreten. Folglich kann eine Garantie der Selbstverwaltung auf EU-Ebene auch nicht aus der Europäischen Charta der kommunalen Selbstverwaltung hergeleitet werden.

Literatur: *Knemeyer*, Die Europäische Charta der Selbstverwaltung, 1989; *ders.*, Die Europäische Charta der Selbstverwaltung, DÖV 1988, 997.

4. Der Kollisionsfall – Verhältnis von EU-Recht zu Art. 28 Abs. 2 GG

108 Nach der ständigen Rechtsprechung des **Europäischen Gerichtshofs** geht **primäres sowie sekundäres** EU-Recht jedweden nationalen Recht, auch Verfassungsrecht vor. Hiervon erfasst sind nach der Rechtsprechung des EuGH selbst die **nationalen Grundrechte** (EuGH, Urt.v. 15.7.1964, Rs.6/94 [Costa/E.N.E.L.] Slg.1964,1251 [1269f.]; EuGH, Urt.v. 17.12.1970, Rs. 11/70 [Internationale Handelsgesellschft]; EuGH, Urt.v. 9.3.1978, Rs. 106/77 [Staatliche Finanzverwaltung/Simmenthal], Slg 1978, 629 [644f.).

Grundsätzlich geht auch das **Bundesverfassungsgericht** von dem Vorrang des EU-Rechts vor dem nationalen Recht aus (BVerfGE 31, 145 [173ff.]; 37, 271 [277ff.]; 73, 339 [374ff.]; 75, 223 [244]). Konsens besteht des Weiteren dahin gehend, dass es „nur" um einen Anwendungsvorrang handelt. Mithin bleibt nationales Recht, das im Widerspruch zu um EU-Recht steht unanwendbar, tritt aber im Konfliktfall nur zurück und wird nicht wie bei einem Geltungsvorbehalt aufgehoben.

Nach der Rechtsprechung des **BVerfG** beruht der Anwendungsvorrang des EU-Rechts aber nur kraft und im Rahmen der fortbestehenden verfassungsrechtlichen Ermächtigung des Art. 24 GG (jetzt Art. 23 GG) iVm der deutschen Zustimmungsgesetzgebung. Art. 24 GG (jetzt Art. 23 GG) ermächtige jedoch nicht dazu, "im Wege der Einräumung von Hoheitsrechten für zwischenstaatliche Einrichtungen die Identität der geltenden Verfassungsordnung der Bundesrepublik Deutschland durch Einbruch in ihr Grundgefüge, in die sie konstituierenden Strukturen aufzugeben... Ein **unverzichtbares,** zum Grundgefüge der geltenden Verfassung gehörendes Essentiale sind jedenfalls die **Rechtsprinzipien**, die dem Grundrechtsteil des GG zugrunde liegen" (BVerfGE 73, 339 [375f.] – Solange II-Beschluss; zur Zulässigkeit von Verfassungsbeschwerden BVerfGE 102, 147). Demnach ist nach der Rechtsprechung des BVerfG jedenfalls der **Wesensgehalt der Grundrechte vor Eingriffen geschützt.**

Im **Maastricht-Urteil** (BVerfGE 89, 155 [175]) hat das **BverfG** entschieden, das („ausbrechende") **Rechtsakte der Europäischen Union unanwendbar** sind, wenn sie nicht vom Rechtsanwendungsbefehl des nationalen Gesetzgebers gedeckt sind. Seither wird die **Aufgabenverteilung zwischen dem BVerfG und dem EuGH** als **Kooperationsverhältnis** bezeichnet, da das BVerfG seine Rechtsprechung über die Anwendbarkeit von abgeleitetem Unionsrecht in Deutschland in einem Kooperationsverhältnis zum Europäischen Gerichtshof ausübt (vgl. Kap.1 D III 5.4.). Mit dem **Lissabon-Urteil** (BVerfGE 123, 267ff. [Rn. 241]) folgten schließlich weitere Konkreti-

Kapitel 1 Grundlagen der gemeindlichen Selbstverwaltung

sierungen. Der 2. Senat des BVerfG ersetzte den Begriff des „**ausbrechenden Rechtsakts**" durch das Institut der „**ultra-vires-Kontrolle**", in Anlehnung an ein aus dem Völkerrecht anerkannten Instituts bei einem Handeln ohne Kompetenz (verneint von EuGH, Urt.v. 22.11.2005, Slg.2005, I-9981 – Mangold) und seinen Prüfungsvorbehalt auf Fälle „**ersichtlicher Grenzüberschreitungen**". Von Bedeutung für Fragen eine Garantie der **kommunalen Selbstverwaltung** ist möglicherweise, dass das BVerfG seine Kontroll-Kompetenz mit dem Lissabon-Urteil ausdrücklich auf das **Subsidiaritätsprinzip des Art. 5 AEUV** (vgl. aber Anm. Kap.1 D III 2) ausgedehnt hat. Mit seinem **Honeywell-Beschluss** (BVerfGE 126, 286) wiederum relativierte das BverfG sein im Lissabon-Urteil gefordertes Kriterium und forderte ein **offensichtlich kompetenzwidriges Handeln**, das zu einer **strukturell bedeutsamen Verschiebung zulasten der Mitgliedsstaaten** führt. Zudem erstreckte das BvserfG seine Kompetenzkontrolle **auf Sachbereiche, die nicht zur Verfassungsidentität gehören**. Letztendlich hat das BverfG mit seinem 2016 ergangenen Urteil zum **OMT-Programm** die Grundsätze der Abwendung von Rechtsverletzungen (BverfGE 142, 123) durch das Institut der Ultra-virus-Kontrolle und der Identitätskontrolle bestätigt.

Zur Bestimmung der Grenzen und des Verlaufs des Anwendungsvorrangs hat das BverfG mit seiner Rechtsprechung damit **drei Kontrollmechanismen** entwickelt. Im Fall einer drohenden Überschreitung der im Grundgesetz verankerten Grenzen durch ein Organ der Union, behält sich das BverfG die Aktivierung von drei Kontrollvorbehalten vor: **Grundrechtskontrolle, Kompetenzkontrolle (bzw. ultra-vires-Kontrolle) und Identitätskontrolle** vor.

Literatur: *Ludwigs/Sikora*, Grundrechtsschutz im Spannungsfeld von Grundgesetz, EMRK, und Grundrechtscharta, JuS 2017, 385; *dies.*, Der Vorrang des Unionsrechts unter Kontrollvorbehalt des BverfG, EWS 2016, 121; *Fisahn/Ciftci*, Hierarchie oder Netzwerk – zum Verhältnis nationaler zur europäischen Rechtsordnung, JA 2016, 364.

Ob die Relativierung des Anwendungsvorrangs des EU-Rechts auch speziell **im Verhältnis zu der in Art. 28 Abs. 2 GG** festgeschriebenen kommunalen Selbstverwaltungsgarantie zum Tragen kommen könnte, hat das Bundesverfassungsgericht bisher aber noch nicht entscheiden müssen.

In der **Literatur** wird überwiegend die Auffassung vertreten, dass die von **Art. 28 Abs. 2 GG** garantierte kommunale Selbstverwaltung **nicht zu den Essentialia der deutschen Verfassung** zu zählen ist. Die kommunale Selbstverwaltungsgarantie falle nicht unter den Gewährleistungsgehalt des Art. 79 Abs. 3 GG, den das BVerfG seit dem Maastricht-Urteil zur Verfassungsgemäßheit des Gesetzes zur Europäischen Union als unantastbar erklärt hat (BVerfGE 89, 155 [175]). Art. 28 Abs. 2 GG wird daher in der Literatur auch als nicht "europafest" bezeichnet. Damit gelte der **Vorrang des Europarechts** jedenfalls prinzipiell **auch für die Verfassungsgarantie des Art. 28 Abs. 2 GG.** Allenfalls käme in Betracht, ein gewisses Mindestmaß demokratischer Selbstorganisation der örtlichen Gemeinschaft, wie es unserer Verfassungstradition entspricht, als durch das Demokratieprinzip des Art. 20 GG gewährleistet anzusehen.

Literatur: *Fischer*, Europarecht in der öffentlichen Verwaltung, 1997; *Blair*, Die Gestaltung der kommunalen Selbstverwaltung in den europäischen Staaten, DÖV 1988, 1002; *Faber*, Die Zukunft kommunaler Selbstverwaltung und der Gedanke der Subsidiarität in den Europäischen Gemeinschaften, DVBl. 1991, 1126; *Knemeyer*, Die Europäische Charta der Kommunalen Selbstverwaltung, DÖV, 1988, 997; *Lohse*, Durchsetzung von Unionsrecht durch Kommunalaufsichtsbehörden NVwZ 2016, 102ff., *Soria*, Kommunale Selbstverwaltung im europäischen Vergleich, HdKWP, Bd.1, S. 1015; *Siedentopf*, Europäische Gemeinschaft und kommunale Beteiligung, DÖV 1988, 981; *Zuleeg*, Die Stellung der Länder und Regionen im europäischen Integrationsprozess, DVBl. 1992, 1329; ders., Selbstverwaltung und Europäisches Gemeinschaftsrecht in: v. Mutius, Selbstverwaltung im Staat der Industriegesellschaft, Festgabe für von Unruh, 1983, S. 92.

110 Im Hinblick auf die Intention des Grundgesetzes, die tragenden verfassungsrechtlichen Prinzipien zu schützen, muss aber jedenfalls aufgrund der **Konzeption des GG und der Rechtsprechung des BVerfG** der **Kernbereich kommunaler Selbstverwaltung** gegenüber Eingriffen der Europäischen Union **unantastbar** sein. Andernfalls bestünde die Gefahr der Aufgabe eines tragenden Elements des Staatsaufbaus in der Bundesrepublik Deutschland, nämlich ihr durch Dezentralisation gekennzeichneter Aufbau von "unten nach oben", ruhend auf bestehenden Selbstverwaltungskörperschaften mit spezifischen Funktionen (vgl. BVerfGE 52, 95 [111]). Eine Entscheidung des BVerfG (BVerfGE 147, 185 – Goldenstedt) scheint diese Schlussfolgerung zu bestätigen. Hiernach ist im Sinne der Art. 23 GG der **zuständigkeitsverteilende Gesetzgeber an das Verfassungsprinzip der kommunalen Selbstverwaltungsgarantie** des Art. 28 Abs. 2 GG **gebunden**. Unter diesen Voraussetzungen wäre eine Kompetenzübertragung durch ein innerstaatliches Zustimmungsgesetz auf die EU verfassungswidrig, soweit es den Kernbereich der Selbstverwaltungsgarantie des Art. 28 Abs. 2 GG verletzt.

Beispiel: die Verlagerung der gemeindlichen Allzuständigkeit oder eines wesentlichen Teils kommunaler Zuständigkeiten durch die Bundesrepublik auf von der Europäischen Union avisierten Regionen überörtlichen Zuschnitts.

Jedenfalls hat sich der Bund bereits 1993 nach § 10 Abs. 1 des Gesetzes über die Zusammenarbeit von Bund und Ländern in Angelegenheiten der Europäischen Union (EUZBLG) verpflichtet, bei allen Vorhaben der Europäischen Union und daher auch bei der **Übertragung von Hoheitsrechten** auf diese das Recht der Gemeinden und Gemeindeverbände zur Regelung der örtlichen Gemeinschaft zu wahren und ihre Belange zu schützen.

Zur **umfassenden Sicherung** der verfassungsrechtlich gewährleisteten Rechte der Kommunen ist allerdings unter diesen Voraussetzungen die Aufnahme der Selbstverwaltungsgarantie in Europäisches Primärrecht erforderlich.

Literatur: *Oppermann*, DVBl. 2003, 1165 u.1234; *Papier*, DVBl. 2003, 686.

5. Rechtsschutz der Kommunen in der Europäischen Union

5.1. Rechtsschutz vor dem Europäischen Gerichtshof

111 Nach Art. 263 Abs. 1 AEUV **überwacht der Europäische Gerichtshof** (EuGH) die Rechtmäßigkeit der gemeinsamen Handlungen des Europäischen Parlaments und des Rates sowie der Handlungen des Rates, der Kommission und der Europäischen Zentralbank, soweit es sich nicht um Empfehlungen oder Stellungnahmen handelt. Er ist zunächst für die Klagen zuständig, die von einem Mitgliedsstaat, vom Europäische Parlament, vom Rat oder der Kommission wegen **Unzuständigkeit, Verletzung wesentlicher Formvorschriften, Verletzung der EU-Verträge oder einer bei seiner Durchführung anzuwendenden Rechtsnorm oder wegen Ermessensmissbrauch** geltend gemacht werden. **Auch jede natürliche oder juristische Person kann gegen eine gegen sie gerichtete oder sie unmittelbar und individuell betreffende Handlung sowie gegen Rechtsakte mit Verordnungscharakter, die sie unmittelbar betreffen und keine Durchführungsakte nach sich ziehen**, Klage erheben. **Klageart** ist die **Nichtigkeitsklage** (Art. 264 AEUV). Infolgedessen sind auch die deutschen Kommunen als juristische Personen klagebefugt. Nicht berufen können sich die Kommunen allerdings auf die Verletzung europarechtlich anerkannter Grundrechte, da sie – auch auf europäischer Ebene – keine Grundrechtsträger sind. Auch scheidet eine Berufung auf die Verletzung deutschen Rechts, speziell des

Grundgesetzes, aus. Der EuGH geht vom unbedingten Anwendungsvorrang des EU-Rechts und der Bindung aller innerstaatlichen Hoheitsträger einschließlich der Kommunen aus und lehnt es entsprechend ab, EU-Recht am Maßstab deutschen Rechts zu überprüfen. Er begründet diesen Vorrang mit dem eigenständigen Charakter des EU-Rechts und mit der **Notwendigkeit des Vorrangs für die Funktionsfähigkeit des EU-Rechts** (vgl. EuGH Slg 1988, 4689/4722; hierzu Jarras DVBl. 1995, 954 [958]; zur Bindungswirkung gegenüber den Kommunen vgl. EuGH NVwZ 1990, 651 – Constanzo/Stadt Mailand).

5.2. Rechtsschutz der Kommunen vor dem Bundesverfassungsgericht

Als Rechtsschutzmöglichkeit kommt die **Kommunalverfassungsbeschwerde** in Betracht. Nach Art. 93 Abs. 1 Nr. 4b GG iVm § 91 BVerfGG ist die Verfassungsbeschwerde zulässig mit der Beschwer, das Recht einer Kommune auf Selbstverwaltung sei durch ein **Gesetz verletzt**. Überprüfbare Gesetze im Sinne dieser Vorschrift können grundsätzlich nur **deutsche** Gesetze sein. Das Bundesverfassungsgericht (BVerfG) besitzt nur Prüfungsbefugnisse hinsichtlich der Ausübung deutscher öffentlicher Gewalt; **nicht auch gegenüber Primär- und Sekundärrecht der Europäischen Union** (BVerfGE 22, 293; EuR 1975, 168 – Verfassungsbeschwerde gegen EG-VO; *Scholz*, Wie lange bis "Solange III"? NJW 1990, 941; *Jarras/Pieroth* GG, Art. 23, Rn. 17). Prüfungsgegenstand sind hiernach auf der Kompetenzgrundlage von Art. 23 GG ergangene deutsche **Zustimmungsgesetze** sowie deutsche **Gesetze zur Umsetzung oder Ausführung von EU-Recht** (zB BVerfG EuR 1989, 270 – Tabaketikettierungsrichtlinie). Das **EU-Recht** wird damit allerdings nur indirekt verfassungsrechtlicher Prüfung ausgesetzt (vgl. *Rengeling*, DVBl. 1995, 943).

112

Weitere Zulässigkeitsvoraussetzung der Kommunalverfassungsbeschwerde ist, dass die beschwerdeführende **Kommune geltend macht**, die **Selbstverwaltungsgarantie** des Art. 28 Abs. 2 GG sei durch das angegriffene Gesetz **verletzt**. Der Beschwerdebefugnis steht nach einem Beschluss des BVerfG (B.v. 29.10.1993 – 2 BvR 2203/93 – Goldenstedt) trotz des Anwendungsvorrangs des EU-Rechts grundsätzlich nicht entgegen, dass die angegriffene deutsche Norm durch EU-Recht legitimiert ist bzw. dieses umsetzt.

113

In schlüssiger Fortführung der zur Grundrechtsgeltung ergangenen „Solange-I und II-Beschlüsse", wonach **Art. 24 GG** (jetzt Art. 23 GG) **nicht den Weg** eröffnet, **die Grundstrukturen der Verfassung** auf die ihre Identität beruht, **ohne Verfassungsänderung aufzubrechen**, hat das BVerfG in seinem Goldenstedt-Beschluss (aaO) entschieden, dass der **zuständigkeitsverteilende Gesetzgeber** im Rahmen der Art. 24 Abs. 1 GG (jetzt Art. 23 GG) bei Übertragung von Hoheitsrechten auf die Europäische Union an **Art. 28 Abs. 2 GG** gebunden sei. Damit hat er indirekt zum Ausdruck gebracht, dass die Selbstverwaltungsgarantie zu diesen innerstaatlichen, gegenüber EU-Recht rechtsschutzfähigen Grundstrukturen gehört.

114

Nicht entschieden ist allerdings, **wie weit** diese **Europafestigkeit** reicht. In entsprechender Weiterentwicklung des **Solange-II-Beschlusses** (BVerfGE 73, 339) und des **Maastricht-Urteils** (BVerfGE 89, 155 [174f.), wonach das BVerfG in Anspruch nimmt, EU-abgeleitetes Recht trotz des Anwendungsvorrangs von EU-Recht auf die Beachtung des **Wesensgehalts der Grundrechte** bzw. **der unabdingbaren Grundrechtsstandards** zu überprüfen (*Dauses*, GutA DJT 1994, D 43), erscheint es konsequent, auch den **identitäts- und strukturstiftenden Kernbereich der Selbstverwaltungsgarantie als vor Eingriffen geschützt anzusehen** und deshalb der ver-

115

fassungsrechtlichen Prüfung zu unterwerfen (zweifelnd *Frenz*, VerwArch. 1995, 378 [392]). Dieser nationale Schutz ist umso mehr geboten, als der Schutz der Selbstverwaltungsgarantie auf europarechtlicher Ebene bis heute, wie oben dargelegt, auf äußerst unsicherer Grundlage steht. Der weitere Bereich der Selbstverwaltungsgarantie unterliegt jedoch der Dispositionsfreiheit des zuständigkeitsübertragenden Gesetzgebers.

116 Die Verfassungsbeschwerde ist **begründet**, wenn eine Kommune durch Gesetze im genannten Sinne im Kernbereich der Selbstverwaltungsgarantie tatsächlich verletzt ist. Liegt die Verfassungswidrigkeit des deutschen Gesetzes in EU-Recht begründet, so ist dieses **innerstaatlich nicht anwendbar**. Dient das Gesetz der Umsetzung einer Richtlinie, so ist die Richtlinie nicht umsetzbar und im deutschen Hoheitsgebiet nicht verbindlich (vgl. *Rengeling*, DVBl. 1995, 947 [950]).

5.3. Rechtsschutz vor den Instanzgerichten

117 Vor den Instanzgerichten können die Kommunen **Rechtsschutz gegen untergesetzliches deutsches Recht**, soweit es nicht dem Gesetzesbegriff des Art. 93 Abs. 1 Nr. 4b GG unterfällt, erlangen. Erlässt eine **deutsche Behörde** einen – untergesetzlichen – Rechtsakt gegenüber einer Kommune, etwa einen **Verwaltungsakt**, so ist für den innerstaatlichen Rechtsschutz zu unterscheiden, ob der Rechtsakt **unmittelbar auf EU-Recht** beruht oder, ob er Ausfluss der **Umsetzung von EU-Recht** ist.

118 Hat der untergesetzliche Rechtsakt seine Rechtsgrundlage **in einem deutschen Gesetz** im formellen Sinne, das EU-Recht umsetzt, besteht **Primärschutz nach dem allgemeinen deutschen Prozessrecht** und dem einschlägigen deutschen materiellen Recht. Ist das entscheidende Gericht der Auffassung, das in Bezug genommene EU-Recht und das zu seiner Umsetzung erlassene deutsche Gesetz verstoße gegen den Kernbereich der Selbstverwaltungsgarantie, so kann die Verfassungsmäßigkeit des deutschen Gesetzes und damit indirekt die Vereinbarkeit des EU-Rechts mit deutschem Verfassungsrecht nach Vorlage durch das Instanzgericht zum Gegenstand einer konkreten Normenkontrolle **nach Art. 100 GG** gemacht werden. Soweit die angegriffene Norm auf EU-Recht beruht, ist durch das Bundesverfassungsgericht, wie bei der Kommunalverfassungsbeschwerde, nur zu prüfen, ob als Strukturprinzip der Verfassung der **Kernbereich des Art. 28 Abs. 2 GG verletzt** ist. Bei den übrigen, nicht EU-Recht entspringenden Regelungen des deutschen Gesetzes, besteht hingegen eine umfassende verfassungsrechtliche Prüfungsbefugnis (vgl. BVerfG EuR 1989, 270 – Tabaketikettierungsrichtlinie). **Nicht zulässig** ist eine **konkrete Normenkontrolle unmittelbar gegen EU-Recht** nach Art. 100 GG wegen Verletzung der deutschen Selbstverwaltungsgarantie vor dem Bundesverfassungsgericht. Grundsätzlich gilt auch hier, dass das Bundesverfassungsgericht zum Rechtsschutz nur gegen Akte deutscher öffentlicher Gewalt berufen ist (vgl. *Jarras/ Pieroth*, GG, Art. 23 GG, Rn. 17).

119 Ist **EU-Recht** innerstaatlich **unmittelbar wirksam und anwendbar** und bedarf keiner normativen Umsetzung, was bei Verordnungen und – teilweise – bei Richtlinien der Fall ist, können die Kommunen die Verletzung des Kernbereichs ihrer Selbstverwaltungsgarantie durch dieses Recht innerstaatlich nach den **Regeln des deutschen Rechtsschutzsystems** geltend machen. Gegen Satzungen ist daher die **abstrakte Normenkontrolle** nach § 47 VwGO, gegen belastende Verwaltungsakte – nach erfolglosem Vorverfahren – die **Anfechtungsklage** und gegen tatsächliches

Verwaltungshandeln die **allgemeine Leistungsklage** erheben. In diesen Verfahren kann die Kommune die **Verletzung des Kernbereichs der Selbstverwaltungsgarantie durch unmittelbar wirkendes EU-Recht** geltend machen. Stellt das Gericht die Verletzung durch den untergesetzlichen Vollzugsakt fest, **entfällt** ausnahmsweise der **Anwendungsvorrang des EU-Rechts**. Auf diese Weise können die nach Art. 23 GG bestehenden Kompetenzschranken zugunsten der Kommunen gewahrt werden.

Problematisch ist allerdings, ob den Ausschluss des Anwendungsvorrangs des EU-Rechts bei Verletzung des Kernbereichs der Selbstverwaltung auch die **Widerspruchsbehörde** im Widerspruchsverfahren praktizieren darf. Ist davon auszugehen, dass die Widerspruchsbehörde – ebenso wie die Instanzgerichte – zur Rechtskontrolle befugt ist und ein Verwerfungsmonopol des Bundesverfassungsgerichts bzw. ein Monopol, den Anwendungsbereich von EU-Recht im Einzelfall auszuschließen, gegenüber EU-Recht nicht besteht, müsste auch die Widerspruchsbehörde in der Lage sein, im Einzelfall den Anwendungsvorrang von EU-Recht konkret auszuschließen. Diese Annahme wäre allerdings eine sehr weit reichende Konsequenz, die das Integrationsziel des EU-Rechts nicht gerade zu fördern geeignet ist.

Literatur: *Gern*, Rechtsschutz der Kommunen in der Europäischen Union, NVwZ 1996, 532.

5.4. Rechtsschutz im Kooperationsverfahren

Nach Art. 267 AEUV entscheidet der EuGH im Wege der **Vorabentscheidung** auch über die **Auslegung der EU-Verträge**, über die **Gültigkeit** und die **Auslegung der Handlungen der Organe der Gemeinschaft** und **der Europäischen Zentralbank** sowie über die **Auslegung der Satzungen der durch den Rat geschaffenen Einrichtungen**, soweit diese Satzungen dies vorsehen. **Gerichte der Mitgliedsstaaten können**, wenn ihnen eine derartige Frage gestellt wird und eine Entscheidung darüber zum Erlass eines Urteils erforderlich ist, diese **Frage dem EuGH zur Entscheidung vorlegen**. Handelt es sich bei der Entscheidung des innerstaatlichen Gerichts um eine **letztinstanzliche Entscheidung**, ist das **Gericht** nach Art. 267 Abs. 3 AEUV **zur Anrufung des EuGH verpflichtet**. Vorlageberechtigt sind nach Art. 267 Abs. 2 AEUV alle nationalen Gerichte, nicht jedoch Widerspruchsausschüsse. Über die Vorlage entscheiden die Gerichte **von Amts wegen**, nicht auf Antrag einer Partei, da Art. 267 AEUV keinen Rechtsbehelf für die Parteien eines beim innerstaatlichen Gericht anhängigen Rechtsstreits eröffnet (*Fischer*, Europarecht, S. 147).

Der **EuGH entscheidet** im Vorabentscheidungsverfahren jedoch **nicht** über die **Vereinbarkeit des nationalen Rechts mit dem Gemeinschaftsrecht** (EuGHE 1964, 1251 – Costa/ENEL). Die **Gerichte der Mitgliedsstaaten** sind folglich für die **Ermittlung des Sachverhaltes**, für die **Auslegung und Anwendung des nationalen Rechts** und für die Beurteilung zuständig, ob eine **Vorabentscheidung** für die eigene Entscheidung **notwendig** ist und welche Fragen hierfür rechtserheblich sind. Aufgabe des **EuGH** ist es dann die Bedeutung der Normen des Gemeinschaftsrechts aus „**Geist und Wortlaut des Vertrages abzuleiten**", während die nationalen Gerichte die in dieser Weise ausgelegten Normen auf den konkreten Fall anzuwenden haben (EuGHE 1963, 63 – Da Costa -). Letzteren obliegt dann auch die Entscheidung, ob nationales Recht und EU-Recht miteinander vereinbar sind.

Literatur: *Dauses*, Empfiehlt es sich, das System des Rechtsschutzes und der Gerichtsbarkeit in der Europäischen Union insbesondere die Aufgaben der Gemeinschaftsgerichte und der nationalen Gerichte, weiterzuentwickeln?, GutA DJT 1994; *Jarrass*, Konflikte zwischen EG-Recht und nationalem Recht vor den Gerichten der Mitgliedstaaten, DVBl. 1995, 954.

IV. Rechtsschutz der Kommunen

1. Kommunale Verfassungsbeschwerde

1.1. Zulässigkeit

123 Art. 93 Abs. 1 Nr. 4b GG iVm § 91 BVerfGG räumt den Gemeinden und Gemeindeverbänden das Recht ein, zum Schutz der nach **Art. 28 Abs. 2 GG** garantierten kommunalen Selbstverwaltung Klage vor dem Bundesverfassungsgericht zu erheben. Die **Verfassungsbeschwerde** ist nur zulässig gegen ein **formelles oder materielles Gesetz des Bundes oder des Landes**. Von dem Begriff Gesetz sind alle vom Staat erlassenen Rechtsnormen, die Außenwirkung gegenüber der Gemeinde entfalten (BVerfGE 76, 106 [114], umfasst. Gegen Landesgesetze ist die Verfassungsbeschwerde nach Art. 93 Abs. 1 Nr. 4b GG iVm § 91 Satz 2 BVerfGG jedoch nur insoweit zulässig, wenn keine Beschwerde bei einem Landesverfassungsgericht möglich ist (BVerfG NVwZ-RR 1999, 353. In **Hessen** können die **Gemeinden und Gemeindeverbände Grundrechtsklage nach § 46 StGHG iVm Art. 131 Abs. 1, 137 Abs. 3 HV** mit der Begründung erheben, Landesrecht verstoße gegen die Vorschriften der Hessischen Verfassung über das Recht der Selbstverwaltung (vgl. zur Frage der Verfassungsmäßigkeit des § 46 StGHG, StGH StAnz.1999 S. 3414 [3417]). Der Rechtsweg für die hessischen Gemeinden und Gemeindeverbänden zu dem Bundesverfassungsgericht ist daher nur gegen Bundesgesetze eröffnet. Das Landesrecht darf allerdings keine Regelungen enthalten, die mit Art. 28 Abs. 2 GG unvereinbar sind. Der Grundsatz der Subsidiarität der Kommunalverfassungsbeschwerde nach Art. 93 Abs. 1 Nr. 4b GG, § 91 BVerfGG findet daher keine Anwendung, wenn die landesverfassungsrechtliche Garantie der kommunalen Selbstverwaltung hinter dem Gewährleistungsniveau des Art. 28 Abs. 2 GG zurückbleibt (BverfG, Urt. v. 21.11.2017 – 2 BvR 2177/16).

Beschwerdeerhebungsberechtigt sind nach Art. 93 Abs. 1 Nr. 4b iVm § 91 BVerfGG nur die **Gemeinden und Gemeindeverbände** als kommunale Gebietskörperschaften, nicht dagegen einzelne Organe oder Organteile. Die beschwerdeführende Gemeinde muss durch die von ihr angegriffene Regelung **selbst, gegenwärtig und unmittelbar** betroffen sein. Dem unmittelbaren Betroffensein steht bei der Kommunalverfassungsbeschwerde nicht entgegen, dass zur Gesetzesdurchführung **noch Vollzugshandlungen erforderlich** sind; denn das Erfordernis des Betroffenseins muss im Rahmen der Kommunalverfassungsbeschwerde abgeschwächt werden (BVerfG 71, 25 [35]; NVwZ 1987, 123). Bedarf jedoch das Gesetz noch einer Konkretisierung, etwa einer Rechtsverordnung, ist diese abzuwarten (BVerfGE 71, 25 [36]; DVBl. 1992, 960).

124 Die beschwerdeführende **Gemeinde muss geltend machen**, die **Selbstverwaltungsgarantie des Art. 28 Abs. 2 GG sei verletzt**. Dieses Erfordernis setzt voraus, dass mit der Verfassungsbeschwerde schlüssig ein Sachverhalt vorgetragen wird, aufgrund dessen der Schutzbereich des Art. 28 Abs. 2 GG (Kern- oder Randbereich) betroffen sein könnte (BVerfGE 71, 25 [35f.]; NVwZ 1987, 123). Art. 28 Abs. 2 GG schützt die Eigenverantwortlichkeit der Gemeinden im Bereich der ihnen verfassungsrechtlich zugeordneten Angelegenheiten der örtlichen Gemeinschaft. Innerhalb dieses Bereichs genießen sie einen erhöhten Schutz, soweit wesentliche Hoheitsrechte wie ihre Gebiets-, Planungs-, Organisations-, Satzungs-, Personal- und Finanzhoheit betroffen sind. Wenn nach Maßgabe des so beschriebenen Schutzbereichs das Selbstverwaltungsrecht der Gemeinde betroffen ist, ist die verfassungsrechtliche Sachprüfung eröffnet (BVerfG NVwZ 1987, 123).

Kapitel 1 Grundlagen der gemeindlichen Selbstverwaltung 73

Weiterhin sind **Prüfungsmaßstab alle Normen des Grundgesetzes, die geeignet** 125
sind, das verfassungsrechtliche Bild der Selbstverwaltung mitzubestimmen, also etwa die **bundesstaatliche Kompetenzverteilung** (BVerfGE 56, 298 [310]) sowie das **Rechtsstaatsprinzip** und das **Demokratieprinzip** (vgl. BVerfGE 1, 167 [181]; 56, 398; offen gelassen bisher für die Rüge der Verletzung des im Demokratieprinzip wurzelnden **Parlamentsvorbehalts** sowie des aus dem Rechtsstaatsprinzip abzuleitenden **Bestimmtheitsgrundsatzes**, vgl. BVerfG DVBl. 1992, 960). Prüfungsmaßstab sind schließlich als Ausformung eines allgemeinen Gerechtigkeitsgedankens auch das **Willkürverbot** (BVerfGE 26, 228 [244]; 39, 302) sowie **Art. 101 Abs. 1 und Art. 103 Abs. 1 GG** als Verfahrensgrundrechte (BVerfGE 75, 192 [200]; 61, 82 [104]; NVwZ 1994, 58 [59]). **Nicht berufen** können sich die Gemeinden auch in diesem Verfahren auf den **Schutz der** (materiellen) **Grundrechte** (vgl. Kap. 1 D IV 4).

Die **Einlegungsfrist** für die Verfassungsbeschwerde beträgt nach § 93 Abs. 2 126
BVerfGG **ein Jahr** seit Inkrafttreten des Gesetzes. Die Verfassungsbeschwerde ist nur **nach Ausschöpfung des Rechtsweges** zulässig, insbesondere muss gegen untergesetzliche Rechtsnormen, soweit statthaft, ein **Normenkontrollverfahren** nach § 47 Abs. 1 VwGO eingeleitet werden. Dieses muss, soll die Möglichkeit der Verfassungsbeschwerde offen gehalten werden, binnen eines Jahres seit dem Inkrafttreten der Rechtsnorm eingeleitet werden. Mit dessen Abschluss fängt die Jahresfrist des § 93 Abs. 2 BVerfGG an zu laufen (vgl. hierzu BVerfG NVwZ 1988, 47; NVwZ 1986, 289; DVBl. 1992, 960; *Erlenkämper* NVwZ 1985, 798).

1.2. Begründetheit

Die Kommunalverfassungsbeschwerde ist begründet, wenn eine Gemeinde oder ein 127
Gemeindeverband in dem Recht auf Selbstverwaltung durch die angegriffene Rechtsnorm tatsächlich **unmittelbar** verletzt ist (zu Einzelheiten des Prüfungsmaßstabes und -umfangs, BVerfGE 79, 127 [154]; *Pestalozza*, Verfassungsprozessrecht, § 12 III). Sie ist aber auch dann begründet, wenn zwar nicht Art. 28 Abs. 2 GG direkt verletzt ist, aber das Gesetz wegen formeller Mängel verfassungswidrig ist.

2. Kommunale Grundrechtsklage in Hessen

In Hessen können die **Gemeinden und Gemeindeverbände Grundrechtsklage** 128
nach § 46 StGHG iVm Art. 131 Abs. 1, 137 Abs. 3 HV mit der Begründung erheben, Landesrecht verstoße gegen die Vorschriften der Hessischen Verfassung über das Recht der Selbstverwaltung (vgl. zur Frage der Verfassungsmäßigkeit des § 46 StGHG, StGH StAnz.1999 S.3414 [3417]; ein kommunales Gebietsrechenzentrum ist kein Gemeindeverband, HessStGH HSGZ 2000, 25). Folglich ist der Rechtsweg für die hessischen Gemeinden und Gemeindeverbänden zu dem Bundesverfassungsgericht nur gegen Bundesgesetze eröffnet (vgl. Kap. 1 D IV 1).

Die **beschwerdeführende Gemeinde** muss **geltend machen**, die **Selbstverwal-** 129
tungsgarantie des Art. 137 Abs. 3 HV sei verletzt. Sie muss also einen Sachverhalt vortragen, aufgrund dessen der Schutzbereich des Art. 137 Abs. 3 HV betroffen sein könnte (§ 43 Abs. 2 StGHG). Die **Einlegungsfrist** für die Grundrechtsklage beträgt nach § 45 Abs. 2 StGHG **ein Jahr** nach Inkrafttreten der Rechtsvorschrift oder seit Erlass des Hoheitsakts. Juristische Personen können in Verfahren vor dem Hessischen Staatsgerichtshof als Beistand nach § 20 Abs. 1 S. 4 StGHG zugelassen wer-

den (Hess StGH LKRZ 2011, 54, Zulassung des Hessischen Städtetags als Beistand im Verfahren „Mindestverordnung" in Kindertagesstätten, vgl. Rn. 94).

Beispiel: Grundrechtsklage gegen die Verordnung über Mindestausstattungen in Tageseinrichtungen für Kinder (MVO vom 17.12.2008, GVBl. I S. 1047) wegen fehlendem Kostenausgleich für Mehrausgaben (HessStGH ESVGH 63, 24).

130 Die Grundrechtsklage kann erst erhoben werden, wenn der **Rechtsweg erschöpft** ist (§ 44 Abs. 1 StGHG). Der Rechtsweg gilt als erschöpft, wenn das höchste in der Sache zuständige Gericht des Landes Hessen ein Rechtsmittel oder einen Rechtsbehelf gegen seine Entscheidung nicht zugelassen hat. **Ausnahmsweise** entscheidet der Staatsgerichtshof vor Erschöpfung des Rechtsweges, wenn die **Bedeutung der Sache über den Einzelfall hinausgeht** oder wenn durch den Verweis auf den Rechtsweg ein **schwerer und unabwendbarer Nachteil** für den Antragsteller entstehen könnte (§ 44 Abs. 2 StGHG).

Literatur: *Schmidt-De Caluwe*, Die kommunale Grundrechtsklage in Hessen; *v.Zezschwitz*, Grundrechtsklagen ohne Grenzen nun auch in Hessen, NJW 1999, 17.

3. Verwaltungsgerichtliche Normenkontrolle

131 Gegen **Rechtsverordnungen des Landes** (BVerwG NVwZ 2016, 938) steht den Gemeinden die Möglichkeit der **verwaltungsgerichtlichen Normenkontrolle** nach § 47 Abs. 1 Nr. 1 und 2 VwGO iVm § 15 HAGVwGO offen. Prüfungsmaßstab kann dabei neben einfachem Bundes- und Landesrecht auch Bundes- und Landesverfassungsrecht sein. Der in § 47 Abs. 3 VwGO geregelte verfassungsgerichtliche Vorbehalt steht der Zulässigkeit eines verwaltungsgerichtlichen Normenkontrollverfahrens nur dann entgegen, wenn der Antragsteller in der Lage ist, mit dem gleichen Begehren ein Verfassungsgericht anzurufen. **Antragsberechtigt** können die Kommunen als Behörden iSd § 47 Abs. 2 VwGO oder als juristische Personen sein. Die Geltendmachung einer **Rechtsverletzung** ist nur bei Antragstellung als juristische Person erforderlich (*Posser/Wolf*, BeckOK VwGO, Rn. 42 zu § 47).

132 Gegen **Satzungen von Kommunen** können **andere Kommunen** einen Antrag auf verwaltungsgerichtliche Normenkontrolle nach § 47 Abs. 1 und 2 VwGO als **juristische Person** stellen. Der Antrag setzt voraus, dass die Kommune eine Rechtsverletzung iSd § 47 Abs. 2 VwGO geltend macht.

Beispiel: Normenkontrolle einer Gemeinde gegen die Haushaltssatzung des Landkreises mit der Begründung, die Kreisumlagesätze seien überhöht kalkuliert worden (vgl. HessVGH B.v. 12.2.1996 – 6 N 3392/94); Normenkontrolle einer Gemeinde gegen den Bebauungsplan einer Nachbargemeinde wegen Verletzung des interkommunalen Abstimmungsgebots des § 2 Abs. 2 BauGB (BVerwG NVwZ 1989, 253).

4. Verwaltungsgerichtliche Klage

133 Neben Art. 93 GG besteht für die **Gemeinden und Gemeindeverbände**, wie für jede andere natürliche oder juristische Person, bei Vorliegen einer **öffentlich-rechtlichen Streitigkeit** nichtverfassungsrechtlicher Art die Möglichkeit **Klage vor dem Verwaltungsgericht** zu erheben (§ 40 Abs. 2 VwGO). Das Klagebegehren muss sich zunächst als Folge eines Sachverhalts darstellen, der nach öffentlichem Recht zu beurteilen ist (BVerwG NVwZ 1983, 220; BGHZ 72, 57; *Kopp/Schwenke*, VwGO, Rn. 16 zu § 40 VwGO). Nicht zulässig ist die Klage, wenn das Klagebegehren **verfassungsrechtlicher Natur** wäre. Wann eine verfassungsrechtliche Streitigkeit vorliegt ist um-

stritten. Das BVerwG stellt darauf ab, wo der **Kern der Streitigkeit** liegt, und knüpft damit primär an die Zuordnung der streitentscheidenden Normen an (BVerwGE 24, 272; 36, 218). Problematisch ist hier die Frage der Zulässigkeit von verfassungsrechtlichen Streitigkeiten im Staat-Bürger-Verhältnis (*Posser/Wolff*, BeckOK VwGO, Rn. 91ff. zu § 40).

Den Gemeinden stehen daneben grundsätzlich die Klagearten der §§ 42ff. VwGO (Anfechtungs-, Verpflichtung-, Feststellung-, allgemeine Leistungsklage, Unterlassungs- und Normenkontrollklage) offen.

Für die erforderliche **Klagebefugnis** (§ 42 Abs. 2 VwGO) müssen die Gemeinden **134 geltend machen in eigenen Rechten verletzt** zu sein. Die Geltendmachung fremder Rechte ist unzulässig. Insbesondere können die Kommunen nicht Rechte ihrer Einwohner oder Teile von ihnen geltend machen (HessVGH NJW 1979, 180; VGH Bad.-Württ. DVBl. 1977, 345; NVwZ 1987, 513; BVerwGE 52, 233 – **keine sog. Kommunalverbandsklage**).

Die Rechte können sich dabei aus der Verfassung, aus Gesetzen oder sonstigen **135** Rechtssätzen ergeben. Bei **Klagen gegen staatliche Hoheitsträger** können sich die Gemeinden jedoch im Wesentlichen nur auf ihr **Selbstverwaltungsrecht (Art. 28 Abs. 2 GG)**, insbesondere auf die **Hoheitsrechte** in ihrem Kernbereich oder der dem Gesetzesvorbehalt unterliegenden weiteren Bereich **berufen** sowie auf **normative Ableitungen** aus ihm, auf die sog. **Erstreckungsgarantien** (BVerwG NVwZ 1983, 610). Besonders häufig kommen diese Klagen wegen Beeinträchtigung der kommunalen **Planungshoheit** vor. Dabei kann es sich um Streitigkeiten zwischen den Gemeinden ebenso handeln wie um solche über die Verwirklichung staatlicher Vorhaben oder die Erteilung von Genehmigungen staatlicher Behörden an Private.

Weiterhin können die Gemeinden **alle Verfassungsrechtsnormen** für sich in An- **136** spruch nehmen, die das verfassungsrechtliche Bild der Selbstverwaltung mitbestimmen, so etwa **Art. 120 GG** (BVerwGE 1, 181; 56, 398) sowie auch die Verfahrensrechte des **Art. 19 Abs. 4, 101 Abs. 1 S. 2 und Art. 103 Abs. 1 GG** (BVerfGE 75, 192 [200]). Schließlich ist auch **Art. 3 GG** als Ausformung des allgemeinen Gerechtigkeitsprinzips Prüfungsmaßstab. Art. 28 Abs. 2 GG schützt auch davor, dass der Gesetzgeber das Willkürverbot missachtet, indem er einen Teil der Gemeinden ohne sachlichen Grund anders behandelt als die übrigen Gemeinden (BVerwG NVwZ 1991,1192; BVerfGE 23, 353 [372]; 26, 228 [244]; 39, 302; 56, 298 [313]).

Nicht berufen können sich die Gemeinden auf den Schutz der **Grundrechte**, da **137** diese ihrem Wesen nach nicht eine Funktion zugunsten der Hoheitsträger, sondern zugunsten natürlicher Personen als Schutz konkreter, besonders gefährdeter Bereiche menschlicher Freiheit gegen Eingriffe staatlicher Gewalt und zum Schutz der freien Mitwirkung und Mitgestaltung im Gemeinwesen haben (BVerfG NJW 1990, 1783 mwN; DVBl. 1995, 290). So können sie sich insbesondere **nicht auf Art. 14 GG** berufen. Daraus folgt jedoch nicht, dass die Kommunen sich nicht gegen Beeinträchtigungen ihres Grundeigentums gerichtlich wehren können. Bsp. handelt es sich bei der Verwaltung gemeindlichen Vermögens um eine Selbstverwaltungsangelegenheit. Infolgedessen verstoßen rechtswidrige staatliche Eingriffe gegen die Selbstverwaltungsgarantie (HessVGH NVwZ 1987, 987).

Die Verletzung sonstiger **einfachgesetzlicher Bestimmungen** können die Gemein- **138** den insoweit rügen, als diese zumindest auch den Schutz der Kommunen bezwecken (vgl. OVG Rh.-Pf. NVwZ 1989, 983; BVerwG NVwZ-RR 1991, 621 [622], bsp. die Abstimmungspflicht der Bauleitpläne benachbarter Gemeinden (vgl. OVG Schl.-Hol. BauR 1991, 170). Die Verletzung einfachgesetzlich geregelter **Beteiligungs-**

rechte kann die Klagebefugnis nur begründen, wenn zusätzlich eine Verletzung des Art. 28 Abs. 2 GG vorgetragen wird (BVerwG NJW 1992, 256 mwN).

E. Ausblick

I. Künftige Rechtsentwicklung

139 Die in ganz Deutschland erreichte Qualität der kommunalen Selbstverwaltung wird in den letzten Jahren durch eine zunehmende nationale und europäische Verrechtlichung kommunaler Aufgaben und ihre **Hochzonung** in überkommunale Bereiche, das **Fehlen einer aufgabengerechten Finanzausstattung** und damit einhergehend eine wachsende **Abhängigkeit** der kommunalen Aufgabenerfüllung von **„goldenen Zügeln" staatlicher Finanzzuweisungen** sowie durch einen Verlust an Ehrenamtlichkeit mehr und mehr negativ beeinflusst (vgl. Schink, Verw.Arch. 1991, 385 mwN). Zudem hat der Hessische Landtag 2012 ein **kommunales Schutzschirmgesetz** (SchuSG) erlassen, das defizitären Kommunen einen Entschuldungsfond bietet. Voraussetzung für die Aufnahme ist aber, dass die Kommunen mit dem Land eine Vereinbarung schließen, in der sie sich verpflichten, ihren Ergebnishaushalt innerhalb eines bestimmten Zeitraums auszugleichen (SchuSVVO GVBl. 2012, 183, zuletzt geändert durch Art. 8 Gesetz zur Erleichterung der Bürgerbeteiligung auf Gemeindeebene und zur Änderung wahlrechtlicher Vorschriften vom 20.12.2015 (GVBl. I S. 623). Aufsehen erregte landesweit die Anweisung einer Aufsichtsbehörde an eine defizitäre Gemeinde ihre Bürger an den Kosten für den Bau und die Sanierung von Straßen zu beteiligen (HessVGH, Urt.v. 12.1.2018 – 8A 1485/13 -, juris - Erlass einer Strassenbeitragssatzung; zur Verfassungsmäßigkeit von Beitragserhebung für Um- und Ausbau öffentlicher Straßen, BverwG, Urt.v. 21.6.2019 – 9 C 2/17 -, juris). Inzwischen sind allerdings die ersten Kommunen aus dem Schutzschirm wieder erfolgreich entlassen worden.

Ein bundesweiter Ländervergleich zeigt, dass die Hessischen Kommunen überdurchschnittlich hohe **Kassenkredite** in Anspruch nehmen. Mit dem „Gesetz zur Sicherstellung der finanziellen Leistungsfähigkeit der hessischen Kommunen bei liquiditätswirksamen Vorgängen und zur Förderung von Investitionen", sog. **Hessenkasse** (Gesetz v. 25.4.2018, HessGVBl. 2018 S. 59), will der hessische Gesetzgeber fünf Jahre nach Inkrafttreten des **Kommunalen Schutzschirmgesetzes** und neben den Zuweisungen aus dem **Lastenausgleichsstock** mit einem weiteren Instrument die Entschuldung der Kommunen forcieren. Eine Bewertung der Auswirkungen auf Art und Umfang der Wahrnehmung der Selbstverwaltungsaufgaben durch die defizitären Kommunen, insbesondere von zukunftsweisenden **investiven Maßnahmen,** etwa die Digitalisierung, sowie der für die **Attraktivität der Kommunen** notwendigen Dienstleistungen bleibt abzuwarten. Kommunale Selbstverwaltung lebt von dem Engagement der ansässigen Bürger. Wenn Ressourcen weit in die Zukunft (bis zu dreißig Jahren bei Schutzschirm und Hessenkasse-Hilfe) gebunden sind, wird das Engagement einer ganzen Generation möglicherweise nicht mit **Goldenen Zügeln geleitet**, sondern **gedrosselt**.

Literatur: *Lohmann,* Die Neuregelung der Erhebung der Straßenbeiträge in Hessen, ZKf 2019, 58; *Rauber,* Kommunale Entschuldung und Haushaltsrecht, DÖV 2019, 352.

140 Soll Selbstverwaltung weiterhin mit Leben erfüllt sein, muss der **Gestaltungsspielraum der Gemeinden** bei der Erfüllung ihrer Aufgaben erhalten werden. Dies kann geschehen durch **Verringerung staatlicher Reglementierung** der Kommunen und

Lockerung normativer Regelungs- und Kontrolldichte zugunsten weitgehender satzungsrechtlicher Gestaltungsfreiheit, durch **Zulassung kommunaler Mitwirkung im Gesetzgebungsverfahren**, durch **Einschränkung** des Bereichs der **Weisungsaufgaben**, durch **Zurücknahme der zweckgebundenen Finanzzuweisungen** zugunsten einer ausreichenden Garantie frei gestaltbarer und verfügbarer Finanzmittel, durch **Garantie der Kostendeckung bei Aufgabenübertragung** auf die Kommunen und schließlich durch **Stärkung der Möglichkeiten bürgerschaftlicher Mitwirkung**, speziell durch neue Möglichkeiten unmittelbarer Demokratie auf kommunaler Ebene (vgl. hierzu die Entschließung des Bundesrats vom 3.11.1995, Abdruck BWGZ 1995, 713).

Eine entscheidende Rolle kann hierbei auch der Umsetzung der **Lokalen Agenda 21** durch die Kommunen zukommen. Das 1992 von der Konferenz der Umwelt und Entwicklung in Rio de Janeiro von mehr als 170 Staaten ausgelöste umfangreiche Aktionsprogramm stellt die **„nachhaltige Entwicklung"** in den Mittelpunkt. Diese baut auf eine umfassende Vernetzung und Koordinierung der verschiedenen Politikbereiche, Maßnahmen und Umsetzungsstrukturen mit dem Ziel die Bedürfnisse der Gegenwart zu befriedigen, ohne zu riskieren, dass künftige Generationen ihre eigenen Bedürfnisse nicht befriedigen können.

Literatur: *Oelsner,* Einstieg in die Lokale Agenda 21, KP SW 1999, 13.

II. Modernisierung der Kommunalverwaltung

Ausgelöst durch Haushaltskrisen und ausländische Impulse, wie das **Tilburger Modell** in den Niederlanden, wird etwa seit 1990 eine heftige Diskussion über eine angeblich überfällige Verwaltungsmodernisierung geführt: Ziel dieser Bestrebungen ist die **Beseitigung von Schwachstellen**, die Erhöhung der **Effizienz** und der **Transparenz** kommunalen Handelns und der **Kostendeckung**. Zu diesem Zweck soll das **öffentliche Gemeinwesen „Stadt"** in ein **privatwirtschaftsanaloges Unternehmen „Stadt"** mit zahlreichen privatrechtlichen **Untergesellschaften** umgewandelt werden, ausgerichtet am Leitbild wettbewerbs- und kundenorientierter moderner Dienstleistungsunternehmen mit den dort vorzufindenden **Steuerungsmodellen**, die durch dezentralisierte und kostenorientierte Ressourcenverantwortung, Kontraktmanagement zwischen Führungsspitze und Verwaltung, Budgetierung, Controlling-Systemen und betriebswirtschaftlichen, produktbezogenen Leistungs- und Kostenrechnungen sowie „Verschlankung" der Personalkörper (lean production/management) unter gleichzeitiger Hebung ihrer Qualität (total quality management) gekennzeichnet sind und die Betriebsvergleiche zwischen den einzelnen Kommunen ermöglichen. 141

Literatur: *Banner,* Von der Behörde zum Dienstleistungsunternehmen: Die Kommunen brauchen ein neues Steuerungsmodell, VOP 1991, 6; *ders.,* Neue Trends im kommunalen Management, VOP 1994, 5; *Wollmann,* Die traditionelle deutsche kommunale Selbstverwaltung – ein „Auslaufmodell"?, DfK 2002, 24.

Kommunalverfassungsrechtlich flankiert werden sollen diese neuen Steuerungsmodelle durch klare **Verantwortungsaufteilung zwischen Politik und Verwaltung**, durch **Konzentration der Gemeindevertretung auf wesentliche (politische) Zielvorgaben** (Erteilung von Leistungsaufträgen, Übertragung der Produktionsbudgets und Handlungsspielräume auf die Fachbereiche, Kontrolle der Erfüllung der Leistungsaufträge und deren Anpassung), die **Stärkung des Bürgermeisters** durch Erweiterung seiner Kompetenzen zur Erledigung der Geschäfte der laufenden Verwaltung, die gleichzeitige **Begrenzung der Rückholrechte** der Gemeindevertretung, 142 die **Ausdehnung der Weisungsrechte gegenüber den Beigeordneten** sowie durch die **verstärkte Delegationsmöglichkeit** von Aufgaben an Ämter und Abteilungen innerhalb der Verwaltung und der Ausbau des **Berichtswesens** (Ergebnisverantwortung).

143 Die Prüfung der verfassungsrechtlichen **Zulässigkeit** solcher Maßnahmen ist an den Vorgaben des **Art. 28 Abs. 2 GG** zu orientieren. Hieraus folgt, dass eine **privatwirtschaftliche Ausrichtung der Kommunen** durch ihre öffentlich-rechtliche Funktion und Aufgabenstellung sowie ihre Verfassungsbindung **an Grenzen stößt**. Nicht **Wettbewerbs- und Gewinnorientierung**, sondern die **Verwirklichung des Gemeinwohls** ist Aufgabe der Kommunen. Hiernach darf etwa das Entgelt für öffentliche Einrichtungen mit Blick auf das Sozialstaatsprinzip nicht ausschließlich an Angebot und Nachfrage orientiert werden, sondern hat die Leistungsfähigkeit und Bedürftigkeit der Einwohner zu berücksichtigen. Die Beratung und Anhörung von Bürgern im Bauleitplan- und Baugenehmigungsverfahren ist **nicht primär** an den entstehenden **Kosten** auszurichten, sondern nach **rechtsstaatlichen Prinzipien des rechtlichen Gehörs** und des **effektiven Rechtsschutzes**.

144 Dieser Befund zeigt, dass die **Zulässigkeit neuer Steuerungsmodelle** nicht pauschal bejaht oder verneint werden kann, sondern **maßnahmebezogen** an den Kategorien der Verfassung **zu messen** ist und Effizienz- und Kostenüberlegungen sich in deren Rahmen bewegen müssen. Soweit die Kommunen durch Gesetz verpflichtet werden sollen, zur Verwirklichung des Neuen Steuerungsmodells bestimmte kommunalinterne **organisationsrechtliche** Verfahrensweisen einzuhalten, etwa „**Produktbeschreibungen**" zu erstellen, so müssen hierfür im Sinne der Rechtsprechung **überwiegende Gründe des Gemeinwohls** vorliegen. Nur dann sind Eingriffe in den weiteren Bereich der Selbstverwaltungsgarantie durch den Gesetzesvorbehalt des Art. 28 Abs. 2 GG, der den Kommunen einen organisationsrechtlichen Spielraum belässt, gedeckt (vgl. BVerfGE 79, 127 – Rastede -; DVBl. 1995, 290; Kap. 1 D II 1.2).

Mit dem **Gesetz zur Änderung der Hessischen Gemeindeordnung und anderer Gesetze** vom 31.1.2005 (GVBl. 2005 I S. 54) wurden die hessischen Kommunen ermächtigt, ihre Haushaltsführung nach kaufmännischen Grundsätzen zu gestalten. Sie konnten nun zwischen dem **kameralistischen** (§§ 94 bis 114 HGO) und dem **doppischen Haushalts- und Rechnungswesen** (§§ 114a bis 114u HGO) wählen. Außerdem wurde die kommunalwirtschaftliche Betätigung einer strikten **Subsidiaritätsregel** unterstellt. Die Steuerungsmöglichkeiten der kommunalen Vertretungskörperschaften gegenüber den **kommunalwirtschaftlichen Gesellschaften** wurden durch die Pflicht zur Erstellung von **Beteiligungsberichten** und durch eine **Ausweitung der Prüfungszuständigkeiten** verbessert.

Seit 2015 sind nunmehr auch die hessischen Gemeinden, die noch ihre **kommunale Haushaltswirtschaft** nach den **Grundsätzen der Verwaltungsbuchführung (Kameralistik)** gestaltet hatten, zur Anwendung der **betriebswirtschaftlich-kaufmännischen doppelten Buchführung (Doppik)** verpflichtet.

Literatur:

Daneke, Finanzwirtschaft und doppisches Haushaltsrecht der Gemeinden in Hessen

Kapitel 2 Rechte und Aufgaben der Gemeinde

A. Die Stellung der Gemeinden im Staatsaufbau

In der Bundesrepublik Deutschland teilt sich die öffentliche Gewalt sowohl horizontal als auch vertikal. Die **horizontale** Teilung geht auf die Lehre der Gewaltenteilung *Montesquieus* zurück und zeigt sich in der Teilung in **Legislative, Exekutive und Judikative** (Art. 20 Abs. 2 GG). In den Bereichen Gesetzgebung und Verwaltung wird die horizontale Gewaltenteilung durch die **vertikale** Teilung der Staatsaufgaben zwischen **Bund und Ländern** ergänzt. Nur sie sind Gebietskörperschaften mit **Staatsqualität**. 145

Staats- und völkerrechtlich rechtlich gilt der Grundsatz, dass auf dem Staatsgebiet eines Staatswesens keine andere, nicht von ihm abgeleitete Hoheitsmacht bestehen kann. Der Staat hat mithin das ausschließliche Monopol der Ausübung der Staatsgewalt. Soweit die Gemeinden öffentliche Gewalt ausüben, ist dies Staatsgewalt (Art. 20 Abs. 2 S. 1 GG). Die Gemeinden sind also Bestandteil des Staates. Sie stellen ihm gegenüber aber keine dritte eigenständige Ebene dar, sondern werden staatsrechtlich als **Teil der Länder** betrachtet (BVerwGE 44, 351 [364]). 146

Auch die aus **Art. 28 Abs. 2 GG** herzuleitende Selbstverwaltungsgarantie bewirkt nur eine **bürgerschaftliche Mitwirkung** an der gemeindlichen Verwaltung einerseits und eine starke **Dezentralisation** der Verwaltungsorganisation andererseits, nicht hingegen, dass die Verwaltung örtlicher Angelegenheiten nicht als staatliche Verwaltung anzusehen ist. Nach den Erfahrungen aus der Zeit des Nationalsozialismus wollte der Verfassungsgeber mit der Stärkung der **Gemeinde als Keimzelle der Demokratie** vor allem den **Aufbau der Demokratie von unten nach oben** sicherstellen. 147

Der Bereich der kommunalen Betätigung wird von der Erledigung von Verwaltungsaufgaben bestimmt. Infolgedessen sind die Gemeinden der **Exekutive** zuzuordnen, nicht der Legislative. Daran ändert auch nichts, dass den Gemeinden durch die Befugnis, Satzungen zu erlassen, eine begrenzte Rechtssetzungskompetenz zukommt. Im Gegensatz zu "echten" Parlamenten, wie Bundestag oder Landtag, ist die Gemeindevertretung nicht überwiegend mit dem Erlass von Satzungen befasst. Der Qualifizierung als Exekutive entspricht es auch, das Willensbildungsorgan der Gemeinde, die Gemeindevertretung, nicht als Parlament im staatsrechtlichen Sinne zu betrachten. Vielmehr teilt die **Gemeindevertretung** die Rechtsnatur der Gemeinden als **Bestandteil der Exekutive** (BVerfGE 39, 109; *Schmidt*, HGO Kommentar, Anm. 2.2. zu § 9 HGO; *Schneider/Dreßler*, Erl. § 9 HGO, 2 mwN; Stern, Staatsrecht I, S. 303; aA *Meyer*, Staats- und Verwaltungsrecht für Hessen, S. 153). 148

Aus der staatsrechtlichen Einordnung der Gemeinden als **mittelbare Staatsverwaltung** ergibt sich einerseits das **Recht des Staates,** den Gemeinden **Aufgaben zur Erledigung** zu übertragen, andererseits die **Pflicht,** auch im Bereich der von den Gemeinden eigenverantwortlich wahrzunehmenden Aufgaben die **Kontrolle über die Rechtmäßigkeit** der Verwaltung auszuüben (Art. 20 Abs. 3 GG). 149

Literatur: *Hellermann*, BeckOK GG Art. 28, Rn. 13, 20ff.; *Stern*, Staatsrecht I, S. 303; *Schmidt-Jortzig*, DVBl. 1978, 796 – Anmerkung zum Urteil BVerfG, DVBl. 1978, 436; *Stargardt*, Selbstverwaltung und Staatsverwaltung – Mittelbare und unmittelbare Staatsverwaltung, DVP 1994, 66; *Thiele*, Allzuständigkeit im örtlichen Wirkungskreis – ein politisch hochstilisiertes, praktisch unbrauchbares Dogma?, DVBl. 1980, 1o; *v.Ungern-Sternberg*, Gemeinderat als „Kommunalparlament", JURA 2007, 256; *Wolf/Bachof*, Verwaltungsrecht II § 85 I c; *Zippelius*, Allgemeine Staatslehre, §§ 9 III, 12 II.

B. Die Stellung der Gemeinden im Verwaltungsaufbau

150 Das **Land Hessen** gehört zu den sog. **Flächenstaaten** und gliedert sich in die **Regierungsbezirke** Darmstadt, Gießen und Kassel. Neben der **Landeshauptstadt Wiesbaden** sind Darmstadt, Frankfurt am Main, Kassel und Offenbach kreisfrei. Daneben gibt es 418 kreisangehörige Städte und Gemeinden in 21 Landkreisen.

151 Die **Verwaltung ist zweigliedrig** strukturiert. Die **unmittelbare** Landesverwaltung umfasst die staatlichen Verwaltungsaufgaben, die vom Land durch eigene Organe (Behörden) ohne Rechtspersönlichkeit wahrgenommen werden. Sie gliedert sich in **oberste Landesbehörden** (Ministerien), die **Landesmittelbehörden** (Regierungspräsidien) und **Landesunterbehörden** (Schul-, Forst-, Eich-, Straßen-, Wasserwirtschafts- und Rechnungsprüfungsämter, Polizeipräsidien, Staatsanwaltschaften etc).

152 Kennzeichnend für die **mittelbare** Landesverwaltung ist, dass ihre Aufgabenträger juristische Personen des öffentlichen Rechts (Körperschaften, Anstalten und Stiftungen) sind. Sie umfasst den gesamten Hochschulbereich (Universität, Fach- und Kunsthochschulen), die Kammern für Industrie und Handel, für das Handwerk und die freien Berufe sowie die Sozialversicherungsträger und ihre Verbände. Auch die **Gemeinden** sind – jedenfalls soweit sie **Aufgaben nach Weisung** wahrnehmen – **Teil der mittelbaren Landesverwaltung** (vgl. BVerfG LKV 1995, 187).

Literatur: *Meyer*, Grundlagen der Verwaltungsorganisation und des Verwaltungshandelns, in: Meyer/Stolleis, Staats- und Verwaltungsrecht in Hessen, S. 71ff..

C. Die Rechtsstellung der Gemeinde

153 Die Gemeinden und Kreise sind **Gebietskörperschaften des öffentlichen Rechts**, die von ihren Einwohnern als **Mitglieder** getragen werden (§§ 1 Abs. 2, 8 HGO; §§ 1 Abs. 1, 7 HKO). Die Mitgliedschaft wird durch **Wohnsitz** begründet. Der Wechsel des Mitgliederbestands berührt den Status der Gemeinde als Körperschaft des öffentlichen Rechts nicht. Jedermann, der sich auf ihrem Gebiet aufhält, wird der **Herrschaftsmacht** der Körperschaft unterworfen. Wesentlich ist mithin das unmittelbare Verhältnis, welches zwischen Personen, Fläche und hoheitlicher Gewalt besteht (BVerfGE 52, 95 [117f.]).

Als Gebietskörperschaften sind die Gemeinden **juristische Personen des öffentlichen Rechts**, die bei einer Teilnahme am allgemeinen Rechtsverkehr im Wesentlichen von den gleichen Rechten und Pflichten getroffen werden wie die juristischen Personen des Privatrechts.

I. Rechtsfähigkeit

154 Die **Rechtsfähigkeit** ist die Fähigkeit, **selbstständiger Träger von Rechten und Pflichten** zu sein. Die Rechtsfähigkeit bezieht sich sowohl auf den Bereich des öffentlichen Rechts als auch den des Privatrechts. Auf dem **Gebiet des öffentlichen Rechts** können die Gemeinden Träger von Hoheitsrechten, Mitglieder von Zweckverbänden und Rechtsträger von öffentlichen Einrichtungen, Anstalten und Stiftungen sowie Dienstherren für Beamte sein. In **zivilrechtlicher Hinsicht** stehen die Ge-

Kapitel 2 Rechte und Aufgaben der Gemeinde

meinden grundsätzlich den juristischen Personen des Privatrechts gleich (§§ 89, 31 BGB). Die Gemeinden sind daher fähig, **alle Vermögensrechte** (Grundbesitz, Kapitalvermögen, vermögensrechtliche Forderungen) sowie – eingeschränkt – **Persönlichkeitsrechte** zu besitzen.

Teil der Rechtsfähigkeit ist das **Namensrecht**. Nach § 12 HGO führen die Gemeinden ihre bisherigen Namen. Der Name ist die rechtliche **Identifikationsbezeichnung** einer Gemeinde und zugleich äußerlicher Ausdruck ihrer **Individualität**. **Namensgebung und Namensänderung** obliegen dem Land. Sie sind nicht Ausdruck des nach Art. 28 Abs. 2 GG verfassungsrechtlich garantierten Kernbereichs der Selbstverwaltung. Aber auch bei den Entscheidungen zur Namensgebung oder Namensänderung hat das Land zu beachten, dass es sich um ein Persönlichkeitsrecht der Gemeinde handelt und demgemäß die Wünsche der örtlichen Gemeinschaft berücksichtigt werden müssen. Demgegenüber fällt das Recht zur **Führung des Gemeindenamens** unter den Schutzbereich des Art. 28 Abs. 2 GG (BVerfG NVwZ 1982, 367). Bei **Beeinträchtigungen des Namensrechts** steht der Gemeinde im privatrechtlichen Bereich nach § 12 BGB (grundlegend BVerwGE 44, 351 [353]), im öffentlich-rechtlichen Bereich nach § 12 HGO iVm § 12 BGB analog sowie direkt aus Art. 28 Abs. 2 GG ein **Unterlassungsanspruch** zu. Ein Unterlassungsanspruch nach § 12 BGB setzt eine unbefugte Namensverwendung und eine Verletzung der Interessen des Berechtigten voraus. Eine Namensverwendung liegt dann vor, wenn das den Namen bildende Wort von einem rechtlich beachtlichen Teil der angesprochenen Bevölkerung als Hinweis auf die Gemeinde als Rechtsperson verstanden wird (BGH NJW 1963, 2267 [2269]). Eine Verletzung des Namensrechts ist daher bei Verwendung des Namens als Internetadresse – sog. domain – gegeben (LG Frankfurt BB 1997, 1120). Ohne Einverständnis der Gemeinde ist hingegen die adjektivische Verwendung eines Städtenamens zulässig (OLG Schleswig SchlHA 1985, 40), wie etwa Frankfurter Allgemeine Zeitung, Frankfurter Neue Presse oder Frankfurter Rundschau. Der Namensmissbrauch kann weiterhin zu Unterlassungs- und Schadensersatzansprüchen nach § 16 UWG führen.

Beispiele: BGH NJW 1963, 2267: Die Beeinträchtigung des Namens der Stadt Dortmund durch eine in der Nähe des Hauptbahnhofes angebrachte, 9 x 25 m große Leuchtreklame "Dortmund grüßt mit Hansa-Bier" berechtigt zur Unterlassungsklage gegen den privaten Werber vor den Zivilgerichten.

BVerwG DÖV 1980, 97 [98] und 99: Die Deutsche Bundesbahn hat als Bundesverwaltung den Namen der Gemeinde vollständig auch bei hoheitlicher Betätigung (Bahnhofsbezeichnung) zu beachten, andernfalls steht der Gemeinde ein öffentlich-rechtlicher Unterlassungsanspruch zu. Hingegen hat eine Gemeinde keinen Anspruch darauf, dass ein in einem Ortsteil gelegener und seit Jahrzehnten mit dem Namen des Ortsteils bezeichneter Bahnhof den Namen der Gemeinde selbst erhält.

HessVGH DVBl. 1977, 49: Eine Gemeinde hat keinen Anspruch darauf, dass eine Autobahnabfahrt mit ihrem Namen bezeichnet wird.

Von der Namensgebung für Gemeinden ist die **Benennung und Umbenennung von Ortsteilen, Straßen, Plätzen und Brücken** zu unterscheiden, die zu den **Selbstverwaltungsaufgaben** der Gemeinde zählt. Die Gemeinde hat hierbei einen großen Gestaltungsspielraum, der durch die Ordnungs- und Erschließungsfunktion des Straßennamens einerseits und dem Recht der Straßenanlieger auf fehlerfreie Ermessensentscheidung unter Berücksichtigung ihrer Interessen andererseits begrenzt wird.

Die Gemeinden haben des Weiteren das Recht **Wappen, Dienstsiegel und Flaggen** zu führen (§ 14 HGO). Wappen und Flaggen sind Ausdruck der Verbundenheit der Gemeinde mit ihrer geschichtlichen Vergangenheit und ihrer Individualität. Die Gemeinden haben daher das Recht ihre **bisherigen Wappen und Flaggen** zu tragen, diese aber nach § 14 Abs. 1 S. 2 HGO auch zu ändern. Zur Führung eines **Dienstsiegels** sind die Gemeinden verpflichtet, da dies Ausdruck ihrer Hoheitsgewalt ist. Soweit sie zur Führung eines Wappens berechtigt sind, führen sie dieses in ihrem Dienstsiegel (§ 14 Abs. 2 S. 2 HGO). Wappen, Flaggen und Dienstsiegel genießen als Hoheitszeichen zunächst den zivilrechtlichen Schutz des Persönlichkeitsrechts sowie den Schutz vor unbefugter warenzeichenmäßiger Verwendung durch das Warenzeichengesetz.

Literatur: *Winkelmann*, Das Recht der öffentlich-rechtlichen Namen und Bezeichnungen.

II. Handlungs- und Geschäftsfähigkeit

158 Als juristische Person des öffentlichen Rechts besitzt die Gemeinde auch die Handlungsfähigkeit und Geschäftsfähigkeit. Die **Handlungsfähigkeit** besteht in der Befugnis, rechtserhebliche Handlungen vornehmen zu können. Die **Geschäftsfähigkeit** gibt den Gemeinden die Kompetenz, durch Willenserklärungen ihrer Organe am Rechtsverkehr des öffentlichen und privaten Rechts teilzunehmen, indem sie Willenserklärungen abgeben und entgegennehmen, Rechtsgeschäfte abschließen, öffentlich-rechtliche Vereinbarungen treffen und Verwaltungsakte erlassen können. Das **Handeln der Organe einer juristischen Person gilt als Handeln der juristischen Person** selbst. Die Gemeinde wird bei der Abgabe der Willenserklärungen durch den Gemeindevorstand, dieser durch den Bürgermeister und seine Stellvertreter sowie durch deren Beauftragte vertreten (§ 71 HGO).

III. Beteiligten- und Parteifähigkeit

159 Mit der Rechtsfähigkeit besitzen die Gemeinden zugleich die Fähigkeit, Partei eines gerichtlichen Rechtsstreits zu sein. Diese Eigenschaft bezeichnet man im Zivilprozess als **Parteifähigkeit (§ 50 ZPO)**. Folglich können die Gemeinden vor den Zivilgerichten klagen und verklagt werden. Der Parteifähigkeit entspricht im Verwaltungsprozess die Fähigkeit, Beteiligter zu sein (§ 61 VwGO). **Beteiligtenfähigkeit** bedeutet die Fähigkeit, als Subjekt eines Prozessrechtsverhältnisses, dh als Kläger, Beklagter, Beigeladener oder als sonstiger Beteiligter (§ 63 VwGO) teilnehmen zu können. Die Gemeinden sind nach **§ 61 Nr. 1 VwGO** beteiligungsfähig. Die Gemeinde ist allerdings ein einheitlicher Rechtsträger, so dass sich einzelne Dienststellen und Ämter der gemeindlichen Verwaltung nicht als Prozessparteien gegenüberstehen können **(Verbot des In-Sich-Prozesses)**. Dies gilt auch für Eigenbetriebe der Gemeinde. Nach § 61 Nr. 3 VwGO sind **Behörden** fähig, am Verfahren beteiligt zu werden, sofern das Landesrecht dies bestimmt. In Hessen hat der Landesgesetzgeber von dieser Ermächtigung allerdings keinen Gebrauch gemacht. Wohl kommt aber den **einzelnen Organen, Organteilen** sowie den **Fraktionen** zur Wahrung ihrer eigenen Rechte – als Ausnahme des Verbots des In-Sich-Prozesses – Parteifähigkeit im verwaltungsgerichtlichen Verfahren gem. **§ 61 Nr. 2 VwGO** analog zu (vgl. Kap. 7).

IV. Prozessfähigkeit

160 **Prozessfähigkeit** ist die Fähigkeit, als Partei einen Prozess selbst oder mithilfe eines Prozessbevollmächtigten führen zu können und prozessrechtlich wirksame Wil-

Kapitel 2 Rechte und Aufgaben der Gemeinde

lenserklärungen abgeben zu können (§§ 51,52 ZPO, § 62 VwGO). **Prozesshandlungen** der Gemeinde als juristische Person des öffentlichen Rechts werden von ihrem zur Außenvertretung berufenen Organ, dem **Gemeindevorstand** (§ 71 HGO), vorgenommen. Hierdurch kann die Gemeinde unmittelbar handeln und auch verpflichtet werden. Folglich ist die Gemeinde prozessfähig.

V. Haftungsfähigkeit und Deliktsfähigkeit

Aus der Rechts- und Geschäftsfähigkeit der Gemeinde ergibt sich die Konsequenz, dass sie auch für die Folgen des ihr zurechenbaren Tuns und Unterlassens einzustehen hat.

1. Privatrechtliche Haftung

Die **privatrechtliche Haftung** der Gemeinde für **unerlaubte Handlungen** richtet sich nach den allgemeinen deliktrechtlichen Haftungsgrundsätzen. Für deliktisches Handeln des Gemeindevorstands als gesetzlichem Vertreter oder einzelner seiner Mitglieder haften die Gemeinden gem. **§§ 31, 89 iVm §§ 823ff. BGB**. Hauptanwendungsbereich der Haftung nach §§ 823ff. BGB ist eine **Verletzung der kommunalen privatrechtlichen Verkehrssicherungspflicht** als Ausfluss des Privatrechts. Hierzu gehören beispielsweise die Sicherung von öffentlichen Gebäuden, Spielplätzen, Schulen, Schwimmbädern, Friedhöfen (BGH NJW 1977, 1965; NJW 1978, 1626; NJW 1988, 48; 1988, 2667; OLG Stuttgart VersR 1992, 1229; OLG Karlsruhe FamRZ 1992, 1289; KG VersR 1990, 168). Voraussetzung für eine deliktische Haftung einer Gemeinde ist, dass die gesetzlichen Vertreter bei der Zufügung des Schadens „**in amtlicher Eigenschaft**" und **im Rahmen der kommunalen Verbandstätigkeit** gehandelt haben, da „die durch ihre Organe handelnden juristischen Personen des öffentlichen Rechts außerhalb ihres Wirkungskreises überhaupt keine rechtlich beachtlichen Handlungen vornehmen können" (BGH NJW 1980, 115; BGHZ 20, 119f. [126]). Nicht erforderlich ist, dass die Handlung durch die Vertretungsbefugnis oder die Vertretungsmacht gedeckt ist. 161

Beispiel: BGH NJW 1980, 115: Eine Gemeinde haftet nach den §§ 89, 31 und § 823 Abs. 2 BGB iVm § 263 StGB, wenn ein Bürgermeister sich unter Vorlage gefälschter Gemeinderatsbeschlüsse und Genehmigungen einen Kredit verschafft und für sich selbst verbraucht.

Bei Vorsatz oder grober Fahrlässigkeit ist der Gemeinde jedoch der Rückgriff gegen den Gemeindevorstand oder einzelne seiner Mitglieder möglich. Haben Mitglieder des Gemeindevorstands den Schaden gemeinsam verursacht, so haften sie als Gesamtschuldner. Dieselbe Haftungszurechnung gilt auch für **Amtsleiter** und andere Personen, denen durch die allgemeine Betriebsregelung und Handhabung bedeutsame wesensgemäße Funktionen der juristischen Personen zur selbstständigen eigenverantwortlichen Erfüllung zugewiesen sind (sog. Repräsentantenhaftung, vgl. RGZ 70, 118 [120]; BGH VersR 1962, 2013; NJW 1972, 334). Für **deliktisches Handeln anderer Personen** haftet die Gemeinde nach **§ 831 BGB**. In diesem Fall hat sie die Möglichkeit zur Exkulpation. 162

Erfüllen der Gemeindevorstand oder einzelne seiner Mitglieder einen **Gefährdungstatbestand**, so haftet die Gemeinde unabhängig von dem Verschulden des gesetzlichen Vertreters nach den einschlägigen zivilrechtlichen Bestimmungen, zB nach **§ 7 StVG** für den Betrieb eines Kraftfahrzeuges, für die Änderung der Beschaffenheit des Wassers nach **§ 89 WHG**, für Energieanlagen sowie Anlagen iSd **§§ 2,3 Haft-**

pflichtgesetz (BGH NJW 1990, 1167 – Haftung für Kanalisation), für Umwelteinwirkungen nach den **§§ 1,2 Umwelthaftungsgesetz** (BGBl. I 1990, 2634) oder nach **§ 833 BGB** für die Haltung eines Tieres.

163 Für die Erfüllung ihrer **privatrechtlichen Verträge** haben die Gemeinden nach den allgemeinen zivilrechtlichen Grundsätzen einzustehen. Ein zum **Schadensersatz verpflichtendes vertragliches Handeln des Gemeindevorstands** oder **einzelner seiner Mitglieder** wird der **Gemeinde** im Rahmen der Verbandskompetenz nach den §§ 89, 31 BGB **zugerechnet**. Diese Zurechnung gilt auch im Rahmen der Haftung für culpa in contrahendo (BGHZ 6, 333). Verkauft die Gemeinde etwa ein Grundstück, das mit einem Fehler behaftet ist, so ist für die Frage des arglistigen Verschweigens das **Wissen des Bürgermeisters** selbst dann **zuzurechnen**, wenn er an dem Rechtsgeschäft nicht mitgewirkt hat (BGH NJW 1990, 975). Diese Rechtsfolge ist aus **Gründen des Vertrauensschutzes** geboten, um den Bürger bei Rechtsgeschäften mit der Gemeinde nicht schlechter zu stellen, als mit Privaten (BGH NJW 1990, 975). Das Wissen eines Sachbearbeiters eines Amtes, das mit dem Verkauf des Grundstücks nicht befasst war, ist hingegen der Gemeinde mit Blick auf § 166 BGB nicht zuzurechnen. Eine Gemeinde ist nicht verpflichtet für ihre fiskalischen Grundstücksgeschäfte einen ämterübergreifenden Informationsaustausch zu organisieren, soweit nicht ein solcher Austausch ausnahmsweise im Einzelfall aus sachlichen Gründen nahe liegend ist (BGH NJW 1992, 1099). War eine andere Person in die Vertragserfüllung eingeschaltet, kommt § 278 BGB als Zurechnungsnorm zulasten der Gemeinde in Betracht.

Literatur: *Rotermund*, Haftungsrecht in der kommunalen Praxis.

2. Öffentlich-rechtliche Haftung

164 Im Rahmen **öffentlich-rechtlicher Tätigkeit** haften die Gemeinden für **rechtswidrige und schuldhafte Amtspflichtverletzungen** ihrer Amtsträger **gegenüber Dritten** nach **§ 839 BGB iVm Art. 34 GG** (BGH NVwZ-RR 1989, 600; BGH NJW 1990, 2675). Die Amtspflicht besteht einem Dritten gegenüber, wenn sie nicht lediglich den Interessen der Allgemeinheit oder des Dienstherrn dienen soll. Dritter kann dabei nicht nur eine **Privatperson**, sondern auch eine **Körperschaft des öffentlichen Rechts** sein. Voraussetzung hierfür ist jedoch immer, dass sich die Gemeinde und diese Körperschaft mit Blick auf die Aufgabenerledigung in einer Weise gegenüber stehen, wie sie für das Verhältnis des Staates zum Bürger kennzeichnend ist, gewissermaßen also als **„Interessen-Gegner"** (vgl. BGHZ 32, 146). Beispielsweise fehlt es an einer solchen Gegnerschaft im Verhältnis zwischen Gemeinde als Schulträger und dem Land als Unterrichtsträger bei der Schulverwaltung oder zwischen dem Finanzamt als Grund- und Gewerbesteuermessbehörde und der Gemeinde als Festsetzungsbehörde. Eine Eigenhaftung des Amtsträgers im Außenverhältnis ist daneben ausgeschlossen.

Literatur: *Vahle*, Grundzüge des Amtshaftungsrechts – ein Problemüberblick unter besonderer Berücksichtigung der Rechtsprechung des BGH, DVP 1996, 267.

165 Greift die Gemeinde öffentlich-rechtlich, ein Sonderopfer begründend, rechtswidrig schuldlos oder schuldhaft (BGHZ 7, 296; 13, 88) in vermögenswerte private Rechte (BGHZ 77, 179f.) oder bestimmte öffentliche Rechte (BVerfGE 40, 65 [83]; BGHZ 81, 21 [33]) ein, so kann zugunsten des Betroffenen eine **Haftung aus enteignungsgleichem Eingriff** bestehen (grundlegend BGHZ 6, 270 [290]).

Kapitel 2 Rechte und Aufgaben der Gemeinde 85

Die Voraussetzungen eines enteignungsgleichen Eingriffs liegen nicht vor, wenn die Gemeinde das Einvernehmen nach § 36 BauGB rechtswidrig erteilt. Insoweit fehlt die Kausalität für den Schaden, da die Baugenehmigungsbehörde an die Erteilung des Einvernehmens nicht gebunden ist (BGH BWGZ 1989, 163; anders bei rechtswidriger Versagung des Einvernehmens, BGH BauR 1992, 600).

Eine Haftung kann auch aus **enteignendem Eingriff** bestehen. Er setzt enteignend wirkende Eingriffe in vermögenswerte Rechte voraus, die als **ungewollte Nebenfolge rechtmäßigen Verwaltungshandelns** eintreten (BGH NJW 1980, 770 – Immissionen einer Mülldeponie). Die Gemeinde kann schließlich nach **Enteignungsgrundsätzen** auch dann haften, wenn eine Inhaltsbestimmung des Eigentums, die an sich unverhältnismäßig wäre, durch die Gewährung einer Entschädigung oder eines Ausgleichs verhältnismäßig und damit verfassungskonform werden kann (BVerfGE 58, 137; BGH NJW 1988, 478; BVerwGE 77,295 [297] – Lärmbelästigung durch eine Straße).

Im Rahmen **öffentlich-rechtlicher Verträge** und sonstiger öffentlich-rechtlicher **Schuldverhältnisse** finden die **Vorschriften des BGB** entsprechende Anwendung (§ 62 HVwVfG; vgl. BGH NJW 1990, 1167; BVerwG NJW 1995, 2303; OVG Schl.-Hol. NVwZ 1991, 81).

Literatur: *Rotermund*, Haftungsrecht in der kommunalen Praxis.

3. Haftung kommunaler Beamter im Innenverhältnis

Verletzt ein **Beamter vorsätzlich** oder **grob fahrlässig** die ihm obliegenden Pflichten, so **haftet** er nach § 48 BeamtStG, der über § 5 HBG auch für gemeindliche Ehrenbeamte gilt, dem **Dienstherren**, dessen Aufgaben er wahrgenommen hat für den daraus entstandenen **Schaden**, und zwar unabhängig von der Frage, ob er öffentlich-rechtlich oder privatrechtlich gehandelt hat. Verletzt etwa ein ehrenamtlicher Beigeordneter seine Schweigepflicht, muss er der Gemeinde den daraus entstandenen Schaden ersetzen (VG Frankfurt Urt. v. 15.1.1975 – III/V E 127/74 – zit.n. *Foerstemann*, Gemeindeorgane, S. 166, Rn. 20). Haben Mitglieder des Gemeindevorstands den Schaden gemeinsam verursacht, so haften sie als Gesamtschuldner. 166

4. Haftung der Angestellten und Arbeiter im Innenverhältnis

Soweit der Schaden nicht durch Handeln eines Beamten, sondern durch einen **Beschäftigten** verursacht worden ist, gilt im Geltungsbereich des Tarifvertrags für den öffentlichen **§ 3 Abs. 6** TVöD-AT, der die Schadenshaftung bei dienstlich oder betrieblich veranlassten Tätigkeiten auf Vorsatz und grobe Fahrlässigkeit beschränkt. Soweit ein Arbeitsverhältnis nach **§§ 611ff. BGB** zu beurteilen ist, gelten nach der Rechtsprechung der obersten Gerichtshöfe des Bundes (vgl. BAG NZA 1990, 95; NJW 1993, 1732; NJW 1995, 210) folgende Grundsätze: Bei Vorsatz und grober Fahrlässigkeit haftet der Beschäftigte in vollem Umfang. Bei "normaler" Fahrlässigkeit ist der Schaden unter besonderer Berücksichtigung der Umstände zwischen Arbeitgeber und Arbeitnehmer aufzuteilen und bei leichter und leichtester Fahrlässigkeit haftet der Beschäftigte nicht. Die Grundsätze über die „gefahrengeneigte Arbeit" gelten nicht mehr. 167

5. Regress gegen Gemeindevertreter

168 Verletzen **Mitglieder der Gemeindevertretung** Pflichten, die ihnen gegenüber einem **Dritten** obliegen schuldhaft, so haftet die Gemeinde nach **Art. 34 GG iVm § 839 BGB** (vgl. etwa BGH NVwZ 1986, 504 m.Anm.v. *Schröer*, S. 449 – Verweigerung des Einvernehmens nach § 36 Abs. 1 BauGB; NJW 1990, 1038; NVwZ-RR 1996, 65). Ein Regress der Gemeinde gegen die Gemeindevertreter im Innenverhältnis ist jedoch nur beschränkt möglich. Gemeindevertreter sind **keine Beamte im staatsrechtlichen Sinn** (für Art. 34 GG iVm § 839 BGB gilt der haftungsrechtliche Beamtenbegriff), auch **keine Ehrenbeamte**. Die Anwendung des öffentlichen Dienstrechts und Dienststrafrechts kommt daher nicht in Betracht. Eine Regressansprüche begründende spezielle Regelung kennt die Hessische Gemeindeordnung nicht, wäre auch mit der Rechtsstellung der Gemeindevertreter (§ 35 Abs. 1 HGO) nicht vereinbar.

Unter den Voraussetzungen des § 60 HGO ist lediglich eine Maßregelung durch den Vorsitzenden der Gemeindevertretung möglich.

Literatur: *Henneke*, Haftung kommunaler Mandatsträger für rechtswidrige Beschlüsse?, JURA 1992, 125; *Michaelis*, Verantwortung ohne Verantwortlichkeit, DVBl. 1978, 125.

Ein Regressanspruch kann sich indes im Einzelfall aus **§ 823 Abs. 2 BGB** ergeben, wenn die Gemeindevertreter gegen ein **Schutzgesetz** zugunsten der Gemeinde verstoßen haben und hierdurch ein Schaden verursacht wurde. Ein Schutzgesetz in diesem Sinne ist § 24 Abs. 1 (Schweigepflicht) iVm § 35 Abs. 2 HGO.

169 Bei **rechtswidrigem Eingriff** in Rechtspositionen Privater etwa des Eigentums oder der Ehre durch gemeindliche Amtsträger ist die **Gemeinde** bei privatrechtlichem Handeln in direkter, bei öffentlich-rechtlichem Handeln in analoger Anwendung des § 1004 BGB bzw. unmittelbar aus den Grundrechten des Art. 2 Abs. 2 S. 1 und Art. 14 GG oder aus dem Folgenbeseitigungsanspruch zur **Beseitigung** und zur **Unterlassung des Eingriffs verpflichtet**.

Beispiel: Eine Gemeindevertretung wiederholt in ihren Beschlüssen die objektiv unrichtige Behauptung, ein Maurermeister habe sich beim Bau seines Hauses nicht an die ihm erteilte Baugenehmigung gehalten. Der in seiner Ehre verletzte Bürger kann nach § 1004 BGB analog Widerruf und Übernahme der Kosten verlangen, die durch die Veröffentlichung des Urteilstenors entstehen, durch den die Gemeinde zum Widerruf verpflichtet wird, wenn dies zum Ausgleich der eingetretenen Ansehensminderung erforderlich ist (HessVGH NJW 1988, 1683).

6. Strafrechtliche Deliktsfähigkeit

170 Für Straftaten können die Gemeinden selbst nicht zur Verantwortung gezogen werden, da die **strafrechtliche Deliktsfähigkeit** nur natürliche Personen besitzen. Handeln einzelne Mitglieder des Gemeindevorstands ist § 14 StGB zu beachten (vgl. zur strafrechtlichen Verantwortlichkeit des Bürgermeisters für Umweltdelikte, BGH NJW 1992, 3247).

7. Haftung nach dem OWiG

171 Für das Recht der Ordnungswidrigkeiten gilt **§ 30 OWiG**. Hat hiernach jemand als **vertretungsberechtigtes Organ** einer juristischen Person oder als **Mitglied eines solchen Organs** eine Straftat oder Ordnungswidrigkeit begangen, durch die **Pflichten**, welche die juristische Person treffen, **verletzt** worden sind oder die juristische

Person **bereichert** worden ist oder werden sollte, so kann gegen diese eine **Geldbuße** verhängt werden. Diese Vorschrift gilt auch für Gemeinden als Körperschaften des öffentlichen Rechts, gegen die auch die Verhängung von **Zwangsgeldern** möglich ist. Wegen der **Zwangsvollstreckung** ist allerdings der besondere **Schutz des § 146 HGO** zu beachten.

Literatur: *Bergmann*, Die Kommunalhaftung, 1996; *v.Mutius*, Kommunalrecht, S. 72ff..

VI. Dienstherrenfähigkeit

Als Körperschaften des öffentlichen Rechts besitzen die Gemeinden die **Dienstherrenfähigkeit**, also die Fähigkeit, Anstellungskörperschaft für Beamte zu sein (vgl. § 2 BeamtStG und § 2 HBG). 172

D. Die Aufgaben der Gemeinde

Der Aufgabenbereich der Gemeinden umfasst nach dem herkömmlichen **dualistischen Aufgabenbegriff** kommunale **Selbstverwaltungsangelegenheiten** und **staatliche Auftragsangelegenheiten**. Dieser Aufgabendualismus geht auf die im 19. Jahrhundert herrschende Anschauung eines Gegensatzes von Staat und Gesellschaft sowie von Staat und Kommune zurück. In der Nachkriegsgeschichte haben sich allerdings die Bundesländer Baden-Württemberg, Hessen, Nordrhein-Westfalen und Schleswig-Holstein dem **Weinheimer Entwurf von 1948** für eine Deutsche Gemeindeordnung folgend für die Verankerung einer **monistischen Aufgabenstruktur** in ihren Kommunalverfassungen entschlossen. Diese unterscheidet nicht zwischen gemeindeeigenen und staatlichen Aufgaben, sondern geht von einem einheitlichen Begriff der öffentlichen Aufgaben aus (*Vogelsang/Lübking/Jahn*, Kommunalrecht, S. 81f.). So ist in der Begründung zu den Regierungsvorlagen für eine Hessische Gemeindeordnung (LT-Drs. 1951 Abt.I Nr. 256 S. 395 [444f.]) ausdrücklich die Rede von der "Beseitigung der herkömmlichen Scheidung zwischen Selbstverwaltungs- und Auftragsangelegenheiten". Demgemäß bestimmt **§ 2 HGO** in Übereinstimmung mit § 2 des Weinheimer Entwurfs, dass die Gemeinden in ihrem Gebiet die **ausschließlichen und eigenverantwortlichen Träger der öffentlichen Verwaltung** sind, soweit die Gesetze nicht ausdrücklich etwas anderes bestimmen. Danach ist die Gemeinde **kompetenziell** nicht nur Träger spezifischer kommunaler Aufgaben, sondern sie erledigt auch sämtliche staatliche Aufgaben auf der Gemeindeebene (**Grundsatz der funktionellen Einheit der Verwaltung**). 173

Neue Pflichten können den Gemeinden nach **§ 3 HGO** nur durch Gesetz, das zugleich die Aufbringung der Mittel regelt, auferlegt werden. Art und Höhe der zuzuweisenden Mittel stehen im Ermessen des Landes. In Betracht kommen also alle Finanzierungsformen, von der Erschließung neuer Abgaben bis zu Kostenzuschüssen und -erstattungen sowie Zuweisungen im Finanzausgleich. 174

Mit dem Gesetz **zur Neuordnung der Aufgaben des Landrats sowie der Oberbürgermeister als Behörden der Landesverwaltung** (KomLBNOG) erfuhr die HGO eine Neubestimmung der Aufgabentypen. Neben der bisherigen Möglichkeit der Übertragung von Weisungsaufgaben an die Gemeinden (§ 4 HGO), wird nun auch die **Übertragung von Auftragsangelegenheiten an die Bürgermeister und Oberbürgermeister** sowie dem Landrat ausdrücklich geregelt (§ 4 Abs. 2 HGO; § 4 Abs. 2 HKO).

Literatur: *Knemeyer,* Aufgabenkategorien im kommunalen Bereich, DÖV 1988, 397; *Schmidt-Eichstaedt,* Die Rechtsqualität der Kommunalaufgabe, HdKWP, Bd.3, S. 9ff.; *Püttner,* Kommunale Aufgaben, Aufgabenwandel und Selbstverwaltungsprinzipien, DfK 2002,52; *Wollmann,* Die traditionelle deutsche kommunale Selbstverwaltung – ein „Auslaufmodell"?, 2002, 24.

I. Selbstverwaltungsaufgaben

175 Innerhalb des eigenen Wirkungskreises der Gemeinde kann zwischen den **freiwilligen und den pflichtigen Selbstverwaltungsaufgaben** unterschieden werden. Die Gemeinden sind in dem Bereich der Findung und Wahrnehmung von Selbstverwaltungsaufgaben lediglich den allgemeinen Gesetzen unterworfen.

1. Freiwillige Selbstverwaltungsaufgaben

176 **Freiwillige Aufgaben** sind die Aufgaben, zu denen die Gemeinde nicht verpflichtet ist, die sie aber jederzeit übernehmen kann. Bei den freiwilligen Aufgaben bestimmt die Gemeinde, ob sie die Aufgabe wahrnehmen will und wie sie sie erfüllen will. Sie entscheidet also über das „**Ob**" und „**Wie**" der Aufgabenerfüllung. Sie kann diese Aufgaben jedoch nur dann übernehmen, wenn ihr nach ordnungsgemäßer Wahrnehmung der Pflichtaufgaben hierfür noch Mittel zur Verfügung stehen (Kap. 1 D II 2.4). Mit der Wahrnehmung von freiwilligen Selbstverwaltungsaufgaben realisiert die Gemeinde vor allem ihre gesellschaftliche Verantwortung in den Bereichen Umweltschutz, Kultur, Soziales, Versorgung, Verkehr und der kommunalen Wirtschaftsförderung. Über das Gebiet der Gemeinde hinausreichende wirtschaftliche Betätigungen sind durch den Schutzbereich der kommunalen Selbstverwaltungsgarantie nicht erfasst, wenn sie in keinem erkennbaren sachlichen Zusammenhang mit der Daseinsvorsorge in dem eigenen Gebiet der Gemeinde stehen (zum Örtlichkeitsprinzip OVG Magdeburg NVwZ 2015, 1231).

Beispiele freiwilliger Selbstverwaltungsaufgaben:
- im Bereich des Sports (Schwimmbäder, Kneippbecken, Sportplätze, Seniorenbewegungsparks, Skaterbahn),
- im Bereich der Kultur (Museen, Theater, Bibliotheken, Volkshochschule, Musikschule),
- im Bereich der Daseinsvorsorge (kommunale Verkehrsbetriebe, kommunale Versorgungsbetriebe für Strom, Wasser und Gas),
- im Bereich des Umweltschutzes (Müllverbrennungsanlage, Deponien, Krematorium)

sowie die Wahrnehmung sozialer Angelegenheiten (Partnerschaften, Jugendhäuser, Vereinsförderung), die Förderung des Wohnungsbaus (Ausweisung und Verkauf von Baugrundstücken), die Errichtung kommunaler Sparkassen und die kommunale Wirtschaftsförderung.

2. Pflichtige Selbstverwaltungsaufgaben

177 Neben den freiwilligen stehen die **pflichtigen Selbstverwaltungsaufgaben**, die auch weisungsfreie Pflichtaufgaben genannt werden. Im Unterschied zu den freiwilligen Selbstverwaltungsaufgaben sind die Gemeinden durch **Bundes- oder Landesgesetze oder durch Rechtsverordnung** zur Erledigung dieser Aufgaben verpflichtet (vgl. § 3 HGO). Die Gemeinden haben daher **kein Entschließungsermessen**, die Entscheidung des „**Ob**" ist bereits durch den **Gesetzgeber** getroffen. Lediglich hinsichtlich der Art und Weise, also des „**Wie**" der Aufgabendurchführung, können sie alleinverantwortlich entscheiden. In der Regel werden die pflichtigen Selbstverwaltungsaufgaben den Gemeinden durch Landesgesetz zugewiesen. Allerdings kann

Kapitel 2 Rechte und Aufgaben der Gemeinde

der Bund, soweit er nach **Art. 84 Abs. 1 und Art. 85 Abs. 1 GG** die eigenständige und auftragsweise Ausführung von Bundesgesetzen durch die Länder selbst regelt, den Ländern auch vorschreiben, eine bundesgesetzlich behandelte Angelegenheit den Kommunen als pflichtige Selbstverwaltungsaufgabe zur Durchführung zuzuweisen, wenn dies „für den wirksamen Vollzug des Gesetzes notwendig" ist (BVerfGE 22, 180 [210]).

Beispiele pflichtiger Selbstverwaltungsaufgaben: Einrichtung und Unterhaltung von Grund- und Hauptschulen, Aufgaben der Jugend- und Sozialhilfe, örtliche Straßenbaulast, Beleuchtung und Reinigung von Straßen, Bauleitplanung, Anlage und Unterhaltung von Friedhöfen, Kindertagesstätten, Abfall- und Abwasserbeseitigung.

3. Rechtsfolgen

Eine unterschiedliche Behandlung der Selbstverwaltungsaufgaben und der Weisungsaufgaben erfolgt zunächst in dem Widerspruchsverfahren nach den §§ 68ff. VwGO. Über die **Widersprüche** in Selbstverwaltungsangelegenheiten **entscheidet die Gemeinde selbst** (§ 73 Abs. 1 Satz 2 Nr. 3 VwGO iVm § 7 HAGVwGO). Im Bereich der Selbstverwaltungsaufgaben beschränkt sich die Aufsicht des Staates auf die sogenannte **Rechtsaufsicht**, dh die Kommunalaufsichtsbehörde (§ 136 HGO) übt nur eine Kontrolle der **Gesetzmäßigkeit** des gemeindlichen Verwaltungshandelns aus (vgl. Kap. 10 B). Eine Überprüfung der Zweckmäßigkeit der gemeindlichen Selbstverwaltung findet grundsätzlich nicht statt. Auch die pflichtigen Selbstverwaltungsaufgaben unterliegen lediglich der Rechtsaufsicht. Jedoch kann die Rechtsaufsichtsbehörde durch Ausüben von Zwang die Gemeinde auch dazu veranlassen, die Aufgaben überhaupt wahrzunehmen. **Dritte** haben jedoch **kein selbstständiges subjektives Recht** auf **Erfüllung von pflichtigen Selbstverwaltungsaufgaben** (vgl. BayVGH BayVBl. 1961, 283).

Literatur: *Ehlers*, Benennung von Straßen und Grundstücken – zugleich ein Beispiel zum Begriff des sachbezogenen Verwaltungsakts, DVBl. 1970, 492; *Pagenkopf*, Kommunalrecht, Bd. 1, S. 170; *Schmidt-Aßmann*, Kommunalrecht, S. 32f.; *Schmidt-Jortzig*, Kommunalrecht, S. 460ff. und S. 180ff.; *ders*., Die Selbstverwaltungsbereiche von Kreisen und kreisangehörigen Gemeinden nach der Verfassung, DÖV 1984, 821; *Seewald*, Kommunalrecht, S. 37ff.; *Wolf/Bachof/Stober*, Verwaltungsrecht II, § 86 VII 2.

II. Weisungsaufgaben und Auftragsangelegenheiten

Die Hessische Gemeindeordnung hatte zwar, wie dargelegt, die herkömmliche Unterscheidung zwischen Selbstverwaltungsaufgaben und Auftragsangelegenheiten aufgeben wollen, erfuhr aber mit dem **Gesetz zur Kommunalisierung des Landrats sowie des Oberbürgermeisters als Behörden der Landesverwaltung** vom 21.3.2005 (GVBl. I S. 229, zuletzt geändert durch Gesetz v. 5.10.2017, GVBl. I 294) jedenfalls eine begriffliche Neubestimmung der Aufgabentypen. Der **Landrat sowie der Oberbürgermeister als Behörde der Landesverwaltung wurden aufgelöst** und neben der bisherigen Möglichkeit der Übertragung von Weisungsaufgaben an die Gemeinden (§ 4 HGO), auch die Übertragung von Auftragsangelegenheiten an die Bürgermeister und Oberbürgermeister sowie dem Landrat ausdrücklich geregelt (§ 4 Abs. 2 HGO; § 4 Abs. 2 HKO). Aufgaben und Personal wurden weitgehend auf die Landkreise und kreisfreien Städte überführt.

1. Weisungsaufgaben

180 Nach § 4 Abs. 1 HGO können den Gemeinden **Aufgaben zur Erfüllung nach Weisung** übertragen werden. **Pflichtaufgaben zur Erfüllung nach Weisung** sind solche Aufgaben, zu deren Erfüllung die Gemeinde gesetzlich verpflichtet ist. Die Verpflichtung bezieht sich dabei jedoch nicht nur auf das „**Ob**" der Aufgabenerfüllung, wie bei den pflichtigen Selbstverwaltungsaufgaben, sondern im Gegensatz zu diesen auch auf das „**Wie**".

Die **Voraussetzungen und der Umfang des Weisungsrechts** sowie die **Regelung über die Kostentragung** werden von dem jeweiligen **Gesetz**, das der Gemeinde die Aufgabe zuweist, bestimmt. Zwar handelt es sich bei den Pflichtaufgaben nach Weisung wie bei den Auftragsangelegenheiten um **staatliche Aufgaben**. Anders als bei den **Auftragsangelegenheiten herkömmlicher Art** kann das staatliche Weisungsrecht im Rahmen der **Fachaufsicht** jedoch nicht **unbeschränkt** ausgeübt werden (vgl. Kap. 10 C). Nach § 4 Abs. 1 HGO sollen die Weisungen sich vielmehr **auf allgemeine Anordnungen beschränken** und **in der Regel nicht in die Einzelausführung eingreifen**.

Beispiele für Weisungsaufgaben: Aufgaben der Bauaufsicht (§ 52 Abs. 2 HBO), Aufgaben der Gefahrenabwehr (§ 82 Abs. 1 HSOG), Aufgaben des Straßenbaus (§ 46 Abs. 5 iVm § 49 HStrG), Wasserbehördliche Aufgaben (§ 64 Abs. 3 HWG), Melderechtsaufgaben (§ 2 Abs. 1 HMG), Sammlungsaufgaben (§ 10 Abs. 1 HSammlG), Aufgaben des Denkmalschutzes (§ 3 Abs. 2 HDenkmalSchutzG).

181 Umstritten ist in der Rechtswissenschaft, wie die Aufgaben zur Erfüllung nach Weisung **rechtlich zu beurteilen** sind, ob als Selbstverwaltungsaufgaben, ob als übertragene staatliche Aufgaben (Auftragsangelegenheiten) unter neuer Bezeichnung oder ob als neuer Mischtypus. Jedenfalls aber ist eine Einordnung der Weisungsaufgaben als Selbstverwaltungsaufgaben im Sinne des **Art. 28 Abs. 2 GG** nicht möglich. Die Erledigung der örtlichen Angelegenheiten in **eigener Verantwortung** setzt nämlich Weisungsunabhängigkeit voraus, die bei den Pflichtaufgaben nach Weisung gerade nicht gegeben ist. Im Übrigen ist die Entscheidung dieser rechtsdogmatischen Frage aber von minderem Interesse, da die rechtliche Einordnung für die praktische Behandlung dieser Aufgaben keine Konsequenzen zeitigt. Gleichwohl spricht der bereits genannte § 4 Abs. 1 HGO, der Weisungen nur beschränkt zulässt, für eine Einordnung als Mischtypus eigener Art.

Literatur: Für die Einordnung als Selbstverwaltungsaufgaben: *Jesch*, DÖV 1960, 739; *Peters* DÖV 1964, 754; *Rietorf*, DÖV 1957, 7. herkömmliche Auftragsangelegenheiten: *Berkenhoff*, DVBl. 1955, 347; *Schweer*, DVBl. 1956, 703.
Mischtypus: *Gelzer*, DVBl. 1958, 87; *Horn-Hoppe*, S. 83; *Pagenkopf*, Kommunalrecht, S. 176; *Stober*, Kommunalrecht, S. 168.

2. Auftragsangelegenheiten infolge bundesrechtlicher Regelungen

182 **Auftragsangelegenheiten** sind **staatliche Aufgaben**, die der Bund und die Länder den Gemeinden zur Ausführung übertragen. Zugleich behalten sich Bund und Länder gegenüber den Gemeinden ein **unbeschränktes bis in die Einzelheiten gehendes fachliches Weisungsrecht** vor. **Auftragsangelegenheiten** gibt es in Hessen zum einen kraft Bundesrecht (Art. 85, 104a Abs. 3 S. 2 GG). Führt das Land hiernach die **Bundesgesetze im Auftrag** des Bundes aus, so bleibt die **Errichtung der Behörden Angelegenheit des Landes**, soweit nicht Bundesgesetze mit Zustimmung des Bundesrates etwas anderes bestimmen. Zur „Einrichtung der Behörden" in diesem Sinne gehört auch die Übertragung der Zuständigkeit für die Ausführung der

Kapitel 2 Rechte und Aufgaben der Gemeinde 91

Bundesgesetze. Auf diese Art und Weise kann auch unmittelbar die Zuständigkeit der Gemeinden begründet werden. Nach den durch die Föderalismusreform von 2006 neu eingefügten Art. 84 Abs. 1 S. 7 GG und Art. 85 Abs. 1 S. 2 GG verbieten sich die **unmittelbare Übertragung von Aufgaben an die Gemeinden** durch Bundesgesetz (vgl. auch BVerfGE 22, 180 [211]; 77, 228; BVerwGE 40, 276 [281f.]; DÖV 1982, 826).

Beispiele für Bundesauftragsangelegenheiten: Die Ausbildungsförderung (§ 39 BaföG), der Zivil- und Katastrophenschutz (§ 2 ZSKG), die Wehrerfassung (§ 15 Abs. 4 WPflG), die Vorbereitung der Bundestagswahl (§ 17 BWahlG), die Unterhaltssicherung (§ 17 USG), das Standesamtswesen (§ 1 PStG).

Literatur: *Schmidt-Eichstaedt*, Bundesgesetze und Gemeinden, 1981.

3. Auftragsangelegenheiten in Form der Organleihe

Neben den Aufgaben des eigenen Wirkungskreises und den Weisungsaufgaben kennt die Hessische Gemeindeordnung eine weitere Form der Übertragung staatlicher Verwaltung, die Übertragung von Auftragsangelegenheiten in Form der **Organleihe**.

183

Wird mit der **Erfüllung von Auftragsangelegenheiten kraft Gesetzes** nicht die Gemeinde oder der Landkreis als solche, sondern ein **Organ der Gemeinde** oder des Landkreises beauftragt, wird von **Organleihe** gesprochen. Grund für eine Organleihe ist, dass aus **Zweckmäßigkeitsgesichtspunkten** auf die Bildung eines eigenen Organs verzichtet wird. Nimmt die **Gemeinde oder der Landkreis** die übertragenen **Aufgaben als Landesbehörde** wahr, liegt ein Fall der **echten Organleihe** vor. **Überträgt der Staat** hingegen **Auftragsangelegenheiten, ohne sie zur Landesbehörde zu bestimmen**, handelt es sich um eine **unechte Organleihe**. Die Hessische Kommunalverfassung kennt beide Typen.

Bis 2005 nahm nach **§ 146a HGO aF** in **kreisfreien Städten der Oberbürgermeister** als **Behörde der Landesverwaltung** soweit nicht etwas anderes bestimmt war, die Aufgaben des **Staatlichen Veterinäramtes**, die Aufgaben der unteren **Kataster- und Landesvermessungsbehörde** (Katasteramt) und **weitere Aufgaben** wahr, die ihm als **Behörde der Landesverwaltung** übertragen wurden (zB § 37 Abs. 3 HAGB-JagdG). Bei Angelegenheiten von besonderer Bedeutung sollte der Oberbürgermeister den **Magistrat unterrichten** (§ 146a Abs. 5 HGO aF). Das **Land** stellte die zur Erfüllung seiner Aufgaben erforderlichen **Bediensteten und Einrichtungen** bereit. Der **Oberbürgermeister** war aber **kommunaler Wahlbeamter**, auch soweit er **Behörde der Landesverwaltung** (echte Organleihe) war. Als kommunaler Wahlbeamter wurde er selbst von der kreisfreien Stadt besoldet, eine volle oder anteilige **Erstattung der Besoldung** durch das Land für die Tätigkeit als Behörde der Landesverwaltung war nach § 146a Abs. 7 HGO aF **ausgeschlossen**. Er **unterstand** nach § 146a Abs. 2 HGO aF als Behörde der Landesverwaltung der **jeweils zuständigen Behörde in der Mittelstufe der Landesverwaltung**, die dessen Befugnisse als Behörde der Landesverwaltung ausüben konnte, wenn die Umstände es erforderten. **Vertreten** wurde der Oberbürgermeister als Behörde der Landesverwaltung durch den **Bürgermeister** oder besonders Beauftragte (§ 146a Abs. 4 HGO aF).

Mit **Gesetz zur Neuordnung der Aufgaben des Landrats sowie des Oberbürgermeisters als Behörden der Landesverwaltung** (KomLBNOG) wurde der **Oberbürgermeister als Behörde der Landesverwaltung aufgelöst**. Die bis 2005 von ihm wahrgenommenen Aufgaben des Veterinärwesens, der Lebensmittelüberwachung

184

und des Verbraucherschutzes wurden ihm als **Auftragsangelegenheit nach § 4 Abs. 2 HGO übertragen** (unechte Organleihe). Zugleich nehmen die Bürgermeister und Oberbürgermeister nach § 4 Abs. 2 HGO die **Aufgaben der örtlichen Ordnungsbehörden** als **Auftragsangelegenheiten** wahr.

Literatur: *Knemeyer*, Aufgabenkategorien im kommunalen Bereich, DÖV, 1988, 397; *Pagenkopf*, Kommunalrecht, Band 1, S. 181f.; *Schmidt-Eichstaedt*, Die Rechtsqualität der Kommunalaufgaben, HdKWP, Bd. 3, S. 9 (28f.).

185 Auch nach der **Kommunalisierung der staatlichen Abteilungen** bleibt die Organisationsebene „**Landrat als untere Behörde der Landesverwaltung**" formalrechtlich bestehen, wird aber in der Aufgabenstellung auf die **Kommunalaufsicht über die kreisangehörigen Gemeinden und die Aufsicht über die Zweckverbände** nach Maßgabe des KGG sowie die Aufgaben des bei ihr nach § 7 Abs. 2 Nr. 2 HAGVwGO gebildeten **Anhörungsausschusses** beschränkt (§ 1 Abs. 1 Gesetz zur Neuordnung der Aufgaben des Landrats sowie des Oberbürgermeisters als Behörden der Landesverwaltung). Teile der Aufgaben des Landrates als Behörde der Landesverwaltung werden jeweils dem Landrat als **Auftragsangelegenheit** nach § 4 Abs. 2 HKO übertragen. Hierzu gehören insbesondere die Aufgaben, die bisher von dem Landrat als Behörde der Landesverwaltung als **allgemeine Ordnungsbehörde wahrgenommen wurden, Aufgaben in den Bereichen des Veterinärwesen und des Katastrophenschutzes, der Lebensmittelüberwachung und des Verbraucherschutzes, die landwirtschaftliche Förderung und Regionalentwicklung** (§ 1 Abs. 1 Gesetz zur Neuordnung der Aufgaben des Landrats sowie des Oberbürgermeisters als Behörden der Landesverwaltung). Aufgaben als **Zentrale Ausländerbehörde** gehen nach § 2 der VO über die Zuständigkeit der Ausländerbehörden auf das **jeweilige Regierungspräsidium** über. Die **übrigen** von dem Landrat als Behörde der Landesverwaltung wahrgenommenen **Aufgaben werden dem Kreisausschuss des jeweiligen Landkreises zur Erfüllung nach Weisung** übertragen (§ 1 Abs. 4 Gesetz zur Neuordnung der Aufgaben des Landrats sowie des Oberbürgermeisters als Behörden der Landesverwaltung).

4. Finanzierung

186 Finanziert werden die **Weisungs- und Auftragsangelegenheiten** durch **Verwaltungsgebühren**, die bei der Erfüllung dieser Aufgaben eingenommen werden, durch **pauschale staatliche Finanzzuweisungen**, durch **Zweckzuwendungen** und durch **eigene Deckungsmittel** der Gemeinden. Die staatlichen Zuweisungen orientieren sich überwiegend an der Einwohnerzahl der Gemeinden und nicht an den tatsächlichen Kosten. Da sie meist nur einen Bruchteil der verursachten Kosten abdecken, tragen sie zur **Aushöhlung der kommunalen Selbstverwaltung** bei (vgl. *Dieckmann*, Der Städtetag 1996, 543; *Stober*, Kommunalrecht, S. 76). Je mehr übertragene Aufgaben wahrgenommen werden müssen, desto weniger Mittel verbleiben den Gemeinden für die Wahrnehmung von Selbstverwaltungsaufgaben. Schon 1998 verfügten nach Erkenntnissen des Bundes der Steuerzahler unter den zwölf größten hessischen Kommunen nur Bad Homburg und Marburg in ihren Haushalten über sog. **freie Spitzen**, dh Gelder, die nach Abzug aller laufenden Ausgaben sowie der Kosten für die Kreditbeschaffung und Tilgung "netto" den Gemeinden für die Wahrnehmung von Selbstverwaltungsaufgaben zur Verfügung stehen (FAZ v. 30.6.1998; vgl. zur Finanzierung der Gemeinden Kap. 1 D II 2.3.). Inzwischen hatte sich die Situation für fast alle hessischen Kommunen entscheidend verschlechtert. 2012 hat

Kapitel **2** Rechte und Aufgaben der Gemeinde 93

das Land Hessen daraufhin mit dem Schutzschirmgesetz (GVBl. S. 128; SchuSVVo GVBl. 2012, 183) den Kommunen, die aufgrund statistischer Daten als notleidend ermittelt wurden, Hilfen in Höhe von bis zu 46 % der Schulden ihres kommunalen Kernhaushaltes aus dem Entschuldungsfonds angeboten (Gesamtvolumen 2,8 Mil. Euro).

Das Geld wird allerdings nicht in einer Summe ausgezahlt, sondern wird eingesetzt werden, um kommunale Investitionsdarlehen und Kassenkredite abzulösen, wobei das Land die Tilgung dieser Verbindlichkeiten übernimmt und weitere Zinsdiensthilfen in Höhe von bis zu zwei Prozent zahlt. Die "alten" Kredite verschwinden anschließend aus der Bilanz der teilnehmenden Städte und Gemeinden, die allerdings über einen Zeitraum von 30 Jahren weiter die dann noch verbleibenden Zinsen zahlen müssen.

Teilnehmende Kommunen mussten eine Vereinbarung mit dem Land abschließen, in der sie erklären, ihren Haushalt innerhalb eines bestimmten Zeitraums ausgleichen zu wollen. Die bloße Absichtserklärung genügt allerdings nicht, das Land möchte den Antrag mit konkreten Zahlen hinterlegt sehen, einzelne Maßnahmen sind mit dem entsprechenden Konsolidierungspotential in Euro darzustellen. Verstöße gegen die Vereinbarung (also idR das Nichterreichen des gesteckten Konsolidierungsziels) werden mit aufsichtsbehördlichen Mitteln sanktioniert werden.

Von 102 antragsberechtigten Kommunen lehnten lediglich Florstadt (Wetterau), Biebesheim (Groß-Gerau), Bischofsheim (Groß-Gerau) und Neuberg (Main-Kinzig) eine Teilnahme ab.

Literatur: Dokumentation zur Anhörung des Innenausschusses des Deutschen Bundestages v. 24.6.1996 "Strukturfragen der finanziellen Sicherung der kommunalen Selbstverwaltung", Der Städtetag 1996, 517.

5. Rechtsfolgen

Unabhängig von ihrer rechtlichen Qualifizierung werden **Weisungsaufgaben** hinsichtlich der zuständigen Widerspruchsbehörde, wie **Auftragsangelegenheiten** behandelt. Über den **Widerspruch entscheidet** nämlich nicht die Gemeinde, sondern die **staatliche Aufsichtsbehörde** (§ 73 Abs. 1 Satz 2 Nr. 1 VwGO). Der Aufsichtsbehörde obliegt bei Weisungsaufgaben- und Auftragsangelegenheiten die sogenannte **Fachaufsicht**, sie darf also **Gesetzmäßigkeits- und Zweckmäßigkeitskontrolle** ausüben (vgl. Kap. 10 C). Da die Gemeinde gesetzwidrig handelt, wenn sie eine rechtmäßig ergangene Weisung nicht beachtet, kann die Aufsichtsbehörde eingreifen. Dritte haben keinen Rechtsanspruch darauf, dass die Gemeinde eine Weisung befolgt (BVerfGE 8, 122). Die Weisungsbefugnis beschränkt sich allerdings auf die unmittelbare Erledigung der Aufgaben. Außerhalb dieses Bereichs entfaltet die in **Art. 28 Abs. 2 GG** verankerte Garantie der Selbstverwaltung ihre volle Wirkung. Insbesondere bleiben die **Personal- und Organisationshoheit** der Gemeinde unberührt. Weisungen, die sich etwa auf den Einsatz eines bestimmten Bediensteten einer Gemeinde beziehen oder zur Anschaffung einer bestimmten Raumausstattung verpflichten, sind demnach unzulässig (vgl. auch BVerfG DVBl.1988, 1115 [1116]). **187**

Auch soweit die **Gemeinden** Weisungsaufgaben erfüllen, **haften** sie selbst und nicht der Staat für Amtspflichtverletzungen ihrer Beamten und Angestellten nach **§ 839 BGB iVm Art. 34 GG** (BGHZ 2, 350 ff.; 16, 95 [99]). Hat die Gemeinde allerdings für einen Schaden aufgrund einer **fehlerhaften Weisung** aufzukommen, steht ihr ein **Ausgleichsanspruch** zu (BGHZ 9, 65 ff.).

Schaubild 2: Die Aufgaben der Gemeinde

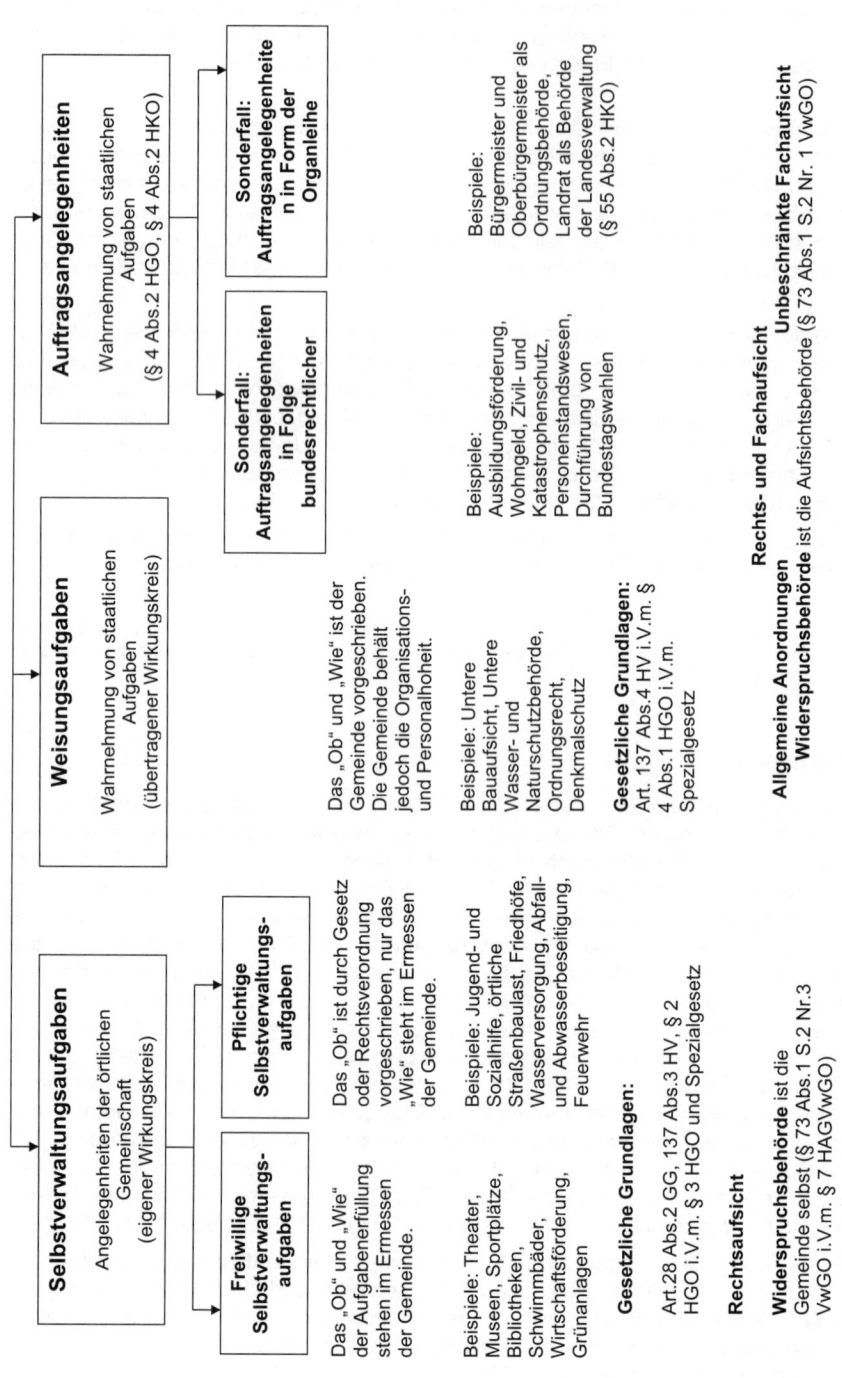

Kapitel 3 Einwohner und Bürger

A. Rechte und Pflichten der Einwohner

Aufgabe der Gemeinde ist die Förderung des Wohles ihrer Einwohner in freier **188** Selbstverwaltung durch ihre von der Bürgern gewählten Organe (§ 1 HGO). Die Hessische Gemeindeordnung unterscheidet demnach hinsichtlich der demokratischen Mitwirkung innerhalb der Gemeindebevölkerung zwischen Einwohnern und Bürgern.

I. Begriff

Einwohner ist, wer im Gemeindegebiet seinen Wohnsitz hat (§ 8 Abs. 1 HGO). Die **189** HGO trifft keine Entscheidung darüber, wie der Wohnsitz und damit der Status des Einwohners erworben wird. Entscheidend ist allein, dass der Einwohner **eine Wohnung im Gemeindegebiet unter Umständen innehat, die darauf schließen lassen, dass er die Wohnung beibehalten und nutzen will** ("objektiver öffentlich-rechtlicher Wohnsitzbegriff"; vgl. HessVGH HessVGHRspr. 1966, 22ff.). Auch Ausländer und Staatenlose sind Einwohner der Gemeinde, in der sie leben, da die Einwohnerschaft nicht an die deutsche Staatsbürgerschaft oder die Unionsbürgerschaft gebunden ist. Wohnung im Sinne des Melde- und Kommunalrechts ist **jeder umschlossene Raum, der zum Wohnen und Schlafen benutzt wird** (§ 15 HMG), also auch möblierte Zimmer, Wochenend- und Ferienwohnungen. Wohnwagen und Wohnschiffe fallen jedoch nur dann hierunter, wenn sie nur gelegentlich fortbewegt werden. Ein Krankenhausaufenthalt oder ein vorübergehender Besuch begründen keinen Wohnsitz. Da es sich bei dem Wohnsitz auch nicht um einen Hauptwohnsitz (vgl. § 16 HMG) handeln muss, ist es möglich **Einwohner mehrerer Gemeinden** zu sein und folglich mehrfach von gemeindlichen Rechten und Pflichten erfasst zu werden.

An die **Anzahl der Einwohner** knüpft die Hessische Gemeindeordnung eine **Viel- 190 zahl von Rechtsfolgen**. Zunächst bestimmt die Anzahl der Einwohner der Gemeinde die **Zahl der Gemeindevertreter** in der Gemeindevertretung (§ 38 HGO). Aber auch die **Zahl der Mitglieder** eines in der Gemeinde eingerichteten **Ortsbeirates** hat sich nach der Anzahl der Einwohner des Ortsbezirkes zu richten (§ 82 Abs. 1 HGO). Kreisangehörige Gemeinden mit mehr als 50.000 Einwohnern (Bad Homburg, Fulda, Gießen, Hanau, Marburg, Rüsselsheim, Wetzlar) haben nach § 4a HGO neben den Aufgaben nach § 2 HGO zusätzlich die ihnen durch Gesetz oder Rechtsverordnung übertragenen Aufgaben zu erfüllen (**Städte mit Sonderstatus**, vgl. Kap. 8 A III 2). In Gemeinden mit nicht mehr als 5000 Einwohnern kann die Stelle des **Bürgermeisters ehrenamtlich** verwaltet werden (§ 44 Abs. 1 HG0), in Gemeinden mit mehr als 50.000 Einwohnern führt der Bürgermeister die **Amtsbezeichnung Oberbürgermeister** und der Erste Beigeordnete die Amtsbezeichnung Bürgermeister (§ 45 HGO). Zudem richtet sich die **Besoldung der hauptamtlichen Wahlbeamten** nach der Einwohnerzahl (§ 2 KomBesDAV). Weiterhin haben Gemeinden mit mehr als 1.000 gemeldeten ausländischen Einwohnern nach § 84 HGO einen **Ausländerbeirat** einzurichten. Schließlich knüpft § 136 HGO die **Zuständigkeit der kommunalen Aufsicht** an die Größe der Einwohnerschaft.

II. Nutzung öffentlicher Einrichtungen

191 Die Gemeinde hat die Aufgabe, in den Grenzen ihrer **Leistungsfähigkeit** die für ihre Einwohner erforderlichen wirtschaftlichen, sozialen, sportlichen und kulturellen **öffentlichen Einrichtungen** als Teil der Leistungsverwaltung bereitzustellen (**§ 19 Abs. 1 HGO**). Die Bereitstellung von öffentlichen Einrichtungen ist das Wesentliche organisatorische Mittel der Gemeinde, um ihre **Aufgaben im Bereich der Daseinsvorsorge**, dh die Vorhaltung der für das Zusammenwohnen der Menschen und die Entfaltung der Wirtschaft schlechthin lebensnotwendigen öffentlichen Dienste, erfüllen zu können. Die **Benutzung** der öffentlichen Einrichtungen wird auch als das **Kernstück** der den **Einwohnern gegenüber der Gemeinde zustehenden Rechte** bezeichnet.

1. Begriff der öffentlichen Einrichtung

192 **Öffentliche Einrichtungen** sind die von der Gemeinde dauernd oder vorübergehend einem zu den Aufgaben der öffentlichen Verwaltung gehörenden Zweck gewidmeten Personen- und Sachgesamtheiten, die aufgrund einer Zulassung von jedermann oder von einzelnen Personenkreisen nach den Vorschriften einer bestimmten Ordnung benutzt werden können oder müssen (HessVGH DVBl. 1975, 913 [914]; Hess VGRspr. 1974, 69f.; ESVGH 25, 59 [70]). Der Begriff der öffentlichen Einrichtung wird von der Rechtsprechung sehr weit verstanden (VG Gießen DVBl. 2013, 800 für eine Fachtagung eines Landkreises).

Beispiele: Öffentliche Wasserversorgung, Abwasserbeseitigung, Stromversorgung, Bürgerhaus, Jugendhaus, Schwimmbad, Theater, Bücherei, Museum, Oktoberfest, gemeindliche Plakatanschlagtafel und Schaukasten sowie der Leipziger Thomanerchor.

Literatur: *Lange*, Kommunale öffentlichen Einrichtungen im Licht der neueren Rechtsprechung, DVBl. 2014, 754.

193 **Öffentlich** wird eine Einrichtung durch **Widmung**. Die Widmung ist die Erklärung, dass eine bestimmte Einrichtung dem Gemeinwohl dienen soll und dem allgemeinen Gebrauch der Gemeindeeinwohner zugänglich gemacht wird. Die Widmung kann **ausdrücklich** durch eine von der Gemeindevertretung erlassene Satzung, durch Verwaltungsakt oder durch schlichten Beschluss der Gemeindevertretung erfolgen.

Die Widmung kann aber auch **formlos** oder **konkludent** (stillschweigend) ergehen, soweit die tatsächlichen Umstände den Charakter einer öffentlichen Einrichtung ergeben (Durchführung des Hessentags – HessVGH , Beschl. V.28.5.2019 -8 B 1087/19-,juris; Abhaltung eines Kirschenmarktes - VG Gießen, Beschluss v. 26.6.2013 – 8 L 1118/13.Gl). Maßgebend ist die Erkennbarkeit des Behördenwillens, dass die Sache dem bestimmten öffentlichen Zweck dienen soll. Auf das Vorliegen einer **konkludent** erfolgten, dem öffentlich-rechtlichen Status der Einrichtung begründenden Widmung weisen **Indizien**, wie etwa die bisherige Zulassungspraxis, die Erhebung einer Gebühr für die Benutzung, die erhebliche Subventionierung einer Einrichtung durch die Gemeinde, die haushaltsrechtliche Behandlung einer Einrichtung oder die Regelung der Benutzung durch Satzung, hin. Der Widmung als öffentliche Einrichtung steht auch nicht entgegen, dass eine Gemeinde einem Sportverein Grund und Boden sowie die erforderlichen Sachmittel zum Ausbau einer Sportanlage zur Verfügung stellt, solange die Anlage nicht nur privaten Zwecken einzelner Vereine dienen soll (HessVGH NVwZ 1998, 1097). Im Übrigen spricht eine **Vermutung** dafür, dass für die Allgemeinheit nutzbare kommunale Einrichtungen **öffentliche**

Einrichtungen sind. Diese Vermutung muss gegebenenfalls von der Gemeinde widerlegt werden (VG Darmstadt HSGZ 2017, 59; OVG NW JZ 1969, 512).

Ein Bürgerhaus, das im Eigentum und unter ausschließlicher Verfügungsgewalt einer Stiftung steht, handelt es sich idR um keine öffentliche Einrichtung. Auch wenn das Bürgerhaus öffentliche Zwecke verfolgt, ist dies allein kein Grund, das Haus für politische Parteien zugänglich zu machen, soweit die Stadt nicht über ausreichende Mitwirkungs- und Weisungsrechte gegenüber der Stiftung hat (VG Hamburg, Beschl.v. 2.8.2019 – 3 E 2759/19).

Eine öffentliche Einrichtung verliert ihre Rechtseigenschaft entweder durch **Untergang** oder durch **Entwidmung**. Die Entwidmung ist der actus contrarius zur Widmung und folgt daher grundsätzlich den gleichen Rechtsregeln wie diese. Wie die Einrichtung ist auch die **Schließung einer öffentlichen Einrichtung in aller Regel ein „tatsächliches Geschehen"** in der Verwaltung und stellt **keinen anfechtbaren Verwaltungsakt** dar.

Anders ist nach der Rechtsprechung des Bundesverwaltungsgerichts (BVerwGE 18, 40) die rechtliche Situation bei der **Schließung einer Schule** zu beurteilen. Der Pflicht der Eltern, ihre Kinder in die Grundschule zu schicken, entspreche eine Berechtigung, die durch die Schließung der Schule beeinträchtigt sein kann. Nach der besonderen Gestaltung des Schulwesens stelle sich diese Maßnahme gegenüber den Eltern als **Verwaltungsakt** dar. Nach der Rechtsprechung des Hessischen VGH handelt es sich auch bei der **Schließung** eines Schlacht- und Viehhofs um einen **Verwaltungsakt** (HessVGH NVwZ 1989, 779). Anders als etwa bei Ruhebänken, Regenunterständen oder der Einrichtung von Kinderspielplätzen erschöpfe sich dessen Errichtung im Verhältnis zu den künftig Nutzern nicht in einem tatsächlichen Geschehen. Vielmehr handele es sich bei Schlachthöfen um Einrichtungen, deren Vorhandensein in Verbindung mit dem Benutzungszwang die Ausübung eines ganzen Berufszweiges präge und deren Schließung gar nicht ohne ein rechtliches Einwirken auf die bisherigen Benutzer möglich sei. Demnach sei die Schließung kein tatsächliches Geschehen (so aber BverwG VerwRspr. 17, 359), sondern eine hoheitliche Maßnahme zur Regelung eines Einzelfalles, die auf unmittelbare Rechtswirkung nach außen gerichtet sei.

1.1. Abgrenzung von privaten Einrichtungen

Die öffentlichen Einrichtungen sind von Einrichtungen abzugrenzen, mit denen die Gemeinden wie Privatpersonen am Wirtschaftsleben teilnehmen. **194**

Beispiele: gemeindeeigene Miethäuser, Verpachtung von Kleingärten, Brauereien, Verkauf aus Sand- und Kiesgruben, Wirtschaftsbetriebe, Förstereien.

In diesen Fällen nimmt die **Gemeinde** keine verwaltenden Funktionen wahr, sondern tritt als **Teilnehmer im Privatrechtsverkehr** auf. Es fehlt nämlich insoweit an der öffentlichen Zwecksetzung, die sich aus der sozialen, kulturellen oder anderweitigen öffentlichen Zielverfolgung ergibt. Hinsichtlich dieser privaten Einrichtungen genießt die Gemeinde keine besonderen Rechte, auch stehen den Einwohnern keine besonderen Nutzungsrechte zu.

Literatur: *Badura*, Zulassung zu öffentlichen Einrichtungen der Gemeinde und Verwaltungsprivatrecht, JUS 1966, 17.

1.2. Abgrenzung von anderen öffentlichen Sachen

195 Zu der Kategorie der **öffentlichen Sachen** gehören neben den öffentlichen Einrichtungen auch die sog. öffentlichen Sachen im Gemeingebrauch und die Sachen im Verwaltungsgebrauch, von denen sie abzugrenzen sind. Charakteristisch für die **Sachen im Gemeingebrauch** ist, dass sie im Gegensatz zu den öffentlichen Einrichtungen **ohne besondere Erlaubnis von jedermann unentgeltlich** benutzt werden können.

Beispiele: Öffentliche Straßen, Brücken, Wege und Plätze, Schifffahrtswege, Meeresstrand.

Unter **Sachen im Verwaltungsgebrauch** sind die Einrichtungen zu verstehen, die der unmittelbaren Durchführung der Verwaltungsaufgaben dienen. Sie dienen zwar letzten Endes auch der Allgemeinheit, sind aber nicht unmittelbar für die Benutzung durch die Bürger, sondern für die **Amtsverrichtungen der Bediensteten** bestimmt. Für die Inanspruchnahme von Verwaltungseinrichtungen können bei überwiegendem Vorteil Einzelner Verwaltungsgebühren erhoben werden.

Beispiele: Verwaltungsgebäude, Büroeinrichtungen, Dienstfahrzeuge.

2. Anspruch auf Einrichtung, Erhaltung oder Ausbau einer öffentlichen Einrichtung

196 Nach **§ 19 HGO** besteht für die Gemeinden die **Pflicht**, in den **Grenzen ihrer Leistungsfähigkeit** die für ihre Einwohner **erforderlichen wirtschaftlichen, sozialen, sportlichen und kulturellen öffentlichen Einrichtungen** bereitzustellen. Dabei steht es nicht im freien Ermessen einer Gemeinde sich Aufgaben anzunehmen und sich ihrer jederzeit wieder zu entledigen. Insbesondere können öffentliche Einrichtungen besonderer sozialer, kultureller und traditioneller Prägung nicht vollständig auf Dritte übertragen werden (zur sog. **materiellen Privatisierung** BVerwG NVwZ 2009, 1305; HessVGH 8 A 2613/09, Urteil vom 4.3.2010; VG Gießen GewArch 2014, 308). Rechtmäßig ist hingegen eine sog. **formelle Privatisierung,** bei der die Gemeinde die Verantwortlichkeit für die Angelegenheit des örtlichen Wirkungskreises vollständig behält. Die Gemeinde kann daher die unmittelbare Veranstaltungszuständigkeit für einen Weihnachtsmarkt, ein Vergnügungsfest oder einer Messe einer kommunalen Eigengesellschaft übertragen. Sie kann auch ein privates Rechtssubjekt mit der Ausführung beauftragen, sog. **funktionelle Privatisierung**, muss sich aber die Steuerungs- und Einwirkungsmöglichkeit zu einer dem Wohl der Gemeindeeinwohner verpflichtenden Durchführung vorbehalten. Hierzu gehört insbesondere, dass sich die Gemeinde die Letztentscheidung über die Zulassung vorbehält. Private Rechtssubjekte dürfen die Auswahlentscheidung lediglich vorbereiten, ohne selbst entscheiden zu dürfen (VG Gießen GewArch 2014, 308).

Literatur: *Kahl,* Kommunale Selbstverwaltungspflicht und Verbot materieller Privatisierung kraft Richterrechts?, LKRZ 2010, 81; *Niedzwicki,* Das Prinzip des grundlegenden, demokratischen Gehalts nach den sog. Maastricht- und Lissabon-Urteilen des BVerfG im Anwendungsbereich der Garantie der kommunalen Selbstverwaltung- Ein subjektiv-öffentliches Recht auch gegen materielle Privatisierung kommunaler Aufgaben?, KommJur 2011, 450.

Gemeindeintern ist für die Bereitstellung nach **§ 51 Nr. 11 HGO** ein Beschluss der insoweit **ausschließlich zuständigen Gemeindevertretung** notwendig. Die Gemeindevertretung trifft ihre Entscheidung nach Erwägung der örtlichen Interessen sowie der Leistungsfähigkeit der Gemeinde unter Berücksichtigung der wirtschaftlichen Kräfte der Abgabenpflichtigen (vgl. § 10 HGO). Bei **pflichtigen Selbstverwaltungsaufgaben** hat die Gemeindevertretung **kein Ermessen**. Diese Aufgaben müssen notfalls unter Zurückstellung aller anderen Projekte und unter äußerster Anspannung der Gemeindefinanzen erfüllt werden.

Der einzelne Einwohner hat aber **keinen subjektiven Rechtsanspruch** auf Errichtung, Erhaltung oder den Ausbau von öffentlichen Einrichtungen (HessVGH NJW 1979, 886ff.; OVG Berlin NVwZ-RR 1993, 319). Dies gilt sowohl für Einrichtungen zur Erfüllung von Pflichtaufgaben (OVG Rh.-Pf. DVBl. 1985, 176 [177]), als auch für Einrichtungen zur Wahrnehmung freiwilliger Aufgaben (BayVGH GewArch 1988, 245ff.), da der haushalts- und organisationsrechtliche Handlungs- und Entscheidungsspielraum der Gemeinden nicht durch die Konstruktion von Ansprüchen der Einwohner eingeschränkt werden darf. Eine **Besonderheit** ist aber für den Fall denkbar, in dem es sich um Pflichten handelt, die ausnahmsweise auch im Interesse des einzelnen Einwohners liegen (VGH Bad.-Württ. BWVBl. 1971, 106). Die **Erfüllung der gesetzlichen Bereitstellungspflicht** kann im Wege der **Rechtsaufsicht** (§§ 135ff. HGO) erzwungen werden, wobei gegebenenfalls auch die Finanzierungsmittel zu erschließen sind.

3. Organisations- und Rechtsformen

Kraft der durch Art. 28 Abs. 2 GG gewährleisteten **Organisationshoheit** hat die Gemeinde ein **Wahlrecht**, in welcher Rechtsform sie die für das wirtschaftliche, soziale und kulturelle Wohl ihrer Einwohner geschaffenen Einrichtungen betreiben will. Sie kann die Einrichtung **öffentlich-rechtlich** oder **privatrechtlich** organisieren, soweit gesetzlich nicht bestimmte Formen vorgeschrieben sind.

Bei der Mehrzahl der öffentlichen Einrichtungen handelt es sich um **rechtlich unselbständige Einrichtungen**. Hierzu gehören zunächst die **organisatorisch unselbständigen Einrichtungen**, die von der Gemeinde im Rahmen der allgemeinen Verwaltung oder in Form von **Regiebetrieben**, die innerhalb der gemeindlichen Organisation lediglich eine eigene Abteilung bilden, bereitgestellt werden.

Beispiele: Parkanlagen, Spielplätze, Sportanlagen, Friedhöfe.

Hinzu kommen die **organisatorisch verselbständigten öffentlichen Einrichtungen**, die als **nichtrechtsfähige Anstalten des öffentlichen Rechts** qualifiziert werden (Eigenbetriebe § 127 HGO). Die nichtrechtsfähige Anstalt unterscheidet sich im Außenverhältnis nicht von ihrem gemeindlichen Träger. Im Innenverhältnis besitzt die Anstalt jedoch weitgehende Selbständigkeit, insbesondere bei der Haushaltsführung, Vermögensverwaltung und Rechnungslegung. Zudem verfügt sie über anstaltseigenes Personal.

Beispiele: Öffentliche Wasserversorgung, Hafenbetrieb, Großmarkthalle, Städtisches Krankenhaus.

Von den **rechtlich selbstständigen Organisationsformen des öffentlichen Rechts** kommt für den Betrieb einer kommunalen Einrichtung vor allem die der **rechtsfähigen Anstalt** in Betracht. Rechtsfähige Anstalten sind **juristische Personen des öffentlichen Rechts** mit eigener Satzungsgewalt und gewissen Selbstverwaltungsrechten, die unter **eigenem Namen** am Rechtsverkehr teilnehmen. Sie treten nach außen gegenüber den Benutzern wie nach innen gegenüber dem Anstaltsträger, der Gemeinde, als selbstständige Verwaltungseinheiten in handlungs-, haftungs- und vermögensrechtlicher Hinsicht auf. Rechtsfähige Anstalten dürfen nur **durch Gesetz oder aufgrund einer gesetzlichen Ermächtigung** errichtet werden (zB § 1 Abs. 1 Hess. Sparkassengesetz).

Daneben besteht die Möglichkeit, eine öffentliche Einrichtung **privatrechtlich** zu organisieren. Weit verbreitet sind in der kommunalen Praxis **Kapitalgesellschaften**. Eine Kapitalgesellschaft (GmbH, AG) kann zunächst dann als selbstständiger Träger einer öffentlichen Einrichtung angesehen werden, wenn sich entweder alle oder jedenfalls die Mehrheit der **Gesellschaftsanteile in kommunaler Hand** befinden (OVG Rh.-Pf. DÖV 1986, 153). Eine Gemeinde muss sich nämlich den **maßgeblichen Einfluss** auf den selbstständigen privaten Träger sichern, um das Benutzungsrecht der Einwohner zu angemessenen Bedingungen sicherzustellen, indem sie ihn kontrolliert und seine Entscheidungen bestimmt. Fehlt es an einem solchen **gesellschaftsrechtlichen Beherrschungsverhältnis**, muss sich die Gemeinde **vertraglich oder auf sonstige Weise soweit Einfluss** verschaffen, damit das Benutzungsrecht der Einwohner gesichert ist (HessVGH ESVGH 25, 59 [70f.]). Nur wenn der Gemeinde maßgebliche Einwirkungsmöglichkeiten auf den Betrieb verbleiben, kann noch von einer öffentlichen Einrichtung gesprochen werden (BayVGH, Beschluss v. 3.7.2018 – 4 CE 18.1224). Durch die Einschaltung eines fremden Rechtsträgers darf nichts geschehen, was dem Einrichtungszweck zuwiderläuft.

Beispiele: Bürgerhaus-GmbH, Verkehrs- und Versorgungs-AG.

Für die Wahl einer privatrechtlichen Rechtsform sprechen die damit verbundene kaufmännische Buchführung, steuerrechtliche Vorzüge sowie der größere Entscheidungsspielraum bei der Unternehmensführung und der Personalpolitik.

Literatur: *Boysen*, Kommunales out-sourcing – Rechtsprobleme der privatrechtlich verselbständigten Erfüllung kommunaler Aufgaben, VR 1996, 73; *Götz*, Outsourcing – eine kostengünstige Alternative?, KP SW 1998, 310; *Ehlers*, Die Entscheidung der Kommunen für eine öffentlich-rechtliche oder privatrechtliche Organisation ihrer Einrichtungen und Unternehmen, DÖV 1986, 897; *Herdegen*, Die Zulassung zu kommunalen Einrichtungen in privatrechtlich ausgestalteter Regie, DÖV 1986, 906; *Hauser*, Die Wahl der Organisationsform kommunaler Einrichtungen, 1987.

4. Der öffentlich-rechtliche Zulassungsanspruch

198 Im Gegensatz zu den öffentlichen Sachen im Gemeingebrauch setzt die Benutzung einer öffentlichen Einrichtung eine **besondere Zulassung** voraus. Der Zulassung unterliegen alle öffentlichen Einrichtungen, unabhängig von einem öffentlich-rechtlichen oder privatrechtlichen Benutzungsverhältnis.

4.1. Anspruch auf Zulassung

199 Nach **§ 20 Abs. 1 HGO haben die Einwohner der Gemeinde ein einklagbares subjektives Recht auf Zulassung** zu einer öffentlichen Einrichtung. Das Zulassungsrecht gilt nicht nur für Einwohner, sondern nach § 20 Abs. 2 HGO auch für alle **Grundbesitzer und Gewerbetreibenden**, die nicht in der Gemeinde wohnen (sog. Forensen). Besteht etwa ein grundsätzlicher Anspruch eines Grundstückseigentümers auf Anschluss an die kommunale Wasserversorgung kann die Gemeinde das Wasserversorgungsverhältnis nicht aus Anlass der Notwendigkeit einer Reparatur aufgrund eines Rohrbruchs kündigen (HessVGH ZNER 2011, 643). Das Recht auf Zulassung erstreckt sich weiterhin auf **ortsansässige juristische Personen und Personenvereinigungen** (§ 20 Abs. 3 HGO). Diese Ausdehnung des personellen Geltungsbereichs trägt dem Gedanken Rechnung, dass der angeführte Personenkreis eine sachliche Verbindung mit der konkreten Gemeinde aufweist und die Ge-

Kapitel 3 Einwohner und Bürger

meindelasten mitträgt. Ein nicht in der Gemeinde ortsansässiger Gewerbetreibender, zB ein Schaustellerbetrieb, kann daher keinen Anspruch auf Erhalt einer öffentlichen Einrichtung aus § 20 Abs. 1 und 2 HGO herleiten (VG Wiesbaden Urt. v. 25.11.2011 – 7 K 239/11.WI).

Ortsfremde haben **keinen Zulassungsanspruch,** es sei denn die Einrichtung ist auch für Gebietsfremde gewidmet. Ein Zulassungsanspruch kann sich aber für Ortsfremde aus **Bundes-, Landes oder Satzungsrecht** ergeben (§ 22 PBefG; § 70 GewO; § 5 ParteiG). Soweit kein Anspruch auf Zulassung besteht, wird die Benutzungsmöglichkeit als **Destination** gewährt. Danach können Ortsfremde zugelassen werden, solange dies nicht wegen Kapazitätsausschöpfung zu einer Aushöhlung des kommunalen Benutzungsanspruchs führt. Allerdings besteht auch in diesen Fällen ein **Anspruch auf ermessensfehlerfreie Entscheidung**, der sich durch Ermessensbindung zu einem **Zulassungsanspruch verdichten kann** (BVerwGE 39, 235; VGH Bad.-Württ. NVwZ-RR 1996, 344; NVwZ 1990, 93 [94]). So kann etwa eine Gemeinde zur Überlassung einer öffentlichen Einrichtung für eine Parteiveranstaltung mit überörtlichem Charakter verpflichtet sein, wenn ihr Ermessen – etwa aufgrund dauernder, gleichmäßiger Verwaltungsübung – derart reduziert ist, dass dem Antrag entsprochen werden muss (HessVGH NJW 1993, 2331; HessVGH 6 TG 382/90 v. 19.2.1990, Juris Nr. MWRE 105499024). Aus dem Umstand, dass die Kommune Veranstaltungen von ortsansässigen politischen Parteien zugelassen hat, können nicht ortsansässige Parteien keinen Anspruch auf Überlassung herleiten (VG Darmstadt, Beschl.v. 21.9.2018 – 3 L 2011/18.DA -, juris).

Das **Recht auf Zulassung** zur Benutzung der öffentlichen Einrichtung wird im Regelfall durch einen **Verwaltungsakt**, der auch formlos oder stillschweigend ergehen kann, von der Gemeinde gewährt und ist daher bei Versagung vor den Verwaltungsgerichten mit der **Verpflichtungsklage** geltend zu machen. **Einstweiliger Rechtsschutz** auf Zulassung kann mit einem Antrag auf Erlass einer einstweiligen Anordnung nach **§ 123 Abs. 1 Satz 2 VwGO** (Regelungsanordnung) begehrt werden. Entsprechendes gilt dann, wenn der **Abschluss eines öffentlichen Vertrages** über die Zulassung verweigert wird, und zwar unabhängig davon, wie das Benutzungsverhältnis für die öffentliche Einrichtung seinerseits ausgestaltet ist.

Ist die **Einrichtung privatrechtlich organisiert**, so erfolgt die Zulassung durch den privaten Träger im Wege eines **bürgerlich-rechtlichen Vertrages**. Eine **Klage auf Zulassung** zu einer gemeindlichen Einrichtung, die gegen eine mit dem Betrieb der Einrichtung beauftragte **juristische Person des Privatrechts** gerichtet ist, ist daher vor den **Zivilgerichten** zu verfolgen, es sei denn, letztere ist aufgrund eines Gesetzes zu öffentlich-rechtlichem Handeln ermächtigt (BVerwG NVwZ 1991, 59).

Der den Einwohnern von § 20 Abs. 1 HGO gewährte **Rechtsanspruch auf Zulassung zur öffentlichen Einrichtung** entfaltet im Verhältnis des potenziellen Nutzers zu dem privaten Träger **keine Wirkung**. Es besteht insoweit vielmehr Abschlussfreiheit. Aufgrund der Öffentlichkeit der Einrichtung gelten jedoch die **Grundsätze des Verwaltungsprivatrechts** (BVerwG NVwZ 1991, 59 mwN). Mithin sind von dem privaten Träger Grundrechte, insbesondere der Gleichbehandlungsgrundsatz zu beachten. Da die **Gemeinde** jedoch auch in diesem Fall Trägerin der zu erfüllenden Aufgabe der Daseinsvorsorge ist, **bleibt** sie **Adressatin des Zulassungsanspruchs**, der vor den **Verwaltungsgerichten** geltend zu machen ist (HessVGH ESVGH 27, 116 [118]; VGH Bad.-Württb. ESVGH 25, 203; OVG NW NJW 1969, 1077). Der Zulassungsanspruch verwandelt sich im Falle der privatrechtlichen Organisation der öffentlichen Einrichtung aber in einen **öffentlich-rechtlichen Verschaffungs- oder**

Einwirkungsanspruch (vgl. BVerwG NJW 1990, 134). Bei der Klage, die vor den Verwaltungsgerichten geltend gemacht werden muss, handelt es sich um eine **allgemeine Leistungsklage**, da ein schlicht hoheitliches Tätigwerden (Einflussnahme auf ein Unternehmen) begehrt wird. Daneben kann aber auch ein im **Zivilrechtsweg** verfolgbarer Anspruch unmittelbar gegen das Unternehmen bestehen (zB § 22 PBefG). Die Einwohner haben somit ein **Wahlrecht**, ob sie den Anspruch auf **Zulassung gegen die Gemeinde** vor den Verwaltungsgerichten (§ 40 VwGO) geltend machen wollen oder ob sie den **Dritten selbst** vor den Zivilgerichten (§ 13 GVG) in Anspruch nehmen wollen.

Literatur: *Püttner*, Die Einwirkungspflichtmöglichkeit – Zur Problematik öffentlicher Einrichtungen in Privatrechtsform, DVBl. 1975, 353.

4.2. Grenzen der Zulassung

203 Der **Zulassungsanspruch** wird zunächst durch den **Widmungszweck** der Einrichtung begrenzt. Die Gemeinde kann nicht nur darüber entscheiden, ob sie überhaupt eine öffentliche Einrichtung errichten will, sie kann auch deren Widmungszweck bestimmen. Dabei hat sie solange keine Ermessensreduzierung auf Null vorliegt einen weiten Gestaltungsraum (VG Frankfurt, Beschluss v. 15.8.2018, 7 L 3147/18F; VG Darmstadt HSGZ 2017, 59).

Beispiele: Vergabe von einem Veranstaltungsplatz nur an Zirkusse ohne Raubtiere; Vergabe einer Stadthalle nur für Vorträge, nicht für Sportveranstaltungen; Vergabe von Plakatanschlagtafeln für Veranstaltungsankündigungen, nicht für persönliche Meinungsäußerungen; Vergabe von gemeindlichen Räumen nur für Kreisverbände oder Bezirksgruppen von politischen Parteien in ihrem sog. Zuständigkeitskreis; Vergabe an politische Parteien nur für Landesparteitage, nicht aber für Bundesparteitage; Vergabe von Schulräumen nicht an politische Parteien zur Durchführung von Wahlveranstaltungen.

Eine geplante Veranstaltung, die sich aber an den im Rahmen der Benutzungsordnung ausdrücklich bestimmten Widmungszweck hält, kann nicht mit der Begründung abgelehnt werden, dass in der betreffenden Einrichtung noch keine vergleichbare nichtöffentliche Parteiveranstaltung stattgefunden hat.

Der Widmungszweck einer Einrichtung kann auch nach deren Eröffnung jederzeit verändert werden (HessVGH NJW 1987, 145ff.); dies gilt sowohl für eine **Erweiterung** als auch für eine **Beschränkung**. Eine **Widmungsänderung** kann ausdrücklich, aber auch stillschweigend, etwa durch fortwährend veränderte Verwaltungspraxis bei der Vergabe erfolgen (BGH KP 1998, 37). Nachträgliche Veränderungen dürfen aber nicht als Vorwand dienen, um unliebsamen Benutzungsanträge abzulehnen. Bereits vorliegende Anträge müssen deshalb nach den bisher geltenden Grundsätzen entschieden werden (VG Darmstadt LKRZ 2013; BVerwGE 31, 368 [370]). Eine bereits zugesagte Veranstaltung in einer Stadthalle kann nicht mit dem Argument, der Veranstalter habe den **Ablauf oder das Format seiner ursprünglich geplanten Veranstaltung** verändert, untersagt werden, wenn sich die teilweise neu ausgerichtete Veranstaltung im Rahmen des Widmungszwecks bewegt. Eine zwischenzeitlich erfolgte alternative Vergabe kann einer ursprünglich zugesagten Veranstaltung nicht entgegengehalten werden, wenn die anderweitige Vergabe nur zu diesem Zweck erfolgt ist (HessVGH, Beschl.v. 2.1.2019 – 8 B 2660/18 -, juris). Organisiert eine Gemeinde den Zugang einer öffentlichen Einrichtung neu, darf sie nicht diskriminierend und willkürlich vorgehen und hat das **Gleichbehandlungsgebot** zu beachten (VG Frankfurt, Beschluss v. 8.8.2011 – 7 L 1992/11.F).

Des Weiteren wird der Zulassungsanspruch durch die **Aufnahmefähigkeit** (Kapazi- 204
tät) der Einrichtung beschränkt. Da Angebot und Nachfrage bei öffentlichen Einrichtungen häufig auseinander fallen, kommt es darauf an, dass die Zulassungsentscheidung rechtmäßig und sachgerecht – insbesondere unter Beachtung des Gleichheitssatzes des Art. 3 Abs. 1 GG – erfolgt (zum Zugangsrecht Behinderter zu kommunalen Einrichtungen vgl. OVG Berlin, NVwZ-RR 1993, 319). Auswahlkriterien sind von der Gemeinde rechtzeitig zu entwickeln, anzuwenden und vorher bekannt zu geben. Sie müssen über das Kriterium des höchsten Gebots hinausgehen (Hess-VGH, Beschl. 28.5.2019 – 8B 1987/19-, juris). Insofern gibt es **verschiedene Auswahlkriterien**, die auch miteinander kombiniert werden können. Zunächst gilt das **Prioritätsprinzip**, wonach demjenigen die Nutzung zuzusprechen ist, dessen Antrag zeitlich früher gestellt wurde. Sofern miteinander konkurrierende Nutzungsanträge vorliegen, die zur gleichen Zeit gestellt wurden, besteht die Möglichkeit, das Konkurrenzverhältnis über den **Grundsatz "näher zum Widmungszweck"** zu lösen (vgl. Ossenbühl DVBl. 1973, 289 [297]). Stellt etwa die Gemeinde Vereinen und Sportgruppen unentgeltlich Sportplätze zur Verfügung kann sie in ihren Vergaberichtlinien die Rangfolge Schulsport, Vereinssport und sonstige Gruppen festlegen (VG Frankfurt, Beschluss v. 8.8.2011 – 7 L 1992/11.F).

Liegen miteinander konkurrierende Nutzungsanträge vor, die die gleiche Nähe zum Widmungszweck besitzen, kann die Gemeinde die Veranstaltung auswählen. Der **Auswahl** hat sie **objektive Beurteilungskriterien** zugrunde zu legen, die gegebenenfalls an Art. 12 Abs. 1 GG zu messen sind (BVerwG DÖV 1982, 82; OVG NW NVwZ-RR 1993, 318; NdsOVG NVwZ 1983, 49; BayVGH NVwZ 1982, 120; vgl. auch *Otto*, DVP 1998, 259). Die Vergabe eines gemeindlichen Veranstaltungsplatzes an einen Zirkus kann eine Gemeinde daher nicht von einer Regelung abhängig machen, die das Mitführen und Auftreten von Wildtiere untersagt (VG Darmstadt LKRZ 2013, 289). Ist jedoch die Nutzung eine gemeindlichen Grünfläche nur für ein Gastspiel ohne gefährliche Tiere beantragt und auch als solches genehmigt worden, kann der Zugang aufgrund dieser Erlaubnis nicht ohne Beschränkung der Art der mitgeführten Tiere beansprucht werden (VGH Kassel HSGZ 2017, 59(61).

Beispiele: Die Zulassung der Schaustellerbetriebe zu einem Volksfest erfolgt nach dem Prinzip "bekannt und bewährt", der Attraktivität des Betriebes, der Vielfalt der Attraktionen, der Wahrung des "traditionellen Bildes" (Weihnachtsmarkt) oder Losentscheid.

Unzulässig ist eine gemeindliche Vergabepraxis, die bei grundsätzlicher Anwendung des Prioritätsprinzips, die eigenen gemeindlichen Interessen ohne sachlichen Grund bevorzugt (VGH Bad.-Württ. NVwZ-RR 1994, 111). Bei **Mehrfachanträgen** ist möglichst darauf hinzuwirken, dass alle Anfragen über einen Zeitraum verteilt zum Zuge kommen (NdsOVG NVwZ 1983, 49 [50]; BVerwG NVwZ 1982, 194f.), zB durch Rotation.

Der Anspruch auf Nutzung besteht nach § 20 Abs. 1 HGO weiterhin nur **im Rahmen** 205
der bestehenden Vorschriften. Diese können sich aus Grundrechten, insbesondere dem Gleichheitssatz und der Grenzen der Meinungsfreiheit (VGH Bad.-Württ. NVwZ 1990, 93), sondergesetzlichen Bestimmungen oder der Benutzungsordnung selbst ergeben. Die beanspruchte Nutzung darf folglich gesetzlich nicht verboten sein und der Nutzer muss die Gewähr bieten, die einschlägigen Regelungen der Benutzungsordnung zu beachten. So hat die Gemeinde auf die Einhaltung der Benutzungsregeln der öffentlichen Einrichtungen zu achten und darf keine besonderen Anreize zum Missbrauch schaffen (vgl. aber § 22 Abs. 1a BImSchG Lärm von Kindereinrichtungen, Spielplatz etc, VGH Mannheim NVwZ 2012, 837). Sind in einem öffentlich-rechtlichen Vertrag zwischen der Gemeinde und dem Nutzer einer kommunalen

Sportanlage Regeln zu Nutzungszeiten, Beleuchtung oder der Beschallung entfalten diese drittschützende Wirkung zugunsten der anderen Gemeindeeinwohner (VG Frankfurt, Beschl.v. 28.9.2011 – 7 L 540/11.F).

Enthält die Benutzungsordnung die Regelung ein Hausverbot erst bei wiederholten Störungen des Betriebsablaufs aussprechen zu können, hat die Gemeinde sich selbst gebunden und handelt ermessensfehlerhaft, wenn sie Benutzer nicht zuerst ermahnt und einen Hausverweis ausspricht (VG Frankfurt Urt. v. 21.4.2011 – 7 K 7/10.F), wenn sie ohne Einhaltung des selbst gewählten abgestuften Verfahrens ein Hausverbot ausspricht.

Das Gleichheitsgebot hindert die Gemeinde jedoch nicht, die Benutzer der Einrichtung unterschiedlich zu behandeln, wenn und solange die gegebene Differenzierung sachlich gerechtfertigt und gesetzlich zulässig ist (VG Wiesbaden HSGZ 1999, 110; VGH Bad.-Württ. BWGZ 1988, 886). Der durch § 20 Abs. 1 HGO begründete Anspruch auf Nutzung kann demnach durch eine mit **höherrangigem Recht zu vereinbarende Nutzungsordnung eingeschränkt** werden (vgl. VGH BW VwRR SW 1999, 6; BayVGH DVBl. 1985, 904 [905f.]).

Hinsichtlich der Nutzung einer öffentlichen Einrichtung durch Parteien und Wählergruppen kann auch auf ihre Bedeutung im kommunalpolitischen Bereich der jeweiligen Kommune abgestellt werden. Der Grundsatz der abgestuften Chancengleichheit (Art. 21 Abs. 1, 3 Abs. 1 GG und § 5 ParteiG) verlangt aber, das[s] allen interessierten Parteien im Rahmen der Kapazitäten eine Nutzung möglich gemacht wird; ein Ausschluss der nicht in der Gemeindevertretung vertretenen Parteien und Wählergruppen ist nicht möglich (BayVGH, Beschluss v. 3.7.2018 – 4 CE 18.1224).

Bei der Verteilung von kommunalen Plakatflächen für Wahlwerbung ist der unbestimmte Rechtsbegriff des § 5 Abs. 1 ParteiG die **„Bedeutung der Partei"** anhand weiterer Kriterien zu prüfen. Nach der Rechtsprechung gehören hierzu die **Dauer des Bestehens der Partei, ihre Kontinuität, ihre Mitgliederzahlen, Umfang und Ausbau ihrer Organisation, ihre Vertretung in Parlamenten und ihre Regierungsbeteiligungen.** Wahlprognosen können hingegen für die Verteilung nicht herangezogen werden (HessVGH, Beschl.v. 17.10.2018 – 8 B 2171/18 -, juris).

206 Streitig ist, ob **ortsfremde Benutzer** besonderen Benutzungsbedingungen, insbesondere einem **höheren Benutzungsentgelt** unterworfen werden können. Das VG Frankfurt (NJW 1977, 455) und das VG Darmstadt (HSGZ 1998, 111) halten eine Schlechterstellung von Ortsfremden für unzulässig, da dies ein Verstoß gegen den Grundsatz der speziellen Entgeltlichkeit (§ 10 Abs. 3 KAG) und der Gleichbehandlung aller Benutzer (Art. 3 GG) darstelle. In der Literatur wird hingegen teilweise von der Zulässigkeit höherer Gebühren ausgegangen (*Ossenbühl*, DVBl. 1973, 289 [295]; *Pagenkopf*, Kommunalrecht, Bd.1, S. 156). Diese Meinung trägt aber nicht den besonderen gesetzlichen Regelungen des hessischen Abgabenrechts Rechnung.

Inzwischen hat auch das BverfG (Beschluss v. 19.7.2016, Az. 2 BvR 470/08) entschieden, dass unterschiedliche Tarife für Einheimische und Ortsfremde grundsätzlich einen Verstoß gegen das Gleichheitsgebot des Art. 3 Abs. 1 GG darstellt. Zulässig ist eine Begünstigung jedoch dann, wenn ein untrennbarer Zusammenhang mit dem Wohnort besteht, zB bei der Versorgung der einheimischen Bevölkerung mit Bildungsangeboten und bei der Nutzung von kommunalen Räumen in Bürgerhäusern. Ist jedoch die kommunale Einrichtung geradezu auf die Nutzung von Ortsfremden ausgelegt, zB Schwimmbäder, Schauspiel, Oper oder Museen ist eine Differenzierung nicht rechtmäßig.

4.3. Ausschließungsgründe

Gegen die Zulassung können besondere Ausschließungsgründe sprechen. Ein solcher kann insbesondere vorliegen, wenn es sich bei den Benutzern um Personen mit **ansteckenden Krankheiten** handelt. Hingegen ist die **Versagung der Nutzung** mit der Begründung, es sei mit **erheblichen Beschädigungen** zu rechnen, nach dem **Grundsatz der Verhältnismäßigkeit** nur als **Ultima Ratio** und auch nur in besonders gelagerten Ausnahmefällen zulässig (HessVGH, Beschl.v. 2.1.2019 – 8 B 2660/18 -, juris; HessVGH NJW 1993, 2331 [2332]; BayVGH NJW 1969, 1078). Insbesondere darf einer zugelassenen Partei die Nutzung einer öffentlichen Einrichtung, die gewalttätige Gegenreaktionen erwarten lässt, nicht als sog. **Zweckveranlasserin** versagt werden (HessVGH NJW 1993, 2331 [2332]). Infolgedessen kann eine Gemeinde die Widmung ihrer kommunalen Einrichtung auch nicht in rechtlich zulässiger Weise auf „nicht gefahrengeneigte politische Veranstaltungen" beschränken. Dies gilt selbst dann, wenn hierdurch der Anspruch anderer zur Benutzung einer anderen öffentlichen Einrichtung eingeschränkt wird, sofern diese Einschränkung nicht unverhältnismäßig ist (VGH Bad.-Württ NVwZ-RR 1996, 681 – Schließung eines Parks wegen Nutzung einer Halle). Aus sicherheitsrechtlichen Gründen ist daher eine Versagung nur möglich, wenn die Gefahren nicht auf andere Weise, insbesondere durch polizeiliche Schutzmaßnahmen, abzuwenden sind (BVerfG DVBl. 1985, 1006; BVerwGE 32, 333 [337]; HessVGH NVwZ 1986, 1047), so dass als einzige Möglichkeit der Ausschluss von der Zulassung bleibt. Klassische Fälle sind hier allerdings eher bauordnungsrechtlichen Problemlagen, wie Brandschutz- und Standfestigkeitsfragen.

Der Zulassungsanspruch kann aber davon abhängig gemacht werden, dass der Benutzer eine **Kaution** hinterlegt, einen **Bürgen** stellt (OVG NW NVwZ-RR 1991, 508) oder einen **Haftpflichtversicherungsnachweis** (BayVGH NJW 1989, 2491 [2492]) erbringt, wenn das Schadensrisiko dem Bereich des Veranstalters zuzurechnen ist. Der fehlende Nachweis über die geforderte Haftpflichtversicherung begründet jedoch keinen Ausschluss des Anspruchs auf Überlassung einer öffentlichen Einrichtung, wenn die Benutzungs- oder Gebührenordnung keine ausdrückliche Pflicht zum Nachweis einer Haftpflichtversicherung vorschreibt (VG Gießen, Beschl.v. 14.11.2018 – 8 L 5636/18.GL -, juris).

Eine Haftungsübernahme für Schädigungen Dritter im Stadtgebiet aus Anlass der Veranstaltung als Bedingung für die Zulassung zur Benutzung einer Stadthalle ist aber jedenfalls abzulehnen, da zwischen Schaden und schadensauslösendem Moment kein Zusammenhang besteht (VGH Bad.-Württ. NJW 1987, 2697). Ebenso sind Auflagen rechtswidrig, die nicht der Sicherung des Widmungszwecks dienen oder den Zulassungsanspruch faktisch aushöhlen. Dies trifft grundsätzlich für eine Auflage zu, die von einer politischen Partei fordert, **Werbemaßnahmen** für die von ihr beabsichtigte Veranstaltung zu unterlassen (VGH Bad.-Württ. NVwZ 1995, 813).

Auch die **Verfassungsfeindlichkeit einer Partei** allein legitimiert keine Versagung, sofern die Verfassungswidrigkeit (Art. 21 Abs. 2 GG) nicht vom Bundesverfassungsgericht festgestellt worden ist (OVG Saarlouis NVwZ 2018, 183f.; BVerwG NJW 1990, 134; HessVGH NJW 1986, 2660; 1986, 2662; 1979, 997). An der Schutz- und Bestandsgarantie des Art. 21 Abs. 1 GG, dem sog. Parteienprivileg, haben auch verfassungsfeindliche Parteien Anteil. Eine verfassungsfeindliche Partei muss sich daher nicht auf eine am Stadtrand befindliche Einrichtung verweisen lassen, wenn sie die Nutzung zum Zweck einer Kandidatenaufstellung im Hinblick auf eine bevorstehende Oberbürgermeisterwahl begehrt (OVG Saarlouis NVwZ 2018, 183f.)

Auch gravierende Sicherheitsbedenken allein rechtfertigen eine Verweigerung der Nutzung nicht, da es Aufgabe der Polizeibehörden ist, die öffentliche Sicherheit und Ordnung zu gewährleisten. Eine Versagung ist aber möglich, wenn die dringende Gefahr besteht, dass Parteiorgane im Rahmen einer Parteiveranstaltung zur **Begehung von strafbaren Handlungen oder zu Ordnungswidrigkeiten aufrufen** (HessVGH NJW 1993, 2331; VGH Bad.-Württb. NJW 1987, 2698). Diese bedürfen allerdings vor Gericht eines substantiierten Vortrags und dürfen sich nicht in bloßer Vermutung erschöpfen (HessVGH, Beschl.v. 2.1.2018 – 8 B 2660/18 -, juris; VG Gießen, Beschl.v. 20.12.2017 – 8 L 9187/17.Gl, Rn. 32ff.; VGH Kassel Beck RS 2018, 1847).

Rechtsstaatlich bedenklich stimmt die in den letzten Jahren eingeübte Praxis der Kommunen zunächst eine Nichtzulassung einer kommunalen Einrichtung an verfassungsfeindliche Parteien auszusprechen, vor Gericht zu unterliegen und trotz Androhung der Verhängung eines Zwangsgeldes die Vollstreckung der gerichtlichen Entscheidung zu ignorieren (BverfG NVwZ 2018, 819). Eine nicht zu vernachlässigende tragende Rolle spielt in den Fällen der „hartnäckigen" Versagung auch die Untätigkeit der Kommunalaufsicht (induktiv Hecker, Verweigerung der Stadthallennutzung gegenüber der NPD, NVwZ 2018, 787ff.).

Literatur: *Heusch*, Demokratischer Wettbewerb auf kommunaler Ebene, NVwZ 2017, 1325; *Kleerbaum*, Zur Nutzung kommunaler Einrichtungen durch politische Parteien, KOPO 2017, 6 (Iff.).

5. Die Ausgestaltung des Benutzungsverhältnisses

209 Während der Zulassungsanspruch stets öffentlich-rechtlicher Natur ist, kann die **Ausgestaltung der Benutzung einer öffentlichen Einrichtung öffentlich-rechtlich oder privatrechtlich** geregelt werden. Im Bereich der Leistungsverwaltung gilt der Grundsatz der **freien Formenwahl**. Soweit also durch Gesetz nicht ausdrücklich etwas anderes vorgeschrieben ist, steht den Gemeinden ein Wahlrecht zu (BGH NJW 1977, 197; 1979, 2615; HessVGH ESVGH 25, 59 [70]).

5.1. Öffentlich-rechtliches Benutzungsverhältnis

210 Ein **öffentlich-rechtliches Benutzungsverhältnis** kommt nur in Betracht, wenn die öffentliche Einrichtung **öffentlich-rechtlich** organisiert ist. Ein öffentlich-rechtliches Benutzungsverhältnis findet seine Regelung in der **Benutzungsordnung**. Die Benutzungsordnung kann in Form einer **Satzung** oder als **Verwaltungsvorschrift** erlassen werden. Die Satzung hat als abstrakt-generelle Norm allgemeinverbindliche Wirkung, aber auch im Fall der Verwendung einer bloßen Verwaltungsvorschrift ist die Gemeinde zur regelmäßigen Anwendung durch Art. 3 GG verpflichtet. In der Benutzungsordnung werden alle Fragen geregelt, die zur **Gewährleistung einer ordnungsgemäßen Benutzung** und zur **Aufrechterhaltung der Funktionsfähigkeit** der Einrichtung erforderlich sind. Soll sich die Benutzungsordnung nur auf Personen erstrecken, die aus freiem Willensentschluss die öffentliche Einrichtung benutzen wollen, genügt eine einfache Benutzungsordnung ohne Rechtssatzcharakter. Dagegen ist die **Form einer Satzung notwendig**, wenn die Erhebung von **öffentlich-rechtlichen Abgaben** (§ 2 KAG) beabsichtigt ist oder der **Anschluss- und Benutzungszwang** angeordnet werden soll.

Nach § 10 Abs. 1 KAG können die Kommunen als Gegenleistung für die Inanspruchnahme ihrer öffentlichen Einrichtungen **Benutzungsgebühren** erheben. Das Gebührenaufkommen soll die tatsächlichen Kosten der Einrichtung jedoch nicht überschreiten. Die Gebührensätze dürfen deshalb nicht von vornherein so bemessen sein, dass das Gebührenaufkommen den ansatzfähigen Aufwand nachhaltig und wesentlich übersteigt. Kostenüberdeckungen, die sich am Ende des Kalkulationszeitraums ergeben, sind innerhalb der nächsten 5 Jahre auszugleichen. Geringfügige Überschreitungen bewirken erst dann eine **Ungültigkeit** des in der Satzung festgelegten Gebührensatzes, wenn sich eine **Überdeckung von mindestens 3 Prozent** ergibt (HessVGH, Urteil v. 11.12.2018 – 5 A 1305/17 -, juris).

Bei **öffentlich-rechtlichem Benutzungsverhältnis** haftet die Gemeinde für Leistungsstörungen und sonstige Pflichtverletzungen nach vertraglichen und vertragsähnlichen Grundsätzen sowie aus Amtshaftung auf **Schadensersatz** (BGHZ 59, 303; BGHZ 61, 7 [11]). **211**

Eine **Beschränkung der Haftung** auf Vorsatz und grobe Fahrlässigkeit ist nicht uneingeschränkt zulässig. Dem Benutzer darf durch die Freizeichnung **kein unbilliges Opfer** abverlangt werden. Die Beschränkung der Haftung muss durch **sachliche Gründe** gerechtfertigt sein und den **Grundsätzen der Erforderlichkeit und Verhältnismäßigkeit** entsprechen. Sie darf auch nicht im Widerspruch stehen zu den allgemeinen fürsorgerischen Aufgaben der Gemeinde und darf die Verantwortung für Schäden nicht ausschließen, die auf **offensichtliche Missstände** zurückzuführen sind (BGH NJW 1973, 1741 mwN). Eine Ausdehnung einer durch Satzung bestimmten **Haftungsbeschränkung auf die Amtshaftung ist unzulässig**, da diese nur durch förmliches Gesetz oder aufgrund eines förmlichen Gesetzes herbeigeführt werden kann (BGHZ 61, 7 [14]).

5.2. Privatrechtliches Benutzungsverhältnis

Ein **zivilrechtliches Benutzungsverhältnis** kommt unabhängig von der gewählten Organisationsform in Betracht, ist also möglich, wenn die öffentliche Einrichtung öffentlich-rechtlich oder privatrechtlich organisiert ist. Ein zivilrechtliches Benutzungsverhältnis einer öffentlichen Einrichtung ist dann anzunehmen, wenn es sich eindeutig aus der **organisatorischen Gestaltung** ergibt oder ein **entsprechender Wille** zu erkennen ist. Entscheidet sich die Gemeinde für eine privatrechtliche Nutzungsform, dann fallen der öffentlich-rechtliche Zulassungsanspruch („ob") und das ihm folgende Nutzungsverhältnis („wie") mit der Folge auseinander, dass unterschiedliche Rechtswege zu beschreiten und verschiedene Haftungsregeln zu beachten sind (sog. **Zweistufentheorie**). Die **Zulassung** erfolgt zwar **hoheitlich**, alle mit der **Benutzung** zusammenhängenden Rechte und Pflichten zwischen Einrichtungsträger und Benutzer richten sich aber nach **Bürgerlichen Recht** (vgl. BVerwG NVwZ 1991, 59 mwN). **212**

Bei **privatrechtlicher Ausgestaltung** ist das Rechtsverhältnis zwischen der Gemeinde und Benutzer nach den **allgemeinen vertraglichen und deliktischen Regeln des Bürgerlichen Rechts** zu beurteilen. Die Erhebung von Gebühren scheidet bei privatrechtlichen Nutzungsformen aus. Je nach vertraglicher Ausgestaltung ist vielmehr ein vereinbartes **Benutzungsentgelt** zu entrichten. Die Benutzungsregeln stellen sich wie alle im Privatrechtsverkehr verwendeten **Allgemeinen Geschäftsbedingungen** dar. Die Einbeziehung der Geschäftsbedingungen in den Vertrag und ihre Wirksamkeit richtet sich ausschließlich nach dem Bürgerlichen Recht. Entsprechen- **213** des gilt für Fragen der gesetzlichen und vertraglichen Haftung und der Zulässigkeit eines Haftungsausschlusses. Klagen aus dem Nutzungsverhältnis, zB auf Erfüllung oder aufgrund von Leistungsstörungen sind nach § 13 GVG vor den **ordentlichen Gerichten** zu verfolgen.

5.3. Indizien

214 Fehlt es an **Indizien**, die für eine öffentlich-rechtliche oder privatrechtliche Ausgestaltung des Benutzungsverhältnisses sprechen, gilt ebenso wie für die Frage der Rechtsnatur als öffentliche Einrichtung die **Vermutung**, dass die Gemeinden sich im Zweifel zur Erfüllung öffentlich-rechtlich gesetzter Aufgaben der **Organisations- und Handlungsformen des öffentlichen Rechts** bedienen (VGH Kassel HStGZ 2017, 59f f.); OVG NW OVGE 24, 175 [179]; VGH Bad.-Württ. DÖV 1978, 569f.).

5.4. Rechtsschutz

215 Ist das **Benutzungsverhältnis öffentlich-rechtlich** geregelt, so ist für Streitigkeiten grundsätzlich der **Verwaltungsrechtsweg** eröffnet. Nach **§ 40 Abs. 2 VwGO** sind jedoch für **Schadensersatzansprüche**, die aus der Verletzung öffentlich-rechtlicher Pflichten hergeleitet werden, die **ordentlichen Gerichte** zuständig. Dies gilt auch für Ansprüche aus öffentlich-rechtlichen Benutzungsverhältnissen, wenn diese nicht auf Amtspflichtverletzung, sondern auf sonstige bürgerlich-rechtliche Vorschriften gestützt werden, deren sinngemäße Anwendung in Frage steht.

Der **öffentlich-rechtliche Zulassungsanspruch** darf **nicht** mithilfe einer zivilrechtlichen Benutzungsregelung **unterlaufen** werden. Wird etwa ein zivilrechtlicher Mietvertrag mit einer für die öffentlich-rechtliche Zulassungsentscheidung relevanten Begründung (zB Rechtsverstöße der Teilnehmer bei früheren Veranstaltungen) verweigert, so ist damit die Frage des „Ob" der Benutzung der öffentlichen Einrichtung unmittelbar berührt, so dass auch insoweit die **Verwaltungsgerichte** zur Entscheidung berufen sind (BayVGH NVwZ 1995, 812 [813]).

Literatur: *Axer,* Die Widmung als Grundlage der Nutzung kommunaler öffentlicher Einrichtung, NVwZ 1996, 114; *Bartels,* Die rechtliche Ordnung der Benutzung öffentlicher Einrichtungen; *Erichsen,* Die kommunalen öffentlichen Einrichtungen JURA 1986, 149 und 197; *Lässig,* Die Vergabe von Stellplätzen auf kommunalen Volksfesten NVwZ 1983, 18f.; *v. Mutius,* Kommunalrecht, S. 329ff.; *Roth,* Die kommunalen öffentlichen Einrichtungen; *Schoch,* Rechtsprechungsentwicklung, NVwZ 2016, 257ff..

6. Anschluss- und Benutzungszwang

216 Nach **§ 19 Abs. 2 HGO** kann die Gemeinde bei **öffentlichem Bedürfnis** durch Satzung für die Grundstücke des Gemeindegebietes den Anschluss an **Wasserleitung, Kanalisation, Straßenreinigung, Fernheizung und ähnliche der Volksgesundheit dienende Einrichtungen** (Anschlusszwang) und die Benutzung dieser Einrichtungen und der **Schlachthöfe** (Benutzungszwang) vorschreiben. Bundesrechtliche Bestimmungen über die Benutzung von öffentlichen Einrichtungen (AVB Wasser VO; AVB Fernwärme VO) stehen der Einführung eines Anschluss- und Benutzungszwangs grundsätzlich nicht entgegen (BVerwG NVwZ-RR 1992, 38). Eine bundesrechtliche Ermächtigungsgrundlage stellt § 16 EEWärmeG zum Anschluss- und Benutzungszwang an kommunale Fernwärmeeinrichtungen zum Zwecke des Klima- und Res-

sourcenschutzes dar, die von der Gesetzgebungshoheit des Bundes für den Bereich der Lufteinhaltung gedeckt ist (BverwG NVwZ 2017, 61ff.).

6.1. Anwendungsbereich und Voraussetzungen

Der **Anschlusszwang** hat zum Inhalt, dass jeder, für dessen Grundstück das Gebot des Anschlusszwanges besteht, die zur Herstellung des Anschlusses notwendigen **Vorrichtungen auf seine Kosten treffen** muss. Der Anschlusszwang richtet sich daher in der Regel gegen den Eigentümer als denjenigen, der die öffentlichen Lasten des Grundstücks zu tragen hat. Der Begriff „Anschluss" umfasst dabei jede Verbindung eines Grundstücks zur öffentlichen Einrichtung. Sie kann in der Verlegung einer Leitung oder in der Schaffung eines anderen Transportwegs bestehen. Der Anschlusszwang soll sicherstellen, dass es jedem Pflichtigen möglich ist, die Einrichtung zu benutzen. Der **Benutzungszwang** enthält die Verpflichtung zur Benutzung der öffentlichen Einrichtung und verbietet zugleich die Benutzung anderer Einrichtungen (BVerfGE 62, 224). Er richtet sich an denjenigen, der die Einrichtung tatsächlich in Anspruch nehmen soll. **217**

Anschluss- und Benutzungszwang **decken sich nicht**. So braucht die Einführung eines Anschlusszwanges nicht notwendig durch die Einführung des Benutzungszwangs ergänzt werden. Es ist vielmehr denkbar, dass die Anschlussnahme an eine gemeindliche Einrichtung zur Erreichung des angestrebten Zwecks bereits genügt und dass es eines darüber hinausgehenden Benutzungszwangs deshalb nicht bedarf. Bei Wasserleitungen lediglich mit Anschlusszwang bleibt es etwa zulässig, den Wasserbedarf aus eigenen Brunnen und Quellen zu decken. Ebenso sind die **verpflichteten Personen** bei gleichzeitiger Einführung des Anschluss- und Benutzungszwangs **nicht in jedem Fall gleich**; wohl kann der zum Anschluss Verpflichtete gleichzeitig verpflichtet sein, die öffentliche Einrichtung auch zu benutzen, die Gruppe der Benutzer kann sich jedoch auch von derjenigen der Anschlussnehmer unterscheiden, da ihnen nach der Sachlage nur die Pflicht der Benutzung nach bereits vollzogenem Anschluss obliegt (vgl. VGH Bad.-Württ. BWVBl. 1963, 26 [27]). **218**

Die Einführung des Anschluss- und Benutzungszwangs erfordert ein **öffentliches Bedürfnis**. Dies ist dann gegeben, wenn **ausreichende Gründe des öffentlichen Wohls** vorliegen, wenn also nach objektiven Maßstäben die Wohlfahrt der Gemeindemitglieder gefördert werden soll (HessVGH ESVGH 2, 125 [126]). Dem öffentlichen Wohl dienen Einrichtungen, die die Lebensqualität erhalten oder verbessern. Neben den Gründen des öffentlichen Wohls, speziell denen der Erhaltung und Förderung der Volksgesundheit, können **auch Rentabilitätsgesichtspunkte** den Anschluss- und Benutzungszwang rechtfertigen (VGH Bad.-Württ. ESVGH 30, 40; BVerwG NVwZ 1986, 754). Ausschließlich fiskalische Interessen reichen hierfür jedoch nicht (VGH Bad.-Württ. BWVBl. 1982, 234). Für das Vorliegen eines öffentlichen Bedürfnisses ist es ausreichend, dass es **generell** vorliegt. Es ist nicht erforderlich, dass es im Hinblick auf jeden einzelnen Betroffenen gegeben ist (VGH Bad.-Württ. ESVGH 23, 126). **219**

Neben den in § 19 Abs. 2 HGO ausdrücklich benannten Einrichtungen ist die Einführung eines Anschluss- und Benutzungszwangs auch für **ähnliche der Volksgesundheit dienende Einrichtungen** möglich. § 19 Abs. 2 HGO erfordert jedoch nicht, dass die in Betracht kommenden Einrichtungen unmittelbar der Volksgesundheit dienen, wie Krankenanstalten und sonstige Einrichtungen der Gesundheitspflege. Es genügt, wenn die Einrichtung **mittelbar der Gesundheit** dient. Der Volksgesundheit dienen demnach Einrichtungen, die die Erhaltung der Gesundheit der Einwohner fördern **220**

(VGH Bad.-Württ. ESVGH 8, 164; 11, 123; OVG Schl.-Hol. NJW 1983, 411). Dies ist auch dann der Fall, wenn die Benutzung der öffentlichen Einrichtung gesundheitsgefährdende Selbstversorgungsanlagen ersetzen soll (HessVGH ESVGH 25, 59 [73f.]). Zu den sog. ähnlichen der Volksgesundheit dienenden Einrichtungen werden überwiegend Bestattungseinrichtungen wie Friedhöfe, Trauerhallen und Krematorien gerechnet. Für Bestattungseinrichtungen kann allerdings ausschließlich Benutzungszwang vorgesehen werden. Die früher in § 19 HGO vorgesehene Möglichkeit, den Anschluss- und Benutzungszwang für die Beseitigung von Abfällen (Müllabfuhr) anzuordnen, regelt nunmehr § 2 HAbfAG (GVBl. I 1994, S. 764).

221 Die Satzung kann nach § 19 Abs. 2 S. 2 HGO bestimmte **Ausnahmen** vom Anschluss- und Benutzungszwang zulassen. Die Festlegung von Ausnahmetatbeständen liegt in der durch Art. 3 GG, das Rechtsstaatsprinzip und insbesondere das Übermaßverbot begrenzten satzungsrechtlichen **Gestaltungsfreiheit** (VGHBad.-Württ. ESVGH 26, 51), soweit der Gesetzgeber nicht selbst solche Tatbestände normiert. Durch bundesrechtliche Befreiungstatbestände darf ein kommunalrechtlich zulässiger Zwang allerdings nicht grundlos unterlaufen werden (BVerwG NVwZ-RR 1992, 37). Gesichtspunkte für eine Ausnahme vom Anschluss- und Benutzungszwang können in der örtlichen Lage oder der sachlichen Besonderheit, in der Art der Nutzung des Grundstücks oder im Beruf der die Einrichtung benutzenden Person liegen. Gründe gegen die Festlegung einer Ausnahme können sachbezogene öffentliche Interessen jeder Art sein. Hierzu gehört auch der Grundsatz der Wirtschaftlichkeit öffentlicher Einrichtungen. Die für und gegen einen Anschluss- und Benutzungszwang sprechenden öffentlichen und privaten Interessen sind gegeneinander abzuwägen. Die Satzung hat die **tatbestandlichen Voraussetzungen für die Ausnahme** möglichst bestimmt zu **konkretisieren**. Wird dies versäumt, ist die Satzung auch im Hinblick auf die Anordnung des Anschluss- und Benutzungszwangs nichtig (VGH Bad.-Württ. BWVBl. 1982, 237). Infolgedessen ist eine Befreiung von der Benutzung der Müllabfuhr für „abgelegene Grundstücke" rechtlich zulässig, wogegen die Befreiung „in besonderen Fällen" als ungenügende Tatbestandsumgrenzung für unzulässig erklärt worden ist (HessVGH ESVGH 2, 125 [127]).

222 Der Anschluss- und Benutzungszwang kann nach § 19 Abs. 2 S. 3 HGO auch auf **bestimmte Teile des Gemeindegebietes** und auf **bestimmte Gruppen von Grundstücken oder Personen** beschränkt werden. Eine Begrenzung der letzteren Art erfordert die **satzungsmäßige Festlegung objektiver Merkmale**, wie beispielsweise Wohngrundstücke, Gewerbeflächen, Kleingärten (HessVGH ESVGH 2, 125 (127); HessVGRspr. 1965, 60 [61]). Für die Festlegung der Größe eines Einzugsgebietes können als **Nebenzweck** auch Gesichtspunkte der Rentabilität der öffentlichen Einrichtung Beachtung finden. Auch bei kommunalen öffentlichen Einrichtungen mit Anschluss- und Benutzungszwang besteht für die Gemeinden ein **Wahlrecht**, in welcher **Form** sie das **Benutzungsverhältnis** organisieren wollen. Ein Anschluss- und Benutzungszwang ist auch bei privatrechtlicher Ausgestaltung des Benutzungsverhältnisses zulässig (HessVGH ESVGH 25, 59 [72]; vgl. auch *Ermel*, KAG, Erl.5ff. zu § 10).

6.2. Eingriff in Grundrechtspositionen

223 Der Anschluss- und Benutzungszwang greift in verschiedene **Grundrechtspositionen** des Bürgers ein. Seine normative Ausgestaltung widerspricht jedoch grundsätzlich nicht dem Inhalt der verfassungsmäßigen Freiheitsrechte, sondern ist eine auf

gesetzlicher Grundlage **zulässige Beschränkung** dieser Rechte zur Einordnung des Einzelnen in die Gemeinschaft. Hieraus ergibt sich aber auch, dass die den Anschluss- und Benutzungszwang regelnde Satzung nicht weiter in Grundrechtspositionen des Pflichtigen eingreifen darf als dies unbedingt notwendig ist, um die Erreichung des mit der Errichtung der öffentlichen Einrichtung verfolgten Zwecks sicherzustellen.

Die **Einschränkung des Eigentums** ist grundsätzlich durch Art. 14 Abs. 2 GG ge- **224** rechtfertigt (BVerwG NVwZ-RR 1990, 96; BGHZ 40, 355 [361]; 54, 293). Art. 14 Abs. 1 GG garantiert das Eigentum nur in seiner durch den Gesetzgeber ausgeformten Gestalt (BVerfG DÖV 1969, 102; einen vorgegebenen oder „absoluten" Begriff des Eigentums gibt es daher nicht (BVerfGE 31, 229 [240]).

Die Festlegung des **Anschluss- und Benutzungszwangs** ist vielmehr regelmäßig **225** eine **Konkretisierung der sachimmanenten Sozialpflichtigkeit des Eigentums** und nicht eine zur Entschädigung verpflichtende Enteignung im Sinne des Art. 14 GG (BGHZ 77, 179 [181f.]). Weder werden die Pflichtigen in der Regel von einem Sonderopfer betroffen, noch ist die Hinnahme des Anschluss- und Benutzungszwangs unzumutbar schwer. Dies gilt grundsätzlich sowohl für die **betroffenen Verpflichteten** selbst als auch für **Dritte**, etwa **Unternehmer**, die durch die Einführung des Anschluss- und Benutzungszwangs ihr gewerbliches Betätigungsfeld verlieren (BVerwG DÖV 1981, 917 – Abfallbeseitigung). In einem Bereich, in dem jederzeit ein Anschluss- und Benutzungszwang zugunsten einer öffentlichen Einrichtung ausgesprochen werden kann, betätigt sich der Private stets unter dem Vorbehalt gemeindlichen Zugriffs auf diese Aufgaben. Nach Auffassung der Rechtsprechung ist eine wirtschaftliche Tätigkeit von vorneherein mit der „Pflichtigkeit" belastet, nur solange betrieben werden zu dürfen, bis die Gemeinde diese Aufgabe als öffentliche an sich zieht. Der Status des Unternehmers besteht somit ausschließlich in einer „Betätigungschance" (BGHZ 40, 355 [365]; BVerwGE 62, 224 [226f.]).

Für Fälle, in denen die **Opfer- und Zumutbarkeitsgrenze** ausnahmsweise überschrit- **226** ten wird, muss die Satzung die Möglichkeit der Ausnahme vom Anschluss- und Benutzungszwang vorsehen. Andernfalls ist sie wegen enteignender Wirkung nichtig (BGHZ 78, 41 [45]; BayOLG NVwZ 1986, 1055; BayVGH DÖV 1988, 301 [302]; NVwZ-RR 1995, 345). Die Satzung über den Anschluss- und Benutzungszwang ist auch kein Gesetz iSd Art. 14 Abs. 3 GG, das die Enteignung zulassen kann.

Beispiel einer Enteignung: Anordnung des Schlachthofzwangs in Bezug auf Metzger mit eigener Schlachtanlage (OVG NW OVGE 18, 71).

Auch der **Eingriff in die Berufsfreiheit** gegenüber Anbietern, die durch den An- **227** schluss- und Benutzungszwang ihr gewerbliches Betätigungsgebiet verlieren, **hält sich** grundsätzlich in dem durch **Art. 12 GG** abgesteckten **Rahmen**. Das kommunale Anbietermonopol schränkt zwar in der Regel die Freiheit der Berufswahl ein; die für eine Einschränkung erforderlichen Voraussetzungen des Schutzes wesentlicher Gemeinschaftsgüter sind aber jedenfalls dann gegeben, wenn durch den Anschluss- und Benutzungszwang Gefahren für die Volksgesundheit und eine menschenwürdige Umwelt abgewendet werden können (BVerwG DÖV 1981, 917; DÖV 1970, 823 [825]; vgl. auch BVerfGE 39, 159 [168]; 62, 224 [230]; 65, 323 [339]). Ein Benutzungszwang für eine gemeindliche Leichenhalle stellt einen unzulässigen Eingriff in die Berufsausübungsfreiheit privater Bestattungsunternehmen ein (Art. 12 GG), der weder durch Gesichtspunkte des Gesundheitsschutzes noch mit der Funktionsfähigkeit kommunaler Bestattungsunternehmen gerechtfertigt werden kann (OVG Thür. NVwZ 1998, 871).

228 Die Anordnung des Anschluss- und Benutzungszwangs verstößt schließlich auch nicht gegen **Art. 2 GG**, soweit den Verpflichteten untersagt wird, ihren Bedarf anderweitig zu decken. Das Grundrecht untersteht nach der Rechtsprechung des Bundesverfassungsgerichts dem Vorbehalt, dass es durch jede formell und (sonst) materiell verfassungsmäßig zustande gekommene Rechtsnorm eingeschränkt werden kann (BVerfGE 6, 38). Hält sich die Einführung des Anschluss- und Benutzungszwangs im Rahmen des § 19 HGO, so sind diese Voraussetzungen grundsätzlich erfüllt.

6.3. Rechtsschutz

229 Der durch den Anschluss- und Benutzungszwang Verpflichtete kann im Rahmen des **§ 43 VwGO** auf **Feststellung des Nichtbestehens des Anschluss- und Benutzungszwangs** klagen (BVerwG DÖV 1983, 548). Des Weiteren kann jeder, der geltend macht, durch den in der gemeindlichen Satzung eingeführten Anschluss- und Benutzungszwang in seinen Rechten verletzt zu sein oder in absehbarer Zeit verletzt zu werden, nach **§ 47 Abs. 1 Nr. 2 iVm § 15 Abs. 1 HAG VwGO** über die **Gültigkeit der Satzung** vom Hessischen Verwaltungsgerichtshof (abstrakte Normenkontrolle) entscheiden lassen (vgl. Kap. 9 B VI 2).

6.4. Recht der Europäischen Union

230 Die Art. 56f. AEUV (Vertrag über die Arbeitsweise der Europäischen Union) garantieren den **freien Dienstleistungsverkehr** in der Europäischen Union. Der freie Dienstleistungsverkehr schließt grundsätzlich die Bildung von Monopolen aus. Der **Anschluss- und Benutzungszwang** stellt eine **Form der Monopolbildung** dar. Art. 62 iVm Art. 51 und 52 AEUV gestattet die Monopolstellung jedoch ausnahmsweise für Tätigkeiten, die mit der Ausübung öffentlicher Gewalt verbunden sind (Art. 51 AEUV) sowie für Regelungen, die aus Gründen der öffentlichen Ordnung, Sicherheit oder Gesundheit gerechtfertigt sind (Art. 52 AEUV). Mit Blick auf den Zweck der Einführung und die öffentlich-rechtliche Form der Anordnung ist ein Verstoß der **Regelungen der Gemeindeordnungen über den Anschluss- und Benutzungszwang** gegen EU-Recht nicht festzustellen. Das Bundesverwaltungsgericht hat die Vereinbarkeit des Tierische Nebenprodukte-Beseitigungsgesetzes (TierNebG), nachdem für die Beseitigung von Schlachtabfällen der örtlich zuständige Beseitigungspflichtige (Benutzungszwang) zuständig ist, mit der Verordnung (EG) Nr. 1069/2009 ausdrücklich festgestellt (NVwZ 2015, 908).

Soweit der Anschluss- und Benutzungszwang zugunsten von Unternehmen der Kommunen angeordnet wird, die mit Dienstleistungen von allgemeinem wirtschaftlichen Interesse betraut sind, speziell Aufgaben der Daseinsvorsorge erfüllen, unterfällt dieser den Regelungen des EG-Vertrages nach Art. 106 Abs. 2 AEUV im Übrigen nicht, wenn ihre Anwendung die Erfüllung der den Unternehmen übertragenen, besonderen Aufgabe rechtlich oder tatsächlich verhindern würde.

Literatur: *Bartels,* Die rechtliche Einordnung der Benutzung öffentlicher Einrichtungen; *Hailbronner,* Öffentliche Unternehmen im Binnenmarkt – Dienstleistungsmonopole und Gemeinschaftrecht; *Roth,* Die kommunalen öffentlichen Einrichtungen; *Weber,* Benutzungszwang für Trauerhallen (Friedhofskapellen) und friedhofseigene Leichenkammern auf kommunalen Friedhöfen; *Wichardt,* Anschluss- und Benutzungszwang für Fernwärme allein aus Gründen der Volksgesundheit.

Kapitel 3 Einwohner und Bürger

Schaubild 3: Öffentliche Einrichtungen

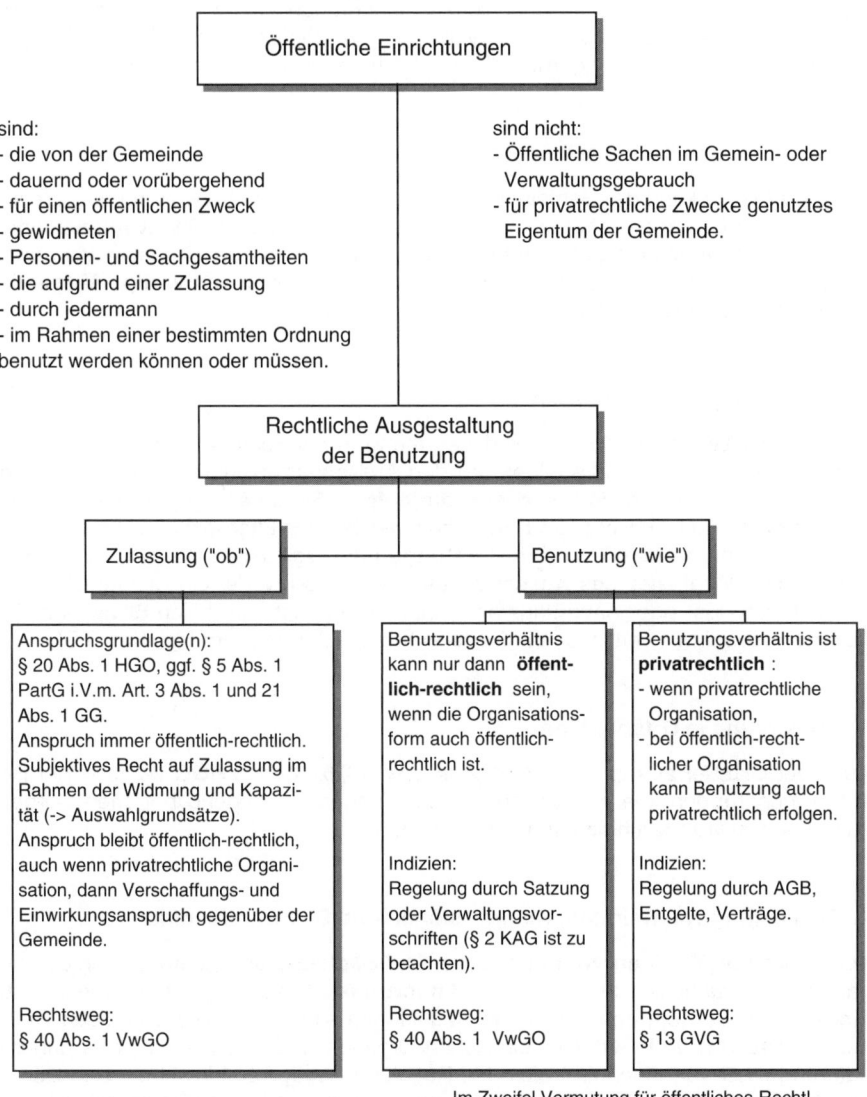

III. Beteiligung der Einwohner an der gemeindlichen Willensbildung

231 Neben dem Teilhaberecht an öffentlichen Einrichtungen steht es den **Einwohnern** auch offen, sich – wenn auch im Vergleich zu den Möglichkeiten der Bürger (Kap. 3 C) nur beschränkt – an der **gemeindlichen Willensbildung** zu beteiligen.

1. Mitwirkung in Kommissionen

232 Nach § 72 HGO kann der Gemeindevorstand zur dauernden Verwaltung oder Beaufsichtigung einzelner Geschäftsbereiche Kommissionen bilden. Den **Kommissionen** können auch **sachkundige Einwohner** angehören, die von der Gemeindevertretung zu wählen sind. Die gewählten Kommissionsmitglieder sind **vollwertige Mitglieder** und haben **Stimmrecht** (vgl. Kap.6 A II 4).

2. Mitwirkung in Ausschüssen

233 Nach § 62 HGO kann die Gemeindevertretung zur Vorbereitung ihrer Beschlüsse **Ausschüsse** aus ihrer Mitte bilden. Zu den Ausschusssitzungen können, auch soweit sie nicht öffentlich sind, **Vertreter derjenigen Bevölkerungsgruppen**, die von ihrer **Entscheidung vorwiegend betroffen** werden (zB Elternbeiräte, Vereinsvorsitzende, Verbandsvertreter), **zu den Beratungen hinzugezogen werden**. Sie werden damit **nicht Mitglieder des Ausschusses**, haben also weder ein Stimmrecht noch ein Mitberatungs- oder Anhörungsrecht. Es liegt demnach im freien **Ermessen des Ausschusses**, inwieweit ihnen ein **Rederecht** zugestanden wird (vgl. Kap.5 D).

3. Mitwirkung in Ortsbeiräten

234 Auch der **Ortsbeirat** kann nach § 82 Abs. 6 iVm § 62 Abs. 6 HGO Vertreter der Bevölkerungsgruppen, die von seinen Entscheidungen vorwiegend betroffen werden, zu seinen **Beratungen hinzuziehen** (vgl. Kap. 5 E).

4. Beteiligung von Beiräten, Kommissionen und Sachverständigen

235 Vertretern von Beiräten, Kommissionen und Sachverständige können in den Organen und Organteilen der Gemeinde **Anhörungs-, Vorschlags- und Rederechte eingeräumt werden**; entsprechende Regelungen sind von den zuständigen Organen zu fassen (§ 8c HGO). Gemeindlichen Organen und Organteilen ist es daher – aufgrund einer von ihnen zu treffenden Regelung – möglich, Einwohner und Bürger als ständige Vertreter ihrer Interessengruppen an ihrer Arbeit zu beteiligen. Die bereits **im Gesetz verankerten Mitwirkungsmöglichkeiten der Einwohner** in den gemeindlichen Ausschüssen (§ 62 Abs. 6 HGO), Ortsbeiräten (§ 82 Abs. 6 iVm § 62 Abs. 6 HGO) und Kommissionen (§ 72 Abs. 2 HGO) können daher durch die von den Gemeinden zu treffenden Regelungen im Rahmen des § 8c HGO **ergänzt und erweitert** werden. Einer Verankerung dieser Rechte in der Hauptsatzung bedarf es nicht.

Kapitel 3 Einwohner und Bürger 115

5. Beteiligung von Kindern und Jugendlichen

Kinder und Jugendliche sollen bei **Planungen und Vorhaben**, die ihre **Interessen** 236 **berühren** von der Gemeinde in „angemessener Weise" **beteiligt** werden (§ 4c S. 1 HGO). Die Entwicklung und Durchführung **geeigneter Verfahren obliegen den Gemeinden.** Der Wortlaut des Gesetzes schränkt die gemeindliche Personal-, Organisations- und Planungshoheit nur insofern ein, als die zu entwickelnden Beteiligungsformen ausdrücklich über die im Gesetz für Einwohner bereits verankerten Rechte hinausgehen müssen (§ 4c S. 2 HGO). Welche Form der Beteiligung die einzelne Gemeinde wählt, bleibt ihr überlassen. In Betracht kommen zunächst **offene Formen** (Kinder- und Jugendforen), **parlamentarische Formen** (Kinder- und Jugendparlamente) und **projektorientierte Formen**. Daneben besteht die Möglichkeit der Verzahnung mit der gemeindlichen Verwaltung durch die Einrichtung von Kinderbüros oder die Benennung von Kinderbeauftragten.

Kind ist, wer noch nicht vierzehn Jahre alt ist; **Jugendlicher** ist, wer vierzehn, aber noch nicht achtzehn Jahre alt ist (§ 7 SGB VIII). Kinder und Jugendliche sind, soweit sie die Voraussetzungen des § 8 HGO erfüllen jedenfalls auch Einwohner ihrer Gemeinde. Sie teilen daher zunächst alle Rechte und Pflichten aller Einwohner.

Daneben **können** Kindern und Jugendlichen in ihrer Funktion als **Vertreter von Kinder- und Jugendinitiativen** in den **Organen und Organteilen** der Gemeinde **Anhörungs-, Vorschlags- und Rederechte** eingeräumt werden. Entsprechende Regelungen sind von den zuständigen Organen (Gemeindevorstand, Kommissionen, Gemeindevertretung, Ausschüsse, Ortsbeiräte) zu fassen (§ 8c HGO).

Literatur: *Adrian/Coburger-Becker* u.a., Leitfaden für die kommunalpolitische Arbeit in Hessen, S. 69f.; *Hartmann/Peters*, Beteiligung von Kindern und Jugendlichen in der Kommune, KP SW 1999, 279; Mustersatzung über die Beteiligung von Kindern und Jugendlichen in Form eines Beirats bei: *Bennemann*, HGO, § 4c Anhang.

6. Bürgerversammlung

Zur **Unterrichtung der Bürger über wichtige Angelegenheiten** soll mindestens 237 einmal im Jahr eine **Bürgerversammlung** stattfinden (§ 8a HGO). Nicht wahlberechtigte Einwohner der Gemeinde können zu der Bürgerversammlung zugelassen werden. Über die **Zulassung entscheidet der Vorsitzende der Gemeindevertretung**, der im Zweifel **alle Einwohner der Gemeinde** einladen wird. Auch rein praktische Überlegungen sprechen für eine derartige Verfahrensweise, da sonst vor jeder Versammlung geprüft werden müsste, ob die Anwesenden Bürger der Gemeinde sind. Der Erfolg einer auf die Zulassung von Bürgern begrenzten Versammlung würde von vorneherein in Frage stehen (vgl. Kap. 3 B VI 1).

IV. Petitionsrecht

Ein **kommunales Petitionsrecht** oder ein Einwohnerantrag ist in der Hessischen 238 Gemeindeordnung **nicht ausdrücklich vorgesehen** (vgl. aber § 56 Abs. 3 BayGO; § 21 BdgGO; § 14l KV MV; § 21 GOBrandb; § 12c NGO; § 24 GO NRW; § 16b RhPfGO; § 12 GOSachsen; § 16e Schl.-Hol.GO). Nach **Art. 17 GG** hat aber **jedermann das Recht**, sich mit **Bitten oder Beschwerden** an die **zuständige Stelle** und die **Volksvertretung** zu wenden. Volksvertretungen iSd Art. 17 GG sind der Deutsche Bundestag und der Hessische Landtag (vgl. OVG Schl.-Hol. DVBl. 1968, 390;

BayOLG NJW 1981, 1108; ausführl. *v.Mutius*, Kommunalrecht, S. 313ff.; aA für die Gesetzeslage in NRW, BVerwG NJW 1981, 700). Die **Gemeindevertretung in Hessen** teilt zunächst die Rechtsnatur der Gemeinde und ist daher wie diese der **Exekutive** zuzuordnen (vgl. Kap. 2 A). Das bedeutet aber nicht, dass sich die Einwohner der Gemeinde nicht mit einer Bittschrift an die Gemeinde wenden können. Da die Gemeinde nach außen vom **Gemeindevorstand** vertreten wird (§ 71 Abs. 1 HGO), ist er als **zuständige Stelle** iSd Art. 17 GG zur Entgegennahme der kommunalen Petition verpflichtet (unklar *Schmidt/Kneip*, HGO – Kommentar, § 9 Rn. 2). Im Übrigen bleiben die Zuständigkeiten der Gemeindeorgane unberührt (§§ 9, 50f., 66ff.). Handelt es sich daher um eine Petition, die in die Zuständigkeit der Gemeindevertretung fällt, hat der Gemeindevorstand sie an die Gemeindevertretung weiterzuleiten, die sie sachlich zu prüfen und über den Gemeindevorstand zu beantworten hat.

Literatur: *Franke*, Die hessischen kommunalen Ausschüsse zwischen kommunalverfassungsrechtlicher Stellung und kommunaler Praxis, S. 178ff.; *Löwer*, Der Gemeinderat als Petitionsadressat?, Städte- und Gemeindebund 1979, 29; *Löskrug*, Petitionen an Gemeinderäte, Niedersächsische Gemeinde 1979, 7; *v.Mutius*, Anm. zu OVG Münster (DVBl. 1978, 895) VerwArch 1979, 165; *Schäfer*, Auswirkungen erweiterter Bürgerbeteiligung auf die hessische Verfassung, S. 30ff.; *Schmitz-Herscheidt*, Zur Problematik der Errichtung von Beschwerdeausschüssen auf kommunaler Ebene, Der Städtetag 1979, 13.

V. Tragung von Gemeindelasten

239 Aus dem den Einwohnern eingeräumten **Benutzungsrecht der öffentlichen Einrichtungen** folgt nach **§ 20 Abs. 1 HGO** die **Pflicht, die Lasten zu tragen**. Hierzu gehören zunächst **Steuern, Gebühren und Beiträge**. Umfang und Voraussetzungen der Lasten ergeben sich nicht aus der Hessischen Gemeindeordnung, sondern aus dem Kommunalen Abgabengesetz (KAG) und den aufgrund des § 2 KAG von den Gemeinden erlassenen Abgabensatzungen.

240 Zu den Gemeindelasten gehört weiterhin die **Verpflichtung zur Erbringung von persönlichen Diensten**. Nach **§ 22 HGO** ist die Gemeinde berechtigt, zur Erfüllung **dringlicher Aufgaben** die Einwohner für eine **beschränkte Zeit** zu **persönlichen Diensten und anderen Leistungen im Rahmen des Herkömmlichen** heranzuziehen. Darunter sind **Naturalleistungen**, im Wesentlichen die **sog. Hand- und Spanndienste**, zu verstehen. Handdienste sind Leistungen, die von den Einwohnern mit ihrer eigenen Kraft erbracht werden können, vor allem also **mechanische Arbeiten** (zB Straßen- und Wegebau). Spanndienste werden durch das Stellen von **Zugpferden mit Fuhrwerken** als auch durch **Kraftfahrzeuge** geleistet. Nicht zulässig ist hingegen die Forderung, Materialleistungen selbst zu erbringen, wie etwa Holz, Bausteine, Brennstoffe. Bei der Auswahl der Verpflichteten sind die **persönlichen Verhältnisse angemessen zu berücksichtigen**. Die Einführung der Hand- und Spanndienste muss nach § 22 S. 3 HGO durch eine **Satzung** (§ 5 HGO) erfolgen, in der der Kreis der Verpflichteten, Art und Umfang der Leistungen sowie Befreiungstatbestände festzulegen sind. In der Gegenwart dürften die Naturaldienste nur noch in stark ländlich geprägten Gegenden eine Rolle spielen. Nur wenn und solange in einer Gemeinde die Erwerbspersonen in ihrer Mehrzahl in der Landwirtschaft ihren Lebensunterhalt verdienen, können Hand- und Spanndienste nämlich als herkömmlich im Sinne des § 22 HGO angesehen werden (BVerwGE 2, 313).

B. Rechte und Pflichten der Bürger

Ebenso wie die Einwohner haben auch Gemeindebürger bestimmte Rechte und Pflichten. Da die Bürgereigenschaft aber die Einwohnereigenschaft mit einschließt, haben die **Bürger** zunächst einmal **alle** – oben dargestellten – **Rechte und Pflichten der Einwohner.**

Hinzu kommen die Rechte, die sich unmittelbar für Bürger und Bürgerinnen aus dem Gesetzeswortlaut der Hessischen Gemeindeordnung ergeben. Eine Erweiterung dieser Rechte, etwa durch Beschluss der Gemeindevertretung ist von der Rechtsprechung mit der Begründung für unzulässig erklärt worden, es handele sich insoweit um abschließende Regelungen über die Möglichkeit der Bürgerbeteiligung. So hat das VG Gießen (HSGZ 1999, 241; HSGZ 2001, 392) die Aufnahme eines eigenständigen Tagesordnungspunktes „Bürgerfragestunde" durch die Geschäftsordnung einer Gemeindevertretung für rechtswidrig erklärt.

Literatur: *Birkenfeld*, Aktive Bürger = Starke Kommunen, HSGZ 2000, 355.

I. Begriff

Gemeindebürger ist der **wahlberechtigte Einwohner** (§ 8 Abs. 2 HGO), also nach § 30 Abs. 1 HGO derjenige, der **Deutscher iSv Art. 116 GG** oder **Staatsangehöriger eines der übrigen Mitgliedstaaten der Europäischen Union mit Wohnsitz in der Bundesrepublik Deutschland (Unionsbürger)** ist, das **18. Lebensjahr vollendet** hat und seit **mindestens 3 Monaten vor dem Wahltag in der Gemeinde wohnt.**

Literatur: *Kleerbaum*, Kommunalwahlrecht für Nicht-EU-Bürger gescheitert, KOPO 2017, 4 (lff.).

II. Das aktive und passive Wahlrecht

Bei mehrfachem Wohnsitz wird nach § 30 Abs. 1 HGO das **aktive Wahlrecht** nur in der Gemeinde erworben, die der **Ort der Hauptwohnung** im Sinne des Melderechts ist. Nach § 16 Abs. 2 HMG ist Hauptwohnung die **vorwiegend benutzte Wohnung** des Einwohners. Hauptwohnung eines verheirateten Einwohners, der nicht dauernd getrennt von seiner Familie lebt, ist die vorwiegend genutzte **Wohnung der Familie** (vgl. zum Schutz der Privatsphäre [Art. 2 Abs. 1 GG] bei einer quantitativen Berechnung, VG Gießen HSGZ 1996, 22; HessVGH NVwZ-RR 1991, 357; VG Frankfurt 7 E 1417/97 v. 18.1.2000). Während man also Einwohner in mehreren Gemeinden sein kann, kann man nur Bürger in einer Gemeinde werden. **Ohne Rücksicht auf die Wohndauer** erwerben **hauptamtliche Bürgermeister, hauptamtliche Beigeordnete und Landräte** das Wahlrecht mit dem **Amtsantritt in der Gemeinde** (§ 30 Abs. 2 HGO). Die Regelung entbindet nur vom Erfordernis der **Dauer** des Wohnsitzes, nicht von der Wohnsitznahme schlechthin. Ein hauptamtlicher Beigeordneter, Bürgermeister oder Landrat, der am Wahltag nicht in der Gemeinde wohnt, kann also nicht wählen.

Nicht wahlberechtigt ist gem. § 31 HGO derjenige, für den zur Besorgung aller seiner Angelegenheiten ein **Betreuer** (nicht nur durch einstweilige Anordnung) bestellt ist; dies gilt auch wenn der Aufgabenkreis des Betreuers die in § 1896 Abs. 4 und § 1905 BGB bezeichneten Angelegenheiten nicht erfasst. Vom Wahlrecht weiterhin ausgeschlossen ist derjenige, der **infolge Richterspruchs** oder aufgrund anderer **gesetzlicher Vorschriften das Wahlrecht nicht besitzt** (vgl. Kap. 4 B II 5).

Neben dem den Bürgerstatus mitbegründenden Tatbestand des **aktiven Wahlrechts**, steht dem Bürger das **passive Wahlrecht** zu. Nach **§ 32 HGO** sind als Gemeindevertreter die **Wahlbeteiligten** wählbar, die am Wahltag das **18. Lebensjahr vollendet** und seit **mindestens 6 Monaten in der Gemeinde ihren Wohnsitz haben**. Entsprechendes gilt für die Wahl als Mitglied des Ortsbeirates. **Nicht wählbar** ist derjenige, der **infolge Richterspruchs vom Wahlrecht ausgeschlossen ist** oder die **Fähigkeit zur Bekleidung öffentlicher Ämter nicht besitzt**. Bei nachträglichem Wegfall der Wählbarkeit endet die Tätigkeit als Mandatsträger oder die sonstige ehrenamtliche Tätigkeit (§ 33 HGO).

III. Ehrenamtliche Tätigkeit

245 **Ehrenamtliche Tätigkeit** bedeutet die **unentgeltliche Mitwirkung** von Bürgern an der **Erfüllung öffentlicher Aufgaben**, die aufgrund behördlicher Bestellung **außerhalb eines haupt- oder nebenamtlichen Dienstverhältnisses** stattfindet. Dient die ehrenamtliche Tätigkeit der **Erledigung vorübergehender Aufträge** oder der Erledigung einzelner Angelegenheiten, wird von einer **schlicht-ehrenamtlichen Tätigkeit** gesprochen; hingegen sind ehrenamtlich Tätige bei Vorliegen der sonstigen beamtenrechtlichen Voraussetzungen der in ein **Ehrenbeamtenverhältnis (§ 21 Abs. 3 HGO)** zu berufen, wenn sie ihre **Aufgaben über einen längeren Zeitraum** wahrnehmen sollen. Alle der Gemeinde obliegenden Aufgaben können Gegenstand der ehrenamtlichen Mitwirkung sein, solange letztere im allgemeinen Interesse liegt. In Ergänzung zu der Pflicht der Einwohner Naturaldienste (§ 22 HGO) erbringen zu müssen (vgl. Kap.3 A V), die im Wesentlichen aus der Verrichtung mechanischer Arbeiten besteht, stellt die ehrenamtliche Tätigkeit die **Pflicht der Bürger zur geistigen Mitwirkung** an der Gestaltung des örtlichen Gemeinschaftslebens dar. Die Heranziehung zu einem gemeindlichen Ehrenamt kann aber nur in Grenzen der Zumutbarkeit erfolgen. Bei der schlicht-ehrenamtlichen Tätigkeit handelt es sich um ein öffentlichrechtliches Rechtsverhältnis sui generis, auf das weder die arbeitsrechtlichen noch die beamtenrechtlichen Vorschriften Anwendung finden. Vielmehr hat der Gesetzgeber für die Ausübung des Ehrenamtes **allgemein geltende Grundsätze des öffentlichen Dienstes** in den §§ 24, 25 und 26 HGO normiert.

Beispiele: Mitglieder eines Wahlausschusses oder eines Wahlvorstandes bei Kommunalwahlen (§§ 5, 6 KWG); Mitglieder der Freiwilligen Feuerwehr und Katastrophenschutzhelfer (§§ 10, 38 HBKG); Mitglieder einer zur Erledigung vorübergehender Aufgaben eingesetzten Kommission (§ 72 HGO).

1. Begründungtatbestand

246 Die **Berufung** zu ehrenamtlicher Tätigkeit **obliegt dem Gemeindevorstand** (vgl. HessVGH DVBl. 1989, 163 – Wahl von Ausländerbeauftragten durch den Ortsbeirat), sofern gesetzlich nicht anderes bestimmt ist (§ 21 Abs. 2 HGO). Bei Übertragung einer nur schlicht-ehrenamtlichen Tätigkeit genügt eine **formlose Erklärung** gegenüber dem berufenen Bürger. Im Interesse einer klaren Abgrenzung der wahrzunehmenden Tätigkeit und zur Dokumentation der gem. § 21 Abs. 2 Satz 2 HGO zu beachtenden Verpflichtung zur gewissenhaften und unparteiischen Ausübung und zur Verschwiegenheit empfiehlt sich aber die **Wahl der Schriftform**. Eine ehrenamtliche

Tätigkeit soll nur Bürgern übertragen werden, die sich in der Gemeinde allgemeinen Ansehens erfreuen und das Vertrauen ihrer Mitbürger genießen. In Einzelfällen wird eine besondere Eignung, beispielsweise Sachkunde (§ 72 Abs. 2 HGO), verlangt. **Nichtwahlberechtigte Einwohner** (Jugendliche, ausländische Staatsangehörige oder Personen, die in der Gemeinde keinen Wohnsitz haben) können nur dann mit einer **ehrenamtlichen Tätigkeit** betraut werden, wenn dies **ausdrücklich gesetzlich bestimmt** ist (§ 72 Abs. 2 HGO; § 61 Abs. 2 Satz 2 HGO). Für diese Personen besteht jedoch **keine Verpflichtung zur Übernahme** einer ehrenamtlichen Tätigkeit, da sich die Verpflichtung (§ 21 Abs. 1 Satz 2 HGO) nur auf die Bürger der Gemeinde erstreckt. Die Berufung zu einer ehrenamtlichen Tätigkeit erfüllt die gesetzlichen Voraussetzungen eines **Verwaltungsaktes**. Der Berufene kann deshalb im Rahmen einer **Anfechtungsklage** von den Verwaltungsgerichten überprüfen lassen, ob die Gemeinde ihr Ermessen fehlerfrei ausgeübt hat. Von einzelgesetzlichen Regelungen abgesehen, **endet** die schlicht-ehrenamtliche Tätigkeit in der Regel durch **Erfüllung** der damit verbundenen Aufgabe.

1.1. Verpflichtung zur ehrenamtlichen Tätigkeit

Die Übernahme einer **ehrenamtlichen Tätigkeit** im Dienst der Gemeinde ist **für jeden Bürger verpflichtend**. Die Verpflichtung ist aber nicht nur auf gemeindliche Selbstverwaltungsaufgaben beschränkt, sie umfasst die **Mitwirkung bei allen gemeindlichen Angelegenheiten**, also auch bei der Erledigung der Weisungsaufgaben. **247**

Während die Bürger ein Mandat als Gemeindevertreter oder als Mitglied eines Ortsbeirates nicht anzunehmen brauchen (§§ 23, 24 KWG) und auch die **Übernahme des Amtes** des ehrenamtlichen Bürgermeisters, Beigeordneten oder Kassenverwalters nach § 21 Abs. 1 Satz 2 HGO ohne Angabe von Gründen **ablehnen** können, gilt dies für die schlicht-ehrenamtliche Tätigkeit und andere Ehrenämter nur, wenn ein **wichtiger Grund** vorliegt (§ 23 Abs. 1 Satz 1 HGO). § 23 Abs. 2 HGO nennt die wichtigsten Ablehnungsgründe, wie Belastung durch mehrere ehrenamtliche Tätigkeiten, berufsbedingte Abwesenheit von der Gemeinde, Familienpflichten, Krankheit oder Alter. Die Aufzählung ist nicht abschließend, es können auch andere wichtige Gründe in Betracht kommen. Die **Entscheidung** über das Vorliegen eines wichtigen Grundes trifft das **Berufungsorgan**, meist also der Gemeindevorstand. Naturgemäß ist jede kleinliche Handhabung unzweckmäßig, da jede ehrenamtliche Tätigkeit ein gewisses Mindestmaß an innerer Bereitschaft und verfügbarer Arbeitskraft voraussetzt. Wer die Übernahme einer ehrenamtlichen Tätigkeit **ohne wichtigen Grund ablehnt**, handelt ordnungswidrig und kann mit einer **Geldbuße** bis zu Euro 250,- belegt werden (§ 24a Abs. 1 Nr. 1, Abs. 2 HGO). Entsprechend bewirkt auch eine einseitige Niederlegung der ehrenamtlichen Tätigkeit noch kein Ausscheiden, sondern kann nur als Antrag auf Entbindung durch das zuständige Organ behandelt und entschieden werden. **248**

Nicht um gemeindliche Ehrenämter, sondern um die alleinige Ausübung **staatlicher Funktionen** handelt es sich bei Ortsgerichtsvorstehern, Ortsgerichtsschöffen, Schiedsmännern und Beisitzern der Arbeits- und Verwaltungsgerichte sowie bei Schöffen und Geschworenen der Strafgerichte.

1.2. Abgrenzung zum kommunalpolitischen Mandat

249 Ehrenamtliche Tätigkeit bedeutet weisungsgebundenen Ehrendienst innerhalb der gemeindlichen Verwaltung und erfolgt demgemäß unter Eingliederung in die Verwaltungsorganisation. Im Gegensatz hierzu üben **kommunale Mandatsträger** ihre Tätigkeit nach **freier**, nur durch die Rücksicht auf das **Gemeinwohl** bestimmten Überzeugung aus (§ 35 Abs. 1 HGO). So besteht auch – im Gegensatz zur ehrenamtlichen Tätigkeit – **keine Verpflichtung zur Mandatsausübung** (§§ 23, 33 KWG).

1.3. Ehrenbeamte

250 Von der schlicht ehrenamtlichen Tätigkeit sind die öffentlich-rechtlichen Dienstverhältnisse abzugrenzen, die unter Berufung ins **Ehrenbeamtenverhältnis** begründet werden (§ 21 Abs. 3 HGO, §§ 5, 8 BeamtStG iVm §§ 5, 9 HBG). Soweit ein Ehrenbeamtenverhältnis begründet werden soll, bedarf es der Ausstellung einer den beamtenrechtlichen Formvorschriften genügenden **Ernennungsurkunde** und ihrer Aushändigung an den Ehrenbeamten. Die Ernennungsurkunde hat **rechtsbegründende Wirkung** (§ 9 Abs. 3 und 4 HBG). Bei dem Ehrenbeamtenverhältnis handelt es sich um die Regelform zur Wahrnehmung hoheitlicher Aufgaben, die ihrer Natur meist **auf Dauer angelegt** sind und auch oft **komplexe Aufgabenbereiche** betreffen. Ein Ehrenbeamtenverhältnis darf nur für Personen begründet werden, die die in **§ 7 BeamtStG** genannten beamtenrechtlichen Voraussetzungen erfüllen.

Beispiele: Ehrenamtlicher Bürgermeister (§ 44 Abs. 1 HGO); ehrenamtliche Beigeordnete (§§ 44 Abs. 2, 46 HGO); Mitglieder einer zur Erledigung dauernder Aufgaben eingesetzten Kommission (§ 72 HGO); Ortsvorsteher, denen die Leitung der Verwaltungsaußenstelle übertragen wird (§ 82 Abs. 5 Satz 4 HGO); ehrenamtliche Kassenverwalter (§ 110 Abs. 3 HGO).

2. Rechte und Pflichten ehrenamtlich Tätiger

251 Der **ehrenamtlich tätige Bürger** hat zunächst die allgemeine Pflicht sein **Amt gewissenhaft und unparteiisch** auszuüben (§ 21 Abs. 2 HGO). Daneben sind in der Hessischen Gemeindeordnung grundlegende Pflichten geregelt, zu denen die **Verschwiegenheitspflicht**, die **Mitteilungspflicht eines den Widerstreit der Interessen** (Befangenheit) **begründenden Tatbestandes** und die **Treuepflicht** zählen (§§ 24ff. HGO). Die Mitglieder von Gemeindeorganen sind. Des Weiteren verpflichtet **Mitgliedschaften** oder ehrenamtliche Tätigkeiten anderer Körperschaften, Anstalten, Stiftungen etc **anzuzeigen**, um Abhängigkeiten und Verflechtungen, denen ehrenamtlich Tätigen unterliegen können, nach außen kenntlich zu machen. Diesen Pflichten hat der Gesetzgeber das **Recht auf Aufwandsentschädigung** (§ 27 HGO) gegenübergestellt.

2.1. Verschwiegenheitspflicht

252 Der **ehrenamtlich Tätige** hat über die ihm bei seiner Tätigkeit bekannt gewordenen Angelegenheiten **Verschwiegenheit** zu bewahren (§ 24 HGO). **Ausgenommen** sind Mitteilungen und Tatsachen, die offenkundig sind oder ihrer Bedeutung nach keiner Geheimhaltung bedürfen. **Offenkundig** sind die allgemein oder einem größeren Personenkreis bekannten Tatsachen. Ihrer **Bedeutung nach geheim zu halten** sind alle Vorgänge, deren Mitteilung dem öffentlichen Zweck, dem Wohl der Gemeinde oder

Kapitel **3** Einwohner und Bürger 121

dem Wohl des Einzelnen zuwiderlaufen würden und das Vertrauen in die Ordnungsmäßigkeit der gemeindlichen Verwaltung beeinträchtigen könnten. Hierzu gehören insbesondere alle in nichtöffentlichen Sitzungen beratenen Angelegenheiten, verwaltungsinterne Vorgänge, noch in Vorbereitung befindliche Angelegenheiten sowie höchstpersönliche Belange der Einwohner. Die Verpflichtung besteht auch nach **Beendigung** der ehrenamtlichen Tätigkeit fort.

Durch die Amtsverschwiegenheit soll einerseits die Bevölkerung vor nichtgewollter Bekanntgabe ihrer persönlichen und wirtschaftlichen Verhältnisse geschützt werden und andererseits die Gemeinde davor bewahrt werden, dass der Einzelne seine erworbenen Kenntnisse für persönliche Zwecke ausnutzt. Die Verschwiegenheitspflicht besteht nicht nur gegenüber Privatpersonen, sondern auch gegenüber den mit der Angelegenheit nicht befassten Bediensteten. Über Angelegenheiten, über die der ehrenamtlich Tätige Verschwiegenheit zu wahren hat, darf er **ohne Genehmigung des Bürgermeisters** weder vor Gericht noch außergerichtlich aussagen oder Erklärungen abgeben. Die **Verletzung der Verschwiegenheitspflicht** ist eine **Ordnungswidrigkeit** und kann mit einer Geldbuße bis zu Euro 250,- geahndet werden (§ 24a Abs. 1 Nr. 2 HGO).

§ 24 HGO findet zunächst Anwendung auf alle ehrenamtlich Tätigen iSd § 21 HGO; ferner auf Gemeindevertreter (§ 35 Abs. 2 HGO), Ortsbeiratsmitglieder (§ 82 Abs. 3 HGO) und Ausländerbeiratsmitglieder (§ 86 Abs. 5 HGO).

2.2. Widerstreit der Interessen

Ehrenamtlich und **hauptamtlich Tätige** dürfen nach § 25 Abs. 1 HGO in einer **Angelegenheit, durch deren Entscheidung** sie einen **unmittelbaren Vorteil oder Nachteil erlangen können,** weder **beratend** noch **entscheidend mitwirken.** Das **Mitwirkungsverbot** betrifft die schlicht-ehrenamtlich Tätigen (§ 21 HGO), die Ehrenbeamten als auch die den ehrenamtlich Tätigen gleichgestellten Mitglieder der Gemeindevertretung (§ 35 Abs. 2 HGO), des Ortsbeirates (§ 82 Abs. 2 HGO), des Ausländerbeirates (§ 86 Abs. 6 HGO) und des Jugendhilfeausschusses (§ 71 Abs. 3, 5 SGB VIII). Die ausdrückliche Erfassung hauptamtlicher Tätigkeit ist notwendig, um hauptamtliche Beigeordnete den ehrenamtlichen Beigeordneten gleichzustellen, da § 25 HGO insoweit die beamtenrechtliche Regelung des § 73 Abs. 2 HBG erweitert (vgl. *Schmidt/Kneip,* HGO, § 25 Rn. 2).

253

Das Mitwirkungsverbot bei Interessenwiderstreit soll einerseits den Betroffenen **persönliche Konfliktsituationen** ersparen, andererseits das Vertrauen der Bevölkerung in die **Unparteilichkeit** und **Uneigennützigkeit der Verwaltung** stärken und **jeden Anschein der Bestechlichkeit und Vetternwirtschaft** vermeiden helfen (vgl. Hess. VGH HessVGRspr. 1976, 73f.).

254

Das Mitwirkungsverbot bei Interessenwiderstreit setzt grundsätzlich das **Vorliegen eigener Interessen** des Mitwirkenden voraus. **Fremde Interessen** werden jedoch den eigenen **gleichgestellt**, wenn wegen **familiärer Interessenverbindungen** oder wegen einer **rechtlich-wirtschaftlichen Interessenverflechtung** die Entschließungsfreiheit wie bei eigenen Interessen gefährdet ist. Das Gesetz sieht daher neben einem Mitwirkungsverbot bei Vorliegen eigener Interessen ein Mitwirkungsverbot bei fremden Interessen **nahestehender Personen** (Verlobte, Ehegatte, eingetragene Lebenspartner, Verwandte, Pflegeeltern und -kinder) und bei **Personen, denen gegenüber ein rechtlich-wirtschaftliches Abhängigkeitsverhältnis** (Arbeitsverhältnis, Mitglied des Vorstandes oder Aufsichtsrates) vor (ausführl. zu den betroffenen Personenkreisen, *Schneider/Dreßler/Risch*, HGO, Erl.2 zu § 25 Rn. 5ff.). Hierfür genügt es jedoch nicht, bei jemandem mit Sonderinteressen beschäftigt zu sein. Es müssen vielmehr weitere Tatsachen hinzukommen, die den ehren- oder hauptamtlich Tätigen gegenüber dem Arbeitgeber in seiner Entscheidungsfreiheit in der betreffenden Angelegenheit einengen (VG Wiesbaden HSGZ 2000, 325). Der Vorteil oder Nachteil muss nicht wirtschaftlicher Natur sein; es kann sich auch um **immaterielle, insbesondere ideelle persönliche Interessen** handeln, die zB **ethischer, familiärer, politischer, religiöser oder wissenschaftlicher Natur** sind. Hierzu gehört auch die Wahrung oder Steigerung des Rufs, des Ansehens und der Einflussmöglichkeiten eines Gemeindevertreters (OVG Rh.-Pf. KP SW 1998, 85f.).

Beispiel: Ein Vorstandsmitglied eines Vereins, der die „Jugendfreizeitbetreuung" fördert, ist daran gehindert als Stadtverordneter an einer Beratung und Entscheidung mitzuwirken, bei der es darum geht, ob die Stadt mit dem Verein Verhandlungen über die Errichtung eines Jugendzentrums aufnehmen soll (HessVGH HSGZ 1995, 405).

255 Der Hessische VGH (NVwZ-RR 1993, 94 mAnm *Borchmann* DVP 1993, 371 [376]) hat in einer Entscheidung über die Rechtmäßigkeit einer Wahl einen Vorteil nicht erst in der Wahl selbst gesehen, sondern schon in einer "Verbesserung der Chancen, gewählt zu werden". Die Formulierung "**erlangen kann**" lässt erkennen, dass bereits die **reale Möglichkeit, also die nicht nur theoretische Chance** eines unmittelbaren Vorteils oder Nachteils (BVerwG DVBl. 1971, 757; OVG NW NVwZ 1984, 667ff.) ausreicht, um das Mitwirkungsverbot auszulösen.

256 Der Vorteil oder Nachteil muss unmittelbar sein. Der Begriff der **Unmittelbarkeit** ist umstritten. Teilweise wird vertreten die Unmittelbarkeit eines Vorteil oder Nachteils sei dann gegeben, wenn die Entscheidung "**ohne Hinzutreten eines weiteren Umstandes eine natürliche oder juristische Person direkt**" berühre (so noch HessVGH NVwZ 1982, 44). Diese **formalistische Betrachtungsweise** hat zur Folge, dass eine Mitwirkung betroffener Gemeindevertreter bei Satzungen, zB Erschließungsbeitragssatzungen, zulässig ist, da Satzungen als abstrakte Rechtsnormen grundsätzlich keine unmittelbare Wirkung entfalten, sondern sie noch des Vollzugs, etwa eines Heranziehungsbescheids bedürfen. Auch kann ein Gemeindevertreter an der Änderung einer gemeindlichen Hauptsatzung mitwirken, die die Schaffung einer weiteren hauptamtlichen Stadtratsstelle vorsieht, zu deren Wahl er sich im Nachgang erfolgreich gestellt hat (VG Frankfurt Urt. v. 11.12.2012 – 7 K 569/12.F).

Eine **Ausnahme** kann nach dieser Auffassung aber für die Aufstellung eines **Bebauungsplanes** gelten (vgl. auch HessVGH NVwZ-RR 1996, 72), da sich der Vorteil oder Nachteil, nämlich eine Wertsteigerung oder ein Wertverlust schon mit der Entscheidung manifestieren könne. Bei der Aufstellung von Bebauungsplänen seien daher nicht nur Eigentümer der im Plangebiet liegenden Grundstücke von der Mitwirkung ausgeschlossen, sondern auch Eigentümer angrenzender Grundstücke, die von den beabsichtigten Festsetzungen berührt werden können (VGH Bad.-Württ. NVwZ-RR 1992, 538; OVG Rh.-Pf. NVwZ -RR 1990, 271; HessVGH NVwZ-RR 1993, 156; vgl. aber HessVGH Urt. v. 8.12.2011 – 4 C 2108/10.N).

Ein Gemeindevertreter ist gem. § 25 Abs. 1 Nr. 1 HGO auch dann von der Mitwirkung an der Entscheidung über den Satzungsbeschluss eines **Bebauungsplans** ausgeschlossen, wenn er zum **Zeitpunkt des Aufstellungsbeschlusses Eigentümer** eines Grundstücks im Plangebiet **war**, das ohne den Bebauungsplan nicht bebaubar gewesen ist, wenn er dieses Grundstück alsbald nach Ergehen des Aufstellungsbeschlusses zum Baulandpreis veräußert hat.

Die Mitwirkung des befangenen Gemeindevertreters bildet einen sonstigen Verfahrens- oder Formfehler iSd § 215a BauGB. Er kann durch die Wiederholung des Satzungsbeschlusses durch die ordnungsgemäß besetzte Gemeindevertretung sowie der erneuten Durchführung des nachfolgenden Verfahrens bis zur ortsüblichen Bekanntmachung behoben werden (OVG Rh.-Pf. KP SW 1998, 85). Bis zur Behebung des Mangels ist der Bebauungsplan nach § 47 Abs. 5 S. 4 VwGO für nicht wirksam zu erklären.

Literatur: *Bennemann*, Datenschutz versus rechtmäßige Entscheidungen kommunaler Entscheidungsorgane, NVwZ 2015, 490; *Adrian/Richard*, Die Mitwirkungsverbote wegen Interessenwiderstreits bei baurechtlichen Entscheidungen, HSGZ 2000, 126; *Kleerbaum*, Zum Mitwirkungsverbot von Mandatsträgern in Bauleitverfahren, KOPO 2018, 3 (l ff.); *v.Mutius*, Kommunalrecht, S. 376.

Nach der von *Hassel* (DVBl. 1988, 711 [715f.]) entwickelten **modifizierten formal-kausalen Theorie** liegt ein unmittelbarer Vorteil oder Nachteil dann vor, wenn er ohne zusätzliches Ereignis eintritt oder wenn zwar seine Realisierung noch ein **weiteres Ereignis** erfordert, dieses aber **zwangsläufig zu erwarten ist**. Mit dieser Modifikation werden betroffene Gemeindevertreter von der Mitwirkung dann ausgeschlossen, wenn die weitere Entscheidung der Gemeindeverwaltung aufgrund fehlenden Ermessensspielraums zwingend vorgegeben ist, zB bei Erlass eines Erschließungsbeitragsbescheides aufgrund einer von der Gemeindevertretung erlassenen Satzung.

257

Bezogen auf das öffentliche Interesse und das Empfinden des Durchschnittsbürgers kann aber auch dieser Ansatz nicht immer zu interessengerechten Lösungen führen. Ausgehend vom **Schutzzweck des § 25 HGO**, bereits **jeglichen Schein von Nepotismus zu verhindern**, ist vielmehr vom **Empfängerhorizont** auszugehen, dh es ist zu prüfen, welchen **Eindruck es auf die Bürger macht**, wenn gerade dieser in seinen Interessen möglicherweise tangierte Betroffene an der fraglichen Entscheidung mitwirkt. Kombiniert wird dieser **teleologisch-funktionale Ansatz** in Rechtsprechung und Literatur mit der Theorie von dem **individuellen Sonderinteresse** (Hess-VGH HessVGRspr. 1976, 73f.; VGHBad.-Württb. ESVGH 28, 214ff.; Nds.OVG NVwZ 1982, 44; OVG NW NVwZ 1984, 667ff.; OVG Rh-Pf. NVwZ 1985, 287; Hidien VR 1983, 128 [130]). Danach ist ein unmittelbarer Vorteil oder Nachteil gegeben, wenn ein Betroffener aufgrund besonderer **persönlicher Beziehungen zu dem Entscheidungsgegenstand ein individuelles Sonderinteresse** wirtschaftlicher oder sonstiger Art hat (vgl. zur Entwicklung des § 25 HGO, *Schneider/Dreßler/Risch*, HGO, Erl. zu § 25). Eine enge persönliche Beziehung zum Beratungsgegenstand besteht danach, wenn nach den gesamten Umständen die Besorgnis nahe liegt, dass der Betroffene aufgrund eigener Interessen nicht mehr uneigennützig und am Gemeinwohl orientiert handelt (OVG Rheinland-Pfalz DÖV 2009, 822).

Das Mitwirkungsverbot erstreckt bei der Aufstellung eines Bebauungsplans auf den gesamten Beratungsablauf des Planverfahrens vom Aufstellungs- bis zum Satzungsbeschluss durch die Gemeindevertretung, und zwar nicht nur auf die Eigentümer und ihre Angehörigen, sondern auch auf Pächter und Mieter sowie derselben mit angrenzenden Grundstücken mit Ausstrahlungswirkungen, zB wegen erhöhten KFZ-Aufkommens, Lärmemissionen oder verbesserter Erschließung soweit diese ein individuelles Sonderinteresse begründen können. Von einer unmittelbaren Betroffenheit in einem Bebauungsplanverfahren ist jedenfalls dann auszugehen, wenn der von einem Mitwirkungsverbot Betroffene im Falle eines Normenkontrollverfahrens nach § 47 Abs. 2 S. 1 VwGO antragsbefugt wäre.

Beispiel: Von der Beratung und Beschlussfassung eines Bebauungsplans zur Erweiterung eines Golfplatzes ist ein Gemeindevertreter ausgeschlossen, der im Plangebiet im größeren Umfang Grundstücke (43.000 qm) gepachtet hat und sie als Jagdpächter nutzt.

Inzwischen hat auch der Hessische Verwaltungsgerichtshof die **formalistische Betrachtungsweise** ausdrücklich aufgegeben und sich der **Theorie des individuellen Sonderinteresses** angeschlossen (HessVGH ESVGH 64, 129 mAnm Waldhoff, JUS 2014,1150; vgl. auch die Fallgruppensammlung von Adrian/Heger HSGZ 2014, 91 im Licht der alten und neuen Rspr. des HessVGH).

258 Das Mitwirkungsverbot betrifft grundsätzlich jede beratende und entscheidende Tätigkeit, auch die eine Entscheidung der Gemeindevertretung vorbereitende Ausschusssitzung (HessVGH ESVGH 64, 129). Die **Beratung** umfasst nach dem Schutzzweck der Rechtsnorm jede mündliche Erörterung einer Angelegenheit zum Zwecke der Willensbildung und Willensentscheidung; sie beginnt daher mit dem Aufruf des Tagesordnungspunktes (HessVGH DÖV 1971, 821; aA *Foerstemann*, Die Gemeindeorgane, S. 51 Rn. 3). Ein aktives Verhalten ist dabei nicht erforderlich, **auch passive Anwesenheit** eines Betroffenen ist als Mitwirkung zu verstehen, da auch Schweigen in bestimmten Situationen willensbildend wirken kann. Die **Entscheidung** umfasst die **Beschlussfassung**, unabhängig von der Teilnahme an der Abstimmung oder dem Abstimmverhalten.

Literatur: *Kleerbaum*, Zum Mitwirkungsverbot von Mandatsträgern in Bauleitverfahren; *Wiegelmann*, Handbuch des Hessischen Kommunalverfassungsrechts, Bd.1, S. 214ff.

2.2.1. Ausnahmen von der Befangenheit

259 Das **Mitwirkungsverbot gilt nicht**, wenn jemand an der Entscheidung lediglich als Angehöriger einer Berufs- oder Bevölkerungsgruppe beteiligt ist, deren gemeinsame Interessen durch die Angelegenheit berührt werden (§ 25 Abs. 1 Satz 2 HGO). Die legitime **Wahrnehmung von Gruppeninteressen** setzt zunächst ein **gemeinsames Interesse**, also die Verfolgung eines übereinstimmenden, gleichgerichteten Ziels voraus. Ein Gruppeninteresse ist umso eher anzunehmen, je allgemeiner und abstrakter sich die Personenmehrheit eingrenzenden Merkmale gestalten und je größer sich die Anzahl der Interessenvertreter in der Gemeinde darstellt (HessVGH ESVGH 64, 129). Sind Folgen von Entscheidungen von vorneherein individualisierbar, scheidet die Annahme eines Gruppeninteresses aus.

Bei der Abgrenzung zu den individuellen Sonderinteressen ist darauf zu achten, dass eine Vielzahl von Einzelinteressen (Festsetzungen in Bebauungsplänen) noch kein Gruppeninteresse ergibt. Die Interessen müssen zugleich auch der **Förderung des Gemeinwohls** dienen, sie dürfen diesem nicht diametral entgegenlaufen. **Gruppeninteressen** können daher bei Vereinigungen zur Förderung von Jugend-, Sport-, Sozial-, Schul- und Kultureinrichtungen vorliegen, da sie über ihren engeren Zweck hinaus auch dem Allgemeininteresse dienen. Um legitime Wahrnehmung von Gruppeninteressen handelt es sich auch bei Beratungen und Beschlussfassungen von Satzungen über die Festsetzung des Hebesatzes der Grundsteuer (BayVGH DÖV 1976, 751) oder der Erschließungsbeiträge (OVG Rheinl.-Pf. KStZ 1967, 61ff.) unter Mitwirkung von Grundstückseigentümern, der Gewerbesteuer unter Mitwirkung von Gewerbetreibenden, der Hundesteuer unter Mitwirkung von Hundebesitzern, der Kindergartengebühren unter Mitwirkung von Eltern und die Beschlussfassung über die Entschädigungssatzung für die ehrenamtlich Tätigen in der Gemeinde durch die Gemeindevertreter. Offen gelassen, aber in der Tendenz zu Recht bejaht, hat der

Hessische Verwaltungsgerichtshof das Vorliegen des Ausnahmetatbestandes für den Fall, in dem ein Gemeindevertreter über die Zulassung eines Bürgerbegehrens mitgestimmt hat, das er selbst unterschrieben hat (NVwZ-RR 1996, 409; vgl. OVG NRW NVwZ-RR 1988, 112). Legt hingegen ein Gemeindevertreter gegen einen ihn aufgrund einer gemeindlichen Abgabensatzung erlassenen belastenden Gebührenentscheid Rechtsmittel ein, verfolgt er kein gemeinsames Interesse mit anderen klagenden Grundstückseigentümern der Gemeinde und kann sich insoweit nicht auf die Verletzung eines Mitwirkungsrechts bei der Beschlussfassung der Gemeindevertretung berufen (HessVGH ESVGH 64, 129; vgl. auch VG Frankfurt Urt. v. 25.1.2012 – 7 K 3121/11.F – und 7 K 3094/11.F).

Das Mitwirkungsverbot gilt nicht für die Stimmabgabe bei **Wahlen** und **Abberufungen** (§ 25 Abs. 2 HGO). Mit "Stimmabgabe" ist nur die eigentliche Wahlhandlung gemeint, bei den vorausgehenden Beratungen dürfen sich die Betroffenen nicht beteiligen. Sie müssen während der Beratungen den Beratungsraum verlassen (§ 25 Abs. 4 HGO). Das Mitwirkungsverbot gilt auch nicht für einen Wahlbewerber bei einem **Antrag auf Vertagung einer Wahl**, da insoweit das Mitwirkungsverbot des § 25 Abs. 1 S. 1 Nr. 1 HGO gegenüber dem Demokratieprinzip zurücktritt (HessVGH NVwZ-RR 1993, 94). Des Weiteren erstreckt sich das Mitwirkungsverbot nicht auf Wahlbewerber, die noch nicht haupt- oder ehrenamtlich für die Gemeinde tätig sind. Sie können deshalb die Beratung und Entscheidung als Zuschauer verfolgen.

2.2.2. Mitteilungspflicht und Entscheidung

Ehren- oder hauptamtlich Tätige, die annehmen müssen, weder beratend noch entscheidend mitwirken zu dürfen, haben dies dem **Vorsitzenden des Organs oder Hilfsorgans**, dem sie angehören oder für das sie die Tätigkeit ausüben, **mitzuteilen** (§ 25 Abs. 4 HGO). Über das Vorliegen der Interessenkollision **entscheidet** dann das betreffende **Organ oder Hilfsorgan** (§ 25 Abs. 3 HGO), wobei der Betroffene bereits bei dieser Entscheidung den Raum zu verlassen hat (§ 25 Abs. 4 HGO). Wirkt ein Gemeindevertreter freiwillig, ohne Beschluss über das Vorliegen eines Interessenwiderstreits, bei einer Entscheidung nicht mit, liegt kein Verstoß gegen die Vorschriften über Mitwirkungsrechte vor (VG Darmstadt KommunalPraxis Wahlen 2012, 52). Der Beschluss ist **kein Verwaltungsakt**, sondern eine organschaftliche Entscheidung, gegen die der Betroffene im Rahmen eines **Kommunalverfassungsstreitverfahrens** mit einer **Feststellungsklage** gemäß § 43 VwGO vorgehen kann (HessVGH HessVGRspr. 1970, 65; 1971, 30; NVwZ 1982, 44).

2.2.3. Folgen des Interessenwiderstreites

Wer an der Beratung und Entscheidung nicht teilnehmen darf, muss den **Beratungsraum verlassen** (§ 25 Abs. 4 HGO). Ein Stuhlabrücken im Sitzungsraum von den anderen Gemeindevertretern reicht nicht aus (VGH Bad.-Württb., Kommjur 2017, 100ff.). Der Betroffene darf sich danach auch nicht im **Zuschauerraum** (Tribüne, Galerie) oder in **Nebenräumen** aufhalten, in welche die Sitzung mittels **optischer** (Bildschirm) oder **akustischer** (Lautsprecher) **Anlagen übertragen** wird. Er kann sich insbesondere **nicht auf das allgemeine Teilnahmerecht des Bürgers an öffentlichen Sitzungen** berufen (HessVGH HessVGRspr. 1967, 9; 1971, 30).

Dürfen **mehr als der Hälfte der Gemeindevertreter** aufgrund des **Mitwirkungsverbotes** nicht an einer Entscheidung teilnehmen, ist die Gemeindevertretung ohne Rücksicht auf die Zahl der anwesenden Gemeindevertreter **beschlussfähig**; allerdings bedürfen ihre Beschlüsse in diesem Fall der **Genehmigung der Aufsichtsbehörde** (§ 53 Abs. 3 HGO).

2.2.4. Rechtsfolgen von Verstößen

263 Beschlüsse, die unter **Verletzung des Mitwirkungsverbotes** gefasst werden, sind **unwirksam** (§ 25 Abs. 6 HGO). Dies ist zunächst dann der Fall, wenn das beschließende Organ **zu Unrecht** das Vorliegen einer Interessenkollision **verneint** hat und der Befangene an der Entscheidung mitgewirkt hat. Dieselbe Rechtsfolge tritt ein, wenn die Gemeindevertretung **zu Unrecht eine Ausschlussentscheidung** getroffen hat. Keine Unwirksamkeit tritt allerdings ein, wenn ein Mitglied eines Organs die Sitzung in der **irrigen Meinung**, befangen zu sein, verlässt.

264 Die Wirksamkeit der Beschlüsse wird jedoch **von Anfang an gesetzlich fingiert**, wenn nicht sechs Monate nach der Beschlussfassung oder im Fall einer erforderlichen Bekanntmachung sechs Monate nach dieser der **Bürgermeister** oder der **Gemeindevorstand** widersprochen (§ 63 HGO) oder die **Aufsichtsbehörde** (§ 138 HGO) **beanstandet** hat. Davon werden jedoch die in § 63 HGO festgelegten kürzeren Fristen für den Widerspruch des Bürgermeisters und des Gemeindevorstandes nicht berührt. Ferner tritt die **Wirksamkeit nicht gegenüber demjenigen** ein, der vor Ablauf der sechsmonatigen Frist ein **Rechtsmittel**, zB Widerspruch gemäß § 68 VwGO, eingelegt oder ein **gerichtliches Verfahren anhängig gemacht hat**, wenn in dem Verfahren der Mangel festgestellt wird. Problematisch kann sich die Beschränkung der Fiktion auf den, der das Rechtsmittel eingelegt hat, hinsichtlich der von der Gemeindevertretung gefassten **Satzungsbeschlüsse** auswirken. Einer insoweit auftretenden Ungleichbehandlung hat die Gemeinde durch Wiederholung des "relativ unwirksamen Beschlusses" unter Beachtung des Mitwirkungsverbotes entgegenzuwirken.

265 Einem **Gemeindevertreter** steht gegen die Mitwirkung eines möglicherweise im Widerstreit der Interessen stehenden Mitglied der Gemeindevertretung kein Klagerecht zu, da er hierdurch regelmäßig **nicht in seinen eigenen Rechten verletzt ist** (VG Frankfurt HSGZ 2000, 379; VG Kassel HSGZ 1988, 128). Insbesondere kann sich kein Gemeindevertreter gegen einen nicht erfolgten Ausschluss eines anderen mit der Begründung wenden, seine Stimme hätte nicht den ihr kraft Kommunalverfassungsrecht zustehenden Erfolgswert gehabt (VG Kassel HSGZ 1988, 128; OVG Rh.-Pf. NVwZ 1985, 283). Im Übrigen ist jedoch jede Entscheidung, die unter Verletzung des § 25 HGO ergangen ist, uneingeschränkt von den Verwaltungsgerichten nachprüfbar. Gemeindevertretern ist daher ebenso wie Dritten die Möglichkeit gegeben, den **Sachbeschluss gerichtlich überprüfen** zu lassen (*Schneider/Dreßler/Risch*, HGO, erl.17.1. zu § 25, Rn. 117ff.).

266 Ein fehlerhafter Beschluss kann grundsätzlich durch einen **neuen ordnungsgemäßen Beschluss** des zuständigen Organs oder Hilfsorgans „geheilt" werden. Bei **mehrstufigen Verfahren** ist es grundsätzlich erforderlich, dass das **Verfahren von der Stufe an wiederholt** wird, wo der Fehler erstmals aufgetreten ist (OVG NW NVwZ 1984, 667 [669]; OVG Schl.-Hol. NVwZ 1982, 298; aA BVerwG NVwZ 1988, 916; VGH Bad.-Württ. VBlBW 1982, 298)). Andernfalls würde in die Rechte der im Vorfeld zu beteiligten Organe unverhältnismäßig eingegriffen. Eine unter Beteiligung

von befangenen Ortsbeiratsmitgliedern durchgeführte Anhörung der Gemeindevertretung gewährleistet nicht die Erfüllung des von § 25 HGO angestrebten Ziels der Vermeidung des Anscheins der Parteilichkeit der Verwaltung. Wird etwa bei der Aufstellung eines Bebauungsplans der zuständige Ortsbeirat nicht gehört (§ 82 Abs. 3 HGO), so würde bei einer Heilung durch Beschluss der Gemeindevertretung Sinn und Zweck des Anhörungsverfahrens, die Nutzbarmachung der örtlichen Sachkenntnis, wegfallen. Die Funktionsfähigkeit der Gemeindevertretung wird dabei durch die Ausschlussregelung des § 25 Abs. 6 HGO (bzw. bei Satzungen durch § 5 Abs. 4 HGO) gewährleistet.

Literatur: *Hager*, Grundfragen zur Befangenheit von Gemeinderäten, VBlBW 1994, 263.

2.3. Treuepflicht

Ehrenamtlich Tätige haben eine **besondere Treuepflicht gegenüber ihrer Gemeinde**, dh sie dürfen **Ansprüche Dritter gegen die Gemeinde** nicht bzw. nur unter bestimmten Voraussetzungen geltend machen. Das kommunalrechtliche Vertretungsverbot verfolgt das Ziel, die Gemeinde von allen Einflüssen freizuhalten, die eine **objektive, unparteiische und einwandfreie Führung der Gemeindegeschäfte** gefährden könnte (BVerfGE 41, 231; *Schneider/Dreßler*, HGO, Erl.1 zu § 26). Die Geltendmachung von Ansprüchen umfasst nicht nur die Prozessführung, sondern erstreckt sich auf **jede** schriftliche oder mündliche, gerichtliche oder außergerichtliche **Vertretung** Dritter. Nicht unter das Vertretungsverbot fällt die Vertretung in Kommunalverfassungsstreitigkeiten (BVerwGE 3, 30 [34]; HessVGH NVwZ 1987, 919) oder in Bußgeld- und Strafverfahren. Als **rechtsgeschäftliche Vertreter** von Ansprüchen Dritter kommen neben Rechtsanwälten vor allem Steuerberater und Steuerbevollmächtigte, Makler und Architekten in Betracht. Nicht anwendbar ist das Vertretungsverbot auf einen Rechtsanwalt, der mit einem Gemeinderatsmitglied eine **Bürogemeinschaft** unterhält (BVerfGE 56, 99 [107]). Ebenso wenig gilt das Verbot für den **Sozius** eines der Gemeindevertretung angehörenden Rechtsanwalts, wenn der Sozius allein tätig wird (BVerfGE 61, 68ff.).

§ 26 HGO differenziert hinsichtlich des Umfangs der Treuepflicht zwischen **Ehrenbeamten** und **anderen ehrenamtlich Tätigen**. Während für **Ehrenbeamte** ein **absolutes Vertretungsverbot**, mit Ausnahme der gesetzlichen Vertretung gilt, unterliegen die **anderen ehrenamtlich Tätigen** dem Vertretungsgebot nur, insoweit der **Auftrag mit den Aufgaben ihrer ehrenamtlichen Tätigkeit im Zusammenhang steht**. Um gesetzliche Vertreter handelt es sich zunächst bei Eltern, aber auch bei bestelltem Vormund, Betreuer, Testamentsvollstrecker, Konkurs- oder Insolvenzverwalter, auch wenn diese erst durch richterliche Entscheidung begründet wird. Ferner fällt auch die Tätigkeit als gesetzlicher Vertreter einer juristischer Person (GmbH, AG, rechtsfähiger Verein) unter den Ausnahmetatbestand. Ob ein Zusammenhang zwischen der ehrenamtlichen Tätigkeit und dem Auftrag, Ansprüche gegen die Gemeinde wahrzunehmen, besteht, beurteilt sich nach den **möglichen Gefahren der Interessenkollision**. Eine Gefahr der Interessenkollision ist insbesondere darin begründet, dass Mitglieder von Gemeindevertretungen ihren **politischen Einfluss und ihre Kontakte in die Gemeindeverwaltung** zugunsten der von ihnen vertretenen Personen ausnutzen und ihre **berufliche Tätigkeit in Widerstreit** mit den von ihnen wahrzunehmenden **öffentlichen Interessen** geraten könnten (BVerwG NJW 1984, 377; HessVGH NJW 1981, 140). Eine Vertretung der Interessen eines Bürgers gegenüber der Gemeinde durch einen Gemeindevertreter ist daher nicht zulässig, wenn der **Ge-**

meindevertreter mit der Angelegenheit befasst war, ist oder noch befasst werden kann. Dies dürfte dann nicht der Fall sein, wenn es sich um Geschäfte der laufenden Verwaltung oder der Gemeindeverwaltung zugewiesene Aufgaben handelt (HessVGH NJW 1981, 140; vgl. aber § 51 Nr. 18 HGO).

Umgekehrt wird ein **Vertretungsverbot** dann zu bejahen sein, wenn es sich um **wichtige oder der Gemeindevertretung zugewiesenen Angelegenheiten handelt** (HessVGH NJW 1981, 140). Die **Entscheidung** über das Vorliegen eines Vertretungsverbotes trifft jeweils das **Organ oder Hilfsorgan**, dem der Betroffene angehört oder für das er tätig ist. Die Entscheidungen unterliegen – anders als die Entscheidungen nach § 25 Abs. 3 HGO – als **Verwaltungsakte** der verwaltungsgerichtlichen Nachprüfung. Verstöße gegen das Vertretungsverbot sind Ordnungswidrigkeiten und können als solche geahndet werden (§ 24a HGO); auf die **Wirksamkeit der Rechtshandlungen** haben sie jedoch keinen Einfluss. Behörden und Gerichte haben das Vertretungsverbot zu beachten und müssen die unbefugten Vertreter zurückweisen (BVerfGE 41, 231; 52, 42 [56]; 56, 99 [107]; HessVGH HessVGRspr. 1979, 19).

2.4. Anzeigepflicht

269 Nach § 26a HGO sind **haupt- und ehrenamtliche Mitglieder eines Gemeindeorgans** verpflichtet, die Mitgliedschaft oder eine entgeltliche oder ehrenamtliche Tätigkeit in einer Körperschaft, Anstalt, Stiftung, Gesellschaft, Genossenschaft oder einem Verband einmal im Jahr dem Vorsitzenden des Organs anzuzeigen. Grund für die gesetzlich normierte **Offenbarungspflicht** ist es, mögliche **Interessenkonflikte frühzeitig zu erkennen**. Neben Bürgermeister, Beigeordneten, Gemeindevertreter, Mitgliedern des Ortsbeirats und des Ausländerbeirats sind hiervon insbesondere sachkundige Einwohner in den Ausschüssen und Kommissionsmitglieder betroffen. Der Vorsitzende leitet die Zusammenstellung der Anzeigen an den Finanzausschuss weiter.

2.5. Aufwandsentschädigung

270 **Ehrenamtlich Tätige** haben einen Anspruch auf Ersatz ihrer Auslagen und ihres Verdienstausfalls. § 27 HGO unterscheidet zwischen Ersatz des Verdienstausfalls, der Fahrtkosten und der Aufwandsentschädigung. Auf den Ersatz der tatsächlich entstandenen und nachgewiesenen **Fahrtkosten zum Sitzungsort** (unter bestimmten Voraussetzungen auch vom Urlaubs- oder Kuraufenthaltsort, HessVGH HessVGRspr. 1988, 81 oder dem Studienort, HessVGH 2000, 69) und den **Ersatz des Verdienstausfalls** haben alle ehrenamtlich Tätigen einen **Rechtsanspruch**. Dies gilt allerdings nicht für den Fall, dass der ehrenamtlich Tätige den Verdienstausfall hätte vermeiden können (VG Frankfurt LKRZ 2010, 59).

Gewährt wird entweder der für einen Verdienstausfall in der Satzung festgelegte Durchschnittsatz oder auf Verlangen der nachgewiesene tatsächliche Verdienstausfall. Für letzteres genügt nach der Rechtsprechung aber weder ein fiktiver Verdienstausfall (VG Frankfurt NVwZ-RR 2009, 736) noch ein auf der Basis des Jahresverdienstes des Gemeindevertreters individuell errechneter Durchschnittsverdienst (VGH Hessen ESVGH 55, 111). **Selbstständig Tätige** können jedoch nach § 27 Abs. 1 S. 6 und 7 HGO auf Antrag anstelle des Durchschnittsatzes eine Verdienstausfallpauschale je Stunde, die im Einzelfall auf der Grundlage des glaubhaft gemachten Einkommens festgesetzt wird, geltend machen (vgl. OVG NRW, Urt. 6.11.2018 – 15 A 132/18 – zur Rechtslage in Nordrhein-Westfalen § 45 GO NRW). Um die Finanzkraft der Gemeinden allerdings nicht übermäßig zu strapazieren, ist in der Entschädigungssatzung zwingend ein einheitlicher Höchstsatz je Stunde festzulegen, der nicht überschritten werden darf; auch die Festlegung eines täglichen oder monatlichen Höchstsatzes ist zulässig.

Der Ersatzanspruch gilt auch für erforderliche Aufwendungen, die wegen **Inanspruchnahme einer Ersatzkraft** zur **Betreuung** von Kindern, Alten, Kranken und Behinderten entstehen. Hausfrauen bzw. – nach Art. 3 Abs. 2 und 3 GG gebotener verfassungskonformer Auslegung – Hausmännern, die einen **Haushalt** mit mindestens zwei Personen führen, wird jedoch der Durchschnittssatz auch ohne Nachweis gewährt, da ein solcher für Hausarbeit nur schwer oder überhaupt nicht zu führen ist. Grund für den Erstattungsanspruch ist der Ausgleich möglicher Vermögenseinbußen, die durch die entgeltliche Beschäftigung Dritter zur Erledigung der Hausarbeiten eintreten. Infolgedessen entsteht der Erstattungsanspruch nach der Rechtsprechung des Oberverwaltungsgerichts Münster (NVwZ 1997, 617; vgl. aber zu § 45 Abs. 1 nF NRWGO OVG Münster, Urt. v. 6.11.2018 – 15 A 144/18, BeckRS 2018, 29612) unabhängig von eigenem Einkommen (für die Erstattung des Verdienstausfalls eines den Haushalt führenden Rentners). Hingegen entfällt nach der Rechtsprechung des Hessischen Verwaltungsgerichtshofs (HSGZ 2000, 321), die für den Anspruch auf Verdienstausfall nach § 27 Abs. 1 HGO erforderliche Hausfraueneigenschaft bei einer mehr als völlig untergeordneten Nebentätigkeit, im konkret zu entscheidenden Fall einem Zuverdienst von 400,- Euro/Monat.

Nach § 27 Abs. 3 HGO kann allen ehrenamtlich Tätigen neben dem Ersatz des Verdienstausfalls und der Fahrtkosten durch Satzung eine **Aufwandsentschädigung** gewährt werden. Die Aufwandsentschädigung soll erhöhte Aufwendungen für die Wahrnehmung der ehrenamtlichen Tätigkeit ausgleichen. Die Aufwandsentschädigung kann **zeitbezogen**, also beispielsweise monatlich oder auch **tätigkeitsbezogen**, als Sitzungsgeld gewährt werden. Auf die Aufwandsentschädigung kann nicht verzichtet werden.

Der gesetzlich zwingend zu regelnde Anspruch auf Ersatz von Verdienstausfall und Fahrtkosten für die ehrenamtlich Tätigen nach § 27 Abs. 1 und 2 HGO wird mit der Kompetenz der Gemeinden zusätzlich eine Aufwandsentschädigung nach § 27 Abs. 3 HGO zu gewähren abschließend geregelt. Eine weitergehende Erstattung von Reisekosten (Teilnahmegebühren einer Fachkonferenz, Hotelübernachtung), etwa nach dem Reisekostenrecht für Beamte und Richter, kann auch nicht in einer gemeindlichen Satzung begründet werden (VG Gießen LKRZ 2014, 199; vgl. auch HessVGH HSGZ 2009, 24). Der Anspruch auf Übernahme von Fahrtkosten nach § 27 Abs. 3 HGO entsteht aber nur für die Teilnahme an Gremiensitzungen wie Ausschüssen und Fraktionssitzungen bzw. deren Arbeitskreise (HessVGH DÖV 2015, 936, Urt. v. 17.6.2010 – 8 A 1364/09). Ehrenamtlich Tätigen, die besondere Funktionen ausüben (Vorsitzender der Gemeindevertretung und seine Stellvertreter, Ausschussvorsitzende, Fraktionsvorsitzende, ehrenamtliche Beigeordnete, Ortsvorsteher) kann eine **erhöhte Aufwandsentschädigung** gewährt werden. Eine Aufwandsentschädigung darf jedoch **nicht** zu einer maßgeblich zur Lebensführung beitragenden **Alimentation** oder **Teilalimentation** mit dem Charakter von Einkommen führen. Eine monatliche Aufwandsentschädigung in Höhe von Euro 1.431,62 für einen ehrenamtlichen Beigeordneten überschreitet die zulässige Grenze (HessVGH HSGZ 1998, 61).

Wenn ein Mitglied der Gemeindevertretung aus eigenem Entschluss dauerhaft sein Mandat nicht ausübt, kann die Zahlung der Aufwandsentschädigung verweigert werden (OVG NRW, Beschl.v. 27.3.2019, BeckRS 2019, 5689). Da eine Aufwandsentschädigung ausschließlich keine (Teil-)Alimentation darstellen darf, soll auch ein Gemeindevertreter, der krankheitsbedingt sein Mandat nicht ausüben kann, keine pauschale Aufwandsentschädigung erhalten (so VG Düsseldorf, Beschl.v. 16.5.2019, BeckRS 2019, 9160). Diese Auffassung verkennt allerdings die stehenden Kosten, die mit der Mandatsausübung abgedeckt werden sollen. Die Pauschale soll neben den Sitzungsterminen auch die Kosten für Büro, Porto, Telefon, Laptop, Fortbildung und Fachliteratur abdecken. Der Anspruch auf die Aufwandsentschädigung besteht daher auch bei vorübergehender Krankheit oder berufsbedingter Ortsabwesenheit (so auch OVG NRW, Beschl.v. 27.3.2019, BeckRS 2019, 5689). Bei einer pauschal gewährten Aufwandsentschädigung besteht eine Vermutung für einen entsprechenden tatsächlich entstandenen Aufwand.

Allerdings handelt es sich bei der Aufwandsentschädigung nach der Rechtsprechung des Bundessozialgerichts auch nicht um eine zweckbestimmte Einnahme, so dass sie als bedarfsminderndes Einkommen bei gleichzeitiger Inanspruchnahme von Leistungen nach dem SGB II berücksichtigt werden kann (BSG Urt. v. 12.9.2018 – B 14 AS 36/17 R; BeckRS 2018, 36236).

IV. Ehrenbürgerschaft und Ehrenbezeichnungen

272 Eine Gemeinde kann an **alle Personen**, die sich um sie besonders verdient gemacht haben, das **Ehrenbürgerrecht** verleihen (§ 28 Abs. 1 HGO). Das Ehrenbürgerrecht stellt ein Persönlichkeitsrecht von **ausschließlich ehrendem Charakter** dar. Besondere Rechte oder Pflichten sind nicht damit verbunden. Insbesondere wird der Ehrenbürger nicht Bürger im Sinne des § 8 Abs. 2 HGO. Gemeindevertretern, Ehrenbeamten, hauptamtlichen Wahlbeamten, Mitgliedern des Ortsbeirats oder des Ausländerbeirats, die insgesamt mindestens zwanzig Jahre ihr Mandat oder Amt ausgeübt haben, kann die Gemeinde eine **Ehrenbezeichnung** (zB Stadtältester) verleihen (§ 28 Abs. 2 HGO). Die Entscheidung über die **Verleihung** von Ehrenbürgerrecht und Ehrenbezeichnungen trifft die **Gemeindevertretung** (§ 51 Nr. 3 HGO). Ehrenbürgerrecht und Ehrenbezeichnung sind nicht übertragbar und erlöschen mit dem Tod. Die Gemeindevertretung kann sie aufgrund „unwürdigen Verhaltens" auch wieder aberkennen (§ 28 Abs. 3 HGO). Die **Aberkennung** ist ein **Verwaltungsakt** und unterfällt somit der verwaltungsgerichtlichen Nachprüfbarkeit.

V. Informationsanspruch

273 Der **Gemeindevorstand** hat die **Bürger in geeigneter Weise**, insbesondere durch öffentliche **Rechenschaftsberichte**, über **wichtige Fragen der Gemeindeverwaltung zu unterrichten** und **das Interesse der Bürger an der Selbstverwaltung zu pflegen** (§ 66 Abs. 2 HGO). Als Mittel kommen insbesondere die ständige Beteiligung der Medien, die Einrichtung von Bürgersprechstunden und die Verteilung von Informationsmitteln zu bestimmten Sachthemen in Betracht. Die Informationspflicht findet zunächst ihre Grenze durch die Geheimhaltungspflicht (§ 24 HGO), der auch die Mitglieder des Gemeindevorstandes unterliegen.

Bei der Öffentlichkeitsarbeit hat der Gemeindevorstand ferner die gesetzlich zulässigen und gebotenen Grenzen zu beachten. Insbesondere schließt das auch für die Gemeinden geltende **Demokratieprinzip** (Art. 28 iVm Art. 20 GG) und das **Recht der Parteien auf Chancengleichheit** (Art. 21 Abs. 1 und Art. 38 Abs. 1 GG) die Identifikation staatlicher Organe mit politischen Parteien und deren Unterstützung mit staatlichen Mitteln im Hinblick auf Wahlen aus (BVerfGE 44, 125 [141]; HessVGH NVwZ 1992, 284f.). Demnach darf das Informationsrecht **nicht zur Verfolgung persönlicher Interessen oder für politische Zwecke**, insbesondere Wahlwerbung missbraucht werden (**sog. Neutralitätsgebot**). Die Grenzen zur unzulässigen Wahlwerbung sind dann überschritten, wenn die Information bei einem verständigen Beobachter den Eindruck erweckt, das Gewicht der amtlichen Autorität werde in bestimmtem Sinne in die Waagschale geworfen (VGH Bad.-Württb. NVwZ 1992, 504).

Indizien für eine unzulässige Wahlwerbung können ein Anwachsen der Öffentlichkeitsarbeit in Wahlkampfnähe ohne akuten Anlass oder das Zurücktreten des Informationsgehaltes einer Schrift gegenüber der reklamehaften Aufmachung sein (BVerfG NJW 1977, 751). Ein Verfassungsverstoß kann aber grundsätzlich nur dann festgestellt werden, wenn eine ins Gewicht fallende „**Massivität und Häufigkeit**" offenkundiger Grenzüberschreitungen vorliegt (HessVGH NVwZ 1992, 284f.).

Werden vom Bürgermeister **politische Erklärungen** abgegeben, stellen sich rechtlich grundsätzlich zwei Fragen. In welcher Funktion wurden die Äußerungen vorgenommen, als Amtsträger oder als Privatperson bzw. Parteimitglied, und wenn ersteres zu bejahen ist wurde die Neutralitätspflicht verletzt (vgl. hierzu auch Kapitel 4 C VI). Eine Werbebroschüre eines seine Wiederwahl anstrebenden Bürgermeisters muss bei der gebotenen objektiven Betrachtungsweise nach Form und Inhalt den Eindruck einer privaten Wahlwerbung erwecken und darf keinen amtlichen Charakter vermitteln (OVG Sachsen, Urt.v. 21.4.2015, 4 A 453/14)

Aber auch ein Gemeindevorstand oder ein Kreisausschuss können gleich in mehrfacher Hinsicht (Neutralitätsgebot, Verbandskompetenz) gegen geltendes Recht verstoßen, wenn sie zu Protestaktionen gegen einen politischen Gegner aufrufen. Das Neutralitätsgebot wirkt auch zugunsten von Parteien, deren Verfassungsfeindlichkeit nicht durch das Bundesverfassungsgericht verbindlich festgestellt wurde (VG Göttingen, Beschluss v. 29.8.2018 – 1 B 462/18, BeckRS 2018, 22505). Einseitig parteiergreifende Stellungnahmen sind dann zu unterlassen, wenn sie einen ausreichenden Bezug zu einer Partei aufweisen; eine ausdrückliche Nennung einer Partei ist hierfür nicht erforderlich (VerfGH Berlin, Urt.v. 20.2.2019 – VerfGH 80/18, DÖV 2019, 405).

Literatur: *Barczak*, Die parteipolitische Äußerungsbefugnis von Amtsträgern, NVwZ 2015, 1014; *Kleerbaum*, Grenzen zulässig; ders. Amtliche Äußerungen von (Ober-)Bürgermeistern und Landräten im politischen Meinungskampf, KOPO 2018, 4 (I); ders. In sozialen Netzwerken gilt die Neutralitätspflicht, KOPO 2016, 11 (I);

VI. Beteiligung der Bürger an der gemeindlichen Willensbildung

Den Bürgern stehen neben den bereits beschriebenen Möglichkeiten, aktiv an der Gestaltung der kommunalen Selbstverwaltung mitzuwirken, noch drei weitere Wege und Instrumente zur Teilnahme an der gemeindlichen Willensbildung offen (vgl. VG Gießen HSGZ 1999, 241; 2001, 392 – insoweit abschließende Regelungen).

1. Bürgerversammlung

275 Mindestens einmal im Jahr soll zur Unterrichtung der Bürger über **wichtige Angelegenheiten** der Gemeinde eine Bürgerversammlung gem. § 8a HGO abgehalten werden. Daneben gibt es spezialgesetzliche Regelungen über Bürgeranhörungen (§ 3 BauGB; § 17 BundesfernstrG). Wie viele Bürgerversammlungen in einem Jahr stattfinden, steht in dem pflichtgemäßen Ermessen des **Vorsitzenden der Gemeindevertretung**. Er allein ist „Herr des Verfahrens". Ein Mehrheitsbeschluss der Gemeindevertretung kann ihn nicht zur Durchführung einer Bürgerversammlung verpflichten, da es sich in einem solchen Fall nicht um einen die innere Ordnung der Gemeindevertretung betreffenden Beschluss handelt (§ 58 Abs. 4 S. 2 HGO). Einmal im Jahr muss eine Bürgerversammlung jedoch einberufen werden, es sei denn, sachliche Gründe, zB das Fehlen einer wichtigen Angelegenheit, rechtfertigen ein Abweichen. Welche Angelegenheit wichtig ist, ist danach zu beurteilen, **was für die Bürger von Bedeutung ist oder sein könnte**. Der Begriff der wichtigen Angelegenheit des § 8a HGO ist nicht identisch mit der in § 9 HGO getroffenen Zuständigkeit der Gemeindevertretung für die wichtigen Angelegenheiten. Da für die Bürger neben **wirtschaftlichen, sozialen und kulturellen Belangen** vor allem die Angelegenheiten von Bedeutung sind, die ihren **nächsten örtlichen Bereich** betreffen, werden Bürgerversammlungen sich vielmehr auch mit Themen beschäftigen, die in den Zuständigkeitsbereich des Gemeindevorstandes fallen. In größeren Gemeinden können die Bürgerversammlungen auch auf **Teile des Gemeindegebietes** beschränkt werden.

1.1. Unterrichtungspflicht

276 Ein **Rechtsanspruch der Bürger** auf Abhaltung der Bürgerversammlung besteht **nicht**. Es ist **Aufgabe der Aufsichtsbehörde**, für die Einhaltung und Beachtung des § 8a HGO notfalls mit aufsichtsbehördlichen Mitteln (§§ 139, 140 HGO) zu sorgen.

1.2. Teilnahmeverpflichtete und Teilnahmeberechtigte

277 Das Teilnahmerecht erstreckt sich zunächst nur auf die **Bürger** der Gemeinde. Der Vorsitzende der Gemeindevertretung kann aber **auch Einwohner** (Jugendliche, Ausländer), **auswärtige Sachverständige und Berater zulassen**. Auf eine Erweiterung des Teilnehmerkreises ist zweckmäßigerweise bereits in der Einladung aufmerksam zu machen (vgl. Kap.3 A III 4). Der **Gemeindevorstand** ist **verpflichtet**, an den Bürgerversammlungen teilzunehmen, er hat jederzeit das **Recht gehört zu werden** (§ 8a Abs. 3 HGO).

1.3. Ablauf der Bürgerversammlung

278 Die Bürgerversammlung wird von dem **Vorsitzenden der Gemeindevertretung geleitet**, der auch das **Hausrecht** ausübt. Ihm obliegt im **Benehmen mit dem Gemeindevorstand** die **Einberufung zur Bürgerversammlung**, die mindestens eine Woche vor dem festgesetzten Termin unter Angabe von **Zeit, Ort und Gegenstand durch öffentliche Bekanntmachung** zu erfolgen hat. Da die Durchführung einer Bürgerversammlung **nicht zu den inneren Angelegenheiten der Gemeindevertretung** gehört (§ 58 Abs. 4 S. 2 HGO), steht ihr weder das Recht zu ihren Vorsitzenden zu verpflichten eine Bürgerversammlung einzuberufen noch kann sie ihm die Tagesordnung und Ablauf der Versammlung vorschreiben. Um dem Sinn der Bürgerversammlung gerecht zu werden und das Interesse der Bürger an der kommunalen Selbstverwaltung zu fördern, sollte den Bürgern die Möglichkeit eingeräumt werden, **Fragen zu Gemeindeangelegenheiten** zu stellen und **Vorschläge** zu unterbreiten.

Schaubild 4: Rechte und Pflichten von Einwohnern und Bürgern

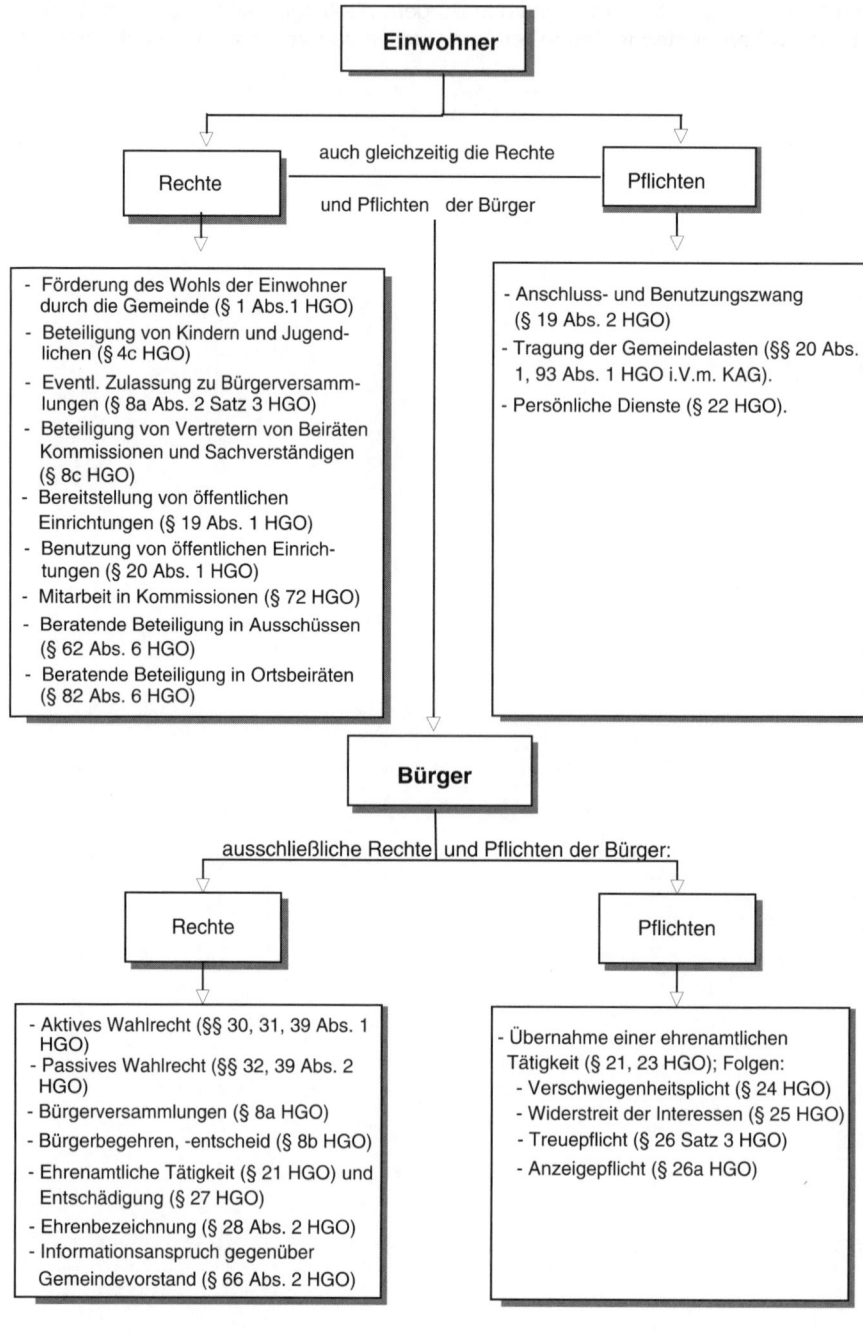

Kapitel 3 Einwohner und Bürger

2. Bürgerbegehren und Vertreterbegehren

Im Jahr 1993 sind in die Hessische Gemeindeordnung zusätzliche plebiszitäre Elemente eingeführt worden. Mit der Möglichkeit des **Bürgerbegehrens** und dem **Bürgerentscheid** soll den Bürgern die **Teilnahme an den Entscheidungen gemeindlicher Angelegenheiten** auch über den Wahltag hinaus ermöglicht werden, ohne den Grundsatz der repräsentativen Demokratie zu verletzen. Ein Bürgerentscheid kann durchgeführt werden, wenn zuvor über einen von den Bürgern gestellten Antrag auf Durchführung eines Bürgerentscheids positiv entschieden wurde. Bürger der Gemeinde sind nach § 8 Abs. 2 HGO die wahlberechtigten Einwohner, also Deutsche im Sinne des Art. 116 GG oder Angehörige der Mitgliedsstaaten der Europäischen Union, die das achtzehnte Lebensjahr vollendet haben und seit mindestens drei Monaten ihren Wohnsitz in der Gemeinde haben. 279

Seit 2016 kann auch die Gemeindevertretung anstelle einer eigenen Entscheidung die Durchführung eines Bürgerentscheids mit der Mehrheit von mindestens zwei Dritteln der gesetzlichen Zahl ihrer Mitglieder gem. § 8b Abs. 1 S. 2HGO beschließen (sog. Vertreterbegehren). Die Zulässigkeitsvoraussetzungen für ein Vertreterbegehren entsprechen grundsätzlich denen eines Bürgerbegehrens. So gilt auch hier der **Negativkatalog** des § 8b Abs. 2 HGO und die Notwendigkeit der Formulierung einer **eindeutigen Frage**, die eine Beantwortung mit Ja/Nein zulässt. Nicht ausdrücklich bedarf es allerdings einer Begründung der Vorlage. Da es gilt zwei Drittel der gesetzlichen Anzahl der Gemeindevertretung zu gewinnen, dürfte hier aber wenig praktische Relevanz eintreten. Wird das Vertreterbegehren allerdings zugelassen, so gilt auch hier § 8b Abs. 5 HGO, dh den Bürgern muss der Standpunkt der Gemeindevertretung dargelegt werden. Von **politischer Bedeutung** dürfte vor allem sein, dass das **Vertreterbegehren keinen Kostendeckungsvorschlag** benötigt. Rein rechtlich ist dies nicht zu bemängeln, da die Haushaltshoheit der Gemeindevertretung obliegt. In der Sache kann es aber dazu führen, dass ein formell wegen fehlendem Kostendeckungsvorschlag unzulässiges Bürgerbegehren von der Gemeindevertretung aufgegriffen wird und durch ein Vertreterbegehren ersetzt wird. Ein von der Gemeinde sinnvoll erachteter Bürgerentscheid, der an einem formalen Mangel gescheitert ist, kann so zur Herstellung des Rechtfriedens in der Gemeinde doch noch durchgeführt werden (sog. heilendes Vertreterbegehren; mit Beispielen aus Bayern, *Hannappel/ Dressler,* Leitfaden Bürgerbegehren und Bürgerentscheid, Rn. 64ff.).

2.1. Antragsgegenstand

Gegenstand eines **Bürgerbegehrens** können nur **wichtige Angelegenheiten der Gemeinde** sein. Der unbestimmte Rechtsbegriff der „wichtigen Angelegenheit" in § 8b HGO lässt eine gewisse **Nähe** zu dem der „wichtigen Entscheidung" in § 9 HGO erkennen. Dies wird auch dadurch unterstützt, dass der Bürgerentscheid sich **auch gegen einen Beschluss der Gemeindevertretung** wenden kann, den er gegebenenfalls ändert oder aufhebt. Vor allem aber kommt dem erfolgreichen Bürgerentscheid die **Wirkung eines endgültigen Beschlusses der Gemeindevertretung** zu (§ 8b Abs. 7 HGO). Gegenstand eines Bürgerentscheides können daher jedenfalls alle Angelegenheiten des örtlichen Wirkungskreises der Gemeinde sein, die in die **Zuständigkeit der Gemeindevertretung** fallen (so auch *Foerstemann*, Die Gemeindeorgane, § 65, Rn. 5; *Schneider/Dreßler*, HGO, Erl.5 zu § 8b; aA VG Darmstadt HSGZ 1998, 107). 280

Wichtige Angelegenheiten können aber auch andere, nicht der Gemeindevertretung obliegende Sachentscheidungen sein (Erhalt eines historischen Bauwerks, Hess VGH NVwZ-RR 2000, 451). Auch Baumfällungen, die zwar in der Regel nicht zu den wichtigen Angelegenheiten gehören, sondern zumeist Gegenstand der laufenden Verwaltung sein dürften, können Gegenstand eines Bürgerbegehrens sein (VG Gießen HSGZ 2012, 233).

Liegen dem Bürgerbegehren zwei Fragestellungen zugrunde, und ist nur eine davon zulässig, die andere aber unzulässig, ist zu prüfen, ob die Fragestellungen voneinander zu trennen sind, also kumulativ und unabhängig voneinander gestellt wurden. Bleibt die zulässige Fragestellung für sich allein genommen sinnvoll und entspricht dem mutmaßlichen Willen der Unterzeichner (VG Gießen HSGZ 2012, 233) kann sie den Bürgern zur Entscheidung vorgelegt werden.

2.2. Negativkatalog

281 Nicht jede wichtige Angelegenheit kann jedoch Gegenstand eines Bürgerentscheids sein. Der Gesetzgeber hat in § 8b Abs. 2 HGO einen **Negativkatalog** von Angelegenheiten aufgestellt, die sich aus rechtlichen und ordnungspolitischen Gesichtspunkten nicht für einen Bürgerentscheid eignen. Hiernach kann ein Bürgerentscheid über

– Weisungsaufgaben und Angelegenheiten, die kraft Gesetzes dem Gemeindevorstand oder dem Bürgermeister obliegen,
– Fragen der inneren Organisation der Verwaltung und die Frage, ob die Stelle des Bürgermeisters ehrenamtlich verwaltet werden soll,
– die Rechtsverhältnisse der Gemeindevertreter, der Mitglieder des Gemeindevorstandes und der sonstigen Gemeindebediensteten,
– die Haushaltssatzung (einschließlich der Wirtschaftspläne der Eigenbetriebe), die Gemeindeabgaben und die Tarife der Versorgungs- und Verkehrsbetriebe der Gemeinde,
– die Feststellung der Jahresrechnung oder des Jahresabschlusses der Gemeinde und der Jahresabschlüsse der Eigenbetriebe,
– Entscheidungen im Rahmen der Bauleitplanung mit Ausnahme des Aufstellungsbeschlusses nach § 2 Abs. 1 BauGB,
– Entscheidungen im Rechtsmittelverfahren sowie
– Anträge, die ein gesetzwidriges Ziel verfolgen,

nicht stattfinden. Alle anderen nicht ausdrücklich ausgeschlossenen wichtigen Angelegenheiten der Gemeinde können im Weg eines Bürgerentscheids verfolgt werden.

Fragen der inneren Organisation (§ 8b Abs. 2 Nr. 2 HGO) der Gemeindeverwaltung betreffen insbesondere Fragen der Geschäftsordnung (§ 60 HGO) und der Geschäftsverteilung (§ 70 HGO). Keine Frage der inneren Organisation ist die Entscheidung, ob bzw. wie viele Beigeordnete die Gemeinde zukünftig haben soll, ob diese haupt- oder ehrenamtlich bestellt werden oder auch die Verringerung der Anzahl der hauptamtlichen Beigeordnetenstellen (HessVGH ESVGH 54, 85; so auch BayVGH NVwZ 1996, 719).

Auch der Ausschlusstatbestand des § 8b Abs. 2 Nr. 3 HGO bezieht sich nur auf die individuellen **Rechtsverhältnisse** der Gemeindevertreter, der Mitglieder des Gemeindevorstands und der sonstigen Gemeindebediensteten, die bereits gewählt oder bereits in Diensten der Gemeinde stehen (HessVGH ESVGH 54, 85; VG Gießen HSGZ 1999, 21), also zB die Entschädigungsregelungen (§ 27 HGO), Wahlen und Abberufungen von Beigeordneten (§§ 39a, 76 HGO) und die Anstellung, Beförderung und Entlassung der Gemeindebediensteten. Hingegen ist die Wahl der Bürgermeister und ihre Abberufung durch die Bürger ausdrücklich gesetzlich zugelassen (§ 39, 76 Abs. 4 HGO).

Zu den nach § 8b Abs. 2 Nr. 4 HGO einem Bürgerbegehren nicht zugänglichen Fragestellungen der Erhebung von **Gemeindeabgaben** gehören nicht nur Steuern, sondern auch Beiträge und Gebühren. Unzulässig ist daher ein Bürgerbegehren zu der Erhebung von Zweitwohnungs-, Spielapparate- oder Hundesteuern, aber auch zu Benutzungsgebühren von Schwimmbädern und Kinderbetreuungseinrichtungen sowie von Einrichtungen der Abfall- und Abwasserbeseitigung oder von Parkscheinautomaten (vgl. VG Düsseldorf NVwZ 1999, 684).

Gegenstand eines Bürgerbegehrens können trotz § 8b Abs. 2 Nr. 5a HGO auch Grundsatzentscheidungen zur **bauliche Entwicklung** der Gemeinde sein. Ein einmal zulässiges **Baubegehren gegen einen Aufstellungsbeschluss** (§ 2 Abs. 1 BauGB) wird durch die Durchführung weiterer Verfahrensschritte im Nachhinein nicht unzulässig (VG Darmstadt, Beschl.v. 22.7.2018 – 3 L 526/18.DA, - juris). Befindet sich hingegen ein Vorhaben bereits in der Bauleitplanung und weist das Bürgerbegehren hierzu einen konkreten Bezug auf, ist es unabhängig von der Wortwahl und dem „Gewand" der Fragestellung unzulässig; maßgeblich ist allein die Zielrichtung, die gegebenenfalls durch die Anwendung allgemeiner Auslegungsregeln der § 133 und 157 BGB zu ermitteln ist (HessVGH, Beschl.v. 20.9.2018 – 8 B 1358/18, HessVGH, Beschl.v. 28.1.2019 – 8 B 1/19-, VG Kassel LKRZ 2013, 203). Unzulässig ist ein Bürgerbegehren nach § 8b Abs. 2 Nr. 7 HGO auch dann, wenn es ein gesetzwidriges Ziel verfolgt. Dies ist bei einem Eingriff in die durch § 1 Abs. 3 BauGB gewährleistete Planungsfreiheit der Gemeinde der Fall (VG Kassel LKRZ 2013, 203).

Literatur: *Brüning,* Bindungswirkung von Bürgerentscheiden in der Bauleitplanung, NVwZ 2018, 299; *Frotscher/Knecht,* Bürgerbegehren zur Festlegung der Zahl hauptamtlicher Beigeordneter, DÖV 2005, 787; *Heinz,* Bürgerbegehren und Bürgerentscheid in bauplanungsrechtlichen Fragen in Hessen, LKRZ 2011, 246; *Schäfer,* Auswirkungen erweiterter Bürgerbeteiligung auf die hessische Gemeindeverfassung, S. 127ff.

2.3. Sonstige Zulässigkeitsvoraussetzungen

Nach § 8b Abs. 4 HGO **entscheidet die Gemeindevertretung über die Zulässigkeit des Bürgerbegehrens**. Bei der **Prüfung der Rechtmäßigkeit der Zulässigkeit des Bürgerbegehrens** kommt der Gemeindevertretung echte **materielle Prüfungskompetenz** zu (§ 8b Abs. 4 S. 2 iVm Abs. 2 Nr. 7 HGO). Gelangt die Gemeindevertretung zu dem Ergebnis, dass ein Bürgerbegehren einen Antrag zum Gegenstand hat, der ein gesetzwidriges Ziel verfolgt, muss sie seine Zulassung verweigern. Die Gemeindevertretung hat **keinen Ermessensspielraum**. Sind also alle Zulässigkeitsvoraussetzungen erfüllt, muss die Gemeindevertretung das Bürgerbegehren zulassen. Den von den Bürgern benannten Vertrauenspersonen ist die Entscheidung mitzuteilen.

Die Hessische Gemeindeordnung bestimmt im Gegensatz zu anderen Gemeindeordnungen (zB Bayern, Schleswig-Holstein) keine Frist, in der die Prüfung der Gemeinde abgeschlossen und die Gemeindevertretung entschieden haben muss. Allerdings droht der Gemeinde im Falle einer mehr als 3 Monaten andauernden Untätigkeit Klage nach § 75 VwGO (vgl. Kap.3 VI 2.7.).

Literatur: Prüfkatalog für Gemeinden bzw. Initiatoren bei *Bennemann*, HGO, § 8b Rn. 124 und *Hannappel/Dressler,* Leitfaden Bürgerbegehren und Bürgerentscheid, Rn. 44; *Bennemann*, Bürgerbegehren zur Festlegung der Zahl hauptamtlicher Beigeordneter, DÖV 2005, 787.

2.3.1. Schriftform und Antragsgegner

283 Nach § 8b Abs. 3 S. 1 HGO ist die **Schriftform** des Bürgerbegehrens zwingend vorgeschrieben; zuständiger **Adressat** eines Bürgerbegehrens ist der **Gemeindevorstand**, der es an die Gemeindevertretung weiterzuleiten hat. Das Schriftformerfordernis bezieht sich nur auf die Vorgaben des § 8b Abs. 3 S. 2 HGO und die Unterstützungsunterschriften, nicht aber auf nicht geforderte Anschreiben oder Begleitschreiben, die auch elektronisch zugesandt werden können (VG Darmstadt, Beschl. V. 22.7.2018 – 3 L526/18.DA –, juris)

2.3.2. Fragestellung

284 Bereits das Bürgerbegehren muss die in einem gegebenenfalls durchzuführenden Bürgerentscheid zu **entscheidende Frage** enthalten (vgl. VG Frankfurt Beschluss v. 28.12.1993, 7 G 3937/93 – "Schlachthof"). Die Frage sollte bereits in diesem Stadium des Bürgerbegehrens so gestellt sein, dass sie mit "Ja" oder "Nein" beantwortet werden kann (so auch *Foerstemann*, Die Gemeindeorgane, S. 264, Rn. 16 unter Berufung auf VGH Mannheim, ESVGH 27, 73f.); eine Pflicht hierzu ergibt sich jedoch aus § 8b Abs. 3 S. 2 HGO nicht. Der Zulässigkeit des Bürgerbegehrens steht nicht entgegen, dass es keine mit einem Fragezeichen versehene Frage enthält (HessVGH HessVGRpr.2001, 17; VG Darmstadt HSGZ 1998, 107). Das Bürgerbegehren muss aber **hinreichend bestimmt bzw. eindeutig bestimmbar** sein. Ist die Fragestellung doppeldeutig, so kann in der Regel nicht, auch nicht im Sinn einer „bürgerbegehrensfreundlichen Auslegung" ermittelt werden, wie der jeweilige Unterschriftsleistende die Fragestellung verstanden hat (VG Darmstadt NVwZ 2013, 1240). Auch eine nachträgliche Klarstellung der Initiatoren ist in diesem Fall nicht möglich.

Die Initiatoren haben aber bereits vor der Sammlung der Unterschriften nach § 8b Abs. 3 S. 5 HGO das Recht sich über die beim Bürgerbegehren einzuhaltenden gesetzlichen Bestimmungen zu informieren. Schließlich gibt § 8b Abs. 4 S. 4 HGO der **Gemeindevertretung** die Möglichkeit, Unstimmigkeiten im Wortlaut der Fragestellung des Begehrens zu bereinigen, wenn die Vertrauenspersonen zustimmen.

2.3.3. Begründung

285 Das Bürgerbegehren ist nach § 8b Abs. 3 S. 2 HGO zu begründen. Zwar sind an die Begründung keine zu hohen Anforderungen zu stellen; sie muss aber der sachlichen Information der wahlberechtigten Bürger dienen. Eine unvollständige, falsche, irreführende oder den wahren Sachverhalt verschleiernde Begründung eines Bürgerbegehrens führt zu dessen Unzulässigkeit (VG Darmstadt, Beschluss v. 25.4.2013 – 3 L 497/13.DA -, Beschluss v. 11.12.2012 – 3 L 1691/12.DA; VG Kassel LKRZ 2013, 203, Beschluss v. 19.9.2012 – 3 L 1038/12.KS). Aus der Formulierung der **Begründung** muss der **eindeutige und übereinstimmende Wille der Unterzeichner** hervorge-

hen. Den Anforderungen an die Begründung eines Bürgerbegehrens genügt es nicht, wenn sich die Begründung lediglich aus Anzeigen, redaktionellen Beiträgen und Pressemitteilungen oder aus Angaben entnehmen lässt, die bei öffentlichen Veranstaltungen oder an Informationsständen gegeben werden (HessVGH HSGZ 2000, 234f.).

2.3.4. Kostendeckungsvorschlag

Geht es bei dem Bürgerbegehren um eine Maßnahme die kostenwirksam ist, ist neben der Begründung auch anzugeben, welche Kosten anfallen und in welcher Weise diese Kosten gedeckt werden können (§ 8b Abs. 3 S. 2 HGO); die Angabe einer Teilfinanzierung reicht nicht aus (Hess VGH HSGZ 2000, 451). Der **Kostendeckungsvorschlag** muss zudem im Einklang mit den gesetzlichen Vorschriften, insbesondere den allgemeinen Haushaltsgrundsätzen (§ 92 Abs. 2 HGO – Grundsatz der Sparsamkeit und Wirtschaftlichkeit), stehen. 286

Ist das Begehren nicht nur auf die Errichtung einer öffentlichen Einrichtung, sondern auch auf deren Betrieb gerichtet, so müssen auch die Betriebs- und Unterhaltungskosten beziffert und mit einem entsprechenden Kostendeckungsvorschlag versehen werden (VG Darmstadt NVwZ 2013, 1240; VG Kassel LKRZ 2013, 23; HessVGH HSGZ 2000, 143; VG Darmstadt HSGZ 1997, 503; HessVGH HGZ 2012, 242). Ein gegen den Beschluss der Gemeindevertretung gerichtetes Bürgerbegehren, muss auch für die im Erfolgsfall eintretenden Mindereinnahmen einen Kostendeckungsvorschlag enthalten. Denn für eine verantwortbare Entscheidungsfindung der Bürger ist das Wissen, dass es diese Maßnahme nicht kostenlos gibt, unabhängig davon, ob ihre Entscheidung zu Mehrausgaben oder zu Mindereinnahmen der Gemeinde führen wird, von wesentlicher Bedeutung (VG Darmstadt, Urt.v. 24.1.2018 – 3 L 5117/17.DA – zu Gewerbesteuereinnahmen; VG Düsseldorf NVwZ 1999, 684 – Aufstellung von Parkscheinautomaten). Ein **Kostendeckungsvorschlag**, der zu einer Teilfinanzierung auf die soziale Verantwortlichkeit des Landesgesetzgebers, die Möglichkeit einer Kreditaufnahme oder einer Ausfallbürgschaft der Gemeinde hinweist, genügt den gesetzlichen Anforderungen nicht (VG Darmstadt, Beschluss v. 25.4.2013 – 3 L 497/13.DA -; Beschluss v. 11.12.2012 – 3 L 1691/12.DA). Neben der Beachtung dieser Grundsätze bietet § 8b HGO jedoch kein Raum für den Aufbau allzu hoher Hürden und Anforderungen, da nicht von jedem Bürger erwartet werden kann, dass er sich vor dem Stellen eines Antrages zum Haushaltsexperten macht. Bleiben etwa die Kosten des Bürgerbegehrens hinter den der Planung der Gemeinde zurück, ist ein Kostendeckungsvorschlag nicht notwendig (vgl. VGH Bad.-Württ. ESVGH 27, 73).

2.3.5. Benennung von Vertrauenspersonen

Das Bürgerbegehren muss die Bezeichnung von bis zu 3 **Vertrauenspersonen** beinhalten (§ 8b Abs. 3 S. 2 HGO), die zur Entgegennahme von Mitteilungen und Entscheidungen der Gemeinde sowie zur Abgabe von rechtsverbindlichen Erklärungen gegenüber dem Gemeindevorstand nach Einreichung des Bürgerbegehrens ermächtigt sind. Die Vertrauenspersonen sollten daher auf jedem Formblatt des Bürgerbegehrens benannt sein, damit die Unterzeichner mit ihrer Unterschrift sie als ihre Sprecher unzweifelhaft legitimieren. Inhaltliche Änderungen des Bürgerbegehrens dürfen die benannten Vertrauenspersonen allerdings nicht vornehmen. Ob sie nach 287

§ 8b HGO auch berechtigt sind nach erfolgter Einreichung des Bürgerbegehrens für die Unterzeichner Rechtsschutz vor den Verwaltungsgerichten zu suchen, wenn sie selbst nicht Unterzeichner des Bürgerbegehrens sind, hat der Verwaltungsgerichtshof bisher ausdrücklich offen gelassen. Jedenfalls haben die **Vertrauenspersonen keine eigene Organstellung** und können daher etwaige Ansprüche nicht im Weg des Kommunalverfassungsstreitverfahrens geltend machen. Sie können sich weder auf Art. 19 Abs. 4 GG noch auf das Willkürverbot aus Art. 3 Abs. 1 GG berufen (BverfG, NVwZ 2019, 642 – vgl. Dünchheim, jurisPR-ÖffBauR 5/2019 Anm. 1). Eindeutig klage- und antragsbefugt sind die Vertrauenspersonen hingegen - wie alle Unterzeichner - wenn sie selbst Unterzeichner des Bürgerbegehrens sind (HessVGH Urt. v. 28.10.1999 – 8 UE 3683/97 -, www.lareda.hessenrecht.hessen.de).

Vertrauenspersonen können auch Gemeindebürger sein, die ein Amt begleiten oder ein Mandat innehaben (vgl. OVG Koblenz HSGZ 1998, 239). Eine ein Bürgerbegehren tragende Initiative ist keine Vereinigung iSd § 61 Nr. 2 VwGO und kann folglich nicht als Kläger auftreten. Die **Rechte der Antragsteller** eines Bürgerbegehrens können **nur gemeinsam von den Vertrauenspersonen im eigenen Namen** geltend gemacht werden (HessVGH NVwZ 1997, 310f.; vgl. HessVGH HSGZ 2000, 143).

2.3.6. Unterstützungsunterschriften

288 Das Bürgerbegehren muss gem. § 8b Abs. 3 S. 3 HGO in Gemeinden mit mehr als 100000 Einwohnern von **mindestens drei Prozent,** in Gemeinden mit mehr als 50000 Einwohnern von **mindestens fünf Prozent** und in den sonstigen Gemeinden von **mindestens zehn Prozent** der bei der letzten Gemeindewahl amtlich ermittelten Zahl der **wahlberechtigten Einwohner unterzeichnet** sein. Jeder Unterzeichner ist Mitträger des Bürgerbegehrens und als solcher klage- und antragsbefugt vor den Verwaltungsgerichten. Um Doppelunterschriftsleistungen auszuschließen und eine Identifizierung zu ermöglichen, ist es erforderlich, neben der Unterschriftsleistung die Angabe von Vor- und Zuname, Anschrift und Geburtsdatum zu fordern. Der **Tag der Unterschriftsleistung** ist der für die **Feststellung der Bürgereigenschaft** maßgebliche Tag (§ 8b Abs. 3 S. 3, 2.Hs. HGO); insofern müssen die Formulare eine entsprechende Spalte für das Datum der Unterstützungsunterschrift vorsehen. Die Erfüllung der formellen Voraussetzungen des § 8b Abs. 3 S. 3 HGO muss aus den Unterschriftslisten selbst ersichtlich sein, da sie integraler Bestandteil des Begehrens sind (VG Frankfurt HSGZ 1997, 199). Der **Text des Bürgerbegehrens** einschließlich Begründung, Kostendeckungsvorschlag usw (§ 8b Abs. 3 S. 2 HGO) sind daher grundsätzlich auf **derselben Urkunde** – Vorder- oder Rückseite – **zu unterschreiben**; die Größe des verwendeten Papiers spielt dabei keine Rolle, solange der Unterschreibende noch erkennen kann, was er mit seiner Unterschrift unterstützt (HessVGH HSGZ 1997, 393). Unterschriften für ein Bürgerbegehren mit dem ein Beschluss der Gemeindevertretung aufgehoben werden soll, können erst nach Beschlussfassung der Gemeindevertretung gesammelt werden, da der genaue Beschluss den Bürgern zunächst öffentlich bekannt sein muss.

2.3.7. Einreichungsfrist

289 Bei der Zulassung von Bürgerbegehren sind die „initiierenden" oder „initiatorischen" von den „kassatorischen" Begehren zu unterscheiden. Initiierende Bürgerbegehren sind an keine Frist gebunden und somit jederzeit statthaft. Ein Bürgerbegehren, das sich **gegen einen gerade gefassten Beschluss der Gemeindevertretung** richtet, ein sog. kassatorisches Bürgerbegehren, muss nach § 8b Abs. 3 S. 1 HGO **innerhalb von acht Wochen** nach der Bekanntgabe des Beschlusses eingereicht werden. Zwar sind Ausnahmefälle denkbar, in denen eine Gemeindevertretung durch erneute inhaltliche Befassung die Ausschlussfrist für ein kassatorisches Bürgerbegehren erneut in Gang setzt und damit den Weg für einen Bürgerentscheid trotz Fristablaufs freimacht. Dies ist aber dann nicht der Fall, wenn sich die Mehrheit der Gemeindevertretung mit der bereits entschiedenen Frage nicht nochmals ernsthaft befassen will (HessVGH Gemeindehaushalt 2012, 167).

Das Begehren muss nicht ausdrücklich auf die Aufhebung des Beschlusses gerichtet sein. Es handelt sich auch dann um ein kassatorisches Bürgerbegehren, wenn es sich inhaltlich auf den Beschluss der Gemeindevertretung bezieht und dessen Korrektur oder eine wesentlich abweichende Regelung als im Beschluss gefasst für die Zukunft anstrebt (VG Gießen HGZ 2014, 266; vgl. auch VG Koblenz 1 L 71/10, Beschluss vom 2.3.2010).

Unerheblich ist, ob die Initiatoren des Bürgerbegehrens selbst den kassatorischen Charakter ihres Bürgerbegehrens anhand des Beschlusses der Gemeindevertretung tatsächlich erkannt haben oder hätten erkennen müssen. Entscheidend ist allein die bei objektiver Betrachtung gebotene Einordnung (OVG Münster, NVwZ-RR 2018, 707).

Die Ausschlussfrist beginnt – bei öffentlichen Sitzungen – grundsätzlich mit dem Tag nach der Beschlussfassung zu laufen. Neben rechtspraktischen und systematischen Überlegungen verlangt auch die Ratio des § 8b Abs. 3 S. 1 HGO nach einer restriktiven Auslegung der 8-Wochenfrist. Andernfalls wären Fragen, über die die Gemeindevertretung zu irgendeinem früheren Zeitpunkt einmal entschieden hat, für alle Zukunft ausgeschlossen (eine extensive Auslegung aber im Eilverfahren HessVGH HSGZ 2004, 418 und 459).

2.4. Ausschlussfrist

Ein Bürger- oder Vertreterbegehren darf **nur Angelegenheiten** zum Gegenstand haben, über **die innerhalb der letzten drei Jahre nicht bereits ein Bürgerentscheid durchgeführt** worden ist (§ 8b Abs. 4 HGO). Die Sperrfrist gilt aber nur bezogen auf einen bereits durchgeführten Bürgerentscheid, sie greift **nicht bei einem erfolglos durchgeführten Bürgerbegehren**.

290

2.5. Wirkung und Rechtsfolgen des Bürgerbegehrens

Die Gemeindevertretung kann mit der Mehrheit der abgegebenen gültigen Stimmen (§ 54 Abs. 1 HGO) dem **Antrag auf Durchführung eines Bürgerentscheids stattgeben** oder ihn **ablehnen**. An der Entscheidung können auch Gemeindevertreter mitwirken, die zuvor das Bürgerbegehren mit ihrer Unterschrift unterstützt haben. Obwohl nicht auszuschließen ist, dass sie durch die Entscheidung in der Angelegenheit einen unmittelbaren Vor- oder Nachteil erlangen können (§ 25 Abs. 1 S. 1 Nr. 1 HGO), so verfolgen die Gemeindevertreter dasselbe Ziel, und daher regelmäßig ein gemeinsames Interesse iSd § 25 Abs. 1 S. 2 HGO (offen gelassen, HessVGH HSGZ 1996, 467). Gibt die Gemeindevertretung dem Bürgerbegehren statt, ist der Bürgerentscheid von dem Gemeindevorstand vorzubereiten und durchzuführen.

291

Die **Gemeindevertretung** kann aber auch das **Anliegen selbst aufgreifen** und die mit dem Bürgerbegehren verlangten Maßnahmen selbst beschließen (§ 8b Abs. 4 HGO). In diesem Fall der Abhilfe **entfällt die Durchführung eines Bürgerentscheids** und damit auch die Grundlage ein im einstweiligen Rechtsschutzverfahren möglicherweise zu sichernder Anspruch der Unterzeichner des Bürgerbegehrens. Ein eigenständiger sicherungsfähiger Anspruch kann den Vertrauenspersonen des Bürgerbegehrens ab diesem Zeitpunkt nur insoweit zustehen, wenn sie darlegen können, dass die Gemeinde das eingereichte Bürgerbegehren durch den Beschluss nicht vollständig vollzogen hat (VG Gießen AUR 2013, 282). Mit welchen konkreten Maßnahmen der Gemeindevorstand den Beschluss der Gemeindevertretung – bzw. einen erfolgreichen Bürgerentscheid – ausführt, liegt in seinem Ermessen (HessVGH NVwZ 1996, 722).

2.6. Widerspruch und Beanstandung

292 Der **Bürgermeister** und der **Gemeindevorstand** sind verpflichtet einem ablehnenden als auch einem stattgebenden Beschluss der Gemeindevertretung unter den Voraussetzungen der **§ 63 HGO** zu widersprechen und diesen im Wiederholungsfall zu beanstanden. Der **Wahlleiter** ist im Hinblick auf die aufschiebende Wirkung von Widerspruch und Beanstandung des Gemeindevorstands (§ 63 HGO) gegen die Entscheidung der Gemeindevertretung, wonach ein Bürgerbegehren zulässig ist, „gehalten", seine **Vorbereitungen für einen Bürgerentscheid vorläufig zu unterbrechen** (VG Gießen LKRZ 2014,165; bestätigt mit Zwischenverfügung HessVGH – 8 B 79/14; vgl. aber VG Darmstadt, Beschluss v. 20.11.2013 – 3 L 1520/13.DA). Die **Aufsichtsbehörde** kann von ihrem Beanstandungsrecht nach **§ 138 HGO** nur innerhalb von sechs Wochen nach der Beschlussfassung (§ 8b Abs. 4 HGO) Gebrauch machen

Da gegen den durchgeführten **Bürgerentscheid Widerspruch und Beanstandung** durch den Bürgermeister und den Gemeindevorstand sowie die Beanstandung durch die Aufsichtsbehörde nach § 8b Abs. 7 HGO **ausgeschlossen** sind, sind diese in dem Stadium der Frage der Zulassung des Bürgerbegehrens bestehenden Pflichten und Rechte besonders ernst zu nehmen.

Literatur: *Bennemann*, Probleme nach der Zulassung eines rechtswidrigen Bürgerentscheids, LKRZ 2014, 487; *Stapelfeldt/Siemko*, Vollzug rechtswidriger und überholter Bürgerentscheide, NVwZ 2010,419.

2.7. Rechtsmittel

293 Über mögliche **Rechtsmittel** der mit einer **Ablehnung des Bürgerbegehrens** beschiedenen Antragsteller schweigt das Gesetz. Nach der **neueren hessischen Rechtsprechung** ist in der Hauptsache die **Verpflichtungsklage** statthafte Klageart (HessVGH, Beschluss v. 30.11.2015 -8 A 889/13 -; Gießen HGZ 2014, 266). Die Entscheidung über die Zulassung stellt gegenüber dem Antragsteller einen **Verwaltungsakt** dar. Es handelt sich um eine Regelung mit Außenwirkung (§ 35 HVwVfG), da gegenüber dem Antragsteller verbindlich festgestellt wird, sein Antrag auf Zulassung eines Bürgerbegehrens sei unzulässig und ihm werde daher nicht stattgegeben (so bereits VGH Bad.-Württb. NVwZ 1985, 288; DÖV 1988, 476; OVG Meckl.-Vorp. NVwZ 1997, 306 [307]).

Die Klage ist gegen die Gemeinde, vertreten durch den Gemeindevorstand, zu richten. Hat die Klage Erfolg, erklärt das Gericht das Bürgerbegehren für zulässig (*Bennemann*, HGO, § 8b Rn. 152).

Der Verwaltungsrechtsweg muss konsequenter Weise aber auch für die Fälle eröffnet sein, in denen das Bürgerbegehren aufgrund eines Durchführungsbeschlusses der Gemeindevertretung nicht zu einem Bürgerentscheid führt. Ein **Rechtsschutzbedürfnis** besteht nämlich auch dann, wenn die Gemeindevertretung zwar **Teile des Bürgerbegehrens** aufgreift, andere für den Bürger aber wichtige Teile der geforderten Maßnahme bei ihrem Beschluss unberücksichtigt lässt.

Richtet sich ein **Bürgerbegehren gegen einen Beschluss der Gemeindevertretung**, entfaltet es grundsätzlich **keine aufschiebende Wirkung** (HessVGH DÖV 1996, 928 Ls.). Der Beschluss der Gemeindevertretung ist folglich gem. § 66 Abs. 1 Nr. 2 HGO von dem **Gemeindevorstand auszuführen**. Zur Wahrung des Sinn und Zwecks der normierten Bürgerbeteiligung sollte jedoch vom Vollzug des Beschlusses bis zum Bürgerentscheid oder der gerichtlichen Entscheidung abgesehen werden (aA VG Kassel LKRZ 2013, 203), wenn das Bürgerbegehren zulässig ist oder eine Klage auf Zulassung eingereicht ist. So sind nach der Hessischen Rechtsprechung die Gemeinden grundsätzlich verpflichtet von dem **Vollzug des Beschlusses der Gemeindevertretung** abzusehen, wenn ein nicht offensichtlich rechtsmissbräuchlicher Antrag auf Durchführung eines Bürgerentscheids bis zum Ablauf der in § 8b Abs. 3 S. 1 HGO normierten 8-Wochen-Frist vorgelegt wird. Ausnahmsweise ist ein Vollzug des fraglichen Beschlusses jedoch gerechtfertigt, wenn besonders gewichtige Interessen für einen Vorrang des sofortigen Vollzuges sprechen (HessVGH NVwZ 1994, 396 [397]). Gegebenenfalls kann jedoch im **Wege der einstweiligen Anordnung** in Gestalt einer Sicherungsanordnung (§ 123 Abs. 1 S. 1 VwGO) die **Unterlassung des Vollzugs des Beschlusses** der Gemeindevertretung vor den Verwaltungsgerichten verfolgt werden (HessVGH HSGZ 1998, 63 [64]; HSGZ 1997, 393; NVwZ 1997, 310f.; NVwZ 1996, 721; NVwZ 1994, 396f.; aA OVG NRW Eildienst Städtetag NW 1996, 595). Es fehlt hingegen an einem Anordnungsgrund für eine einstweilige Anordnung, wenn noch nicht feststeht, ob die erforderliche Anzahl von Unterstützungsunterschriften für das Bürgerbegehren gesammelt wurden und in den Gemeindegremien vorerst lediglich Maßnahmen entschieden werden sollen, die wieder rückgängig gemacht werden könnten (VG Darmstadt, Beschluss v. 20.11.2013 – 3 L 1520/13.DA).

Der Umstand, dass ein Bürgerbegehren keine aufschiebende Wirkung hat, schließt die Stellung eines Antrags auf **Erlass einer einstweiligen Anordnung** mit dem Ziel, die Durchführung eines Bürgerbegehrens bzw. eines Bürgerentscheids zu sichern, selbst dann nicht aus, wenn **das Bürgerbegehren erst angekündigt ist** (HessVGH NVwZ 1996, 721). Eine in vollem Umfang den Anforderungen des § 8b HGO genügende Formulierung des Bürgerbegehrens ist wenige Tage nach der Beschlussfassung der Gemeindevertretung für die Gewährung vorläufigen Rechtsschutzes nicht erforderlich. Eine vorläufige gerichtliche Regelungsanordnung darf aber, da sie ihrem Wesen nach lediglich auf **vorübergehende Sicherung**, nicht aber auf die Befriedigung des Anspruchs abzielt, **grundsätzlich nicht die Entscheidung in der Hauptsache vorwegnehmen**. Eine **Ausnahme** liegt nur dann vor, wenn **unwiederbringliche und unmittelbare Nachteile** dadurch entstehen würden, dass über die Zulässigkeit des Bürgerbegehrens erst in dem gerichtlichen Hauptsacheverfahren entschieden würde (VG Frankfurt HSGZ 1997, 199).

295 Zwar fehlt einem „Bürgerbegehren" selbst die Antragsbefugnis für einen Antrag nach § 123 VwGO. Jedoch kann jeder gültiger **(Mit)unterzeichner** eines Bürgerbegehrens die ihm als Mitunterzeichner zustehenden Rechte im **eigenen Namen** geltend machen, ist also klage- und antragsbefugt (HessVGH HSGZ 2000, 143, NVwZ 1997, 310f.; so auch *Bennemann*, HGO, § 8b Rn. 151). Ob auch die Vertrauenspersonen, die das Bürgerbegehren nicht unterzeichnet haben, weil sie etwa in der Gemeinde nicht wahlberechtigt sind, Rechte der Unterzeichner geltend machen können, ist von dem Hessischen Verwaltungsgerichtshof noch nicht entschieden worden.

Mit einer **einstweiligen Anordnung** ist es möglich eine Veränderung des bestehenden Zustandes einer Sache zu verhindern, wenn ansonsten die Gefahr bestünde, dass die Verwirklichung des Rechts auf Durchführung eines Bürgerbegehrens oder Bürgerentscheids vereitelt oder wesentlich erschwert würde.

Beispiele: Antrag auf Erlass einer einstweiligen Anordnung gegen den Beschluss der Stadt einen Schlachthof zu schließen mit dem Ziel der Stadt Handlungen zu untersagen, die die Schließung vorbereiten (Gerätschaften zu entfernen, Arbeitsverträge zu kündigen) sowie die Betriebsbereitschaft des Schlachthofes zu erhalten (VG Frankfurt 7 G 3937/93 [1], Beschluss v. 3.1.1994; HessVGH 6 TG 3023/93, Beschluss v. 28.12.1993). Antrag auf Erlass einer einstweiligen Anordnung die beim Bauvorhaben Tiefgarage gefundenen Mauerreste einer Festung bis zur endgültigen Entscheidung durch einen Bürgerentscheid zu erhalten (HessVGH HSGZ 1996, 73). 423).

Das Gebot effektiven Rechtsschutzes nach Art. 19 Abs. 4 GG greift demnach dann ein, wenn eine Entscheidung in der Hauptsache zu spät käme. So hat die Rechtsprechung einstweiligen Rechtsschutz mit der Begründung gewährt, die Schaffung vollendeter Tatsachen – Verkauf eines Grundstücks – während eines Rechtsstreits sei dann unzulässig, wenn die Zurückweisung des Bürgerbegehrens durch die Gemeindevertretung aus unzutreffenden Gründen erfolgte (OVG Meckl.-Vorp. NVwZ 1997, 306; vgl. aber VGH Bad.-Württ. NVwZ 1994, 397).

Literatur: *Fischer*, Rechtsschutz der Bürger bei Einwohneranträgen sowie Bürgerbegehren und Bürgerentscheid, DÖV 1996, 181; *Hager*, Effektiver Rechtsschutz oder richterliche Rechtssetzung? Zum Vollzugsverbot für Gemeinderatsbeschlüsse bei Bürgerbegehren, NVwZ 1994, 766; *Muckel*, Bürgerbegehren und Bürgerentscheid – wirksame Instrumente unmittelbarer Demokratie in den Gemeinden?, NVwZ 1997, 223; *v. Mutius*, Kommunalrecht, S. 319ff..

3. Bürgerentscheid

296 Soweit alle erläuterten Zulässigkeitsvoraussetzungen erfüllt sind und die Entscheidung der Gemeindevertretung vorliegt, muss der Bürgerentscheid unverzüglich, spätestens innerhalb von sechs Monaten nach der Entscheidung der Gemeindevertretung über die Zulässigkeit des Bürgerbegehrens, durchgeführt werden (§ 55 Abs. 1 S. 3 KWG); das weitere Verfahren richtet sich nach den §§ 54ff. KWG.

3.1. Organisation und Durchführung

297 Den Tag des Bürgerentscheids (§ 55 Abs. 1 KWG) legt die Gemeindevertretung fest. Der Bürgerentscheid ist frühestens drei und spätestens sechs Monate nach der Entscheidung der Gemeindevertretung über die Zulassung durchzuführen § 55 Abs. 1 KWG). Er ist vom Gemeindevorstand öffentlich bekannt zu machen. Die **öffentliche Bekanntmachung** hat den **Tag des Bürgerentscheids** und den **Text der zu ent-**

scheidenden Frage zu beinhalten. Ferner muss sie auch eine Erläuterung des Gemeindevorstandes, die kurz und sachlich sowohl die **Begründung der Antragsteller** als auch die der von den **Gemeindeorganen vertretene Auffassung** über den Gegenstand des Bürgerentscheids enthalten. Dabei sind die **Ansichten der jeweiligen Mehrheit** in Gemeindevorstand und Gemeindevertretung **objektiv** darzustellen. § 8b Abs. 5 HGO berechtigt nur die Gemeindevertretung und den Gemeindevorstand ihre Auffassung zu der im Bürgerentscheid vorgelegten Frage darzustellen. Zu Unrecht wird vertreten, dass Fraktionen Kosten für die Öffentlichkeitsarbeit, zB Publikationen, nur nach § 36a Abs. 4 HGO zu erstatten, soweit sie sich auf die Willensbildung und Entscheidungsfindung in der Gemeindevertretung beziehen, nicht aber nach erfolgter Beschlussfassung zu der im Bürgerentscheid gestellten Frage (VG Darmstadt KommunalPraxis Wahlen 2012, 52). Diese Auffassung verkennt, dass der erfolgreiche Bürgerentscheid den Sachbeschluss der Gemeindevertretung endgültig ersetzt. Die übrige Organisation und Durchführung gleicht der einer Kommunalwahl; insoweit wird auf die diesbezügliche Darstellung (Kap. 4) verwiesen.

3.2. Entscheidungsquorum

Nach § 8b Abs. 6 HGO ist ein **Bürgerentscheid nur erfolgreich**, wenn er von der **Mehrheit der gültigen Stimmen**, die in Gemeinden mit mehr als **100000 Einwohnern mindestens 15 Prozent**, in Gemeinden mit mehr als **50000 Einwohnern mindestens 20 Prozent** und in den **sonstigen Gemeinden mindestens 25 Prozent** betragen muss, positiv entschieden wurde. Bei Stimmengleichheit gilt die Frage als mit Nein beantwortet. Mit dem Erfordernis des Quorums soll verhindert werden, dass bei einer geringen Wahlbeteiligung von einer kleinen interessierten Minderheit wichtige Angelegenheiten entschieden werden. 298

Finden an einem Tag mehrere Bürgerentscheide mit jeweils erforderlicher Mehrheit erfolgreich statt, deren Inhalte aber nicht miteinander zu vereinbaren sind, dann gilt die Mehrheitsentscheidung, für welche die größere Zahl von gültigen Stimmen abgegeben wurde. Bei Stimmengleichheit entscheidet das Los des Gemeindewahlleiters (§ 8b Abs. 6 S. 4 und 5 HGO).

Literatur: Behnke, Formen unmittelbarer Teilhabe an Entscheidungsprozessen insbesondere der Bürgerentscheid, VR 1996, 113; *Hofmann*, Zur Abschaffung der Quoren bei Bürgerentscheiden, NVwZ 2015, 715.

3.3. Wirkung

Hat der Bürgerentscheid die erforderliche Mehrheit gefunden, so hat er die **Wirkung eines endgültigen Beschlusses der Gemeindevertretung**. Der Gemeindevorstand ist daher verpflichtet den Bürgerentscheid auszuführen (§ 66 Abs. 1 S. 3 HGO). Auch der **erfolglos durchgeführte Bürgerentscheid** bleibt nicht wirkungslos. Er begründet eine **Pflicht der Gemeindevertretung** die Angelegenheit nunmehr **selbst zu entscheiden**. Dies gilt auch für den Fall, dass sich der Bürgerentscheid gegen einen Beschluss der Gemeindevertretung wendet. Mit dem nochmaligen Beschluss soll sichergestellt werden, dass möglicherweise während der öffentlichen Diskussion neu vorgebrachte Argumente in die Entscheidung mit einfließen. 299

3.4. Abänderung durch die Gemeindevertretung

300 Auch die **Gemeindevertretung ist an den Bürgerentscheid gebunden**. Sie kann einen gültigen Bürgerentscheid **frühestens nach drei Jahren abändern** (§ 8b Abs. 7 HGO).

3.5. Folgen bei Rechtswidrigkeit

301 **Widerspruch und Beanstandung** durch den Bürgermeister und den Gemeindevorstand (§ 63 HGO) sind gegen den Bürgerentscheid nach § 8b Abs. 7 HGO **ausgeschlossen**; dies gilt **auch für die Beanstandung** durch die Aufsichtsbehörde (§ 138 HGO). Angesichts der sich aus dieser (Nicht-)Regelung ergebenden gesetzlichen Rechtsunsicherheit kommt bereits der **Prüfung der Rechtmäßigkeit der Zulässigkeit des Bürgerbegehrens** durch die zuständigen Gemeindeorgane und die Aufsichtsbehörde **erhebliche Bedeutung** zu. Gleichwohl besteht keine Pflicht des Gemeindevorstands oder des Bürgermeisters, einen rechtswidrigen Bürgerentscheid zu vollziehen. Der Grundsatz der Gesetzmäßigkeit der Verwaltung aus Art. 20 Abs. 3 GG gebietet auch hier die Nichtausführung eines offensichtlich rechtswidrigen Bürgerentscheids. Ebenso fehlt auch für den Fall einer wesentlichen Änderung der Sach- oder Rechtslage eine gesetzliche Regelung, etwa eine sog. Flexibilisierungsklausel wie in Bayern oder Thüringen (Art. 18a Abs. 13 S. 2 BayGO, § 17 Abs. 9 S. 3 Thür-KO).

Literatur: *Stapelfeldt/Siemko,* Vollzug rechtswidriger oder überholter Bürgerentscheide, NVwZ 2010, 419.

Nicht ausgeschlossen sind allerdings die anderen Aufsichtsmittel der Rechtsaufsichtsbehörde, etwa die **Anweisung nach § 139 HGO**. Auch kommt gegen die **weiteren Maßnahmen bei der Ausführung und der Umsetzung des Bürgerentscheids** durch den Gemeindevorstand die Anwendung des gesamten Instrumentariums der Rechtsaufsicht in Betracht.

Im Gegensatz zu Kommunalwahlen und Direktwahlen von Bürgermeistern lässt der Gesetzgeber auch **keine Einsprüche gegen die Gültigkeit** eines durchgeführten Bürgerentscheids zu (§ 54 KWG). Ungeachtet dessen steht demjenigen, der durch Verstöße bei der Durchführung der Abstimmung in seinen Rechten verletzt wird, der Verwaltungsrechtsweg nach den allgemeinen Vorschriften offen (HessVGH, Beschluss v. 25.6.2004 – 8 TG 1169/04); *Hannappel/ Dressler*, Leitfaden Bürgerbegehren und Bürgerentscheid, Rn. 90).

Literatur: *Adrian/Coburger-Becker* u.a., Leitfaden für die kommunalpolitische Arbeit in Hessen, S. 58ff.; *Blanke/Hufschlag*, Kommunale Selbstverwaltung im Spannungsfeld zwischen Partizipation und Effizienz – zur Entscheidung des BayVerfGH BayVBl. 1997, 622 – JZ 1988, 653; *Dziallas/Jäger*, Der Bürgerentscheid in der kommunalen Praxis; KommJur 2016, 6; *Dustmann*, Die Regelung von Bürgerbegehren und Bürgerentscheid in den Kommunalverfassungen der Flächenstaaten der Bundesrepublik Deutschland; *Hannappel/Dressler*, Leitfaden Bürgerbegehren und Bürgerentscheid; *Hüllen*, Rechtsschutzprobleme beim Bürgerbegehren; *Meyer/Stolleis*, Staats- und Verwaltungsrecht für Hessen, S. 167ff.; *Knemeyer*, Bürgerbeteiligung und Kommunalpolitik; *Neumann*, Bürgerbegehren und Bürgerentscheid, HdKWP Bd.1, S. 353; *Schäfer*, Auswirkungen erweiterter Bürgerbeteiligung auf die hessische Gemeindeverfassung, S. 127ff.;*Schiller/Mittendorf/Rehmet*, Bürgerbegehren und Bürgerentscheide in Hessen – Eine Zwischenbilanz nach vierjähriger Praxis; *Stargardt*, Mittelbare und unmittelbare Formen der Bürgerbeteiligung in den Gemeinden und Kreisen, DVP 1994, 407.

Kapitel 3 Einwohner und Bürger

Schaubild 5: Ablauf eines Bürgerbegehrens nach § 8 b HGO

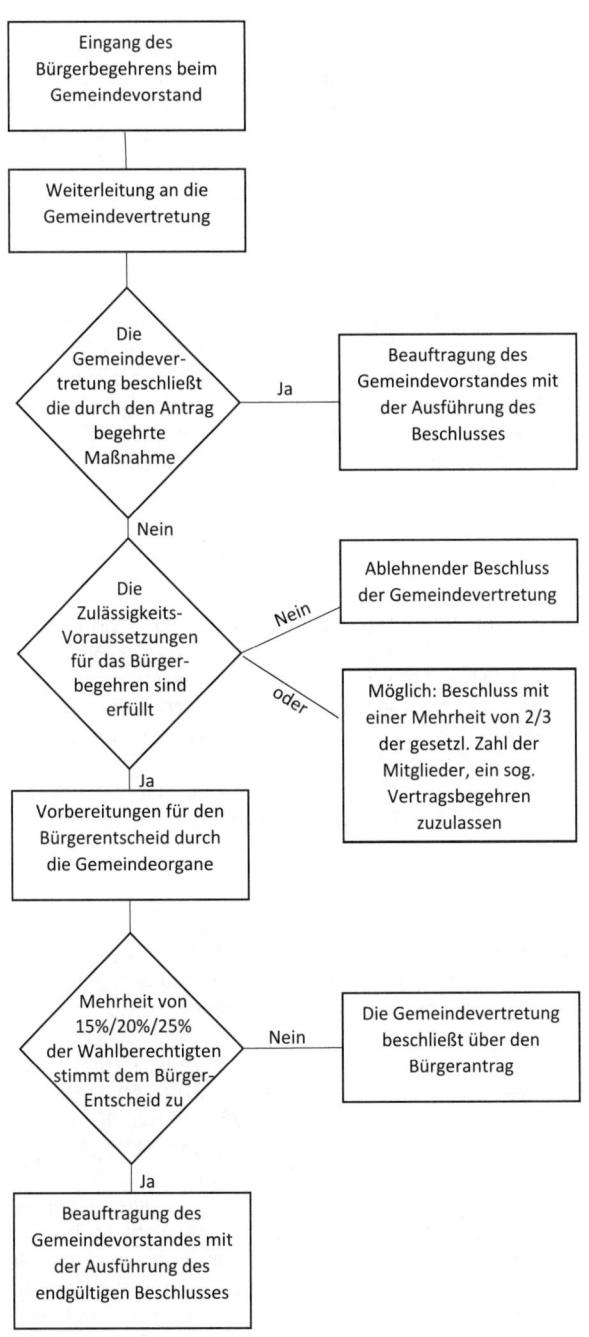

Kapitel 4 Kommunales Wahlrecht

302 Das kommunale Wahlrecht wird in der Hessischen Gemeindeordnung nur in seinen Grundzügen in den §§ 29ff. HGO geregelt. Für das Wahlverfahren ist das Hessische Kommunalwahlgesetz (KWG) heranzuziehen, das für die Vorbereitung und Durchführung der Kommunalwahlen durch die Hessische Kommunalwahlordnung (KWO) und die Verordnung über die Verwendung von Wahlgeräten (KWahlGVO) ergänzt wird.

A. Wahlgrundsätze

303 Nach dem Vorbild von Grundgesetz (Art. 28 Abs. 1 GG) und Landesverfassung (Art. 71 ff. HV) legen die Wahlgrundsätze in § 29 HGO das **Prinzip der repräsentativen Demokratie** fest. Die Bürger der Gemeinde nehmen in erster Linie durch die Wahl der Gemeindevertreter und des Bürgermeisters an der Verwaltung teil. Daneben wählen sie, soweit Ortsbeiräte eingerichtet sind deren Mitglieder. Gewählt wird in allgemeiner, freier, gleicher, geheimer und unmittelbarer Wahl (§ 29 Abs. 2 HGO iVm § 1 Abs. 1 KWG; 39 Abs. 1 HGO).

I. Grundsatz der allgemeinen Wahl

304 Der **Grundsatz der allgemeinen Wahl** bedeutet, dass **alle** in der Gemeinde wohnenden **Bürger** nach Erreichen des Wahlalters wahlberechtigt sind. Die Ausübung der Wahlberechtigung darf insbesondere nicht von politischen, wirtschaftlichen oder sozialen Voraussetzungen abhängig gemacht werden, die nicht von jedermann erfüllt werden können (BVerfGE 3, 19 [31]; 36, 139 [141]). Beschränkungen, die der natürlichen Reife aller Menschen, dem krankhaften Abweichen von der normalen Denkfähigkeit und Straffolgen Rechnung tragen, stehen dem Grundsatz der allgemeinen Wahl nicht entgegen (BVerfGE 28, 220 [225]; 67, 369 [380]).

II. Grundsatz der Freiheit der Wahl

305 Der **Grundsatz der Freiheit der Wahl** schützt die freie Willensbildung des Wählers als Voraussetzung einer funktionsfähigen Demokratie. Demnach muss der Akt der Stimmabgabe **frei von äußerem Zwang und unzulässigem Druck** sowie sonstiger unzulässiger Beeinflussung von außen bleibt (BVerfGE 7, 63 [69]; 44, 125 [139]; 47, 253 [282]). Infolgedessen sind die **Gemeinden** unter diesen Voraussetzungen bei ihrer an sich zulässigen und notwendigen Öffentlichkeitsarbeit (§ 66 Abs. 2 HGO), insbesondere zu Wahlzeiten zur Neutralität verpflichtet (HessVGH NVwZ 1992, 284; BVerfGE 44, 125 [138ff.]; BVerwG NVwZ 1997, 1220ff.). Die **Neutralitätspflicht** in der Wahlzeit erfasst neben der Öffentlichkeitsarbeit auch sonstige Einflussmöglichkeiten, etwa die Vergabe von Stadthallen oder Plakatwänden. Eine Differenzierung der Vergabe der Plakatflächen an die Kandidaten nach dem letzten Wahlergebnis ist jedoch zulässig (VG Darmstadt HSGZ 1999, 66). Lädt die Kommune im Rahmen einer Wahlveranstaltung zu einer Podiumsdiskussion mit sich bewerbenden Parteien in das Rathaus ein, muss die Besetzung des Podiums mit diskutierenden Parteivertretern unter Beachtung des Neutralitätsgebots erfolgen (§ 5 ParteiG iVm Art. 21

Abs. 1 GG). Im Übrigen gebietet die Neutralitätspflicht staatlichen Organen auch, dass Beamte dienstliche Kommunikationsmittel nicht zur politischen Betätigung nutzen dürfen (BVerwG HSGZ 1999, 109).

Der **Grundsatz der Freiheit der Wahl** gewährleistet auch einen unbedingten Schutz vor staatlicher Einwirkung auf den Inhalt der Entscheidung des Wählers im Zeitpunkt der Stimmabgabe durch die Gestaltung des Stimmzettels. Der Wähler hat ein Recht, im Zeitpunkt der Stimmabgabe in der Wahlkabine „in Ruhe gelassen zu werden" (RhPfVerfGH NVwZ 2014, 1089ff.). Einschränkungen der Freiheit der Wahl können sich zwar aus der Notwendigkeit der praktischen Durchführung und Handhabung der Stimmabgabe ergeben. So ist etwa eine Vorfaltung oder ein "Wickelfalten" der Stimmzettel möglich. Unzulässig ist jedoch die staatliche Einwirkung auf den **Inhalt des Wählerwillens im Zeitpunkt der Stimmabgabe** durch die Gestaltung des Stimmzettels. So appelliert **die Kombination** der Vorgabe neben dem Namen und Vornamen des Wahlbewerbers auch dessen Geschlecht sowie den Text des Art. 3 Abs. 2 S. 1 GG, den Geschlechteranteil in der Vertretungskörperschaft zwei Monate vor der Wahl sowie Angaben zum Geschlechteranteil auf dem Wahlvorschlag auf aussichtsreichen Plätzen an den **mündigen, verständigen Wähler** bevorzugt Kandidaten des unterrepräsentierten Geschlechts die Stimme zu geben. Diese Einwirkung ist mit dem für sich genommen verfassungsrechtlichen Ziel der Erhöhung des Frauenanteils in Kommunalverfassungen nicht zu rechtfertigen (RhPfVerfGH NVwZ 2014, 1089 (1093)).

III. Grundsatz der Gleichheit der Wahl

Der **Grundsatz der Gleichheit der Wahl** erfordert über den der allgemeinen Wahl hinaus, dass nicht nur jedermann zur Wahl zugelassen ist, sondern dass jedem Wahlberechtigten das **gleiche Stimmrecht** zukommt. Bei Anwendung des Verhältniswahlsystems kommt den Stimmen der Wahlberechtigten folglich nicht nur der gleiche **Zählwert**, sondern grundsätzlich auch der gleiche **Erfolgswert** zu (BVerfGE 1, 208 [248]; HessStGH ESVGH 31, 161). Mehrfache Stimmen nur für einzelne Bevölkerungsgruppen – wie nach dem früheren Dreiklassenwahlrecht – sind daher verfassungswidrig. Differenzierungen sind allerdings zulässig, soweit dies zu bestimmten, mit der Natur des Sachbereichs der Wahl zusammenhängenden Zwecken zwingend erforderlich ist. So kann etwa der drohenden Gefährdung der **Funktionsfähigkeit der Kommunalvertretungen** wegen übermäßiger Parteienzersplitterung durch eine **Sperrklausel** in einem Kommunalwahlgesetz begegnet werden. Für deren verfassungsrechtliche Zulässigkeit reicht jedoch die Feststellung einer abstrakten Gefährdung nicht aus. Vielmehr müssen alle Gesichtspunkte, die in rechtlicher und tatsächlicher Hinsicht für die Einschätzung der Erforderlichkeit einer Sperrklausel erheblich sind, vom Gesetzgeber herangezogen und abgewogen werden (NWVerfGH NVWZ 2000, 666ff.).

Nicht zuletzt unter dem Eindruck des nordrhein-westfälischen Verfassungsgerichts ist mit dem Inkrafttreten des **Gesetzes zur Stärkung der Bürgerbeteiligung und kommunalen Selbstverwaltung**, die in Hessen bis zum Jahr 2000 bei den Kommunalwahlen geltende 5% Sperr-Klausel ersatzlos entfallen (vgl. zur Rechtmäßigkeit der früheren Rechtslage, BVerfGE 6, 104 [119]). So hat auch inzwischen das Bundesverfassungsgericht einen Verstoß gegen den Grundsatz der Wahlrechtsgleichheit und Chancengleichheit durch die Aufrechterhaltung der 5% Sperr-Klausel bei Kommunalwahlen in Schleswig-Holstein ohne hinreichende Gründe zur Sicherung der

Funktionsfähigkeit der Kommunalvertretungen festgestellt (BVerfG NVwZ 2008, 407 und Bspr. Sachs, JUS 2008, 730; vgl. SchlHVerf NVwZ 2013, 1546, vollständig BeckRS 2013, 55852 für die Rückausnahme der Parteien der dänischen Minderheit).

Infolge hatte der Landtag Nordrhein-Westfalen 2016 als erstes Flächenland in Deutschland die Wiedereinführung einer 2,5 % für die nächste Kommunalwahl im Jahr 2020 in der Nordrhein-Westfälischen Verfassung und dem Kommunalwahlgesetz (sog. Kommunalvertretungsstärkungsgesetz, LT-Drs. 16/9795 ua) verankert, um die Effizienz und Effektivität der Arbeit in den Kommunalvertretungen zu stärken. Aber auch diese 2,5 % Sperrklausel hat das Landesverfassungsgericht Nordrhein-Westfalen soweit sie sich auf Wahlen der Gemeinderäte und Kreistage bezog für verfassungswidrig erklärt (NWVerfGH NVwZ 2018, 159). Bei der Prüfung, ob ein Eingriff in das Gebot der Wahlrechtsgleichheit durch das jeweilige Kommunalwahlrecht gerechtfertigt sei, müsse ein strenger Maßstab angelegt werden. Insbesondere käme es auf die konkreten Bedingungen an, unter denen die jeweiligen Volksvertretungen arbeiteten. Von diesen hinge nämlich die Wahrscheinlichkeit des Eintritts der Funktionsstörungen ab, die im zu entscheidenden Fall der Gesetzgeber jedoch nicht hinreichend begründet habe. Der Nachweis einer bloßen Erschwernis der Meinungsbildung reiche jedenfalls nicht aus (NWVerfG NVwZ 2018, 159 (167) mAnm Meyer).

Es bleibt abzuwarten, ob der Hessische Landtag mit einer immer wieder diskutierten Einführung einer „moderaten" Sperrklausel auf die Ungleichgewichtungen zur Erlangung eines kommunalen Mandats in großen Städten (zB 0,6 % der Stimmen) und kleinen Gemeinden (2,9 % der Stimmen) reagieren wird.

Literatur: *Kleerbaum*, 2,5 Prozentklausel für die Wahlen der Gemeinderäte und Kreistage in Nordrhein-Westfalen verfassungswidrig, KOPO 2018, 1 (I); *Ritgen*, Das Recht der kommunalen Selbstverwaltung in den Verfassungsräumen von Bund und Ländern, NVwZ 2018, 114; *Theis*, Das Ende der Fünf-Prozent-Sperrklausel im Kommunalrecht.

IV. Grundsatz der geheimen Wahl

307 Der **Grundsatz der geheimen Wahl** erfordert, dass die Wahlvorbereitung und der Wahlvorgang so gestaltet wird, dass es **unmöglich** ist, die **Entscheidung des Wählers zu erkennen oder zu rekonstruieren** (BVerfGE 4, 375 [386]). Mit der durch die Einführung des neuen Wahlrechts eingeräumten Möglichkeit des Kumulierens und Panaschierens und der damit erforderlich gewordenen Maximierung des Stimmzettels bis zu einer Größe von DIN A0, ist daher bei der Auswahl der Größe und Beschaffenheit von Wahltischen und Abschirmvorrichtungen besondere Sorgfalt zu wahren.

Eine potenzielle Unterbrechung erfährt dieser Grundsatz durch die Möglichkeit der **Briefwahl**. Sie wird jedoch durch das gewichtige Rechtsgut der Ermöglichung der Allgemeinheit der Wahl gerechtfertigt (BVerfGE 59, 119 [127]). Mit Erlass vom 3.3.2009 hat das Innenministerium die bisher erteilte Verwendungsgenehmigung von Wahlmaschinen bei Kommunalwahlen aufgehoben. Es hat damit auf die am gleichen Tag ergangenen Urteile des BVerfG (2 BvC 3/07 und 2 BvC 4/07, BeckRS 2009, 31806) reagiert, mit den dieses die Verfassungswidrigkeit der eingesetzten rechnergesteuerten Wahlgeräte (sog. Wahlcomputer) festgestellt hat (Verstoß gegen den Grundsatz der Öffentlichkeit der Wahl, Art. 38 iVm Art. 20 I und II GG).

Literatur: *Will*, Wahlcomputer und der verfassungsrechtliche Grundsatz der Öffentlichkeit der Wahl, NVwZ 2009, 700.

Kapitel **4** Kommunales Wahlrecht 151

V. Grundsatz der Unmittelbarkeit der Wahl

Der **Grundsatz der Unmittelbarkeit der Wahl** gebietet, dass die Mitglieder einer **308** Volksvertretung **direkt ohne die Zwischenschaltung von Delegierten** durch die Stimmabgabe und mit der Stimmabgabe bestimmt werden (BVerfGE 47, 253ff.). In diesem Sinn bedeutet Unmittelbarkeit die Wahl der Vertreter und nicht die Wahl ihrer Parteien (BVerfGE 3, 45 [49]).

Mit Inkrafttreten des **Gesetzes zur Stärkung der Bürgerbeteiligung und kommunalen Selbstverwaltung** haben auch die hessischen Wähler die Möglichkeit erhalten, ihre Stimmen auf mehrere Kandidaten unterschiedlicher Wahlvorschläge zu verteilen (**panaschieren**) oder Bewerbern ihrer Wahl mehrere Stimmen zu geben (**kumulieren**). Jeder Wähler erhält **so viele Stimmen, wie Sitze** zu vergeben sind. Treten weniger Bewerber zur Wahl an, als Sitze zu vergeben sind, verringert sich die Anzahl der Stimmen entsprechend (§ 1 Abs. 4 KWG).

Das veränderte Wahlrecht ist ein Angebot, kein Wähler muss von der Möglichkeit einer differenzierten Stimmabgabe Gebrauch machen. Es besteht auch weiterhin die Möglichkeit den **Wahlvorschlag einer Partei oder Wählergruppe unverändert** anzunehmen, indem er ihn durch ein Kreuz in der Kopfleiste kennzeichnet. In einem solchen Fall stehen hinter einer Kennzeichnung in der Kopfleiste so viele Stimmen wie Sitze in der Vertretungskörperschaft zu verteilen sind. Bei 15 zu vergebenden Stimmen und 15 Bewerbern bedeutet dies, dass auf jeden Bewerber eine Stimme entfällt. Kandidieren weniger Bewerber als Sitze zu vergeben sind oder streicht der Wähler Bewerber durch, werden die restliche Stimmen in der Reihenfolge der Aufstellung von oben nach unten innerhalb des gekennzeichneten Stimmzettels vergeben, bis alle zu vergebenden Stimmen verbraucht sind bzw. alle Kandidaten maximal drei Stimmen erhalten haben. Dieses Verfahren verstößt **nicht gegen den Grundsatz der Unmittelbarkeit der Wahl**, denn die Wahlentscheidung ist unmittelbar, dh ohne weiteren Zwischenschritt auf den Wähler zurückzuführen.

Das veränderte Wahlrecht ist erstmals bei der Kommunalwahl am 18.3.2001 zur Anwendung gelangt. Es ersetzte das bis dahin in Hessen praktizierte System der **starren Liste**, bei dem das personelle Angebot der vorgeschlagenen Parteien und Wählergruppen für die Wahlberechtigten zwingend war und jeder Wähler nur über eine Stimme verfügen durfte (vgl. BVerfGE 7, 63 [69] – Grundsatz der unmittelbaren Wahl).

Literatur: *Meireis/Dreßler*, Der Regierungsentwurf der hessischen Kommunalverfassungsnovelle 1999, HSGZ 1999, 358; *dies.*, Das Gesetz zur Stärkung der Bürgerbeteiligung und kommunalen Selbstverwaltung vom 23. Dezember 1999, HSGZ 2000, 47; *Meyer*, Die wahlsystematische Gestaltung des Kommunalrechts, in: HKWP, Bd.2, 1982, 56ff.; *Schmehl*, Die Auslegungs- und Heilungsregeln des Kommunalwahlrechts in der Kritik, Die Verwaltung 2001, 235.

B. Wahl der kommunalen Vertretungskörperschaft

Für das Wahlverfahren gelten die Vorschriften des Hessischen **Kommunalwahlge-** **309** **setzes** (KWG) und der **Kommunalwahlordnung** (KWO). Die **kommunalen Vertretungskörperschaften** (Gemeindevertretung § 36 HGO, Kreistag § 26 HKO, Ortsbeirat § 82 Abs. 1 S. 1 HGO) werden auf **fünf Jahre** gewählt (vgl. HessVGH ESVGH 26, 22 – Verlängerung um 5 Monate verfassungsgemäß). Die Kommunalwahlen finden an einem von der Landesregierung durch Verordnung bestimmten Sonntag im Monat März des Wahljahres statt; die **Wahlzeit beginnt jeweils am 1. April** (§ 2 KWG). Kommunalwahlen können gleichzeitig mit Europa-, Bundestags- und Landtagswahlen sowie mit Volksabstimmungen und Volksentscheiden durchgeführt werden (§ 2 Abs. 3 KWG).

I. Wahlgebiet und Wahlorgane

310 Die räumlichen Grundlagen für die Vorbereitung und Durchführung der Kommunalwahlen sind der Wahlkreis und die Wahlbezirke. Die im Rahmen des Wahlverfahrens handelnden Organe sind im Wahlkreis der jeweilige Wahlleiter und der Wahlausschuss (§ 4 Abs. 1 Nr. 1 KWG), im Wahlbezirk jeweils der Wahlvorsteher und der Wahlvorstand (§ 4 Abs. 1 Nr. 2 KWG). Daneben nehmen der Gemeindewahlleiter und der Gemeindewahlausschuss die Aufgaben wahr, die sich aus der Vorbereitung und Durchführung der Ortsbeirats- und Kreistagswahlen ergeben (§ 4 Abs. 3 KWG). Zu Mitgliedern eines Wahlorgans dürfen weder Vertrauenspersonen oder deren Stellvertreter bestellt werden noch Bewerber nach Erteilung ihrer Zustimmung (§§ 4 Abs. 2 Nr. 2, 11 Abs. 2 S. 3 KWG) sein. Niemand darf in mehr als einem Wahlorgan Mitglied sein (§ 4 Abs. 2 KWG).

1. Wahlkreis, Wahlleiter und Wahlausschuss

311 Bei der Durchführung einer Kommunalwahl bildet jede Gemeinde bzw. jeder Landkreis je einen **Wahlkreis**; entsprechend bildet der Ortsbezirk den Wahlkreis bei der Wahl des Ortsbeirats (§ 3 KWG). Der Gemeindevorstand teilt das Gemeindegebiet für die Stimmabgabe bei der Wahl zur Gemeindevertretung bzw. Ortsbeiratswahlen in Wahlbezirke und Briefwahlbezirke ein (§ 3 Abs. 2 und 3 KWG). Für die Wahl des Kreistags sind bei der Unterteilung des Wahlkreises die Gemeindegrenzen zu wahren und die Abweichung von der durchschnittlichen Einwohnerzahl aller Wahlbereiche im Kreis soll 25% nicht über- oder untersteigen.

Der Wahlkreis und somit das Wahlgebiet sind maßgeblich für die Beurteilung der **Wahlberechtigung und der Wählbarkeit**. Das Gesamtwahlergebnis wird ausnahmslos, auch für die Kreistage mit Wahlbereichen, auf das Wahlgebiet bezogen ermittelt.

Die für den Wahlkreis handelnden **Wahlorgane** sind der **Wahlleiter und der Wahlausschuss** (§ 4 Abs. 1 KWG). Wahlleiter ist für die Wahl der Gemeindevertretung und der Ortsbeiräte der **Bürgermeister** (§ 5 Abs. 1 KWG, § 82 Abs. 1 HGO) und für die Kreistagswahl der **Landrat** (§ 5 Abs. 1 KWG). Der Gemeindevorstand oder der Kreisausschuss können einen besonderen Wahlleiter bzw. einen besonderen Stellvertreter auf Widerruf bestellen (§ 5 Abs. 1 KWG). Der Wahlleiter ist zugleich Vorsitzender des Wahlausschusses, der für den gesamten Wahlkreis zu bilden ist. Er beruft sechs Beisitzer und einen Schriftführer sowie für jeden Beisitzer einen Stellvertreter in den Wahlausschuss, wobei die im Wahlkreis vertretenen Parteien und Wählergruppen nach Möglichkeit zu berücksichtigen sind (§§ 5 Abs. 3 KWG, 3 Abs. 1 KWO). Anlässlich einer Direktwahl oder eines Bürgerentscheids kann der Wahlausschuss für den Rest der Wahlzeit neu gebildet werden (§ 5 Abs. 5 KWG)

312 Der **Wahlleiter** ist für die ordnungsgemäße Vorbereitung und Durchführung der Wahl verantwortlich und führt die Geschäfte des Wahlausschusses (§ 5 Abs. 2 KWG, § 2 KWO). Unter anderem prüft er die Wahlvorschläge auf Ordnungsmäßigkeit und Vollständigkeit (§ 14 Abs. 1 S. 1 KWG), wirkt auf die Beseitigung eventuell bestehender Mängel hin (§ 14 Abs. 1 S. 2 KWG), macht das Wahlergebnis bekannt und benachrichtigt die Gewählten (§ 23 Abs. 1 KWG, §§ 55, 56 KWO). Die Prüfung partei- oder wählergruppeninterner Vorgänge (§ 12 Abs. 1 S. 3 KGG) ist ausgeschlossen.

Der **Wahlausschuss** beschließt über die Zulassung der Wahlvorschläge (§ 15 KWG, **313** § 25 KWO), stellt fest, wie viel Stimmen im Wahlkreis auf die einzelnen Wahlvorschläge abgegeben worden sind, berechnet die Sitzverteilung und ermittelt, welche Bewerber gewählt worden sind (§ 22 Abs. 1 KWG). Er verhandelt und entscheidet in öffentlicher Sitzung (§ 6a KWG) mit Stimmenmehrheit, wobei die Stimme des Vorsitzenden bei Stimmengleichheit den Ausschlag gibt. Der Wahlleiter darf nur in dringenden Fällen anstelle des Wahlausschusses handeln; von der Dringlichkeit und der alsbaldigen Unterrichtung des Wahlausschusses hängt die Rechtswirksamkeit der Entscheidung ab (HessVGH VwRspr. 15, 852). Die Mitglieder des Wahlausschusses und der Wahlvorstände sowie ihre Stellvertreter und Schriftführer sind zur unparteiischen Wahrnehmung ihres Amtes und zur Verschwiegenheit verpflichtet (§ 6a Abs. 2 KWG).

2. Wahlbezirk, Wahlvorsteher und Wahlvorstand

Grundsätzlich bildet die **Gemeinde** den Wahlkreis, der wiederum aus einem **Wahl-** **314** **bezirk** besteht. Der Gemeindevorstand kann den örtlichen Verhältnissen entsprechend den Wahlkreis in **Wahlbezirke** in angemessener Größe unterteilen (§ 3 Abs. 2 KWG); kein Wahlbezirk soll mehr als 2500 Einwohner umfassen (§ 5 Abs. 1 KWO). Mit der Einführung des neuen Kommunalwahlrecht, insbesondere des Kumulierens und Panaschierens, ist für viele Gemeinden eine Neueinteilung der Wahlbezirke notwendig geworden. Je nach örtlichen Verhältnissen stellt eine Einwohnerzahl von 1000 pro Wahlbezirk eine sinnvolle Größe dar.

Der Wahlbezirk darf aber auch nicht so eng gefasst sein, dass das Wahlgeheimnis **315** gefährdet werden könnte (§ 5 Abs. 2 KWO). Für Krankenhäuser, Altenheime, Altenwohnheime, Pflegeheime, Erholungsheime und gleichartige Einrichtungen mit einer größeren Anzahl von Wahlberechtigten können **Sonderwahlbezirke** gebildet werden (§ 6 KWO). Bei der **Wahl von Ortsbeiräten** dürfen bei Einteilung des Ortsbezirks in einen oder mehrere Wahlbezirke nicht die Grenzen des Ortsbezirks überschritten werden, damit die rechtmäßige Ermittlung der Sitzverteilung im Ortsbezirk sichergestellt ist (§ 3 Abs. 3 KWG).

Für jeden Wahlbezirk ist ein **Wahlvorstand** zu bilden. Er besteht aus dem Wahlvorsteher als Vorsitzendem, einem Stellvertreter und drei bis sieben Beisitzern. Er wird **durch den Gemeindevorstand aus den Wahlberechtigten der Gemeinde berufen**, wobei nach Möglichkeit die im Wahlbezirk vertretenen politischen Parteien und Wählergruppen zu berücksichtigen sind (§ 6 Abs. 1 KWG). Erforderlichenfalls sind dem Wahlvorstand Beamte oder andere geeignete Personen als Hilfskräfte (zB als Schriftführer) zur Verfügung zu stellen (§ 4 Abs. 10 KWO). Der Wahlvorstand überwacht und leitet am Wahltag im Wahlraum die Wahlhandlung und ermittelt anschließend das Wahlergebnis des Wahlbezirkes (§§ 20ff. KWG, 46ff. KWO).

Für die Ermittlung des Briefwahlergebnisses beruft der Gemeindevorstand einen oder mehrere **Briefwahlvorstände** (§ 6 Abs. 1 S. 1 KWG).

Der Gemeindevorstand hat auch die Möglichkeit für die Zeit nach dem Wahltag sog. **Auszählungswahlvorstände** zu berufen (§ 6 Abs. 6 KWG). Ihnen kann die Ermittlung der Wahlergebnisse einzelner oder mehrerer Wahlbezirke übertragen werden. In den Auszählungsvorstand können im Gegensatz zu den Wahlvorständen auch Beschäftigte der Gemeinde oder des Landkreises berufen werden, die nicht wahlberechtigt sind. Die Aufgabe der Auszählungswahlvorstände besteht darin, die von den Wahlvorständen begonnene Auszählung fortzusetzen, insbesondere die **kumulierten und panaschierten Stimmen** auszuzählen.

3. Aufgaben des Gemeindevorstandes

316 Der **Gemeindevorstand** ist zunächst für die Einteilung des Wahlgebietes in Wahlbezirke und Briefwahlbezirke verantwortlich (§ 3 Abs. 2 KWG). Daneben bestimmt er die Wahlräume (§ 29 Abs. 1 KWO), die Aufstellung, Fortführung und vorläufige Beurkundung des Wählerverzeichnisses (§§ 7ff. KWO), die Benachrichtigung der Wahlberechtigten (§ 10 Abs. 1 KWO) und die Ausstellung von Wahlscheinen (§ 16 Abs. 1 KWO).

II. Wahlverfahren

317 Eine Kommunalwahl kann in Hessen nur aufgrund von **zugelassenen Wahlvorschlägen** (Wahllisten) stattfinden, die die Grundlage für die Stimmabgabe durch die Wahlberechtigten bilden. Wird nur ein Wahlvorschlag zugelassen, wird nach den Grundsätzen der Mehrheitswahl gewählt (§ 1 Abs. 2 KWG). Bei **mindestens zwei** zugelassenen **Wahlvorschlägen** wird zwar auch nach dem jetzigen Kommunalwahlrecht weiterhin nach den **Grundsätzen der Verhältniswahl** gewählt. Jeder Wähler kann gem. §§ 1 Abs. 4, 18 KWG aber jetzt **so viele Stimmen abgeben, wie Sitze in der Vertretungskörperschaft** (§§ 38, 82 Abs. 1, 85 HGO und § 25 HKO) zu vergeben sind. Die Stimmen können zum einen auf Bewerber eines Wahlvorschlags oder unterschiedlicher Wahlvorschläge verteilt werden **(panaschieren)**. Zum anderen können die Wähler einzelnen Bewerbern auch bis zu drei Stimmen geben **(kumulieren)**. Eine Verpflichtung die Gesamtzahl der Stimmen auszuschöpfen, gibt es nicht. Es besteht auch weiterhin die Möglichkeit den Wahlvorschlag einer Partei oder Wählergruppe unverändert anzunehmen, indem eine Kennzeichnung in der Kopfleiste erfolgt.

1. Aufstellung und Einreichung von Wahlvorschlägen

318 Die **Berechtigung zur Einreichung von Wahlvorschlägen** haben nach § 10 Abs. 2 KWG nur Parteien im Sinne des Art. 21 GG und Wählergruppen. Nach **§ 2 ParteiG** sind **Parteien** Vereinigungen von Bürgern, die dauernd oder für längere Zeit für den **Bereich des Bundes oder eines Landes** auf die **politische Willensbildung Einfluss nehmen** und an der Vertretung des Volkes im Deutschen Bundestag oder einem Landtag mitwirken wollen. Sie müssen nach dem Gesamtbild der tatsächlichen Verhältnisse, insbesondere nach Umfang und Festigkeit ihrer Organisation, nach der Zahl ihrer Mitglieder und nach ihrem Hervortreten in der Öffentlichkeit eine ausreichende Gewähr für die Ernsthaftigkeit dieser Zielsetzung bieten. Unter **Wählergruppen** sind **ortsgebundene, lediglich kommunale Interessen verfolgende Zusammenschlüsse** zu verstehen. Ihnen muss nach den Grundsätzen der allgemeinen und gleichen Wahl sowie aufgrund der Gewährleistung der kommunalen Selbstverwaltung das Wahlvorschlagsrecht und ihren Kandidaten eine chancengleiche Teilnahme an den Kommunalwahlen gewährleistet sein (BVerfGE 11, 266 [276]).

Die **Bewerber der Wahlvorschläge** müssen in **geheimer Abstimmung** in einer Ver- **319**
sammlung der Mitglieder der Partei oder Wählergruppe im Wahlkreis (**Mitgliederversammlung**) oder in einer Versammlung der von den Mitgliedern der Partei oder Wählergruppe im Wahlkreis aus ihrer Mitte gewählten Vertretern (**Delegiertenversammlung**) aufgestellt werden (§ 12 Abs. 1 KWG; vgl. HessVGH ESVGH 2, 181; VG Wiesbaden HSGZ 1995, 499). Bei der Aufstellung sollen nach Möglichkeit **Frauen und Männer** gleichermaßen berücksichtigt werden (§ 12 Abs. 1 S. 2 KWG).

Eine Mindestzahl von Versammlungsteilnehmern schreibt das Gesetz nicht vor. Da aber eine geheime Abstimmung stattfinden muss, müssen mindestens drei Stimmberechtigte an der Versammlung teilnehmen. Bei der Aufstellung sollen nach Möglichkeit Frauen und Männer gleichermaßen berücksichtigt werden. Soweit das Gesetz keine Regelungen über die Aufstellung von Wahlvorschlägen, der Wahl der Vertreter für die Vertreterversammlung, deren Einberufung und Beschlussfähigkeit trifft, können sie von den Parteien und Wählergruppen geregelt werden (§ 12 Abs. 1 S. 4 KWG).

Über den **Verlauf der Versammlung** ist eine **Niederschrift** zu fertigen, die von dem Versammlungsleiter, dem Schriftführer und zwei weiteren Mitgliedern oder Vertretern zu unterzeichnen ist (§ 12 Abs. 3 KWG). Die Wahlvorschläge von Parteien und Wählergruppen, die während der vor dem Wahltag laufenden Wahlzeit ununterbrochen mit mindestens einem Abgeordneten in der zu wählenden Vertretungskörperschaft oder im Hessischen Landtag oder aufgrund eines Wahlvorschlags aus dem Lande im Bundestag vertreten waren, müssen von der von dem für den Wahlkreis zuständigen Parteiorgan oder den Vertretungsberechtigten der Wählergruppe benannten Vertrauensperson, die kein Bewerber sein darf, **persönlich und handschriftlich unterschrieben** sein (§ 11 Abs. 3 KWG; vgl. auch HessVGH HessVGRspr. 1974, 89; VG Kassel HessVGRspr. 1965, 68). Die Wahlvorschläge aller anderen Parteien und Wählergruppen müssen von **mindestens der zweifachen Anzahl von Wahlberechtigten persönlich und handschriftlich unterzeichnet** sein, **wie Vertreter zu wählen sind** (§ 11 Abs. 4 KWG). Jeder Wahlberechtigte kann nur einen Wahlvorschlag unterschreiben; hat jemand mehrere Wahlvorschläge für eine Wahl unterzeichnet, so ist seine Unterschrift auf allen Wahlvorschlägen für diese Wahl ungültig (§ 11 Abs. 4 KWG, § 23 Abs. 3 Nr. 4 KWO). Zu jedem Wahlvorschlag sind von der Versammlung eine Vertrauensperson und ein Stellvertreter zu benennen, die keine Bewerber sein dürfen (§ 11 Abs. 3 KWG).

Der Wahlleiter hat die Wahlvorschläge nach § 14 Abs. 1 S. 1 KWG sofort nach Eingang auf Ordnungsmäßigkeit und Vollständigkeit zu prüfen. Stellt er Mängel fest, die die Gültigkeit eines Wahlvorschlags berühren und noch vor Ablauf der Frist für die Einreichung der Wahlvorschläge abgestellt werden könnten, so soll er unverzüglich auf deren Beseitigung hinwirken. Die **Verantwortung** für die **Vollständigkeit und Richtigkeit der Wahlvorschläge liegt aber bei den Parteien und Wählergruppen**. Wird ein Wahlvorschlag erst am letzten Tag der Einreichungsfrist eingereicht, so muss es sich die Partei oder Wählergruppe selbst zurechnen lassen, dass sie vom Wahlleiter nicht mehr auf bestehende Mängel hingewiesen wird (HessVGH ESVGH 12, 198). Die **Prüfung partei- oder wählergruppeninterner Vorgänge ist unzulässig**. Nach Ablauf der Einreichungsfrist können nur noch Mängel gültiger Wahlvorschläge behoben werden (§ 14 Abs. 2 KWG).

Über die **Zulassung der Wahlvorschläge** entscheidet der Wahlausschuss in öffent- **320**
licher Sitzung (§ 15 Abs. 1 KWG). Ein Wahlvorschlag ist zurückzuweisen, wenn er verspätet eingereicht wurde oder die gesetzlichen Voraussetzungen des kommuna-

len Wahlverfahrens nicht erfüllt (vgl. HessVGH HessVGRspr. 1966, 20; 1970, 76 – Einreichung mehrerer Wahlvorschläge einer Partei). Sind in einem Wahlvorschlag die Anforderungen nur hinsichtlich einzelner Bewerber nicht erfüllt, werden sie aus dem Wahlvorschlag gestrichen. Weist der Wahlausschuss einen Wahlvorschlag zurück, so kann die Vertrauensperson des Wahlvorschlags binnen drei Tagen nach Bekanntgabe der Entscheidung **Einspruch bei dem Wahlleiter** einlegen; über den Einspruch **entscheidet der Wahlausschuss** (§ 15 Abs. 3 KWG).

321 Nachdem der **Wahlausschuss** über die **Zulassung der Wahlvorschläge** beschlossen hat, macht der **Wahlleiter** die **Wahlvorschläge bekannt** und veranlasst, dass **amtliche Musterstimmzettel** verteilt werden. Die Wahlvorschläge sind neben- oder untereinander in der Reihenfolge zu veröffentlichen (§§ 16 Abs. 2, 15 Abs. 4 KWG), dass zuerst die im Hessischen Landtag vertretenen Parteien nach ihrem Stärkeverhältnis genannt werden. Danach folgen die in der zu wählenden Vertretungskörperschaft vertretenen Parteien und Wählergruppen in der Reihenfolge der bei der letzten Wahl erreichten Anzahl der Stimmen. Über die Reihenfolge der übrigen Wahlvorschläge entscheidet das vom Wahlleiter in der Sitzung des Wahlausschusses zu ziehende Los (vgl. zur Verfassungsmäßigkeit von Vorschriften des KWG über die Reihenfolge der Wahlvorschläge, HessStGH StAnz. 1995, 892ff.). Auf dem Stimmzettel können, soweit ein entsprechender Beschluss der Vertretungskörperschaft vorliegt, auch Angaben zu Beruf oder Stand, Geburtsjahr, Geburtsname und Lage der Hauptwohnung der Bewerber aufgenommen werden (§ 16 Abs. 2 KWG).

Beispiele: für die Gestaltung von Wahlvorschlägen bzw. Musterstimmzettel bei: *Adrian/Coburger-Becker* ua, Leitfaden für die kommunalpolitische Arbeit in Hessen, S. 78f.; *Hannappel/Meireis*, Leitfaden Kommunalwahlen in Hessen.

2. Anlegung, Offenlegung und Fortführung des Wählerverzeichnisses

322 Das **Wählerverzeichnis** wird vom **Gemeindevorstand** in jedem Wahlbezirk für die dort wohnhaften Wahlberechtigten geführt. Wahlberechtigte **Unionsbürger**, die nicht der Meldepflicht unterliegen, werden auf Antrag in das Wählerverzeichnis eingetragen (§ 9 Abs. 4 KWO). Die Eintragung im Wählerverzeichnis ist eine für die Wahlrechtsausübung notwendige Bedingung (§ 7 Abs. 1 KWG). Die von Amts wegen vorzunehmende Eintragung **berechtigt zur persönlichen Stimmabgabe** in dem Wahlbezirk, für den das Wählerverzeichnis angelegt wurde (§ 7 Abs. 2 KWG).

Jeder **Wahlberechtigte** wird vom Gemeindevorstand von seiner Eintragung in das Wählerverzeichnis **vor dessen Auslegung** benachrichtigt (§ 10 KWO). Wer das Wählerverzeichnis für unvollständig oder unrichtig hält, kann innerhalb der vorgesehenen Auslegungsfrist **Einspruch beim Gemeindevorstand** einlegen (§ 8 Abs. 3 KWG). Gegen die Entscheidung kann der Betroffene **Beschwerde** an den **Gemeindewahlleiter** einlegen (§ 8 Abs. 3 KWG).

3. Beantragung und Ausstellung von Wahlscheinen

323 Wahlberechtigte können unter den Voraussetzungen des § 9 KWG einen **Antrag auf Erteilung eines Wahlscheins** stellen. Der Wahlschein wird von dem Gemeindevorstand der Gemeinde ausgestellt, in deren Wählerverzeichnis der Wahlberechtigte eingetragen ist oder hätte eingetragen sein müssen. Der Inhaber eines Wahlscheines kann entweder am Wahltag seine Stimmen in einem beliebigen Wahlbezirk des Wahlkreises, in dem der Wahlschein ausgestellt ist, abgeben oder mittels Briefwahl

Kapitel **4** Kommunales Wahlrecht 157

wählen (§ 7 Abs. 3 KWG). **Nicht möglich ist jedoch die Stimmabgabe im Wahllokal eines anderen Wahlkreises**. Wird der Wahlschein versagt, so kann der Betroffene **Einspruch beim Gemeindevorstand** einlegen, gegen dessen ablehnende Entscheidung **Beschwerde bei dem Gemeindewahlleiter** zuzulassen ist (§ 9 Abs. 2 KWG).

4. Leitung und Überwachung der Wahlhandlung

Die **Wahlhandlung** (vgl. HessVGH HessVGRspr. 1966, 86 – Beginn der Wahlzeit) ist **324** öffentlich (§ 17 KWG), die **Stimmabgabe** erfolgt jedoch **geheim** durch amtliche Stimmzettel. Der Wähler erhält beim Betreten des Wahlraumes einen Stimmzettel. Damit begibt er sich zur aufgestellten Wahlkabine, kennzeichnet dort seinen Stimmzettel eindeutig und faltet ihn zusammen. Am Tisch des Wahlvorstandes nennt er seinen Namen und gibt seine Wahlberechtigung ab. Der **Inhaber eines Wahlscheines** weist sich aus und übergibt den Wahlschein dem Wahlvorsteher. Der Wahlvorstand prüft sodann die Wahlberechtigung des Wählers im Wahlbezirk bzw. den Wahlschein. Entstehen Zweifel über die Gültigkeit des Wahlscheins oder über den rechtmäßigen Besitz, klärt sie der Wahlvorstand und beschließt über die Zulassung oder Zurückweisung. Hat der Schriftführer den Namen des Wählers im Wählerverzeichnis gefunden und die Wahlberechtigung festgestellt bzw. die Zulassung des Wahlscheininhabers beschlossen, gibt der Wahlvorsteher die Wahlurne frei. Vom Schriftführer wird die Stimmabgabe im Wählerverzeichnis vermerkt, der Wahlschein wird einbehalten.

Eine **Vertretung bei der Stimmabgabe ist unzulässig**. Ein Wähler, der durch körperliche Gebrechen, Leseschwäche oder Leseunkundigkeit an der Stimmabgabe behindert ist, kann sich aber der Hilfe einer **Hilfsperson** bedienen (§ 40 KWO).

Sobald die **Wahlzeit abgelaufen ist**, dürfen nur noch Wähler zugelassen werden, die sich bereits im Wahlraum befinden. Der Zutritt zum Wahlraum ist solange zu sperren, bis alle im Wahlraum anwesenden Wahlberechtigten ihre Stimmen abgegeben haben. Sodann erklärt der Wahlvorsteher die Wahl für geschlossen (§ 43 KWO).

III. Ermittlung des Wahlergebnisses

Nach **Beendigung der Wahlhandlung** wird das **Wahlergebnis im Wahlbezirk öf- 325 fentlich vom Wahlvorstand festgestellt** (§§ 20ff. KWG, §§ 46ff. KWO). Nachdem der Wahlvorstand die Zahl der Wähler mit der Zahl der abgegebenen Stimmzettel abgeglichen hat, ist es seine Aufgabe die Auszählung der Stimmzettel vorzubereiten. Er selbst zählt zunächst lediglich die Stimmzettel aus, bei denen ein Wahlvorschlag unverändert angenommen worden (§ 48 Abs. 1 Nr. 1 KWO). Des Weiteren stellt er die Anzahl derjenigen Wahlvorschläge fest, die nicht gekennzeichnet wurden (zweifelsfrei ungültig), die Anzahl der Stimmzettel, die Anlass zu Bedenken geben und die Zahl der übrigen Zettel. Unter Zugrundelegung dieser vom Wahlvorsteher an den Gemeindevorstand als sog. **Schnellmeldung** weiterzuleitenden Daten (§ 49 KWO) ist noch am Wahlabend eine Trendmeldung über den Ausgang der Kommunalwahl möglich. Zur eigentlichen Auszählung der Stimmzettel kann sich der Wahlvorstand auf den nächsten Tag vertagen (§ 48 Abs. 7 KWO). Dies ist insbesondere in den Fällen sinnvoll, in denen die Ergebnisermittlung unter Zuhilfenahme eines automatisierten Verfahrens, zB im Rathaus, erfolgen soll. Wurden **Auszählungswahlvorstände** berufen (§ 6 Abs. 6 KWG), obliegt ihnen die eigentliche Auszählung der kumulierten und panaschierten Stimmen. Die Auszählungsvorstände können jedoch ihre Arbeit zwingend erst am nächsten Tag aufnehmen (§ 48 Abs. 6 KWO). Ihnen kann die Ermittlung der Wahlergebnisse einzelner oder mehrerer Wahlbezirke übertragen werden.

Die von den Wahlvorständen der einzelnen Wahlbezirke bzw. Auszählungswahlvorständen ermittelten und an den Gemeindevorstand weitergeleiteten Teilergebnisse des gesamten Wahlkreises ergeben das **Gesamtwahlergebnis**. Das **endgültige Wahlergebnis** wird nach Prüfung der Wahlniederschriften der Wahlvorstände auf Vollständigkeit und Ordnungsgemäßheit durch den zuständigen Wahlausschuss in öffentlicher Sitzung festgestellt. Danach gibt der Wahlleiter das endgültige Wahlergebnis unter gleichzeitiger Angabe der Namen der Gewählten **öffentlich bekannt** und benachrichtigt sie (§ 23 Abs. 2 KWG).

IV. Sitzverteilung

326 Für die Kommunalwahlen **zu den Vertretungskörperschaften** (§§ 29ff. HGO) in Hessen gilt **grundsätzlich das Verhältniswahlprinzip** nach dem sog. *Hare-Niemeyer*-Verfahren. Ausnahmsweise wird nach den **Grundsätzen der Mehrheitswahl** gewählt, wenn **nur ein Vorschlag** zugelassen ist. Mit der Einführung des neuen Kommunalwahlrechts ist die früher geltende Sperrklausel, die diejenigen Wahlvorschläge von der Sitzverteilung ausschloss, die nicht mindestens 5 % der abgegeben gültigen Stimmen erhalten hatten, ersatzlos entfallen (vgl. Kapitel 4 A III).

1. Mehrheitswahlrecht

327 Wird eine Wahl nach den **Grundsätzen der Mehrheitswahl** durchgeführt, hat jeder Wahlberechtigte so viele Stimmen, wie Vertreter zu wählen sind. Auch in diesem Fall kann er bis zu drei Stimmen auf einen Bewerber kumulieren. Ist nur eine Stelle zu vergeben, ist derjenige Bewerber gewählt, auf den die **meisten Stimmen** entfallen. Sind mehrere Vertreter zu wählen, entscheidet bei Zulassung von nur einem Wahlvorschlag die Zahl der auf die einzelnen Bewerber entfallenen Stimmen unabhängig von der auf den Stimmzetteln vorgesehenen Reihenfolge. Praktische Bedeutung kommt diesem Wahlsystem noch bei Kommunalwahlen in kleineren Gemeinden, sowie bei den Wahlen zum Ortsbeirat, zu.

2. Verhältniswahlrecht

328 Auch nach dem jetzt gültigen hessischen Kommunalwahlrecht werden die Sitze nach den Grundsätzen des Verhältniswahlrechts vergeben, allerdings wurde es um Elemente des Persönlichkeitsrechts bereichert. Beibehalten wurde auch das Sitzverteilungsverfahren nach *Hare-Niemeyer*, das darauf abzielt, die Sitze (Mandate) nach der **mathematischen Proportion** zu verteilen (§ 22 KWG).

Die **Ermittlung des Wahlergebnisses wird in zwei Schritten** vollzogen. Zunächst werden die auf die Parteien und Wählergruppen entfallenen Mandate ermittelt. Hierfür werden zunächst alle gültigen Stimmen, die auf die Bewerber eines Wahlvorschlags entfallen sind, addiert. Die auf alle Bewerber eines Wahlvorschlags abgegebenen gültigen kumulierten und panaschierten Stimmen sowie Einzel- und Listen-

Kapitel 4 Kommunales Wahlrecht

stimmen bilden die Summe der von den Bewerbern dieses Wahlvorschlags erreichten Stimmen. Die Addition der auf alle Wahlvorschläge entfallenen Stimmen wiederum ergibt die "Gesamtstimmenzahl aller an der Sitzverteilung teilnehmenden Wahlvorschläge" (§ 22 Abs. 3 KWG). Hiernach wird für jeden an der Sitzverteilung teilnehmenden Wahlvorschlag eine mathematische Proportion nach folgender Formel erstellt:

$$\frac{\text{Zahl der insgesamt zu vergebenden Sitze} \times \text{Gesamtzahl der für die Bewerber eines Wahlvorschlags abgegebenen gültigen Stimmen}}{\text{Gesamtzahl der für die Bewerber aller Wahlvorschläge abgegebenen gültigen Stimmen}}$$

Bei dieser mathematischen Proportion ergibt sich eine ganze Zahl (vor dem Komma) und ein Zahlenbruchteil (hinter dem Komma). Jede Partei oder Wählergruppe erhält **zunächst** die für sie als **ganze Zahl errechneten Sitze**. Sofern dann noch nicht alle Sitze verteilt worden sind, werden den Wahlvorschlägen in der **Reihenfolge der Größe der jeweiligen Zahlenbruchteile die restlichen Sitze** zugeteilt. Über die Zuteilung des letzten Sitzes entscheidet bei gleichen Zahlenbruchteilen das vom Wahlleiter zu ziehende Los (§ 22 Abs. 3 KWG). Bei besonderen Konstellationen kann es dazu kommen, dass eine Partei oder Wählergruppe mit einer Stimmenzahl von unter 1% der gültigen Stimmen an der Sitzverteilung teilnimmt (vgl. Berechnungen des Hess. Städtetags in HStT 12/99, 167f.). Zwar zeigen die Erfahrungen anderer Bundesländer, die keine Sperrklausel kennen, keine konkret greifbaren Risiken für die Funktionsfähigkeit der kommunalen Vertretungskörperschaften, jedoch ist den anderen Kommunalverfassungen auch eine Ein-Personen-Fraktion wie sie bisher in § 36a HGO vorgesehen war, fremd (vgl. Kap. 5 C IV, VII). Eine Korrektur ungewollter Effekte des Sitzverteilungsverfahrens nach *Hare-Niemeyer* wäre etwa mit der Einführung eines anderen Sitzverteilungsverfahrens nach Hagenbach-Bischoff, d´Hondt oder Sainte-Lague/Schepers (vgl. auch Wahlprüfungsausschuss des DBt, BT-Drucks.14/1560; NWVerfGH NVwZ 2009, 449) möglich gewesen. Der Hessische Landesgesetzgeber hat sich jedoch für die Beibehaltung des *Hare-Niemeyer*-Verfahrens entschieden. Die Ein-Personen-Fraktion ist jedoch durch Änderung des § 36a Abs. 1 S. 4 HGO nunmehr unzulässig.

Da das Verfahren nach *Hare-Niemeyer* auch dazu führen kann, dass ein **Wahlvorschlag**, auf den **mehr als die Hälfte der gültigen Stimmen** entfallen sind, nicht **mehr als die Hälfte der zu vergebenden Sitze** erlangt, ist dies nach Abschluss der Berechnung zu prüfen. Falls die Sitzverteilung zu diesem Ergebnis gekommen ist, ist besagtem Wahlvorschlag nach Vergabe der Sitze aufgrund der ganzen Zahlen (vor dem Komma) ein weiterer Sitz zuzuteilen und erst dann werden die – eventuell – noch zu vergebenden Sitze nach der Reihenfolge der höchsten Zahlenbruchteile auf die einzelnen Wahlvorschläge verteilt (§ 22 Abs. 4 KWG).

In einem zweiten Schritt werden den Bewerbern eines Wahlvorschlags die **Sitze in der Reihenfolge ihrer Stimmenzahl** zugewiesen, die Elemente der Persönlichkeitswahl kommen also zum Tragen. Haben mehrere Bewerber die **gleiche Stimmenzahl** erhalten, entscheidet die Reihenfolge der Benennung im Wahlvorschlag (§ 22 Abs. 4b KWG). Bei gleicher Stimmenzahl ist die **Reihenfolge der Benennung im Wahlvorschlag** entscheidend.

Sind bei **Kreistagswahlen Wahlkreise** gebildet worden, werden bei der Ermittlung des Wahlergebnisses die Wahlbereichsvorschläge derselben Partei oder Wählergruppe als **verbundene Liste** behandelt. Für die Berechnung der Sitzverteilung werden in diesem Fall zunächst alle auf die Wahlbereichsvorschläge derselben Partei oder Wählergruppe entfallenen Stimmen addiert. Unter Anwendung des *Hare-Nie-*

meyer-Verfahrens wird dann die Zahl der Sitze, die der Partei oder Wählergruppe im Kreis zufallen, berechnet. In einem zweiten Schritt wird die Sitzzahl auf die einzelnen Wahlbereichsvorschläge erneut unter Anwendung des *Hare-Niemeyer*-Verfahrens berechnet. Erst danach werden die Sitze nach der Stimmenzahl an die Bewerber vergeben.

3. Erwerb des Mandats

329 Der gewählte Bewerber erwirbt die Rechtsstellung eines Vertreters mit der Feststellung des Wahlergebnisses im Wahlkreis, nicht jedoch vor Ablauf der Wahlzeit der bisherigen Vertretungskörperschaft (§ 23 Abs. 1 KWG). Ein Vertreter, der an der Mitgliedschaft in der Vertretungskörperschaft gehindert (§§ 37, 65 Abs. 2 HGO; §§ 27, 36 Abs. 2 HKO) ist, wird vom Wahlleiter darauf hingewiesen, dass er den Nachweis des Wegfalls des Hinderungsgrundes nur binnen 1 Woche nach Zustellung der Benachrichtigung erbringen muss. Andernfalls gilt die Rechtsstellung als Vertreter rückwirkend als nicht erworben (§ 23 Abs. 2 KWG).

4. Wählbarkeitsbeschränkungen

330 Nach **Art. 137 Abs. 1 GG** kann unter anderem die **Wählbarkeit** von Beamten und Angestellten des öffentlichen Dienstes in den Ländern und Gemeinden gesetzlich **beschränkt** werden. Hiervon hat der Hessische Gesetzgeber in den §§ 37 und 65 Abs. 2 HGO Gebrauch gemacht (vgl. auch HMdI Erlass v. 7.12.1976 zu § 37 HGO). Die **Unvereinbarkeit (Inkompatibilität) von Amt und Mandat** soll die organisatorische Gewaltenteilung sichern; auf eine konkrete Interessenkollision kommt es dabei nicht an. Insbesondere soll vermieden werden, dass in der öffentlichen Verwaltung Beschäftigte derjenigen Vertretungskörperschaft angehören, der die Kontrolle der Verwaltung obliegt (vgl. ausführlich, *Schneider/Dreßler*, HGO, Erl. zu § 37).

4.1. Vorliegen von Hinderungsgründen

331 Im Einzelnen können nach **§ 37 HGO** folgende Personen **nicht Gemeindevertreter sein**:

4.1.1. Hauptamtliche Beamte und haupt- und nebenberufliche Angestellte

Die Hinderungsgründe gelten nur für hauptamtliche Beamte und Angestellte, nicht aber für Arbeiter (VG Gießen LKRZ 2012, 277 leitender Physiotherapeut im kommunalen Eigenbetrieb).

4.1.1.1. Bedienstete der Gemeinde

332 Wer **Beamter** ist, richtet sich nach dem Hessischen Beamtengesetz. Das Beamtenverhältnis entsteht durch Aushändigung der Ernennungsurkunde. Die Wählbarkeit von **Ehrenbeamten** wird von § 37 HGO nicht beschränkt. Ebenso wenig sind **Beamte im Ruhestand** von der Wählbarkeit in kommunale Vertretungskörperschaften ausgeschlossen; dagegen ist es unerheblich, ob der Beamte beurlaubt ist (BGH NJW 1984, 2877f.).

Für die **Mitglieder des Gemeindevorstandes** enthält § 65 Abs. 2 HGO jedoch eine Sonderregelung. Dem Grundsatz der Unvereinbarkeit von Amt und Mandat folgend, können danach auch **Mitglieder des Gemeindevorstandes nicht gleichzeitig Gemeindevertreter sein** (§ 65 Abs. 2 HGO). Insofern wird die Unvereinbarkeitsregel des § 37 HGO von § 65 Abs. 2 HGO ergänzt, der die ehrenamtlichen Mitglieder des Gemeindevorstandes und die ehrenamtlichen Bürgermeister nicht erfasst.

Angestellter ist, wer in einem privatrechtlich begründeten Dienst- und Treueverhältnis zur Gemeinde abhängige Dienstleistungen gegen Entgelt erbringt. Kein Hinderungsgrund besteht für Arbeiter der Gemeinde (zur Abgrenzung Angestellter/Arbeiter vgl. Hanau/Adomeit, Arbeitsrecht, S. 150f.).

Im Zusammenhang mit der Frage, wer denn iSd § 37 HGO Bediensteter einer Gemeinde ist, ist ein Urteil des Bundesverwaltungsgerichts von Interesse, dass den Begriff „Arbeitnehmer des Landkreises" in § 24 der Landkreisordnung Baden-Württemberg eng ausgelegt hat, und zu dem Ergebnis kam, das einem Pförtner eines Kreiskrankenhauses nicht die Übertragung eines Kreistagsmandat verwehrt werden dürfe. Ein Hinderungsgrund bestünde nämlich für solche Arbeitnehmer nicht, die keine Möglichkeit hätten inhaltlich auf die Verwaltungsführung der kommunalen Gebietskörperschaft Einfluss zu nehmen (BverwG NVwZ 2017, 1711). § 24 BWLKrO sei für eine derart einschränkende Auslegung offen und deshalb nicht verfassungswidrig und nichtig, die einschränkende Auslegung sei aber auch geboten.

4.1.1.2. Bedienstete einer gemeinschaftlichen Verwaltungseinrichtung, an der die Gemeinde beteiligt ist

Darunter fielen ursprünglich die Verwaltungseinrichtungen iSv §§ 84ff. HGO. Mit der Aufhebung dieser Vorschriften ist diese Regelung gegenstandslos geworden. **333**

4.1.1.3. Bedienstete einer Körperschaft, Anstalt oder Stiftung des öffentlichen Rechts, an der die Gemeinde maßgeblich beteiligt ist

Maßgeblich beteiligt ist die Gemeinde, wenn sie eine **Kapitalbeteiligung von mehr als 50%** hält oder, wenn sie durch **Stimmenmehrheit in Organen** oder auf sonstige Weise entscheidenden Einfluss besitzt (BVerfGE 38, 326). Über **entscheidenden Einfluss** verfügt die Gemeinde immer dann, wenn **ihre Vertreter** allein die Entscheidungen in den Organen der Körperschaften, Anstalten oder Stiftungen **bestimmen können**; nicht ausreichend ist aber eine Sperrminorität seitens der Gemeinde oder – jedenfalls im Regelfall – eine nur mittelbare Beteiligung. Hingegen ist eine entscheidende Beeinflussung nicht ausgeschlossen, wenn für wichtige Entscheidungen qualifizierte Mehrheiten notwendig sind oder andere Mitglieder über eine Sperrminorität verfügen. **334**

4.1.1.4. Bedienstete des Landes, die beim Oberbürgermeister als Behörde der Landesverwaltung beschäftigt sind

Unter diese Bestimmung fallen die hauptamtlichen Beamten und haupt- und nebenberuflichen Angestellten, die bei der staatlichen Abteilung des Oberbürgermeisters gem. § 146a HGO beschäftigt sind. **335**

4.1.1.5. Bedienstete des Landes, die unmittelbar Aufgaben der Staatsaufsicht (Kommunal- und Fachaufsicht) über die Gemeinde wahrnehmen

336 Unter den Begriff "**Staatsaufsicht**", der von der Rechtsprechung weit ausgelegt wird (HessVGH NVwZ 1984, 666; HSGZ 1984, 227), fällt neben der **Fachaufsicht** und der **allgemeinen Kommunalaufsicht** auch die im Gesetz nicht genannte **Sonderaufsicht** (vgl. Kap. 10 B IV). **Mit Aufsichtsfunktionen unmittelbar** betraut sind nur **Bedienstete der unmittelbar übergeordneten** (unteren Kommunal- und Fachaufsichts-) **Behörde** (Erlas des HMdI IV A 1 – 3k 02 v. 7.12.1976). Bedienstete oberer und oberster Aufsichtsbehörden sind nicht betroffen; dies gilt auch in den Fällen, in denen ihrer Behörde unmittelbare Aufsichtsbefugnisse eingeräumt sind, zB Erteilung von Genehmigungen oder die Zulassung von bestimmten Ausnahmen.

Die **Wählbarkeit** ist aber **nur hinsichtlich der Gemeinden und Landkreise beschränkt**, auf die sich die **Aufsichtstätigkeit eines Bediensteten bezieht**. So kann ein Bediensteter der staatlichen Abteilung beim Landrat, der ausschließlich mit Aufsichtstätigkeit für bestimmte Gemeinden des Landkreises betraut ist, in den anderen kreisangehörigen Gemeinden, die nicht zu seinem Aufgabengebiet gehören, ein Mandat annehmen. Dies kann jedoch nicht für **Dienststellen- oder Abteilungsleiter** gelten, denen aufgrund ihrer Dienststellung Aufsichtsfunktionen für alle kreisangehörigen Gemeinden zustehen. **Kollisionsfälle** können auch durch die vertretungsweise Wahrnehmung von Aufsichtsfunktionen, etwa bei Krankheit oder Urlaub, auftreten; dem ist durch organisatorische Maßnahmen vorzubeugen.

Beispiele aus der Rechtsprechung: Unmittelbare Staatsaufsicht
- übt ein beim Landrat als Behörde der Landesverwaltung – Staatliches Veterinäramt – als Hauptabteilungsleiter tätiger Veterinärdirektor über eine kreisangehörige Gemeinde aus, die einen Schlachthof betreibt (HessVGH NVwZ 1984, 666).
- nimmt ein beim Landrat als Behörde der Landesverwaltung – Staatliches Schulamt – als Dezernent tätiger Schuldirektor gegenüber einer kreisangehörigen Stadt wahr (Schulaufsicht), der ua für die schulfachliche Beratung der Schulträger, die Koordination des Einsatzes von Lehr-, Lern- und Arbeitsmitteln sowie die Überwachung und Ausführung von Gesetzen, Verordnungen, Erlassen und Verfügungen zuständig ist (HessVGH HSGZ 1984, 227).

Maßgeblich ist die **Aufgabenzuweisung nach dem Geschäftsverteilungsplan** und nicht etwa die möglicherweise vorwiegende Tätigkeit, die nicht zur unmittelbaren Staatsaufsicht gehört (*Schneider/Dreßler*, HGO, Erl. 3.4 zu § 37, Rn. 32). Bedienstete des Landkreises, die Aufsichtstätigkeiten wahrnehmen, wie der Landrat (§ 55 Abs. 2 HKO) oder Kreisbeigeordnete in Vertretung des Landrates (§ 55 Abs. 6 HKO) werden von der Regelung nicht erfasst.

4.1.1.6. Bedienstete des Landkreises, die mit Aufgaben der Rechnungsprüfung für die Gemeinde befasst sind

337 Ein bei einem Landkreis beschäftigter **Bediensteter eines Rechnungsprüfungsamtes** (§ 129 HGO) ist nur an der Wahrnehmung eines Mandates in einer Gemeinde gehindert, an deren Rechnungsprüfung er beteiligt ist (*Schneider/Dreßler*, HGO, Erl. 3.5 zu § 37, Rn. 36).

4.1.2. Leitende Angestellte einer Gesellschaft oder einer Stiftung des bürgerlichen Rechts, an der die Gemeinde maßgeblich beteiligt ist

338 **Leitender Angestellte** ist derjenige, der eine im **Unternehmen herausgehobene Position** innehat und mit **wesentlichem Einfluss auf die tragenden Entscheidungen des Unternehmens ausgestattet ist; ein „bestimmter Einfluss im Unternehmen reicht allein nicht aus (HessVGH NVwZ-RR 1998, 197). Hierzu gehören jedenfalls die Angestellten, die allein oder mit anderen berechtigt sind, die **Gesellschaft** in ihrer Gesamtheit zu **vertreten**, zB Geschäftsführer, Prokuristen und Bevollmächtigte. Aufgrund der Unterschiedlichkeit der Unternehmensstrukturen in einer privatrechtlichen Ordnung ist eine einheitliche funktionsbezogene Abgrenzung des Begriffs der leitenden Angestellten für das gesamte Wirtschaftsleben oder auch nur für Teilbereiche unmöglich (BVerfGE 59, 104 [116]). Ob ein Angestellter Leitungsfunktion hat oder nicht, lässt sich daher nur im **Einzelfall** entscheiden. Zum Stand der Diskussion über den Begriff „Leitender Angestellter" im Betriebsverfassungsrecht und der Unternehmensmitbestimmung wird auf den Grundsatzbeschluss des BAG vom 29.1.1980 (NJW 1980, 2724ff.) verwiesen.

4.2. Folgen von Hinderungsgründen

Liegen **Hinderungsgründe** vor, so haben diese **keinen Ausschluss der Wählbarkeit (Ineligibilität)** zur Folge. Eine Person, bei der ein Hinderungsgrund vorliegt, kann vielmehr als Bewerber in einen Wahlvorschlag aufgenommen und gewählt werden. Demnach stehen auch der Kandidatur eines hauptamtlichen kommunalen Wahlbeamten zur Gemeindevertretung keine Hindernisse entgegen (HessVGH ESVGH 29, 171; 31, 161; HessVGRpr. 1970, 73). Nicht jedweder Kandidatur eines hauptamtlichen Beigeordneten auf einer Kommunalwahlliste einer Partei oder Wählergruppe kann aber eine „Wählertäuschung" oder „Scheinkandidatur" unterstellt werden. Die Kandidatur hauptamtlicher kommunaler Wahlbeamten auf einer Kommunalwahlliste kann durchaus mit den nach der Kommunalwahl möglicherweise veränderten Mehrheitsverhältnissen in einer Gemeindevertretung und/oder einer etwaigen Drohung der Abwahl ernsthaft betrieben werden (kritisch *Lange,* Verfassungswidrige Scheinkandidaturen, DÖV 2018, 457).

339

Ein etwaiger **Hinderungsgrund wirkt sich erst nach der Wahl aus**. Sollte ein Wahlbewerber an der Mitgliedschaft gehindert sein, so weist ihn der Wahlleiter darauf hin, dass er die Rechtstellung als Vertreter rückwirkend verliert, wenn er den Wegfall des Hinderungsgrundes nicht innerhalb einer Woche nach Zustellung der Benachrichtigung nachweist (§ 23 Abs. 2 KWG). In diesem Fall muss der **Wahlleiter** eine **Feststellung über das Nachrücken** des nächsten noch nicht berufenen **Bewerbers des Wahlvorschlags mit den meisten Stimmen** treffen (§ 34 KWG). Einer Feststellung des Ausscheidens bedarf es nicht, da der gewählte Bewerber aufgrund der gesetzlichen Fiktion des § 23 Abs. 2 KWG der Gemeindevertretung nicht angehört hat.

Ist der Hinderungsgrund zwar fristgerecht weggefallen, doch der **Nachweis versäumt** worden, so besteht nur noch die Möglichkeit, im Wege eines **Wahlprüfungsverfahrens** nach §§ 25ff. KWG nachträglich feststellen zu lassen, dass entgegen der gesetzlichen Fiktion kein Hinderungsgrund vorgelegen hat. In einem solchen Fall hat der Wahlleiter das Ausscheiden des zu Unrecht berufenen Nachrückers festzustellen.

5. Verlust des Mandats

Der **Verlust des Mandates** ist zunächst möglich durch **Verzicht**, wobei der Verzicht dem Wahlleiter gegenüber schriftlich zu erklären ist und unwiderruflich ist (§ 33

340

Abs. 2 KWG). Der Verzicht kann wegen Täuschung oder Drohung in entsprechender Anwendung des § 123 BGB **angefochten** werden; hingegen ist eine Anfechtung wegen Irrtums (§ 119 BGB) ausgeschlossen (HessVGH NVwZ 1984, 55). Der Vertreter verliert seinen Sitz mit der **Feststellung des Wahlleiters**.

Ein Vertreter verliert seinen Sitz auch durch **Verlust der Wählbarkeit** oder der **Fähigkeit zur Bekleidung öffentlicher Ämter**, durch **nachträglichen Eintritt eines Hinderungsgrundes** für die Mitgliedschaft in der Vertretungskörperschaft (§§ 32 Abs. 2, 33, 37, 65 Abs. 2 HGO, §§ 27, 36 Abs. 2 HKO) sowie aufgrund einer **Entscheidung im Wahlprüfungsverfahren**. Ein isolierter Wegfall der Wählbarkeit bei fortbestehender Wahlberechtigung ist dann möglich, wenn ein Gemeindevertreter während der Wahlzeit wegen eines Verbrechens zu einer Freiheitsstrafe von mindestens einem Jahr verurteilt wird (§ 45 StGB). Bei Vorliegen eines rechtskräftigen Richterspruchs scheidet der Vertreter mit der Feststellung des Wahlleiters, im Übrigen (zB durch Wegzug aus der Gemeinde) mit der Unanfechtbarkeit der Feststellung des Wahlleiters aus der Vertretungskörperschaft aus (vgl. zu dem Entzug eines Mandats durch Mehrheitsbeschluss der Gemeindevertretung in Rheinland-Pfalz, BVerwG NVwZ 2015, 1613).

Verliert ein Vertreter seinen Sitz aufgrund einer Entscheidung im Wahlprüfungsverfahren, scheidet der Vertreter mit der Rechtskraft der Entscheidung aus der Vertretungskörperschaft aus (§ 33 Abs. 3 KWG). Durch das **Ausscheiden wird die Rechtswirksamkeit** seiner **bisherigen Tätigkeit nicht berührt** (§ 33 Abs. 4 KWG).

Ein Mandatsverlust kann auch aus einem **Verbot einer Partei oder Wählergruppe durch das Bundesverfassungsgericht** folgen, wenn der Vertreter der Partei oder Wählergruppe zur Zeit der Antragstellung oder Verkündung der Entscheidung angehört hat (§ 35 KWG). Ebenso bewirkt die **Auflösung der Vertretungskörperschaft** (§ 141 a Abs. 1 HGO, § 54 HKO) den Sitzverlust.

Das Bundesverfassungsgericht hat die Verfassungsbeschwerde eines Gemeinderatsvertreters in Nordrhein-Westfahlen wegen nicht ausreichender Nachweisbarkeit einer Wählbarkeitsvoraussetzung (Hauptwohnsitz) als unzulässig abgewiesen, da das objektivrechtliche Verfassungsgebot des Art. 28 Abs. 1 Satz 2 GG über die allgemeine Handlungsfreiheit (Art. 2 Abs. 1 GG) oder den allgemeinen Gleichheitssatz (Art. 3 Abs. 1 GG) keine rügefähige subjektive Rechtsposition begründe (BVerfG NVwZ 2009, 776).

6. Rechtsfolgen

341 Wenn ein gewählter Bewerber **stirbt**, seine **Rechtsstellung** nach § 23 Abs. 2 S. 3 KWG als **nicht erworben** gilt, oder seinen Sitz verliert, so rückt der **nächste noch nicht berufene Bewerber desselben Wahlvorschlages mit den meisten Stimmen** an seine Stelle; bei gleicher Stimmenzahl ist die Reihenfolge der Benennung im Wahlvorschlag entscheidend. Ist der **Wahlvorschlag erschöpft, so bleibt der Sitz unbesetzt** und die **gesetzliche Mitgliederzahl der Vertretungskörperschaft vermindert sich für die Wahlzeit entsprechend** (§ 34 Abs. 1 S. 2 KWG). Der Wahlleiter stellt das Ausscheiden des bisherigen Vertreters und den Namen des nachrückenden Vertreters oder das Leerbleiben des Sitzes fest (§ 34 Abs. 3 KWG). Gegen die **Feststellung des Wahlleiters** sind die im Wahlprüfungsverfahren vorgesehenen Rechtsmittel (§§ 25 bis 27 KWG) zulässig, also **Einspruch** und anschließend **verwaltungsgerichtliche Klage gegen den Beschluss der Vertretungskörperschaft**. Der

Kapitel **4** Kommunales Wahlrecht 165

Nachrücker behält seinen Sitz oder der Sitz bleibt leer, bis im Wahlprüfungsverfahren rechtskräftig entschieden worden ist (§ 34 Abs. 5 KWG). Sollte die Feststellung des Wahlleiters im Wahlprüfungsverfahren geändert werden, so wird hierdurch die **Rechtswirksamkeit der bisherigen Beschlüsse der Vertretungskörperschaft und die bisherige Tätigkeit des zu Unrecht nachgerückten Vertreters nicht berührt** (§ 34 Abs. 6 KWG). Die **Vertreter** erlangen nämlich bereits **mit der Feststellung des Wahlergebnisses** und damit schon vor rechtskräftiger Beendigung des Wahlprüfungsverfahrens die **Legitimation zur Ausübung ihrer Funktionen**, vorausgesetzt, es hat überhaupt ein Wahlakt im Rechtssinne stattgefunden. Die Handlungsfähigkeit der Vertretungskörperschaft beginnt mit ihrer Konstituierung (vgl. Kap. 5 A I).

V. Rechtsschutz bei Kommunalwahlen

Der Rechtsschutz bei Kommunalwahlen bestimmt sich nach den sondergesetzlichen Vorschriften des Kommunalwahlgesetzes und der hierzu aufgrund von § 68 KWG ergangenen Kommunalwahlordnung (KWO). 342

1. Rechtsschutz vor der Wahl

Entscheidungen und Maßnahmen, die sich **unmittelbar auf das Wahlverfahren** beziehen, können nur mit den vom Gesetzgeber im **Kommunalwahlgesetz und der Kommunalwahlordnung vorgesehenen Rechtsbehelfe sowie im Wahlprüfungsverfahren angefochten werden** (§ 28 KWG). Folglich ist der **Rechtsschutz vor der Wahl** auf die Fälle beschränkt, in denen die **Eintragung in das Wählerverzeichnis** (§ 8 KWG), die **Ausstellung des Wahlscheins** (§ 9 KWG) oder die **Zulassung eines eingereichten Wahlvorschlags** (§ 15 KWG) in Streit steht. In diesen Fällen können die Betroffenen **Einspruch** beim Gemeindevorstand (§§ 8 Abs. 3 S. 1, 9 Abs. 2 S. 1 KWG) bzw. beim Gemeindewahlleiter (§ 15 Abs. 3 KWG) und gegen erstere Entscheidungen **Beschwerde** bei dem Gemeindewahlleiter (§ 8 Abs. 3 S. 2, 9 Abs. 3 S. 2 KWG) einlegen. Der reibungslose Ablauf der Kommunalwahlen erfordert es aber im Übrigen, dass die Rechtskontrolle der zahlreichen **Einzelentscheidungen der Wahlorgane** begrenzt und dem nach der Wahl eröffneten Wahlprüfungsverfahren vorbehalten sind (HessVGH DVBl. 1967, 629); sie **erwachsen daher auch nicht in Bestandskraft und entfalten keine Präklusionswirkung** (HessStGH StAnz. 1993, 815; HessVGH DÖV 1966, 505). 343

Verwaltungsgerichtliche Eingriffe in die Funktionen der Wahlorgane vor Abschluss der Wahlen sind **während des Wahlverfahrens unzulässig**. Infolgedessen sind auch **einstweilige Anordnungen** gegen **Entscheidungen und Maßnahmen, die sich unmittelbar auf das Wahlverfahren beziehen, vor Abschluss desselben unzulässig** (HessVGH HessVGRspr. 1966, 17 [18]; DVBl. 1967, 629).

2. Rechtsschutz nach der Wahl

Bei **Wahlen** zu Vertretungskörperschaften handelt es sich um **keine Verwaltungsakte** (HessVGH VGRpr. 1975, 17). **Wahlprüfung und Rechtsmittel** bestimmen sich daher auch **nach Abschluss des kommunalen Wahlverfahrens** im engeren Sinne (Wahlhandlung – Bekanntmachung des Wahlergebnisses – Annahme der Wahl) **nach** 344 den sondergesetzlichen Vorschriften des Kommunalwahlgesetzes und der Kommunalwahlordnung.

2.1. Wahlprüfungsverfahren

345 Gegen die **Gültigkeit der Wahl** kann zunächst **jeder Wahlberechtigte** binnen **zwei Wochen** nach der Bekanntmachung des Wahlergebnisses bei dem Wahlleiter schriftlich oder zur Niederschrift **Einspruch** erheben (§ 25 KWG). Der Einspruch ist zu begründen (§ 25 Abs. 2 KWG (vgl. auch HessVGH HSGZ 1997, 165; VGRspr. 1975, 17). Begründet ein Wahlberechtigter seinen Einspruch nicht mit der Verletzung eigener Rechte, ist er nur zulässig, wenn ihn 1 % der Wahlberechtigten, mindestens aber fünf, bei mehr als zehntausend Wahlberechtigten mindestens einhundert Wahlberechtigte unterstützen. Es findet **keine allgemeine Wahlprüfung** statt, sondern die neu gewählte Vertretungskörperschaft entscheidet nach ihrer Konstituierung über die mit den **fristgerecht erhobenen Einsprüchen vorgetragenen Tatsachenbehauptungen** (sog. Wahlanfechtungsprinzip; HessVGH HSGZ 2000, 277)). Infolgedessen muss der den Einspruch einlegende Wahlberechtigte den Lebenssachverhalt, auf den er die Unregelmäßigkeit im Wahlverfahren stützt, innerhalb der Einspruchsfrist so konkret und nachvollziehbar darlegen, dass die mit dem Einspruch befasste Vertretungskörperschaft feststellen kann, ob einer der in § 26 KWG zur Ungültigkeit der Wahl führenden Tatbestände vorliegt (HessVGH HessVGRspr. 1975, 17). **Pauschale Hinweise auf die Verletzung von Wahlrechtsvorschriften** (zB Verstoß gegen den Grundsatz der Gleichheit der Wahl) **genügen diesen Anforderungen nicht**; jedoch ist nicht ausgeschlossen, dass ein fristgerecht und hinreichend substantiierter Einspruch während des Wahlprüfungsverfahrens vervollständigt, näher spezifiziert oder durch Beweisantritte erhärtet wird.

2.1.1. Anordnung des Ausscheidens eines Vertreters

346 Die **neu gewählte Vertretungskörperschaft** hat über die **Einsprüche und die Gültigkeit der Wahl** von Gesetzes wegen zu beschließen (§ 26 KWG). Vorrangig hat sie dabei zu prüfen, ob **in der Person eines gewählten Vertreters ein die Gültigkeit der Wahl beeinträchtigender Mangel** begründet ist. Stellt sie bei der Prüfung fest, dass die Wählbarkeitsvoraussetzungen eines Vertreters nicht gegeben waren, ein die Zulassungsvoraussetzungen nicht erfüllender Bewerber aus einem Wahlvorschlag hätte gestrichen werden müssen (§ 15 Abs. 2 S. 2 KWG) oder der Wahlannahme eines Vertreters ein Hinderungsgrund entgegenstand, so hat sie das **Ausscheiden dieses Vertreters anzuordnen** (§ 26 Abs. 1 Nr. 1 KWG). Vor der Anordnung des Ausscheidens ist dem Betroffenen ausdrücklich Gelegenheit zur Stellungnahme zu geben (VG Kassel NVwZ-RR 1999, 526).

2.1.2. Anordnung einer Wiederholungswahl

347 Im Jahr 2005 wurde das Wahlprüfungsverfahren umfassend novelliert. Seit dem findet eine vollständige oder teilweise **Wiederholung der Wahl** (§ 30 KWG) statt, wenn die **Vertretungskörperschaft** feststellt, dass beim **Wahlverfahren** (Vorbereitung oder Durchführung der Wahl) **Unregelmäßigkeiten oder strafbare Handlungen oder gegen die guten Sitten verstoßende Handlungen** vorgekommen sind, bei

Kapitel 4 Kommunales Wahlrecht

denen nach den **Umständen des Einzelfalls** eine **nach der Lebenserfahrung konkrete Möglichkeit besteht,** dass sie auf die **Verteilung der Sitze von entscheidendem Einfluss** gewesen sein können (§ 26 Abs. 1 Nr. 2 KWG), oder wenn im **verwaltungsgerichtlichen Verfahren** die **Ungültigkeit der Wahl** festgestellt wird. Unter den Begriff des Wahlverfahrens fällt **nicht nur der formal-technische Ablauf** der Wahl. Unregelmäßigkeiten stellen vielmehr alle **Verstöße gegen wesentliche Vorschriften** dar, insbesondere solche gegen allgemeine Wahlgrundsätze (HessVGH NVwZ 1992, 284).

Beispiele möglicher Unregelmäßigkeiten: die Nichtberücksichtigung eines Kandidaten eines Wahlvorschlages auf dem Stimmzettel (HessVGH NVwZ 1991, 601); Verletzung der Neutralitätspflicht im Kommunalwahlkampf (BVerwG HSGZ 1998, 17; HessVGH NVwZ 1992, 284; VG Gießen KP SW 1998, 106; VG Frankfurt NVwZ 1997, 1240ff. wegen Verstoßes gegen das HMG); eine unzulässige Wahlbeeinflussung innerhalb der sog. Bannmeile vor dem Wahllokal iSd § 17a KWG (HessVGH NVwZ 1991, 702f.); ein zu früher Wahlbeginn (HessVGH HessV-GRspr. 1966, 86); die Zulassung eines mit Mängeln behafteten Wahlvorschlags (VG Kassel HessVGRspr. 1965, 70); eine nicht fristgerechte Bekanntmachung eines Wahlvorschlages (Hess VGH HessVGRspr. 1966, 17); eine nicht gesetzmäßige Bildung oder Besetzung eines Wahlausschusses (HessVGH ESVGH 12, 198; 13, 105; HessVGRspr. 1966, 20); die Versagung der Eintragung im Wählerverzeichnis trotz Wahlberechtigung (HessVGH HessVGRpr. 1970, 81); Differenz zwischen der Summe der benutzten Stimmzettel und der Summe der gültigen und ungültigen Stimmzettel (VG Wiesbaden NVwZ-RR 1996, 164).

Unregelmäßigkeiten konnten nach der früheren Rechtsprechung dann auf die **Sitzverteilung von Einfluss** gewesen sein, wenn nicht nur eine theoretische, sondern eine **konkrete, nach der Lebenserfahrung nicht ganz fern liegende Möglichkeit der Auswirkung auf das Wahlergebnis anzunehmen war** (VG Gießen KP SW 1998, 106 [107]; VG Frankfurt NVwZ 1997, 1240ff.; HessVGH NVwZ 1992, 284 [286], NVwZ 1991, 702, NVwZ 1991, 601; OVG NW NVwZ-RR 1993, 375). Dagegen waren **Unregelmäßigkeiten** dann **unbeachtlich,** wenn sie das Wahlergebnis nach der Lebenserfahrung nicht beeinflusst haben konnten oder bei denen diese Möglichkeit so entfernt war, dass sie nicht ernsthaft in Betracht gezogen werden konnte (VG Kassel HSGZ 2000, 277). 348

Inwieweit sich die neue Gesetzeslage auf die Gültigkeit von Wahlen maßgeblich auswirken wird, bleibt abzuwarten. Von rechtlicher Relevanz dürfte jedenfalls das Erfordernis des **entscheidenden Einflusses** auf die Sitzverteilung sein.

Jedenfalls kann eine unzulässige Wahlbeeinflussung auch durch pflichtwidriges amtliches Verhalten begangen werden, das seiner Art keinen Bezug zur Wahl hat, aber inhaltlich dazu bestimmt und geeignet ist, die Wählerwillensbildung parteiergreifend und chancenbeeinträchtigend zu beeinflussen. In einem Fall der mehrfachen pflichtwidrigen Unterdrückung verschiedener wahlrelevanter Tatsachen, ist dann zu prüfen, welchen Einfluss es auf die Willensbildung des Wählers gehabt hätte, wenn alle bis zum Abschluss der Wahl unterdrückten Tatsachen bekannt geworden wären. (HessVGH DÖV 2003, 425, HSGZ 2002, 171).

Die Wiederholungswahl hat **innerhalb von vier Monaten nach Rechtskraft der Entscheidung für den Rest der Wahlzeit** stattzufinden, wobei der Wahltag von der Vertretungskörperschaft bestimmt wird (§§ 26 Abs. 1 Nr. 2, 30 Abs. 1 KWG). Erstrecken sich die **Unregelmäßigkeiten** auf den **ganzen Wahlkreis** oder auf **mehr als die Hälfte der Wahl- und Briefwahlbezirke des Wahlkreises,** findet die **Wiederholungswahl im gesamten Wahlkreis** nach den für die **Neuwahl geltenden Vorschriften** statt (§ 30 Abs. 3 KWG). Erstrecken sich die **Unregelmäßigkeiten** nur auf **einzelne Wahl- oder Briefwahlbezirke,** wird die Wahl aufgrund der **Wahlvorschläge und Wählerverzeichnisse der Hauptwahl** nur in diesen Wahlbezirken wieder- 349

holt. Wahlvorschläge können nur geändert werden, wenn sich dies aus der Wahlprüfungsentscheidung ergibt, ein Bewerber verstorben oder nicht mehr wählbar ist. Todesfälle und Wahlrechtsverlust werden im Wählerverzeichnis korrigiert. Im Übrigen gelten auch hier die Vorschriften über die Neuwahl. Eine Wiederholungswahl kann allerdings unterbleiben, wenn die Rechtskraft der Entscheidung im letzten Jahr der Wahlzeit eintritt (§ 30 Abs. 4 KWG).

2.1.3. Anordnung der Neufeststellung des Wahlergebnisses

350 Erachtet die neu gewählte Vertretungskörperschaft die **Feststellung des Wahlergebnisses durch den Wahlausschuss** (§ 22 KWG) für **unrichtig** (zB mathematische oder methodische Fehler bei der Berechnung der Sitzverteilung), so hat sie die **Feststellung aufzuheben** und eine **neue Feststellung anzuordnen** (§ 26 Abs. 1 Nr. 3 KWG). Der Wahlausschuss ist bei der ihm obliegenden Neufeststellung (§ 31 KWG) an die **Grundsätze der Entscheidung der Vertretungskörperschaft gebunden**; das wiederum vom Wahlleiter bekannt zu gebende Wahlergebnis unterliegt **erneut der Nachprüfung im Wahlprüfungsverfahren** (§§ 25 bis 27 KWG).

2.1.4. Gültigkeitserklärung

351 Liegen keine die Einsprüche oder die Ungültigkeit der Wahl begründenden Mängel vor, so ist die Wahl von der **neu gewählten Vertretungskörperschaft** für **gültig zu erklären** (§ 26 Abs. 1 Nr. 4 KWG).

2.2. Rechtsmittel

352 **Entscheidungen und Maßnahmen**, die sich unmittelbar auf das Wahlverfahren beziehen, können nur mit den im **KWG** und in der **KWO** vorgesehenen **Rechtsbehelfen** sowie im **Wahlprüfungsverfahren** angefochten werden (§ 28 KWG). Gegen den Beschluss einer Vertretungskörperschaft im Rahmen der Wahlprüfung steht daher weder dem Bürgermeister noch dem Gemeindevorstand (§ 63 HGO) ein Beanstandungsrecht zu (HessVGH HessVGRspr. 1970, 70 [71]).

Gegen den **Beschluss der Vertretungskörperschaft** (§ 26 KWG) steht dem **Wahlleiter**, dem **Wahlberechtigten, der den Einspruch erhoben hat**, dem Vertreter, **dessen Wahl für ungültig erklärt wurde** und der **Aufsichtsbehörde** innerhalb eines Monats nach Zustellung oder Verkündung der Entscheidung **Klage im Verwaltungsstreitverfahren** zu (§ 27 KWG). Die allgemeinen Vorschriften über das verwaltungsgerichtliche Verfahren finden mit der Maßgabe Anwendung, dass die **Klage gegen die Vertretungskörperschaft** zu richten ist und ein **Widerspruch** gegen den Beschluss der Vertretungskörperschaft **nicht stattfindet**.

Wird im Wahlprüfungsverfahren oder im verwaltungsgerichtlichen Verfahren die **Ungültigkeit der Wahl** festgestellt, so ist sie in dem in der Entscheidung bestimmten Umfang **binnen vier Monaten** nach rechtskräftiger Entscheidung der Feststellung der Ungültigkeit zu **wiederholen** (Wiederholungswahl; vgl. Kap. 4 B V 2.1.2). Beschlüsse der Vertretungskörperschaft, die vor der Rechtskraft einer Entscheidung über die Ungültigkeit der Wahl gefasst worden sind, bleiben wirksam (§ 29 S. 1 iVm § 30 Abs. 4 KWG).

Eine Verfassungsbeschwerde wegen Nichtzulassung eines Wahlvorschlags zu einer Kommunalwahl ist wegen Subsidiarität unzulässig, da das landesrechtliche Wahlprüfungsrecht vorrangigen Rechtsschutz gewährleistet (BVerfG, Nichtannahmebeschluss v. 8.8.2012 – 2 BvR 1672/12).

VI. Nachwahl

Eine **Nachwahl** findet statt, wenn die Wahl in einem Wahlkreis oder Wahlbezirk infolge **höherer Gewalt nicht durchgeführt** werden konnte (binnen vier Monaten nach Wegfall der Hinderungsgründe), wenn eine **Gemeindevertretung oder ein Kreistag von der Aufsichtsbehörde aufgelöst** wird (binnen vier Monaten nach rechtswirksamer Auflösung) oder wenn aus **Anlass der Änderung von Gemeinde- und Kreisgrenzen** (binnen sechs Monaten nach rechtswirksamer Grenzänderung) eine Wahl erforderlich wird (§ 32 Abs. 1 KWG). Wäre die Nachwahl im Falle der Grenzänderung innerhalb eines Jahres vor Ablauf der allgemeinen Wahlzeit vorzunehmen, so kann davon abgesehen werden. Die Aufsichtsbehörde kann auch dann zu einem ihr geeignet erscheinenden Zeitpunkt eine Nachwahl für den Rest der Wahlzeit anordnen und erforderlichenfalls einen besonderen Wahlleiter bestellen, wenn die Wahl in einem Wahlkreis deshalb nicht durchgeführt werden konnte, weil **keine oder keine gültigen Wahlvorschläge** eingereicht worden sind (§ 32 Abs. 3 KWG). Auf Nachwahlen finden die Vorschriften über Wiederholungswahlen sinngemäß Anwendung (§ 32 Abs. 4 KWG).

Schaubild 6: Das Wahlprüfungsverfahren

```
┌─────────────────────────────────────────────┐
│ Einspruchsmöglichkeit der Wahlberechtigten   │
│ binnen 2 Wochen nach der Bekanntgabe des     │
│ Wahlergebnisses (§ 25 I KWG)                 │
└─────────────────────────────────────────────┘
                        ▼
┌─────────────────────────────────────────────┐
│ Die neu gewählte Vertretungskörperschaft     │
│ (vgl. § 57 KWO) entscheidet über das form-   │
│ und fristgerechte Eingehen der Einsprüche    │
│ und deren Behauptungen, dass ein             │
│ Ungültigkeitsgrund des § 26 KWG vorliegt:    │
└─────────────────────────────────────────────┘
```

§ 26 Abs.1 Nr.1 KWG Mangel eines gewählten Vertreters:	§ 26 Abs.1 Nr.2 KWG:	§ 26 Abs.1 Nr.3 KWG Fehlerhafte Feststellung des Wahlergebnisses:	
- Die Wählbarkeitsvorraussetzungen (§ 32 HGO) lagen nicht vor - Die Zulassungsvoraussetzungen für die Wahlliste waren nicht gegeben (§ 15 II S 2 KWG) - Hinderungsgründe für die Annahme der Wahl (§§ 37, 65 II HGO)	- Unregelmäßigkeiten im Wahlverfahren - strafbare oder - gegen die guten Sitten verstoßende Handlungen, bei denen nach den Umständen des Einzelfalls eine konkrete Möglichkeit der entscheidenden Einflussnahme auf die Sitzverteilung besteht	- Mathematische oder methodische Fehler bei der Berechnung (§ 22 KWG) - oder ähnliches	
Anordnung über das Ausscheiden dieses gewählten Vertreters (§ 26 I Nr. 1 KWG)	Anordnung über eine Wiederholungswahl binnen 4 Monaten für den Rest der Wahlzeit (§ 26 I Nr.2, 30 KWG, § 59 KWO)	Anordnung über die unverzügliche Neufeststellung des Wahlergebnisses (§ 31 KWG)	Erklärung über die Gültigkeit der Wahl (§ 26 I Nr. 4 KWG)

Bei der Entscheidung nach § 26 I KWG findet § 25 HGO keine Anwendung (§ 26 II KWG) !

Gegen den Beschluss der Vertretungskörperschaft können

- der Wahlberechtigte, der Einspruch erhoben hat,
- der Vertreter, dessen Wahl angefochten oder für ungültig erklärt wurde,
- die Aufsichtsbehörde

innerhalb eines Monats nach der Zustellung oder Verkündung der Entscheidung Wahlanfechtungsklage vor dem Verfassungsgericht ergeben (§ 27 KWG). Hierbei handelt es sich nicht um ein kommunalverfassungsstreitverfahren! Es findet kein Widerspruchverfahren statt. Wird in diesem Verfahren die Wahl für ungültig erklärt, so ist die Wahl binnen 4 Monaten nach der Rechtskraft der Entscheidung zu wiederholen (§ 30 KWG).

Die §§ 63, 74, 138 HGO finden im Wahlprüfungsverfahren keine Anwendung!

C. Wahl des Bürgermeisters

In Hessen wählen die **Bürger** der Gemeinde den Bürgermeister seit dem 1.4.1993 in **allgemeiner, unmittelbarer, freier, gleicher und geheimer Wahl** (§ 39 Abs. 1 HGO). Die **Direktwahl** oder **Urwahl** ist eine Form unmittelbarer Demokratie auf Gemeindeebene. Sie stärkt die Stellung des Bürgermeisters gegenüber der Bevölkerung und gegenüber den Organen der Gemeinde. Ihrer Rechtsnatur nach ist die **Wahl** ein politischer, durch das demokratische Mehrheitsprinzip legitimierter **Rechtsakt eigener Art**.

354

Bürgermeister sind grundsätzlich **hauptamtlich** tätig. In Gemeinden mit bis zu 5000 Einwohnern kann jedoch durch eine Regelung in der Hauptsatzung mit einer Zweidrittelmehrheit der gesetzlichen Zahl der Gemeindevertreter die ehrenamtliche Verwaltung der Stelle des Bürgermeisters bestimmt werden (§ 44 Abs. 1 HGO).

I. Wählbarkeit und Amtszeit

Wählbar zum **Bürgermeister sind Deutsche im Sinne des Art. 116 Abs. 1 GG und Unionsbürger**, die am Wahltag das **achtzehnte Lebensalter vollendet** haben und nicht vom aktiven Wahlrecht (§§ 39 Abs. 2, 31 HGO) ausgeschlossen sind. Die **Amtszeit** des Bürgermeisters beträgt **sechs Jahre** (§ 39 Abs. 3 HGO). Der hauptamtliche Bürgermeister ist Wahlbeamter in einem Beamtenverhältnis auf Zeit (§ 40 Abs. 1 HGO iVm § 6 Abs. 2 HGB). Für den Eintritt in den Ruhestand gibt es keine Altersgrenze. Mit Ablauf seiner Amtszeit tritt er in den Ruhestand, wenn er das 55. Lebensjahr vollendet hat, als Beamter auf Zeit eine Amtszeit von acht Jahren erreicht hat (§ 40 Abs. 2 HGO) und nicht erneut in dasselbe oder ein höherwertiges Amt berufen wird. Auf Antrag wird der hauptamtliche Bürgermeister mit Ablauf seiner Amtszeit in den Ruhestand versetzt, wenn er das 50. Lebensjahr vollendet hat und als Beamter auf Zeit eine Amtszeit von acht Jahren erreicht hat (§ 40 Abs. 3 HGO). Tritt der hauptamtliche Bürgermeister nicht nach § 40 Abs. 2 oder 3 in den Ruhestand, ist er zu entlassen (vgl. zu den Alters-, Kranken- und Pflegeansprüchen sowie einem Übergangsgeld § 40 Abs. 4, 5 und 6 HGO).

355

Bei der Wahl eines **ehrenamtlichen Bürgermeisters** ist zu beachten, dass er in das Ehrenbeamtenverhältnis nach § 5 HGB berufen wird und ein Ehrenamt der Gemeinde nur Bürgern (§§ 8 Abs. 2, 30 HGO) übertragen werden kann (§ 21 Abs. 1 HGO).

Um die geordnete Fortführung der Verwaltung zu sichern, können Bürgermeister nach **Ablauf der Amtszeit ihre Amtsgeschäfte** unter den in § 41 HGO genannten Voraussetzungen **weiterführen**, bis ihre **Nachfolger das Amt antreten**.

Nach § 76a iVm § 40 Abs. 3 HGO besteht die Möglichkeit, dass ein hauptamtlicher Bürgermeister mit der Begründung, dass ihm das erforderliche Vertrauen nicht mehr entgegengebracht wird auf seinen Antrag nach Ablauf der Amtszeit in den Ruhestand versetzt wird, wenn er das 50. Lebensjahr vollendet hat und als Beamter auf Zeit eine Amtszeit von acht Jahren erreicht hat. Der Beschluss ist von der Gemeindevertretung mit einer Mehrheit von zwei Dritteln der gesetzlichen Mitglieder zu fassen.

Der vorzeitige Rücktritt eines **Bürgermeisters** führt nicht dazu, dass erst mit dem Tag des Ausscheidens binnen vier Monaten gewählt werden kann. Nach § 42 Abs. 3 S. 1 HGO erfolgt die Wahl frühestens sechs spätestens drei Monate vor Freiwerden der Stelle. Bei einem unvorhergesehenen Freiwerden ist nach § 42 Abs. 3 S. 1, 2.Hs. HGO der späteste Wahlzeitpunkt auf (bis zu) vier Monate nach der Wahl verlängert.

II. Ausschließungsgründe

356 Nach dem **Grundsatz der Unvereinbarkeit von Amt und Mandat** darf der Bürgermeister als Vorsitzender des Gemeindevorstandes nicht gleichzeitig Mitglied der Gemeindevertretung sein (§ 65 HGO). Dies schließt allerdings eine Kandidatur des Bürgermeisters für einen Sitz in der Gemeindevertretung nicht aus (vgl. Kap. 4 B 4.2.).

Des Weiteren sieht § 43 HGO Regelungen vor, die Konfliktsituationen vorbeugen sollen, die aus dem gleichzeitigen Innehaben mehrerer Ämter in einer Gemeinde (§ 43 Abs. 1 HGO) sowie aus besonderen persönlichen Bedingungen familiärer Art (§ 43 Abs. 2 HGO) entstehen (Vermeidung des Anscheins von Nepotismus) und sich auf die Tätigkeit für die Gemeinde auswirken können. Die Ausschließungsgründe des § 43 Abs. 1 HGO entsprechen weitgehend denjenigen des § 37 HGO. Nach § 43 Abs. 2 HGO dürfen Mitglieder des Gemeindevorstandes nicht miteinander bis zum zweiten Grad **verwandt** oder im ersten Grad **verschwägert** oder durch **Ehe** oder **eingetragene Lebenspartnerschaft** verbunden sein. Entsteht ein Ausschließungsgrund nachträglich, so muss einer der Beteiligten sein Amt niederlegen. Wen die Verpflichtung trifft, regelt § 43 Abs. 2 S. 2 HGO im Einzelnen. Muss ein hauptamtlicher Beigeordneter ausscheiden, ist er in den einstweiligen Ruhestand zu versetzen.

Literatur: *Birkenfeld-Pfeiffer*, Ehegattendiskriminierung bei der Vergabe kommunaler Mandate auf dem Prüfstand, DÖV 1992, 813.

III. Vorbereitung der Wahl

357 Die Vorbereitung und Durchführung der Wahl des Bürgermeisters entspricht im Wesentlichen der der Kommunalwahl (vgl. Kap. 4 B), so dass sich die folgenden Ausführungen auf die Hervorhebung der Besonderheiten der Bürgermeisterwahl beschränken.

1. Wahlleiter und Wahlausschuss

358 Die **Vorbereitung der Direktwahl des Bürgermeisters** erfolgt durch den **Wahlausschuss der Gemeinde** (§§ 41, 5 KWG), der auch bei der Wahl der Gemeindevertretung einzurichten ist. Der Wahlleiter ist für die ordnungsgemäße Vorbereitung und Durchführung der Bürgermeisterwahl verantwortlich (§ 5 Abs. 2 KWG).

2. Festlegung des Wahltags und Einreichung von Wahlvorschlägen

359 Die Wahl sowie eine etwa notwendig werdende Stichwahl finden an einem **Sonntag** statt; der Wahltag wird durch die jeweilige **Vertretungskörperschaft festgelegt** (§ 42 KWG). Eine Zusammenlegung der Wahl oder Stichwahl mit einer Bundestags-, Landtags- oder Europawahl oder mit einer Abstimmung ist grundsätzlich zulässig, bedarf aber des Einvernehmens des Kreiswahlleiters (§ 42 KWG).

Die Bewerbung um die Stelle eines Bürgermeisters kann nur durch Einreichen eines Wahlvorschlags erfolgen. Das **Wahlvorschlagsrecht** für die Direktwahl des Bürgermeisters steht **Parteien und Wählergruppen sowie Einzelbewerbern** zu (§ 45 KWG). Parteien und Wählergruppen müssen ihren Wahlvorschlag in einer Mitglieder- oder einer Delegiertenversammlung in geheimer Abstimmung aufstellen (§§ 41, 12 KWG). **Wahlvorschläge von Parteien und Wählergruppen**, die während der vor dem Wahltag laufenden Wahlzeit ununterbrochen mit **mindestens einem Mitglied** bei der Wahl des Bürgermeisters in der **Gemeindevertretung**, bei der Wahl des Landrats im **Kreistag**, oder im **Landtag** oder aufgrund eines Wahlvorschlags aus dem Lande im **Bundestag** vertreten waren, müssen von einer von dem für den Wahlkreis zuständigen Parteiorgan oder den Vertretungsberechtigten der Wählergruppe benannten Vertrauensperson, die kein Bewerber sein darf, persönlich und handschriftlich unterzeichnet sein **(§ 45 Abs. 3 iVm § 11 Abs. 3 KWG)**. Wahlvorschläge von Einzelbewerbern müssen von diesen persönlich und handschriftlich unterzeichnet sein. Die Wahlvorschläge **anderer Parteien und Wählergruppen** sowie von **Einzelbewerbern** müssen zudem **mindestens von zweimal so vielen Wahlberechtigten persönlich und handschriftlich unterzeichnet sein wie die Vertretungskörperschaft** von Gesetzes wegen **Mitglieder** hat (§ 45 Abs. 3 KWG).

3. Zulassung der Wahlvorschläge und Stimmzettel

Der **Wahlausschuss** entscheidet über die **Zulassung der Wahlvorschläge** in öffentlicher Sitzung. Eine **Zurückweisung** ist nur in Fällen möglich, in denen der Wahlvorschlag den **formellen Erfordernissen** nicht genügt (KWG, KWO); eine Prüfung der Eignung der vorgeschlagenen Kandidaten kommt nicht in Betracht. Gegen die **Zurückweisung** kann die für den Wahlvorschlag benannte **Vertrauensperson Einspruch beim Wahlleiter** einlegen, über den der **Wahlausschuss** zu entscheiden hat. 360

Die **Stimmzettel** müssen Familiennamen, Rufnamen, Lebensalter am Tag der Wahl oder Stichwahl, Beruf oder Stand und Wohnort (Hauptwohnung) der Bewerber sowie jeweils den **Träger des Wahlvorschlags** und dessen **Kurzbezeichnung** angeben. Bei **Einzelbewerbern** ist das **Kennwort des Wahlvorschlages** anstelle der Kurzbezeichnung zu nennen. Die weitere Gestaltung des Stimmzettels sind den §§ 46 KWG und 67, 27 KWO und *Hannappel/Meireis*, Leitfaden Direktwahl Hessen, 2015 zu entnehmen.

IV. Wahlverfahren

Die **Wahl des Bürgermeisters** findet nach den **Grundsätzen der Mehrheitswahl** statt (§ 39 Abs. 1a S. 2 HGO). Gewählt ist, wer **mehr als die Hälfte der gültigen Stimmen** erhalten hat (§ 39 Abs. 1a S. 3 HGO). War nur ein Bewerber zur Wahl zugelassen und hat dieser die erforderliche Mehrheit nicht erhalten, so muss ein völlig neues Wahlverfahren, einschließlich der Vorbereitung durch den Wahlausschuss (§ 42 Abs. 1 HGO) stattfinden (§ 39 Abs. 1c S. 2 HGO). Haben mehrere Bewerber an der Wahl teilgenommen und hat keiner von ihnen mehr als die Hälfte der gültigen Stimmen auf sich vereinigen können, so findet eine **Stichwahl** zwischen den zwei Bewerbern statt, welche bei der ersten Wahl die höchsten Stimmenzahlen erhalten haben (§ 39 Abs. 1b S. 1 HGO). Bei Stimmengleichheit entscheidet das vom Wahlleiter zu ziehende Los, wer in die Stichwahl kommt (§ 39 Abs. 1d HGO). Gewählt ist in der Stichwahl, wer von den gültigen abgegebenen Stimmen die höchste Stimmenzahl erhalten hat (§ 39 Abs. 1b S. 3 HGO). Bei **gleicher Zahl an gültigen Stimmen** 361 entscheidet bei der **Ermittlung der Bewerber für die Stichwahl** und bei der **Stichwahl** das vom Wahlleiter in der Sitzung des Wahlausschusses zu ziehende **Los** (§ 39 Abs. 1d HGO). Nimmt nur ein Bewerber an der Stichwahl teil, während der andere Stichwahlbewerber verzichtet, so ist er gewählt, wenn er die Mehrheit der abgegebenen gültigen Stimmen erhält (§ 39 Abs. 1b S. 2 HGO). Ist dies nicht der Fall, so ist das Wahlverfahren einschließlich der Wahlvorbereitung zu wiederholen. Letzteres ist auch dann der Fall, wenn beide Bewerber auf die Teilnahme an der Stichwahl verzichten (§ 39 Abs. 1c S. 3, 2.Hs. HGO). Scheidet ein Bewerber **nach Zulassung der Wahlvorschläge vor der Wahl** durch **Tod oder Verlust der Wählbarkeit** aus, findet eine **Nachwahl** statt (§ 39 Abs. 1c S. 1 HGO). Die Vertrauensperson und der Stellvertreter des betroffenen Wahlvorschlags können binnen einer vom Wahlleiter bestimmten Frist durch gemeinsame Erklärung einen **anderen Bewerber benennen** (§ 52 Abs. 2 KWG). Scheidet einer der beiden Kandidaten für die **Stichwahl** durch Tod oder Verlust der Wählbarkeit aus, ist die **Wahl zu wiederholen** (§ 39 Abs. 1c S. 2 HGO). Sie ist spätestens vier Wochen nach dem Tag der ausgefallenen Stichwahl zu wiederholen. Für den betroffenen Wahlvorschlag kann ein **anderer Bewerber benannt** werden (§ 52 Abs. 3 S. 1 Nr. 2, S. 3 iVm Abs. 2 KWG).

V. Rechtsfolgen

362 Die von den Bürgern für das Bürgermeisteramt gewählte Person hat aufgrund ihrer Direktwahl einen **Anspruch auf Amtseinführung und Ernennung** – spätestens sechs Monate nach der Wahl – **als Bürgermeister** erworben (§§ 39 Abs. 1, 46 Abs. 1 und 2 HGO). Dieser Anspruch kann im Klagewege oder mit einem **Antrag auf Erlass einer einstweiligen Anordnung** vor dem Verwaltungsgericht durchgesetzt werden (HessVGH HSGZ 2000, 233f.; vgl. HessVGH ESVGH 4, 48, zur früheren Rechtslage). Der Rechtsanspruch kann allein aus der Direktwahl herrühren (HessVGH ESVGH 4, 48); aus § 46 Abs. 1 und 2 HGO leitet sich kein subjektiv-rechtlicher oder wehrfähiger Anspruch auf Amtseinführung her. Ein Rechtsanspruch besteht daher nicht, wenn die Wahl im Wahlprüfungsverfahren für ungültig erklärt wurde (VG Gießen, Beschluss v. 10.12. 2014 – 8 L 3593/14.GI). Für etwaige Schadensersatzansprüche wegen unterlassener Amtseinführung und Ernennung des Gewählten ist der Rechtsweg zu den Verwaltungsgerichten eröffnet (HessVGH DVBl. 1969, 844). Ein anhängiges Wahlprüfungsverfahren hindert die Amtseinführung und Ernennung grundsätzlich nicht (VG Darmstadt HSGZ 1987, 211), weil die **Ernennung des Bürgermeisters** bei einer etwaigen **Ungültigkeitserklärung der Wahl nach § 13 Abs. 3 HBG** nichtig wäre.

Kapitel 4 Kommunales Wahlrecht

Schaubild 7: Bürgermeisterwahl nach § 39 HGO

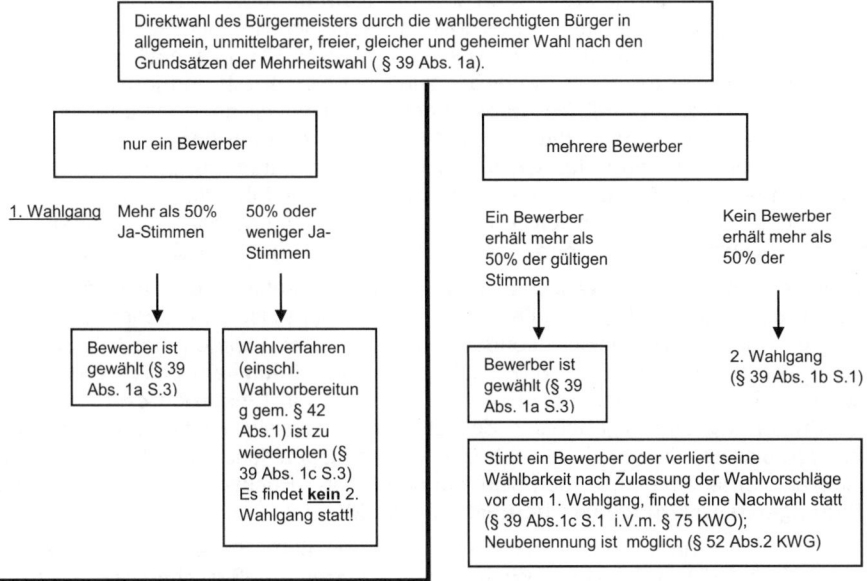

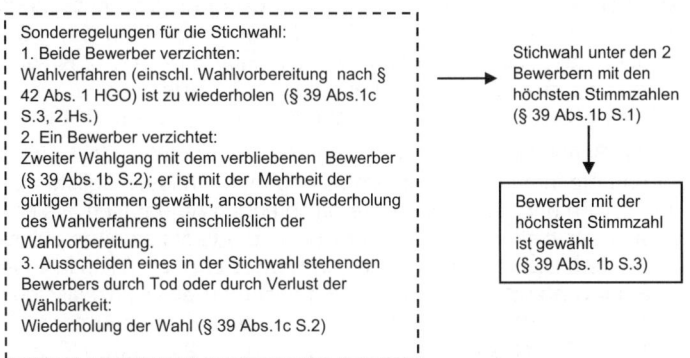

Anmerkung: Ungültige Stimmen werden nicht berücksichtigt (§ 39 Abs. 1a S.3).
Bei Stimmengleichheit entscheidet das vom Gemeindewahlleiter zu ziehende Los (§ 39 Abs. 1d).

VI. Rechtsschutz

363 Die **Wahl des Bürgermeisters** kann wie die **Kommunalwahl** mit den in **§§ 25 ff. KWG** (Wahlprüfungsverfahren) vorgesehenen Rechtsbehelfen und Rechtsmitteln angefochten werden (§ 49ff. KWG). Abweichend von § 25 KWG kann allerdings neben den **Wahlberechtigten** jeder **Bewerber** zunächst **Einspruch** und in dessen Folge auch **verwaltungsgerichtliche Klage** gegen die Gültigkeit der Wahl erheben. Dies gilt nicht nur für **Bewerber, die an der Wahl teilgenommen haben**, sondern auch für **Bewerber eines zurückgewiesenen Wahlvorschlages** (§§ 49, 51 KWG). **Entscheidungen und Maßnahmen**, die sich unmittelbar auf das Wahlverfahren beziehen, können nur mit den im **KWG** und in der **KWO** vorgesehenen **Rechtsbehelfen** sowie im **Wahlprüfungsverfahren** angefochten werden (§ 41 iVm § 28 KWG).

364 Über die **Gültigkeit der Wahl und über Einsprüche** entscheidet die **Vertretungskörperschaft** (§ 50 KWG). Dabei hat sie nicht nur über Einsprüche gegen die Gültigkeit der Wahl zu entscheiden, sondern selbst von Amts wegen ihre Gültigkeit zu überprüfen (HessVGH HSGZ 2000, 233). **Wahl und Stichwahl** bilden verfahrensrechtlich **eine Einheit**; im Falle einer **Stichwahl** ist ein **Einspruch** erst nach Bekanntmachung des Ergebnisses der Stichwahl zulässig. **Amtshandlungen des Bürgermeisters**, die vor der Rechtskraft einer Entscheidung über die Ungültigkeit der Wahl vorgenommen worden sind, werden in ihrer Rechtswirksamkeit durch die **Ungültigkeitserklärung nicht berührt** (§ 53 KWG).

365 Die Wahl ist für **ungültig** zu erklären, wenn der gewählte Bewerber **nicht wählbar** war (§ 50 Nr. 1 KWG). Sind beim **Wahlverfahren Unregelmäßigkeiten oder strafbare oder gegen die guten Sitten verstoßende Handlungen** vorgekommen, bei denen nach den **Umständen des Einzelfalls** eine nach der **Lebenserfahrung konkrete Möglichkeit** besteht, dass sie auf das **Ergebnis von entscheidendem Einfluss** gewesen sein können (vgl. HessVGH Inf. HStT 2003, 80ff. (84) – Oberbürgermeister-Wahl Darmstadt), so ist die **Wahl zu wiederholen** (§ 50 Nr. 2 KWG). Je deutlicher ein Wahlergebnis ausfällt, desto höher sind die Anforderungen an die Erheblichkeit der Wahlfehler (VGH Bad.-Württb., Beschl. 5.3.2019 – 1 S 91/19, 1 S 92/19).

Nutzt ein Bürgermeister das ihm aufgrund seiner amtlichen Tätigkeit zufallende Gewicht und die ihm kraft seines Amtes gegeben Einflussmöglichkeiten in einer Weise, die mit seinen der Allgemeinheit verpflichtenden Aufgabe unvereinbar ist, sind jedenfalls nach der bisherigen Rechtsprechung die Grenzen einer zulässigen Betätigung überschritten. Die Verwendung der **Amtsbezeichnung** allein in einem „**Jungwähler- oder Seniorenbrief**" führt nicht automatisch zu einer unzulässigen Betätigung (VG Frankfurt NVwZ 1997, 1240), da ein Bürgermeister seine Amtsbezeichnung auch außerhalb des Dienstes führen darf (§§ 211 Abs. 1, 97 Abs. 2 HBG; vgl. für den Ersten Beigeordneten VGH Hessen, ESVGH 56,79). Auch sind Presseerklärungen des Gemeindevorstands während eines Kommunalwahlkampfs zulässig, soweit sie sich auf sachliche Informationen beschränken und nicht zugunsten eines Mitglieds des Gemeindevorstands dessen parteiergreifende Wahlkampfäußerungen transportieren (VGH Hessen ESVGH 56, 79). Eine **unzulässige Wahlbeeinflussung** liegt jedoch dann vor, wenn einem Wahlbrief aufgrund seines Inhalts **amtlicher Charakter** zukommt, und nicht erkennbar als Wahlwerbung aufzufassen ist (Hess VGH HSGZ 1999, 189 m. krit. Anm. von Adrian; VG Gießen KP SW 1998, 106). Eine gesetzwidrige Wahlbeeinflussung liegt auch dann vor, wenn die Gemeinde mitten im Bürgermeisterwahlkampf ad hoc ihre Plakatierungsrichtlinie, die den Kandidaten Plakate bis zur Größe DIN A1 erlaubt, dahin gehend ändert, Plakate bis zur Größe DIN A0 zuzulassen, nachdem ein Bewerber, im konkreten Fall der Amtsinhaber, solche verwendet hat (VGH Bad.-Württb., Beschl.v. 2.5.2019 – 1 S 581/19). Dennoch wird gerade im Fall **unzulässiger Wahlwerbung im öffentlichen Raum** der Nachweis der konkreten entscheidenden Einflussnahme auf das Wahlergebnis kaum gelingen.

Beispiele ungültiger Direktwahlen von Bürgermeistern: Falsche Angaben des Kandidaten über seinen Familienstand (HessVGH HSGZ 2000, 233 – vgl. aber BVerwG NVwZ 2003, 983 (985); Verwendung von unter Verletzung von Rechtsvorschriften erlangten Adressen für einen „Jungwählerbrief" (VG Frankfurt aM NVwZ 1997, 1240); Verstoß gegen das Neutralitätsgebot durch eine Wahlempfehlung für die erneute Wahl des bisherigen Bürgermeisters im Amtsblatt der Gemeinde (BVerwG HSGZ 1992, 341); Auftritt auf einer Wahlveranstaltung als Wahlbewerber und zugleich Oberbürgermeisters (VG Darmstadt HSGZ 2000, 467); Durchführung einer Wahlveranstaltung auf einer kommunalen Liegenschaft, die nicht allen Wahlbewerbern zugänglich gemacht wird (VG Darmstadt HSGZ 2000, 467).

Beispiel einer ungültigen Direktwahl eines Landrats: Unterstützungsanzeige für den Landratskandidaten von 37 Bürgermeistern des Landkreises (BVerwG HSGZ 1998, 17).

Eine **Unregelmäßigkeit beim Wahlverfahren** liegt nach höchstrichterlicher Rechtsprechung (BVerwG NVwZ 2003, 983; VGH Hessen HSGZ 2002, 171; hierzu *Dreßler* HSGZ 2003, 198; *Berghäuser* NVwZ 2003, 1085) auch dann vor, wenn der **Grundsatz der Freiheit der Wahl** in einer Weise verletzt wird, die geeignet ist, die Entscheidungsfreiheit der Wähler ernsthaft zu beeinträchtigen. Die Integrität der Wählerwillensbildung kann insbesondere dann betroffen sein, wenn amtliche Stellen, etwa wie im konkreten Fall hauptamtliche Beigeordnete, ihnen obliegende Wahrheits- und Informationsgebote nicht beachten. Demnach kann eine Unregelmäßigkeit im Wahlverfahren auch in einem pflichtwidrigen Vorenthalten von Informationen (§ 66 Abs. 2 HGO) liegen. Dabei muss es sich zwar um wahlrelevante Tatsachen handeln, die inhaltlich dazu bestimmt und geeignet sind, den Wählerwillen zu beeinflussen. Sie müssen aber keinen unmittelbaren Bezug zu der konkret anstehenden Wahl haben, sich also bei einer Direktwahl eines Bürgermeisters nicht auf die Person eines Kandidaten beziehen. Hingegen seien sog. **Wahlmanöver** der im Wahlkampf stehenden Parteien oder Wahlbewerber, einschließlich der Verbreitung von Täuschungen und Lügen, grundsätzlich nicht zu beanstanden, selbst wenn sie sittlich zu missbilligen seien (BVerwG NVwZ 2003, 983 (985); vgl. aber HessVGH HSGZ 2000, 233). Durch höchstrichterliche Rechtsprechung wurde allerdings noch nicht entschieden, ob der Grundsatz der Freiheit der Wahl bereits verletzt ist, wenn eine wahlrelevante amtliche Äußerung objektiv unrichtig ist oder ob darüber hinaus der Amtsinhaber sich der Unrichtigkeit bewusst sein muss (BVerwG NVwZ 2012, 295),

Jedenfalls kann eine unzulässige Wahlbeeinflussung auch durch pflichtwidriges amtliches Verhalten begangen werden, das seiner Art keinen Bezug zur Wahl hat, aber inhaltlich dazu bestimmt und geeignet ist, die Wählerwillensbildung parteiergreifend und chancenbeeinträchtigend zu beeinflussen. Ob ein zeitlicher und sachlicher Zusammenhang der Äußerung des Amtsinhabers mit der Kommunalwahl bestehen muss, hat das Bundesverwaltungsgericht bisher jedoch offen gelassen (NVwZ 2012, 295). In einem Fall der festgestellten mehrfachen pflichtwidrigen Unterdrückung verschiedener wahlrelevanter Tatsachen, ist zu prüfen, welchen Einfluss sie auf die Willensbildung des Wählers gehabt hätten, wenn alle bis zum Abschluss der Wahl unterdrückten Tatsachen bekannt geworden wären. (HessVGH DÖV 2003, 425, HSGZ 2002, 171). Die Notwendigkeit und Durchführung einer etwaigen **Nachwahl oder Wiederholungswahl** regelt § 52 KWG, der insoweit mit den für die Kommunalwahl maßgeblichen Regelungen der §§ 30ff. KWG vergleichbare Voraussetzungen nennt.

Literatur: *Barczak,* Die parteipolitische Äußerungsbefugnis von Amtsträgern, NVwZ 2015, 1014; *Berghäuser,* Neutralitätsgebot und Chancengleichheit in der kommunalen Direktwahl – ein Verwaltungsgericht verirrt sich, HSGZ 2001, 419; *Kleerbaum,* Amtliche Wahlbeeinflussung durch Unterlassen kommunalrelevanter Information, KOPO 2017, 7/8 (III); nähere Erläuterungen zu den Vorschriften des Hessischen Kommunalwahlgesetzes und der Kommunalwahlordnung finden sich in dem regelmäßig vor den Kommunalwahlen aktualisierten Leitfaden von *Hannappel/Meireis*, Leitfaden Kommunalwahlen in Hessen, der auch einen Terminkalender für die Durchführung von Kommunalwahlen und Bürgermeisterwahlen enthält.

VII. Vorzeitige Abberufung und Ruhestand aus besonderen Gründen

367 Der von den Bürgern gewählte Bürgermeister kann **von den Bürgern vor Ablauf der Amtszeit abgewählt** werden (§ 76 Abs. 4 HGO). Zur **Einleitung des Abwahlverfahrens durch die Gemeindevertretung bedarf es eines von mindestens der Hälfte der gesetzlichen Zahl ihrer Mitglieder** gestellten Antrages. Wird von **mindestens zwei Dritteln der gesetzlichen Zahl der Mitglieder der Gemeindevertretung ein entsprechender Beschluss gefasst, gilt ein Bürgermeister als abgewählt**, falls er binnen einer Woche nach dem Beschluss der Gemeindevertretung gegenüber dem Vorsitzenden der Gemeindevertretung schriftlich erklärt, dass er auf eine **Entscheidung der Bürger verzichtet** (§ 76 Abs. 4 S. 6 HGO).

Im Übrigen **entscheiden die Bürger über die Abwahl des Bürgermeisters** (§§ 54ff. KWG). In diesem Fall ist der Bürgermeister abgewählt, wenn sich für die Abwahl eine **Mehrheit der gültigen Stimmen ergibt und diese Mehrheit mindestens dreißig vom Hundert der Wahlberechtigten** beträgt. Der Bürgermeister scheidet mit dem Ablauf des Tages aus seinem Amt, an dem er den Verzicht auf die Abwahl erklärt bzw. an dem der Wahlausschuss die Abwahl feststellt. Durch seine Abberufung wird der Wahlbeamte in ein dem einstweiligen Ruhestand zwar ähnliches, von diesem aber zu unterscheidenden Abwahlverhältnis überführt (VG Wiesbaden Urt. v. 28.3.2013 – 3 K 706/12.WI-). Die Abwahlentscheidung gem. § 76 Abs. 4 HGO kann der Abberufene mit der Feststellungsklage rechtlich überprüfen lassen (VGH Hessen NVwZ 2006, 720 (722)). Ein Widerspruchs- und Beanstandungsverfahren gem. § 63 HGO findet nicht statt; die Beschlüsse der Gemeindevertretung unterliegen aber dem Beanstandungsrecht der Aufsichtsbehörde (§ 138 HGO).

Auch der Bürgermeister selbst kann gem. § 76a HGO die Versetzung in den Ruhestand mit der Begründung beantragen, dass ihm das für die Amtsführung erforderliche Vertrauen nicht mehr entgegengebracht wird, wenn die Voraussetzungen für die Gewährung eines Ruhegehalts vorliegen. Der Antrag ist bei dem Vorsitzenden der Gemeindevertretung zu stellen und muss von zwei Dritteln der gesetzlichen Zahl der Gemeindevertreter unterstützt werden.

Literatur: *Böhme*, Die direkte Abwahl von Bürgermeistern, DÖV 2012, 55.

Kapitel 5 Die Organe der Willensbildung in den Gemeinden

A. Gemeindevertretung

Die **Gemeindevertretung** ist das **oberste Organ der Gemeinde**. In den Städten führt sie die Bezeichnung **Stadtverordnetenversammlung** (§ 9 Abs. 1 HGO). Die Gemeindevertretung setzt sich aus den in Abhängigkeit von der **Einwohnerzahl** nach den in den §§ 29ff. HGO festgeschriebenen Grundsätzen gewählten **fünfzehn bis** – theoretisch – **einhundertfünf Gemeindevertretern** (§ 38 HGO) zusammen, die in den Städten die Bezeichnung Stadtverordnete führen (§ 49 HGO). Die **Wahlzeit** beträgt **fünf Jahre** (§ 36 HGO, § 2 Abs. 1 KWG). **368**

Die Gemeindevertreter können mit einer Mehrheit von mindestens zwei Dritteln ihrer gesetzlichen Zahl bis spätestens zwölf Monate vor Ablauf der Wahlzeit in der Hauptsatzung die **Zahl der Gemeindevertreter** auf die für die nächstniedrigere Größenordnung maßgebliche oder eine dazwischenliegende ungerade Zahl festlegen (§ 38 Abs. 2 HGO). In der niedrigsten Einwohnergrößenklasse kann die Zahl der Gemeindevertreter bis auf elf abgesenkt werden. Bisher haben von dieser **fakultativen Verkleinerung** nur wenige Vertretungskörperschaften Gebrauch gemacht.

I. Konstituierung

Die **konstituierende Sitzung** der Gemeindevertretung muss binnen einem Monat nach Beginn der Wahlzeit stattfinden (§ 56 Abs. 1 HGO, § 2 Abs. 1 KWG, § 188 BGB). Mit der Konstituierung wird die Gemeindevertretung **handlungsfähig**; sie kann dann mit der Wahrnehmung ihrer Aufgaben beginnen, insbesondere **rechtswirksame Sach- und Personalentscheidungen treffen** (HessVGH ESVGH 16, 197 [200]). Die Konstituierung der Gemeindevertretung als handlungsfähiges Organ erfolgt **mit der Wahl eines Vorsitzenden**. **369**

1. Einladung und Tagesordnung zur ersten Sitzung

Die **Ladung zur konstituierenden Sitzung** der Gemeindevertretung obliegt nach § 56 Abs. 2 HGO dem **Bürgermeister**, da ein Vorsitzender der Gemeindevertretung noch nicht gewählt ist. Bei der Einberufung müssen gesetzliche **Ladungsfristen** (§ 58 Abs. 1 und 3 HGO) und sonstige gesetzliche Fristen (§ 26 KWG, § 57 KWO) sowie die Form und Veröffentlichungserfordernisse eingehalten werden. Verlangt die **Geschäftsordnung der Gemeindevertretung** eine längere Ladungsfrist, ist diese einzuhalten. Die Geschäftsordnung der Gemeindevertretung gilt nämlich über eine Wahlzeit fort, bis sie ersetzt oder aufgehoben wird (VG Kassel HessVGRspr. 1966, 30 [31]; HessVGH NVwZ 1991, 1105). Die Einberufung hat **schriftlich unter Angabe der Verhandlungsgegenstände** zu erfolgen. **370**

2. Sitzungsleitung bis zur Konstituierung

371 Bis zur Wahl eines Vorsitzenden leitet das **an Jahren älteste Mitglied** der Gemeindevertretung die Sitzung (§ 57 Abs. 1 S. 3 HGO). Der Altersvorsitzende stellt die **Beschlussfähigkeit der Gemeindevertretung** fest. Ihm stehen alle Rechte und Pflichten zu, die Gesetz und Geschäftsordnung dem Vorsitzenden der Gemeindevertretung zur Wahrung der Sitzungsordnung einräumen (VG Kassel HessVGRspr. 1966, 30 [31]). Kommt es in der **konstituierenden Sitzung** wegen **Beschlussunfähigkeit** oder infolge Nichtannahme der Wahl durch das gewählte Mitglied nicht zu einer wirksamen Bestellung eines Vorsitzenden, so **lädt der Altersvorsitzende**, der den Vorsitz bis zur Wahl eines Vorsitzenden innehält (§ 57 Abs. 1 S. 3 HGO), erneut zu einer konstituierenden Sitzung ein. Will das älteste Mitglied selbst für das Amt des Vorsitzenden kandidieren (§ 25 HGO), so kann der Vorsitz dem nächstältesten Gemeindevertreter übertragen werden (*Schneider/Dreßler*, HGO, Erl.1 zu § 57).

3. Wahl des Vorsitzenden und der Stellvertreter

372 Da bei der Wahl des **Vorsitzenden der Gemeindevertretung** nur eine Stelle zu besetzen ist, wird nach den **Grundsätzen der Mehrheitswahl** gewählt (§ 55 Abs. 1 S. 1 HGO). Die Wahl erfolgt schriftlich und geheim aufgrund von Wahlvorschlägen aus der Mitte der Gemeindevertretung. Wenn niemand widerspricht, kann der Vorsitzende durch Zuruf oder Handaufheben gewählt werden (§ 55 Abs. 3 HGO). Gewählt ist, für wen **mehr als die Hälfte der gültigen Stimmen** abgegeben ist.

373 In der konstituierenden Sitzung wählt die Gemeindevertretung zudem **einen oder mehrere Stellvertreter** ihres Vorsitzenden. Werden mehrere Vertreter gewählt, wird die Wahl nach den Grundsätzen der Verhältniswahl durchgeführt (HessVGH HessVGRspr. 1970, 74); wird lediglich ein Vertreter gewählt findet die Wahl nach den Grundsätzen der Mehrheitswahl statt. **Wann und in welcher Reihenfolge** – im Falle mehrerer Stellvertreter – diese zur Vertretung des Vorsitzenden berufen sind, ist gesetzlich nicht geregelt. In der **Geschäftsordnung der Gemeindevertretung** kann eine **Reihenfolge** festgelegt werden, die aber nur die **Zeitfolge**, in der sie dieses Amt auszuüben haben, betreffen darf (HessVGH HessVGRspr. 1970, 74 [75]), da nach § 57 Abs. 1 HGO alle Stellvertreter gleichberechtigt sind. Trifft die Gemeindevertretung keine Regelung, muss der Vorsitzende der Gemeindevertretung von Fall zu Fall selbst die Vertretungsfrage regeln.

374 Legt der **Vorsitzende während der Wahlzeit** der Gemeindevertretung sein **Mandat nieder, verliert er auch den Vorsitz in der Gemeindevertretung**. Der Vorsitz muss durch eine **neue Wahl** bestimmt werden. Der von der Gemeindevertretung in der konstituierenden Sitzung gewählte Stellvertreter rückt nicht an seine Stelle, da das Gesetz ein Nachrücken nur bei Wahlen vorsieht, die nach den Grundsätzen der Verhältniswahl durchgeführt werden (§ 55 Abs. 4 HGO). Scheidet hingegen **während der Wahlzeit einer von mehreren Stellvertretern aus**, bedarf es **keiner Neuwahl**. Der nächste noch nicht berufene Bewerber des Wahlvorschlags **rückt an seine Stelle** (§ 55 Abs. 4 HGO iVm § 34 KWG). Enthält der **Wahlvorschlag keine weiteren Bewerber**, so ist er erschöpft, und der **Sitz bleibt unbesetzt**. Die **Zahl der Stellvertreter vermindert sich entsprechend**; eine Nachwahl findet nicht statt.

Kapitel 5 Die Organe der Willensbildung in den Gemeinden

4. Veränderung der Beigeordnetenzahl

Soll die bisher in der Hauptsatzung der Gemeinde vorgesehene **Zahl der ehrenamtlichen Beigeordneten beibehalten** werden, können diese in der **konstituierenden Sitzung der Gemeindevertretung gewählt** werden. Soll die Zahl der ehrenamtlichen Beigeordneten **erhöht** werden (§ 44 Abs. 2 HGO) ist zunächst eine **Änderung der Hauptsatzung erforderlich**, die auf der der Einladung zugefügten Tagesordnung vorgesehen sein muss (§ 58 Abs. 3 HGO). Es können in der konstituierenden Sitzung nur so viele Beigeordnete gewählt werden, wie die zu diesem Zeitpunkt geltende Hauptsatzung vorsieht. Erst nach der rechtswirksamen Änderung der Hauptsatzung (§ 5 Abs. 3 HGO) können weitere Beigeordnete von den auf der konstituierenden Sitzung nach der Verhältniswahl gewählten Listen nachrücken. 375

Eine **Herabsetzung** der Zahl der ehrenamtlichen Beigeordneten **während der Wahlzeit** ist unter den Voraussetzungen des § 44 Abs. 2 S. 5 HGO möglich. Sie muss durch Änderung der Hauptsatzung innerhalb von sechs Monaten nach Beginn der Wahlzeit vor der Wahl der ehrenamtlichen Beigeordneten erfolgen. 376

5. Muster einer Einladung zur konstituierenden Sitzung

Die vom Bürgermeister festzusetzende Tagesordnung sollte zweckmäßigerweise folgende Punkte zur Behandlung vorsehen: 377
1. Eröffnung der Sitzung durch den Bürgermeister
2. Feststellung des an Jahren ältesten Mitgliedes
3. Übernahme der Sitzungsleitung durch den Ältesten
4. Feststellung der Beschlussfähigkeit (§ 53 HGO)
5. Wahl des Vorsitzenden der Gemeindevertretung (§ 57 Abs. 1 HGO)
6. Übernahme der Sitzungsleitung durch den Vorsitzenden
7. Wahl eines oder mehrerer Stellvertreter (§ 57 Abs. 1 HGO)
8. Wahl eines Schriftführers (§ 61 Abs. 2 HGO) und ggf. eines Stellvertreters
9. Beschluss über die Gültigkeit der bisherigen Geschäftsordnung
10. Bildung der Ausschüsse und Wahl bzw. Benennung der Mitglieder
11. Entscheidung über die Gültigkeit der Kommunalwahl und über eingelegte Einsprüche (§ 26 KWG); eventl. Einsetzung eines Wahlprüfungsausschusses (§ 57 Abs. 2 KWO)
12. Wahl und Amtseinführung der ehrenamtlichen Beigeordneten

II. Allgemeine Verfahrensgrundsätze

1. Einberufung

Die **Pflicht zur Einberufung der Gemeindevertretung** obliegt dem **Vorsitzenden**. Die Häufigkeit der Sitzungen der Gemeindevertretung bestimmt sich nach den Erfordernissen der Verwaltungsgeschäfte und den Bestimmungen der Geschäftsordnung. Nach § 56 Abs. 1 HGO hat sie aber **mindestens sechsmal im Jahr** zusammenzutreten. Außerdem ist der Vorsitzende der Gemeindevertretung verpflichtet, eine Sitzung **unverzüglich** einzuberufen, wenn dies **ein Viertel der gesetzlichen Zahl der Gemeindevertreter**, der **Gemeindevorstand** oder der **Bürgermeister** unter Angabe der zur Verhandlung zu stellenden Gegenstände verlangt und die Verhandlungsgegenstände zur Zuständigkeit der Gemeindevertretung gehören (Sonder- oder Dring- 378 lichkeitssitzung). Der Antrag ist von den **Antragstellern eigenhändig zu unterschreiben**. Die Unterschrift des Fraktionsvorsitzenden reicht nicht aus, auch wenn die Fraktion aus mindestens einem Viertel der Gemeindevertreter besteht. Das gesetzlich festgeschriebene Quorum kann durch die Geschäftsordnung der Gemeindevertretung weder erhöht noch herabgesetzt werden (Hess VGH NVwZ 1986, 328; DVBl. 1988, 793). Im Falle eines solchen Begehrens besteht jedoch nur die **Pflicht zur Einberufung**, nicht hingegen ein Rechtsanspruch darauf, dass die Gemeindevertretung sich sachlich mit der Angelegenheit befasst. Sie kann den Tagesordnungspunkt wieder von der Tagesordnung absetzen und zur weiteren Tagesordnung übergehen (HessVGH NVwZ 1988, 81) oder Nichtbefassung "beschließen", indem sich kein Gemeindevertreter zu dem Tagesordnungspunkt zu Wort meldet.

379 Zwar spricht das Gesetz lediglich von einer unverzüglichen Einberufung der Gemeindevertretung durch den Vorsitzenden (vgl. § 121 BGB: "ohne schuldhaftes Zögern"). Aus dem Sinn der gesetzlichen Regelung ergibt sich indessen, dass **auch die Sitzung unverzüglich stattfinden muss** (6 Wochen sind zu lang, VG Frankfurt HSGZ 1995, 403); die Ladungsfrist (§ 58 Abs. 1 und 3 HGO) muss jedoch gewahrt werden. Nach § 137 S. 2 HGO kann auch die **Aufsichtsbehörde** verlangen, dass die Gemeindevertretung zur Behandlung einer bestimmten Angelegenheit einberufen wird.

380 Die Gemeindevertreter sind **schriftlich oder elektronisch** unter Angabe der zur Verhandlung anstehenden Tagesordnungspunkte einzuladen (§ 58 Abs. 1 S. 1 HGO). Das bloße Fehlen der Angaben zur Tagesordnung ausschließlich bei der elektronischen Einladung ist ein Verfahrensfehler, der bei mangelnder rechtzeitiger Heilung zur Unwirksamkeit der gefassten Beschlüsse führt (BayVGH, Urt.v. 20.6.2018 – 4N17.1548 -). Auch reicht ein bloßer Link zum gemeindlichen Informationssystem nicht aus. Die Einladung hat dann noch nicht die **Sphäre der Gemeinde** verlassen; die gesetzlich vorgesehene **Bringschuld** wird unzulässig in eine **Holschuld des Ladungsempfängers** verwandelt.

Der einzelne Gemeindevertreter kann das Recht auf ordnungsgemäße Einladung im Wege des Kommunalverfassungsstreitverfahrens einklagen. Ein **Verstoß** gegen das Einladungsgebot der Gemeindevertreter führt zur **Nichtigkeit** aller während dieser Sitzung gefassten **Beschlüsse**; er ist jedoch durch den Verzicht des betroffenen Gemeindevertreters heilbar. Der Einladung sollten zweckmäßigerweise die für die Beratung in der Gemeindevertretung **notwendigen schriftlichen Unterlagen** beigefügt werden. Eine Verpflichtung schriftliche Vorlagen des Gemeindevorstandes, Anträge von Gemeindevertretern, Berichte oder Pläne der Tagesordnung beizufügen sieht das Gesetz nicht vor; vielmehr geht die Hessische Gemeindeordnung vom **Mündlichkeitsprinzip** aus (HessVGH NVwZ 1988, 82; HSGZ 1991, 489).

381 Das **Original der Einladung** ist vom **Vorsitzenden eigenhändig** zu unterzeichnen, nicht jedoch die an die Gemeindevertreter versandten Einladungen (HessVGH HessVGRspr. 1978, 95). Auch reicht die eigenhändige Unterschrift unter eine Ladungsanordnung, die alle Festlegungen nach § 58 HGO trifft (VG Wiesbaden HSGZ 1994,

297). Es bleibt abzuwarten, welche noch zu bewertenden Rechtsfragen sich aus der Zulassung der Ladung **per email** ergeben werde.

Literatur:

Kleerbaum, Ordnungsgemäße Ladung zu Rats- und Ausschusssitzungen per E-Mail im Ratsinformationssystem – Heilung von Ladungsmängeln, KOPO 2019, 6 (I)

Verletzt der Vorsitzende der Gemeindevertretung seine **Pflicht zur Einberufung,** kann die zuständige Aufsichtsbehörde eine Anweisung nach § 139 HGO erlassen, die Einberufung mittels der Ersatzvornahme gemäß § 140 HGO erzwingen oder schließlich auch einen beauftragten Vorsitzenden gemäß § 141 HGO bestellen. Eine Verletzung der Vorschrift des § 56 HGO ist jedoch unter gewissen Voraussetzungen nach Ablauf von sechs Monaten unbeachtlich (§ 5 Abs. 4 HGO). **382**

2. Ladungsfristen

Die vom Gesetz vorgesehene **Mindestladungsfrist** beträgt **drei volle Tage** (§ 58 Abs. 1 HGO); die Geschäftsordnung der Gemeindevertretung kann eine längere Ladungsfrist vorsehen. Der Vorsitzende der Gemeindevertretung muss dafür sorgen, dass die Zustellung der Ladung rechtzeitig erfolgt. Erhält ein Gemeindevertreter sie zu spät, ist nicht ordnungsgemäß geladen und die Sitzung kann nicht stattfinden. Die Ladung ist zugegangen, wenn sie in den Briefkasten des Einzuladenden gelangt ist und nach der Lebenserfahrung mit der Leerung zu rechnen ist (§ 130 BGB; vgl. VG Kassel HSGZ 1996, 467). **383**

In **eiligen Fällen** kann der Vorsitzende der Gemeindevertretung die Ladungsfrist abkürzen, jedoch muss die Ladung **spätestens am Tage vor der Sitzung zugehen** (§ 58 Abs. 1 S. 3 HGO). Eile ist dann gegeben, wenn durch plötzliche Ereignisse die Sitzung unaufschiebbar wird oder Fristen zu wahren sind (vgl. VG Frankfurt HSGZ 1995, 403). Auf die Abkürzung der Ladungsfrist muss in der Ladung ausdrücklich hingewiesen werden (§ 58 Abs. 1 S. 4 HGO). **Nicht zulässig** ist die **Abkürzung der Ladungsfrist** im Falle von **Wahlen** (§ 55 HGO) oder bei der Beschlussfassung über die **Hauptsatzung** (§ 6 HGO) und deren Änderung (§ 58 Abs. 3 HGO). Ausgeschlossen ist eine **Abkürzung der Ladungsfrist** auch in dem Fall der Abberufung eines hauptamtlichen Beigeordneten (§ 76 Abs. 1 HGO), und zwar für beide Wahlgänge sowie für die auf einen Widerspruch des Bürgermeisters (§ 63 HGO) folgenden Sitzung, in der nochmals über die strittige Angelegenheit beschlossen werden soll.

3. Tagesordnung

Die Einberufung der Gemeindevertretung unter **Angabe der zur Verhandlung stehenden Angelegenheiten** verfolgt den Zweck, die Gemeindevertreter allgemein zu unterrichten, vor Überraschungen zu schützen und ihnen ausreichend **Gelegenheit zur Vorbereitung** zu geben. Wie genau der Verhandlungsgegenstand zu bezeichnen ist, richtet sich nach den Erfordernissen des Einzelfalles. Es ist zwar **nicht erforderlich**, dass in der **Tagesordnung** der **genaue Wortlaut** des beabsichtigten **Beschlusses** mitgeteilt wird. Die Gemeindevertreter müssen aber erkennen können, worüber beschlossen werden soll; was genau beschlossen wird, ergibt sich erst aus der Beratung und der Abstimmung der zur Beschlussfassung berufenen Gemeindevertretung (HessVGH HessVGRspr. 1967, 9 [10]; NVwZ 1988, 82). Es reicht daher **384** beispielsweise die Angabe „Änderung der Hauptsatzung" nicht aus; erforderlich ist etwa eine Spezifizierung „Erhöhung der Zahl der ehrenamtlichen Beigeordneten".

385 Die **Wahl der Tagesordnung** ist nicht frei. Unter dem Tagesordnungspunkt „**Verschiedenes**" oder „**Sonstiges**" dürfen **keine wichtigen Beschlüsse** gefasst werden. Unter einen derartigen Tagesordnungspunkt können nur unbedeutende Angelegenheiten verhandelt werden, etwa die Mitteilung von Terminen. Ein Verstoß hiergegen führt zur Nichtigkeit des gefassten Beschlusses. In die Tagesordnung sind auch die Angelegenheiten aufzunehmen, die zur **nichtöffentlichen Beratung** vorgesehen sind. Dabei ist jedoch darauf zu achten, dass dies in einer dem Zweck der Nichtöffentlichkeit entsprechenden Form geschieht.

Die Tagesordnung darf auch nicht aufgrund einer Geschäftsordnung der Gemeindevertretung um Rechte für Bürger und Bürgerinnen erweitert werden, die in der HGO nicht vorgesehen sind, da es sich insoweit um abschließende Regelungen über die Möglichkeit der Bürgerbeteiligung handele. So hat das VG Gießen (HSGZ 1999, 241; HSGZ 2001, 392) die Aufnahme eines eigenständigen Tagesordnungspunktes „**Bürgerfragestunde**" durch die Geschäftsordnung einer Gemeindevertretung für rechtswidrig erklärt.

386 Zu den einzelnen Tagesordnungspunkten können in der Sitzung Anträge gestellt werden. Über **nicht auf der Tagesordnung bezeichnete Angelegenheiten** kann nur verhandelt werden, wenn **zwei Drittel der gesetzlichen Zahl der Gemeindevertreter** einer Änderung zustimmen (§ 58 Abs. 2 HGO). Um eine bloße nicht zustimmungsbedürftige Ergänzung der Tagesordnung handelt es sich hingegen, wenn durch die Beratung und Beschlussfassung einer bereits auf der Tagesordnung vorgesehenen Angelegenheit zwangsläufig ein weiterer Punkt – für die Gemeindevertreter vorhersehbar – mitgeregelt werden soll. Eine **Änderung der Reihenfolge** der Tagesordnungspunkte ist jederzeit **mit einfacher Mehrheit** möglich (HessVGH HessVGRspr. 1978, 93).

387 **Zeit, Ort und Tagesordnung** der Sitzungen der Gemeindevertretung sind vor der Sitzung **öffentlich bekannt zu machen** (§ 58 Abs. 6 HGO). Zweck der gesetzlichen Regelung ist es, die Bürger der Gemeinde über die Vorgänge in der Gemeindevertretung zu informieren und ihnen zu ermöglichen, von ihrem Recht auf Anwesenheit (§ 52 Abs. 1 HGO) in den öffentlichen Sitzungen der Gemeindevertretung sinnvollen Gebrauch zu machen (HessVGH HessVGRspr. 1978, 93). Die **Unterlassung der Bekanntmachung der Tagesordnung** – bei Beachtung der Bekanntmachung von Ort und Zeit der Sitzung – **berührt die Rechtmäßigkeit** der in der Sitzung gefassten **Beschlüsse nicht** (HessVGH HessVGRspr. 1978, 93 [94]), da die Bürger nicht auf den Bestand der Tagesordnung vertrauen können.

4. Beschlussfähigkeit

388 Eine Gemeindevertretung kann **rechtswirksame Beschlüsse** nur fassen, wenn sie **beschlussfähig** ist. Sie ist beschlussfähig, wenn **mehr als die Hälfte der gesetzlichen Zahl der Gemeindevertreter** (§ 38 HGO, §§ 22 Abs. 7, 34 Abs. 1, 35 Abs. 2 KWG) **anwesend ist** (§ 53 Abs. 1 S. 1 HGO). Eine **Ausnahme** bildet der Fall, dass die Hälfte oder mehr als die Hälfte der Gemeindevertreter nicht anwesend sein können, weil ihrer Anwesenheit ein **gesetzlicher Grund**, insbesondere ein Mitwirkungsverbot wegen Interessenwiderstreit nach § 25 HGO, **entgegensteht**.

Beispiel: Die Gemeindevertretung will über einen Bebauungsplan beschließen, mehr als die Hälfte der Gemeindevertreter sind aber Eigentümer von Grundstücken im Plangebiet.

In derartigen Fällen ist die Gemeindevertretung ohne Rücksicht auf die Zahl der anwesenden Gemeindevertreter beschlussfähig (§ 53 Abs. 3 HGO).

Der **Vorsitzende der Gemeindevertretung** hat die **Beschlussfähigkeit bei Beginn der Sitzung festzustellen** (§ 53 Abs. 1 S. 2 HGO). Es genügt, die Beschlussfähigkeit erst unmittelbar vor Aufruf des ersten Beratungsgegenstandes festzustellen, also auch nach der Begrüßung und etwaigen Mitteilungen. Liegt die Beschlussfähigkeit zu Beginn der Sitzung nicht vor, muss der Vorsitzende die Beschlussunfähigkeit feststellen und die Sitzung schließen. Trotz **Beschlussunfähigkeit** gefasste **Beschlüsse sind rechtswidrig** (zu den Voraussetzungen der Geltendmachung der Beschlussfähigkeit der Gemeindevertretung, HessVGH NVwZ 1988, 1155); sie müssen von dem Bürgermeister und dem Gemeindevorstand (§ 63 HGO) bzw. können von der Aufsichtsbehörde beanstandet werden (§ 138 HGO). Für den Fall der Beschlussfassung über Satzungen bestimmt jedoch § 5 Abs. 4 HGO, dass eine Verletzung des § 53 HGO unter gewissen Voraussetzungen nach Ablauf von sechs Monaten unbeachtlich ist. 389

Ist die **Beschlussfähigkeit** zu Beginn der Sitzung festgestellt worden, gilt sie **so lange als vorhanden**, bis **das Gegenteil auf Antrag** vom Vorsitzenden formell festgestellt wird (§ 53 Abs. 1 HGO). Der Vorsitzende kann die Beschlussfähigkeit nicht von sich aus – ohne Antrag eines Gemeindevertreters – feststellen lassen. Es wird jedoch die Auffassung vertreten, dass er gehalten sei die Frage der Beschlussfähigkeit zur Erörterung zu stellen, wenn sie für ihn offenkundig ist (Schneider/Dreßler, HGO, Erl.1 zu § 53 unter Bezugnahme auf HessVGH, Gemeindetag 1965, 28 [29]; aA HessVGH ESVGH 61, 14). Die Vorschriften der Hessischen Gemeindeordnung stehen einer politisch motivierten Herbeiführung der Beschlussunfähigkeit der Gemeindevertretung durch einen Antrag auf Feststellung der Beschlussfähigkeit bei anschließendem Verlassen des Sitzungsraums nicht ausdrücklich entgegen. Jedoch bestimmt § 53 Abs. 1 S. 3 HGO ausdrücklich, dass der Antragsteller zu den anwesenden Gemeindevertretern zu zählen ist. 390

Eine wegen Beschlussunfähigkeit **geschlossene Sitzung** kann **nicht** nach einer gewissen Zeit mit der Begründung **wieder eröffnet** werden, die Beschlussfähigkeit sei nunmehr wieder – aufgrund der Rückkehr einiger Gemeindevertreter – gegeben. Von der Schließung der Sitzung ist aber die **Unterbrechung der Sitzung** zu unterscheiden. Die Möglichkeit der vorübergehenden Sitzungsunterbrechung bietet sich für den Vorsitzenden dann an, wenn Gemeindevertreter den Sitzungsraum zeitweise verlassen haben und die Zahl der noch anwesenden Gemeindevertreter keine beschlussfähige Mehrheit ergibt, andererseits aber erkennbar ist, dass die Gemeindevertreter an der Sitzung weiter teilnehmen werden. 391

Die **Handlungsfähigkeit der Gemeindevertretung** wird durch die Regelung des § 53 Abs. 2 S. 1 HGO gewahrt, der bestimmt, dass die Gemeindevertretung, wenn sie über **dieselben Tagesordnungspunkte** in einer **zweiten Sitzung** zu beschließen hat, **ohne Rücksicht auf die Zahl der Erschienenen beschlussfähig** ist. Auf die unbedingte Beschlussfähigkeit muss jedoch in der Einladung zur zweiten Sitzung, für die im Übrigen die Ladungsformalitäten einschließlich der öffentlichen Bekanntmachung gemäß § 58 HGO einzuhalten sind, ausdrücklich hingewiesen werden (§ 53 Abs. 2 S. 2 HGO). 392

5. Öffentlichkeitsgrundsatz

393 Die **Sitzungen der Gemeindevertretung** sind **grundsätzlich öffentlich** (§ 52 Abs. 1 S. 1 HGO). Der **Grundsatz der Öffentlichkeit** gehört zu den **wesentlichen Verfahrensbestimmungen** des Kommunalrechts. Er dient dazu, das Interesse der Bürger an der kommunalen Selbstverwaltung zu pflegen und den Bürgern Einblick in die Tätigkeit der Gemeindevertretung und ihren Mitgliedern zu ermöglichen, um Grundlagen für eine sachgerechte Entscheidung bei künftigen Wahlen zu schaffen (VGH Bad.-Württb. ESVGH 17, 118 [120]; *Schneider/Dreßler*, HGO, Erl.1 zu § 52). **Verstöße** gegen den Öffentlichkeitsgrundsatz stellen einen schweren Verfahrensmangel dar und bewirken die **Nichtigkeit der zu Unrecht in nichtöffentlicher Sitzung erfolgten Beschlüsse und Wahlen** (HessVGH HessVGRspr. 1969, 9 [11]).

394 In der **Hauptsatzung** kann die Gemeinde mit qualifizierter Mehrheit (§ 6 Abs. 2 S. 1 HGO) regeln, dass in öffentlichen Sitzungen Film- und Tonaufnahmen durch die Medien mit dem Ziel der Veröffentlichung zulässig sind (§ 52 Abs. 3 HGO). Ein wehrfähiges Recht auf Herstellung der sog. Medienöffentlichkeit von Gemeindevertretungssitzungen steht hingegen einzelnen Gemeindevertretern oder von ihnen gebildeten Fraktionen nicht zu (VGH Mannheim, NVwZ-RR 2018, 358; HessVGH HGZ 2014, 20, Klaus Krebs LKRZ 2014, 138; vgl. aber VG Bremen BeckRS 2018, 8743; VGH Kassel, NVwZ-RR 2009, 531). Die Problematik herkömmlicher Film- und Tonaufnahmen wird zunehmend von der Frage der Zulässigkeit und der rechtmäßigen Regelung von Tonübertragungen im Internet, den sog. **Livestreams** überlagert. Soweit dem einzelnen Gemeindevertreter die Möglichkeit des Widerspruchs gegen eine Tonübertragung seines Redebeitrags im Internet eingeräumt ist und sich die Übertragung allein auf den öffentlichen Teil der Sitzung bezieht, ist eine entsprechende Regelung rechtlich unbedenklich (vgl. hierzu § 11 der Hauptsatzung der Stadt Frankfurt am Main und § 48 Abs. 3 GO StVV, Amtsblatt 2013, S. 1232).

395 Der Öffentlichkeitsgrundsatz (sog. Saalöffentlichkeit) gebietet, dass die Sitzungen der Gemeindevertretung in **Räumen** stattfinden muss, zu denen während ihrer Dauer grundsätzlich **jedermann der Zutritt** offen steht. Kein Verstoß gegen den Öffentlichkeitsgrundsatz liegt vor, wenn die Zahl der Zuhörer auf die Zahl der zur Verfügung stehenden Plätze beschränkt wird. Werden **Einlasskarten** ausgegeben, müssen gleiche Verteilungsmaßstäbe angewandt werden, etwa eine Vergabe nach der zeitlichen Reihenfolge der Antragstellung.

> Der Öffentlichkeitsgrundsatz gewährt den **Zuschauern das Recht auf Zutritt zu den Sitzungen**, unabhängig davon, ob es sich bei den Interessierten um **Einwohner, Bürger oder Ortsfremde** handelt. Das Zutrittsrecht beschränkt sich jedoch auf die **passive Teilnahme** an der Sitzung, auf das Zuhören (HessVGH HessVGRspr. 1978, 93). Die Zuhörer dürfen die Ordnung der Sitzung nicht stören und haben Ruhe zu bewahren. Beifalls- oder Missfallensäußerungen, die den ordnungsgemäßen Ablauf der Sitzung gefährden, können von dem Vorsitzenden der Gemeindevertretung unterbunden werden und zu einer Entfernung aus dem Sitzungsraum führen.

> Die in manchen Gemeinden praktizierte **Bürgerfragestunde im Rahmen einer Gemeindevertretersitzung** ist von der HGO nicht gedeckt (VG Gießen HSGZ 2001, 392). Die Gemeindevertretung kann auch nicht durch einfachen Beschluss oder im Rahmen ihrer Geschäftsordnung die fehlende Rechtsgrundlage ersetzen. Vielmehr hat der Gesetzgeber bewusst eine Regelungslücke gelassen. Denn er hat ein vergleichbares Beteiligungsrecht, wie es noch im Gesetzgebungsverfahren zum Gesetz zur Änderung des KWG vom 8.6.1998 vorgesehen war, ausdrücklich wieder gestrichen. Der Einrichtung einer Bürgerfragestunde außerhalb von Sitzungen der Ge-

meindevertretung steht das Gesetz nicht entgegen. Eine Beeinträchtigung der Ausübung des freien Mandats (§ 35 Abs. 1 HGO) ist in einem solchen Fall nicht zu befürchten (vgl. *Foerstemann*, Die Gemeindeorgane, S. 276 .2).

Die Öffentlichkeit kann nach § 52 Abs. 1 S. 2 HGO **für einzelne Angelegenheiten ausgeschlossen** werden, wenn die Gemeindevertretung einen Antrag auf Ausschluss der Öffentlichkeit mit Mehrheit annimmt. Ein Beschluss, der von vorneherein für bestimmte Arten von Angelegenheiten die Abhaltung nichtöffentlicher Sitzungen vorsehen würde, wäre daher mit dem Gesetz nicht vereinbar. Zulässig ist jedoch, für mehrere an demselben Sitzungstage anstehende Beratungsgegenstände zugleich über die Nichtöffentlichkeit zu beschließen. **Anträge auf Ausschluss der Öffentlichkeit** werden nach § 52 Abs. 1 S. 3 HGO in nichtöffentlicher Sitzung begründet, beraten und entschieden (VGH Hessen, Urt. v. 6.11.2008, 8 A 674/08). Die Entscheidung darüber kann auch, wenn keine besondere Begründung oder Beratung erforderlich ist, in öffentlicher Sitzung getroffen werden (*Foerstemann*, Die Gemeindeorgane, S. 103, .4). Aus Gründen der Zweckmäßigkeit empfiehlt es sich, die Tagesordnung bereits von vorneherein so aufzustellen, dass die Punkte, die zur nichtöffentlichen Beratung vorgesehen sind, an das Ende der Tagesordnung gesetzt werden. Der **Grundsatz der Öffentlichkeit** ist **nicht verletzt**, wenn die **Tagesordnung** für die Sitzung **nicht veröffentlicht wurde** und deshalb von der Möglichkeit der Teilnahme an der Sitzung nicht Gebrauch gemacht wurde, da auch eine ordnungsgemäß veröffentlichte Tagesordnung keine Gewähr für deren Beibehaltung bietet und diese im Rahmen des § 58 Abs. 2 HGO auch erweitert werden kann (HessVGH HessVGRspr. 1978, 93).

396

Das Gesetz macht den **Ausschluss der Öffentlichkeit** nicht von bestimmten Voraussetzungen abhängig. Soweit daher nicht ausdrücklich die Öffentlichkeit oder Nichtöffentlichkeit der Sitzungen vorgeschrieben ist (§§ 42 Abs. 1 S. 5, 46 Abs. 1, 93 Abs. 3 S. 1 HGO), liegt die Entscheidung darüber, ob eine Angelegenheit in öffentlicher oder nichtöffentlicher Sitzung der Gemeindevertretung behandelt werden soll, im **Ermessen der Gemeindevertretung**. Aufgrund der eminenten Bedeutung des Öffentlichkeitsgebotes muss die Gemeindevertretung jedoch in jedem Einzelfall prüfen und abwägen, ob Belange des öffentlichen Wohles oder schützenswerte Interessen Einzelner das demokratische Recht der Bürger an einer Kontrolle der Gemeindevertretung überragen und ob jene deswegen den Ausschluss rechtfertigen (*Foerstemann*, Die Gemeindeorgane, S. 103, .5). Dies wird in der Regel der Fall sein bei **Personalangelegenheiten** einzelner Bediensteter und **Grundstücksangelegenheiten**; aber auch hier sind Abwägung und Einzelfallentscheidung unerlässlich. Ob dies konkret der Fall ist, unterliegt der uneingeschränkten gerichtlichen Kontrolle. Der einzelne Gemeindevertreter kann durch Klage gegen die Gemeindevertretung den Ausschluss der Öffentlichkeit im Wege des Kommunalverfassungsstreitverfahrens auf seine Rechtmäßigkeit überprüfen lassen (HessVGH, Beschl. v. 15.3.2019 – 8 A 674/08,–juris). Allerdings vermittelt der Grundsatz der Öffentlichkeit dem einzelnen Bürger keinen subjektiven Rechtsschutz (VG Greifswald Urt. v. 3.7.2018 – 2 A 301/18HGV, BeckRs 2018, 17553).

397

An **nichtöffentlichen Sitzungen** dürfen neben den **Gemeindevertretern** nur die **Amtsbeteiligten** teilnehmen, also die Mitglieder des Gemeindevorstandes (§ 59 HGO), die Schriftführer (§ 61 Abs. 2 HGO) sowie die Vertreter der Aufsichtsbehörde (§ 137 HGO). Die in nichtöffentlicher Sitzung gefassten **Beschlüsse** sollen, soweit dies nicht dem Sinn und Zweck der nichtöffentlichen Beschlussfassung zuwiderläuft, nach **Wiederherstellung der Öffentlichkeit bekannt gegeben werden** (§ 52

398

Abs. 2 HGO). Ob die Voraussetzungen hierfür gegeben sind, hat die Gemeindevertretung jeweils bei ihren Entscheidungen zu prüfen und festzulegen.

Literatur: *Bennemann, Gerhard,* Datenschutz versus rechtmäßige Entscheidungen kommunaler Vertretungsorgane, NVwZ 2015, 490; *Burgi, Martin,* Öffentlichkeit von Ratssitzungen bei Angelegenheiten kommunaler Unternehmen?, NVwZ 2014, 609, *Horn, Robert,* Moderne Medien in Ratssitzung und Gerichtsverhandlung ZJS 2012, 340; *Rabeling, Esther,* Die Öffentlichkeit von Gemeinderatssitzungen in der Rechtsprechung, NVwZ 2010, 411.

6. Beschlussfassung

399 Die **Entscheidungen der Gemeindevertretung**, die alle im Wege der **Abstimmung** getroffen werden, werden rechtlich in zwei Formen unterteilt (HessVGH HessVGRpr. 1967, 9 [10]); 1975, 20 [23]): **Sachbeschlüsse** (Beschlüsse im engeren Sinn nach § 54 HGO) und **Personalentscheidungen** (Beschlüsse im weiteren Sinn nach § 55 HGO). Während **Personalentscheidungen** durch **Wahlen** teils als Mehrheitswahlen, teils als Verhältniswahlen durchgeführt werden, sind **Sachbeschlüsse** nur nach Stimmenmehrheit zu fassen, wobei das Gesetz jedoch unterschiedliche Grade (einfache und qualifizierte Mehrheiten) kennt. Beide Formen der Beschlussfassung unterliegen den Widerspruchs- und Beanstandungspflichten des Bürgermeisters und des Gemeindevorstands (§ 63 HGO), sowie der Beanstandungsrechte der Aufsichtsbehörde (§ 138 HGO).

400 Soweit gesetzlich nichts anderes bestimmt ist, werden **Sachbeschlüsse** mit der **Mehrheit der abgegebenen Stimmen (einfache relative Mehrheit)** gefasst (§ 54 Abs. 1 S. 1 HGO). **Stimmenthaltungen** und **ungültige Stimmen** werden für die Berechnung der Mehrheit nicht mitgezählt (§ 54 Abs. 1 S. 3 HGO). Zur Abstimmung stehende Anträge und Vorlagen müssen so formuliert sein, dass den Gemeindevertretern – abgesehen von der Möglichkeit der Stimmenthaltung – eine eindeutige bejahende oder verneinende Stimmabgabe möglich ist. Eine Stimmabgabe unter Bedingungen, Vorbehalten oder Maßgaben ist unzulässig und ist rechtlich als ungültige Stimme zu werten. Bei Stimmengleichheit ist ein Antrag abgelehnt (§ 54 Abs. 1 S. 2 HGO).

401 Wegen ihrer **besonderen Bedeutung** stellt das Gesetz in **bestimmten Fällen höhere Anforderungen an die erforderlichen Mehrheiten (qualifizierte Mehrheit)**. Hierunter fallen die Erfordernisse der Mehrheit der gesetzlichen Zahl der Gemeindevertreter (**einfache absolute Mehrheit**), beispielsweise bei der Beschlussfassung über die Hauptsatzung und ihrer Änderung (§ 6 Abs. 2 HGO) und die Zweidrittelmehrheit der gesetzlichen Zahl der Gemeindevertreter (**absolute Zweidrittelmehrheit**), etwa bei der Abberufung des Vorsitzenden der Gemeindevertretung (§ 57 Abs. 2 HGO).

7. Abstimmungsmodus

402 Die **geheime Abstimmung** ist grundsätzlich unzulässig (§ 54 Abs. 2 HGO); folglich muss soweit gesetzlich nichts anderes bestimmt ist, offen abgestimmt werden. Wird der **Grundsatz der offenen Abstimmung** verletzt, stellt dies einen schweren Verfahrensmangel dar, der die Nichtigkeit der von dem Verfahrensverstoß betroffenen Beschlüsse und Wahlen bewirkt. In **geheimer Abstimmung** sind nach der Ausnahmeregelung des § 54 Abs. 2 HGO der Beschluss über die Vornahme einer **Wiederwahl hauptamtlicher Beigeordneter** (§ 39a Abs. 3 S. 2 HGO) zu fassen und **Wahlen** vorzunehmen (§ 55 Abs. 3 HGO). Die **Form der offenen Abstimmung** regelt das Ge-

Kapitel 5 Die Organe der Willensbildung in den Gemeinden 189

setz nicht. In der Praxis hat sich die Abstimmung durch Handaufheben als übliche Form herausgebildet; daneben werden aber auch andere Formen praktiziert, wie das Aufstehen von den Sitzen, das Verlassen des Sitzungsraumes durch verschiedene Türen (sog. Hammelsprung) oder – auf besonderen Antrag – die namentliche Abstimmung. Soweit die Geschäftsordnung der Gemeindevertretung keine Regelung enthält, bestimmt sich die Form der Abstimmung nach herkömmlicher Übung oder – aufgrund der Verhandlungsleitungsbefugnis – nach Anordnung des Vorsitzenden der Gemeindevertretung.

8. Wahlen

Personalangelegenheiten entscheidet die Gemeindevertretung mittels Wahlen. Während die von den Bürgern der Gemeinde durchzuführenden unmittelbaren Wahlen des Bürgermeisters, der Gemeindevertretung und des Ortsbeirats durch die §§ 29ff. HGO und das KWG mit der KWO geregelt werden, richten sich Wahlgrundsätze und Wahlverfahren der mittelbaren **Wahlen der Gemeindevertretung nach § 55 HGO**. Ausgenommen hiervon sind die **Abberufung** des Vorsitzenden der Gemeindevertretung (§ 57 Abs. 2 HGO) und der hauptamtlichen Beigeordneten (§ 76 HGO) sowie die **Besetzung der Ausschüsse im Benennungsverfahren** (§ 62 Abs. 2 HGO). Bei diesen Entscheidungen handelt es sich um Beschlüsse im engeren Sinne nach § 54 HGO. **403**

Sind **mehrere gleichartige unbesoldete Stellen** (zB ehrenamtliche Beigeordnete, Mitglieder der Fachausschüsse der Gemeindevertretung) zu besetzen, wird gemäß § 55 Abs. 1 HGO in einem Wahlgang nach den **Grundsätzen der Verhältniswahl, im Übrigen** für jede zu besetzende Stelle in einem **besonderen Wahlgang nach Stimmenmehrheit** gewählt (vgl. Kap. 4 B IV). Gewählt wird grundsätzlich **schriftlich und geheim**, lediglich bei **Wahlen nach Stimmenmehrheit** – mit Ausnahme der Wahl der hauptamtlichen Beigeordneten – kann, wenn niemand widerspricht, durch **Zuruf oder Handaufheben** abgestimmt werden. Der **Grundsatz der geheimen Wahl** verlangt, dass die Wahlberechtigten ihr Wahlrecht so ausüben können, dass andere Personen keine Kenntnis von ihrer Wahlentscheidung erhalten (HessVGH HessVGRspr. 1986, 58; HSGZ 1987, 107). Dies wird zunächst durch die verpflichtende Benutzung – nicht nur die Bereitstellung – von **Wahlkabinen** gewährleistet (§§ 30, 39 Abs. 6 S. 1 Nr. 4 KWO). Der Grundsatz der geheimen Wahl ist aber auch dann verletzt, wenn durch die Art der **Markierung der Stimmzettel** (Kringel auf der rechten oberen Spitze des Kreuzes; besondere Art der Kreuzung; besonderer Farbstift) eine Rekonstruktion des Stimmverhaltens der Wahlberechtigten möglich ist (VG Wiesbaden Inf.HStT 1986, 115; OVG Nds. NVwZ-RR 1990, 503; aA VG Frankfurt HSGZ 1997, 164 [165], das eine Verletzung des Grundsatzes der freien Wahl erst dann annimmt, wenn die Farbwahl des Stiftes aufgrund einer Absprache mit dem Ziel erfolgt ist, das Votum des betreffenden Gemeindevertreters kontrollieren zu können). Ein **Verstoß gegen den Grundsatz der geheimen Wahl** führt im Fall der Kennzeichnung der Stimmzettel nicht zur Ungültigkeit der gesamten Wahl, sondern nur zur Ungültigkeit der gekennzeichneten Stimmzettel, da andernfalls obstruierende Gemeindevertreter die Gemeindevertretung teilweise der Handlungsfähigkeit berauben könnten, was mit dem Demokratieprinzip nicht zu vereinbaren wäre (OVG Nds. NVwZ-RR 1990, 503). **404**

Bei einer **Wahl nach Stimmenmehrheit** ist derjenige gewählt, für den mehr als die Hälfte der gültigen Stimmen abgegeben werden. Dabei gelten Nein-Stimmen als gül- **405** tige, Stimmenthaltungen als ungültige Stimmen. Das nähere Verfahren, insbesondere die Notwendigkeit einer Stichwahl oder eines Losentscheides regelt § 55 Abs. 5 HGO.

406 Bei **Wahlen nach der Verhältniswahl** werden die Stellen nach dem System *Hare-Niemeyer* (vgl. zur Berechnung Kap. 4 B IV 2) unter Berücksichtigung der auf sie entfallenen Stimmen auf die einzelnen Wahlvorschläge verteilt (§§ 55 Abs. 4 iVm § 22 KWG). Bei der Sitzverteilung ist besonders zu berücksichtigen, dass § 22 Abs. 4 KWG dann nicht angewendet werden darf, wenn nur zwei Stellen zu vergeben sind. Infolgedessen erhält der Wahlvorschlag, auf den mehr als die Hälfte aller für die Sitzverteilung maßgeblichen Stimmen entfallen sind nicht in jedem Fall beide Stellen.

407 Das Verbot der Verbindung von Wahlvorschlägen (§ 10 Abs. 4 KWG) steht einer **gemeinsamen Aufstellung von Wahlvorschlägen bei mittelbaren Wahlen** der Gemeindevertretung nicht entgegen. Fraktionen der Gemeindevertretung, die sich zu einer auf Dauer angelegten Zusammenarbeit zusammengeschlossen haben, können daher einen gemeinsamen Wahlvorschlag (Fraktionsbündnisse) aufstellen, um durch Zuteilung eines weiteren Sitzes (§ 22 Abs. 4 KWG) eine „stabile parlamentarische Mehrheit" auch in den Ausschüssen sicherzustellen (VGH Hessen, Urteil vom 6.5.2008, 8 UE 876/07; VG Gießen HSGZ 1990, 491; VG Frankfurt HessVGRspr. 1965, 99 [101]; 1992, 49 [50]).

408 Unter Berücksichtigung der sich aus dem **Ausscheiden von Stelleninhabern** ergebenden Konsequenz des **Nachrückens** (§ 55 Abs. 4 iVm § 34 KWG) empfiehlt es sich, ausreichend Bewerber in die Wahlvorschläge aufzunehmen, um das Freibleiben von Sitzen für die restliche Wahlzeit zu verhindern (vgl. Kap. 4 B IV 6). **Ergänzungswahlen** sind beim Ausscheiden einzelner nach dem Verhältniswahlrecht gewählter Personen **unzulässig**, da sie das Stimmenverhältnis der Parteien untereinander verschieben würden.

409 Neben der Besetzung mehrerer gleichartiger unbesoldeter Stellen im Wege der Verhältniswahl besteht für die Gemeindevertretung die Möglichkeit, einen einheitlichen Wahlvorschlag, die sog. **Einheitsliste** aufzustellen (§ 55 Abs. 2 HGO). In einem solchen Fall liegt nur ein einziger Wahlvorschlag vor, auf den sich alle Gemeindevertreter geeinigt haben. Stimmt nur ein einziger Gemeindevertreter in der **offen durchzuführenden Abstimmung** gegen den Wahlvorschlag, muss nach den Grundsätzen der Verhältniswahl verfahren werden; Stimmenthaltungen sind unschädlich.

410 Bei Wahlen finden die Grundsätze der Interessenkollision keine Anwendung (§ 25 Abs. 2 HGO). Der einzelne Gemeindevertreter unterliegt dem **Mitwirkungsverbot wegen Befangenheit** daher nur bei einer etwaigen **Beratung** über die eigene Kandidatur; an der eigentlichen Abstimmung kann er teilnehmen. Bei der **Ladung** zu Wahlen ist weiterhin § 58 Abs. 3 HGO zu beachten, der für Wahlen bestimmt, dass stets **drei Tage zwischen dem Zugang der Ladung und dem Sitzungstag** liegen müssen.

411 **Wahlen sind** keine Vorgänge des Verwaltungsvollzuges und daher **keine Verwaltungsakte** iSd § 35 HVwVfG (HessVGH HessVGRpr. 1980, 35 [36]); NVwZ 1985, 849). Sie sind **Akte der politischen Willensbildung**, mit denen politische Organe für die Wahlberechtigten eines Gemeinwesens das Recht auf Selbstverwaltung ihrer verfassungsrechtlichen Ordnung ausüben (HessVGH ESVGH 1, 21). **Jeder Gemeindevertreter** kann jedoch gegen die Gültigkeit von Wahlen, die von der Gemeindevertretung durchgeführt werden, nach § 55 Abs. 6 HGO schriftlich oder zur Niederschrift **Widerspruch bei dem Vorsitzenden der Gemeindevertretung erheben.** Eine **elektronische Übermittlung eines Widerspruchs** ist nicht wirksam, § 55

Abs. 7 HGO. Das Widerspruchsrecht steht **jedem Gemeindevertreter unabhängig davon zu, ob er geltend machen kann, in seinen Rechten verletzt zu sein** (VG Kassel HessVGRspr. 1980, 35 [36]; HessVGH NVwZ-RR 1990, 208; HessVGH HessVGRpr. 1975, 17). Der Wortlaut des § 55 Abs. 6 HGO gewährt jedem Gemeindevertreter das Widerspruchsrecht, also unabhängig von der Tatsache, dass sich der Gemeindevertreter tatsächlich an der Wahl beteiligt hat oder zu dem Zeitpunkt der Wahl überhaupt Gemeindevertreter war. Da das in § 55 Abs. 6 HGO verbriefte Widerspruchsrecht des einzelnen Gemeindevertreters dem objektiven Interesse der Allgemeinheit an einer Wahlkontrolle entsprechen soll, kann es weder für die Zulässigkeit noch die Begründetheit einer Klage auf eine konkrete Betroffenheit eines Gemeindevertreters ankommen (aA VG Kassel HSGZ 1998, 158).

Fraktionen haben **kein** eigenes **Widerspruchsrecht**. Ob der Widerspruch einer Fraktion in den eines ihr angehörenden unterzeichnenden Mitglieds umgedeutet werden kann, hängt von den Umständen des Einzelfalls ab, die sich aus dem Gesamtbild des Schreibens ergeben (VG Wiesbaden HSGZ 1986, 446) und der Art der geltend gemachten Verletzung (VG Gießen HSGZ 1987, 362). **412**

Über den Widerspruch entscheidet die Gemeindevertretung. Wird der **Widerspruch zurückgewiesen**, so kann der Widerspruchsführer **Klage** gegen die Gemeindevertretung, vertreten durch ihren Vorsitzenden (§ 58 Abs. 7 HGO), vor dem zuständigen Verwaltungsgericht erheben. **Widerspruch und Klage** haben **keine aufschiebende Wirkung**. Einstweilige Anordnungen können im Wahlanfechtungsverfahren nicht erlassen werden, da § 55 Abs. 6 HGO diesen Rechtsbehelf nicht vorsieht (HessVGH NVwZ 1985, 849). Bei der sog. kommunalrechtlichen Wahlprüfungsklage (HessVGH NVwZ-RR 1990, 208), zuvor irreführender Weise als Wahlanfechtungsklage bezeichnet (HessVGH HSGZ 1985, 161), handelt es sich um eine allgemeine **Feststellungsklage** nach § 43 VwGO (HessVGH HSGZ 1987, 107; VG Darmstadt Urt. v. 31.7.2008 – 3 E 178/07; BverwG NVwZ 2010, 818, NVwZ 2010, 834). Mit der Klage kann daher die Feststellung der Gültigkeit oder der Ungültigkeit der Wahl begehrt werden sowie – bei Zählfehlern – die Feststellung eines anderen Wahlergebnisses (HessVGH INF. HStT 1987, 116 [156]). Ob eine **Unregelmäßigkeit im Wahlverfahren auf das Wahlergebnis von Einfluss gewesen sein kann ist unerheblich**, da § 26 Abs. 1 Nr. 2 KWG auf eine Wahl nach § 55 HGO keine Anwendung findet (HessVGH HessVGRspr. 1967, 9 [10]; VGRspr.1969, 9; HSGZ 1987, 107; NVwZ-RR 1990, 208). **413**

Über die ausdrückliche Regelung des § 55 Abs. 6 HGO hinaus steht **jedem, der geltend machen kann, durch eine Wahl in seinen Rechten verletzt zu sein**, der Verwaltungsrechtsweg offen. Dies gilt insbesondere für den Fall, dass eine Wahl als Hoheitsakt der öffentlichen Gewalt zugleich einen **Rechtsanspruch auf Ernennung in das Beamtenverhältnis** begründet (HessVGH ESVGH 16, 197; HessVGH HessVGRpr. 1978, 95 [96]; VG Darmstadt HSGZ 1987, 211), etwa bei der Wahl eines Beigeordneten (§§ 39a, 42 HGO). Die Klagebefugnis eines Gemeindevertreters fällt nicht nachträglich dadurch weg, dass er nach Klageerhebung sein Mandat niedergelegt hat (VG Frankfurt HSGZ 2000, 29). Wahlen unterliegen weiterhin als Beschlüsse im weiteren Sinne den **Widerspruchs- und Beanstandungspflichten des Bürgermeisters und des Gemeindevorstandes** (§ 63 HGO) sowie dem **Beanstandungsrecht der Aufsichtsbehörde** (§ 138 HGO). **414**

Literatur: Schmehl, Der Widerspruch gegen die Gültigkeit von Wahlen in den hessischen Kommunalvertretungen, VR 2003, 276.

9. Niederschrift

415 Über jede Sitzung der Gemeindevertretung ist eine Niederschrift zu fertigen. Diese muss den **wesentlichen Inhalt der Verhandlungen** wiedergeben (§ 61 Abs. 1 HGO), insbesondere müssen sich aus ihr die Sitzungsteilnehmer, die verhandelten Gegenstände, die gefassten Beschlüsse mit den Abstimmungsergebnissen, die vollzogenen Wahlen mit den Wahlergebnissen und die Stimmabgabe einzelner Gemeindevertreter auf deren ausdrückliches Verlangen ergeben. Die **Entscheidung**, was zum wesentlichen Inhalt der Verhandlungen gehört, trifft der **Schriftführer nach pflichtgemäßen Ermessen**. Zu vermerken sind jedenfalls auch Datum und Zeitpunkt des Sitzungsbeginns und des Sitzungsendes, um Entschädigungsansprüche (§ 27 HGO) prüfen zu können, sowie das Verlassen von Gemeindevertretern wegen Interessenwiderstreites (§ 25 HGO), um gegebenenfalls die Rechtmäßigkeit eines Beschlusses beweisen zu können (vgl. *Schneider/Dreßler*, HGO, Erl.1 zu § 61). Zu **Schriftführern** können Gemeindevertreter oder Gemeindebedienstete – und zwar auch solche, die ihren Wohnsitz nicht in der Gemeinde haben – oder Bürger gewählt werden. Die Tätigkeit eines Schriftführers ist eine **ehrenamtliche Tätigkeit** iSd § 21ff. HGO, wobei allerdings für die auswärtigen Bediensteten keine Pflicht zur Übernahme der Schriftführertätigkeit besteht.

416 **Einzelne Gemeindevertreter** haben **keinen Anspruch** darauf, dass **Erklärungen sinngemäß oder wörtlich** in die Niederschrift aufgenommen werden; es sei denn, die Geschäftsordnung der Gemeindevertretung sieht eine solche Möglichkeit unter besonderen Voraussetzungen vor. **Gemeindevertreter** können lediglich verlangen, dass ihr **Abstimmungsverhalten in der Niederschrift festgehalten** wird (§ 61 Abs. 1 S. 3 HGO). Sinn und Zweck der Niederschrift besteht darin, die Beschlüsse für die Gemeindevertreter festzuhalten, dem Gemeindevorstand die genaue Ausführung der Beschlüsse zu ermöglichen und gegebenenfalls das mit einem Rechtsstreit befasste Gericht in die Lage zu versetzen, alle notwendigen Feststellungen schon aus der Niederschrift entnehmen zu können. Diesen Anforderungen genügt ein **Beschlussprotokoll**, dem umfangreiche Vorberichte und Planungsunterlagen als Beilagen zugefügt werden können.

417 Die Niederschrift ist vom Vorsitzenden und dem Schriftführer zu unterzeichnen (§ 61 Abs. 2 S. 1 HGO). Die **Unterzeichnung** kann abgelehnt werden, wenn gegen die Richtigkeit oder Vollständigkeit Einwendungen erhoben worden sind, über die die Gemeindevertretung noch nicht entschieden hat (§ 61 Abs. 3 S. 3 HGO). Nach deren Entscheidung ist sie zu unterzeichnen. Mit der Unterzeichnung wird die Niederschrift eine **öffentliche Urkunde** (§§ 415, 417, 418 ZPO), die nach der Entscheidung über etwaige Einwendungen vollen **Beweis** der in ihr bezeugten Tatsachen, Vorgänge und wiedergegebenen Entscheidungen begründet. Dieser ist widerleglich, jedoch trägt derjenige, der die Feststellungen der Niederschrift bestreitet, die Beweislast. Verweigert ein Unterzeichnungsverpflichteter die Unterschrift, erlangt die Niederschrift nicht die Qualität einer öffentlichen Urkunde. Sie ist in einem solchen Fall wie eine Privaturkunde zu behandeln, ihr Beweiswert ist daher nach § 286 ZPO frei zu würdigen (*Foerstemann*, Die Gemeindeorgane, S. 134, .5).

418 Nach der Unterzeichnung ist die **Niederschrift** innerhalb eines in der Geschäftsordnung bestimmten Zeitraumes in den Räumen der Gemeindeverwaltung offen zu legen. Die **Offenlegung** erfolgt für die Mitglieder der **Gemeindevertretung** und der des **Gemeindevorstandes**. Einzelne Einwohner und Bürger der Gemeinde haben grundsätzlich keinen Rechtsanspruch auf Einsicht in die Niederschrift der Gemeindevertretung, denn die Offenlegung hat den Zweck, die Sitzungsteilnehmer kontrollieren zu lassen, ob der Sitzungsverlauf zutreffend protokolliert wurde (VG Frankfurt Inf.HStT 1988, 20). Es steht jedoch der Gemeindevertretung frei, Sitzungsniederschriften soweit sie sich auf den öffentlichen Teil einer Sitzung beziehen, auch anderen Personen zugänglich zu machen. Zudem kann die Geschäftsordnung neben der Offenlegung die Übersendung von Abschriften der Niederschrift an alle Gemeindevertreter vorsehen (§ 61 Abs. 3 S. 2 HGO).

Einwendungen gegen die Niederschrift können innerhalb der in der Geschäftsordnung bestimmten Frist von **Mitgliedern der Gemeindevertretung und des Gemeindevorstandes** im Rahmen seines Anhörungsrechtes nach § 59 HGO erhoben werden. Über die Einwendungen entscheidet die **Gemeindevertretung** (§ 61 Abs. 3 S. 3 HGO). **419**

Der **Einsatz von Tonaufzeichnungen** ist als zusätzliches **Hilfsmittel zur Erstellung einer Niederschrift zulässig**, sie können diese aber nicht ersetzen. Der Einsatz kann in der Geschäftsordnung der Gemeindevertretung geregelt werden. Da Tonaufzeichnungen der Sitzungen ebenso wie Niederschriften Unterlagen der Gemeindevertretung sind, hat **jedes Mitglied das Recht**, sie in den Räumen der Verwaltung unter Aufsicht **abzuhören** (HessVGH NVwZ 1988, 88). Das Anfertigen von **Tonaufzeichnungen durch Dritte, ist ohne Zustimmung derjenigen, deren Worte aufgezeichnet werden sollen, nicht zulässig**. Das Recht der Anwesenheit in öffentlichen Sitzungen der Gemeindevertretung beinhaltet nicht das Recht, Ausführungen einzelner Gemeindevertreter auf Tonband aufzuzeichnen (BVerwGE 85, 283). Entsprechendes gilt auch für die Frage der Zulässigkeit von Tonübertragungen im Internet, den sog. **Livestreams**, und deren Aufzeichnung (Kap. 5 II 5). **420**

Dem Bedürfnis nach Information wird durch das Recht auf Anwesenheit in den öffentlichen Sitzungen der Gemeindevertretung hinreichend Rechnung getragen, so dass eine Einschränkung des **Persönlichkeitsrechts** (Art. 2 Abs. 1 GG) des einzelnen Sprechers nicht gerechtfertigt ist (*Schneider/Dreßler*, HGO, Erl.5 zu § 61).

Literatur: *Damrau*, Das Tonband in Sitzungen der Gemeindevertretung, DÖV 1965, 87.

III. Zuständigkeiten

Nach der **dualistisch** ausgestalteten **Hessischen Kommunalverfassung** ist die **Gemeindevertretung oberstes Organ**, der **Gemeindevorstand Verwaltungsbehörde**. Aufgrund der unterschiedlichen Strukturen der Gemeinden hat der Gesetzgeber die Zuständigkeiten im Wesentlichen durch eine Generalklausel abgegrenzt. Die Gemeindevertretung trifft nach § 9 Abs. 1 HGO alle **wichtigen Entscheidungen** und **überwacht die gesamte Verwaltung**, während der Gemeindevorstand die **laufende Verwaltung** nach § 9 Abs. 2 HGO besorgt. **421**

1. Willensbildungskompetenz

Die **Gemeindevertretung** ist das zentrale **Willensbildungsorgan** der Gemeinde. Sie trifft die **wichtigen gemeindlichen Entscheidungen** in ihren Sitzungen, indem sie **Beschlüsse** fasst und **Wahlen** vornimmt. Dabei bilden Anträge und Wahlvorschläge der Fachausschüsse oder Vorlagen des Gemeindevorstandes regelmäßig die Entscheidungsgrundlage. Ob eine Angelegenheit zur **laufenden Verwaltung** gehört oder eine **wichtige Gemeindeangelegenheit** ist, lässt sich mit Rücksicht auf die unterschiedlichen Verhältnisse nicht für alle Gemeinden gleich bestimmen; auch **422** kann sich die Auffassung über die Bedeutung der Angelegenheit im Laufe der Zeit wandeln (vgl.Kap.6 B I 1). **Einwohnerzahl und Finanzkraft einer Gemeinde**, sowie die – aus der Sicht der Gemeinde zu beurteilende – **politische und wirtschaftliche Bedeutung der Angelegenheit**, sind wesentliche Abgrenzungskriterien; die Kosten allein sind nicht ausschlaggebend. Unabhängig davon ist die jeweilige öffentliche Wahrnehmung zu berücksichtigen, so dass auch Entscheidungen von geringer finanzieller Bedeutung dennoch einen Beschluss erforderlich machen. Der Gemeindevorstand kann es aber auch für erforderlich halten sich zur „politischen Rückendeckung" einen Beschluss der Gemeindevertretung einzuholen und die Entscheidung so zu einer bedeutenden Sache machen (BeckOK Kommunalrecht Hessen/ Birkenfeld/Fuhrmann HGO § 70 Rn. 75).

Als Geschäfte der laufenden Verwaltung sind die **in kürzeren Abständen und mit gewisser Regelmäßigkeit wiederkehrenden**, zumeist **routinemäßig zu erledigenden Verwaltungsangelegenheiten** von **nicht weittragender Bedeutung** anzusehen (HessVGH HessVGRspr.1983, 9). Zuständigkeitsverletzungen wirken sich nur im Innenverhältnis aus, für das Außenverhältnis sind Kompetenzüberschreitungen ohne Folgen (HessVGH, Beschl.v. 28.1.2019 – 8 B 1/19, .20 – juris).

423 Die Gemeindevertretung befindet über alle Angelegenheiten, die nicht vom Gesetz ausdrücklich anderen Organen zugewiesen sind (§ 50 Abs. 1 S. 1 HGO). Der Gemeindevertretung ist es rechtlich jedoch verwehrt, in die **ausschließliche Zuständigkeit des Gemeindevorstands** zur Ausführung ihrer Beschlüsse einzugreifen (VG Gießen, Beschluss v. 11.1.2010 – 8 L 4332/09.GI 107). Ist konkret zu prüfen, ob die Gemeindevertretung für eine Angelegenheit zuständig ist, muss daher zunächst ermittelt werden, ob die Hessische Gemeindeordnung eine ausdrückliche Zuweisung der Entscheidung an den Gemeindevorstand vornimmt.

Beispiele: §§ 21 Abs. 2, 23 Abs. 1 S. 2 HGO (Berufung zur ehrenamtlichen Tätigkeit); § 47 HGO (Vertretungsregelung für den Bürgermeister); § 63 HGO (Widerspruch und Beanstandung); § 71 HGO (Vertretung der Gemeinde im Rechtsverkehr); § 73 HGO (Personalentscheidungen); § 97 Abs. 1 HGO (Entwurf der Haushaltssatzung); § 101 Abs. 3 HGO (Entwurf eines Investitionsprogramms).

Wenn sich keine spezielle gesetzliche Zuweisung findet, schließt sich die Prüfung an, ob die Angelegenheit unter die im Katalog des § 66 Abs. 1 S. 3 HGO genannten Aufgaben fällt. Ist dies nicht der Fall, ist zu prüfen, ob die HGO eine ausdrückliche Zuweisung an die Gemeindevertretung ausspricht, wobei insbesondere der Aufgabenkatalog des § 51 HGO (ausschließliche Zuständigkeiten) zu beachten ist.

Beispiele: § 60 HGO (Erlass einer Geschäftsordnung); § 62 HGO (Einrichtung von Ausschüssen); § 75 HGO (Disziplinarverfahren gegen Bürgermeister und Beigeordnete); § 76 HGO (Einleitung des Abberufungsverfahrens von Bürgermeister und Beigeordneten); § 81 HGO (Einrichtung von Ortsbeiräten); § 84 HGO (Einrichtung von Ausländerbeiräten); § 101 Abs. 3 HGO (Investitionsprogramm); § 103 HGO (Kreditaufnahme).

424 Erst, wenn auch dies nicht der Fall ist, muss geprüft werden, ob es sich um eine wichtige Entscheidung oder um eine Angelegenheit der laufenden Verwaltung (§ 60 Abs. 1 S. 2 HGO) handelt. Hierbei handelt es sich um **gerichtlich nachprüfbare unbestimmte Rechtsbegriffe** (HessVGH ESVGH 28, 16). **Streiten sich Gemeindevertretung und Gemeindevorstand um die Zuständigkeit** in einer Angelegenheit, steht es der Gemeindevertretung frei, in der Sache zu entscheiden. Diesem Beschluss muss der Gemeindevorstand widersprechen, wenn er seine eigene Zuständigkeit reklamieren will und der Bürgermeister von seinem Beanstandungsrecht kein Gebrauch gemacht hat (§ 63 Abs. 4 HGO). Kommt es nach erneuter Beschlussfassung zu einer Beanstandung durch den Gemeindevorstand obliegt es – nach erfolgter Anfechtung der Beanstandung durch die Gemeindevertretung – den **Verwaltungsgerichten**, die Zuständigkeitsfrage zu entscheiden.

2. Überwachungskompetenz

Die **Gemeindevertretung** hat die **gesamte Verwaltung**, mithin die Amtsführung durch den Gemeindevorstand **zu überwachen** (§ 50 Abs. 2 HGO). Zur Ausübung der Kontrolle steht zunächst jedem Gemeindevertreter ein **Fragerecht** zu den einzelnen Tagesordnungspunkten der Sitzung der Gemeindevertretung zu (§ 50 Abs. 2 S. 4 HGO). Das Fragerecht wird durch seinen Zweck begrenzt, der Überwachung zu dienen. Es erstreckt sich auch auf die Wahrnehmung von Weisungsaufgaben (HessVGH HSGZ 1987, 361). Treffen die Kontrollfunktion der Gemeindevertretung mit datenschutzrechtlichen Vorschriften aufeinander, genießt das Auskunftsrecht der Gemeindevertretung Vorrang (VG Frankfurt NVwZ-RR 2011, 701). 425

Der Auskunftsanspruch bezieht sich grundsätzlich auch auf die Wahrnehmung von gemeindlichen Aufgaben durch eine Eigengesellschaft der Gemeinde, deren sich die Gemeinde in einer privatrechtlichen Organisationsform, etwa einer GmbH oder AG, bedient. Dies gilt jedoch nur insoweit als es sich nicht um interne Vorgänge der Gesellschaft handelt, die nicht in Zusammenhang mit Beteiligungsbefugnissen des auskunftspflichtigen Gemeindevorstands stehen (VG Gießen HGZ 2014, 336; VG Gießen DVBl 2010, 325 (Leitsatz)). Nach § 123a Abs. 2 HGO ist jedoch ein **Beteiligungsbericht der Gemeinde** (nicht von der Gesellschaft) zur Information an die Gemeindevertretung zu erstellen (vgl. Kap. 6 B I 7).

Fragen, die außerhalb von Beratungsgegenständen zu Informationen des Gemeindevorstands gestellt werden, hat der Vorsitzende der Gemeindevertretung grundsätzlich zur Kenntnis zu nehmen und erst danach darüber zu entscheiden, ob sie im Rahmen des jeweiligen Tagesordnungspunktes zulässig sind (HessVGH VwRR SW 1999, 12). Daneben können einzelne Gemeindevertreter und Fraktionen (VG Gießen LKRZ 2014, 295) im Rahmen des gesetzlichen Überwachungszweckes **schriftliche Anfragen** auch zu anderen – nicht auf der Tagesordnung vorgesehenen – gemeindlichen Angelegenheiten stellen, zu deren Beantwortung der Gemeindevorstand verpflichtet ist (§ 50 Abs. 2 S. 5 HGO). Die Gemeindevertretung kann zudem den Gemeindevorstand zur **Übersendung von Ergebnisniederschriften der Sitzungen des Gemeindevorstandes** an den Vorsitzenden der Gemeindevertretung und die Fraktionsvorsitzenden verpflichten (§ 50 Abs. 2 S. 4 HGO), im Fall der Ein-Personen-Fraktion tritt an die Stelle des Fraktionsvorsitzenden der einzelne Gemeindevertreter (§ 36b Abs. 3 HGO). Die Ergebnisniederschrift muss den Wortlaut der Beschlüsse wiedergeben sowie bei Wahlen die Namen der gewählten Personen unter Angabe der Funktion, in welche die Wahl erfolgte. Der Begriff Ergebnisniederschrift schließt auch die Wiedergabe von Abstimmungs- und Wahlergebnissen mit ein.

Einem Gemeindevertreter steht kein individuell einklagbares Recht zu, die von der Kommune betriebene Flüchtlingsunterkunft besichtigen zu dürfen (VG Köln NVwZ 2017, 248).

Zur Überwachung kann die Gemeindevertretung in **bestimmten Angelegenheiten** vom Gemeindevorstand in dessen Räumen Einsicht in die Akten durch einen dazu besonders gebildeten oder bestimmten Ausschuss verlangen (§ 50 Abs. 2 S. 2 HGO). Der **Akteneinsichtsausschuss** ist zu bilden, wenn es ein Viertel der Gemein- 426 devertreter oder eine Fraktion – nicht aber eine Ein-Personen-Fraktion (§ 36b Abs. 2 HGO) fordert.

Gegenstand und Umfang des Einsichtsauftrages werden von den Antragstellern bestimmt; eine Ausdehnung, nicht aber eine Beschränkung, des Auftrages ist durch Mehrheitsbeschluss möglich. Da das Akteneinsichtsrecht dem Schutz der Minderheit in der Gemeindevertretung dient, kann auch ein gerade einberufener Ausschuss nicht durch Mehrheitsbeschluss wieder aufgelöst werden.

Der Ausschuss kann nur Einsicht in die gemeindlichen Akten fordern, die bei der Verwaltung zu dem Gegenstand seines Auftrages geführt werden. Ein darüber hinausgehendes Befragungsrecht von Bediensteten und andere mit einem **parlamentarischen Untersuchungsausschuss** des Bundestages oder Landtages vergleichbaren **Rechte stehen dem gemeindlichen Akteneinsichtsausschuss nicht zu**. Das Recht zur Einsicht in Akten des Magistrats steht nicht einzelnen Gemeindevertretern oder Fraktionen, sondern nur der Gemeindevertretung als solche zu.

In Hinblick auf die Neuregelung des § 30 AO, der die Weitergabe von Steuerdaten an Dritte nur bei zwingendem öffentlichen Interesse zulässt, hält das Oberverwaltungsgericht Nordrhein-Westfalen die von einem Bürgermeister ausgesprochene Ablehnung der von Gemeindevertretern begehrten Einsichtnahme in kommunale Gewerbesteuerakten zum Zweck der Entwicklung eines Gewerbeansiedlungskonzepts unter Aufgabe seiner bisherigen Rechtsprechung nunmehr für rechtmäßig (Urt.v. 6.11.2018 – 15 A 2638/17, BeckRS 2018, 28802). Ein zwingendes öffentliches Interesse ist nach § 30 Abs. 4 Nr. 5 AO nur dann gegeben, wenn bei Unterbleiben der Mitteilung die Gefahr bestünde, das schwere Nachteile für das allgemeine Wohl eintreten. Dies hätte in dem zu überprüfenden Fall dann vorliegen können, wenn die den Akteneinsichtsausschuss begehrende Fraktion ein konkretes, schwerwiegendes Fehlverhalten des Bürgermeisters oder Unregelmäßigkeiten im Zusammenhang mit der Gewerbesteuererhebung hätten aufklären wollen (OVG Münster Urt. v. 6.11.2018 – 15 A 2638/17, BeckRS 28802 Rn. 61f.).

§ 50 Abs. 2 S. 2 HGO regelt nicht ausdrücklich, ob die Gemeindevertretung die Akteneinsicht auch in laufende Verwaltungsvorgänge des Gemeindevorstands verlangen kann. Gerade bei komplexen Sachverhalten kann er aber nicht nur und erst nach vollständigem Abschluss des Verwaltungsvorgangs beansprucht werden (HessVGH, Beschl.v. 9.5.2019 – 8 B 473/19-,juris; VG Gießen HSGZ 2007, 293; Schmidt, HGO Kommentar, Erl. 3.1 zu § 50 HGO). Die **Einsicht in Akten laufender Verwaltungsangelegenheiten** ist zwar wegen der Gefahr des Verstoßes gegen die Zuständigkeitsverteilung von Gemeindevertretung und Gemeindevorstand grundsätzlich abzulehnen. Eine solche besteht jedoch nicht, wenn der betroffene **Entscheidungsprozess beispielsweise durch Abfassung einer Vorlage des Gemeindevorstands an die Gemeindevertretung bereits abgeschlossen ist und ein Anlass für das Akteneinsichtsgesuch gibt** (HessVGH HStGZ 2007, 294). Für den Geschäftsgang des Akteneinsichtsausschusses sind die in § 62 HGO genannten Regelungen maßgeblich. Der Akteneinsichtsausschuss hat der Gemeindevertretung nach Abschluss seines Auftrages in öffentlicher Sitzung über die Ergebnisse seiner Kontrolltätigkeit zu berichten (vgl. auch Kap.5 D I 2.2.2.). Die Tätigkeit des Akteneinsichtsausschusses endet mit der Erledigung seiner ihm übertragenen Aufgabe. Eines Auflösungsbeschlusses bedarf es nicht. (vgl. *Bennemann,* § 62 HGO . 123; VG Gießen, Beschluss v. 27.3.2015 – 8 L 37/15.Gl).

Literatur: *Gollan,* Individuelle Akteneinsicht nach § 55 Abs. 5 Gemeindeordnung NRW, VR 2008, 78; *Hoppe/Kleindiek,* Der kommunale Untersuchungsausschuss in Hessen, VR 1992, 82;

Katz, Demokratische Legitimationsbedürftigkeit der Kommunalunternehmen, NVwZ 2018, 1091; *Kleerbaum,* Kommunales Akteneinsichtsrecht im Lichte der Neuregelung des § 30 AO, KOPO 2019,1 (I); *Petri,* Gemeindevertretung contra Gemeindevorstand: Auskunft und Akteneinsicht bei personenbezogenen Daten, NVwZ 2005, 399; *v.Ungern-Sterberg,* Gemeinderat als „Kommunalparlament", JURA 2007, 256.

Der präventiven Überwachung der Verwaltung dient auch § 77 HGO. Obwohl grundsätzlich die Gemeinde durch den Gemeindevorstand vertreten wird (§ 71 HGO) hat der Gesetzgeber zwei Sonderfälle ausgenommen. Um das **Vertrauen der Öffentlichkeit in eine korruptionsfreie Verwaltung** zu stärken, hat der Gesetzgeber zunächst festgelegt, dass **Ansprüche der Gemeinde gegen Bürgermeister oder Beigeordnete** von der **Gemeindevertretung** geltend gemacht werden. Weiterhin bedürfen **Verträge der Gemeinde** mit **Gemeindevorstandsmitgliedern** und mit **Gemeindevertretern** der **Genehmigung der Gemeindevertretung.** Ausnahme gilt nach § 77 Abs. 2 HGO nur für Geschäfte der laufenden Verwaltung und solchen, die nach festen Tarifen abgewickelt werden.

427

3. Informationskompetenz

Um ihre Kontrollfunktion wirksam ausüben zu können, steht der Gemeindevertretung das Recht zu, **vom Gemeindevorstand** umfassend über **alle Verwaltungsangelegenheiten** der Gemeinde **informiert** zu werden bzw. sich selbst darüber zu unterrichten (§ 50 Abs. 3 HGO). Einzelnen Gemeindevertretern gegen ihren Willen Informationen ganz oder zeitweise vorzuenthalten, die anderen gewährt werden, verletzt hinsichtlich der Mitwirkungs- und Informationsrechte die Rechtsstellung (§§ 29, 35 HGO) der betroffenen Gemeindevertreter (VGH Hessen NVwZ 2001, 345). Eine Erweiterung der in der HGO verbrieften Rechte der Fraktionen und Gemeindevertreter ist verfassungsrechtlich nicht geboten (VG Wiesbaden, Urt.v. 24.1.2018 – 7 K 231/16.WI –, juris).

428

Der Gemeindevorstand ist zur Mitteilung aller wichtigen oder auch der als informationspflichtig bezeichneten Anordnungen der Aufsichtsbehörde verpflichtet. Die Informationspflicht besteht unabhängig von einem Beschluss der Gemeindevertretung; Informationen können mündlich oder schriftlich gegeben werden. In der Praxis hat sich die regelmäßige Aufnahme eines Tagesordnungspunkts „Mitteilungen des Gemeindevorstands" in den Sitzungen der Gemeindevertretungen durchgesetzt.

Zur Ausübung der Überwachungsverpflichtung ist aber auch ein Beschluss der Gemeindevertretung zulässig, den Gemeindevorstand zu verpflichten regelmäßig über die verwaltungsmäßige Abwicklung bestimmter Arten von Geschäften zu berichten (§ 51 Nr. 1, 50 Abs. 3 HGO). Sieht die HGO auch einen sog. **Berichtsbeschluss** nicht ausdrücklich vor, so ist die Anforderung von Berichten doch Voraussetzung für eine kompetente Überwachung der Verwaltung durch die Gemeindevertretung (so auch *Bennemann,* KP SW 1998, 117; aA *Breustedt,* HSGZ 1996, 190).

Die Informationspflicht besteht aber nicht schrankenlos (vgl. Kap.6 B I.7). Bei kommunalen Unternehmen etwa begründen Gefährdungen des Gemeinwohls bzw. des Kommunalwohls verfassungsrechtlich Informationsgrenzen (BverfG, NVwZ 2018, 51, Rn..211ff., 246ff.). Besonders sensible Fälle, stark vertrauliche Vorgänge, insbesondere Betriebs- und Geschäftsgeheimnisse, deren Offenbarung kommunalen Unternehmen schweren Schaden zufügen könnten, sollten in nicht öffentlichen tagenden, zur Verschwiegenheit verpflichteten Gremien behandelt werden (Katz, NVwZ 2018, 1091). Von einer Kommune in einen Aufsichtsrat entsandten Mitglieder einer GmbH oder AG sind den Interessen der Gesellschaft verpflichtet und unterliegen grundsätzlich keinen Weisungen (BGHZ 36, 296 (306); 169, 98 (106); Ausnahme: § 52 GmbHG).

IV. Ausschließliche und übertragbare Aufgaben

429 Die Hessische Gemeindeordnung sieht in § 51 einen Katalog besonders wichtiger Angelegenheiten vor, die zur **ausschließlichen Zuständigkeit der Gemeindevertretung** gehören und weder im Einzelfall noch generell dem Gemeindevorstand, einem Ausschuss oder einem Ortsbeirat übertragen werden können. In ihrer Funktion als zentrales Willensbildungsorgan stellt die Gemeindevertretung insbesondere die **allgemeinen Grundsätze für die Verwaltung** auf (§ 51 Nr. 1 HGO). Nicht delegierbar sind auch die von der Gemeindevertretung qua Gesetz vorzunehmenden **Wahlen** (§ 51 Nr. 2 HGO), die **Verleihung von Ehrenrechten** (§ 51 Nr. 3 HGO), die **Änderung der Gemeindegrenzen** (§ 51 Nr. 4 HGO), die Aufstellung von allgemeinen **Grundsätzen der Personalpolitik** (§ 51 Nr. 5 HGO), der Erlass von **Satzungen** (§ 51 Nr. 6 und 7 HGO), die Bewilligung außer- und überplanmäßiger **Ausgaben** (§ 51 Nr. 8 HGO), die Beratung der **Jahresrechnung** und des **Jahresabschlusses** sowie der **Entlastung des Gemeindevorstands**(§ 51 Nr. 9 HGO), die Festsetzung von **Abgaben und privatrechtlicher Entgelte** (§ 51 Nr. 10 HGO), grundlegende Entscheidungen über **öffentliche Einrichtungen**, wirtschaftliche **Unternehmen** und **Beteiligungen** an denselben (§ 51 Nr. 11 HGO) sowie **Stiftungen** (§ 51 Nr. 13 HGO), die Umwandlung der Rechtsform von **Eigenbetrieben und wirtschaftlichen Unternehmen** an denen die Gemeinde beteiligt ist (§ 51 Nr. 12 HGO) sowie von **Ortsbürgernutzungsrechten** (§ 51 Nr. 14 HGO), die Übernahme von **Bürgschaften, Gewährverträge und Sicherheitsleistungen** (§ 51 Nr. 15 HGO), die Bestellung des **Rechnungsprüfungsamtsleiters** und die Aufgabenstellung des **Rechnungsprüfungsamtes** (§ 51 Nr. 16 HGO), **Verträge mit Mitgliedern des Gemeindevorstandes und Gemeindevertretern** (§ 51 Nr. 17 HGO), die **Prozessführung** von größerer Bedeutung und Vergleiche (§ 51 Nr. 18 HGO) sowie die **Übernahme neuer Aufgaben** ohne gesetzliche Verpflichtung (§ 51 Nr. 19 HGO). Allerdings ist **nur die Entscheidung** als solche der **Gemeindevertretung vorbehalten**. Die **Vorbereitung** der zu treffenden Entscheidung **kann delegiert werden**, die **Ausführung** obliegt ohnehin dem **Gemeindevorstand** (§ 66 Abs. 1 Nr. 2 HGO).

Literatur: *Daneke*, Finanzwirtschaft und doppisches Haushaltsrecht der Gemeinden in Hessen; *Reuter*, Überplanmäßige Ausgaben muss ausnahmslos der Gemeinderat beschließen – Ein Erlass des Landes Hessen aus kameralistischer Zeit trotzt der Doppik -, DVBl 2018, 634.

430 Soweit die Entscheidungskompetenz **nicht zwingend** bei der Gemeindevertretung liegt, kann diese die **Entscheidungskompetenz auf Ausschüsse** oder den Gemeindevorstand **übertragen** (§§ 50, 51 HGO). Soweit die Einheit der Verwaltung der Gemeinde nicht gefährdet ist, besteht diese Möglichkeit auch bezüglich des **Ortsbeirats** (§ 82 Abs. 4 HGO). **Delegierte Aufgaben** kann die Gemeindevertretung **jederzeit** durch einfachen Beschluss **wieder an sich ziehen**. Der Bürgermeister kann den Beschlüssen auch widersprechen und so eine Entscheidung der Gemeindevertretung herbeiführen.

V. Geschäftsordnung

Rechtsgrundlage der **Geschäftsordnung für die Gemeindevertretung** ist § 60 HGO. Die Geschäftsordnung regelt die **„inneren Angelegenheiten"** der Gemeindevertretung, dh ihre Arbeitsweise sowie die Rechte und Pflichten der Gemeindevertreter, Parteien und Fraktionen. Regelungsgegenstände der Geschäftsordnung sind die **innere Organisation** der Vertretungskörperschaft und der **Ablauf ihrer Meinungs- und Willensbildung**: die Aufrechterhaltung der Ordnung, die Form der Ladung, die Sitzungs- und Abstimmungsordnung, die Maßnahmen bei Zuwiderhandlung gegen die Geschäftsordnung (Ausschluss auf Zeit, Geldbuße).

431

Zulässig sind auch Regelungen über die **Beteiligung von Kindern und Jugendlichen** in ihrer Funktion als Vertreter von Kinder- und Jugendinitiativen. Ihnen können **Anhörungs-, Vorschlags- und Redemöglichkeiten** eingeräumt werden (§ 8c HGO). Entsprechende Regelungen können auch für **Vertreter von Beiräten, Kommissionen und Sachverständige** getroffen werden. Die von der Gemeindevertretung getroffenen Regelungen müssen sich allerdings im Rahmen des geltenden Rechts bewegen (BVerfG NJW 1990, 373; HessVGH NVwZ 1991, 1105 [1106]; OVG Lüneburg HSGZ 1987, 67).

432

Die in manchen Gemeinden praktizierte **Bürgerfragestunde im Rahmen einer Gemeindevertretersitzung** ist von der HGO nicht gedeckt (VG Gießen HSGZ 2001, 392). Die Gemeindevertretung kann die fehlende Rechtsgrundlage auch nicht durch eine Regelung in ihrer Geschäftsordnung ersetzen. Vielmehr hat der Gesetzgeber bewusst eine Regelungslücke gelassen, da er ein vergleichbares Beteiligungsrecht, wie es noch im Gesetzgebungsverfahren zum Gesetz zur Änderung des KWG vom 8.6.1998 vorgesehen war, ausdrücklich wieder gestrichen hat.

Zulässig sind auch Regelungen zur **Redezeitbegrenzung** für Gemeindevertreter und Fraktionen, soweit dies zur **Erhaltung der Funktionsfähigkeit der Gemeindevertretung** erforderlich ist. Die Beschränkung der Redezeit des einzelnen Gemeindevertreters darf jedoch nicht darauf hinauslaufen, dass eine Sachdebatte für Fraktionslose nicht mehr möglich ist (OVG Lüneburg Urt. v. 4.12.2013 – 10 LC 64/12-) oder das freie Mandat in unverhältnismäßiger Weise beschränkt wird (OVG Magdeburg Urt. v. 12.11.2018 – 4 K 24/17, BeckRS 2018, 35233 Rn. 35f.) In der Geschäftsordnung kann auch geregelt werden, dass nach einer bestimmten Uhrzeit auf der Tagesordnung stehende Punkte nicht mehr beraten werden (VG Frankfurt Urt. v. 19.2.2013 – 7 K 2617/12.F -). Das Beratungs- und Rederecht kann nicht grundsätzlich entzogen werden, aber auch ausgestaltet und eingeschränkt werden (VG Koblenz LKRZ 2010, 35).

433

Der Vorsitzende der Gemeindevertretung ist an Beschlüsse gebunden und darf nur in besonders erkenntlichen Ausnahmefällen eine eigenständige Entscheidung neben der Regelung durch die Gemeindevertretung treffen (HessVGH DVBl. 1978, 821 [823]). **Persönliche Erklärungen** dürfen aber auch dann nicht abgeschnitten werden, wenn die Redezeit auf die Fraktionen beschränkt worden ist (VGH Bad.-Württ. NVwZ-RR 1994, 229).

Literatur: *Kleerbaum*, Begrenzung des Rederechts einzelner Ratsmitglieder, KOPO 2014, 3 (V).

Auf die Einhaltung der Geschäftsordnung hat insbesondere der Vorsitzende der Gemeindevertretung zu achten und sie notfalls mit geeigneten gesetzlichen oder Geschäftsordnungsmitteln durchzusetzen. **Außenwirkung** gegenüber den Bürgern entfaltet die Geschäftsordnung **nicht**. Sie bleibt auch nach Ablauf der Wahlzeit der Gemeindevertretung in Kraft, es sei denn die neu gewählte Gemeindevertretung be-

434

schließt ihre Aufhebung oder Ersetzung (VG Kassel HessVGRspr. 1966, 30 [31]; HessVGH NVwZ 1991, 1105).

435 Soweit der Geschäftsgang der **Ausschüsse und Ortsbeiräte** nicht gesetzlich normiert ist, bestimmt die Geschäftsordnung auch deren Verfahren und innere Ordnung (§ 62 Abs. 5 S. 2 bzw. § 82 Abs. 6 HGO iVm § 62 Abs. 5 S. 2 HGO). Die Gemeindevertretung kann aber auch für die Ortsbeiräte eine eigene Geschäftsordnung erlassen.

436 Die Gemeindevertretung hat bei der **inhaltlichen Ausgestaltung** einen weit reichenden **Gestaltungsspielraum**, der grundsätzlich auch für die **rechtliche Form**, in die sie die Geschäftsordnung kleiden will, gilt. Die Geschäftsordnung der Gemeindevertretung kann formlos als schlichter (Sach-)**Beschluss** oder förmlich als **Satzung** der Gemeindevertretung ergehen (HessVGH HessVGRspr. 1979, 19). Wird die **Geschäftsordnung durch Beschluss** verabschiedet, ist sie **jederzeit** durch einfachen Beschluss mit sofortiger Wirkung **abänderbar**. Die **als Satzung erlassene Geschäftsordnung** erlaubt eine solche Beweglichkeit nicht. Eine Änderung einer formell als Satzung ergangenen Geschäftsordnung setzt nämlich die Einhaltung des Satzungsverfahrens voraus, so dass eine **Änderung erst mit Vollendung der ordnungsgemäßen Bekanntmachung der Änderungssatzung** (§§ 5 Abs. 3, 7 HGO iVm BekanntVO) wirksam wird. Insoweit kann die Schwerfälligkeit des Verfahrens den Schutz von Minderheiten vor möglichen, aus dem Augenblick – ohne ausreichende Abwägung – geborenen Benachteiligungen bewirken.

437 Ein **Verstoß gegen die als Satzung** erlassenen Geschäftsordnung stellt zugleich eine **Rechtsverletzung** dar, die Beanstandungsrechte auslöst (§§ 63, 138 HGO). Da hingegen ist- eine als schlichter **Beschluss** gefasste Geschäftsordnung (Richtlinie bzw. Verwaltungsvorschrift zur Regelung des internen Dienstbetriebes der Gemeindevertretung) jederzeit durch Mehrheitsbeschluss abänderbar ist, liegt eine **Rechtsverletzung nur dann** vor, wenn auch **gleichzeitig gegen eine gesetzliche Vorschrift** verstoßen wird (HessVGH HessVGRpr. 1979, 19 [21]; OVG NW NWVBl. 1997, 69). Nach dem **Grundsatz des Normenzwanges** für normative Regelungen muss die Gemeindevertretung allerdings die **Satzungsform** wahren, wenn die Geschäftsordnung **konstitutive Vorschriften** über das **Ahnden von Zuwiderhandlungen** enthält, zB die Verhängung von Geldbußen oder den Sitzungsausschluss auf Zeit nach § 60 Abs. 1 HGO (HessVGH HessVGRspr. 1979, 19 [21]; DVBl. 1978, 821). Der von Ordnungsmaßnahmen des Vorsitzenden der Gemeindevertretung betroffene Gemeindevertreter kann seine Rechte im Weg des kommunalen Verfassungsstreitverfahrens vor den Verwaltungsgerichten mit der Feststellungsklage verfolgen.

438 Ist die Geschäftsordnung als Satzung erlassen worden, ist Rechtsschutz gegen die Satzung selbst im Wege der **abstrakten Normenkontrolle gem. § 47 Abs. 2 Nr. 2 VwGO iVm § 15 HessAG VwGO** zu suchen. Aber auch die Bestimmungen in einer durch schlichten Beschluss ergangenen Geschäftsordnung, welche Rechte von Mitgliedern kommunaler Vertretungsorgane in abstrakt-genereller Weise regeln, unterliegen der verwaltungsgerichtlichen Normenkontrolle (BVerwG NVwZ 1988, 1119) als "andere im Range unter dem Landesgesetz stehenden Rechtsvorschrift".

Beispiel: Regelung über die Festlegung einer Fraktionsmindeststärke (vgl. VGH Hessen ESVGH 57, 46).

Literatur: *Foerstemann*, Geschäftsordnungen für Gemeindevertretung, Ausschüsse und Ortsbeiräte.

VI. Rechtsstellung der Gemeindevertreter

1. Inhalt des kommunalen Mandats

Die **Gemeindevertreter**, die in den Städten **Stadtverordnete** genannt werden (§ 49 **439** S. 2 HGO), üben ihre Tätigkeit nach ihrer **freien, nur durch die Rücksicht auf das Gemeinwohl bestimmten Überzeugung** aus und sind **an Aufträge und Wünsche der Wähler nicht gebunden** (§ 35 Abs. 1 HGO). Das freie Mandat begründet ihre Unabhängigkeit in der Ausübung des Mandates und bedeutet das Verbot bestimmter, insbesondere rechtlich bindender Beeinflussung von Dritten (HessStGH StAnz. 1977, 1526 [1537]). Sie haben jedoch trotz ihrer Mandatsträgerschaft nicht die Rechtsstellung eines echten Parlamentariers. Sie besitzen **keine Immunität** (Art. 46 Abs. 2 GG, Art. 96 HV), **keine Indemnität** (Art. 46 Abs. 1 GG, Art. 95 HV) und **kein Zeugnisverweigerungsrecht** (Art. 47 GG, Art. 97 HV), sondern unterliegen vielmehr besonderen Verschwiegenheits- und Treuepflichten (§ 35 Abs. 2 iVm §§ 24ff. HGO). Anders als Abgeordnete des Bundes oder des Landes üben sie überwiegend **Verwaltungsaufgaben** aus und werden daher teilweise **ehrenamtlich Tätigen gleichgestellt**.

Literatur: *Frowein*, Das freie Mandat der Gemeindevertreter, DÖV 1976, 44.

2. Sicherung der Mandatsausübung

Nach § 35a HGO darf niemand gehindert werden, sich um ein Mandat als Gemein- **440** devertreter zu bewerben oder es auszuüben. Während die im öffentlichen Dienst Beschäftigten durch tarifvertragliche und beamtenrechtliche Vorschriften (§ 44 BeamStG, § 69 Abs. 2 HBG, § 16 HUrlVO) besonderen Schutz genießen, wird in § 35a HGO ein besonderer **Kündigungsschutz** außerhalb der Probezeit, ein besonderer **Arbeitsplatzschutz** sowie eine Sicherstellung der Eingruppierung, ein **Anspruch auf Freistellung von der Arbeit im erforderlichen Umfang** und ein Anspruch auf einen im Zusammenhang mit dem Mandat stehenden **Bildungsurlaub** bis zu zwei Wochen im Jahr für die außerhalb des öffentlichen Dienst beschäftigten kommunalen Mandatsträger normiert (vgl. aber zu den Grenzen einer pauschalen Dienstbefreiung, BayVerfGH NVwZ 2015, 1207).

Gemeindevertreter, die nicht im öffentlichen Dienst beschäftigt sind, haben, soweit **441** sie von der Arbeit freigestellt werden, keinen Anspruch auf Weiterzahlung des Gehaltes gegen den Arbeitgeber. Sie können jedoch nach § 27 Abs. 1 HGO von der Gemeinde Ersatz des **Verdienstausfalls** verlangen (vgl. Kap. 3 B III 2.4). Zudem steht den Gemeindevertretern **gesetzlicher Unfallversicherungsschutz** bei der Ausübung ihres Mandates zu, der sich auf alle Verrichtungen erstreckt, die sich aus der Ausübung des Mandats ergeben.

3. Mitwirkungsrechte und Mitwirkungspflichten

Gemeindevertreter haben das Recht, zu den **Sitzungen eingeladen** zu werden **442** (§ 58 HGO). Werden in einer Gemeinde Ortsbezirke eingerichtet, so hat ein in dem betreffenden Ortsbezirk wohnhafter Gemeindevertreter, der nicht dem **Ortsbeirat** angehört, das Recht, an dessen Sitzungen mit **beratender Stimme** teilzunehmen (§ 82 Abs. 1 HGO). Daneben stehen Gemeindevertretern **Rede-, Antrags- und Abstimmungsrechte** zu, ohne die kein Mandat wahrgenommen werden könnte (Hess-

VGH NVwZ 1986, 328f.). Die Mitgliedschaftsrechte können von den Gemeindevertretern im Wege des Kommunalverfassungsstreitverfahrens vor den Verwaltungsgerichten geltend gemacht werden.

Einem Gemeindevertreter steht kein individuell einklagbares Recht zu, die von der Kommune betriebene Flüchtlingsunterkunft besichtigen zu dürfen (VG Köln NVwZ 2017, 248).

443 Den Rechten steht die **Pflicht** der Gemeindevertreter zur **Sitzungsteilnahme** (§ 60 Abs. 1 S. 2 HGO) und der **Mitarbeit in den Sitzungen** der Gemeindevertretung und den Ausschüssen, zu deren Mitgliedern, sie gewählt oder benannt worden sind, gegenüber (HessVGH HessVGRspr.1988, 81). Ist ein Gemeindevertreter verhindert (Krankheit, berufliche oder private Hinderung aus wichtigem Grund), so hat er dies dem Vorsitzenden der Gemeindevertretung rechtzeitig anzuzeigen. Zudem unterliegen die Gemeindevertreter den Pflichten der ehrenamtlich Tätigen, nämlich der **Verschwiegenheitspflicht**, der **Treuepflicht**, der **Offenbarungspflicht** und der **Anzeigepflicht** (§ 35 Abs. 2 iVm §§ 24ff.). Eine der in anderen Bundesländern bestehende vergleichbare Haftungsnorm (§ 43 IV NRWGO, §§ 31, 25 BbgKomVerf, Art. 20 IV 2 BayGO, § 54 NdsKomVerf), die eine Haftung bestimmt für den Fall, dass ein Beschluss der Gemeindevertretung der Gemeinde einen Schaden zufügt, kennt die HGO nicht.

4. Mitwirkungsverbote

444 Die Vorschrift des § 25 HGO über den **Widerstreit der Interessen** ist auch auf Gemeindevertreter (§ 35 Abs. 2 HGO), Ortsbeiratsmitglieder (§ 82 Abs. 2 HGO) und Mitglieder des Ausländerbeirates (§ 86 Abs. 5 HGO) anwendbar (zu den Inhalten und Grenzen der Mitwirkungsverbote vgl. Kap. 3 B III 2).

B. Vorsitzender der Gemeindevertretung

I. Aufgaben und Stellung

445 Der **Vorsitzende der Gemeindevertretung**, der in Städten **Stadtverordnetenvorsteher** genannt, hat die Stellung eines Ersten unter Gleichen (**primus inter pares**). Er **vertritt die Gemeindevertretung** in allen von ihr betriebenen oder gegen sie **gerichteten Verfahren** (§ 58 Abs. 7 HGO), es sei denn, die Gemeindevertretung bestellt einen oder mehrere Beauftragte aus ihrer Mitte zu ihrer **Vertretung**. Eine wirksame Klageerhebung setzt allerdings einen entsprechenden Beschluss der Gemeindevertretung voraus; eine ohne vorherige Beschlussfassung erhobene Klage kann die Gemeindevertretung genehmigen (VG Gießen HStGZ 2010, 310).

Der Vorsitzende der Gemeindevertretung führt sein Amt unparteiisch und gerecht (§ 57 Abs. 4 HGO). Ihm obliegt zudem das Recht und die Pflicht der **Repräsentation** der Gemeindevertretung in der Öffentlichkeit (§ 57 Abs. 3 HGO). Ihm obliegt die Information der Einwohner über das Wirken der Gemeindevertretung und die **Pflege von Kontakten** zu der Bevölkerung, insbesondere zu den maßgeblichen sozialen, wirtschaftlichen und kulturellen Gruppen. Bei der Erfüllung seiner Aufgaben unterstützt ihn der Gemeindevorstand, der ihm auch nach § 57 Abs. 5 HGO die erforderlichen Mittel zur Verfügung zu stellen hat. Er beruft auch die nach § 8a HGO durchzuführende **Bürgerversammlung** ein und leitet sie. Der Vorsitzende der Gemeindever-

tretung ist jedoch nicht Vertreter der Gemeinde; die Vertretung der Gemeinde nach außen obliegt allein dem Gemeindevorstand (§§ 66, 71 HGO).
Literatur: *Borchmann,* Die repräsentative Vertretung der Städte und Gemeinden, VR 1980, 391.

1. Sitzungsleitung und Neutralitätsgebot

Zunächst obliegen dem Vorsitzenden der Gemeindevertretung **Vorbereitung, Organisation und Leitung des Sitzungsbetriebes** der Gemeindevertretung. Daneben trägt er Verantwortung für die Einberufung zu konstituierenden Sitzungen neu gebildeter **Ausschüsse** (§ 62 Abs. 3 HGO) und deren Leitung bis zur Wahl ihrer Vorsitzenden. Er hat das Recht an allen Ausschusssitzungen mit beratender Stimme teilzunehmen (§ 62 Abs. 4 HGO). Besteht ein **Ältestenrat**, so steht der Vorsitzende diesem kraft Amtes vor. | 446

Der Vorsitzende ist bei seiner gesamten Amtsführung zur **Objektivität und Neutralität** verpflichtet (HessVGH NVwZ-RR 1990, 208 [210]; HessVGRspr. 1969, 9 [11]). Will der Vorsitzende der Gemeindevertretung selbst zur Sache sprechen, hat er – nach parlamentarischem Brauch – den Vorsitz einem Stellvertreter zu überlassen. Ein gesetzliches Verbot, das einem Vorsitzenden die gleichzeitige Wahrnehmung des örtlichen Parteivorsitzes untersagt, kennt die Hessische Gemeindeordnung hingegen nicht.

2. Aufstellung der Tagesordnung

Der Vorsitzende der Gemeindevertretung lädt die Gemeindevertreter zu den Sitzungen schriftlich unter Angabe der Gegenstände der Verhandlung ein; eine eigenhändige Unterschrift iSd § 126 BGB ist nicht erforderlich (HessVGH HessVGRspr. 1978, 95). Bei der Festsetzung der Tagesordnung kommt dem Vorsitzenden der Gemeindevertretung eine eigene organschaftliche Stellung zu (VG Frankfurt NVwZ 1983, 373). Die **Tagesordnung und der Zeitpunkt der Sitzung** werden von ihm im **Benehmen mit dem Gemeindevorstand** festgesetzt (§ 58 Abs. 5 HGO). Zweck der Vorschrift ist insbesondere, die Überschneidung von Terminen zu vermeiden. Hat der Gemeindevorstand Wünsche bezüglich der Tagesordnung kann er diese vorbringen; ein Einvernehmen ist nicht herzustellen. Der Gemeindevorstand ist infolgedessen anzuhören, die Entscheidungen trifft jedoch der Vorsitzende der Gemeindevertretung. Da es sich um eine bloße Ordnungsvorschrift handelt, zeitigt ihre Verletzung keine Rechtsfolgen. | 447

Tritt die Gemeindevertretung auf **Verlangen des Bürgermeisters, des Gemeindevorstandes oder eines Viertels der Gemeindevertreter** zusammen und gehören die **beantragten Verhandlungsgegenstände zur Zuständigkeit der Gemeindevertretung und der Gemeinde** (§ 56 Abs. 1 S. 2 HGO), so ist der Vorsitzende verpflichtet, diese bei der **Aufstellung der Tagesordnung** zu berücksichtigen (§ 58 Abs. 5 S. 2 HGO). | 448

Der Vorsitzende muss daher prüfen, ob die bezeichnete Angelegenheit zur Zuständigkeit der Gemeindevertretung und der Gemeinde gehört. Damit wird dem Vorsitzenden der Gemeindevertretung ein **materielles Prüfungsrecht** eingeräumt. Umfasst hiervon ist zunächst die Prüfung der sog. **Organkompetenz** (so bereits zur früheren Rechtslage, HessVGH NVwZ-RR 2009, 129, HSGZ 1987, 463; VG Darmstadt

NVwZ 1982, 641; VG Wiesbaden HSGZ 1985, 123; *Meyer*, Staats- und Verwaltungsrecht für Hessen, S. 210). Demnach hat der Vorsitzende zu prüfen, ob die Gemeindevertretung oder ein Ausschuss, der Bürgermeister, ein Ortsbeirat oder der Gemeindevorstand zuständig ist.

Mit der Einfügung „und der Gemeinde" in § 56 Abs. 1 S. 2 HGO hat der Gesetzgeber endgültig klargestellt, dass das materielle Prüfungsrecht des Vorsitzenden der Gemeindevertretung sich auch auf die sog. **Verbandskompetenz** erstreckt (so auch VGH Kassel, Beschluss v. 19.10.2018 – 8 B 2223/18, BeckRS 2018, 30559; Rauber/Schmidt, HGO-Kommentar, § 56 Erl. 2 zu § 56 HGO). Die Verbandszuständigkeit ist die notwendige Voraussetzung der Organzuständigkeit (so schon zur früheren Rechtslage *Wiegelmann*, Kommunalverfassungsrecht, Bd.1, 87f.). Der Vorsitzende muss daher auch prüfen, ob die Angelegenheit überhaupt in die Zuständigkeit der Gemeinde fällt und bei Verneinung die Aufnahme in die Tagesordnung oder die Anberaumung einer Sondersitzung verweigern.

Wird etwa ein **Antrag auf Spende der Sitzungsgelder** in einer Sitzung eines kommunalen Organs an eine gemeinwohlorientierte Organisation mit Sitz in der Gemeinde gestellt, sind **Verbandskompetenz und Organkompetenz** nach der Rechtsprechung (HessVGH, NVwZ 2019, 581) zu bejahen und der Vorsitzende muss den Antrag auf die Tagesordnung aufnehmen. Im Übrigen habe der Vorsitzende kein materielles Prüfungsrecht.

449 Nach § 58 Abs. 5 S. 3 HGO **muss der Vorsitzende** im Übrigen die **Anträge auf die Tagesordnung** setzen, die bis zu einem **bestimmten**, in der Geschäftsordnung festzulegenden **Zeitpunkt** vor der Sitzung bei ihm von einzelnen Gemeindevertretern oder Fraktionen eingehen. Folglich hat der Vorsitzende auch Anträge einzelner Gemeindevertreter oder mehrerer Gemeindevertreter zu berücksichtigen, die nicht die Unterstützung eines Viertels der Mitglieder der Gemeindevertretung (§ 58 Abs. 5 S. 2 iVm § 56 S. 2 HGO) haben.

450 Soweit keine Verpflichtung des Vorsitzenden der Gemeindevertretung nach § 58 Abs. 5 S. 2 und S. 3 besteht, einen Antrag in die Tagesordnung aufzunehmen, entscheidet er nach **pflichtgemäßem Ermessen**. In diesen verbleibenden Fällen kann der Vorsitzende sich etwa dafür entscheiden, einen Antrag erst auf die Tagesordnung der nächsten Sitzung der Gemeindevertretung aufzunehmen. Die Aufnahme eines Antrages in die Tagesordnung bedingt jedoch **nicht eine Befassung in der Sache**. Die Gemeindevertretung kann auch die Absetzung oder Verschiebung beschließen; sie ist nicht verpflichtet sich sachlich mit einem Verhandlungsgegenstand zu befassen (HessVGH NVwZ 1988, 81).

3. Sitzungsordnung und Hausrecht

451 Die Gemeindevertretung regelt ihre inneren Angelegenheiten durch eine **Geschäftsordnung** (§ 60 HGO), für deren **Einhaltung der Vorsitzende der Gemeindevertretung** Sorge zu tragen hat (vgl. Kap. 5 A V). Er ist für die Aufrechterhaltung der Sitzung zuständig (§ 58 Abs. 4 iVm § 60 HGO).

3.1. Allgemeine Ordnungsmaßnahmen

452 Der Vorsitzende hat das Recht, das **Wort zu erteilen**, es zeitlich zu **begrenzen** und zu **entziehen**, die **Sitzung zu unterbrechen** oder zu **schließen** (HessVGH HessV-

GRspr. 1969, 9 [11]); er kann die Gemeindevertreter zur **Sache und zur Ordnung (sog. Rüge) rufen** sowie **ermahnen** (VG Darmstadt HessVGRpr. 1968, 70). Wenn die Geschäftsordnung der Gemeindevertretung (§ 60 HGO) dergleichen vorsieht, kann er auch **förmlich verwarnen**. Der Vorsitzende hat nach pflichtgemäßen Ermessen auch darüber zu entscheiden, ob eine Sitzung zur **Aufrechterhaltung der Ordnung** zu unterbrechen oder zu schließen ist (VG Kassel HessVGRspr. 1966, 30 [32]). Die Grenze zur Verletzung der Ordnung ist dort erreicht, wo es sich bei einem Redebeitrag nicht mehr um eine inhaltliche Auseinandersetzung handelt, sondern eine bloße Provokation im Vordergrund steht, oder wo es sich um die schiere Herabwürdigung anderer oder die Verletzung von Rechtsgütern Dritter geht (OVG NRW, Urt.v. 14.9.2017-15 A 2785/15).

Ordnungsmaßnahmen unterliegen stets dem Grundsatz der Verhältnismäßigkeit und obliegen ausschließlich dem **Vorsitzenden der Gemeindevertretung** (vgl. VG Kassel HGZ 2012, 69). Unabhängig von den Ordnungsmaßnahmen zur Aufrechterhaltung der Sitzungsordnung durch den Vorsitzenden der Gemeindevertretung können gem. § 60 Abs. 1 HGO in einer Satzung der Stadtverordnetenversammlung Sanktionsmöglichkeiten vorgesehen werden. Im Übrigen ist in § 60 Abs. 2 S. 3 HGO geregelt, dass weitere Maßnahmen neben dem Sitzungsausschluss aufgrund einer Geschäftsordnung unberührt bleiben.

Literatur: *Kleerbaum*, Ordnungsruf und Rederecht in kommunalen Vertretungen, KOPO 2017, 11 (III).

3.2. Sitzungsausschluss gegenüber Gemeindevertretern

Der **Ausschluss eines Gemeindevertreters** durch den Vorsitzenden von der Teilnahme an bis zu maximal **drei Sitzungstagen** der Gemeindevertretung (§ 60 Abs. 2 HGO) ist die **höchstzulässige Sanktion**, die nur in Ausnahmefällen und als letztes Mittel gerechtfertigt ist (HessVGH DÖV 1990, 622; VG Frankfurt NVwZ 1982, 52). Der Ausschluss setzt ein **ungebührliches oder wiederholt ordnungswidriges Verhalten** voraus, kommt also nicht nur bei Zuwiderhandlungen gegen die Sitzungsordnung in Betracht, sondern kann auch durch Beschimpfungen oder Verächtlichmachung anderer Gemeindevertreter außerhalb der öffentlichen Sitzung begründet sein (VG Frankfurt HStGZ 1991, 490). Von Bedeutung sind in diesem Zusammenhang die Erwägungen des BverfG (Beschl. V.19.2.2019 −1 BvR 1954/17) zu den Grenzen zulässiger Meinungsäußerungen im Rahmen kommunalpolitischer Auseinandersetzungen von Gemeindevertretungsmitgliedern, auch gerade außerhalb der eigentlichen Sitzungen. Hiernach ist für die Annahme einer Formalbeleidigung, einer sog. **Schmähkritik** bei Äußerungen im öffentlichen Kontext besonders strenge Anforderungen zu stellen. So sei zu berücksichtigen, dass es zur Eigenart politischer, insbesondere parteipolitischer Auseinandersetzung gehöre, konkrete Vorgänge zum Anlass einer allgemeineren Auseinandersetzung zu nehmen. Bei der Abwägung mit dem allgemeinen Persönlichkeitsrecht des Betroffenen ist zu beachten, dass **Art. 5 Abs. 1 GG** nicht nur sachlich-differenzierte Äußerungen schützt, sondern gerade Kritik auch **pointiert, polemisch und überspitzt** erfolgen darf.

Der sanktionierte Gemeindevertreter kann gegen den Ausschluss die **Gemeindevertretung** anrufen, die eine Entscheidung in derselben oder der nächst folgenden Sitzung mit einfacher Mehrheit zu treffen hat (§ 60 Abs. 2 HGO). Nach der Rechtsprechung ist mit der nächsten Sitzung iSd § 60 Abs. 2 HGO diejenige Sitzung gemeint, die der Anordnung des Sitzungsausschlusses folgt. Macht der ausgeschlossene Gemeindevertreter von seinem Anrufungsrecht bis zur nächsten Sitzung kein Gebrauch, ist eine spätere Berufung auf eine etwaige Rechtswidrigkeit des Ausschlusses in einem weiteren Verfahren ausgeschlossen (HessVGH NVwZ-RR 2001, 464).

Bis zur Entscheidung der Gemeindevertretung kann der Vorsitzende den betreffenden Gemeindevertreter kraft Hausrechts des Sitzungssaals verweisen. Der **Ausschluss** eines **Gemeindevertreters** von einer Sitzung ist **kein Verwaltungsakt** (HessVGH NJW 1962, 832; aA für die Verhängung eines Bußgeldes nach § 60 HGO, VG Kassel DÖV 1958, 741). Einwendungen dagegen haben keine aufschiebende Wirkung (VG Frankfurt HSGZ 1991, 490 [492]). Zweck der Ausschlussregelung ist es, die **Funktionsfähigkeit der Gemeindevertretung** zu sichern (HessVGH DÖV 1990, 622). Sowohl gegen Ahndungsmaßnahmen des Vorsitzenden als auch gegenüber solchen der Gemeindevertretung kann der Betroffene auf **Feststellung der Rechtswidrigkeit** im Wege des **Kommunalverfassungsstreitverfahrens** klagen. Die Klage ist gegen die Gemeindevertretung oder den Vorsitzenden zu richten, je nachdem, ob eine den Ausschluss durch den Vorsitzenden billigende Entscheidung der Gemeindevertretung bereits getroffen wurde oder noch aussteht. Mit einer einstweiligen Anordnung gegen die Gemeindevertretung bzw. – vor der Entscheidung der Gemeindevertretung – gegen den Vorsitzenden kann die Aussetzung des Vollzuges des Ausschließungsbeschlusses verfolgt werden.

Literatur: *Schmitz*, Der Ausschluss von der Sitzung des Gemeinderates – Ultima Ratio zur Erhaltung der Funktionsfähigkeit, VR 2007, 372.

3.3. Hausverbot

454 Das aus dem **Grundsatz der Öffentlichkeit** herzuleitende Recht auf Zutritt zu den Sitzungen der Gemeindevertretung findet dort seine **Grenze**, wo es **bewusst** zu **Störungen** ausgenutzt wird (VGH Bad.-Württ. ESVGH 19, 209 [213]). Der Vorsitzende kann daher **Zuhörer**, die den ordnungsgemäßen Ablauf der Sitzung durch Beifallsbekundungen oder Missfallensäußerungen stören, zur **Ordnung rufen** (zur Untersagung des Tragens von Plaketten, BVerwG DVBl. 1988, 792) oder den **Besuch der Sitzungen auf Zeit verbieten**. Das Hausrecht des Vorsitzenden erstreckt sich nicht nur auf den Sitzungssaal selbst, sondern auch auf angrenzende Räume, Flure und Treppenhäuser (aA *Schneider/Dreßler*, HGO, Erl.6 zu § 58). Alle Anwesenden unterstehen dem Hausrecht: Gemeindevertreter, Gemeindevorstandsmitglieder, Bedienstete der Aufsichtsbehörde, Pressevertreter und Zuhörer. Zur **Durchsetzung seines Hausrechts** kann der Vorsitzende die Polizei um Hilfe bitten. Die **berechtigte Ausübung des Hausrechts** verstößt nicht gegen das Öffentlichkeitsprinzip, vielmehr erfüllt die **Verweigerung** den Sitzungssaal zu verlassen rechtlich den Tatbestand des **Hausfriedensbruchs** (§§ 123, 124 StGB). Die **Ahndungsmittel aus § 60 HGO** und der **Geschäftsordnung** der Gemeindevertretung sowie die **Ausübung des Hausrechts** stehen dem Vorsitzenden gegen Mitglieder der Gemeindevertretung **nebeneinander** zu. Infolgedessen kann sich ein aus dem Sitzungsraum gewiesenes Mitglied der Gemeindevertretung, das den Sitzungssaal nicht verlässt, des Hausfriedensbruches schuldig machen (OLG Karlsruhe DVBl. 1980, 77).

455 Problematisch ist die **Rechtsnatur des Hausverbotes** bei öffentlichen Gebäuden. Das an den **Zuhörer** gerichtete Verbot, ein öffentliches Gebäude zu betreten, kann sowohl öffentlich-rechtlicher als auch privatrechtlicher Natur sein. Für die Rechtswegbestimmung ist daher auf den Einzelfall unter Berücksichtigung der besonderen Umstände und des Zwecks des Hausverbotes abzustellen (vgl. BVerwGE 35, 103

[106]; NVwZ 1987, 677; HessVGH NJW 1990, 1250; VG Frankfurt NJW 1998, 1424; OVG NRW NJW 1998, 1425). Danach stellt das von dem Vorsitzenden der Gemeindevertretung verhängte, auf den Sitzungssaal zu beschränkende Hausverbot gegenüber dem betroffenen Zuhörer im Regelfall (jedenfalls auch) einen **Verwaltungsakt** dar, da dieser zum **Schutz der Funktionsfähigkeit der Gemeindevertretung** in seinem aus dem Grundsatz der Öffentlichkeit ergebenden Rechts auf Zutritt zu den Sitzungen eingeschränkt wird. Der **Verwaltungsrechtsweg** ist daher gegeben.

Literatur: *Zeiler*, Das Hausrecht an Verwaltungsgebäuden DVBl. 1981, 1000.

II. Abwahl

Nach § 57 Abs. 2 HGO können sowohl der Vorsitzende als auch seine Vertreter mit einer **Mehrheit von mindestens zwei Dritteln der gesetzlichen Zahl der Gemeindevertreter** (§ 38 HGO) abberufen werden. Gründe für die Abberufung müssen nicht vorgetragen werden. Der **Betroffene** ist nur von der Beratung (§ 25 Abs. 2 HGO) ausgeschlossen, an der – offenen – **Abstimmung** über die eigene Abberufung kann er jedoch **teilnehmen**. Den Abberufungsbeschluss kann der Betroffene von den **Verwaltungsgerichten** mit der Begründung der Verletzung von Funktionsrechten überprüfen lassen. Gegenstand des Kommunalverfassungsstreitverfahrens ist dann die **formelle Gesetzmäßigkeit des Abberufungsbeschlusses**, nicht etwa seine Begründung. Weiterhin kann der Abberufungsbeschluss ein Einschreiten der Aufsichtsbehörde in Form der Beanstandung (§ 138 HGO) auslösen sowie den Bürgermeister und -subsidiär- den Gemeindevorstand (§ 63 HGO) zu Widerspruch und Beanstandung verpflichten.

456

Literatur: *Runzheimer*, Die rechtliche Stellung des Vorsitzenden der Gemeindevertretung in Hessen, 1992.

C. Fraktionen

I. Begriff

Eine **Fraktion ist der freiwillige, auf gewisse Dauer angelegte Zusammenschluss von in kommunalpolitischen Grundüberzeugungen und Zielsetzungen gleichgesinnten Mandatsträgern** zu dem Zweck, ihre übereinstimmenden politischen Ziele durch **geschlossenes Auftreten in der Vertretungskörperschaft durchzusetzen** (HessVGH NVwZ 1990, 391; NVwZ 1986, 328). Nach § 36a HGO können sich nur **Gemeindevertreter** zu einer Fraktion zusammenschließen. Das Gesetz kennt daher beispielsweise keine Fraktion im Ortsbeirat, obgleich eine analoge Anwendung der gesetzlichen Regelung der Praxis entsprechen wird. Nach § 36a HGO ist es unerheblich, ob und gegebenenfalls welcher Partei oder Wählergruppe die den Zusammenschluss betreibenden Gemeindevertreter angehören. Deshalb können sich **auch parteilose Gemeindevertreter** zu einer Fraktion zusammenschließen (VG Darmstadt NVwZ 1983, 494). Auch Gemeindevertreter, die eine Fraktion verlassen haben, können eine neue Fraktion bilden (HessVGH HSGZ 1983, 369). Ein Gemeindevertreter kann jedoch nur einer Fraktion angehören.

457

II. Bildung und Zweck

458 Für den Zusammenschluss zu einer Fraktion sind nach dem Gesetz **mindestens zwei Gemeindevertreter** (§ 36a Abs. 1 S. 1 und 4 HGO) erforderlich (vgl. auch Hess-VGH NVwZ 1984, 54). Einzelnen Gemeindevertretern können jedoch nach § 36b Abs. 1 HGO Fraktionsrechte und -pflichten zustehen (sog. Ein-Personen-Fraktion; vgl. Kap.5 C IV und V). Die Bildung einer Fraktion vollzieht sich durch eine übereinstimmende Willenserklärung der beteiligten Gemeindevertreter, sich zu einer Fraktion zusammenschließen zu wollen. Der Zusammenschluss einer Fraktion setzt voraus, dass sich ihre Mitglieder eine auf Bestand angelegte **verbindliche Organisationsform** geben, die sich nach außen durch eine Geschäftsordnung, die Wahl eines Vorsitzenden, die Festlegung des Fraktionsnamens und der Formulierung gemeinsamer politischer Ziele manifestiert.

459 Die Bildung einer Fraktion verfolgt primär den **Zweck,** durch gemeinschaftliche Vorbereitung der Willensbildung in einer Gruppe politisch Gleichgesinnter den **Meinungsbildungsprozess** einer Vertretungskörperschaft durch **Straffung und Konzentration** zu erleichtern. Weitere wesentliche Funktionen der Fraktionen sind die **Wahrnehmung von Mitwirkungsrechten**, die **Repräsentation der Partei oder Wählergruppe** und die **Umsetzung politischer Entscheidungen auf kommunaler Ebene**.

460 § 36a HGO ist lediglich eine **Rahmenvorschrift; Einzelheiten über** die Bildung einer **Fraktion**, die Fraktionsstärke, ihre Rechte und Pflichten innerhalb der Gemeindevertretung sind in der **Geschäftsordnung der Gemeindevertretung** zu regeln (§ 36a Abs. 1 S. 3 HGO). Der **Festlegung der Fraktionsmindeststärke** in der Geschäftsordnung kommt eine besondere Bedeutung zu, da den Fraktionen und Fraktionsvorsitzenden teils durch Gesetz teils durch Satzung oder Geschäftsordnung eigene Rechte verliehen werden. Die Gemeindevertretung muss sich bei der Festlegung der Fraktionsmindeststärke an **sachlichen Gründen**, zB der Größe der Gemeindevertretung, orientieren und darf die Regelung **nicht von willkürlichen, missbräuchlichen oder politisch tendenziösen Erwägungen** abhängig machen. Sie hat insbesondere den **Gleichheitssatz** (VGH Mannheim, NVwZ 2017, 1068 (1072) und die **Grundsätze der Oppositionsfreiheit und des Minderheitenschutzes** zu beachten und diese Gesichtspunkte gegenüber dem – oben genannten -Regelungszweck, die **Funktionsfähigkeit der Gemeindevertretung** zu gewährleisten, abzuwägen (VGH Hessen ESVGH 57, 46; VGH München NVwZ-RR 2000, 811; BVerwG DÖV 1979, 790; Hess-VGH NVwZ 1984, 54; vgl. auch landesgesetzliche Mindestgröße bildet kein mit der Verfassungsbeschwerde rügefähiges subjektives Recht, BVerfG Nichtannahmebeschluss NVwZ-RR 2012, 2). Eine **nachträgliche Änderung** der Geschäftsordnung der Gemeindevertretung dahin, dass nur eine bestimmte Mindestanzahl von Gemeindevertretern eine Fraktion bilden kann, **verstößt gegen den Grundsatz des Minderheitenschutzes** und trifft daher nur zukünftige Fraktionen (HessVGH HSGZ 1983, 369; NVwZ 1991, 1105).

Aufgrund der Bündelungs- und Steuerungsfunktion von Fraktionen ist es rechtmäßig zwischen fraktionslosen Gemeindevertretern, Ein-Personen-Fraktionen und Fraktionen sachgemäße Differenzierungen vorzunehmen, die nach der Rechtsprechung jedoch an dem allgemeinen Gleichbehandlungsgebot zu messen sind (BVerwGE 143, 240; VGH Mannheim, NVwZ 2017, 1068; VGH München, NVwZ 2018,599f.).

Literatur: *Dach*, Die Fraktionsmindeststärke, DVBl. 1982, 1080; *Fröhlinger*, Die Festsetzung der Fraktionsmindeststärke im Gemeinderat, DVBl. 1982, 682; *Heusch*, Demokratischer Wettbewerb auf kommunaler Ebene, NVwZ 2017, 1325; *v. Mutius*, Kommunalrecht, S. 362 (366).

In der **Geschäftsordnung der Gemeindevertretung** kann allerdings nur die **Tätig-** 461
keit einer Fraktion im Rahmen der Gemeindevertretung geregelt werden; darüber hinausgehende Tätigkeiten der Fraktionen gehören in den von der Gemeindeordnung nicht erfassten Bereich des Parteiwesens.

Da Fraktionen den Zweck verfolgen, ihre übereinstimmenden politischen Ziele durch geschlossenes Auftreten in der Vertretungskörperschaft durchzusetzen (HessVGH NVwZ 1990, 391), sind sie aufgrund dieser Zweckbestimmung auf die **Dauer der Wahlzeit** angelegt, dh ihre rechtliche Existenz endet mit dem Ablauf derselben (HessVGH NVwZ 1986, 328).

Literatur: *Hauenschild*, Wesen und Rechtsnatur der parlamentarischen Fraktionen, S. 170; *Möecke*, Die verfassungsmäßige Stellung der Fraktionen, DÖV 1966, S. 162; *ders.*, Die Rechtsnatur der parlamentarischen Fraktionen, NJW 1965, 276 und 567.

III. Freies Mandat und Fraktionszwang

Die Wahrnehmung einer Aufgabe durch eine Fraktion schließt eine **gewisse Bin-** 462
dung der Fraktionsmitglieder an ihre Fraktion und damit auch ihrer Freiheit ein. Jede **Fraktion strebt in der Regel eine einheitliche Willensbildung an**, um wiederum eine durchsetzungsfähige Willens- und Meinungsbildung in den Ausschüssen und in der Gemeindevertretung zu betreiben. Das in **§ 35 Abs. 1 HGO** verankerte **freie Mandat** garantiert jedoch dem einzelnen Gemeindevertreter einen **Kernbestand an Rechten unmittelbarer Mitwirkung**, um seine Selbstverantwortung und Entscheidungsfreiheit zu stärken. Dazu gehören das **Recht auf freie und gleiche Abstimmung**, ein **Mindestmaß an Redemöglichkeit und ein gewisses Maß an Antragsbefugnis** (HessVGH DVBl. 1978, 821; NVwZ 1991, 1105).

Die **Mitglieder einer Fraktion sind an Fraktionsbeschlüsse** bei der Abstimmung in 463
den Ausschüssen oder der Gemeindevertretung **nicht gebunden** (**kein Fraktionszwang**). Der durch Fraktionsbeschluss auferlegten Verpflichtung zu einer bestimmten Stimmabgabe kommt daher keine rechtliche, wohl aber parteipolitische Bedeutung zu. Fraktionsmitglieder müssen bei Nichtbefolgung von Fraktionsbeschlüssen mit dem Ausschluss aus der Fraktion und der Partei oder Wählergruppe rechnen. Der einzelne Gemeindevertreter muss daher prüfen und eigenverantwortlich entscheiden, ob er seine Auffassung derjenigen der Mehrheit seiner Fraktionsfreunde unterordnen will und kann (**Fraktionsdisziplin**), um dem Gesamtinteresse der Fraktion zu dienen.

IV. Ein-Personen-Fraktion und Fraktionsstatus

§ 36b Abs. 1 HGO räumt einzelnen Gemeindevertretern in Gemeinden mit bis zu 23 464
Gemeindevertretern Fraktionsstatus ein, wenn nach dem Wahlergebnis auf eine Partei oder Wählergruppe nur ein Sitz in der Gemeindevertretung entfallen ist (**Ein-Personen-Fraktion**). Hingegen ist die Bildung von Ein-Personen-Fraktionen in Ortsbeiräten in der Hessischen Gemeindeordnung nicht vorgesehen (eine analoge Anwendung des § 36b abl., VG Frankfurt Urt. v. 24.8.2011 – 7 K 1432/11.F).

Betroffen von der Ein-Personen-Fraktionsregel sind alle Gemeinden mit bis zu 5.000 Einwohnern (§ 38 Abs. 1 HGO), sowie diejenigen mit bis zu 10.000 Einwohnern, deren Gemeindevertreter ihre Gemeindevertretung gem. § 38 Abs. 2 HGO auf 23 Sitze verkleinert haben. Hintergrund für diese Ausnahmeregelung für kleinere Kommunen ist, dass in diesen ein einzelner Gemeindevertreter prozentual bereits einen solchen Anteil an der Gesamtwählerschaft repräsentiert, wie dies bei größeren Städten und Landkreisen nur durch drei oder vier Stadtverordnete oder Kreistagsmitglieder der Fall ist.

465 Dem steht auch § 36 Abs. 1 S. 1 HGO nicht entgegen, da dieser allgemein die Möglichkeit zur Fraktionsbildung über die Grenzen von Parteien und Wählergruppen hinaus regelt. Der **Fraktionsstatus erlischt** im Fall der gesetzlichen Ein-Personen-Fraktion als auch im Fall der Bildung einer Fraktion gem. § 36a Abs. 1 HGO **mit dem Verlust des letzten Mandates** einer Partei oder Wählergruppe (§§ 34 Abs. 1 S. 2, 35 Abs. 3 KWG).

466 Weitere **Regelungen zum Fraktionsstatus** können in der Geschäftsordnung der Gemeindevertretung getroffen werden, die als **Satzung** oder als bloßer (Sach-) **Beschluss** ergehen kann (vgl. Kap. 5 A V). Der Fraktionsstatus bedeutet jedoch nicht die Gleichstellung der Fraktionen; die Vornahme von sachlich gebotenen Differenzierungen, zB hinsichtlich der Redezeit, ist daher nicht ausgeschlossen (HessVGH DVBl. 1978, 821). Es entspricht auch dem parlamentarischen Grundprinzip, dass kleinere Fraktionen – ihrem Anteil an den Wählerstimmen entsprechend – sich nicht in gleicher Weise in der Vertretungskörperschaft darstellen und ihre Vorstellungen verwirklichen können, wie es größeren möglich ist (HessStGH, StAnz. 1977, 1526).

Literatur: *Linck*, Fraktionsstatus als geschäftsordnungsmäßige Voraussetzung für die Ausübung parlamentarischer Rechte, DÖV 1975, 689.

V. Rechte und Pflichten der Fraktionen

467 Neben den von der Geschäftsordnung der Gemeindevertretung den Fraktionen eingeräumten Rechten und Pflichten trifft auch die Gemeindeordnung besondere Regelungen. Nach **§ 62 Abs. 2 HGO** haben die Fraktionen das Recht, die ihnen zustehenden **Ausschusssitze mit Vertretern zu besetzen, die sie benennen** (sog. **Benennungsverfahren**), sofern die Gemeindevertreter dieses Verfahren mit einfacher Mehrheit beschließen. Ferner können Fraktionen in **Ausschüsse, in denen sie keinen Sitz haben, fraktionsangehörige Gemeindevertreter mit beratender Stimme entsenden** (sog. **Minderheitenvertreter**), selbst wenn die Fraktion erst nach der Wahl des Ausschusses gebildet wurde (HessVGH HSGZ 1983, 369 [370]); dies gilt auch für den **Wahlvorbereitungsausschuss** (§ 42 Abs. 2 iVm § 62 Abs. 4 HGO).

468 Um die Überwachung der gesamten Verwaltung der Gemeinde durch die Gemeindevertretung sicherzustellen, kann eine Fraktion – nicht aber die Ein-Personen-Fraktion gem. § 36b Abs. 1 HGO- die **Einrichtung eines Akteneinsichtsausschusses** fordern, der auf Antrag von der Gemeindevertretung zu bilden oder zu bestimmen ist (§ 50 Abs. 2 S. 2 HGO). Die Gemeindevertretung kann weiterhin die **Übersendung der Ergebnisniederschriften der Sitzungen des Gemeindevorstandes an die Fraktionsvorsitzenden beschließen** (§ 50 Abs. 2 S. 4 HGO).

469 **Fraktionsmitglieder** haben anlässlich der Teilnahme an Fraktionssitzungen Anspruch auf Ersatz des Verdienstausfalls, der Fahrtkosten (bei Pauschalierung keine Steuerfreiheit, FG Niedersachsen EFG 1997, 941) und Zahlung einer satzungsmäßigen Aufwandsentschädigung (§ 27 Abs. 4 HGO). Die Gemeinde kann den Fraktionen **Haushaltmittel** zur Finanzierung der notwendigen sächlichen und personellen Aufwendungen für die Geschäftsführung gewähren (§ 36a Abs. 4 HGO). Ein originärer Leistungsanspruch auf Gewährung finanzieller Zuwendungen zur Geschäftsführung

besteht aber nicht. Die Höhe der Haushaltsmittel muss in einem angemessenen und sinnvollen Verhältnis zur Arbeit der Fraktionen für das kommunale Vertretungsorgan stehen (vgl. HessVGH NVwZ-RR 1996, 105); sie dürfen nicht der Finanzierung von Parteien oder Wählergruppen dienen (vgl. Empfehlungsliste für die Verwendung von Fraktionsmitteln, AG Fraktionszuwendungen der hess. Revisionsämter v. 1.1.2014; Erlass HMdI v. 20.12.1993 StAnz. 1994, 136). So dürfen Zuwendungen an Fraktionen für Öffentlichkeitsarbeit im Rahmen eines Bürgerbegehrens bzw. Bürgerentscheids nicht für Publikationen verausgabt werden, wenn der Willensbildungsprozess in der Gemeindevertretung bereits abgeschlossen ist (VG Darmstadt Urt. v. 11.8.2011 – 3 K 1480/10.DA). Anstelle von einem Personalkostenzuschuss kann eine Gemeinde auch Gemeindepersonal zur Verfügung stellen.

Weist der Haushalt Mittel für Fraktionen aus, besteht ein **Anspruch auf sachgerechte und willkürfreie** Teilnahme aller Fraktionen an der **Vergabe dieser Mittel**, auch der von verfassungsfeindlichen Parteien und Vereinigungen, da andernfalls der allgemeine Gleichheitssatz verletzt würde (BverwG NVwZ 2018, 1656 mAnm Janson NVwZ 2018, 1660, Keller, jurisPR-BverwG 4/2019 und Fabian DVBl. 2018, 144; ; BVerwGE 143, 240; HessVGH NVWZ 2017, 886; HessVGH NVwZ-RR 1999, 188; VG Wiesbaden HSGZ 1998, 105; HessVGH NVwZ-RR 1996, 105).

Vergibt die Kommune städtische Räume an politische Parteien oder Fraktionen kann sie von der geübten Praxis nicht ohne sachlichen Grund zu Ungunsten einer Partei oder Fraktion abweichen. Die Entscheidungsfreiheit der Kommune ist auch insofern durch das allgemeine Willkürverbot nach Art. 3 Abs. 1 GG begrenzt (OVG Sachsen-Anhalt, Beschl. 19.9.2018 – 4 M 172/18).

Literatur: *Hecker,* Verweigerung von Fraktionszuschüssen an kommunale Fraktion im Gemeinderat wegen Verfassungsfeindlichkeit, NVwZ 2018, 1613; *Heusch,* Demokratischer Wettbewerb auf kommunaler Ebene, NVwZ 2017, 1325; *Kleerbaum,* Kein Geld für verfassungsfeindliche Parteien, KOPO 2017, 5 (I); ders., Zuwendung von Haushaltsmitteln an Fraktion, KOPO 2014, 3 (I), ders., Fraktionszuwendungen nach Bedarf verteilen, KOPO 2012, 12 (I); *Waldhoff,* Kommunal- und Verwaltungsprozessrecht: Ausschluss von Kommunalfraktionen von der Finanzierung, JuS 2019, 286.

470 Im Übrigen werden die Rechte und Pflichten der Fraktionen durch die **Geschäftsordnung der Gemeindevertretung** bestimmt. Die Geschäftsordnung enthält vor allem Regelungen, die den technischen **Ablauf der Sitzung der Gemeindevertretung** betreffen, zB die Stellung von Anfragen und Anträge zu Beratungsgegenständen (vgl. HessVGH NVwZ 1986, 328; VG Darmstadt HessVGRspr. 1985, 45).

471 Die den **Fraktionen eingeräumten Rechte können von einzelnen Gemeindevertretern genauso wenig in Anspruch genommen werden, wie es den Fraktionen umgekehrt verwehrt ist, Rechte einzelner Gemeindevertreter geltend zu machen**. Fraktionen haben daher kein Recht auf Widerspruch gegen Wahlen nach § 55 Abs. 6 HGO (VG Gießen HSGZ 1987, 362). Neben den einzelnen Gemeindevertretern haben aber auch Fraktionen gem. § 50 Abs. 2 S. 5 HGO das Recht Fragen und schriftliche Anfragen an den Gemeindevorstand zu stellen und von ihm beantwortet zu bekommen.

472 Jede Fraktion hat die **Pflicht**, die Bildung der Fraktion, ihre Bezeichnung, die Namen ihrer Mitglieder und Hospitanten sowie des Vorsitzenden und seiner Stellvertreter dem Vorsitzenden der Gemeindevertretung und dem Gemeindevorstand mitzuteilen (§ 36a Abs. 2 HGO).

Literatur: *Scholtis,* Minderheitenschutz in kommunalen Vertretungskörperschaften, 1986.

VI. Fraktionslose Gemeindevertreter

473 Gemeindevertreter ohne Fraktionsstatus, sog. Einzelvertreter, haben nach der Hessischen Gemeindeordnung weitreichende und autonom wahrnehmbare Mitwirkungsrechte in den Sitzungen der Gemeindevertretung. Durch die den Fraktionen eingeräumten Befugnisse darf die Mitwirkung der Gemeindevertreter ohne Fraktionsstatus auch **nicht über das im Interesse der Gemeindevertretung gebotene und zulässige Maß hinaus eingeschränkt werden** (HessVGH DVBl. 1978, 821; vgl. zu Rederechtsregelungen in der GO, OVG Lüneburg, Urt.v. 4.12.2013 – 10 LC 64/12). Andererseits haben **fraktionslose Gemeindevertreter** auch **keinen Anspruch** darauf, in jeder Hinsicht **mit Fraktionen gleichgestellt zu werden**. Im Unterschied zu den Gemeindeordnungen anderer Bundesländer werden die Einzelvertreter in den von der Gemeindevertretung zu bildenden Ausschüssen gem. § 62 Abs. 4 S. 3 HGO auf den Zuhörerstatus beschränkt, eine Beschränkung die auch nicht durch eine Geschäftsordnung der Gemeindevertretung zur Disposition steht.

Literatur: v.Schwanenflug/Andre, „Einzelkämpfer" in der kommunalpolitischen Arena – Zur Rechtsstellung fraktionsloser Mandatsträger am Beispiel der Hessischen Gemeindeordnung, KommJur 2013, 441

474 Fraktionen haben aber das Recht Gemeindevertreter, die keiner Fraktion angehören, sich aber an der Arbeit einer Fraktion beteiligen wollen, als **Hospitanten** aufzunehmen (§ 36a Abs. 1 S. 2 HGO). Hospitanten können nur in einer Fraktion als Gast mitarbeiten. Ihre Rechtsstellung innerhalb der Fraktion bestimmt die gastgebende Fraktion. Fraktionen können aber Hospitanten **kein Stimmrecht** einräumen, da sie nicht Mitglieder der Fraktion sind.

VII. Innere Ordnung

475 Die innere Ordnung der Fraktionen unterliegt im Hinblick auf ihre öffentlich-rechtliche Funktion dem **Demokratieprinzip** und dem **Rechtsstaatsprinzip**. Teilweise wird auch von der Anwendbarkeit der Regeln der **Hessischen Gemeindeordnung** ausgegangen (vgl. VG Darmstadt NVwZ-RR 1990, 104). Dies erscheint schon im Hinblick auf einen fehlenden Verweis in § 36a HGO zweifelhaft; jedenfalls aber müssen im Einzelfall die Voraussetzungen einer analogen Anwendung vorliegen.

1. Allgemeines

476 Die inneren Angelegenheiten einer Fraktion werden von der Fraktion selbst – die genannten Grundsätze befolgend – in einer **Geschäftsordnung** geregelt. Hierzu gehören insbesondere die Wahl und Abberufung des Fraktionsvorstandes, Einberufung und Abstimmungsverfahren, Aufnahme und Ausschluss von Mitgliedern, Status von Hospitanten. Unzulässig etwa wäre eine Regelung, die für bestimmte Abstimmungen Fraktionszwang anordnet.

2. Mitwirkung von Nicht-Fraktionsmitgliedern

477 Eine Fraktion kann **Mitglieder des Gemeindevorstandes, Sachverständige, Mitglieder der Partei oder Wählergruppe und andere Personen zum Zwecke der Information zu ihren Sitzungen hinzuziehen** (§ 36a Abs. 1 S. 5 HGO). Die Teilnah-

me von Nichtmitgliedern an Fraktionssitzungen (sog. erweiterte Fraktion) ist in der Praxis weit verbreitet; in der Regel wird ihnen ein **Rederecht** eingeräumt (§ 36 a Abs. 1 S. 5 HGO). Mitglieder des Gemeindevorstandes oder Vorstandsmitglieder der Partei oder Wählergruppe, die nicht Gemeindevertreter sind, **gehören Fraktionen aber weder an noch können sie dort ein Stimmrecht ausüben.** Wirken sie dennoch an der Abstimmung in der Fraktion mit, so sind die unter ihrer Mitwirkung gefassten **Fraktionsbeschlüsse rechtswidrig** (HessVGH NVwZ 1992, 506). Ein **Zuwiderhandeln einzelner Fraktionsmitglieder** gegen derart gefasste Beschlüsse kann daher **keinen Fraktionsausschluss** begründen (VG Darmstadt NVwZ-RR 1990, 631). Die Wirksamkeit von Beschlüssen der Gemeindevertretung hingegen wird durch die Mitwirkung Fraktionsfremder bei vorbereitenden Fraktionsbeschlüssen nicht berührt (BVerfG BayVBl. 1993, 210; BVerwG DÖV 1992, 832).

3. Fraktionsausschluss

Fraktionen können ihre **Mitglieder ausschließen.** Ein **formell rechtmäßiger** 478 **Ausschluss** bedingt die Anhörung des Betroffenen, die ordnungsgemäße Ladung aller Fraktionsmitglieder, die rechtzeitige Mitteilung der Tagesordnung, ein Mehrheitsbeschluss und die Mitteilung der Gründe an den Betroffenen (BayVGH NVwZ 1989, 494). Umstritten ist die Frage, ob die Abstimmung geheim vorzunehmen ist (so VG Wiesbaden HSGZ 1995, 109; aA VG Darmstadt HSGZ 1990, 285) und das vom Ausschluss bedrohte Fraktionsmitglied mitwirken darf (VG Bayreuth, BeckRS 2017, 142273; VGH München, BeckRS 2018, 5113).

Trifft die Fraktion in ihrer **Geschäftsordnung** keine Regelung, so ist ein **Ausschluss** 479 **aus wichtigem Grund** zulässig (HessVGH NVwZ-RR 1997, 308; NVwZ 1990, 391). Der Ausschluss aus einer Fraktion aus wichtigem Grund ist in der Regel **materiell rechtmäßig,** wenn jemand das **Vertrauensverhältnis nachhaltig stört,** indem er bei einer **zentralen Frage, auf die sich der politische Konsens bezieht, abweichend stimmt und damit einer weiteren Zusammenarbeit den Boden entzieht** (OVG Münster, BeckRS 2018, 3765, Rn. 15; HessVGH NVwZ 1990, 391; HSGZ 1987, 209; NVwZ 1984, 55; VG Wiesbaden HSGZ 1995, 109 [112]). Eine angeblich unzulässige Weitergabe von Informationen durch ein Fraktionsmitglied im Rahmen eines strafrechtlichen Ermittlungsverfahrens reicht hingegen nicht für einen rechtmäßigen Ausschluss aus wichtigem Grund (VGH München, BeckRS 2018, 5113).

Mit dem **Austritt oder dem Ausschluss aus einer Fraktion ist ein Verlust des** 480 **Mandates nicht verbunden** (§ 35 Abs. 1 HGO) **und ein Parteiaustritt nicht erforderlich.** Ebenso wenig führt ein Parteiaustritt oder ein Parteiausschluss automatisch zu einem Fraktionsausschluss. Um Missverständnisse zu vermeiden sollte der Austritt aus einer Fraktion ist gegenüber dem Fraktionsvorsitzenden in Schriftform erfolgen (VGH München, BeckRS 2018, 5113 Rn. 16).

Literatur: *Borchmann,* Der Ausschluss aus der Gemeinderatsfraktion, VR 2002, 11; *ders.,* Der Fraktionsausschluss im Gemeinderecht, HSGZ 2000, 360; *Kleerbaum,* Zum Fraktionsausschuss von Gemeinderatsmitgliedern – Rechtliche Rahmenbedingungen eines Ausschlussgrundes, KOPO 2018, 6 (I).

VIII. Rechtsschutz und Haftung

Bei den **Streitigkeiten zwischen der Fraktion und ihren Mitgliedern über Rechte** 481 **und Pflichten** handelt es sich um **öffentlich-rechtliche Streitigkeiten nichtverfas-**

sungsrechtlicher Art iSd § 40 Abs. 1 VwGO (HessVGH HSGZ 1990, 287; HSGZ 1987, 209). Eine Fraktion ist als organschaftliche Vereinigung von Gemeindevertretern grundsätzlich **fähig**, am **Kommunalverfassungsstreitverfahren beteiligt** zu sein (HessVGH NVwZ 1986, 328). Voraussetzung ist aber die **Geltendmachung der Verletzung von Fraktionsrechten** (vgl. Kap. 7). Gegen den **Fraktionsausschluss** ist auch vorläufiger Rechtsschutz im Wege der **einstweiligen Anordnung** nach § 123 Abs. 1 VwGO statthaft (HessVGH HSGZ 1990, 287; HSGZ 1987, 209).

482 Soweit es für die **zivilrechtliche Haftung** für Verbindlichkeiten auf die Rechtsnatur der Fraktion ankommt, ist diese mangels öffentlich-rechtlicher Regelung nach zivilrechtlichen Grundsätzen zu bestimmen. Danach sind Fraktionen als **nichtrechtsfähige, nichtwirtschaftliche Vereine** anzusehen. Für Verbindlichkeiten nichtrechtsfähiger Idealvereine besteht grundsätzlich aber nur deren eigene Haftung, eine persönliche Haftung der Mitglieder – allein aufgrund ihrer Mitgliedschaft – kommt daher nicht in Betracht (OLG Schl.-Hol. NVwZ-RR 1996, 103). Ebenso beurteilt sich die Wahlbeeinflussung durch eine Fraktion der Gemeindevertretung wie die durch eine Partei nach den Grundsätzen privater Wahlbeeinflussung OVG Münster NVwZ 2006, 363).

Literatur: *Jahndel*, Kommunale Fraktionen, 1990; *Janitschek*, Gemeindevertreter, Fraktionsassistent (Ein-Mann-Fraktion) und Akteneinsichtsrecht nach der HGO, Gemeindetag 1975, 307; *Lange*, Fraktionsausschluss kommunaler Mandatsträger und vorläufiger Rechtsschutz, JUS 1994, 296; *Maly*, Das Regiment der Parteien – Geschichte der Frankfurter Stadtverordnetenversammlung, Band II; *Meyer*, Kommunales Parteien- und Fraktionsrecht, 1990; *Pappermann*, Chancen und Gefährdungen der kommunalen Selbstverwaltung, VR 1987, 222; *Rothe*, Die Fraktionen in kommunalen Vertretungskörperschaften, 1989; *Suerbaum*, Die Fraktionen in den kommunalen Vertretungskörperschaften, HdKWP, Bd. 1, S. 535 ff.; *Sundermann/Miltkau*, Fraktionen in der Gemeindevertretung, DVP 1994, 491.

D. Ausschüsse

483 Die Gemeindevertretung kann zur **Vorbereitung ihrer Beschlüsse** Ausschüsse bilden (§ 62 Abs. 1 S. 1 HGO). Den Ausschüssen können aber auch **Aufgaben zur endgültigen Beschlussfassung** übertragen werden (§ 62 Abs. 1 S. 3 HGO) soweit diese nicht in die ausschließliche Zuständigkeit der Gemeindevertretung fallen. Die Ausschüsse sind **Hilfsorgane der Gemeindevertretung**. Ihre Existenz, ihre Zusammensetzung und der Umfang ihrer Aufgaben werden von der Gemeindevertretung bestimmt. Die Ausschüsse haben über ihre Tätigkeit in der Gemeindevertretung Bericht zu erstatten. Die Gemeindevertretung kann jederzeit Ausschüsse bilden oder auflösen, kann Aufgaben übertragen oder widerrufen.

I. Arten

484 Die Ausschüsse der Gemeindevertretung lassen sich in solche unterscheiden, die – üblicherweise – zu Beginn der Wahlzeit der Gemeindevertretung eingerichtet werden und während der **ganzen Wahlzeit** (Kontinuierliche Ausschüsse) bestehen und solche, die lediglich zeitlich begrenzt tätig werden und mit einer bestimmten Aufgabenstellung betraut werden, nach deren Erfüllung sich ihre Existenz erledigt (temporäre Ausschüsse).

1. Kontinuierliche Ausschüsse

Die Gemeindevertretung kann grundsätzlich frei darüber entscheiden, welche Ausschüsse sie bilden will. Lediglich bei dem **Finanzausschuss** handelt es sich um einen **Pflichtausschuss** (§ 62 Abs. 1 S. 2 HGO). Üblicherweise werden daneben ein Hauptausschuss, ein Personal- und Organisationsausschuss, ein Bau- und Planungsausschuss, ein Jugend- und Sozialausschuss, ein Kultur- und Freizeitausschuss und ein Umweltausschuss gebildet. **485**

2. Temporäre Ausschüsse

Um einen vom Gesetz vorgeschriebenen temporären Ausschuss handelt es sich bei dem sog. **Wahlvorbereitungsausschuss**. Dieser ist einzurichten, wenn eine **Wahl eines hauptamtlichen Beigeordneten** ansteht (§ 42 Abs. 2 HGO). Daneben sind auch andere lediglich temporär existierende Ausschüsse denkbar, zB der sog. **Akteneinsichtsausschuss** (§ 50 Abs. 2 HGO). **486**

2.1. Wahlvorbereitungsausschuss

Die **Wahl der hauptamtlichen Beigeordneten** wird – mit Ausnahme einer Wiederwahl (§§ 42 Abs. 2 S. 5, 40 Abs. 1 HGO) – von dem von den Gemeindevertretern zu bildenden **Wahlvorbereitungsausschuss** vorbereitet (§ 42 Abs. 2 HGO). Mit der Wahrnehmung der Aufgaben des Wahlvorbereitungsausschuss kann auch ein bereits bestehender Ausschuss der Gemeindevertretung betraut werden. Der Wahlvorbereitungsausschuss tagt **nicht öffentlich**. Teilnahmeberechtigt sind lediglich die Ausschussmitglieder oder deren Stellvertreter sowie – mit beratender Stimme – jeweils ein Vertreter einer Fraktion, auf die bei der Besetzung des Ausschusses kein Sitz entfallen ist, sog. **Minderheitenvertreter** (§§ 42 Abs. 2, 62 Abs. 4 HGO). Im Gegensatz zu anderen Ausschüssen sind der Vorsitzende der Gemeindevertretung und seine Stellvertreter, sofern sie nicht Ausschussmitglieder sind, sonstige Gemeindevertreter und Mitglieder des Gemeindevorstandes nicht berechtigt, an den Ausschusssitzungen teilzunehmen. **487**

Der Wahlvorbereitungsausschuss trifft die **Festlegung der Ausschreibungsbedingungen** (Eignungsvoraussetzungen, Nachweise, Einreichungsfristen), des **Veröffentlichungstextes** und der **Veröffentlichungsform**, ihm obliegt die Sichtung und Begutachtung der eingegangenen Bewerbungen und die Abfassung des abschließenden Berichts. Der **Bericht** ist in **öffentlicher Sitzung** der Gemeindevertretung durch den Ausschussvorsitzenden oder einen vom Ausschuss bestimmten Berichterstatter zu erstatten. Die Nichtbeachtung der vorgeschriebenen Verfahrensweisen führt zur Ungültigkeit der Wahl (HessVGH HessVGRspr. 1969, 9). Der Wahlvorbereitungsausschuss kann eine **Empfehlung** abgeben, an die die Gemeindevertretung aber nicht gebunden ist. **Ausschreibungsfristen** sind **keine Ausschlussfristen**, so dass jederzeit – auch noch am Tag der Wahl – neue Bewerber zur Wahl vorgeschlagen werden können. Allerdings muss in einem solchen Fall dem Wahlvorbereitungsausschuss Gelegenheit zur Prüfung und Berichterstattung gegeben werden. In der Praxis wird daher für diesen Fall der Wahlvorbereitungsausschuss zeitlich unmittelbar vor der Sitzung der Gemeindevertretung einberufen und die Sitzung nach Erledigung der Tagesordnung nicht geschlossen, sondern unterbrochen, damit die Möglichkeit eines nochmaligen Zusammentreffens am gleichen Tag gewahrt bleibt (aus- **488** führlich zu den Aufgaben des Wahlvorbereitungsausschusses, *Schneider/Dreßler*, HGO, Erl. 5 zu § 42 HGO).

2.2. Akteneinsichtsausschuss

489 Zur Überwachung kann die Gemeindevertretung in **bestimmten Angelegenheiten** vom Gemeindevorstand in dessen Räumen Einsicht in die Akten durch einen dazu besonders gebildeten oder bestimmten Ausschuss verlangen (§ 50 Abs. 2 S. 2 HGO). Der Akteneinsichtsausschuss ist das mächtigste Überwachungsinstrument, das der Gemeindevertretung zur Verfügung steht. § 50 Abs. 2 S. 2 HGO regelt nicht ausdrücklich, ob die Gemeindevertretung die Akteneinsicht auch in laufende Verwaltungsvorgänge des Gemeindevorstands verlangen kann (so VG Gießen HSGZ 2007, 293; Schmidt, HGO Kommentar, Erl. 3.1 zu § 50 HGO). Die Einsicht in Akten laufender Verwaltungsangelegenheiten ist aber wegen der Gefahr des Verstoßes gegen die gesetzliche Zuständigkeitsverteilung von Gemeindevertretung und Gemeindevorstand abzulehnen. Eine solche besteht jedoch nicht, wenn der betroffene Entscheidungsprozess beispielsweise durch Abfassung einer Vorlage des Gemeindevorstands an die Gemeindevertretung bereits abgeschlossen ist (HessVGH HStGZ 2007, 294). Ein eigenes Initiativrecht steht dem **Akteneinsichtsausschuss** genauso wenig zu wie allen anderen Ausschüssen. Folglich kann er seinen Aufgabenbereich nicht eigenständig erweitern. Hat er seinen Auftrag erschöpfend behandelt, hat er der **Gemeindevertretung Bericht zu erstatten**.

Eine Stellungnahme einer Fraktion für die von ihr in den Akteneinsichtsausschuss entsandten Mitglieder zu dem Ergebnis der Ausschussarbeit, ist auch dann zulässig, wenn sie scharfe und abwertende Kritik enthält, solange die Grenze diffamierender Schmähkritik nicht überschritten wird (VG Gießen DÖV 2013, 442 (Leitsatz)). Mit der Abgabe des Berichts in der Gemeindevertretung hat sich die Arbeit des Akteneinsichtsausschusses erledigt.

Literatur: *Foerstemann*, Akteneinsichtsausschuss nach § 50 HGO parallel zu laufenden Verwaltungsvorgängen? LKRZ 2011, 5; *Eiermann*, Akteneinsicht durch kommunale Mandatsträger, NVwZ 2005, 43.

II. Zusammensetzung der Ausschüsse

490 Es liegt im Ermessen der Gemeindevertretung, ob sie die Bildung und Zusammensetzung der Ausschüsse in der **Hauptsatzung** oder in der **Geschäftsordnung** verankert oder ob sie einen einfachen **Beschluss** fasst. Gegen eine Verankerung in der Hauptsatzung oder in einer als Satzung erlassenen Geschäftsordnung spricht jedoch der Aufwand bei einer etwaigen Änderung der Aufgaben oder der Zahl der Mitglieder.

Die Besetzung der Ausschüsse kann von der Gemeindevertretung auf dreierlei Weise – und zwar wahlweise für alle oder nur für bestimmte Ausschüsse – erfolgen. Eine Besetzung ist möglich durch **Verhältniswahl**, durch einstimmigen Beschluss einer **Einheitsliste** oder im **Benennungsverfahren**. Mitglieder der von der Gemeindevertretung gebildeten Ausschüsse können nur Gemeindevertreter sein (§ 62 Abs. 1 S. 1 HGO). Es obliegt der Gemeindevertretung die Gesamtzahl der Ausschussmitglieder zu bestimmen. Die Festlegung der Gesamtzahl darf nicht aus sachfremden Erwägungen erfolgen, insbesondere darf eine Fraktion nicht bewusst ausgegrenzt werden (VG Gießen LKRZ 2008, 68). Der einzelne Gemeindevertreter ist befugt, gegen die

Kapitel 5 Die Organe der Willensbildung in den Gemeinden

fehlerhafte Besetzung der von der Gemeindevertretung gebildeten Ausschüsse zu klagen.

1. Wahl

Werden die Mitglieder der Ausschüsse gewählt, so sind die Grundsätze der **Verhältniswahl** anzuwenden, da es sich um die Besetzung **mehrerer gleichartiger unbesoldeter Stellen** handelt (§ 55 Abs. 1 S. 1, 1.Alt., Abs. 3 und 4 HGO). Gewählt wird in einem Wahlgang schriftlich und geheim aufgrund von Wahlvorschlägen aus der Mitte der Gemeindevertretung. Für das Wahlverfahren finden die Vorschriften des KWG entsprechend Anwendung (§ 55 Abs. 4 S. 1 HGO). Ein gemeinsamer Wahlvorschlag mehrerer Fraktionen zur Sicherung der Vorabzuteilung eines weiteren Sitzes (§ 55 Abs. 3 und 4 HGO iVm § 22 Abs. 4 KWG) verstößt gegen den verfassungsrechtlich gebotenen Spiegelbildlichkeitsgrundsatz zur Sicherung der Erfolgswertgleichheit der kommunalen Wählerstimmen (BVerwG NVwZ 2010, 834). 491

Scheidet ein Mitglied aus dem Ausschuss aus, so findet **keine Nachwahl** statt, sondern der nächste noch nicht berufene Bewerber desselben Wahlvorschlages **rückt nach**. Ist der Wahlvorschlag erschöpft, bleibt der Sitz unbesetzt (vgl. Kap. 4 B IV 6). **Neu** in die Gemeindevertretung **nachrückende Gemeindevertreter** können an der Ausschusssitzung im Fall einer Wahl der Ausschussmitglieder nur dann an der Ausschussarbeit beteiligt werden, wenn der **Ausschuss aufgelöst und neu gewählt** wird, da eine Nachwahl bei Verhältniswahlen unzulässig sind (HessVGH HessVGRspr. 1980, 35 [37]).

2. Einheitsliste

Die Gemeindevertreter können sich bei der Wahl der Ausschussmitglieder auch auf einen **einheitlichen Wahlvorschlag** einigen (Einheitsliste). In einem solchen Fall ist der **einstimmige Beschluss** der Gemeindevertretung über die Annahme des Wahlvorschlags notwendig, Stimmenthaltungen sind unerheblich (§ 55 Abs. 2 HGO). 492

3. Benennung

In der Praxis hat sich die Möglichkeit, Ausschussmitglieder im **Benennungsverfahren** (§ 62 Abs. 2 HGO) zu bestimmen, gegenüber der Wahl durchgesetzt. Das Benennungsverfahren widerspricht nicht dem Spiegelbildlichkeitsprinzip, sondern setzt es auf „Fraktionsebene" um (HessVGH LKRZ 2012, 327; HessVGH Urt. v. 6.5.2008 – 8 UE 746/07). Beschließt die Gemeindevertretung, dass sich alle oder einzelne Ausschüsse nach dem **Stärkeverhältnis der Fraktionen** zusammensetzen sollen, benennen die Fraktionen – jede für sich – die Mitglieder der Ausschüsse. Dabei ist für die Sitzverteilung das für die **Verhältniswahl** anzuwendende System der mathematischen Proportion nach *Hare-Niemeyer* anzuwenden. Da sich beim Benennungsverfahren die Besetzung der Ausschüsse zwingend nach dem Stärkeverhältnis der Fraktionen bestimmt, ist es kraft Gesetzes ausgeschlossen, dass sich Fraktionen auf einen gemeinsamen Vorschlag einigen und damit die Stärkeverhältnisse der Fraktionen in den Ausschüssen verändern (BVerwG LKRZ 2010, 225). 493

Es genügt dem Minderheitenschutz, wenn Vertreter einer Gruppe gleichgesinnter Mitglieder einer Vertretungskörperschaft unterhalb der Fraktionsmindeststärke an

Ausschusssitzungen beratend ohne Stimmrecht teilnehmen können. Der Beschluss zur Durchführung des Benennungsverfahrens ist gem. § 55 Abs. 6 HGO Gegenstand eines Wahlanfechtungsverfahrens und nicht isoliert anfechtbar (HessVGH LKRZ 2012, 327).

Fraktionen sind in der Wahl ihrer Kandidaten frei; sie können auch fraktionsfremde Gemeindevertreter benennen (*Bennemann*, § 62 HGO, Rdr.38a). Wird ein Gemeindevertreter von mehreren Fraktionen benannt, so muss dieser entscheiden, wessen Benennung er annimmt. Der Vorteil des Benennungsverfahrens liegt in der **flexiblen Besetzungsmöglichkeit** der Ausschüsse, die eine rasche – ohne Auflösung und Neubildung des Ausschusses – Beteiligung von Nachrückern an der Ausschussarbeit gestattet. Die von einer Fraktion benannten Ausschussmitglieder können von dieser – auch gegen ihren Willen – **abberufen** werden. Beruft eine Fraktion einen ihrer Vertreter, der Ausschussvorsitzender ist, ab, so erlischt automatisch auch sein Mandat als Ausschussvorsitzender. Der Stellvertreter kann dann die Sitzungen wirksam bis zur Neuwahl eines Vorsitzenden leiten. Wird er ebenfalls abberufen, so lädt der Stadtverordnetenvorsteher in entsprechender Anwendung des § 62 Abs. 3 HGO zu der Sitzung ein (HessVGH HStGZ 2010, 274). Der **Ausschluss oder Austritt aus einer Fraktion allein** berührt die Rechtsstellung als Gemeindevertreter und damit die **Mitgliedschaft in einem Ausschuss** jedoch **nicht** (HessVGH HGZ 2010, 274).

494 Im Laufe der fünfjährigen Wahlzeit kann sich das ursprüngliche **Stärkeverhältnis der Fraktionen** in der Gemeindevertretung durch Fraktionsaustritte, Fraktionswechsel oder Neubildungen von Fraktionen **verändern**. Soweit sich derartige Änderungen auf die Zusammensetzung der im Benennungsverfahren zusammengesetzten Ausschüsse auswirken, muss diesen Rechnung getragen werden (§ 62 Abs. 2 S. 5 HGO). Dies bedeutet jedoch nicht die automatische Auflösung und Neubildung der Ausschüsse (*Schneider/Dreßler*, HGO, Erl. 5 zu § 62), sondern die Pflicht der Gemeindevertreter unter Beachtung der Neuerungen eine Regelung zu treffen (vgl. zu den div. Möglichkeiten *Bennemann*, § 62 HGO, .44ff.).

III. Vorsitz

495 Die Ausschussmitglieder wählen auf der konstituierenden Sitzung, zu der der Vorsitzende der Gemeindevertretung einlädt, einen **Vorsitzenden** nach den **Grundsätzen der Mehrheitswahl** aus der Mitte des Ausschusses (§ 62 Abs. 3 HGO). Das Gleiche gilt, wenn es einen **Stellvertreter** gibt, bei mehreren Stellvertretern sind die Grundsätze der Verhältniswahl zu wahren. Mit der Wahl des Vorsitzenden ist der Ausschuss handlungsfähig. Der Ausschussvorsitzende und seine Stellvertreter können gem. § 62 Abs. 5 iVm § 57 Abs. 2 HGO mit einer Mehrheit von mindestens zwei Dritteln der Ausschussmitglieder vorzeitig abberufen werden.

IV. Zuständigkeiten

496 Die Ausschüsse haben die Aufgabe, die **Beschlüsse der Gemeindevertretung vorzubereiten**, indem sie aufgrund ihrer Beratungen eine Empfehlung für die Gemeindevertretung erarbeiten. Ein eigenes **Initiativrecht steht den Ausschüssen grundsätzlich nicht zu**. Neben der beratenden Funktion können den Ausschüssen von der Gemeindevertretung – mit Ausnahme der in § 51 HGO genannten Angelegenheiten – bestimmte Angelegenheiten oder bestimmte Arten von Angelegenheiten zur endgültigen Beschlussfassung übertragen werden (§ 62 Abs. 1 S. 3 HGO). Im Rahmen der übertragenen Aufgaben können die Ausschussmitglieder auch Initiative ergreifen. Die Übertragung von Aufgaben kann jederzeit widerrufen werden.

Verletzt ein in einer delegierten Aufgabe gefasster Beschluss das Recht, hat der **Bürgermeister** gem. **§ 63 Abs. 3 HGO das Recht und die Pflicht, diesem Beschluss unverzüglich, spätestens aber innerhalb von zwei Wochen nach Beschlussfassung, zu widersprechen.** Gefährdet ein Beschluss eines Ausschusses das Gemeinwohl kann der Bürgermeister widersprechen. Der Widerspruch hat aufschiebende Wirkung. Über den Widerspruch hat gem. § 63 Abs. 3 S. 2 HGO die Gemeindevertretung zu entscheiden. Gegebenenfalls hat der Bürgermeister gegen die **Entscheidung der Gemeindevertretung** von dem ihm obliegenden **Rechtsbehelf der Beanstandung gemäß § 63 Abs. 2 HGO** Gebrauch zu machen (vgl. zum weiteren Verfahren Kap. 6 B I 8). Nach Ablauf der Widerspruchs- und Beanstandungsfristen des Bürgermeisters, ist der **Gemeindevorstand subsidiär** gemäß § 63 Abs. 4 HGO zu Widerspruch und Beanstandung verpflichtet. Hingegen haben der Bürgermeister und der Gemeindevorstand keine Befugnis, **unmittelbar gegen rechtswidrige Beschlüsse eines Ausschusses** vorzugehen, die dieser **bei der Wahrnehmung von originären Aufgaben fasst.** Allerdings ist die **Aufsichtsbehörde** berechtigt an den Sitzungen der Ausschüsse **teilzunehmen**; sie kann Beschlüsse, die das Recht verletzen **beanstanden** (§ 138 HGO).

497

V. Verfahren

Die Sitzungen der Ausschüsse sind grundsätzlich **öffentlich** (§ 62 Abs. 5 iVm § 52 HGO); Zeit, Ort und Tagesordnung sind öffentlich bekannt zu machen (§ 62 Abs. 5 iVm § 58 VI HGO). Für den Geschäftsgang des Ausschusses gelten darüber hinaus die **Vorschriften des Geschäftsgangs der Gemeindevertretung** über die Beschlussfähigkeit (§ 53 HGO), die Abstimmung (§ 54 HGO), die Wahlen (§ 55 HGO), die Aufgaben des Vorsitzenden (§ 58 Abs. 1 bis 4, Abs. 5 S. 1, Abs. 6 HGO), die Teilnahme des Gemeindevorstandes (§ 59 HGO), die Befugnisse des Vorsitzenden (§ 60) und die Fertigung einer Niederschrift (§ 61 HGO) sinngemäß. Im Übrigen wird das Verfahren und die innere Ordnung der Ausschüsse durch die **von der Gemeindevertretung zu erlassende Geschäftsordnung** geregelt. Jedes Ausschussmitglied kann sich im Einzelfall durch einen anderen Gemeindevertreter vertreten lassen, den es selbst bestimmt. Dabei muss sich eine **Vertretung** auf Verhinderungsfälle aus tatsächlichen Gründen beschränken; eine Teilverhinderung, etwa wegen des Vorliegens eines Interessenwiderstreits bei einem Tagesordnungspunkt wird von § 62 Abs. 2 S. 3 HGO nicht erfasst (so auch *Franke*, Die hessischen kommunalen Ausschüsse zwischen kommunalverfassungsrechtlicher Stellung und kommunaler Praxis, S. 98f.).

498

VI. Teilnahmeberechtigte und Teilnahmeverpflichtete

Der **Vorsitzende der Gemeindevertretung** und seine **Stellvertreter** sind berechtigt, an allen Ausschüssen mit beratender Stimme teilzunehmen (§ 62 Abs. 4 S. 1 HGO). Auch **Fraktionen**, auf die bei der Besetzung des Ausschusses **kein Sitz** gefallen ist, sind berechtigt für diesen Ausschuss einen Gemeindevertreter mit beratender Stimme zu entsenden, sog. **Minderheitenvertreter**. **Sonstige Gemeindevertreter** sind berechtigt, als **Zuhörer** teilzunehmen; das bezieht sich auch auf nichtöffentliche Sit-

499

zungen. Zwar ist der **Gemeindevorstand** verpflichtet, an den Sitzungen teilzunehmen, es reicht aber im Regelfall aus, dass er sich durch ein in der Sache kundiges und für den entsprechenden Aufgabenbereich zuständiges Mitglied des Gemeindevorstandes vertreten lässt. Tritt allerdings die Entscheidung eines Ausschusses an die Stelle einer Entscheidung der Gemeindevertretung – im Fall der Aufgabendelegation – ist der gesamte Gemeindevorstand zu Anwesenheit verpflichtet (§ 62 Abs. 5 iVm § 59 HGO).

500 Die Ausschüsse sind berechtigt, durch Mehrheitsbeschluss, **Vertreter** der von ihrer Entscheidung vorwiegend **betroffenen Bevölkerungsgruppe** und **Sachverständige** zu den Beratungen hinzuziehen (Hess VGH ESVGH 27, 105 [107]), die jedoch nicht Mitglied des Ausschusses werden, also **kein Stimmrecht** ausüben können. Sinn und Zweck der Regelung des § 62 Abs. 6 HGO ist die Möglichkeit für Gemeindevertreter sich **partiell sachkundigen Rat** einholen zu können. Eine Festlegung auf bestimmte Personen, die vorsorglich zu allen Sitzungen geladen werden (Vereinsvorsitzende, Kinderbeauftragte, Ausländerbeauftragte, Fahrradbeauftragte) ist zulässig, jedoch dürfen diesen Personen **keine mitgliedschaftsähnlichen Rechte** eingeräumt werden, wie etwa ein Rederecht zu allen Verhandlungsgegenständen (Hess VGH NVwZ 1989, 390). § 62 Abs. 6 HGO rechtfertigt daher eine **ständige Hinzuziehung Einzelner zur Beratung** nicht.

501 In der Geschäftsordnung der Gemeindevertretung können jedoch Regelungen über die **Beteiligung von Kindern und Jugendlichen** in den Ausschüssen in ihrer Funktion als Vertreter von Kinder- und Jugendinitiativen getroffen werden. Ihnen können **Anhörungs-, Vorschlags- und Redemöglichkeiten** eingeräumt werden (§ 8c HGO). Entsprechende Regelungen können auch für **Vertreter von Beiräten, Kommissionen und Sachverständige** getroffen werden. Insoweit geht also § 8c HGO über die Regelungen des § 62 Abs. 6 HGO hinaus, der nur eine partielle Beteiligung Sachverständiger rechtfertigt. Die von der Gemeindevertretung getroffenen Regelungen müssen sich allerdings im Rahmen des geltenden Rechts bewegen (BVerfG NJW 1990, 373; HessVGH NVwZ 1991, 1105 [1106]; OVG Lüneburg HSGZ 1987, 67). Daneben können **Vertreter der Aufsichtsbehörde** an den Sitzungen der Ausschüsse teilnehmen (§ 137 S. 2 HGO).

Literatur: *Franke*, Die Hessischen kommunalen Ausschüsse zwischen kommunalverfassungsrechtlicher Stellung und kommunaler Praxis; *Kümpel*, Ausschusspartipation von kommunalen Fraktionen, KommJur 2017, 325.

E. Ortsbeirat

502 Die Schaffung von Ortsbeiräten verfolgt – speziell nach der Gebietsreform – das Ziel, **eine bürgernahe Erfüllung kommunaler Aufgaben** in Großgemeinden und Städten zu gewährleisten und das **gewachsene Gemeinschaftslebens in den Ortsbezirken** zu fördern. Die Einrichtung von Ortsbeiräten soll den Bürgern eine eigenverantwortliche Mitwirkung an der kommunalen Selbstverwaltung ermöglichen und örtliche Sonderinteressen hervorheben und wahren (*Foerstemann*, Die Gemeindeorgane, S. 219, .1).

I. Schaffung von Ortsbezirken und Ortsbeiräten

503 Die **Bildung von Ortsbezirken** und die damit zwingend verbundene Einrichtung von Ortsbeiräten (§ 81 Abs. 1 S. 2 HGO) steht im **Ermessen der Gemeindevertretung**.

Es ist auch nicht erforderlich, das gesamte Gemeindegebiet in Ortsbezirke einzuteilen; bestehende örtliche Gemeinschaften sollen allerdings Berücksichtigung finden. Folglich sollte auch ein früheres Gemeinwesen, das einmal eine selbstständige Gemeinde gebildet hat, nicht auseinander gerissen werden. Die Bildung von Ortsbezirken und die Einrichtung von Ortsbeiräten ist in der **Hauptsatzung** zu regeln (§ 81 Abs. 1 S. 3 HGO). Die erstmalige Einrichtung eines Ortsbeirates kann auch Gegenstand einer **Grenzänderungsvereinbarung** (§ 18 Abs. 1 S. 1 HGO) bei einem Gemeindezusammenschluss oder einer Gemeindeeingliederung sein (§ 81 Abs. 1 S. 4 HGO). Darüber hinaus verpflichtet eine solche Vereinbarung die künftige Gemeindevertretung, die Einrichtung eines Ortsbeirates in der Hauptsatzung der neuen Gemeinde zu regeln.

Die **Ortsbezirksgrenzen** können frühestens zum Ende der Wahlzeit geändert werden und ein Ortsbeirat frühestens zu diesem Zeitpunkt aufgehoben werden. Der **Aufhebungsbeschluss** bedarf der Mehrheit von mindestens zwei Dritteln der gesetzlichen Zahl der Gemeindevertretung; einer Zustimmung des Ortsbeirats bedarf es nicht (§ 81 Abs. 2 S. 2 HGO). Die Bestimmung des **§ 6 Abs. 2 S. 2 HGO**, wonach im letzten Jahr der Wahlzeit der Gemeindevertretung keine wesentliche Änderung der Hauptsatzung mehr vorgenommen werden sollen, findet auf die Einrichtung und Aufhebung von Ortsbezirken **keine Anwendung**. Die Einrichtung und Aufhebung von Ortsbezirken und Ortsbeiräten sind daher notwendigerweise Gegenstand der Überlegungen im Vorfeld einer Kommunalwahl, um die Voraussetzungen für deren Einrichtung oder Aufhebung zu schaffen. **504**

Die **Zahl der Ortsbeiratsmitglieder** ist in der **Hauptsatzung** zu regeln und muss sich zwischen **mindestens drei und höchstens neun** Mitgliedern bewegen; in Ortsbezirken mit **mehr als 8000 Einwohnern** können es **höchstens neunzehn Mitglieder** sein (§ 82 Abs. 1 S. 3 HGO). Innerhalb der vom Gesetzgeber gezogenen Grenzen hat die Gemeindevertretung Ermessen. Eine Erhöhung oder Verminderung der Anzahl der Ortsbeiratsmitglieder aufgrund einer Hauptsatzungsänderung kommt aber immer nur für die folgende Wahlperiode in Betracht (VG Darmstadt Urt. v. 16.6.1978 – III E 68/78, zit. nach *Schneider/Dreßler*, HGO, Erl.2 zu § 82, .7). Entsprechend dem Verfassungsgrundsatz der Unmittelbarkeit des Stimmrechts (Art. 73 Abs. 2 HV) müssen **Mandatsverteilung**, Verlust und Nachfolge des Mandates **nach den am Wahltag geltenden Normen vollzogen werden** (HessStGH NJW 1977, 2065). **505**

II. Wahl der Ortsbeiräte

Die Mitglieder des Ortsbeirates werden **von den Bürgern des Ortsbezirkes** gleichzeitig mit den Gemeindevertretern **für die Wahlzeit der Gemeindevertretung gewählt**. Die für die Wahl der Gemeindevertretung maßgeblichen Vorschriften gelten sinngemäß mit der Maßgabe, dass die Wahlorgane für die Gemeindevertretung auch für die Wahl der Ortsbeiratsmitglieder zuständig sind und über die **Gültigkeit der Wahl die neu gewählte Gemeindevertretung entscheidet** (§ 82 Abs. 1 HGO). Die Voraussetzungen für das **aktive und passive Wahlrecht** richten sich nach dem **Wohnsitz in dem betreffenden Ortsbezirk** (§§ 30 Abs. 1 S. 1 Nr. 3, 32 Abs. 1 S. 1, 1.Hs. HGO). Die Meldebehörden sind nach dem Bundesmeldegesetz (BMG) für die ihrem Zuständigkeitsbereich wohnhaften Personen (Einwohner) verpflichtet ein Melderegister zu führen. Liegen der Meldebehörde bezüglich einer oder mehreren namentlich benannten Personen Anhaltspunkte für die Unrichtigkeit oder Unvollständigkeit des Melderegisters vor, hat sie den Sachverhalt von Amts wegen zu ermit- **506** teln. Ist das Melderegister unvollständig oder unrichtig haben die Meldebehörden es von Amts wegen zu ergänzen oder zu berichtigen VG Frankfurt, Urt.v. 19.6.2018, Az.6 K 9114/17.F). Macht eine meldepflichtige zur Wahl stehende Person unrichtige Angabe zum Wohnsitz, kann dies zu einem Ermittlungsverfahren wegen Fälschung von Wahlunterlagen führen ($ 107b StGB).

Verlegt demnach jemand während der letzten drei Monate vor der Kommunalwahl seinen Wohnsitz in einen anderen Ortsbezirk derselben Gemeinde, so verliert er sein Wahlrecht für die Ortsbeiratswahl, behält jedoch sein Stimmrecht für die Gemeindevertretung der Gemeinde. Entsprechend muss ein Ortsbeiratsmitglied, das seinen Wohnsitz während der Wahlzeit in einen anderen Ortsbezirk verlegt, aus dem Ortsbeirat ausscheiden (§ 33 Abs. 1 Nr. 2, Abs. 3 Nr. 2 KWG).

507 Die **Wahlvorschläge für die Wahl des Ortsbeirates** werden grundsätzlich in einer **Mitglieder- oder Delegiertenversammlung im Wahlkreis**, also im Ortsbezirk aufgestellt (§ 81 Abs. 1 HGO). An der Aufstellung der Bewerber dürfen sich folglich nur Personen beteiligen, die Mitglieder der Partei oder Wählergruppe im Wahlkreis sind (nicht also alle Bürger, VG Wiesbaden HSGZ 1995, 499). Deckt sich die örtliche Gliederung der Partei oder Wählergruppe nicht mit der Abgrenzung des Wahlkreises, sind Mitglieder im Wahlkreis nur solche Personen, die im Wahlkreis wohnen. § 12 Abs. 2 KWG lässt jedoch für die Aufstellung der Bewerber für die Wahl zum Ortsbeirat **ausnahmsweise** deren **Aufstellung durch die Mitglieder- oder Delegiertenversammlung der Partei oder Wählergruppe auf Gemeindeebene** zu. Eine Anwendung dieser Ausnahmeregelung kommt insbesondere dann in Betracht, wenn die betreffende Partei oder Wählergruppe im Ortsbezirk keine organisatorische Gliederung hat und dort nur eine geringe Mitgliederzahl vorhanden ist (*Schneider/Dreßler*, HGO, Erl.1 zu § 82, .4). Abstimmungsberechtigt sind dann alle anwesenden Mitglieder der Partei oder Wählergruppe in der Gemeinde; als Bewerber können aber nur diejenigen aufgestellt werden, die in den betreffenden Ortsbezirken seit mindestens sechs Monaten ihren Wohnsitz haben. Gemäß § 82 Abs. 1 S. 4 HGO finden die Vorschriften der §§ 37, 65 Abs. 2 HGO, die auf dem der hessischen Magistratsverfassung eigenen **Grundsatz der Unvereinbarkeit von Amt und Mandat** beruhen, sinngemäß Anwendung. Die zeitgleiche **Bewerbung** um ein **Mandat als Gemeindevertreter und als Ortsbeiratsmitglied** sowie deren Annahme ist **zulässig**.

Eine Wahl findet jedoch nicht statt, wenn **keine Wahlvorschläge** eingereicht oder zugelassen werden. Dies gilt auch, wenn weniger Bewerber zur Wahl zugelassen werden, als Sitze zu verteilen sind. In diesen Fällen **entfällt die Einrichtung eines Ortsbeirats** für die Dauer der nachfolgenden Wahlzeit (§ 82 Abs. 1 S. 5 HGO).

III. Rechtsstellung der Ortsbeiratsmitglieder

508 Die unmittelbar gewählten **Mitglieder des Ortsbeirates** sind nach § 82 Abs. 2 HGO – wie die Gemeindevertreter (§ 35 Abs. 2 HGO) – **ehrenamtlich Tätige iSd §§ 24 bis 26 und des § 27 HGO**. Die Regelung des § 25 HGO über den **Widerstreit der Interessen** gilt für **alle vom Ortsbeirat wahrzunehmenden Aufgaben**, also für die ihm zur endgültigen Entscheidung übertragenen Aufgaben (§ 82 Abs. 4 HGO) genauso wie für die, bei denen der Ortsbeirat im Rahmen seines Anhörungs- oder Vorschlagsrechts (§ 82 Abs. 3 HGO) nur vorbereitend tätig wird. Die Entscheidung über das Vorliegen einer Interessenkollision trifft gem. § 82 Abs. 2 iVm § 25 Abs. 3 HGO der Ortsbeirat selbst. Ferner gelten für die Mitglieder des Ortsbeirates der **Grund-

satz des freien Mandates (§ 35 Abs. 1 HGO) und die Vorschrift des § 35a HGO über die **Sicherung der Mandatsausübung** entsprechend.

IV. Zuständigkeiten und Aufgaben

Zu den **Aufgaben des Ortsbeirates** gehören die ihm **unmittelbar kraft Gesetzes obliegenden Rechte und Pflichten** sowie diejenigen, die auf ihn **von der Gemeindevertretung delegiert** worden sind. 509

1. Anhörung

Das gesetzlich normierte Anhörungsrecht des Ortsbeirates umfasst das **Recht zur Anhörung bei allen wichtigen Angelegenheiten**, die den **Ortsbezirk** betreffen (§ 82 Abs. 3 HGO). Zwar bezeichnet § 82 Abs. 3 HGO ausdrücklich die Anhörung zum Haushaltsplan als wichtige Angelegenheit; eine weitere Aufzählung von wichtigen Angelegenheiten – für die sich der Gesetzgeber im Falle der Gemeindevertretung (§ 51 HGO) entschieden hat – enthält § 82 HGO aber nicht. Unter einer Angelegenheit, die den Ortsbezirk betrifft, ist ein Gegenstand zu verstehen, der diesen **nicht nur als Teil der Gemeinde insgesamt** berührt, **sondern seine Sonderinteressen** trifft (HessVGH ESVGH 27, 111 [116]; 28, 16 [19f.]; 31, 15 [21f.]). Der **Hessische VGH** hat sich für eine **weite Auslegung** des Begriffs „wichtige Angelegenheiten" ausgesprochen, um die Erreichung des Zwecks der Anhörungspflicht, die ausreichende Vertretung von Sonderinteressen des Ortsbezirkes und eine bürgernahe Verwaltung bestmöglich zu gewährleisten (HessVGH ESVGH 28, 16 [20]; vgl. auch OVG Rh.-Pf. KP SW 1998, 70). **Anhaltspunkte für die Wichtigkeit einer Angelegenheit** sind demnach deren **Regelung durch Satzung, ihre Adressierung an einen unbestimmten Personenkreis, die mangelnde Befristung der Regelung, der Eingriff in die Rechtssphäre der Bürger sowie die Berührung von Interessen der Allgemeinheit** (HessVGH ESVGH 28, 16 [21]). 510

Beispiele: Änderung der Ortsbezirksgrenzen, Entwürfe von Bebauungsplänen, Standortfragen für öffentliche Einrichtungen (zB Schulen, Kindertagesstätten, Alten- und Jugendclubs, Spiel-, Sport-, Grün- und Erholungsanlagen), Investitionsplanungen zu Objekten des Ortsteiles, Straßenbenennungen, Änderungen in der Verkehrsführung, Vorschläge für die Besetzung des Ortsgerichtes, Bürgerversammlungen (HessVGH ESVGH 27, 111 [115]).

Die **Form der Anhörung** schreibt das Gesetz nicht vor, sie kann daher schriftlich oder mündlich in einer Sitzung der Gemeindevertretung, der Ausschüsse oder des Gemeindevorstandes erfolgen. Von wesentlicher Bedeutung ist der **Zeitpunkt** der Anhörung. Dem Gesetzeszweck wird nur Genüge getan, wenn die Gelegenheit zur Stellungnahme so rechtzeitig gegeben wird, dass diese noch in den Beratungs- und Willensbildungsprozess des zuständigen Organs einfließen kann (*Schneider/Dreßler*, HGO, Erl.4 zu § 82, .14). Die Gemeindevertretung kann dem Ortsbeirat in ihrer Geschäftsordnung eine angemessene **Ausschlussfrist** zur Wahrnehmung der Stellungnahme setzen. Diese muss aber so bemessen sein, dass dem Ortsbeirat ausreichend Zeit für eine Willensbildung bleibt, insbesondere muss die Vorbereitung, Einberufung und Durchführung einer Sitzung des Ortsbeirates noch möglich sein. Für das ordnungsgemäße Verfahren kommt es aber nicht darauf an, dass der Ortsbeirat tatsächlich eine Stellungnahme abgegeben hat. Es genügt vielmehr, dass er **ausreichend Gelegenheit zur Stellungnahme** erhalten hat. Das Anhörungsrecht hindert 511 die Gemeindevertretung auch nicht daran, von einem dem Ortsbeirat vorgelegten Magistratsvorschlag nach Anhörung des Ortsbeirates abzuweichen.

512 Zwar verleiht das Anhörungsrecht dem Ortsbeirat **keine Rechtsposition**, die ihn dazu befugt, **andere Gemeindeorgane zu einer bestimmten verfahrensrechtlichen Behandlung der Angelegenheit zu verpflichten.** Das Anhörungsrecht umfasst jedoch einen **Informationsanspruch des Ortsbeirates**, der je nach den Umständen des Einzelfalles auch das Recht beinhaltet, **Einsicht in bereits eingeholte Sachverständigengutachten und Stellungnahmen anderer Behörden** oder Dienststellen zu nehmen, unabhängig davon, ob diese Unterlagen dem Ortsbeirat von Amts wegen zuzuleiten oder ihm wegen eines besonderen Antrages zugänglich zu machen sind (HessVGH NVwZ 1987, 919).

513 Eine **Verletzung des Anhörungsrechts** stellt einen wesentlichen Verfahrensfehler dar, der zur Rechtswidrigkeit gefasster Entscheidungen und zur Ungültigkeit von Satzungen führt (HessVGH ESVGH 28, 16). Nach **§ 5 Abs. 4 HGO** ist neben anderen Verfahrensfehlern für die **Rechtswirksamkeit von Satzungen** eine **Verletzung der Anhörungspflicht** aus § 82 Abs. 3 HGO jedoch dann **unbeachtlich**, wenn sie nicht innerhalb von sechs Monaten nach der öffentlichen Bekanntmachung der Satzung schriftlich unter Bezeichnung der Tatsachen, die eine Rechtsverletzung begründen können, gegenüber der Gemeinde geltend gemacht worden ist; es sei denn, dass der **Bürgermeister oder der Gemeindevorstand** dem Satzungsbeschluss wegen des Anhörungsfehlers widersprochen hat (§ 63 HGO) oder die **Aufsichtsbehörde** ihn deswegen beanstandet hat (§ 138 HGO).

514 Das Anhörungsrecht steht dem Ortsbeirat in seiner **Gesamtheit** und nicht seinen einzelnen Mitgliedern zu. Der Ortsbeirat ist als Träger eigener Rechte **beteiligtenfähig** (§ 61 Nr. 2 VwGO) und kann daher die Verletzung des Anhörungsrechts im Wege eines **kommunalen Verfassungsstreitverfahrens** gegenüber anderen Organen der Gemeinde selbstständig geltend machen (HessVGH NVwZ 1987, 919); bei Vorliegen der sonstigen Voraussetzungen kann er auch **einstweiligen Rechtsschutz** suchen. Die **Vertretung des Ortsbeirates** kann – mangels eines Verweises auf § 58 Abs. 7 in § 82 Abs. 6 HGO – im Einzelfall vom Ortsbeirat selbst, zB durch Beauftragung des Ortsvorstehers, oder allgemein durch die Geschäftsordnung der Ortsbeiräte geregelt werden.

2. Vorschlagsrecht

515 Dem Ortsbeirat steht in **allen Angelegenheiten**, die den **Ortsbezirk angehen**, ein **Vorschlagsrecht** zu (§ 82 Abs. 3 HGO). Im Gegensatz zum Anhörungsrecht muss es sich hierzu nicht um eine wichtige Angelegenheit handeln.

Beispiele: Aufstellen von Parkbänken, Einrichtung eines Fußgängerüberweges, Reinigung eines Kinderspielplatzes.

516 Die Vorschläge des Ortsbeirates sind in dem Gemeindeorgan zu behandeln, das dafür sachlich zuständig ist. Um eine sachgerechte Behandlung der Vorschläge zu gewährleisten, sollten Einzelheiten der Verfahrensweise in der **Geschäftsordnung der Gemeindevertretung und des Gemeindevorstandes** geregelt werden.

3. Pflicht zur Stellungnahme

Der Ortsbeirat hat zu denjenigen Fragen **Stellung zu nehmen**, die ihm von der Gemeindevertretung oder dem Gemeindevorstand vorgelegt werden (§ 82 Abs. 3 S. 3 HGO). Das **Fragerecht** bezieht sich auf alle nur denkbaren Angelegenheiten, ohne dass eine unmittelbare Beziehung zu den Interessen des Ortsbeirates vorliegen muss (*Schneider/Dreßler*, HGO, Erl.4.3 zu § 82, .16). Aus der Beschränkung seiner Aufgaben ergibt sich jedoch, dass die **Pflicht zur Äußerung** nur für die Angelegenheiten bestehen kann, die den Ortsbeirat angehen.

Beispiele: Straßenbenennung, Erschließungsbeitragssatzung, Schließung einer öffentlichen Einrichtung.

Der Verpflichtung des Ortsbeirates steht im Fall seiner Untätigkeit jedoch **kein Mittel zur rechtlichen Durchsetzung** gegenüber.

517

4. Aufgabendelegation

Die **Gemeindevertretung** kann dem Ortsbeirat **unbeschadet des § 51 HGO** und nach Maßgabe des § 62 Abs. 1 S. 3 HGO **bestimmte Angelegenheiten oder bestimmte Arten von Angelegenheiten widerruflich zur endgültigen Entscheidung übertragen**, wenn dadurch die Einheit der Verwaltung der Gemeinde nicht gefährdet wird (§ 82 Abs. 4 S. 1 HGO). Die zu übertragenden Angelegenheiten müssen nach typischen gegenständlichen Merkmalen festgelegt werden; eine wertmäßige Bestimmung genügt diesem Erfordernis nicht (HessVGH HessVGRspr. 1977, 75). Übertragbar sind jedoch nur die Aufgaben für die die Gemeindevertretung zuständig ist, nicht also Aufgaben der laufenden Verwaltung, die in den Zuständigkeitsbereich des Gemeindevorstandes fallen oder solche, für die der Bürgermeister als Ortspolizeibehörde zuständig ist.

Beispiele: Benennung von Straßen und Plätzen, Standorte von Kultur- und Sozialeinrichtungen, Standort und Gestaltungsfragen von öffentlichen Sport-, Spiel- und Grünanlagen, Renaturierung von Bächen, Schulhofgestaltung, Verkehrsberuhigungsmaßnahmen, Förderung der im Ortsbezirk ansässigen Vereine.

518

Macht die Gemeindevertretung von der **Möglichkeit der Aufgabendelegation** Gebrauch, so nimmt der Ortsbeirat die Stellung eines beschließenden Ausschusses nach § 62 Abs. 1 S. 3 HGO ein. Folglich hat der **Bürgermeister** gem. § 82 Abs. 6 S. 1 iVm § 63 Abs. 3 HGO das Recht und die Pflicht, einem Beschluss des Ortsbeirats, **der das Recht verletzt, unverzüglich, spätestens aber innerhalb von zwei Wochen nach Beschlussfassung zu widersprechen**. Gefährdet ein Beschluss des Ortsbeirats das Gemeinwohl kann der Bürgermeister widersprechen. Der Widerspruch hat aufschiebende Wirkung. Über den Widerspruch hat gem. § 63 Abs. 3 S. 2 HGO die Gemeindevertretung zu entscheiden. Gegen die **Entscheidung der Gemeindevertretung** hat der Bürgermeister gegebenenfalls von dem ihm obliegenden **Rechtsbehelf der Beanstandung gemäß § 63 Abs. 2 HGO** Gebrauch zu machen (vgl. zum weiteren Verfahren Kap. 6 B I 8). Nach Ablauf der Widerspruchs- und Beanstandungsfristen des Bürgermeisters, ist der **Gemeindevorstand subsidiär** gemäß § 63 Abs. 4 HGO zu Widerspruch und Beanstandung verpflichtet. Hingegen hat der Bürgermeister keine Befugnis, **unmittelbar gegen rechtswidrige Beschlüsse des Ortsbeirates** vorzugehen, die dieser **bei der Wahrnehmung von originären Aufgaben fasst**. Allerdings ist die **Aufsichtsbehörde** berechtigt an den Sitzungen des Ortsbeirates **teilzunehmen**; sie kann Beschlüsse, die das Recht verletzen **beanstanden** (§ 138 HGO).

519

V. Verfahren und Geschäftsordnung

520 Der Ortsbeirat wählt in seiner **konstituierenden Sitzung** – binnen sechs Wochen nach Beginn der Wahlzeit – aus seiner Mitte nach den Grundsätzen der Mehrheitswahl in getrennten Wahlgängen einen **Vorsitzenden (Ortsvorsteher)** und einen oder mehrere **Stellvertreter** (§ 82 Abs. 5 HGO). Wird ein **Ortsbeirat neu eingerichtet, lädt der Bürgermeister zur ersten Sitzung nach der Wahl** ein. Nach der Eröffnung durch den Bürgermeister und der Feststellung des an Jahren ältesten Mitglieds übernimmt der Altersvorsitzende die Leitung der Sitzung bis zur Wahl des Ortsvorstehers (§ 82 Abs. 6 S. 2 iVm § 56 Abs. 2 und § 57 Abs. 1 S. 3 HGO).

Zur **konstituierenden Sitzung eines bereits vorhandenen Ortsbeirats lädt der bisherige Ortsvorsteher** ein, der seine Aufgabe nach der Kommunalwahl bis zur Neuwahl eines Nachfolgers weiterzuführen hat (§ 82 Abs. 5 S. 3 HGO). Kandidiert der bisherige Ortsvorsteher erneut für den Vorsitz, scheidet er während des Wahlverfahrens als Leiter der Sitzung wegen möglicher Interessenkollision (§ 25 Abs. 1 Nr. 1 iVm Abs. 2 HGO) aus. Zwar sieht das Gesetz für diesen Fall keine Regelung vor; es ist jedoch sachgerecht das an Jahren älteste Mitglied während der Dauer der Wahl des Ortsvorstehers die Sitzung leiten zu lassen. Ebenso wenig regelt das Gesetz, wie zu verfahren ist, wenn während der Wahlzeit, etwa durch Rücktritt oder Tod weder Ortsvorsteher noch Stellvertreter zur Verfügung stehen. Da diese Situation vergleichbar mit der erstmaligen Einrichtung eines Ortsbeirates ist, bietet sich auch hier eine entsprechende Anwendung des § 82 Abs. 6 S. 2 iVm § 56 Abs. 2 und § 57 Abs. 1 S. 3 HGO an. Andererseits besteht jedoch auch die Möglichkeit der Verneinung einer für eine analoge Anwendung erforderlichen Regelungslücke, da das Gesetz die Möglichkeit der **Berufung eines Beauftragten** durch die Aufsichtsbehörde (§ 141 HGO) vorsieht.

521 Die **Aufgaben, Befugnisse und Pflichten des Ortsvorstehers** entsprechen weitgehend denen des Vorsitzenden der Gemeindevertretung (§ 82 Abs. 6 iVm § 58 Abs. 1 bis 6 HGO). Ebenso gleicht der **Geschäftsgang des Ortsbeirates** im Wesentlichen demjenigen der Gemeindevertretung (§ 82 Abs. 6 HGO). Um eine einheitliche Handhabung in allen Ortsbeiräten einer Gemeinde zu gewährleisten, bleibt das Verfahren und die innere Ordnung der Ortsbeiräte der Regelung durch die **Geschäftsordnung der Gemeindevertretung** vorbehalten (§ 82 Abs. 6 S. 1 iVm § 62 Abs. 5 S. 2 HGO). Die Gemeindevertretung kann aber auch eine für alle Ortsbeiräte einheitlich geltende Geschäftsordnung beschließen.

522 **Gemeindevertreter**, die dem Ortsbeirat nicht als Mitglieder angehören, aber in dem **Ortsbezirk wohnen**, können an den Sitzungen des Ortsbeirates mit **beratender Stimme** teilnehmen (§ 82 Abs. 1 S. 6 HGO). Dem Ortsbeirat ist es auch möglich **Interessenvertreter und Sachverständige** zu den Beratungen hinzuziehen (§ 82 Abs. 6 S. 1 iVm § 62 Abs. 5 S. 2 HGO). Eine Festlegung auf bestimmte Personen, die vorsorglich zu allen Sitzungen geladen werden (Vereinsvorsitzende, Kinderbeauftragte, Ausländerbeauftragte, Fahrradbeauftragte) ist zulässig, jedoch dürfen diesen Personen **keine mitgliedschaftsähnlichen Rechte** eingeräumt werden, wie etwa ein Rederecht zu allen Verhandlungsgegenständen (HessVGH NVwZ 1989, 390).

523 In der Geschäftsordnung des Ortsbeirats können jedoch Regelungen über die **Beteiligung von Kindern und Jugendlichen** in den Ortsbeiräten in ihrer Funktion als Vertreter von Kinder- und Jugendinitiativen getroffen werden. Ihnen können **Anhörungs-, Vorschlags- und Redemöglichkeiten** eingeräumt werden (§ 8c HGO). Entsprechende Regelungen können auch für **Vertreter von Beiräten, Kommissionen und Sachverständige** getroffen werden. Insoweit geht § 8c HGO über die Regelun-

Kapitel **5** Die Organe der Willensbildung in den Gemeinden 227

gen des § 82 Abs. 6 iVm 62 Abs. 6 HGO hinaus, der nur eine partielle Beteiligung Sachverständiger rechtfertigt. Die von der Gemeindevertretung getroffenen Regelungen müssen sich allerdings im Rahmen des geltenden Rechts bewegen (BVerfG NJW 1990, 373; HessVGH NVwZ 1991, 1105 [1106]; OVG Lüneburg HSGZ 1987, 67).

Der **Gemeindevorstand** ist nicht verpflichtet, aber berechtigt, an den Sitzungen des Ortsbeirates teilzunehmen (§ 82 Abs. 7 HGO). Macht er von seinem **Teilnahmerecht** Gebrauch, muss er jederzeit zum Verhandlungsgegenstand gehört werden und ist verpflichtet, dem Ortsbeirat Auskünfte zu den Tagesordnungspunkten zu erteilen.

Literatur: *Foerstemann*, Geschäftsordnungen für Gemeindevertretung, Ausschüsse und Ortsbeiräte in Hessen.

VI. Leitung einer Außenstelle

In den Ortsbezirken können Außenstellen der Verwaltung eingerichtet werden (§ 82 **524** Abs. 5 HGO). Über die Einrichtung einer Außenstelle entscheidet der Bürgermeister als Verwaltungsleiter. Die Leitung der Außenstelle kann dem **Ortsvorsteher** übertragen werden (§ 82 Abs. 5 S. 4 HGO). Zuständig für dessen Berufung ist der Gemeindevorstand (HessVGH ESVGH 32, 225 [228]). In einem solchen Fall ist der Ortsvorsteher zum **Ehrenbeamten** (§ 21 HGO) zu ernennen und berechtigt, das gemeindliche Dienstsiegel zu führen. In der Funktion des Außenstellenleiters kann der Ortsvorsteher von einem Gemeindebediensteten vertreten werden, nicht aber von seinem Stellvertreter im Ortsbeirat, da dieser nicht zum Ehrenbeamten berufen ist. Zweckmäßigerweise sind die **Aufgaben des Ortsvorstehers als Außenstellenleiter** in einer Dienstanweisung zu umfassen.

Beispiele: Vermittlung zwischen den Ortsbürgern und der Gemeindeverwaltung, Entgegennahme von Rentenanträgen, Ausstellung von Lebensbescheinigungen für Versicherungszwecke, Entgegennahme von An- und Abmeldungen im Rahmen des Meldewesens und Anträgen zur Ausstellung eines Personalausweises sowie deren Aushändigung, Entgegennahme und Mitwirkung bei der Überprüfung von Anträgen im Sozialbereich, Meldung beabsichtigter Ehrungen von Ortsbürgern, Meldung von Mängeln an die Gemeindeverwaltung und Durchführung von Zählungen (*Schneider/Dreßler*, HGO, Erl.5 zu § 82, .29).

Für eine Regelung in einer Satzung, durch die dem Gemeindevorstand aufgegeben wird, die Ortsvorsteher zu ermächtigen, Aufträge an Dritte zu vergeben, fehlt eine gesetzliche Grundlage (HessVGH ESVGH 32, 225).

VII. Finanzierung

Dem Ortsbeirat sind die zur **Erledigung seiner Aufgaben erforderlichen Mittel** zur **525** Verfügung zu stellen (§ 82 Abs. 4 S. 2 HGO). Die entsprechenden Ansätze, aus denen der Gemeindevorstand die anfallenden Kosten zu begleichen hat, sind im **Haushaltsplan** zu schaffen; die Einrichtung eines Verfügungsfonds für den Ortsvorsteher ist nicht zulässig (§ 11 GemHVO). Trotz der Stellung des § 82 Abs. 4 S. 2 HGO bezieht sich die Verpflichtung nicht nur auf die Wahrnehmung übertragener Aufgaben durch den Ortsbeirat, sondern nach Sinn und Wortlaut gilt sie für alle vom Ortsbeirat wahrzunehmenden Aufgaben.

Literatur: *Foerstemann*, Geschäftsordnungen für Gemeindevertretung, Ausschüsse und Ortsbeiräte in Hessen; *Böcher/Schardt*, Der Ortsbeirat, 8.Aufl., 1997.

Schaubild 8: Widerspruchsverfahren bei delegierten Aufgaben (§ 63 Abs. 3 und 4 HGO)

Bürgermeister/in (BM) gegen den Beschluss des Ausschusses bzw. des Ortsbeirates

Widerspruch des BM im Falle eines Beschlusses eines Ausschusses gem. § 63 Abs. 3 i.V.m. § 62 Abs. 1 Satz 3 HGO.
Widerspruch des BM im Falle eines Beschlusses eines Ortsbeirates gem. § 82 Abs. 6 Satz 1, Abs. 4 Satz1 i.V.m. §§ 63 Abs. 3, 62 Abs. 1 Satz 3 HGO.

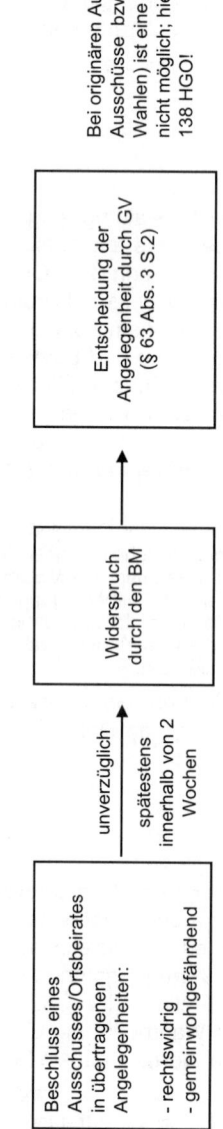

1.4.   2.4.-15.4.   subsidiär Widerspruch durch den Gemeindevorstand (§ 63 Abs.4 S.1) !

- Kein Anspruch der Bürger auf Einschreiten des Bürgermeisters oder des Gemeindevorstandes
- Der Bürgermeister und der Gemeindevorstand sind zum Vorgehen nach den § 63 HGO verpflichtet, sonst begehen sie ein Dienstvergehen i.S.d. § 47 Abs. 1 BeamtStG
- Unberührt bleibt § 138 HGO, die Aufsichtsbehörde kann jederzeit beanstanden (kein Subsidiaritätsprinzip)
- Bei dem Widerspruchs- und Beanstandungsverfahren nach § 63 HGO handelt es sich nicht um ein Kommunalverfassungsstreitverfahren

F. Ausländerbeirat

Schon vor der Verankerung einer Einrichtungspflicht von **Ausländerbeiräten** in der HGO im Jahre 1993 hatten zahlreiche hessische Gemeinden mit hohem Ausländeranteil **kraft ihrer Organisationshoheit** Ausländervertretungen auf der **Grundlage von kommunalen Satzungen** freiwillig geschaffen. Die teilweise mitgliedschaftsähnlich ausgestalteten Mitwirkungsrechte konnten jedoch ohne rechtliche Grundlage nicht wirksam begründet werden (HessVGH HSGZ 1989, 253). Mit der in den §§ 84ff. HGO vorgenommenen Ergänzung erfuhr die Schaffung kommunaler Ausländerbeiräte eine gesetzliche Grundlage und zugleich eine abschließende Regelung für Einrichtung, Verfahren und Mitwirkungsbefugnisse. 526

I. Schaffung von Ausländerbeiräten

Nach § 84 Abs. 1 HGO besteht für **Gemeinden mit mehr als eintausend gemeldeten ausländischen Einwohnern** eine **Verpflichtung zur Einrichtung von Ausländerbeiräten**. Zu den ausländischen Einwohnern zählen neben **ausländischen Staatsangehörigen auch Staatenlose**; maßgeblich sind die vom Hessischen Statistischen Landesamt festgestellten und veröffentlichten Einwohnerzahlen. Gemeinden mit einem **unter der gesetzlichen Bestimmung** liegenden Ausländeranteil an der Einwohnerzahl können **Ausländerbeiräte auf freiwilliger Basis** einrichten. Die freiwillige Einrichtung ist als eine für die Gemeinde wesentliche Regelung in der **Hauptsatzung** zu verankern, zu deren Änderung es einer Mehrheit der gesetzlichen Zahl der Gemeindevertreter bedarf. Unabhängig davon, ob die Gemeinden den Ausländerbeirat obligatorisch oder freiwillig einrichten, müssen sie die **Mitgliederzahl in der Hauptsatzung** der Gemeinde festlegen. Um den örtlichen Gegebenheiten, wie Gesamtzahl der ausländischen Einwohner und Anzahl der vertretenen Nationen Rechnung tragen zu können, bestimmt § 85 HGO lediglich einen Rahmen für die von der Gemeinde festzusetzende Mitgliederzahl, nämlich **mindestens drei und höchstens siebenunddreißig**. 527

II. Wahl der Ausländerbeiräte

Die **Mitglieder des Ausländerbeirates** werden von den **ausländischen Einwohnern** der Gemeinde nach den Grundsätzen des allgemeinen Wahlrechts in **allgemeiner, freier, geheimer und unmittelbarer Wahl für fünf Jahre gewählt** (§ 86 Abs. 1 HGO). Die Wahlzeit ist aber nicht – wie die Wahlzeit des Ortsbeirates – an die Wahlzeit der Gemeindevertretung gekoppelt. Das **aktive Wahlrecht** besitzen die ausländischen Einwohner, die am **Wahltag das achtzehnte Lebensjahr vollendet** und seit **mindestens drei Monaten in der Gemeinde ihren Wohnsitz haben**. Das **passive Wahlrecht** steht hingegen nur denjenigen ausländischen Einwohnern zu, die seit **mindestens sechs Monaten in der Gemeinde ihren Wohnsitz** haben. Nach § 86 Abs. 4 HGO ist als Mitglied des Ausländerbeirates auch wählbar, wer **früher Ausländer war und die deutsche Staatsangehörigkeit erst in Deutschland erworben hat** oder **neben der ausländischen noch die bundesdeutsche Staatsangehörigkeit** („Doppelstaatler") besitzt (kein Verstoß gegen Art. 3 Abs. 1 GG, BVerfG NVwZ 1998, 52). **Wahlberechtigung** und **Wählbarkeit** sind im Übrigen in Angleichung an die entsprechenden Bestimmungen für die Wahlen der Gemeindevertretung und dem Ortsbeirat geregelt (§ 86 Abs. 5 HGO). 528

Literatur: *Engelken*, Einbeziehung der Unionsbürger in kommunale Abstimmungen (Bürgerentscheid, Bürgerbegehren)?, NVWZ 1995, 432; *Fischer*, Kommunalwahlrecht für Unionsbürger, NVwZ 1995, 455.

529 Das **Wahlverfahren** bestimmt sich **nach den Vorschriften des Hessischen Kommunalwahlgesetzes**. Im Wesentlichen entspricht das Wahlverfahren dem der Wahl der Gemeindevertretung. Das KWG sieht jedoch in den §§ 58ff. einige Besonderheiten vor. Die Wahlzeit der Ausländerbeiräte beginnt am 1. Dezember. Der Wahltag wird von der Landesregierung bestimmt; die Wahl findet an einem Sonntag im Monat November statt, wobei innerhalb dieses Rahmens für einzelne Gemeinden ein abweichender Tag festgelegt werden kann (§ 59 KWG). Weiterhin entscheidet die Gemeindevertretung, ob bei der Wahl des Ausländerbeirates eine **Briefwahl** stattfinden soll; gegebenenfalls hat sie diese Möglichkeit in der **Hauptsatzung** zu verankern (§ 58 S. 2 KWG). Die **Beisitzer des Wahlausschusses** werden von dem Gemeindevorstand auf Vorschlag des amtierenden Ausländerbeirats aus den **zum Ausländerbeirat Wahlberechtigten** berufen; bei der ersten Wahl soll der Gemeindevorstand Vorschläge aus dem Kreis der zum Ausländerbeirat Wahlberechtigten einholen (§ 60 Abs. 1 KWG). An der **Aufstellung der Wahlvorschläge**, die im Übrigen wie bei der Wahl zur Gemeindevertretung erfolgt, können nur solche Mitglieder der Parteien und Wählergruppen in der Gemeinde teilnehmen, die im Zeitpunkt der Aufstellung zu der Ausländerbeiratswahl wahlberechtigt sind (§ 61 KWG). Alle Wahlvorschläge, auf die gültige Stimmen entfallen nehmen an der Sitzverteilung teilnehmen. Über die **Gültigkeit der Wahl des Ausländerbeirates** entscheidet die **Gemeindevertretung** (§ 64 KWG).

Eine Wahl findet jedoch nicht statt, wenn **keine Wahlvorschläge** eingereicht oder zugelassen werden. Dies gilt auch, wenn weniger Bewerber zur Wahl zugelassen werden, als Sitze zu verteilen sind. In diesen Fällen **entfällt die Einrichtung eines Ausländerbeirats** für die Dauer der nachfolgenden Wahlzeit (§ 86 Abs. 1 S. 3 HGO iVm § 82b KWO).

III. Rechtsstellung der Mitglieder des Ausländerbeirats

530 Mitgliedern des Ausländerbeirates stehen einerseits **Mitgliedschaftsrechte** zu und fallen andererseits **Mitgliedschaftspflichten** an. Dazu gehören insbesondere das Recht und die Pflicht auf Teilnahme an Sitzungen des Ausländerbeirats, das Antrags- und Rederecht, das Abstimmungsrecht, das aktive und passive Wahlrecht, das Recht auf Aufnahme des eigenen Stimmverhaltens in die Sitzungsniederschrift und das dazugehörende Einsichtsrecht.

Die Mitglieder des Ausländerbeirates sind – wie Gemeindevertreter und Ortsbeiratsmitglieder – **ehrenamtlich Tätige iSd §§ 24 bis 26 und des § 27 HGO** iVm **§ 86 Abs. 6 HGO**. Sie sind demnach zur **Verschwiegenheit** verpflichtet (§ 24 HGO), dürfen bei **Widerstreit der Interessen** an der Beratung und Entscheidung nicht mitwirken (§ 25 HGO), unterliegen einer besonderen **Treuepflicht** gegenüber der Gemeinde (§ 26 HG0) und haben einen **Anspruch auf Verdienstausfall, Fahrtkostenerstattung und Aufwandsentschädigung** (§ 27 HGO). Auch gelten der **Grundsatz des freien Mandates** (§ 35 Abs. 1 HGO) und die Vorschriften über die **Sicherung der Mandatsausübung** entsprechend (§ 86 Abs. 6 S. 2 HGO).

IV. Zuständigkeiten und Aufgaben

531 Der Ausländerbeirat soll die **Interessen der ausländischen Einwohner** wahrnehmen und die **Organe der Gemeinde** in allen Angelegenheiten, die ausländische Einwohner betreffen, **beraten** (§ 88 Abs. 1 HGO). Zu diesem Zweck steht dem Ausländerbeirat ein mit der gesetzlichen Unterrichtungspflicht des Gemeindevorstandes korrespondierendes Vorschlagsrecht und ein Anhörungsrecht zu.

1. Unterrichtungsrecht

532 Der **Gemeindevorstand** hat den Ausländerbeirat **rechtzeitig über alle Angelegenheiten zu unterrichten**, deren Kenntnis zur Erledigung seiner Aufgaben erforderlich ist (§ 88 Abs. 2 HGO). Die Art und Weise der Unterrichtung, schriftlich oder mündlich, steht im Ermessen des Gemeindevorstandes. Die Unterrichtung muss aber um ihren Zweck zu erfüllen so rechtzeitig erfolgen, dass einerseits der Ausländerbeirat in der Lage ist, über die Angelegenheit in angemessenem Umfang zu beraten und als Ergebnis seiner Beratung sein Vorschlags- und Anhörungsrecht ausüben kann. Andererseits muss jedoch auch gewährleistet sein, dass das für die Entscheidung zuständige Gemeindeorgan das Beratungsergebnis des Ausländerbeirates noch in seinen Willensbildungsprozess einbeziehen kann.

2. Anhörungsrecht

533 Der Ausländerbeirat ist in allen **wichtigen Angelegenheiten**, die ausländische Einwohner betreffen, **zu hören** (§ 88 Abs. 2 S. 3 HGO). Zu den wichtigen Angelegenheiten gehören insbesondere Maßnahmen und Entscheidungen kommunaler Organe, die auf dem Gebiet des Schul-, des Sozial- und Wohnungswesens getroffen werden. So ist der Ausländerbeirat anzuhören, wenn es um die Entscheidung der Errichtung oder Veränderung einer kommunalen Einrichtungen geht, etwa eines Kindergartens in einem Einzugsgebiet mit hohem Anteil ausländischer Einwohner (Lt.-Drs. 13/1397 S. 33). Das **Anhörungsrecht des Ausländerbeirates** ist in seiner grundsätzlichen Ausformung zwar mit dem des Ortsbeirates vergleichbar, geht aber insofern über dessen Rechtsstellung hinaus, als die **Ausschüsse der Gemeindevertretung verpflichtet sind, in ihren Sitzungen den Ausländerbeirat** zu den Tagesordnungspunkten **zu hören**, die Interessen der ausländischen Einwohner berühren; Gemeindevertretung und Gemeindevorstand hingegen können den Ausländerbeirat hören (§ 88 Abs. 2 S. 4 HGO).

534 Die Unterlassung der erforderlichen Anhörung des Ausländerbeirates stellt einen **wesentlichen Verfahrensfehler** dar, der zur Rechtswidrigkeit gefasster Entscheidungen und zur Ungültigkeit von Satzungen führt. Das Anhörungsrecht steht dem Ausländerbeirat in seiner **Gesamtheit** und nicht seinen einzelnen Mitgliedern zu. Der Ausländerbeirat ist als Träger eigener Rechte **beteiligtenfähig** (§ 61 Nr. 2 VwGO) und kann daher die Verletzung des Anhörungsrechts im Wege eines **kommunalen Verfassungsstreitverfahrens** gegenüber anderen Organen der Gemeinde selbstständig geltend machen; bei Vorliegen der sonstigen Voraussetzungen kann er auch **einstweiligen Rechtsschutz** nach § 123 Abs. 1 VwGO suchen. Die **Vertretung des Ausländerbeirats** kann im Einzelfall vom Ausländerbeirat selbst, zB durch Beauftragung des Vorsitzenden, oder allgemein durch die Geschäftsordnung des Ausländerbeirats geregelt werden.

535 Nach **§ 5 Abs. 4 HGO** ist für die **Rechtswirksamkeit von Satzungen** eine **Verletzung der Anhörungspflicht des Ausländerbeirates** jedoch dann **unbeachtlich**, wenn sie nicht innerhalb von sechs Monaten nach der öffentlichen Bekanntmachung der Satzung schriftlich unter Bezeichnung der Tatsachen, die eine Rechtsverletzung begründen können, gegenüber der Gemeinde geltend gemacht worden ist; es sei denn, dass der **Bürgermeister oder der Gemeindevorstand** dem Satzungsbeschluss wegen des Anhörungsfehlers widersprochen hat (§ 63 HGO) oder die **Aufsichtsbehörde** ihn beanstandet hat (§ 138 HGO).

3. Vorschlagsrecht

536 Der Ausländerbeirat hat ein **Vorschlagsrecht** in **allen Angelegenheiten**, die ausländische Einwohner betreffen (§ 88 Abs. 2 S. 3 HGO). Folglich ist das Vorschlagsrecht auf die spezifischen Ausländerangelegenheiten beschränkt.

V. Verfahren und Geschäftsordnung

537 Der Ausländerbeirat wählt in seiner **konstituierenden Sitzung** – binnen sechs Wochen nach Beginn der Wahlzeit – aus seiner Mitte in entsprechender Anwendung des § 55 HGO in getrennten Wahlgängen einen **Vorsitzenden** und **einen oder mehrere Stellvertreter**. Der Ausländerbeirat bestimmt selbst die **Anzahl der Stellvertreter;** sind mehrere zu wählen findet die Wahl nach den Grundsätzen der Verhältniswahl statt. Wird ein **Ausländerbeirat neu eingerichtet lädt der Bürgermeister zur ersten Sitzung nach der Wahl** ein. Nach der Eröffnung durch den Bürgermeister und der Feststellung des an Jahren ältesten Mitglieds übernimmt der Altersvorsitzende die Leitung der Sitzung bis zur Wahl des Vorsitzenden (§ 87 Abs. 2 S. 2 HGO). Zur **konstituierenden Sitzung eines bereits vorhandenen Ausländerbeirates lädt der bisherige Vorsitzende** ein, der seine Tätigkeit bis zur Neuwahl eines Vorsitzenden weiterführt, also auch die konstituierende Sitzung eröffnet und bis zur Neuwahl eines Nachfolgers leitet (§ 87 Abs. 2 S. 1, Abs. 1 S. 2 HGO).

Im Gegensatz zu dem Ortsbeirat kann sich der Ausländerbeirat gemäß § 87 Abs. 3 HGO eine **eigene Geschäftsordnung** geben, insbesondere Regelungen zur Aufrechterhaltung der Ordnung, der Form der Ladung und der Sitz- und Abstimmungsordnung treffen. Regelt der Ausländerbeirat seine inneren Angelegenheiten allerdings **nicht oder nicht abschließend**, gelten die für den **Geschäftsgang der Gemeindevertretung** maßgeblichen Vorschriften des Gesetzes und die Regelungen der Geschäftsordnung der Gemeindevertretung entsprechend.

Literatur: Foerstemann, Geschäftsordnungen für Gemeindevertretung, Ausschüsse und Ortsbeiräte in Hessen.

VI. Finanzierung

538 Dem Ausländerbeirat sind – wie dem Ortsbeirat – die zur **Erledigung der Aufgaben erforderlichen Mittel** sachlicher, personeller und finanzieller Art zur Verfügung zu stellen (§ 88 Abs. 3 HGO). Daraus folgt, dass eine Bestimmung der "erforderlichen Mittel" nicht allgemein, sondern nur unter Berücksichtigung aller Umstände des Einzelfalls anhand der **konkreten Gegebenheiten** in der jeweiligen Gemeinde vorzunehmen ist. Ein Anspruch auf Einrichtung einer Geschäftsstelle entsteht erst dann, wenn der Betrieb einer solchen zur Erfüllung der Aufgaben des Ausländerbeirats zwingend notwendig ist (VG Gießen HSGZ 1996, 469). Die entsprechenden Ansätze, aus denen der Gemeindevorstand die anfallenden Kosten zu begleichen hat, sind im **Haushaltsplan** zu schaffen; die Einrichtung eines eigenen Verfügungsfonds für den Vorsitzenden des Ausländerbeirats ist nicht zulässig (§ 11 GemHVO).

Literatur: *Schäfer/Gomes*, Handbuch für Ausländerbeiräte in Hessen.

Kapitel 6 Die Verwaltungsorganisation

A. Der Gemeindevorstand

539 **Verwaltungsbehörde** der Gemeinde ist der **Gemeindevorstand**. Er besteht aus dem **Bürgermeister** als Vorsitzendem, dem Ersten und weiteren **Beigeordneten** (§ 65 Abs. 1 HGO). Die Mitglieder des Gemeindevorstandes werden mit Ausnahme des von den Bürgern zu wählenden Bürgermeisters von der Gemeindevertretung gewählt. Nach dem **Grundsatz der Unvereinbarkeit von Amt und Mandat** dürfen sie nicht gleichzeitig der Gemeindevertretung angehören (§ 65 Abs. 2 HGO), es sei denn, sie führen die Amtsgeschäfte nach § 41 HGO weiter.

I. Rechtsstellung der Beigeordneten

540 Während Bürgermeister grundsätzlich hauptamtlich tätig sind (§ 44 Abs. 1 HGO), werden die Beigeordneten grundsätzlich ehrenamtlich tätig (§ 44 Abs. 2 HGO). Nach den Idealen der Magistratsverfassung sollen die ehrenamtlichen Beigeordneten als Spiegelbild der Gemeindevertretung das politische Element in der Verwaltung vertreten, während die hauptamtlichen Beigeordneten die fachliche Qualifikation der Verwaltung verkörpern sollen.

541 In jeder Gemeinde sind **mindestens zwei Beigeordnete** zu bestellen (§ 44 Abs. 2 HGO). In der **Hauptsatzung** kann eine **höhere Anzahl** der Beigeordnetenstellen festgelegt werden, wobei die Zahl der hauptamtlichen Beigeordneten die Zahl der ehrenamtlichen Beigeordneten nicht übersteigen darf. Eine **Herabsetzung** der Zahl der ehrenamtlichen Beigeordnetenstellen ist vor der Wahl der Beigeordneten innerhalb von sechs Monaten nach Beginn der **Wahlzeit** zulässig (§ 44 Abs. 2 S. 4 HGO).

Literatur: *Görisch*, Unzulässige Magistratsunterbesetzung in der hessischen Kommunalpraxis, LKRZ 2012, 317.

542 Die Beigeordneten werden **spätestens sechs Monate nach ihrer Wahl** von dem Vorsitzenden der Gemeindevertretung in öffentlicher Sitzung in ihr Amt **eingeführt** und durch Handschlag auf die gewissenhafte Erfüllung ihrer Aufgaben verpflichtet. Die Amtszeit beginnt für hauptamtliche und ehrenamtliche Beigeordnete mit der **Aushändigung der Berufungs- bzw. Ernennungsurkunde** durch den Bürgermeister oder mit dem in der Urkunde genannten späteren Zeitpunkt (§ 46 HGO). Für Beigeordnete, die durch Wiederwahl berufen werden, beginnt die neue Amtszeit am Tag nach dem Ablauf der bisherigen Amtszeit (§ 46 Abs. 3 HGO).

Ehrenamtliche Beigeordnete sind folglich **Ehrenbeamte** der Gemeinde. Da die Beigeordneten den **Diensteid** vor dem Vorsitzenden der Gemeindevertretung abzulegen haben, empfiehlt es sich, die Vereidigung am Tage und im Zusammenhang mit der Amtseinführung vorzunehmen. Beginnt die Amtszeit mit einem in der Urkunde genannten späteren Zeitpunkt, ist der Eid erst zu diesem Zeitpunkt zu leisten, da die Eidesleistung das Bestehen eines Beamtenverhältnisses voraussetzt.

Bisher hat in der kommunalpolitischen Praxis bei der Ernennung und Amtseinführung gewählter Ehrenbeamter in den Gemeindevorstand die Prüfung beamtenrechtlicher Vorschriften, insbesondere das jederzeitige Einstehen für die freiheitlich demokratische Grundordnung im Sinne des Grundgesetzes (§ 7 Abs. 1 Nr. 2 BeamtStG), in Hessen keine Auswirkungen gezeigt. Es bleibt abzuwarten, inwieweit mit dem Erlangen durch die Regeln der Verhältniswahl (§ 55 Abs. 1 HGO) von ehrenamtlichen Sitzen im Gemeindevorstand durch extremistische Parteien oder Wählergruppen eine Ernennung und Amtseinführung unterbunden werden kann.

Literatur: *Bennemann,* Voraussetzungen für die Berufung eines ehrenamtlichen Beigeordneten in den Gemeindevorstand, NVwZ 2016, 1286.

Beigeordnete haben nach der Magistratsverfassung **keinen Dienstvorgesetzten**, da 543 sie selbst Mitglieder der Anstellungsbehörde sind. Da aber beamtenrechtliche Entscheidungen auch über ihre **persönlichen Angelegenheiten** zu treffen sind, ermächtigt § 73 Abs. 2 S. 2 HGO die Landesregierung durch Verordnung zu bestimmen, wer die Aufgaben des Dienstvorgesetzten gegenüber Bürgermeistern und Beigeordneten wahrnimmt. Nach § 2 Abs. 1 KomDAVO werden diese grundsätzlich von der **Aufsichtsbehörde** (§ 136 HGO) wahrgenommen. Nach der Ausnahmeregelung des § 2 Abs. 4 KomDAVO entscheidet der **Bürgermeister** über **Erholungsurlaub** und **Dienstbefreiung** bis zu sechs Tagen der Beigeordneten.

1. Wahl der ehrenamtlichen Beigeordneten

Wählbar zu ehrenamtlichen Beigeordneten sind gem. § 39a Abs. 2 S. 2 iVm § 32 544 HGO die Wahlberechtigten, die am Tag der Wahl das **achtzehnte Lebensjahr** vollendet und seit **mindestens sechs Monaten** in der Gemeinde ihren **Wohnsitz** haben.

Die **ehrenamtlichen Beigeordneten** werden in einem Wahlgang nach den **Grund-** 545 **sätzen der Verhältniswahl** gewählt (§ 55 Abs. 1 HGO), eine spätere Zuwahl weiterer ehrenamtlicher Beigeordneter ist unzulässig. Fraktionen können auch **gemeinsame Wahlvorschläge** einreichen. Es handelt sich dabei nicht um unzulässige Listenverbindungen (BVerwG NVwZ-RR 2010, 818, HSGZ 2010, 348).

Wird die **Zahl der Beigeordnetenstellen** während der Wahlzeit der Gemeindevertre- 546 tung **erhöht**, werden die neuen Stellen auf der Grundlage einer **Neuberechnung der Stellenverteilung** unter Berücksichtigung der erhöhten Zahl der Stellen vergeben (§ 55 Abs. 1 S. 3 HGO). Durch eine Erhöhung der ehrenamtlichen Beigeordnetenstellen werden auch nicht die Mitgliedschaftsrechte derjenigen Beigeordneten verletzt, die Parteien oder Wählergruppen entstammen, deren Wahllisten von der Neuberechnung nicht profitieren (HessVGH 6 N 2336/93 v. 28.2.1997).

1.1. Amtszeit

Ehrenamtliche Beigeordnete werden für die **Wahlzeit der Gemeindevertretung** ge- 547 wählt (§ 39a Abs. 2 HGO). Infolgedessen läuft für die ehrenamtlichen Beigeordneten bei vorzeitiger Beendigung der Wahlzeit der Gemeindevertretung (Wahlanfechtung, §§ 25ff. KWG; Auflösung durch die Aufsichtsbehörde, § 141a HGO) zugleich auch die Amtszeit ab (HessVGH DÖV 1958, 743f.). Nach § 41 HGO können Beigeordnete nach Ablauf ihrer Amtszeit ihre Amtsgeschäfte weiterführen, bis ihre Nachfolger das Amt antreten, es sei denn, die Gemeindevertretung beschließt, dass sie Amtsgeschäfte nicht weiterführen sollen (§ 41 HGO). Um die geordnete Fortführung der Verwaltung zu sichern, sind sie sogar zur **Weiterführung der Amtsgeschäfte bis zu drei Monaten verpflichtet**, soweit die Weiterführung keine unbillige Härte bedeutet. Das Gesetz setzt keine zeitliche Grenze für die Weiterführung durch Beigeordnete, deren Wahlzeit abgelaufen ist. Da ausschließlich die **Sicherung der Verwaltung** in einem solchen Fall die weitere Amtsführung legitimiert, sollte nach Ablauf von **sechs Monaten**, auch bei schwierigen Mehrheitsverhältnissen in der Gemeindevertretung, ein Weg des geordneten Ganges der Verwaltung gefunden worden sein. Nach Ablauf von sechs Monaten kann daher im Regelfall die Weiterführung der Amtsgeschäfte durch einen nicht (mehr) gewählten Beigeordneten nicht auf § 41 HGO gestützt werden.

1.2. Vorzeitiges Ausscheiden

548 Ehrenamtliche Beigeordnete scheiden vorzeitig aus ihrem Amt aus, wenn sie zur **Erfüllung ihrer Dienstpflichten dauernd unfähig** werden und die Gemeindevertretung das Ausscheiden aus diesem Grund feststellt (§ 39 a Abs. 2 iVm § 39 Abs. 3 HGO). Der Beschluss ist mit einfacher Mehrheit zu fassen (§ 54 HGO). Gegen den Ausschluss kann der Betroffene Klage gegen die Gemeindevertretung im Wege eines **Kommunalverfassungsstreitverfahrens** vor den Verwaltungsgerichten erheben.

549 Daneben besteht die Möglichkeit, dass ehrenamtliche Beigeordnete als Ehrenbeamte der Gemeinde mit Vollendung des 65. Lebensjahres **verabschiedet** werden können (§ 5 Abs. 1 HBG) bzw. zu **entlassen** sind, wenn die sonstigen Voraussetzungen für die **Versetzung eines Beamten in den Ruhestand** gegeben sind. Auch haben ehrenamtliche Beigeordnete selbst die Möglichkeit jederzeit ihre Entlassung zu verlangen (§ 29 Abs. 1 HBG).

1.3. Sicherung der Amtsausübung

550 Die Sicherung der Amtsausübung der ehrenamtlichen Beigeordneten entspricht der der Mandatsausübung der Mitglieder der Gemeindevertretung (§ 39a Abs. 2 iVm § 39 Abs. 3 iVm § 35a HGO). Weiterhin stehen ihnen grundsätzlich entsprechende Entschädigungsansprüche (vgl. Kapitel 3 B III.2.4.) zu.

2. Wahl der hauptamtlichen Beigeordneten

551 Wählbar zu hauptamtlichen Beigeordneten sind gem. § 39a Abs. 1 iVm § 39 Abs. 2 HGO Deutsche iSd Art. 116 Abs. 1 GG und Unionsbürger, die am Tag der Wahl das **achtzehnte** Lebensjahr vollendet haben. Die Wahl der **hauptamtlichen Beigeordneten** ist nach den **Grundsätzen der Mehrheitswahl** vorzunehmen (§§ 42 Abs. 2, 55 Abs. 1 HGO). Um die Kontinuität der Verwaltung zu sichern, ist die Amtszeit der hauptamtlichen Beigeordneten unabhängig von der Wahlzeit der Gemeindevertretung und beträgt **sechs Jahre** (§ 39a Abs. 2 HGO).

552 Bei einer **Wahl nach Stimmenmehrheit** ist derjenige gewählt, für den mehr als die Hälfte der gültigen Stimmen abgegeben werden. Dabei gelten Nein-Stimmen als gültige, Stimmenthaltungen als ungültige Stimmen. Das nähere Verfahren, insbesondere die Notwendigkeit einer **Stichwahl** oder eines **Losentscheides** regelt § 55 Abs. 5 HGO.

Tritt ein Bewerber nach einem Wahlgang zurück, ist der gesamte Wahlvorgang als ergebnislos zu werten und von Anfang an zu wiederholen, sofern nicht ein Vertagungsbeschluss gefasst wird. Der Vorschlag von neuen Bewerbern ist hierbei statthaft (HessVGH NVwZ 1993, 94).

2.1. Neuwahl

Die Wahl der hauptamtlichen Beigeordneten wird durch den **Wahlvorbereitungs-** 553
ausschuss der Gemeindevertretung (§ 42 Abs. 2 HGO) vorbereitet. Die Wahl soll rechtzeitig vor Ablauf der Amtszeit stattfinden, frühestens aber sechs Monate und spätestens drei Monate vor Ablauf der Amtszeit (§§ 42 Abs. 3, 40 Abs. 1 S. 1 HGO). Die Stellen sind **öffentlich auszuschreiben.** Der Wahlvorbereitungsausschuss berichtet über das Ergebnis seiner Arbeit in einer öffentlichen Sitzung der Gemeindevertretung, andernfalls leidet die Wahl an einem wesentlichen Verfahrensmangel (vgl. HessVGH NVwZ-RR 1990, 208 [209]). An seine Vorschläge sind die Gemeindevertreter jedoch nicht gebunden (vgl. Kapitel 5 D I 2.1.).

2.2. Wiederwahl

Eine **Wiederwahl** liegt vor, wenn ein hauptamtlicher Beigeordneter nach **Ablauf sei-** 554
ner Amtszeit unmittelbar anschließend in ein identisches Amt gewählt wird (§§ 39a Abs. 3, 40 Abs. 2 und 7 HGO). Eine Wiederwahl ist beliebig oft möglich. Grundsätzlich gelten für die Wiederwahl die gleichen Grundsätze wie für sonstige Wahlen von Beigeordneten. Vor der Wahl muss jedoch ein **Beschluss über die Vornahme einer Wiederwahl** von den Gemeindevertretern in **geheimer Abstimmung** gefasst werden. Mit der Entscheidung, eine Wiederwahl vornehmen zu wollen, entfällt die gesetzlich vorgeschriebene Verpflichtung der Ausschreibung der Stelle und der Bildung eines Wahlvorbereitungsausschusses. Vornahmebeschluss und Wiederwahl können in einer Sitzung stattfinden. Der Wiederwahlbeschluss bindet die Gemeindevertretung nicht. Er kann jederzeit wieder aufgehoben werden und von dem Wiederwahlverfahren in ein Neuwahlverfahren eingetreten werden, und umgekehrt (HessVGH NVwZ 1988, 81). Die Amtszeit wiedergewählter hauptamtlicher Beigeordneter beginnt am Tag nach dem Ablauf der bisherigen Amtszeit (§ 46 Abs. 3 HGO). Es bedarf keiner erneuten Einführung und Verpflichtung, jedoch der **Aushändigung einer Ernennungsurkunde** (HessVGH HessVGRspr. 1969, 13).

Für die Ausübung ihres Amtes gibt es für **hauptamtliche Beigeordnete keine Al-** 555
tersbegrenzung (§ 40 Abs. 2 HGO). Sie treten mit Ablauf ihrer Amtszeit in den Ruhestand, wenn sie als Beamte auf Zeit eine Amtszeit von acht Jahren erreicht und das 55. Lebensjahr vollendet haben und nicht erneut in dasselbe oder ein höherwertiges Amt berufen werden. Auf Antrag werden sie mit Ablauf der Amtszeit in den Ruhestand versetzt, wenn sie als Beamte auf Zeit eine Amtszeit von acht Jahren erreicht und das 50. Lebensjahr vollendet haben (§ 40 Abs. 2 -7 HGO). Im Übrigen sind sie zu entlassen (§ 40 Abs. 4 HGO; vgl. zu den Alters-, Kranken- und Pflegeansprüchen sowie einem Übergangsgeld § 40 Abs. 4, 5 und 6 HGO).

3. Weiterführung der Geschäfte

In der Regel treten hauptamtliche Beigeordnete mit dem Ablauf ihrer Amtszeit nach 556
§ 40 HGO in den **Ruhestand**, sofern sie nicht wiedergewählt werden oder entlassen werden. Hauptamtliche Beigeordnete können aber **nach Ablauf ihrer Amtszeit die**

Amtsgeschäfte auch weiterführen, bis ihre Nachfolger ihr Amt antreten, es sei denn, die Gemeindevertretung beschließt mit einfacher Mehrheit, dass sie die Amtsgeschäfte nicht weiterführen dürfen (§ 41 HGO). Weiterhin **verpflichtet** die der Sicherung der Fortführung der Geschäfte dienende Vorschrift des § 41 HGO zur **Weiterführung der Amtsgeschäfte** bis zu **drei Monaten**, wenn dies **keine unbillige Härte** für den Betreffenden bedeutet. Über das Vorliegen einer unbilligen Härte (zB Gesundheit, Alter, Nichtantreten einer neuen Stelle) entscheidet zunächst die Gemeindevertretung. Im Streitfall ist der unbestimmte Rechtsbegriff der „unbilligen Härte" gerichtlich in vollem Umfang nachprüfbar.

557 Eine zeitliche Begrenzung kennt das Gesetz nicht (vgl. Kapitel 6 A I 1.1.), jedoch sind bei offenkundigen Gesetzesverstößen gegen Wahl- und Amtszeitbestimmungen von Beigeordneten aufsichtsbehördliche Maßnahmen anzustrengen (§§ 135 ff. HGO).

4. Wahlfolgen und Wahlanfechtung

558 Gegen die **Wahl** kann jeder **Gemeindevertreter Widerspruch** bei dem Vorsitzenden der Gemeindevertretung einlegen und bei ablehnender Entscheidung gegen diese **Klage** erheben (§ 55 Abs. 6 HGO). Die verwaltungsgerichtlichen Rechtsmittel stehen ferner jedem **Mitbewerber** zu, der geltend machen kann, in seinen Rechten verletzt zu sein (HessVGH II OE 134/68 v. 14.5.1969). Der Widerspruch hat keine aufschiebende Wirkung. Folglich hindert ein anhängiges Wahlprüfungsverfahren die Amtseinführung und Ernennung nicht (VG Darmstadt HSGZ 1987, 211). Wird die Wahl später für unwirksam erklärt, so ist die auf ihr beruhende Ernennung nichtig (§ 12 Abs. 3 HBG).

559 Mit der Wahl erwirbt der Gewählte einen **Rechtsanspruch auf Einführung in sein Amt und Aushändigung der Ernennungsurkunde** (OVG Schleswig NVwZ 1993, 1124), den er im Wege der Klage oder des Antrages auf Erlass einer einstweiligen Anordnung verwaltungsgerichtlich geltend machen kann. Wird er trotz ordnungsgemäßer Wahl nicht in sein Amt eingeführt, kann er einen ihm entstandenen Schaden vor den Verwaltungsgerichten geltend machen (HessVGH DVBl. 1969, 844).

Literatur: *Bellgardt*, Die Konkurrentenklage des Beamtenrechts, 1980; *Bennemann*, Voraussetzungen für die Berufung eines ehrenamtlichen Beigeordneten in den Gemeindevorstand, NVwZ 2016, 1286; *Hoffmann*, Die Abwahl kommunaler Wahlbeamter als Konsequenz ihrer Einbindung in die Politik, DÖV 1990, 320; *Klein*, Zur Gleichgestimmtheit zwischen Gemeindevertretung und kommunalen Wahlbeamten, DÖV 1980, 853; *Rüfner*, Verwaltungsrechtsschutz bei erfolgloser Bewerbung um kommunale Wahlämter DÖV 1962, 801; *Schick*, Die "Konkurrentenklage" des Europäischen Beamtenrechts – Vorbild für das deutsche Recht, DVBl. 1975, 741; *Schönfelder*, Kommunale Wahlbeamte im aktiven Ruhestand, DÖV 1985, 656.

5. Ausschließungsgründe

560 Bei der Wahl der Beigeordneten sind die **Ausschließungsgründe des § 43 HGO** zu beachten (vgl. Kapitel 4 C II). Sie entsprechen im Wesentlichen denen des **§ 37 HGO** (vgl. Kapitel 4 B IV 4). Ein wesentlicher **Unterschied** besteht darin, dass § 43 Abs. 1 Nr. 1 und Nr. 2 HGO nicht auf die Art des Beschäftigungsverhältnisses abstellen, sondern allein auf dessen **Entgeltlichkeit**. Somit treffen die Ausschließungsgründe **auch Arbeiter**.

Kapitel **6** Die Verwaltungsorganisation

6. Vertretung des Bürgermeisters

In jeder Gemeinde ist ein **Erster Beigeordneter** zu bestellen (§ 65 Abs. 1 HGO), der in Gemeinden mit mehr als 50 000 Einwohnern die Bezeichnung **Bürgermeister** führt (§ 45 Abs. 1 HGO). Er ist der **allgemeine Vertreter** des Bürgermeisters bzw. Oberbürgermeisters, sein **Vertretungsrecht** im Fall der Verhinderung des Bürgermeisters ist **ständig und umfassend** (§ 47 HGO). Dies gilt auch für die Aufgabengebiete (Dezernate), die sich der Bürgermeister selbst zugeordnet hat (vgl. VG Wiesbaden HSGZ 2000, 323; vgl. auch HessVGH NVwZ-RR 2001, 530). Von der allgemeinen Vertretung ist die Vertretung aufgrund eines Auftrags oder einer Vollmacht für eine eng umgrenzte Angelegenheit zu unterscheiden; in diesem Fall ist die Vertretung durch einen anderen Beigeordneten als den Ersten Beigeordneten möglich (HessVGH HSGZ 2001, 25). **561**

Literatur: *Foerstemann*, Regelt § 47 HGO die Vertretung des Bürgermeisters noch zeitgemäß? LKRZ 2011, 93.

Wird die Stelle des **Ersten Beigeordneten ehrenamtlich verwaltet**, so ist der erste Bewerber des **Wahlvorschlags mit den meisten Stimmen** (§ 55 Abs. 1 S. 2 HGO) oder im Falle einer Einheitsliste der erste Bewerber des einheitlichen Wahlvorschlages (§ 55 Abs. 2 S. 2 HGO) Erster Beigeordneter. **562**

Bei **hauptamtlicher Wahrnehmung** ist die Stellenbesetzung von dem **Wahlvorbereitungsausschuss** vorzubereiten (§ 42 HGO). Ist der Erste Beigeordnete verhindert, so sind die übrigen Beigeordneten zur allgemeinen Vertretung des Bürgermeisters berufen. Die Reihenfolge muss der Gemeindevorstand durch Mehrheitsbeschluss (§§ 47 S. 3, 68 Abs. 2 S. 1 HGO) bestimmen (vgl. *Schneider/Dreßler*, HGO, Erl.2 zu § 47), durch die allerdings die Minderheit von der Vertretung ausgeschlossen werden kann (kritisch hierzu *Schmidt/Kneip*, HGO, § 47 Rn. 3). Ein in der Praxis häufig verwendetes und – auch einem Wechsel in der Zusammensetzung des Gemeindevorstandes – flexibles Verfahren ist die Berufung zur Vertretung nach Dienstalter. Möglich ist auch die Wahl einer Einheitsliste (§ 55 Abs. 2 HGO) oder die Reihenfolge nach dem Stärkeverhältnis zu bestimmen.

7. Erzwingung von Disziplinarverfahren

Die **Gemeindevertretung** kann nach § 75 Abs. 1 HGO gegen **Bürgermeister und Beigeordnete**, die ihre **Amtspflichten gröblich verletzen**, durch Beschluss mit der **Mehrheit der gesetzlichen Zahl der Gemeindevertreter** ein förmliches **Disziplinarverfahren** bei der Einleitungsbehörde (§ 86 Abs. 1 HDG: Aufsichtsbehörde) beantragen. Lehnt die Einleitungsbehörde den Antrag auf Eröffnung des förmlichen Disziplinarverfahrens ab, kann die Gemeindevertretung nach § 75 Abs. 2 HGO binnen einem Monat die Disziplinarkammer anrufen. Diese darf dem Antrag aber nur stattgeben, wenn das Disziplinarverfahren voraussichtlich zur Entfernung aus dem Dienst führen wird. **563**

8. Abberufung

Hauptamtliche Beigeordnete können von der Gemeindevertretung **vorzeitig abberufen** werden (§ 76 Abs. 1 HGO), einer Begründung bedarf es hierzu nicht (zur Vereinbarkeit mit Art. 33 Abs. 5 GG, BVerwGE 81, 318). Die vorzeitige Abberufung erfordert eine **zweimalige Beratung und zweimalige Abstimmung**, wobei zwischen der **564**

ersten Beratung und Beschlussfassung und der zweiten eine vierwöchige Frist zu wahren ist, um einer emotionalen Beschlussfassung vorzubeugen. Eine Abkürzung der Ladungsfrist (§ 58 Abs. 1 HGO) ist nicht statthaft. Der **Antrag auf Abberufung** muss von **mindestens der Hälfte der gesetzlichen Zahl der Mitglieder der Gemeindevertretung** gestellt werden (§ 76 Abs. 1 HGO). Dabei ist es nicht notwendig, dass der Abwahlantrag von den Antragstellern unterschrieben wird, wenn auf andere Weise sichergestellt ist, dass mindestens die Hälfte der Mitglieder der Gemeindevertretung den Antrag gestellt hat (HessVGH VwRR SW 1999, 12). Der eigentliche **Abberufungsbeschluss** bedarf mindestens einer **Zweidrittelmehrheit**. Das Widerspruchs- und Beanstandungsverfahren nach § 63 HGO findet gem. § 76 Abs. 1 S. 7 HGO keine Anwendung.

565 Eine Sonderregelung enthält § 76 Abs. 2 HGO für die **Abberufung von hauptamtlichen Beigeordneten** in Gemeinden mit mehr als **50.000 Einwohnern**. Diese können innerhalb von **sechs Monaten nach Beginn der Wahlzeit der Gemeindevertretung** mit der Mehrheit **der gesetzlichen Zahl ihrer Mitglieder** vorzeitig abberufen werden. Im Übrigen entspricht das Verfahren im Wesentlichen dem bereits erläuterten Abberufungsverfahren. Mit dieser erleichterten Abberufungsmöglichkeit sollen im Interesse einer funktionierenden Verwaltung in größeren Städten die politischen Mehrheitsverhältnisse im Magistrat denjenigen in der Stadtverordnetenversammlung angeglichen werden können, ohne auf rechtlich bedenkliche Abhilfen, wie eine sachlich nicht gebotene Erhöhung der hauptamtlichen Beigeordnetenstellen angewiesen zu sein (*Borchmann/Breithaupt/Kaiser*, Kommunalrecht in Hessen, S. 137; *Schneider/Dreßler*, HGO, Erl.2 zu § 76, Rn. 4; vgl. zur Verfassungsmäßigkeit, HessVGH NVwZ 1985, 604; ESVGH 38, 10; DVBl. 1989, 934).

566 Die Rechtsfolge des Ausscheidens aus dem Amt tritt mit dem Ablauf des Tages, an dem der zweite Abberufungsbeschluss gefasst wurde, ein. Dem abberufenen hauptamtlichen Beigeordneten werden in den drei Monaten nach der Abwahl die Amtsbezüge zunächst weiter gewährt (§ 4 Abs. 3 HBesG), anschließend erhält er bis zum Ende seiner regulären Amtszeit 71,75% der ruhegehaltsfähigen Dienstbezüge und danach **Versorgungsbezüge** nach dem allgemein geltenden Versorgungsrecht (§§ 17 Abs. 6 HBeamtVG).

Die Abberufungsbeschlüsse der Gemeindevertretung unterliegen dem **Beanstandungsrecht** der Aufsichtsbehörde (§ 138 HGO). Die Rechtmäßigkeit des zweiten Abberufungsbeschlusses kann der Betroffene mit einer **Feststellungsklage** verwaltungsgerichtlich überprüfen lassen (BVerwGE 81, 318 [319f.]).

567 Ein Bürgermeister kann aber auch von sich aus die **Versetzung in den Ruhestand** mit der Begründung beantragen, ihm werde das für die Führung der Amtsgeschäfte erforderliche Vertrauen nicht mehr entgegengebracht (§ 76a HGO). Voraussetzung hierfür ist, dass die für ein Ruhegehalt notwendige **Mindestdienstzeit von 5 Jahren** vorliegt. Die **Gemeindevertretung** muss dem Antrag des Bürgermeisters mit einer **Mehrheit von zwei Drittel** der gesetzlichen Zahl ihrer Mitglieder zustimmen. Der Ruhestandsbeamte erhält nach Beginn seines Ruhestandes sein erworbenes Ruhegehalt bzw. die Mindestversorgung.

Literatur: *Frotscher/Knecht*, Die vorzeitige Abberufung kommunaler Beigeordneter – Kritische Anmerkungen zu einem hessischen Sonderweg, DÖV 2003, 620.

Kapitel 6 Die Verwaltungsorganisation 241

II. Zuständigkeit

Der Gemeindevorstand ist die Verwaltungsbehörde der Gemeinde. Wenn auch die Gemeindevertretung als oberstes Organ dem Gemeindevorstand übergeordnet ist (§§ 9 Abs. 1, 50 Abs. 1 HGO), untersteht er ihr nicht in allen Angelegenheiten. Vielmehr hat er auch **eigene**, gesetzlich festgelegte, **unentziehbare Zuständigkeiten**; er ist ein **eigenständiges Organ** (§§ 31, 89 BGB). **568**

Weiterhin kann die **Gemeindevertretung** dem Gemeindevorstand unbeschadet des § 51 HGO **bestimmte Angelegenheiten oder bestimmte Arten von Angelegenheiten widerruflich zur endgültigen Entscheidung übertragen** (§ 50 Abs. 1 S. 2 HGO). Die zu übertragenden Angelegenheiten müssen nach typischen gegenständlichen Merkmalen festgelegt werden; eine nur wertmäßige Bestimmung genügt diesem Erfordernis nicht (HessVGH HessVGRspr. 1977, 75).

Die ihm obliegenden Aufgaben erledigt der Gemeindevorstand als Kollegialorgan oder durch den Bürgermeister und die Beigeordneten. Die **laufenden Verwaltungsangelegenheiten** sind vom **zuständigen Dezernenten** zu erledigen, es sei denn, eine **Rechtsnorm** oder eine **Weisung des Bürgermeisters** oder die **Bedeutung der Sache** fordert die **Entscheidung des Kollegialorgans** (§ 70 Abs. 2 HGO; vgl. auch HessVGH HSGZ 1995, 451). **569**

Der Gemeindevorstand ist nach § 59 HGO berechtigt als auch verpflichtet an den Sitzungen der Gemeindevertretung teilzunehmen. Eine Mitwirkung steht allerdings unter dem Vorbehalt des § 25 HGO (Widerstreit der Interessen). Zwar vertritt grundsätzlich der **Bürgermeister den Gemeindevorstand** und ist daher dessen **Sprecher**, in der Sitzung der Gemeindevertretung können die Beigeordneten jedoch dann das Wort ergreifen, wenn der Bürgermeister es Ihnen gestattet. In der Regel wird dies dann der Fall sein, wenn der Gegenstand der Verhandlung zu einem Aufgabengebiet eines Beigeordneten gehört.

1. Generalklausel

Der Gemeindevorstand besorgt nach den Beschlüssen der Gemeindevertretung im Rahmen der bereitgestellten Mittel die **laufende Verwaltung** (§ 66 Abs. 1 HGO). Zur laufenden Verwaltung gehören alle Maßnahmen, welche **regelmäßig wiederkehren** und **sachlich von weniger erheblicher Bedeutung** sind (vgl. Kap. 5 A III). **570**

Im Rahmen seiner gesetzlich festgelegten Zuständigkeiten oder der an ihn delegierten Aufgaben kann der Gemeindevorstand nach **eigener Entschließung** ohne Einholung eines Beschlusses der Gemeindevertretung die Verwaltung besorgen. Jedenfalls aber hat er die von der **Gemeindevertretung** nach § 51 Nr. 1 HGO erlassene **allgemeinen Verwaltungsgrundsätze zu beachten**. Zuständigkeitsverletzungen wirken sich nur im Innenverhältnis aus, für das Außenverhältnis sind Kompetenzüberschreitungen ohne Folgen (HessVGH, Beschl. v. 28.1.2019 – 8 B 1/19, Rn. 20 – juris).

2. Einzelzuständigkeiten

In § 66 Abs. 1 S. 3 HGO sind einige Aufgaben des Gemeindevorstandes ausdrücklich genannt. Hierzu gehören unter anderem die **Ausführung der Gesetze** (VG Darmstadt HSGZ 1998, 20 – Erteilung des gemeindlichen Einvernehmens gem. § 36 **571**

BauGB), **Verordnungen und aufsichtsbehördlichen Weisungen**, die **Vorbereitung und Ausführung der Beschlüsse der Gemeindevertretung**, die **Verwaltung der öffentlichen Einrichtungen** (§§ 19f. HGO), die **Vertretung der Gemeinde in Gesellschaften** (§ 125 HGO) und des **sonstigen Gemeindevermögens** (§ 108f. HGO), die **Veranlagung, Heranziehung und Beitreibung von Gemeindeabgaben und Einziehung der sonstigen Einkünfte**, die **Aufstellung des Haushaltsplanes und des Investitionsprogramms** (§§ 97ff. HGO) und die **Überwachung des Kassen- und Rechnungswesens** (§ 110f. HGO). Die Aufzählung der Aufgaben ist nur beispielhaft, nicht abschließend (vgl. etwa §§ 21 Abs. 2, 23 Abs. 1, 47, 66 Abs. 2 HGO). Zu beachten ist auch § 4b HGO, der die Wahrnehmung des Aufgabenbereichs der **Gleichberechtigung von Mann und Frau** in der Regel einem hauptamtlichen Wahlbeamten zuordnet.

3. Personalangelegenheiten

572 In engem Zusammenhang mit der Kompetenz als Verwaltungsbehörde steht die **Personalhoheit** des Gemeindevorstandes. Nach § 73 Abs. 1 HGO **stellt er die Gemeindebediensteten an, befördert sie und entlässt sie**; er kann seine Befugnis auf andere Stellen übertragen. Der Gemeindevorstand muss also nicht stets selbst die in § 73 Abs. 1 HGO genannten Personalentscheidungen als Kollegialorgan entscheiden, sondern kann sie von dem zuständigen Wahlbeamten (§ 70 Abs. 2 HGO) oder dem Personalamtsleiter bzw. anderen Mitarbeitern (§ 71 Abs. 3 S. 1 HGO) treffen lassen (zu den Anforderungen an eine Delegation vom Gemeindevorstand an einzelne Beigeordnete oder nachgeordnete Beschäftigte nach § 73 Abs. 1 HGO vgl. HessVGH, Beschluss v. 10.7.2012 – 1 B 879/12-, VGHRspr.1993, 29f., VG Frankfurt Urt. v. 18.2.2014 – 9 K 1784/13.F-). Bei der Anstellung hat der Gemeindevorstand den Stellenplan und die von der Gemeindevertretung vorgegebenen Richtlinien zu beachten (§ 73 Abs. 1 HGO).

Der Gemeindevorstand ist zuständig für die **Einleitung eines förmlichen Disziplinarverfahrens** und **oberste Dienstbehörde aller Gemeindebediensteter** (§ 116 Abs. 4 HDO iVm § 1 Abs. 6 S. 2 KommDAVO). Mit der Zuweisung der Personalangelegenheiten an den Gemeindevorstand wird der Grundsatz durchbrochen, dass die wichtigen Entscheidungen von der Gemeindevertretung zu treffen sind; § 73 Abs. 1 HGO begründet eine **ausschließliche Zuständigkeit des Gemeindevorstandes** als Verwaltungsbehörde der Gemeinde (HessVGH HSGZ 1995, 451).

Eine **Beschränkung** der Personalhoheit erfährt der Gemeindevorstand in eigener Sache; die **Beigeordneten** selbst werden – wie dargestellt – von der Gemeindevertretung gewählt. Zudem ist für die **Bestellung und Entlassung des Leiters des Rechnungsprüfungsamtes** die Zustimmung der Gemeindevertretung erforderlich (§ 130 Abs. 3 HGO).

4. Kommissionen

Der Gemeindevorstand kann zur **dauernden Verwaltung oder Beaufsichtigung einzelner Geschäftsbereiche** sowie **zur Erledigung vorübergehender Aufträge Kommissionen** bilden (§ 72 Abs. 1 HGO).

Kapitel 6 Die Verwaltungsorganisation 243

4.1. Aufgaben

Der Gemeindevorstand kann den Kommissionen nur solche Aufgaben übertragen, die in seinen **gesetzlichen Aufgabenbereich** fallen. Demnach können die von der Gemeindevertretung auf den Gemeindevorstand delegierten Aufgaben nicht an die Kommissionen weitergegeben werden (§ 50 Abs. 1 S. 2 HGO). Kommissionen können als **Hilfsorgane des Gemeindevorstandes** keine anderen oder weiter gehenden Aufgaben wahrnehmen als der Gemeindevorstand. Zur **dauernden Verwaltung** durch **Kommissionen** kommen insbesondere Angelegenheiten des Wohnungs- und Bauwesens sowie des Sozial- und Gesundheitswesens in Betracht. Für die **Beaufsichtigung** eignen sich **öffentliche Einrichtungen** und **wirtschaftliche Unternehmen**, wie Wasserversorgung, Kanalisation, Straßenreinigung, Krankenhäuser, Schlachthöfe, Elektrizitäts- und Gaswerke sowie Verkehrsbetriebe (*Schneider/Dreßler*, HGO, Erl.1 zu § 72).

| 573

4.2. Bildung und Besetzung

Die **Entscheidung über die Bildung** einer Kommission liegt allein beim **Gemeindevorstand** (§§ 72, 67ff. HGO). Während die Hilfsorgane der Gemeindevertretung, die Ausschüsse, das Spiegelbild der Gemeindevertretung darstellen, werden die **Mitglieder der Kommissionen im Zusammenwirken von Gemeindevorstand und Gemeindevertretung** bestimmt. Kraft Gesetzes ist der **Bürgermeister** stimmberechtigtes Mitglied und **Vorsitzender** jeder Kommission. Der **Gemeindevorstand** bestimmt die **Beigeordneten und deren Anzahl**, die **Gemeindevertretung** ihrerseits bestimmt die **Gemeindevertreter und deren Anzahl** – durch Satzung oder von Fall zu Fall –, die Mitglieder in der Kommission werden sollen. Darüber hinaus können je nach Aufgabenstellung einer Kommission „**sachkundige Einwohner**", also auch ausländische Staatsangehörige und Minderjährige, von der **Gemeindevertretung** als Mitglieder gewählt werden.

| 574

Die **Wahlen** von Gemeindevertretern und sachkundigen Einwohnern müssen in **getrennten Wahlgängen** – je nach Anzahl nach den Grundsätzen der Verhältnis- oder der Mehrheitswahl – vorgenommen werden, da es sich nicht um gleichartige Stellen iSd § 55 Abs. 1 HGO handelt (HessVGH HessVGRpr. 1975, 20 [24]). Bei den sachkundigen Einwohnern müssen nach der zwingenden Vorschrift in § 72 Abs. 2 S. 2 HGO die **Vorschläge der am Geschäftsbereich der Kommission** besonders **interessierten Institutionen** berücksichtigt werden (§ 72 Abs. 2 S. 2 HGO), wobei für die Gemeindevertreter Auswahlmöglichkeiten bestehen müssen (HessVGH Gemeindetag 1969, 410). Die Entscheidung über die Besetzung einer Kommission mit Magistratsmitgliedern erfolgt durch Wahlen gemäß § 55 HGO. Dies gilt auch für die **Besetzung von Betriebskommissionen**, da das Eigenbetriebsgesetz keine abschließenden Regeln enthält (VG Gießen HSGZ 2000, 475).

Um eine besondere Art von Kommission handelt es sich bei dem nach § 6 HESK-JGB einzurichtenden sog. **Jugendhilfeausschuss**. Ihm gehören Mitglieder der Vertretungskörperschaft sowie Personen, die von den anerkannten freien Träger der Jugendhilfe und der Jugendverbände vorgeschlagen werden. Der Jugendhilfeausschuss befasst sich mit allen Problemlagen junger Menschen und ihrer Familien, sowie mit Anregungen und Vorschlägen zur Weiterentwicklung der Jugendhilfe, der Jugendhilfeplanung und der Förderung der freien Jugendhilfe. Der Jugendhilfeausschuss tagt **öffentlich**. Er soll vor jeder Beschlussfassung der Vertretungskörper-

| 575

schaft in Fragen der Jugendhilfe und vor der Berufung der Amtsleitung eines Jugendamtes gehört werden. Er hat das **Recht Anträge an die Vertretungskörperschaft** zu stellen (BeckOK Kommunalrecht Hessen/Birkenfeld/Fuhrmann HGO § 72 Rn. 8).

Die Mitglieder der für **dauernde Aufgaben** gebildeten Kommissionen werden in der Regel zu **Ehrenbeamten** ernannt, während es sich bei der Tätigkeit in Kommissionen mit **vorübergehenden Aufträgen** um eine **schlichte ehrenamtliche Tätigkeit** handelt (vgl. Kap. 3 B III und IV).

4.3. Verfahren und Geschäftsgang

576 Der Gemeindevorstand kann das Verfahren und den Geschäftsgang der Kommissionen in einer **Geschäftsordnung** regeln (§ 72 Abs. 4 HGO). Dabei hat er jedoch die für ihn selbst maßgeblichen gesetzlichen Bestimmungen zu beachten. So haben etwa auch die Kommissionen regelmäßig nichtöffentlich zu tagen. Soweit der Gemeindevorstand von der gesetzlichen Ermächtigung keinen Gebrauch macht, gelten für die Beschlussfassung, die Beschlussfähigkeit und die Einberufung die für den Gemeindevorstand maßgeblichen Vorschriften (§ 72 Abs. 4 S. 2 iVm §§ 67ff. HGO).

In der Geschäftsordnung des Gemeindevorstands können Regelungen über die **Beteiligung von Kindern und Jugendlichen** in den Kommissionen in ihrer Funktion als Vertreter von Kinder- und Jugendinitiativen getroffen werden. Ihnen können **Anhörungs-, Vorschlags- und Redemöglichkeiten** eingeräumt werden (§ 8c HGO). Entsprechende Regelungen können auch für **Vertreter von Beiräten, Kommissionen und Sachverständige** getroffen werden. Bei einer möglichen Einräumung der benannten Beteiligungsrechte ist jedoch der Grundsatz der Nichtöffentlichkeit der Sitzungen der Kommissionen zu bedenken (BeckOK Kommunalrecht Hessen/Birkenfeld/Fuhrmann HGO § 72 Rn. 17).

Da die Kommissionen dem Gemeindevorstand unterstehen, hat dieser das Recht, Beschlüsse einer Kommission aufzuheben und durch eigenen Beschlüsse zu ersetzen oder auch Weisungen zu erteilen (BeckOK Kommunalrecht Hessen/Birkenfeld/Fuhrmann HGO § 72 Rn. 18f).

5. Außenvertretung

577 Der **Gemeindevorstand vertritt die Gemeinde nach außen**, führt den Briefwechsel und vollzieht die Gemeindeurkunden (§ 66 Abs. 1 Nr. 7 HGO). **Alle Erklärungen** sind sowohl im **öffentlich-rechtlichen** wie auch im **privatrechtlichen Rechtsverkehr in seinem Namen** abzugeben. Demnach wird auch jede Entscheidung der Gemeindevertretung nach außen erst dann rechtswirksam, wenn der Gemeindevorstand eine Erklärung im eigenen Namen abgegeben hat (vgl. Kap. 6 B III 6).

Wird im Fall einer Klage gegen die Gemeinde vom Kläger das falsche Vertretungsorgan, nämlich der Bürgermeister statt des Gemeindevorstands angegeben, ist die Klage nicht abzuweisen, sondern das Rubrum entsprechend zu korrigieren (OLG Frankfurt NVwZ 2018, 95).

6. Widerspruchs- und Beanstandungspflicht

Widerspruchs- und Beanstandungspflichten obliegen nach § 63 HGO zunächst dem Bürgermeister (vgl. Kap. 6 B I 9). Wird der **Bürgermeister jedoch nicht innerhalb der ihm eingeräumten Frist tätig**, obwohl die **Gemeindevertretung einen rechtswidrigen Beschluss** gefasst hat, so ist der **Gemeindevorstand** nach Ablauf der Frist des § 63 Abs. 1 S. 3 HGO **berechtigt und verpflichtet**, innerhalb weiterer zwei Wochen anstelle des Bürgermeisters dem Beschluss zu **widersprechen** und im weiteren Verfahren einen rechtswidrigen Beschluss zu **beanstanden** (§ 63 Abs. 4 HGO), um auf diese Weise eine verwaltungsgerichtliche Entscheidung zu erzwingen (sog. **subsidiäres Beanstandungsrecht des Gemeindevorstands**). In einem etwaigen **verwaltungsgerichtlichen Verfahren** ist der **Gemeindevorstand** anstelle des Bürgermeisters **Verfahrensbeteiligter** (§ 63 Abs. 4 S. 3 HGO). Bei Gemeinwohlgefährdungen kann der Gemeindevorstand unter den gleichen Voraussetzungen wie der Bürgermeister widersprechen, eine Beanstandung ist jedoch nicht möglich. Die Gemeindevertretung entscheidet in einem solchen Fall endgültig.

578

Macht der Bürgermeister von seinen Widerspruchs- und Beanstandungsrechten gegen einen Beschluss der Gemeindevertretung Gebrauch, so steht dem Gemeindevorstand nach dem Kommunalverfassungsrecht keine Kompetenz zu, diese Beanstandung seinerseits zu beanstanden; auch wenn er der Auffassung ist, dass er einen aus seiner rechtlichen Beurteilung heraus rechtmäßig gefassten Beschluss der Gemeindevertretung auszuführen hat. Es obliegt vielmehr der Gemeindevertretung die Aufhebung der Beanstandung mit der Anfechtungsklage zu verfolgen (vgl. Kap.6 B I 9; aA Schmidt, Rechtsschutz des Gemeindevorstands gegenüber einer vom Bürgermeister ausgesprochenen Beanstandung, HStGZ 2013, 375).

III. Geschäftsgang und innere Ordnung

Der **Bürgermeister** ist der **Vorsitzende des Gemeindevorstandes** (§ 65 Abs. 1 HGO). Er **beruft** die Sitzungen des Gemeindevorstandes (§ 69 Abs. 1 HGO), soweit nicht regelmäßige Sitzungstage festgesetzt sind, so oft ein, wie es die Geschäfte erfordern. Die Bestimmungen des § 58 Abs. 1 und 2 HGO über Form, Frist, Inhalt der Ladung und nachträgliche Aufnahme von Tagesordnungspunkten sowie § 61 HGO (Fertigung einer Niederschrift) gelten entsprechend (§ 69 Abs. 2 HGO). Ihm obliegt die Aufstellung der Tagesordnung (vgl. VG Gießen HSGZ 2000, 474). Der **Bürgermeister muss eine Sitzung einberufen**, wenn es **ein Viertel der Mitglieder** unter Wahrung der Voraussetzungen des § 69 Abs. 1 HGO verlangt. Die **Sitzungen** des Gemeindevorstandes sind in der Regel **nicht öffentlich** (§ 67 Abs. 1 HGO). Die **Beschlussfähigkeit** ist gegeben, wenn **mehr als die Hälfte der Mitglieder** anwesend ist (§ 68 Abs. 1 HGO). Sie wird zu Beginn vom Vorsitzenden festgestellt und gilt solange, bis auf Antrag das Gegenteil festgestellt wird. Der Antragsteller zählt gemäß § 68 Abs. 1 S. 3 HGO zu den ~~Antragstellern~~.

579

Einzelheiten des Geschäftsganges und der inneren Ordnung regelt der Gemeindevorstand am zweckmäßigsten in einer **Geschäftsordnung**. Zwar räumt die Hessische Gemeindeordnung dem Gemeindevorstand nicht ausdrücklich die Kompetenz zum Erlass einer Geschäftsordnung ein, jedoch wird sie an verschiedenen Stellen des Gesetzes vorausgesetzt (vgl. § 26a S. 3, § 69 Abs. 2 iVm § 61 Abs. 3 HGO).

580

In der Geschäftsordnung des Gemeindevorstands können Regelungen über die **Beteiligung von Kindern und Jugendlichen** im Gemeindevorstand in ihrer Funktion als Vertreter von Kinder- und Jugendinitiativen getroffen werden. Ihnen können **Anhörungs-, Vorschlags- und Redemöglichkeiten** eingeräumt werden (§ 8c HGO). Entsprechende Regelungen können auch für **Vertreter von Beiräten, Kommissionen und Sachverständige** getroffen werden. Bei einer möglichen Einräumung der benannten Beteiligungsrechte ist jedoch der Grundsatz der Nichtöffentlichkeit der Sitzungen des Gemeindevorstands zu bedenken.

Der Bürgermeister kann nach § 67 Abs. 1 S. 2 **HGO Gemeindebedienstete zu den Sitzungen des Gemeindevorstands** beiziehen. Der VGH Kassel hat die Vorschrift inzwischen restriktiv insofern ausgelegt, dass Bedienstete nur zum **Zweck und in dem Maße**, indem ihre Anwesenheit zur **Effektivität der Arbeit des Gemeindevorstands** erforderlich beiträgt, eine Ausnahme zur Nichtöffentlichkeit gemacht werden kann. Bedienstete können daher nur während der Beratung und Entscheidung der jeweiligen Tagesordnungspunkte anwesend sein, zu denen sie einen fachlichen Bezug haben (HessVGH, Beschl.v. 8.8.2018 – 8 B 1132/18,- juris).

581 Der Gemeindevorstand ist ein **Kollegialorgan**. Jedes Mitglied im Kollegium hat unabhängig von seiner Zuständigkeit für ein bestimmtes Dezernat das **gleiche Stimmrecht**. Nur bei **Stimmengleichheit** (§§ 68 Abs. 2, 54 Abs. 1 S. 3 HGO) entscheidet die Stimme des **Bürgermeisters (primus inter pares)**. Geheime Abstimmungen sind grundsätzlich unzulässig (§ 67 Abs. 2 HGO). Dies gilt auch für Wahlen, es sei denn, dass ein Drittel der Mitglieder des Gemeindevorstands eine geheime Abstimmung verlangt (§ 67 Abs. 2 HGO).

Wenn alle Mitglieder damit einverstanden sind, kann der Gemeindevorstand **Beschlüsse** auch im **Umlaufverfahren** fassen (§ 67 Abs. 1 S. 2 HGO), dh der Beschlussvorschlag muss allen Mitgliedern nebst Begründung schriftlich zugeleitet werden. Es muss sich dabei aber um **rechtlich und tatsächlich einfache Angelegenheiten** handeln, da nur in einem solchen Fall eine sorgfältige Würdigung aller Umstände und ein vorheriger Meinungsaustausch in der Form der Beratung entbehrlich ist (vgl. VGH Bad.-Württb. DÖV 1981, 584).

B. Der Bürgermeister

582 Der Bürgermeister wird grundsätzlich **hauptamtlich** tätig; lediglich in Gemeinden mit weniger als 5000 Einwohnern kann die Hauptsatzung eine ehrenamtliche Verwaltung festlegen (§ 44 Abs. 1 HGO). Die Aufgaben der Bürgermeister sind vielfältig. Zunächst ist der Bürgermeister der **Vorsitzende des Gemeindevorstandes** und führt dessen Geschäfte (§§ 69, 70 HGO). Weiterhin nehmen Bürgermeister und Oberbürgermeister die **Aufgaben der örtlichen Ordnungsbehörden** als Auftragsangelegenheiten in alleiniger Verantwortung wahr (§ 4 Abs. 2 HGO). Für die Erfüllung ihrer Aufgaben als Ordnungsbehörde können Bürgermeister und Oberbürgermeister einen hauptamtlichen Beigeordneten zu ihrem ständigen Vertreter bestimmen (§ 4 Abs. 4 HGO, § 85 Abs. 4 HSOG).

I. Rechtsstellung und Zuständigkeiten

583 Der Bürgermeister **leitet und beaufsichtigt die gesamte Verwaltung** und **sorgt für den geregelten Ablauf der Verwaltungsgeschäfte** (§ 70 Abs. 1 S. 2 HGO). Ihm stehen die mit dem Vorsitz im Gemeindevorstand verbundenen Aufgaben zu. Der Bürgermeister **lädt zu den Sitzungen des Gemeindevorstandes ein**, leitet sie (§§ 67ff.

HGO) und **genehmigt** anschließend die **Sitzungsniederschrift** (§§ 69 Abs. 2, 61 HGO).

1. Vorbereitungskompetenz

Der Bürgermeister bereitet die **Beschlüsse des Gemeindevorstandes** vor und führt sie aus (§ 70 Abs. 1 S. 1 HGO), es sei denn, ein Beigeordneter ist mit der selbstständigen Wahrnehmung der Geschäfte betraut worden (§ 70 Abs. 1 S. 3, Abs. 2 HGO). Nach nicht überzeugender Auffassung des VG Gießen (HSGZ 2000,71) steht dem Bürgermeister jedoch eine primäre Vorbereitungskompetenz zu, die ihn befuge den Dezernenten während der Vorbereitungszeit für Gemeindevorstandsbeschlüsse Weisungen inhaltlicher Natur sowie auch wegen der Dringlichkeit erteilen zu können (aA HessVGH NVwZ-RR 1992, 498). Die **vorrangige Eigenständigkeit** der Beigeordneten gelte nur dann nicht, wenn aufgrund **gesetzlicher Vorschriften** oder wegen der **Bedeutung der Sache** der Gemeindevorstand im Ganzen zur Entscheidung berufen ist. Bei der Bedeutung der Sache handelt es sich um eine Ermessensentscheidung, bei der es keine festen Maßstäbe gibt, sondern auf die besonderen örtlichen und zeitlichen Umstände abzustellen ist (BeckOK Kommunalrecht Hessen/Birkenfeld/ Fuhrmann HGO § 70 Rn. 73). **584**

Es bleibt dem Bürgermeister jedoch unbenommen, in einer Angelegenheit eines „fremden" Arbeitsgebiets eine Beschlussvorlage mit dem von ihm gewünschten Inhalt zu erstellen und dem Gemeindevorstand zur Entscheidung vorzulegen (BeckOK KommunalR Hessen/Birkenfeld/Fuhrmann HGO § 70 Rn. 44; VG Gießen BeckRS 1999, 31166169).

2. Leitung und Beaufsichtigung des Geschäftsganges der Verwaltung

Die Verwaltungsleitung umfasst insbesondere den **geregelten Ablauf der Verwaltungsgeschäfte**, dh die Sorge um die hierfür erforderlichen sachlichen und personellen Mittel. In Ausübung der Verwaltungsleitungsfunktion erlässt der Bürgermeister **allgemeine Dienstanweisungen und Einzelverfügungen**, wobei er die von der Gemeindevertretung aufgestellten allgemeinen Verwaltungsgrundsätze zu beachten hat (§ 51 Nr. 1 HGO). Außerdem trägt er die Verantwortung für die Unterbindung und Verhinderung der von außen kommenden Störungen des Verwaltungsablaufs. Zur Erleichterung seiner Aufsichtspflicht über den Geschäftsgang der gesamten Verwaltung ist der Bürgermeister neben der Gemeindevertretung, dem Gemeindevorstand und dem für die Verwaltung des Finanzwesens zuständigen Beigeordneten befugt Prüfungsaufträge an das **Rechnungsprüfungsamt** zu erteilen (§ 131 Abs. 2 HGO). **585**

3. Geschäftsverteilungskompetenz

Die **Geschäftsverteilungskompetenz** ist **alleinige Aufgabe des Bürgermeisters** (§ 70 Abs. 1 HGO). Die Geschäftsverteilungsbefugnis des § 70 Abs. 1 S. 3 HGO ist nicht an bestimmte Voraussetzungen gebunden. Sie soll dem geregelten Ablauf der Verwaltungsgeschäfte dienen und damit für eine effektive und effiziente Stadtverwaltung sorgen. Dabei kommt dem Bürgermeister eine Einschätzungsprärogative zu (VG Frankfurt Beschluss v. 30.4.2013 L 7 1966/13.F; VG Frankfurt, Beschl.v. 15.10.2012 – 7 L 2501/12.F-). Er legt nach pflichtgemäßem Ermessen fest, **586** ob und in welchem Umfang **Beigeordneten bestimmte Sachgebiete** zur Bearbeitung zugewiesen oder entzogen werden (VGH Hessen ESVGH 57, 123).

Der dem Bürgermeister obliegende weite Ermessensspielraum bei Organisationsentscheidungen ist nach der Rechtsprechung nur auf **rechtsmissbräuchliche Ermessensausübung** überprüfbar (vgl. HessVGH HessVGRspr. 1983, 55). Ein nicht hinnehmbarer Ermessensfehler läge zB dann vor, wenn dem hauptamtlichen Beigeordneten für eine selbstständige Leitungsfunktion kein Raum mehr bliebe (VG Frankfurt Beschluss v. 30.4.2013 - 7 L 1966/13.F -). Ein hauptamtlicher Beigeordneter hat einen Anspruch auf amtsangemessene Beschäftigung. Die Geschäftsverteilung des Bürgermeisters ist allerdings auch bei Entzug Arbeitsgebiete noch nicht ermessensfehlerhaft. Auch ist eine quantitativ oder qualitativ gleichmäßige Verteilung der Geschäfte nicht erforderlich (BeckOK Kommunalrecht Hessen/Birkenfeld/Fuhrmann HGO § 70 Rn. 71). Insbesondere ist es nicht erforderlich, ein Mitglied des Gemeindevorstands in einem bestimmten Umfang mit der Leitung bestimmter Ämter und der Beaufsichtigung einer bestimmten Anzahl von Verwaltungsmitarbeitern zu betrauen (VG Darmstadt, Beschl.v. 19.12.2004 – 3 G 213/4).

Der Bürgermeister kann sich dabei die **Bearbeitung von Angelegenheiten selbst vorbehalten** oder auch Aufgaben **wieder an sich ziehen** oder **neu verteilen**. Der Geschäftsverteilungskompetenz unterliegen nur solche Arbeitsgebiete, die in die **Zuständigkeit des Gemeindevorstandes** gehören; staatliche Angelegenheiten, die ausschließlich dem Bürgermeister zur Wahrnehmung übertragen sind können nicht im Rahmen des § 70 Abs. 1 S. 3 HGO auf Beigeordnete übertragen werden (vgl. aber § 4 Abs. 4 HGO, § 85 Abs. 4 HSOG). Der Bürgermeister ist nicht verpflichtet ehrenamtliche Beigeordnete mit der eigenverantwortlichen Wahrnehmung von Aufgaben zu betrauen. Macht er jedoch hiervon Gebrauch, so muss er seine Entscheidungen nach pflichtgemäßen Ermessen treffen (VG Darmstadt HSGZ 2000, 425).

587 Die Geschäftsverteilung wird in der Regel durch **Geschäftsverteilungspläne** (Dezernatsverteilungspläne) vollzogen. Auch ehrenamtliche Beigeordnete können mit einem bestimmten Aufgabengebiet betraut werden. Ehrenamtliche Beigeordnete dürfen jedoch nicht so stark belastet werden wie hauptamtliche Beigeordnete. Die Grenze liegt dort, wo eine **ordnungsgemäße Aufgabenerledigung** nicht mehr gewährleistet ist (MdI Lt.-Dr. 13/5744, S. 1). **Innerhalb ihrer Aufgabengebiete erledigen die Beigeordneten die Verwaltungsgeschäfte selbstständig**, es sei denn, aufgrund gesetzlicher Vorschrift oder Weisung des Bürgermeisters oder wegen der Bedeutung der Sache, ist der **Gemeindevorstand im Ganzen** zur Entscheidung berufen (§ 70 Abs. 2 HGO). Auch werden Erklärungen der Gemeinde im Namen des Gemeindevorstandes insoweit von dem zuständigen Beigeordneten abgegeben (§ 71 Abs. 1 S. 1 HGO).

588 Eine **allgemeine Dienstanweisung** eines Bürgermeisters, nach der seine Anordnungen denen anderer Vorgesetzter vorgehen, verletzt den Anspruch eines Beigeordneten, die laufenden Verwaltungsangelegenheiten in dem ihm übertragenen Dezernat selbstständig zu erledigen (HessVGH NVwZ-RR 1992, 498).

3.1. Grenzen

589 Durch das Gesetz zur Stärkung der Bürgerbeteiligung und kommunalen Selbstverwaltung vom 23.12.1999 ist die **Geschäftsverteilungskompetenz des Bürgermeisters** neu geregelt worden. Nachdem § 70 Abs. 1 S. 3 HGO aF nunmehr aufge-

Kapitel 6 Die Verwaltungsorganisation 249

hoben worden ist, ist die Geschäftsverteilungskompetenz des Bürgermeisters **unbegrenzt und unbegrenzbar**. Eine Wahl von **hauptamtlichen Beigeordneten für die von der Gemeindevertretung bestimmten Aufgabengebiete** (zB Finanzwesen) ist rechtlich nicht zulässig. Infolgedessen entfaltet auch die Rechtsprechung zum „**Vorbehalt des Kernbereich der Verwaltung**" keine Wirkung mehr.

3.2. Rechtsschutz

Bei Maßnahmen der **Geschäftsverteilung** handelt es sich um **innerorganisatorische Vorgänge** und nicht um anfechtbare Verwaltungsakte (VG Frankfurt, Beschluss v. 15.10.2012 – 7 L 2501/12.F-; HessVGH HSGZ 1987,29ff., HessVGH HessVGRpr. 1983, 55; BVerwG NVwZ 1982, 103). Teilweise wird vertreten, dass die Geschäftsverteilungskompetenz nach allgemeinen beamtenrechtlichen Regeln zu beurteilen sei. Infolgedessen sei ein Vorverfahren (§§ 54 BeamtStG, 105 HBG) auch bei einer Feststellungs- oder allgemeinen Leistungsklage durchzuführen, die Klage sei gegen die Gemeinde zu richten (HessVGH ESVGH 41, 238). Diese Auffassung verkennt, dass die Geschäftsverteilungskompetenz des Bürgermeisters nicht aus seinen beamtenrechtlichen Kompetenzen folgt, auch wenn ihr Gebrauch beamtenrechtliche Folgen nach sich zieht. Sie ist vielmehr Ausdruck seiner in der Kommunalverfassung verankerten Rechtsstellung (ebenso *Meyer*, Staats- und Verwaltungsrecht für Hessen, S. 229). Der Betroffene kann daher Feststellungsklage oder eine allgemeine Leistungsklage auf Rücknahme erheben; der vorläufige Rechtsschutz bestimmt sich nach § 123 Abs. 1 VwGO. Klagegegner in diesem **kommunalen Verfassungsstreit** (vgl. Kap. 7) ist demnach der Bürgermeister. Der verwaltungsgerichtlichen Kontrolle unterliegt aber nur die Frage, ob die Maßnahme den rechtlichen Ermessensgebrauch überschreitet (HessVGH HessVGRpr. 1983, 55).

Literatur: *Borchmann*, Die Geschäftsverteilung unter die Mitglieder des Gemeindevorstandes, HSGZ 1984, 247.

590

4. Der Bürgermeister als Dienstvorgesetzter

Der Bürgermeister ist der **Dienstvorgesetzte aller Bediensteten** der Gemeinde mit **Ausnahme der Beigeordneten** (§ 73 Abs. 2 HGO). Er trifft alle dienstrechtlichen Entscheidungen über die persönlichen Angelegenheiten der ihm nachgeordneten Bediensteten (Genehmigung bzw. Gewährung von Erholungsurlaub, Dienstbefreiung und Dienstreisen). Daneben kann er als Dienstvorgesetzter im Rahmen seiner **Disziplinarbefugnis** Disziplinarmaßnahmen (Verweis, Geldbuße) gegen Gemeindebedienstete verhängen (§ 25 KommHDO). Er ist auch berechtigt, Befugnisse des Dienstvorgesetzten auf andere Bedienstete, zB den Personalamtsleiter, zu übertragen (*Schneider/Dreßler*, HGO, Erl.3 zu § 73 Rn. 14ff.).

591

Als Mitglied der Anstellungsbehörde hat der **Bürgermeister** selbst **keinen Dienstvorgesetzten**. Da aber beamtenrechtliche Entscheidungen auch über seine **persönlichen Angelegenheiten** zu treffen sind, ermächtigt § 73 Abs. 2 S. 2 HGO die Landesregierung durch Verordnung zu bestimmen, wer die Aufgaben des Dienstvorgesetzten gegenüber Bürgermeistern und Beigeordneten wahrnimmt. Nach § 2 Abs. 1 KomDAVO werden diese grundsätzlich von der **Aufsichtsbehörde** (§ 136 HGO) wahrgenommen, **gegenüber Beigeordneten entscheidet der Bürgermeister** über Erholungsurlaub, Dienstbefreiung und Dienstreisen. Nach der Ausnahmeregelung des § 2 Abs. 4 KomDAVO entscheiden **Bürgermeister** über Erholungsurlaub,

Dienstbefreiung bis zu sechs Tagen und Dienstreisen im Inland im Rahmen der gesetzlichen Bestimmungen **für sich selbst.**

Verletzt ein Bürgermeister oder ein Beigeordneter seine Amtspflichten gröblich, kann die Gemeindevertretung nach § 75 HGO bei der Aufsichtsbehörde die Einleitung eines förmlichen Disziplinarverfahrens beantragen. Eine Disziplinarmaßnahme kann von einer Ermahnung bis hin zu der Aberkennung des gesamten Ruhegehalts führen.

Literatur: *Kleerbaum*, Kürzung des Ruhegehalts eines Bürgermeisters wegen inkorrekter Fahrtkostenabrechnung, KOPO 2018, 9 (I).

5. Eilentscheidungsrecht

592 In **dringenden Fällen**, in denen die **vorherige Entscheidung des Gemeindevorstandes nicht eingeholt** werden kann, steht dem Bürgermeister, im Verhinderungsfall seinem allgemeinen Vertreter (§ 47 HGO) ein **Eilentscheidungsrecht** für alle erforderlichen Maßnahmen **im Aufgabenbereich des Gemeindevorstandes** zu (§ 70 Abs. 3 HGO). Voraussetzung hierfür ist, dass eine Maßnahme **keinen Aufschub** duldet und eine **vorherige Entscheidung** des Gemeindevorstandes, sei es in einer regelmäßigen Sitzung oder in einer Eilsitzung oder im Umlaufverfahren (*Schneider/ Dreßler*, HGO, Erl.2.5 zu § 70), **nicht mehr herbeigeführt** werden kann. Der Bürgermeister hat den **Gemeindevorstand unverzüglich**, also ohne schuldhaftes Zögern, hierüber **zu unterrichten**. Eine nachträgliche Genehmigung ist nicht einzuholen.

6. Vertretungsbefugnis und Verpflichtungserklärungen

593 Die **Vertretung im Rechtsverkehr** bestimmt sich nach **§ 71 HGO**. Hiernach vertritt der **Gemeindevorstand** die Gemeinde. § 71 HGO unterscheidet zwischen rechtsgeschäftlichen Erklärungen, die die Gemeinde nicht verpflichten, und solchen, die die Gemeinde verpflichten.

Nichtverpflichtende Erklärungen werden durch den **Bürgermeister** oder dessen allgemeinen **Vertreter im Namen des Gemeindevorstandes** (§ 47 HGO) abgegeben. **Beigeordneten**, denen ein **bestimmtes Arbeitsgebiet übertragen** worden ist, haben kraft Gesetzes ein eigenes Recht, in Angelegenheiten ihres Arbeitsgebietes Erklärungen im Namen des Gemeindevorstandes abzugeben (§ 71 Abs. 1 S. 2 HGO). Der Gemeindevorstand kann auch **andere Gemeindebedienstete** mit der Abgabe der Erklärungen beauftragen. Zu den **nichtverpflichtenden Erklärungen** zählen alle **Verfügungen**, durch die **unmittelbar ein Recht begründet, aufgehoben, übertragen, belastet oder in seinem Inhalt verändert** wird (zB Übereignung, Hypothekenbewilligung, Kündigung, Genehmigung und Widerruf); ebenso verfahrensrechtliche Handlungen wie etwa eine Klageerhebung.

594 **Verpflichtende Erklärungen** sind solche, die darauf abzielen, eine **Verpflichtung zu begründen oder zu erweitern.** Im Gegensatz zu Verfügungsgeschäften ergreifen Verpflichtungsgeschäfte den Gegenstand nicht selbst, sondern **verpflichten den Schuldner, das die gewollte Rechtsänderung herbeiführende Geschäft vorzunehmen.** Hierunter fallen Erklärungen öffentlich-rechtlicher Art, wie die Ernennung von Beamten als auch solche privatrechtlicher Natur, wie der Abschluss von Miet-, Pacht-, Kauf-, Dienst- und Werkverträgen, ein Schuldversprechen oder eine Bürgschaft (vgl. zum Maklervertrag OLG Frankfurt Urt. v. 30.9.2015 – 19 U 19/15). Bei

Verpflichtungserklärungen der Gemeinde (zB Grundstückskäufen) verändert § 71 Abs. 2 HGO die allgemeine Zuständigkeit des Gemeindevorstandes und verschärft zugleich durch die geforderte Schriftform das Erfordernis für eine wirksame Erklärung. Erforderlich ist, dass der **Bürgermeister oder sein Stellvertreter und ein weiteres Mitglied des Gemeindevorstandes unterschreiben** und die Verpflichtungserklärung mit einem **Dienstsiegel** versehen wird.

Dies gilt **nicht** für **Geschäfte der laufenden Verwaltung**, die für die Gemeinde von nicht erheblicher Bedeutung sind (vgl. HessVGH HessVGRspr. 1970, 46), sowie für Erklärungen, die ein für das **Geschäft ausdrücklich Beauftragter** abgibt, wenn die ihm erteilte Vollmacht die für Verpflichtungserklärungen vorgesehene Form wahrt. Die Frage, ob es sich um ein Geschäft der laufenden Verwaltung handelt, ist im Einzelfall schwierig zu beurteilen. Im Anwendungsbereich des § 179 BGB trifft den Empfänger der gemeindlichen Verpflichtungserklärung grundsätzlich weder eine Prüf- noch eine Erkundigungspflicht, ob ein solches vorliegt und sich somit das gemeindliche Vertretungsorgan an die Grenzen seiner Vertretungsmacht hält oder nicht (BGH JZ 2002, 194 [195]).

Eine unter der **Nichtbeachtung der Formerfordernisse** des § 71 Abs. 2 HGO abgegebene Verpflichtungserklärung ist im **Privatrechtsverkehr** nach den Regeln des bürgerlichen Rechts über die Ausübung der Vertretungsmacht (§§ 164ff., 177ff. BGB) zu beurteilen. Verstöße führen daher nach § 125 BGB nicht zur Nichtigkeit des Rechtsgeschäftes, sondern zur **schwebenden Unwirksamkeit** des Vertrages. Der Vertrag wird erst **wirksam durch formgerechten Neuabschluss oder formgerechte Genehmigung** (OLG Frankfurt Gemeindehaushalt 2013, 260 [Leitsatz]). Lediglich **einseitige Geschäfte** sind nach § 180 BGB **nichtig**.

595

Erfolgt eine Behebung der kommunalrechtlichen Formerfordernisse nicht, kann die **Gemeinde** von dem Empfänger der Verpflichtungserklärung grundsätzlich auch **nicht** unter Berufung auf den **auf Vertragserfüllung** in Anspruch genommen werden. Grund hierfür ist, dass sich die Vertrauenshaftung des § 179 BGB auf das Vertrauen bezieht, dass der Vertreter für den Vertretenden rechtsverbindlich handeln kann, nicht aber auf Einhalten von gemeindlichen Formvorschriften durch den gemeindlichen Vertreter (BGH JZ 2002, 194 (196)). Ausnahmsweise hat der BGH eine Einstandspflicht für den Fall gesehen, dass die Nichtigkeitsfolge für den anderen Teil schlechthin untragbar ist (BGH NJW 1984, 606 (607); 1980, 117 (118)), so wenn das für die Willensbildung zuständige Organ dem Verpflichtungsgeschäft zugestimmt hat (BGH NJW 1994, 1528; 1973, 1494 (1495); NVwZ 1990, 403 (405)). Im Übrigen verbleibt dem Empfänger einer formell fehlerhaften und damit nicht rechtsverbindlichen Verpflichtungserklärung die Möglichkeit für den aus dem Vertrauen auf die Wirksamkeit der Verpflichtungserklärung entstandenen Schaden den gemeindlichen Vertreter persönlich aus § 839 BGB in Anspruch zu nehmen.

Grundsätzlich kann die **Nichtbeachtung des § 71 Abs. 2 HGO bei öffentlich-rechtlichen Verpflichtungserklärungen** nicht zu anderen Folgen führen als bei bürgerlich-rechtlichen Verpflichtungserklärungen (vgl. HessVGH NVwZ 1997, 618); die betreffenden **bürgerlich-rechtlichen Vorschriften sind entsprechend anzuwenden**. Hat daher nur ein Vertreter unterschrieben, kann die fehlende zweite Unterschrift und das Dienstsiegel nachgeholt werden. Dies gilt selbst dann, wenn ein Verstoß **gegen das Schriftlichkeitserfordernis** vorliegt, da auch das Schriftformerfordernis lediglich der Begrenzung der Vertretungsmacht dient. Die Vornahme des Rechtsgeschäfts kann daher später durch einen Beschluss des allgemein zuständigen Vertretungsorgans genehmigt werden (HessVGH NVwZ 1997, 618 [620]) unter ausdrücklicher Aufgabe der bisherigen Rechtsprechung).

Allerdings sind die im **öffentlich-rechtlichen Bereich** bestehenden Einzelvorschriften über die **Folgen von Verstößen gegen Form- und Vertretungsvorschriften**, wie die §§ 43ff. HVwVfG für Verwaltungsakte allgemein, die §§ 57, 59 HVwVfG für öffentlich-rechtliche Verträge und § 9 HBG für Ernennungsurkunden zu **beachten**. So müssen bei Ernennungsurkunden die Formerfordernisse spätestens bei ihrer Aushändigung gewahrt sein. Fehlt also eine Unterschrift, so muss im Falle einer Nachholung, wenn es sich um eine wirksame Vornahme handeln soll, eine nochmalige Aushändigung erfolgen.

596 Eine **Bindung der Gemeinde** kann grundsätzlich auch **nicht** unter Anwendung des Grundsatzes von **Treu und Glauben** bewirkt werden (HessVGH HessVGRspr. 1967, 62 [64]). Etwas anderes kann nur dann gelten, wenn die Unwirksamkeit des Vertrages für einen Vertragspartner zu einem schlechthin untragbaren Ergebnis führt und ein notwendiger Ausgleich mit anderen rechtlichen Mitteln nicht zu erzielen ist (BGH DVBl. 1979, 514 [516]; NJW 1984, 606 mwN).

Nicht von § 71 HGO erfasst ist die Abgabe von Erklärungen ohne rechtsgeschäftlichen Charakter, also insbesondere **Presseerklärungen** (vgl. zur Informationspflicht des Gemeindevorstandes Kap. 3 B V). **Politische Erklärungen** können vom Bürgermeister im eigenen Namen oder als Vorsitzender des Gemeindevorstandes in dessen Namen abgegeben werden.

Werden vom Bürgermeister **politische Erklärungen** abgegeben, stellen sich rechtlich grundsätzlich zwei Fragen. Zunächst ist zu klären in welcher Funktion die Äußerungen ergingen, als Amtsträger oder als Privatperson bzw. Parteimitglied, und wenn ersteres bejaht werden muss ist weiterhin zu prüfen, ob das vom Amtsinhaber zu wahrende Neutralitätsgebot verletzt wurde (vgl. Kapitel 3 B V). Das Neutralitätsgebot gilt aber nur für amtliche Äußerungen. Äußerungen im politischen Meinungskampf sind auch Amtsinhabern als Parteimitglied oder Privatperson möglich. Eine Abgrenzung ist nach den Umständen des jeweiligen Einzelfalles zu bestimmen.

Nimmt ein Amtsinhaber staatliche Ressourcen in Anspruch, zB amtliche Kommunikationswege wie einen Twitter-Kanal der Stadt oder der Landesverwaltung, oder werden Presseerklärungen von dem städtischen Presse- und Informationsdienstes abgegeben, sind dies Indizien für eine amtliche Äußerung. Dies gilt auch für Facebook-Seiten, die Fotos des Amtsinhabers zeigen, mit Stadtwappen und Rathausaufnahmen bestückt sind und im Impressum keine privaten Adressen verzeichnen sowie vom Büro des Oberbürgermeisters zumindest mitbetreut werden.

Amtliche Äußerungen eines kommunalen Amtsinhabers dürfen nur innerhalb des ihm zugewiesenen Aufgaben- und Zuständigkeitsbereichs vorgenommen werden (BVerwG NVwZ 2018, 433). Zudem gebietet das für jedes staatliche Handeln geltende Sachlichkeitsgebot den Verzicht auf eine lenkende Einflussnahme auf die Meinungsbildung der Bevölkerung fern eines rationalen und sachlichen Diskurses.

Beispiel einer unzulässigen amtlichen Äußerung: Oberbürgermeister lässt Lichter an öffentlichen Gebäuden während eines Demonstrationszuges abschalten (BVerwG NVwZ 2018, 433 mAnm Stuttmann, S. 436) und zum Abschalten der Rathausaußenbeleuchtung (VG Münster NVwZ 2018, 1353); Aufruf des Oberbürgermeisters an einer friedlichen Gegendemonstration teilzunehmen (BVerwG NVwZ 2018,436); Aufforderung eines Ministerpräsidenten im Twitteraccount der Staatskanzlei an andere Parteien prinzipiell alle NPD-Anträge abzulehnen (BverfGE 138, 102, 118, Rn. 56

Kapitel 6 Die Verwaltungsorganisation

Um das **Vertrauen der Öffentlichkeit in eine unparteiische und uneigennützige Verwaltung** zu stärken, hat der Gesetzgeber mit § 77 HGO die allgemeine Vertretungsregel des § 71 HGO eingeschränkt. Zunächst sind **Ansprüche der Gemeinde gegen Bürgermeister oder Beigeordnete** von der **Gemeindevertretung** geltend zu machen. Außerdem bedürfen **Verträge der Gemeinde** mit **Gemeindevorstandsmitgliedern** und mit **Gemeindevertretern** der **Genehmigung der Gemeindevertretung**. Eine Ausnahme gilt nach § 77 Abs. 2 HGO nur für Geschäfte der laufenden Verwaltung und solchen, die nach festen Tarifen abgewickelt werden.

Literatur: *Barczak*, Die parteipolitische Äußerungsbefugnis von Amtsträgern, NVwZ 2015, 1014; *Berghäuser*, Neutralitätsgebot und Chancengleichheit in der kommunalen Direktwahl – ein Verwaltungsgericht verirrt sich, HSGZ 2001, 419; *Kleerbaum*, Amtliche Wahlbeeinflussung durch Unterlassen kommunalrelevanter Information, KOPO 2017, 7/8 (III); ders. Zwischen politischem Meinungskampf und Neutralitätspflicht, KOPO 2017, 6 (VI).

7. Vertretung der Gemeinde in Gesellschaften

In Gesellschaften, die der Gemeinde gehören (sog. Eigengesellschaften) oder an denen die Gemeinde beteiligt ist, vertritt der **Bürgermeister den Gemeindevorstand kraft Amtes** (§ 125 Abs. 1 S. 2 HGO). Er kann sich jedoch durch ein von ihm bestellten Gemeindevorstandsmitglied vertreten lassen. Die weiteren Vertreter der Gemeinde bestellt der Gemeindevorstand; ihm obliegt auch die jederzeitige Möglichkeit der Abberufung. Nach § 125 Abs. 2 HGO soll der Gemeindevorstand darauf hinwirken, dass die Gemeinde möglichst paritätisch durch Frauen und Männer vertreten wird.

§ 125 HGO ist hinsichtlich des Vertretungs- und Entsendungsrechts gegenüber § 66 Abs. 1 S. 3 Nr. 2 HGO die **speziellere Vorschrift** und geht diesem vor (HessVGH NVwZ-RR 1999, 190). Er ändert jedoch nichts an der allgemeinen Aufgabenverteilung zwischen Gemeindevorstand und Gemeindevertretung (§ 9 Abs. 1 S. 2 und Abs. 2 HGO): Der Gemeindevorstand entscheidet in laufenden Verwaltungsangelegenheiten, die Gemeindevertretung beschließt die wichtigen Angelegenheiten. Der **Gemeindevorstand unterliegt demnach auch in Fällen des § 125 HGO bei seiner Aufgabenwahrnehmung der Kontrolle der Gemeindevertretung** und hat insbesondere **Anfragen und Fragen** (§ 50 Abs. 2 HGO) zu seiner konkreten Aufgabenwahrnehmung in den Gesellschaften zu beantworten (VG Wiesbaden Urt. v. 21.1.2014 – 7 K 898/13.WI -; VG Gießen DVBl 2010, 325 (Leitsatz)).

Vorbehaltlich entgegenstehender Rechtsvorschriften haben alle Vertreter des Gemeindevorstands den Gemeindevorstand gem. § 125 Abs. 1 S. 5 HGO über alle wichtigen Angelegenheiten der Gesellschaft möglichst frühzeitig zu unterrichten und ihm auf Verlangen Auskunft zu geben. Diese **Unterrichtungs- und Auskunftspflicht** findet ihre Schranken allerdings in den §§ 394, 395 AktG und §§ 52 GmbHG iVm § 116 AktG. Ein Bericht über **vertrauliche Angaben und Geheimnissen der Gesellschaft**, etwa technische und kaufmännische Informationen, Meinungsäußerungen über die finanzielle Lage der Gesellschaft in einer Aufsichtsratssitzung, die Kalkulations- und Preisbildungspolitik, eine bestimmte Wohnungsmarktpolitik oder die Beurteilung von Marktchancen eines Produktes in der Sitzung einer Gemeindevertretung ist damit praktisch ausgeschlossen. Allerdings ist nach § 123a Abs. 2 HGO ein **Beteiligungsbericht der Gemeinde** (nicht von der Gesellschaft) zur Information an die Gemeindevertretung zu erstellen.

Neben der Vertretungsregel enthält § 125 Abs. 1 HGO jedoch auch ein Weisungsrecht des Gemeindevorstands. Alle **Vertreter des Gemeindevorstands** sind an die

Weisungen des Gemeindevorstands gebunden, soweit nicht **Vorschriften des Gesellschaftsrechts entgegenstehen** (§ 125 Abs. 1 S. 4 HGO). Mit dieser **Konfliktlösungsregel** will der hessische Gesetzgeber den Fällen Rechnung getragen, in denen die Vertreter des Gemeindevorstands nach Landesrecht verpflichtet sind Weisungen des Gemeindevorstands zu befolgen andererseits aber Bundesgesetzen verpflichtet sind, etwa dem Aktiengesetz, wonach Aufsichtsratsmitglieder im Interesse der Gesellschaft zu handeln haben (vgl. zum Befassungs- und Weisungsrecht der Gemeindevertretung zum Bau eines Kohlekraftwerks HessVGH NVwZ-RR 2012, 566; Beschl.v. 4.5.2009 8 B 304/09 -). Das **Weisungsrecht erstreckt jedoch nur auf unmittelbare Beteiligungen** der Gemeinde, nicht hingegen deren Tochtergesellschaften (übersichtlich differenzierend zu der Rechtslage von Beteiligungsgesellschaften, Rauber, HGO-Kommentar zu § 125 HGO).

Letztlich hilft nur eine ausdrückliche Regelung im Gesellschaftsvertrag, Auseinandersetzungen über das kommunale Weisungsrecht zwischen Gemeindevorstand und Aufsichtsratsmitgliedern zu vermeiden (BVerwG KomJur 2011, 456).

Literatur: *Katz,* Demokratische Legitimationsbedürftigkeit der Kommunalunternehmen, NVwZ 2018, 1091; *Meyer,* Grundfragen der Haftung kommunaler Vertreter in Aufsichtsräten einer kommunalen GmbH, LKRZ 2014, 270; *Schiffer/Wurzel,* Weisungsrecht des Stadtrats gegenüber seinen Vertretern im Aufsichtsrat eines kommunalen Versorgungsbetriebes, KommJur 2012, 52; Die Geschäftsverteilung unter die Mitglieder des Gemeindevorstandes, HSGZ 1984, 247; *Ziche/Herrmann,* Weisungsrechte gegenüber Aufsichtsratsmitgliedern in Satzungen kommunaler Eigengesellschaften, DÖV 2014, 111.

8. Antrags- und Rederecht in der Gemeindevertretung

598 Der Bürgermeister ist **Sprecher** des zur Teilnahme an den Sitzungen der Gemeindevertretung berechtigten und verpflichteten **Gemeindevorstandes** (§§ 70, 59 HGO). Er muss **jederzeit** zu dem Gegenstand der Verhandlungen **gehört** werden und ist **verpflichtet**, der **Gemeindevertretung** auf Anfragen **Auskünfte zu den Beratungsgegenständen** zu erteilen. Das Teilnahmerecht bzw. die Teilnahmepflicht steht allerdings unter dem Vorbehalt des § 25 HGO (Widerstreit der Interessen). Ohne oder gegen den Willen des Bürgermeisters können Beigeordnete in den Sitzungen der Gemeindevertretung nicht das Wort ergreifen. Der **unmittelbar gewählte Bürgermeister** kann eine von der Auffassung des Gemeindevorstandes **abweichende Meinung** darlegen (§ 59 S. 3 HGO). Daneben besteht eine Ausnahmeregelung für den mit dem **Finanzwesen beauftragten Beigeordneten**, der im Rahmen der Beratung des Haushaltsplanes (§§ 97 Abs. 1 und 3, 101 Abs. 3 HGO) seine abweichende Auffassung vortragen kann.

Mit der Änderung des § 56 Abs. 1 S. 2 HGO hat der Bürgermeister nunmehr auch das Recht die **Einberufung der Gemeindevertretung** unter Angabe der zur Verhandlung stehenden Gegenstände zu verlangen. In Verbindung mit § 58 Abs. 5 S. 2 HGO ergibt sich für den Bürgermeister für den Fall einer von ihm verlangten Sondersitzung nach § 56 Abs. 1 S. 2 HGO ein **eigenes Antragrecht**. Für ein vom Gesetzgeber gewolltes allgemeines Antragrecht in der Gemeindevertretung hätte es allerdings einer Klarstellung bedurft (BeckOK KommunalR Hessen/Birkenfeld/Fuhrmann § 70 Rn. 22; *Bennemann/Teschke,* HGO, § 56 Rn. 34a).

Kapitel **6** Die Verwaltungsorganisation 255

9. Widerspruchs- und Beanstandungspflicht

Grundsätzlich unterliegen die Beschlüsse der Gemeindevertretung als auch die des Gemeindevorstands den **Widerspruchs- und Beanstandungspflichten des Bürgermeisters** (§§ 63, 74 HGO). Bei dem Widerspruchs- und Beanstandungsverfahren handelt es sich um ein **Institut der Willensbildung der Gemeindeorgane**, so dass der **einzelne Bürger keinen rechtlich durchsetzbaren Anspruch auf Einschreiten des Gemeindevorstandes hat** (VG Gießen HGZ 2012, 320). 599

9.1. Widerspruchs- und Beanstandungspflicht gegenüber der Gemeindevertretung

Verletzt ein **Beschluss der Gemeindevertretung**, worunter nicht nur Sachbeschlüsse, sondern auch Wahlen fallen, das **Recht**, hat der **Bürgermeister** das Recht und die Pflicht, ihm unverzüglich, spätestens aber **innerhalb von zwei Wochen** nach der Beschlussfassung (§§ 187 Abs. 1, 188 Abs. 2 BGB) zu widersprechen (§ 63 Abs. 1 S. 1,3 HGO). Ein Ermessens- oder Beurteilungsspielraum besteht hinsichtlich der Pflicht des Bürgermeisters zur Beanstandung nicht (VG Gießen LKRZ 2013, 383). Der Widerspruchpflicht unterliegen jedoch nicht die von der Gemeindevertretung im Rahmen eines Wahlprüfungsverfahrens nach § 26 KWG gefassten Beschlüsse, da das Kommunale Wahlgesetz (KWG) insofern abschließende Regelungen enthält (vgl. Kap.4 B V). 600

Eine Widerspruchs- und Beanstandungspflicht setzt ein, wenn ein Beschluss der Gemeindevertretung gegen ein Gesetz im materiellen Sinn verstößt. Hierunter fallen aber nicht nur **die formellen gemeindlichen Verfahrens- und Kompetenzvorschriften**, sondern auch **materielle Regelungen in Bundes- und Landesgesetzen**, etwa des Gesellschaftsrechts (vgl. oben Kap.6 B I.7.). Ein Rechtsverstoß kann sich daher auch aus einer im „Außenverhältnis" zu **erfolgenden Umsetzung einer erteilten Weisung** ergeben (§ 125 Abs. 1 HGO; vgl. zum Bau eines Kohlekraftwerks Hess-VGH NVwZ-RR 2012, 566; Beschl.v. 4.5.2009 8 B 304/09).

Gefährdet der Beschluss der Gemeindevertretung das Gemeinwohl kann der Bürgermeister ihm widersprechen (§ 63 Abs. 1 S. 2 HGO). Eine **Gefährdung des Gemeinwohls**, die nicht zugleich eine Rechtsverletzung darstellt, ist insbesondere bei Maßnahmen und Planungen der Gemeindevertretung denkbar, die die Verwaltungs- und Finanzkraft der Gemeinde über Gebühr beanspruchen (*Schneider/Dreßler*, HGO, Erl.3 zu § 63). In Betracht kommt vor allem die freiwillige Schaffung und Unterhaltung von öffentlichen Einrichtungen, solange nicht gleichzeitig gegen den Rechtsgrundsatz der sparsamen und wirtschaftlichen Haushaltsführung verstoßen wird (*Bennemann*, HGO, § 63, Rn. 7). Die **überwiegend subjektive Beurteilung** der Frage des Vorliegens der **Gefährdung des Gemeinwohls** hängt nicht unmaßgeblich von allgemeinen politisch-wirtschaftlichen Betrachtungen und beabsichtigten Zukunftsentwicklungen der Gemeinde ab.

Der **Widerspruch** hat **aufschiebende Wirkung**. Lässt die Gemeindevertretung die Angelegenheit an dieser Stelle auf sich beruhen, so ist die Sache zugunsten des Bürgermeisters entschieden. Er muss den Beschluss nicht ausführen (§§ 70 Abs. 1 S. 1, 66 Abs. 1 Nr. 2 HGO). Fasst die Gemeindevertretung **erneut denselben oder einen in der Sache erweiterten Beschluss**, muss der Bürgermeister ihn unverzüglich, spätestens aber innerhalb einer Woche gegenüber dem Vorsitzenden der Gemeindevertretung beanstanden (§ 63 Abs. 2 S. 1 HGO). Der Bestätigungsbeschluss der Gemeindevertretung darf frühestens in einer **drei Tage** nach der ersten Beschlussfassung stattfindenden Sitzung gefasst werden (§ 63 Abs. 1 S. 5 HGO). Auch die **Beanstandung** hat **aufschiebende Wirkung**; der Bürgermeister ist also nicht verpflichtet, den Beschluss auszuführen. Eine Beanstandung ist allerdings nur dann möglich, wenn der Beschluss geltendes **Recht verletzt**; eine Gemeinwohlgefährdung reicht hierfür nicht mehr aus. Grund hierfür ist, dass den Gemeindevertretern mit dem Widerspruch das Fachwissen des Gemeindevorstands zur Verfügung gestellt wurde, dieser seiner Rolle als Fachbehörde also nachgekommen ist. Bleibt die Gemeindevertretung dennoch bei ihrer Auffassung, soll sie – soweit nicht das Recht verletzt ist – als oberstes und politisch verantwortliches Organ endgültig entscheiden können. Die Beanstandung ist **schriftlich zu begründen** (§ 63 Abs. 2 HGO).

Die **Rechtsnatur der Beanstandung** ist **umstritten**. In der Literatur wird vertreten, dass es sich um einen **innerorganschaftlichen Rechtsakt** handele, dem es an der für Verwaltungsakte nach § 35 HVwVfG erforderlichen Außenwirkung fehle (*Meyer*, Staats- und Verwaltungsrecht für Hessen, S. 199; heftige Kritik übt auch *Bennemann*, HGO § 63 Rn. 54ff.). Auch müssten sonst für seinem Erlass die Regeln der §§ 9 bis 34 HVwVfG angewendet werden, die nicht zu dem Zweck des Beanstandungsrecht passten. Nach der ständigen **Rechtsprechung des Hessischen Verwaltungsgerichtshofs** ist die Beanstandung ein **Verwaltungsakt** (HSGZ 1996, 465; HessVGRspr. 1976, 1; Inf.HStT 1986, 97; vgl. auch VG Gießen LKRZ 2013, 383 und LKRZ 2013, 330 zu Formerfordernissen), der zur Erhebung der **Anfechtungsklage** durch die Gemeindevertretung nach den Vorschriften der Verwaltungsgerichtsordnung berechtigt.

Literatur: *Weitz*, Zu den verfahrensrechtlichen und formellen Tücken der Beanstandung von Gemeindevertretungsbeschlüssen, LKRZ 2013, 322.

Für die Rechtsauffassung des VGH spricht zunächst, dass das Gesetz selbst davon ausgeht, dass die Beanstandung ein Verwaltungsakt ist, da andernfalls die Regelung des § 63 Abs. 2 S. 3 HGO leer liefe. Das Gesetz verweist insoweit auf die Verwaltungsgerichtsordnung, mit der Maßgabe, dass ein **Vorverfahren nicht stattfindet**. Ein Vorverfahren nach §§ 68ff. VWGO findet aber nur dann statt, wenn ein Widerspruch gegen einen Verwaltungsakt eingelegt wird. Die Außenwirkung kann auch nicht deshalb verneint werden, weil ein Streit zwischen zwei Gemeindeorganen vorliegt. Vielmehr sind beide, Gemeindevertretung und Gemeindevorstand, als selbstständige Träger von Rechten und Pflichten betroffen.

Klageziel ist die **Aufhebung der Beanstandung**. Im verwaltungsgerichtlichen Verfahren haben die Gemeindevertretung (Klägerin) und der Bürgermeister (Beklagter) die Stellung von Verfahrensbeteiligten. Nachdem § 63 Abs. 2 S. 6 HGO nunmehr ausdrücklich bestimmt, dass die aufschiebende Wirkung der Beanstandung auch nach **Erhebung der Anfechtungsklage** bestehen bleibt, erübrigt sich die nach früherer Rechtslage wegen § 80 Abs. 1 VwGO erforderliche Notwendigkeit der Anordnung der sofortigen Vollziehung (§ 80 Abs. 2 Nr. 4 VwGO) der Beanstandung (vgl. HessVGH HessVGRpr. 1991, 41; HessVGH NVwZ-RR 1996, 409). Die Anfechtungsklage der Gemeindevertretung kann um einen Eilantrag (§ 80 Abs. 5 VwGO analog) auf Anordnung der aufschiebenden Wirkung der Klage ergänzt werden (so auch VG Kassel NVwZ-RR 2001, 466; VG Gießen HSGZ 2002, 129).

Wird der **Bürgermeister nicht innerhalb der ihm eingeräumten Frist tätig**, obwohl die **Gemeindevertretung einen rechtswidrigen Beschluss** gefasst hat, so ist der **Gemeindevorstand** nach Ablauf der Frist des § 63 Abs. 1 S. 3 HGO berechtigt und verpflichtet, innerhalb weiterer zwei Wochen anstelle des Bürgermeisters dem Beschluss zu **widersprechen** und im weiteren Verfahren einen rechtswidrigen Beschluss zu **beanstanden** (§ 63 Abs. 4 HGO), um auf diese Weise eine verwaltungsgerichtliche Entscheidung zu erzwingen (sog. **subsidiäres Beanstandungsrecht des Gemeindevorstands**). In einem etwaigen **verwaltungsgerichtlichen Verfahren** ist der **Gemeindevorstand** anstelle des Bürgermeisters **Verfahrensbeteiligter** (§ 63 Abs. 4 S. 3 HGO). Bei Gemeinwohlgefährdungen kann der Gemeindevorstand unter den gleichen Voraussetzungen wie der Bürgermeister widersprechen, eine Beanstandung ist jedoch nicht möglich. Die Gemeindevertretung entscheidet in einem solchen Fall endgültig.

Wird ein Widerspruch oder eine Beanstandung des Bürgermeisters unter dem Briefkopf „Der Magistrat" erlassen, kann die Verfügung nur dem Magistrat zugerechnet werden; eine Berichtigung nach § 42 HessVwVfG kommt nicht in Betracht (VG Gießen LKRZ 2013, 330).

9.2. Widerspruchs- und Beanstandungspflicht gegenüber dem Gemeindevorstand

Verletzt ein **Beschluss des Gemeindevorstandes** das **Recht**, hat der Bürgermeister dem Beschluss innerhalb von zwei Wochen nach der Beschlussfassung zu widersprechen (§ 74 Abs. 1 S. 1 HGO). **Gefährdet ein Beschluss der Gemeindevertretung das Wohl der Gemeinde**, kann der Bürgermeister widersprechen (§ 74 Abs. 1 S. 2 HGO). Der **Widerspruch** hat **aufschiebende Wirkung**. Danach hat der Gemeindevorstand über die Angelegenheit in einer neuen Sitzung nochmals zu beschließen. **Bestätigt der Gemeindevorstand** seinen Beschluss, kann der **Bürgermeister** innerhalb einer Woche die **Entscheidung der Gemeindevertretung** anrufen. Die Entscheidung der Gemeindevertretung unterliegt den sich aus **§ 63 HGO** ergebenden **Widerspruchs- und Beanstandungspflichten des Bürgermeisters**.

601

Das Widerspruchsrecht des Bürgermeisters besteht **nicht gegenüber Beschlüssen** des Gemeindevorstandes **über die Einlegung von Widersprüchen und Beanstandungen** nach § 63 HGO, da sonst der Gemeindevorstand in der Wahrnehmung seiner aus § 63 HGO entstehenden Pflichten gehindert würde.

Literatur: *Weitz*, Zu den verfahrensrechtlichen und formellen Tücken der Beanstandung von Gemeindevertretungsbeschlüssen, LKRZ 2013, 322.

Schaubild 9: Widerspruchs- und Beanstandungsverfahren I (§ 63 HGO)

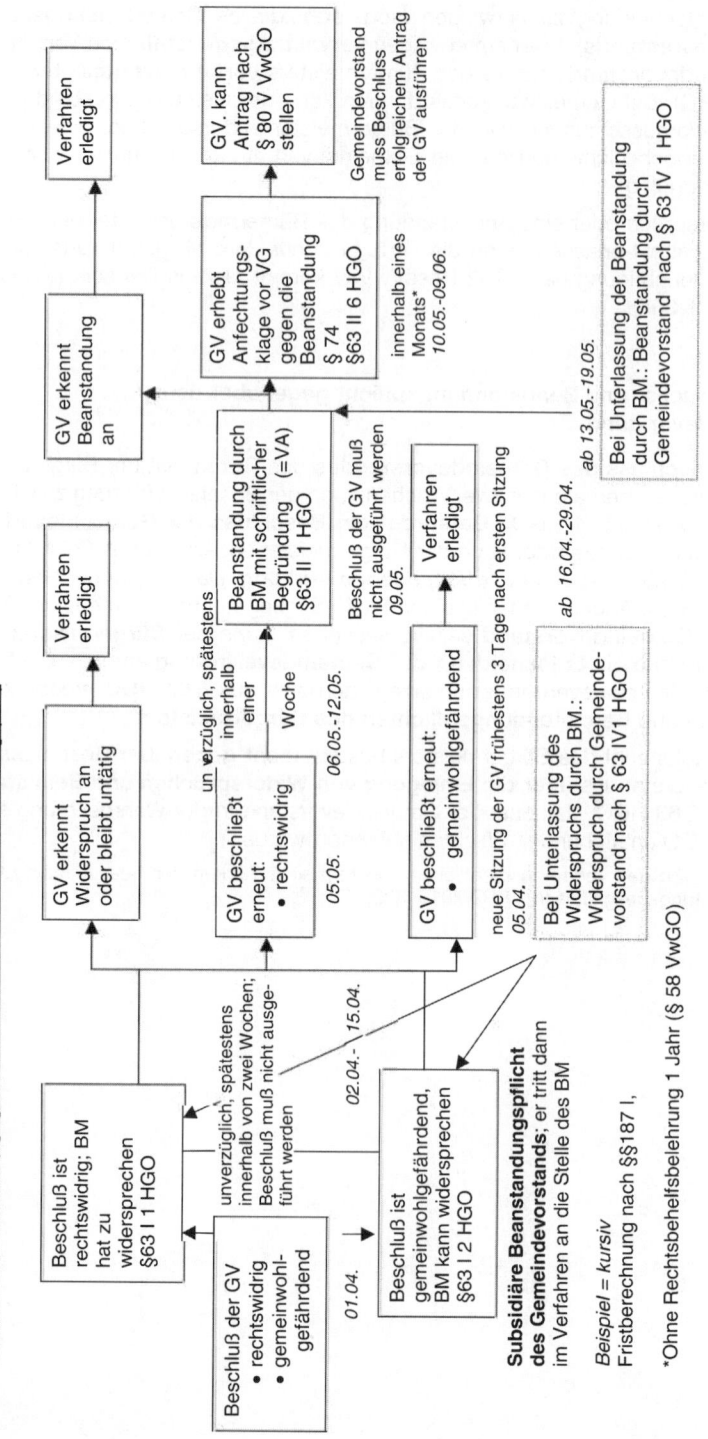

Kapitel **6** Die Verwaltungsorganisation

Schaubild 10: Widerspruchs- und Beanstandungsverfahren II (§ 74 HGO)

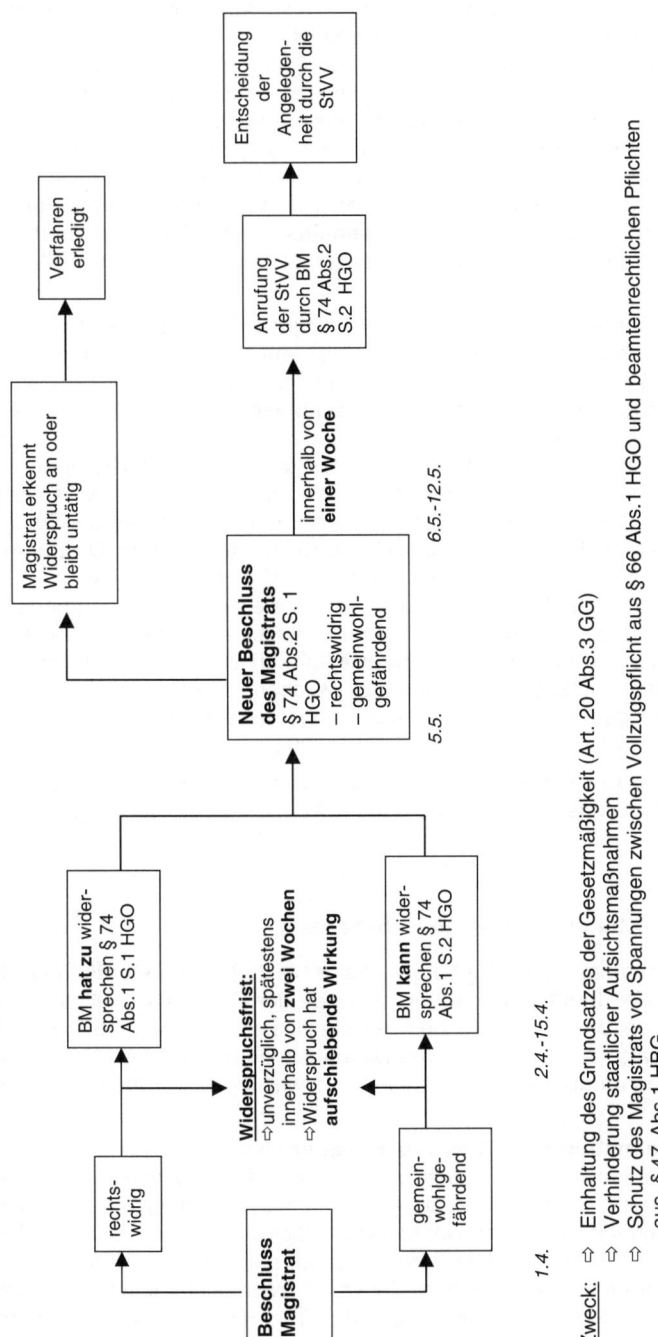

II. Der Bürgermeister als örtliche Ordnungsbehörde

602 **Oberbürgermeister und Bürgermeister** nehmen die **Aufgaben der allgemeinen Ordnungsbehörden als örtliche Ordnungsbehörden** als Auftragsangelegenheiten in **alleiniger Verantwortung** (§ 4 Abs. 2 HGO iVm § 85 Abs. 1 HSOG) wahr. Folglich müssen sie weder – in bedeutenden Angelegenheiten – den Gemeindevorstand konsultieren (§ 70 Abs. 2 HGO), noch der Gemeindevertretung auf Verlangen Rechenschaft ablegen (§ 50 Abs. 2 HGO), noch in wichtigen Angelegenheiten diese laufend unterrichten bzw. ihr von Anordnungen der Aufsichtsbehörde Kenntnis verschaffen (§ 50 Abs. 3 HGO). Die **Zuständigkeit** der **gemeindlichen Selbstverwaltungsorgane** beschränkt sich auf **haushalts- und personalrechtliche Angelegenheiten**, die im Zusammenhang mit der Erfüllung der Aufgaben stehen (vgl. HessVGH NVwZ-RR 1992, 619 [622]).

Zur Erfüllung der Aufgaben als allgemeine Ordnungsbehörden können Oberbürgermeister und Bürgermeister **hauptamtliche Beigeordneten** zu ihren ständigen **Vertretern** bestellen (§ 85 Abs. 4 HSOG). Bei den von den allgemeinen Ordnungsbehörden wahrzunehmenden **Aufgaben der Gefahrenabwehr** handelt es sich unter anderem um das Pass-, Personalausweis- und Ausländerwesen, das Versammlungswesen, das Waffenwesen, die Kraftfahrzeugzulassung, die Lärmbekämpfung, die Beförderung gefährlicher Güter, die Sperrzeitfestsetzung und um Tanzveranstaltungen (§ 85 Abs. 1 Nr. 4 HSOG iVm § 1 Zuweisungsverordnung). Soweit der **Oberbürgermeister Aufgaben der Versammlungsbehörde als allgemeine Ordnungsbehörde** wahrnimmt (§§ 14, 15 VersammlG, 4 Abs. 2 und 3 HGO, 85 Abs. 1 S. 1 Nr. 4, S. 2, 89 Abs. 1 S. 1, Abs. 2 S. 1 HSOG), hat er sich in dieser **Auftragsangelegenheit** zu mäßigen und sich jeglicher politischer Meinungsäußerung in der Öffentlichkeit zu enthalten, um keine Zweifel an seiner **Unparteilichkeit** als Versammlungsbehörde aufkommen zu lassen. Insbesondere verstößt es gegen die Neutralitätspflicht zur Teilnahme an Gegendemonstrationen anlässlich angemeldeter Versammlungen unter freiem Himmel aufzurufen (HessVGH LKRZ 2013, 329).

Der **Aufsichtsbehörde** steht nicht nur ein **Weisungsrecht im Einzelfall** (§ 87 Abs. 1 HSOG), sondern auch das **Recht auf Selbsteintritt** (§ 88 Abs. 1 HSOG) zu (vgl. zum Aufgabentypus Kap. 2 C II und III).

III. Der Bürgermeister als untere Landesbehörde

603 In kreisfreien Städten hatte der Oberbürgermeister bis 2005 auch **staatliche Aufgaben als Behörde der Landesverwaltung** im Wege der Organleihe wahrzunehmen. Zu den Aufgaben gehörten die Aufgaben des staatlichen Veterinäramts, die Aufgaben der unteren Kataster- und Landesvermessungsbehörde (Katasteramt) und weitere Aufgaben, die ihm als Behörde der Landesverwaltung übertragen wurden (vgl. Kap. 2 C III).

Die in der **Doppelfunktion des Oberbürgermeisters** als Leiter einer Landesbehörde und als Vorsitzender des Magistrats begründete Aufgabe war die Koordination zwischen der staatlichen Abteilung und der Kommunalverwaltung. Zwar unterstanden die Oberbürgermeister bei der Wahrnehmung der staatlichen Aufgaben der jeweils zuständigen Behörde der Mittelstufe der Landesverwaltung, sie waren jedoch auch insoweit **kommunale Wahlbeamte**. Der Oberbürgermeister konnte mit Zustimmung der jeweils zuständigen Aufsichtsbehörde einen **hauptamtlichen Beigeordneten** für bestimmte Aufgaben zu seinem ständigen **Vertreter** bestellen. Weiterhin hatte das Land dem Oberbürgermeister die zur Erfüllung seiner diesbezüglichen Aufgaben erforderlichen Bediensteten und Einrichtungen bereitzustellen.

Mit dem Erlass des **Gesetzes zur Kommunalisierung des Landrats sowie des Oberbürgermeisters als Behörden der Landesverwaltung** vom 21.3.2005 (GVBl. I S. 230 und Änderungsgesetz vom 7.9.2009, Drs. 18/1053) hat der Gesetzgeber den **Oberbürgermeister als Behörde der Landesverwaltung aufgelöst**. Die bis 2005 von ihm wahrgenommenen Aufgaben in den Bereichen des Veterinärwesens, der Lebensmittelüberwachung und des Verbraucherschutzes werden nunmehr von ihm als Auftragsangelegenheit nach § 4 Abs. 2 HGO erledigt.

Kapitel 7 Der kommunale Verfassungsstreit

A. Begriff

604 In den vorhergehenden Kapiteln wurden Zuständigkeiten sowie Rechte und Pflichten der gemeindlichen Organe bzw. Organteile dargestellt. Die hierbei aufgeführten zahlreichen Beziehungen zwischen den Organen oder innerhalb der Organe führen in der Praxis nicht selten zu Streitigkeiten. Unter einem kommunalen Verfassungsstreit, der zutreffender als **kommunales Organstreitverfahren** bezeichnet werden kann, versteht man daher einen vor Gericht ausgetragenen **Streit zwischen oder innerhalb von Organen ein und derselben kommunalen Gebietskörperschaft über den Bestand und die Reichweite deren innerorganschaftlichen Rechte und Pflichten**, insbesondere über die Rechtmäßigkeit der von den Organen oder Organteilen gefassten Beschlüsse.

Besteht der Streit zwischen zwei Organen, spricht man von einem **Interorganstreit**.

Beispiele: Ein hauptamtlicher Beigeordneter geht gegen seine vorzeitige Abberufung durch die Gemeindevertretung vor (HessVGH NVwZ 1985, 604). Ein Gemeindevertreter klagt auf Widerruf ihn betreffender ehrverletzender amtlicher Äußerungen des Bürgermeisters (HessVGH ESVGH 63,39). Der Gemeindevorstand klagt gegen eine Fraktion auf Unterlassung hinsichtlich ehrverletzender Äußerungen (VG Gießen, Urt.v. 31.1.2013 – 8K3461/11Gl.

Wird die Streitigkeit innerhalb eines Organs ausgetragen, handelt es sich um einen **Intraorganstreit**, der als Streit zwischen zwei Organteilen oder in der Form eines Streites zwischen einem Organteil und dem Gesamtorgan auftreten kann.

Beispiele: Ein Gemeindevertreter klagt gegen die Gemeindevertretung wegen eines zu erfolgten Ausschlusses der Öffentlichkeit (HessVGH, Beschl.v. 15.3.2019 – 8 A 1034/15.Z -,juris). Ein Gemeindevertreter wendet sich gegen den Vorsitzenden der Gemeindevertretung, da dieser ihm das Wort entzogen hat oder gegen den mehrheitlich gefassten Beschluss der Gemeindevertretung, ihn wegen Befangenheit von einer Abstimmung auszuschließen (HessVGH NVwZ 1982, 44). Ein hauptamtliches Mitglied des Magistrats klagt gegen den Oberbürgermeister auf amtsangemessene Zuteilung eines Geschäftsbereichs (VG Frankfurt Beschluss 7 L 1966/13.F v. 30.4.2013).

B. Entwicklung und Abgrenzung

605 Das Kommunalverfassungsstreitverfahren ist gesetzlich nicht geregelt. Seine heutige allgemeine Anerkennung als **verwaltungsprozessuales Rechtsinstitut** ist das Resultat eines langen beschwerlichen Entwicklungsprozesses. Schwierigkeiten bereitete zunächst die Tatsache, dass das gesetzlich normierte Klageverfahren der VwGO, insbesondere dessen **Klagearten nicht auf Innenrechtsbeziehungen zwischen einzelnen Organen, Organvertretern und Organteilen einer Körperschaft zugeschnitten ist**, sondern auf Außenrechtsbeziehungen zwischen selbstständigen natürlichen und juristischen Personen zielt. Charakteristisch für den Kommunalverfassungsstreit ist aber, dass die **Streitenden nicht in ihrer Eigenschaft als natürlichen Personen, sondern in ihrer Organfunktion auftreten und um ausschließlich organschaftlich begründete Rechte streiten**. Das Kommunalverfassungsstreitverfahren stellt insoweit eine **Ausnahme vom grundsätzlichen Verbot des Insichprozesses** dar, wonach ein Gerichtsstreit zwischen zwei Behörden einer juristischen Person des öffentlichen Rechts unzulässig ist, um die Einheit der Verwaltung nicht zu gefährden.

Kapitel 7 Der kommunale Verfassungsstreit

Während also zunächst in den verwaltungsrechtlichen Verfahren Streitigkeiten verfolgt wurden, die im Außenrechtsverhältnis der Gemeinde begründet waren (zB Bürger klagt gegen die Gemeinde auf Erteilung einer Baugenehmigung), setzte sich allmählich die Erkenntnis durch, dass **auch in der Verwaltung Innenrechtsbeziehungen bestehen**. Da aber eine Schlichtung von auftretenden Streitigkeiten durch die **Rechtsaufsichtsbehörde** im Hinblick auf das für ein Einschreiten geltende **Opportunitätsprinzip** (vgl. Kapitel 10 A II1) nicht immer zu erreichen war, wurde eine Klärung vor den Verwaltungsgerichten gesucht.

Kommunalverfassungsstreitigkeiten sind von anderen typischen Streitverfahren **606** abzugrenzen. Nicht um einen kommunalen Verfassungsstreit handelt es sich zunächst im Fall eines **gemeindeinternen Beanstandungsverfahrens**, in dem der Bürgermeister oder der Gemeindevorstand einem rechtswidrigen Beschluss der Gemeindevertretung widerspricht und ihn in der Folge beanstanden muss (§ 63 HGO; vgl. Kapitel 6; aA ausdrücklich *Bennemann*, HGO, § 63 Rn..53). Andere Gemeindeorgane oder Organteile haben nämlich nicht die Möglichkeit, die Erfüllung dieser Pflicht zu erzwingen. Das gemeindeinterne Beanstandungsverfahren dient allein dem Prinzip der Gesetzmäßigkeit der Verwaltung und nicht dem subjektiven Rechtsschutz.

Auch **Streitigkeiten zwischen den Gemeinden und Gemeindeverbänden** oder **kommunale Aufsichtsklagen** gehören nicht zu den Kommunalverfassungsstreitigkeiten, da sie keine körperschaftsinterne Rechtsposition zum Gegenstand haben.

Ebenso wenig handelt es sich bei der **kommunalrechtlichen Wahlprüfungsklage** (§ 55 Abs. 6 HGO) um einen Kommunalverfassungsstreit. Im Gegensatz zum Kommunalverfassungsstreit bedarf es hier nämlich nicht der Prüfung, ob wehrfähige Organ- oder Mitgliedschaftsrechte geltend gemacht werden, da für die Klagebefugnis allein die Tatsache genügt, dass der Kläger Gemeindevertreter ist.

Ferner zählt auch das **kommunale Wahlprüfungsverfahren** nach § 26 KWG nicht zu den Kommunalverfassungsstreitigkeiten, der abschließend den Kreis der Beteiligten, nämlich den Wahlleiter, den Wahlbewerber, dessen Wahl angefochten wird oder dessen Ausscheiden zu prüfen ist und dem Wahlberechtigten, der die Wahl angefochten hat, regelt. Schließlich handelt es sich bei der **kommunalen Verfassungsbeschwerde** (Art. 93 Abs. 1 Nr. 4b GG iVm § 91 BVerfGG; vgl. Kapitel 1 D IV 1) nicht um einen Organstreit innerhalb der Gemeinde, sondern um ein der Gemeinde eingeräumtes Recht zum Schutz der kommunalen Selbstverwaltungsgarantie (Art. 28 Abs. 2 GG).

C. Zulässigkeit

I. Verwaltungsrechtsweg

Das Kommunalverfassungsstreitverfahren ist eine **öffentlich-rechtliche** Streitigkeit **607** iSd § 40 Abs. 1 S. 1 VwGO. Kläger und Beklagte sind Organe oder Organteile einer juristischen Person des öffentlichen Rechts, die sich über den Umfang von Kompetenzen streiten, die nach öffentlichem Recht, nämlich primärem (HGO) oder sekundärem Kommunalverfassungsrecht (Satzungen, Geschäftsordnungen) zu beurteilen sind. Das Kommunalverfassungsstreitverfahren ist auch **keine verfassungsrechtliche Streitigkeit**, da sich die Organrechte aus **Normen des einfachen Rechts** und nicht aus dem Verfassungsrecht des Bundes oder Landes ergeben. Die Streitenden sind auch **keine Verfassungsorgane** im materiellen staatsrechtlichen Sinn wie Bundestag, Bundesrat, Bundespräsident, Bundesversammlung und Bundesregierung, denen durch die Verfassung selbst Rechte übertragen sind. Ferner gibt es keine Sonderzuweisungen zu anderen Gerichten (HessVGH HessVGRspr. 1970, 65ff.).

II. Statthaftigkeit der Klageart

608 Die intensiv geführte wissenschaftliche Auseinandersetzung mit der Frage der Einfügung von Innenrechtsstreitigkeiten des Kommunalverfassungsstreits in das statthafte Klagesystem der VwGO gilt als weitgehend beendet.

Zunächst ging die Rechtsprechung der Oberverwaltungsgerichte davon aus, dass Kommunalverfassungsstreitigkeiten mit keiner der in der VwGO genannten Klagearten ausgetragen werden können (OVG NW OVGE 27, 258 [260]). Sie bezeichneten den Kommunalverfassungsstreit daher als Klage besonderer Art (**Klage sui generis**). Gegen diese Auffassung sprach jedoch, dass das Klagesystem der VwGO aufgrund der umfassenden Regelungen der Klagearten als abschließend anzusehen ist (VGH Bad.-Württb. BWVBl. 1973, 137; Kopp/Schenke § 43 VwGO Rn..10).

609 Überwiegend wurden auch die Verwaltungsakte (§ 35 HVwVfG) voraussetzenden Klagearten wie die **Anfechtungs- und Verpflichtungsklage** (§ 42 Abs. 1 VwGO) mit unterschiedlichen Begründungen als unstatthaft zurückgewiesen. Zum einen wurde vertreten, dass die streitenden Organe bzw. Organteile materiellrechtlich in einem Verhältnis der Gleichordnung und nicht in einem für den Erlass eines Verwaltungsaktes typischen Über- bzw. Unterordnungsverhältnis stünden. Auch sei je nach Auslegung des Behördenbegriffs ein entsprechendes Tätigwerden der gemeindlichen Organe oder Organteile **als Behörde** fraglich, da die Rechtsstreitigkeiten regelmäßig in und unter den **Willensbildungsorganen** der Gemeinde ihren Ausgang fanden. Letztlich wurde die Unzulässigkeit von Anfechtungs- und Verpflichtungsklage überzeugend mit dem **Fehlen** an einer für einen Verwaltungsakt unabdingbaren **Regelung im Außenverhältnis** begründet (HessVGH HSGZ 1987, 29ff.; DVBl. 1989, 934; ausführlich Kopp/Schenke vor § 40 VWGO Rn..6ff., Anhang § 42 VwGO Rn.. 86ff. m.v.N.).

610 Zulässige Klagearten sind inzwischen nach überwiegender Mehrheit die **allgemeine Leistungsklage** (§§ 43 Abs. 2, 113 Abs. 4 VwGO) und die **Feststellungsklage** (§ 43 Abs. 1 VwGO).

Mit einer Leistungsklage im Kommunalverfassungsstreit wird eine gemeindliche Organhandlung begehrt, die in einem Tun, Dulden oder Unterlassen besteht.

Beispiele: Anspruch eines Gemeindevertreters auf Protokollierung des Abstimmungsverhaltens oder der Berichtigung oder Ergänzung des Sitzungsprotokolls der Gemeindevertretung (NDS OVG, Urt.v. 18.10.2017 – 10 LB 53/17); Aufnahme eines Verhandlungsgegenstandes auf die Tagesordnung; Anordnung eines Rauchverbotes (OVG NW DVBl. 1983, 53).

Die Leistungsklage entspricht dem Rechtsschutzbegehren jedoch nicht, soweit das Klageziel darauf gerichtet ist, die Rechtmäßigkeit oder Rechtswidrigkeit einer Maßnahme festzustellen oder Zuständigkeiten zu klären (VGH Bad.-Württb. DÖV 1983, 862; BayVGH BayVBl. 1988, 16). Richtige Klageart ist in diesen Fällen die Feststellungsklage.

Beispiele: Feststellung der Mitgliedschaft eines Gemeindevertreters in einem Ausschuss (VGH Bad.-Württb. BWVPr 1977, 204 [205]); Feststellungsklage eines Gemeindevertreters, zu Unrecht wegen Befangenheit ausgeschlossen worden zu sein (HessVGH HessVGRspr. 1971, 30 [31]); Feststellung der Rechtswidrigkeit der Nichterteilung des Wortes an eine Kreistagsabgeordnete (HessVGH DVBl. 1978, 821).

Das Subsidiaritätsprinzip der Feststellungsklage (§ 43 Abs. 2 VwGO) gegenüber anderen Klagearten gilt im Kommunalverfassungsstreit nicht, da erwartet werden kann, dass das unterliegende Organ auch ohne Vollstreckungsmaßnahmen einem Feststellungsurteil Folge leisten wird.

Zulässige Klageart ist ausnahmsweise auch die **Fortsetzungsfeststellungsklage** **611** (§ 113 Abs. 1 S. 4 VwGO analog). Mit der Fortsetzungsfeststellungsklage kann die **Feststellung** der Verletzung der organschaftlichen Befugnisse eines Organs oder Organteils durch eine vor oder nach Klageerhebung **bereits erledigte Organhandlung** eines anderen Organs oder Organteils begehrt werden (so auch Ehlers, NVwZ 1990, 105; aA BayVGH BayVBl. 1987, 239; Kopp/Schenke § 113 Rn..116). Sie kommt daher in Betracht, wenn die Feststellungsklage unstatthaft ist, weil es an einem feststellungsfähigen Rechtsverhältnis iSd § 43 Abs. 1 VwGO fehlt oder weil eine rechtswidrige Organhandlung nicht nichtig ist und eine Nichtigkeitsfeststellungsklage deshalb ausscheidet. So gewinnt sie etwa dann Bedeutung, wenn dem Beschluss der Gemeindevertretung, einen Gemeindevertreter wegen Befangenheit (§ 25 HGO) auszuschließen, die Beschlussfassung über den Tagesordnungspunkt sofort folgt und sich somit die Angelegenheit erledigt hat.

Nachdem der Diskussionsprozess zur grundlegenden Einordnung der gerichtlichen Überprüfung von Innenrechtsstreitigkeiten kommunaler Organe oder Organteile weitgehend als abgeschlossen bezeichnet werden kann, scheinen Verwaltungsgerichtsentscheidungen zu sog. Drittanfechtungskonstellationen, in denen sich kommunale Organe oder Organteile gegen Maßnahmen der Aufsichtsbehörde (§§ 136ff. HGO) wenden, den wissenschaftlichen Diskurs wieder neu zu beleben (Greim/Michl NVwZ 2013,775; VGH München BayVBl 2012, 340; OVG Münster NVwZ-RR 2004, 674).

Das Recht auf gerichtliche Überprüfung kann aber im Einzelfall durch Verwirkung begrenzt sein (VG Frankfurt Urt. v. 19.2.2013 – 7 K 2617/12.F).

III. Klagebefugnis und Rechtsschutzbedürfnis

Die Zulässigkeit der allgemeinen Leistungsklage wie auch der Feststellungsklage im **612** Kommunalverfassungsstreitverfahren setzt voraus, dass das **klagende Organ oder Organteil geltend machen kann, in seinen eigenen subjektiven Organ- oder Mitgliedschaftsrechten (§ 42 Abs. 2 VwGO analog) verletzt zu sein** (VG Frankfurt HessVGRspr. 1987, 53; BVerwG NVwZ 1989, 470; OVG NRW NJW 1972, 1682); Kopp/Schenke § 42 Rn.. 80). **Unzulässig** ist es dagegen, sich auf **individuelle Rechte**, wie Grundrechte, oder auf eine **objektive Rechtsverletzung** zu berufen. Das kommunale Verfassungsstreitverfahren ist **kein Instrument der allgemeinen Rechtmäßigkeitskontrolle**, es dient ausschließlich dem Schutz von Organrechten.

Beispiele:

Die von dem Stadtverordnetenvorsteher gegenüber einem Gemeindevertreter ausgesprochene Versagung des Rederechts kann nicht von dessen Fraktion, sondern nur von dem Betroffenen selbst in einem Kommunalverfassungsstreitverfahren verfolgt werden, da nur er geltend machen kann in seinem Mitwirkungsrecht verletzt zu sein.

Ein Gemeindevertreter kann nicht das nach § 50 Abs. 2 HGO von (s.)einer Fraktion ausgeübte Fragerecht gegenüber dem Gemeindevorstand einklagen (VG Gießen LKRZ 2014, 295).

Eine Fraktion kann nicht das der Gemeindevertretung in der Hauptsatzung einer Gemeinde eingeräumte Recht einklagen, der Gemeindevorstand habe die Gemeindevertretung über Grundstücksgeschäfte ab einem gewissen Wert zu informieren (HessVGH DVBl. 1995, 931).

Eine Fraktion ist nicht befugt gegen einen Beschluss der Gemeindevertretung zu klagen, Anfragen aus der Bevölkerung gegenüber dem Magistrat zuzulassen (HessVGH HSGZ 2000, 148).

Der einzelne Gemeindevertreter kann jedoch gegen die Gemeindevertretung die Rechtswidrigkeit eines zu Unrecht erfolgten Ausschlusses der Öffentlichkeit feststellen lassen, sofern er selbst von allen ihm nach Gesetz und Geschäftsordnung zustehenden Möglichkeiten Gebrauch gemacht hat (VGH Hessen, Urteil vom 6.11.2008, 8 A 674/08).

613 Für die **Feststellungsklage** muss weiterhin das **besondere Feststellungsinteresse** (§ 43 Abs. 2 VwGO) gegeben sein, dh das klagende Organ muss ein berechtigtes Interesse an der begehrten Feststellung geltend machen. Dies ist bei der Geltendmachung der Verletzung eigener organschaftlicher Rechte regelmäßig der Fall.

Am **Rechtsschutzbedürfnis** mangelt es auch dann nicht, wenn ein Einschreiten der Kommunalaufsicht in Betracht kommt (§§ 135ff. HGO), denn es besteht kein subjektives Recht auf Einschreiten der Kommunalaufsicht. Vielmehr wird sie nach pflichtgemäßem Ermessen tätig (Opportunitätsprinzip; vgl. Kapitel 10 A II1). Ebenso wenig lässt ein Widerspruchs- und Beanstandungsverfahren (§ 63 HGO) das Rechtsschutzbedürfnis für ein kommunales Organstreitverfahren entfallen, da das Widerspruchs- und Beanstandungsverfahren allein der allgemeinen Rechtmäßigkeitskontrolle dient.

IV. Beteiligtenfähigkeit

614 Nach § 61 VwGO kann nur derjenige Kläger oder Beklagter sein, der beteiligtenfähig ist. **Beteiligtenfähigkeit** ist die **Fähigkeit, als Subjekt eines Prozessrechtsverhältnisses**, dh als Kläger, Beklagter, Beigeladener oder als sonstiger Beteiligter (§ 63 VwGO), **an einem Verfahren vor einem Gericht der allgemeinen Verwaltungsgerichtsbarkeit teilnehmen zu können**, insbesondere auch ein solches Prozessrechtsverhältnis durch Klage oder, bei Antragsverfahren, durch einen Antrag begründen zu können (Kopp/Schenke VwGO, § 61, Rn..4). Beteiligtenfähigkeit gesteht § 61 VwGO natürlichen und juristischen Personen, Vereinigungen, soweit ihnen ein Recht zustehen kann, und Behörden, sofern das Land das bestimmt, zu. Von dieser Ermächtigung hat das Land Hessen keinen Gebrauch gemacht.

Die rechtliche Begründung der Beteiligtenfähigkeit der Organe und Organteile einer kommunalen Körperschaft ist **streitig**. Dies liegt darin begründet, dass § 61 VwGO nicht auf Innenrechtsstreitigkeiten zugeschnitten ist und eine unmittelbare Anwendung daher ausscheidet (aA *Rausch* JZ 1994, 696). Zwar ist der Kläger oder Beklagte eines Kommunalverfassungsstreitverfahrens eine natürliche Person iSd § 61 Nr. 1 VwGO. Die Parteien begehren jedoch Rechtsschutz in ihrer Eigenschaft als Organe oder Organteile. Infolgedessen wird die Beteiligtenfähigkeit überwiegend mit § 61 Nr. 2 VwGO begründet. Zu diesem Zweck wird der Begriff "Vereinigung" entweder weit ausgelegt oder **§ 61 Nr. 2 VwGO analog** angewandt (*Stahl* NJW 1972, 2030; *Hoppe*, DVBl. 1970, 845 [849]). Letzterem ist, soweit es die Beteiligtenfähigkeit von **Personenmehrheiten** (Fraktionen, Ausschüsse, Gemeindevertretung, Gemeindevorstand) betrifft, zu folgen. Machen aber **einzelne natürliche Personen** (Bürgermeister, Beigeordneter, Stadtverordnetenvorsteher, Gemeindevertreter) ein innerorganschaftliches Recht geltend, ist **§ 61 Nr. 1 VwGO analog** einschlägig.

Nach dem Grundsatz der formellen Diskontinuität endet mit der Wahlperiode die Existenz einer Fraktion und damit deren Beteiligtenfähigkeit im Verwaltungsprozess (OVG Lüneburg BeckRS 2019, 2110; OVG Koblenz BeckRS 2010, 46559; a.A. OVG Weimar BeckRS 2019, 6383).

D. Begründetheit

Die gerichtliche Prüfung ist darauf beschränkt, festzustellen, ob **organschaftliche** **615** **Rechte durch eine Organhandlung verletzt wurden**. Nicht überprüft wird die Rechtmäßigkeit der beanstandeten Organhandlung selbst. Die Sachprüfung erfolgt also nur im Umfang der gegebenen Klagebefugnis. Prüfungsmaßstab ist zum einen das in der HGO festgeschriebene primäre Kommunalverfassungsrecht und zum anderen das selbstgesetzte sekundäre Kommunalverfassungsrecht wie Satzungen und Geschäftsordnungen.

Die **allgemeine Leistungsklage** ist begründet, wenn die Ablehnung der begehrten Organhandlung rechtswidrig ist und der Kläger hierdurch in **seinen** Mitgliedschaftsrechten verletzt ist. Die **Feststellungsklage** ist begründet, wenn die Verletzung organschaftlicher Rechte des Klägers durch eine Organhandlung festgestellt wird.

Beispiele unbegründeter Kommunalverfassungsstreitigkeiten: Verstoß gegen eine ausschließlich dem öffentlichen Interesse dienenden Vorschrift (OVG Münster OVGE 27, 258); Geltendmachung der Verletzung der freien Meinungsäußerung durch ein Verbot für Gemeindevertreter während der Sitzung der Gemeindevertretung Anstecknadeln politischen Inhalts zu tragen (BVerwG NVwZ 1988, 837); Forderung einer Fraktion Ausschussbesetzungen proportional vorzunehmen (BayVGH NVwZ-RR 1989, 90).

E. Einstweiliger Rechtsschutz

Vorläufiger Rechtsschutz kann allein mit § 123 Abs. 1 VwGO erlangt werden (Hess- **616** VGH NVwZ 1987, 29; NVwZ 1985, 604; BayVGH BayVBl. 1985, 88). § 123 VwGO regelt den vorläufigen Rechtsschutz durch die Verwaltungsgerichte in allen Fällen, die nicht unter § 80 VwGO fallen. Da beim Kommunalverfassungsstreitverfahren in der Hauptsache die allgemeine Leistungsklage und die Feststellungsklage die zulässigen Klagearten sind, ist diese Voraussetzung erfüllt. Der Erlass einer einstweiligen Anordnung kommt aber nur in den Fällen in Betracht, in denen andernfalls vollendete Tatsachen geschaffen würden und irreparable Schäden entstünden. Es gilt das grundsätzliche Verbot einer Vorwegnahme der Entscheidung in der Hauptsache, das im Hinblick auf Art. 19 Abs. 4 GG einen hohen Grad an Wahrscheinlichkeit des Erfolgs im Hauptsacheverfahren erfordert.

Beispiele: Vorläufige Zurückstellung eines Fraktionsausschlusses; vorläufige Verhinderung der Ernennung eines kommunalen Wahlbeamten, um die Rechtmäßigkeit der Wahl zu überprüfen. Nicht aber die Außerkraftsetzung einer vom Oberbürgermeister vorgenommenen Umverteilung der Geschäftsverteilung (VG Frankfurt, Beschluss v. 30.4.2013 7 L 1966/13.F).

Schaubild 11: Kommunalverfassungsstreitverfahren

I. Zulässigkeit:

1. Verwaltungsrechtsweg (§ 40 Abs. 1 Satz 1 VwGO)
   - öffentlich-rechtliche Streitigkeit, da Kommunalverfassungsrecht
   - nichtverfassungsrechtlicher Art, da keine Verfassungsorgane nach Art. 93 Abs. 1 Nr. 1 GG beteiligt sind

2. Statthaftigkeit der Klageart
   - keine Anfechtungs- oder Verpflichtungsklage, da kein Verwaltungsakt
   - teilweise: eigene Klageart (Klage sui generis)
   - richtig: Feststellungsklage (§ 43 VwGO) oder allgemeine Leistungsklage (§§ 43 Abs. 2 Satz 1, 111, 113 Abs. 3 i.V.m. 40 Abs. 1 VwGO analog und Art. 19 Abs. 4 GG); eventl. auch Fortsetzungsfeststellungsklage bei bereits erledigten Organhandlungen (§ 113 Abs. 1 Satz 4 VwGO analog).

3. Klagebefugnis (§ 42 Abs. 2 VwGO analog)
   - das klagende Organ oder Organteil muß geltend machen, in seinen eigenen subjektiven Organ- oder Mitgliedschaftsrechten verletzt zu sein.

4. Ggf. Rechtsschutzbedürfnis (§ 43 Abs. 2 VwGO)

5. Beteiligtenfähigkeit (§ 61 VwGO)
   - einzelne natürliche Personen: § 61 Nr. 1 VwGO analog
   - bei Personenmehrheiten: § 61 Nr. 2 VwGO analog

II. Begründetheit:

Es findet keine allgemeine Rechtmäßigkeitsprüfung statt, sondern nur eine Sachprüfung im Umfang der gegebenen Klagebefugnis!

Feststellungsklage: Wenn die Verletzung organschaftlicher Rechte des Klägers durch eine Organhandlung festgestellt wird.

Allgemeine Leistungsklage: Wenn die Ablehnung oder die Vornahme der beanstandeten Organhandlung durch Verletzung von organschaftlichen Rechten rechtswidrig ist und der Kläger hierdurch in seinen Mitgliedschaftsrechten verletzt ist.

Einstweiliger Rechtsschutz nur durch einstweilige Anordnung nach § 123 VwGO, da § 80 VwGO mangels Verwaltungsakte im kommunalen Verfassungsstreit nicht anwendbar ist!

F. Kostentragung

Die Kosten des Kommunalverfassungsstreitverfahrens hat die juristische Person zu tragen, der das Organ oder Organteil zugeordnet ist. Voraussetzung für die Kostentragung setzt eine Entscheidung des zuständigen Gerichts über das Bestehen oder Nichtbestehen, den Inhalt und Umfang organschaftlicher Rechte voraus; der Bürgermeister ist nicht befugt, über den Kostenerstattungsanspruch im Wege eines Verwaltungsakts zu entscheiden (OVG Münster, NVwZ-RR 2009, 819). **617**

Der Prozess darf auch nicht mutwillig angestrengt worden sein. Dies ist nach der Rechtsprechung dann der Fall, wenn eine verständige Partei, die die Kosten selbst tragen müsste, von einem Prozess absehen würde oder wenn an der Klärung der Streitfrage zwar ein allgemeines Interesse besteht, die Frage aber im konkreten Sachzusammenhang ohne Bedeutung ist (OVG Saarland, Saarl. KommunalZ 1980, 171). Von Mutwilligkeit kann nicht gesprochen werden, wenn durch Einschaltung der Kommunalaufsicht das gleiche Ergebnis hätte erzielt werden können, da die Kommunalaufsicht nicht dem Individualschutz dient und kein Anspruch der Organe auf Tätigwerden der Kommunalaufsicht besteht (VG Darmstadt HSGZ 1986, 405).

Aufgrund der Pflicht zur gegenseitigen Rücksichtnahme muss ein in einem Kommunalverfassungsstreitverfahren entstandener Kostenerstattungsanspruch von dem unterlegenen Organteil gegenüber der Gemeinde unverzüglich, spätestens aber zum Zeitpunkt der Beendigung des kommunalen Mandats geltend gemacht werden (VG Frankfurt aM Urt. v. 17.10.2018 – 7 K 9917/17.F, BeckRS 2018, 30504).

Literatur: *Bethge*, Der Kommunalverfassungsstreit, HdKWP, Bd.1, S. 817; ,*Borchmann*, Das Kommunalverfassungsstreitverfahren, HSGZ 1985, 424; *ders.*, Zum Sitzungsausschluss von Gemeindevertretern, HSGZ 1982, 279); *Ehlers*, Die Klagearten und besonderen Sachentscheidungsvoraussetzungen im Kommunalverfassungsstreitverfahren, NVwZ 1990, 105; *Fehrmann*, Kommunalverwaltung und Verwaltungsgerichtsbarkeit, DÖV 1983, 311; *Hoppe*, Organstreitigkeiten und organisationsrechtliche subjektiv-öffentliche Rechte, DVBl. 1970, 845; *Martensen*, Grundfälle zum Kommunalverfassungsstreit, JUS 1995, 989; *Müller*, Zu den Abwehrrechten des Ratsmitglieds gegenüber organisationswidrigen Eingriffen in seine Mitwirkungsrechte, NVwZ 1994, 120; *v. Mutius*, Kommunalrecht, S. 423ff.; *Preusche*, Zu den Klagearten für kommunalverfassungsrechtliche Organstreitigkeiten, NVwZ 1987, 854; *Rausch*, Beteiligtenfähigkeit und Passivlegitimation bei der Kommunalverfassungsstreitigkeit, JZ 1994, 696; *Schmidt-Aßmann*, Kommunalrecht, S. 57ff.; *Schröder*, Die Geltendmachung von Mitgliedschaftsrechten im Kommunalverfassungsstreit, NVwZ 1985, 246; *Stahl*, Die Zulässigkeit der Feststellungsklage im Kommunalverfassungsstreit, NJW 1972, 2030; *Zöller*, Das Kommunalverfassungsstreitverfahren, DVP 1995, 96.

Kapitel 8 Die Kreise

A. Rechtsstellung, Funktion und Aufgabenbereich

618 Landkreise sind Verwaltungseinheiten oberhalb der Gemeindeebene. Hessen ist in 21 Landkreise unterteilt. Hiervon gehören 10 dem Regierungsbezirk Darmstadt, 5 dem Regierungsbezirk Gießen und 6 dem Regierungsbezirk Kassel an (§ 1 des Gesetzes über die Grenzen der Regierungsbezirke und den Dienstsitz der Regierungspräsidenten). Ihr Rechtsstatus ist konkretisiert in der Hessischen Landkreisordnung (HKO).

Den Sitz der Kreisverwaltung bestimmt der Kreistag mit einer Mehrheit von zwei Dritteln der gesetzlichen Zahl seiner Mitglieder. Der Beschluss bedarf allerdings der Genehmigung der Aufsichtsbehörde (§ 11 Abs. 2 HKO).

I. Rechtsstellung

619 Die **Landkreise** sind **rechtsfähige Gebietskörperschaften des öffentlichen Rechts** mit mitgliedschaftlicher Struktur und **Gemeindeverbände** zugleich (§ 1 Abs. 1 HKO), es dominiert jedoch der Charakter der Gebietskörperschaft. Ihre Mitglieder sind die Einwohner des Kreises. Einwohner ist, wer im Kreisgebiet seinen Wohnsitz hat (§ 7 HKO). Den Begriff des „Kreisbürgers" gibt es nicht. Rudimente Kennzeichen eines Gemeindeverbandes finden sich noch in der Umlagenkompetenz (§ 53 Abs. 2 HKO), in der Zusammenarbeits- und Anhörungspflicht (§ 20 HKO) sowie in dem Sprachgebrauch „kreisangehörige Gemeinden".

II. Die Selbstverwaltungsgarantie der Gemeindeverbände

620 Auch die Landkreise genießen als Gemeindeverbände den besonderen - gegenüber den Gemeinden allerdings reduzierten – **verfassungsrechtlichen Schutz** des Art. 28 Abs. 1 und 2 GG sowie des Art. 137 HV. Zunächst gewährleisten Grundgesetz und Hessische Verfassung die Landkreise als besondere Rechtssubjekte (**Rechtssubjektgarantie**). Art. 28 Abs. 1 S. 2 GG fordert, dass das Volk in den Kreisen eine Vertretung haben muss, die aus allgemeinen, unmittelbaren, freien, gleichen und geheimen Wahlen hervorgegangen ist. Damit gibt die Verfassung zu erkennen, dass es Landkreise als Gemeindeverbände geben soll. Die konkrete organisationsrechtliche Ausgestaltung des Landkreises ist allerdings hierdurch nicht abgesichert. Auch werden der Bestand der einzelnen Landkreise und deren geschichtliche Kreisstruktur nicht gewährleistet (BVerwGE 31, 263). Jedoch lässt § 14 HKO eine **Grenzänderung** der Landkreise nur aus **Gründen des öffentlichen Wohls** zu und unterstellt sie einem **Gesetzesvorbehalt** (vgl. zu der Rechtsstellung der Landkreise und deren Rechtsschutzmöglichkeiten Kapitel 1 D II, III und IV).

621 Art. 28 Abs. 2 S. 2 GG garantiert den Landkreisen im Rahmen ihres gesetzlichen Aufgabenbereichs das **Recht der Selbstverwaltung (Rechtsinstitutionsgarantie)**. Die Landkreise regeln in ihrem Gebiet unter eigener Verantwortung alle Kreisangelegenheiten nach Maßgabe der Gesetze. Im Gegensatz zu den Gemeinden ist den Landkreisen aber **kein originärer Aufgabenbereich** zugewiesen, vielmehr obliegt dessen Festlegung der gesetzlichen Regelung. Das Prinzip der Allzuständigkeit für Kreisauf-

Kapitel **8** Die Kreise 271

gaben gilt für Landkreise nicht. Was **Kreisangelegenheiten** sind, richtet sich nach Auffassung des BVerfG (E 79, 127 [154f.] – Rastede) nicht nach sachlichen Gesichtspunkten, sondern ausschließlich nach dem **Inhalt gesetzlicher Zuweisung**. Allerdings folgt aus der Absicherung der Landkreise durch das Grundgesetz, dass der Gesetzgeber den Landkreisen ein **Mindestmaß** an (weisungsfreien) Selbstverwaltungsaufgaben zur sinnvollen Betätigung überlassen muss (BVerwG NVwZ 1992, 365 [367]). Im Übrigen hat der Gesetzgeber bei der Zuweisung von Aufgaben an die Kreise den **Vorrang gemeindlicher Selbstverwaltung** zu beachten (BVerfG aaO).

Vor diesem verfassungsrechtlichen Hintergrund kommen für die gesetzliche Zuweisung „als Kreisaufgaben" zunächst kommunale (örtliche) Aufgaben in Betracht, die zulässigerweise zum Kreis hochgezont werden. Daneben erledigen die Kreise überörtliche, kreisgebietsbezogene Aufgaben eigenverantwortlich, die nicht anderen Verwaltungsträgern zur Entscheidung zugewiesen sind. Mit Blick auf die gemeindliche Zuständigkeit können diese Aufgaben originäre Kreisaufgaben, Ergänzungsaufgaben oder Ausgleichsaufgaben sein (§ 2 Abs. 1 S. 2 HKO). **Originäre Kreisaufgaben** sind kreisgebietsbezogene Aufgaben, die den Bestand und die Funktion der Landkreise erst begründen und gewährleisten, etwa das Personal- und Organisationswesen, die Vermögensverwaltung und die Selbstrepräsentation. Die in Art. 28 Abs. 2 S. 1 GG verankerte Garantie der kommunalen Selbstverwaltung hindert den Landesgesetzgeber nicht daran, **den Kreisen mittels einer an die mangelnde Leistungsfähigkeit der kreisangehörigen Gemeinden anknüpfenden Generalklausel Aufgaben zuzuweisen**, sog. **Ergänzungs- und Ausgleichsaufgaben** (BVerwG HSGZ 1997, 195; HSGZ 1996, 365). **Ergänzungsaufgaben** sind überörtliche Aufgaben, die die gemeindliche Aufgabenerfüllung ergänzen. Sie sind deshalb **überörtlich**, weil die Gemeinden im Hinblick auf die „Anforderungen, die an eine sachgerechte Aufgabenerfüllung zu stellen sind" (BVerfG aaO und NVwZ 1992, 365f. – Kreiskrankenhäuser) überfordert sind. **Ausgleichsaufgaben** sind **überörtliche** Aufgaben, die in der Unterstützung gemeindlicher Erledigungskompetenz, beispielsweise durch die Vergabe von Zuschüssen an die Gemeinden, bestehen (VG Wiesbaden, Der Landkreis 1993, 465 – Örtliche Vereinsförderung). **622**

Will der Gesetzgeber den **Gemeinden zugunsten der Kreise** eine bestimmte **örtliche Aufgabe entziehen** (hochzonen), so darf er dies nach Auffassung des BVerfG (E 79, 127 [154]) nur, wenn die den Aufgabenentzug tragenden Gründe gegenüber dem Aufgabenverteilungsprinzip des Art. 28 Abs. 2 S. 1 GG überwiegen. Ob die Voraussetzungen einer „**Hochzonung**" vorliegen, kann bei Vorliegen von **Gründen des Gemeinwohls** nur durch **Güterabwägung im Einzelfall** ermittelt werden (BVerwG NVwZ 1984, 378). Hieraus verbietet sich eine „Globalhochzonung" zugunsten aller die Leistungsfähigkeit der Gemeinden übersteigenden Aufgaben an die Landkreise. **623**

Auch Gründe der **Wirtschaftlichkeit und Sparsamkeit** der öffentlichen Verwaltung rechtfertigen dabei eine **Hochzonung nicht** aus sich heraus. Für im Einzelfall zulässig hält das BVerfG eine Hochzonung aber dann, wenn ein Belassen der Aufgabe bei der Gemeinde zu einem **unverhältnismäßigen Kostenanstieg** führen würde oder die **ordnungsgemäße Aufgabenerfüllung der Gemeinde** in Frage gestellt wäre ((BVerfG, Urt.v. 21.11.2017 – 2 BvR 2177/16 – zur Zulässigkeit der Übertragung der Zuständigkeit für die Erfüllung des Kinderbetreuungsanspruchs von Gemeinden auf Landkreis; BVerfGE 79, 127 [153]). **624**

Werden dem **Kreis Aufgaben übertragen oder entzogen**, kann er grundsätzlich nicht die Verletzung des Art. 28 Abs. 2 GG geltend machen, da ihm der geschützte Aufgabenbestand nur „nach Maßgabe der Gesetze" zugewiesen ist.

625 Im Rahmen des garantierten Wirkungsbereichs stehen den Landkreisen in einzelgesetzlicher Ausformung zahlreiche **Rechtsstellungshoheiten** zu. Zu nennen sind die **Personalhoheit**, die **Organisationshoheit**, die **Finanzhoheit**, die **Satzungshoheit** und die **Kulturhoheit**, nicht aber die Planungshoheit im engeren Sinne.

Literatur: *Beckmann*, Die Wahrnehmung von Ausgleichs- und Ergänzungsaufgaben durch die Kreise und ihre Finanzierung über die Kreisumlage DVBl. 1990, 1193; *Blümel*, Das verfassungsrechtliche Verhältnis der kreisangehörigen Gemeinden zu den Kreisen, VerwArch 1984, 197 und 297; *Knemeyer*, Gemeinden und Kreise, S. 32f.; *v. Mutius*, Kommunalrecht, S. 76ff.; *Schmidt-Aßmann*, Kommunalrecht, S. 99ff.; *Schink* VerwArch 1991, 385; *Schoch*, Zur Situation der kommunalen Selbstverwaltung nach der Rastede-Entscheidung des BVerfG, VerwArch 1990, 18; *Seewald*, Kommunalrecht, S. 159ff.; *Meyer*, Die Entwicklung der Kreisverfassungssystem, HdKWP, Bd.1 S. 661ff.; *Weides*, Das Verhältnis zwischen Gemeinden und Kreisen gem. Art. 28 II GG, NVwZ 1984, 155.

III. Funktion und Aufgaben

626 Bei den von den Landkreisen im Verhältnis zu den kreisangehörigen Gemeinden wahrzunehmenden Aufgaben ist zwischen kreisangehörigen Gemeinden mit weniger und mit mehr als 50.000 Einwohnern zu unterscheiden.

1. Grundsatz

627 Nach § 2 HKO haben Landkreise die Funktion **gemeindeübergreifende Aufgaben ohne staatlichen Charakter** in kommunaler, demokratisch organisierter Trägerschaft zu **übernehmen, gemeindliche Tätigkeiten zu fördern** und schließlich **ausgleichend zwischen den Gemeinden** tätig zu werden. Soweit die Gesetze nichts anderes bestimmen, sollen sie in ihrem Gebiet, diejenigen öffentlichen Aufgaben wahrnehmen, die über die **Leistungsfähigkeit** der kreisangehörigen Gemeinden **hinausgehen** (zu den sog. Ergänzungs- und Ausgleichsaufgaben, BeckOK KommunalR Hessen/Dünchheim HKO § 2 Rn. 3).

Zwar knüpft § 2 HKO damit die Aufgabenzuweisung an die Landkreise ausdrücklich an die Leistungsfähigkeit der kreisangehörigen Gemeinden, so dass die Kreisaufgaben, die die Leistungsfähigkeit der Gemeinden übersteigenden öffentlichen Aufgaben wären. Da es nach der Rechtsprechung des Bundesverfassungsgerichts jedoch auf die Verwaltungskraft der Gemeinden für ihre Erledigungskompetenz nicht ankommt, können die Kreise allenfalls mit solchen örtlichen Aufgaben bedacht werden, die auch hochgezont werden dürfen. § 2 Abs. 1 S. 1 HKO ist entsprechend verfassungskonform zu reduzieren.

Der Landkreis nimmt wie die Gemeinde Selbstverwaltungsaufgaben, Weisungsaufgaben und Auftragsangelegenheiten wahr. Das Wirken der Landkreise ist gegenüber dem der Gemeinden jedoch nachrangig (**Grundsatz der Subsidiarität**). Die Landkreise sollen sich auf diejenigen Aufgaben beschränken, die der einheitlichen Versorgung und Betreuung der Bevölkerung des ganzen oder Teilen des Landkreises dienen.

Beispiele für Selbstverwaltungsaufgaben: Wirtschaftsförderung, Kreiskrankenhäuser, Sportzentren, Kreismusikschulen, Frauenhäusern, Alten- und Jugendheime, öffentlicher Personennahverkehr, Wirtschaftsförderung, Beratung von Migranten, Ausbau und Unterhaltung überörtlicher Straßen und Radwegeplanung.

628 Neben den **Selbstverwaltungsaufgaben** haben die Kreise die ihnen durch Gesetz übertragenen **Aufgaben zur Erfüllung nach Weisung** (§ 4 HKO) zu erfüllen. Die

Weisungen sollen sich auf allgemeine Anordnungen beschränken und in der Regel nicht in die Einzelausführung eingreifen (§ 4 Abs. 1 S. 2 HKO). Für die Ausführung der Weisungen muss der Landkreis das erforderliche Personal und die Einrichtungen zur Verfügung stellen (§ 4 Abs. 1 S. 3 HKO).

Beispiele für Weisungsaufgaben: Aufgaben der unteren Naturschutzbehörde, der unteren Bauaufsichtsbehörde, der unteren Gesundheitsbehörde, der unteren Denkmalschutzbehörde, der allgemeinen Gefahrenabwehr, die Aufnahme von Flüchtlingen, Durchführung des SGB II, Erbringung von Geldleistungen nach dem 4.Kap. des SGB XII.

2. Städte mit Sonderstatus

Eine Sonderstellung nehmen die **kreisangehörigen Gemeinden mit mehr als 50.000 Einwohnern** ein (§ 4a HGO). Zu den sog. **Städten mit Sonderstatus** gehören Bad Homburg, Fulda, Hanau, Gießen, Marburg, Rüsselsheim und Wetzlar. Diese Städte sind in wesentlichen Bereichen den **kreisfreien Städten** (Wiesbaden, Frankfurt am Main, Darmstadt, Offenbach am Main und Kassel) **gleichgestellt** (§§ 45, 136 Abs. 2 HGO). So ist ihr **Aufgabenbereich** durch Gesetze und Rechtsverordnungen um die Aufgaben der unteren Bauaufsichtsbehörden (§ 52 Abs. 1 HBO), der unteren Naturschutzbehörde (§ 49 Abs. 3 HNatSchG), der Förderung des Wohnungsbaus (§ 1 Abs. 1 HAGWoFG), der Jugendhilfe (HSM-Erlass v. 01.08. 1979, StAnz. S. 1751), des Ausländer- und Gaststättenwesens (VO v. 26.7.1979 GVBl. I S. 196), des Kleingartenwesens (VO v. 22.10.1979 GVBl. I S. 233), des Schulträgers (§ 138 Abs. 2 HSchG), des Trägers der Volkshochschulen (§ 8 Abs. 1 HWBG), und der Sozialhilfe (§§ 1, 4 Abs. 4 HAGSGBXII) erweitert worden. Zudem führen die Bürgermeister der „Städte mit Sonderstatus" die **Amtsbezeichnung „Oberbürgermeister"**, die **Ersten Beigeordneten** die Amtsbezeichnung **Bürgermeister**. Für die **hauptamtlichen Beigeordneten** gelten die **erleichterten Abwahlmodalitäten** des § 76 Abs. 2 HGO. Kommunale **Aufsichtsbehörde** ist nicht der Landrat, sondern der **Regierungspräsident** (§ 136 Abs. 2 HGO).

IV. Finanzierung

Nach Art. 106 Abs. 6 GG können die Landkreise nach Maßgabe der Landesgesetzgebung örtliche Aufwands- und Verbrauchssteuern erheben. Da ein steuerbegründendes Gesetz in Hessen jedoch nicht besteht, stehen den Landkreisen eigene Steuererträge nur begrenzt zu. Nach §§ 1, 8 KAG sind die Landkreise berechtigt eine Jagd- und Fischereisteuer sowie eine Steuer auf die Errichtung, Erweiterung und Fortführung eines nach den Vorschriften des Hessischen Gaststättengewerbes betriebenen Gaststättengewerbes zu erheben. Neben der Möglichkeit nach §§ 9ff. KAG **Gebühren und Beiträge** zu vereinnahmen sind die Landkreise auf die Finanzausgleichszahlungen des Landes angewiesen.

Art. 137 Abs. 5 HV garantiert den Landkreisen die für die Durchführung ihrer eigenen und übertragenen Aufgaben erforderlichen Geldmittel im Wege des Lasten- und Finanzausgleichs. Wie die kreisangehörigen und kreisfreien Städte erhalten die Landkreise durch Einbeziehung in den **kommunalen Finanzausgleich allgemeine Finanzzuweisungen** des Landes (vgl. §§ 5ff., 16 FAG), die in Form von Schlüsselzuweisungen gewährt werden. Eine Zuweisung aus Landesmitteln ist verfassungsrechtlich bereits durch Art. 106 Abs. 7 GG abgesichert. Den Landkreisen steht demnach ein nicht näher bestimmter Prozentsatz vom Landesanteil am Gesamtaufkommen der Gemeinschaftssteuern, also der Einkommens-, Körperschafts- und Umsatzsteuer (Art. 106 Abs. 3 GG) zu. Daneben erhalten die Landkreise vom Land **Zuweisungen** nach dem **Grunderwerbssteuergesetz**.

Soweit sonstige Einnahmen und Erträge zur Bedarfsdeckung nicht ausreichen, kann und muss der Landkreis nach §§ 37 Abs. 1 FAG, 53 Abs. 2 HKO **Kreisumlagen** von den kreisangehörigen Gemeinden erheben. Sie ist für die Landkreise in Hessen das wichtigste Finanzierungsinstrument. Neben der Einnahmenbeschaffung dient die Kreisumlage auch dem Finanzausgleich zwischen den kreisangehörigen Gemeinden. Kommt der Landkreis dieser gesetzlichen Verpflichtung nicht nach, kann er von der Kommunalaufsichtsbehörde mit einer kommunalaufsichtlichen Anweisung hierzu gezwungen werden (BVerwG Urt. v. 16.6.2015 – 10C 13/14, zu vor HessVGH LKRZ 2013, 250; allerdings Zulassung der Revision durch Beschluss des BVerwG vom 29.1.2014 – BVerwG 8 B 22.13).

Eine **Obergrenze** für eine Kreisumlage ist gesetzlich nicht festgelegt; sie ergibt sich aus **Art. 28 Abs. 2 GG** und dem **Grundsatz gemeindefreundlichen Verhaltens**. Der Bedarf bestimmt sich nach den Aufgaben des Kreises. Der Kreis ist bei der Festlegung des Kreisumlagesatzes verpflichtet den eigenen Finanzbedarf und den der umlagepflichtigen Gemeinden zu ermitteln. Seine Entscheidungen hat er in geeigneter Weise offenzulegen, um den Gemeinden eine Überprüfung zu ermöglichen. Eine Verpflichtung, die umlagepflichtigen Gemeinden förmlich anzuhören, lässt sich dem Grundgesetz nicht entnehmen (BVerwG, Urt.v. 29.5.2019, NVwZ 2019, 1279). Ist die finanzielle Belastung für die Gemeinden jedoch so erheblich, dass diese „die Gelegenheit zur kraftvollen Betätigung" verlieren, greift die Festsetzung in die **Finanzhoheit der Gemeinde** ein (OVG Rh-Pf. HSGZ 1993, 408; VG Wiesbaden HSGZ 1993, 405). Die Kreise haben daher darauf zu achten, dass den Kommunen die für die Erfüllung ihrer Aufgaben erforderliche finanzielle Mindestausstattung verbleibt; bei der Abwägung ist der Verhältnismäßigkeitsgrundsatz zu beachten (HessVGH NVwZ-RR 2000, 180; BVerwGE 145, 378). Das OVG RhPf (Urt. v. 21.2.2014 – 10 A 10515/13) hat das Urteil des BVerwG (BVerwGE 145, 378), wonach eine Kreisumlage mit progressivem Anteil unzulässig ist, wenn die gemeindliche Verwaltungsebene allein dadurch oder im Zusammenwirken mit anderen Umlagen auf Dauer strukturell unterfinanziert ist, dahin gehend konkretisiert, dass für das Vorliegen einer strukturellen Unterversicherung auf einen Zehnjahreszeitraum abzustellen ist.

Literatur: *Henneke*, Die Kommunen in der Finanzverfassung des Bundes und der Länder; *Knemeyer*, Erhebung der Kreisumlage, NVwZ 1996, 29; *Meyer*, Grundgesetz und Kreisumlage, NVwZ 2019, 1254; *Mohl*, Dürfen Kreise eigene Haushaltsdefizite auf ihre Gemeinden "umlegen"?, VR 1992, 394.

B. Die Organe des Kreises

631   Die Organisation der Landkreise weist gegenüber der der Gemeinden kaum Abweichungen auf. Im Unterschied zu der Gemeindeordnung sieht die Landkreisordnung jedoch nur eine fakultative **Einrichtung eines Ausländerbeirates** vor (§ 4b HKO). Auch auf die die Beteiligung der Bürger an der Selbstverwaltung stärkenden Elemente einer **Informationspflicht** der Verwaltung, der **Bürgerversammlung**, des **Bürgerbegehrens** und des **Bürgerentscheids** wurde **verzichtet**.

I. Der Kreistag

Der **Kreistag** ist die aus demokratischen Wahlen hervorgegangene unmittelbare Vertretung der Einwohner des Landkreises. Er wird von den **wahlberechtigten Kreisangehörigen** auf **fünf Jahre** gewählt (§§ 21 ff. HKO). Für die Wahl gelten die Vorschriften des Kommunalen Wahlgesetzes (KWG) und der Kommunalen Wahlordnung (KWO). **Kreistagsabgeordnete sind ehrenamtlich Tätige** iSd § 18 Abs. 1 S. 1 HKO (§ 28 HKO); für sie gelten die Bestimmungen der §§ 24 bis 27 HGO. Rechte und Pflichten entsprechen denen der Mitglieder der Gemeindevertretung. Insbesondere steht ihnen bei Verletzung von Mitgliedschaftsrechten das Kommunalverfassungsstreitverfahren offen. Sie wählen sich in der ersten Sitzung nach der Wahl aus ihrer Mitte einen Vorsitzenden (§ 31 HKO). Für das Verfahren hinsichtlich der Einberufung und des Ablaufs der Sitzungen des Kreistags und seiner Ausschüsse finden im Wesentlichen die Vorschriften über den Verfahrensgang in der Gemeindevertretung Anwendung (§ 32 HKO). **632**

Der Kreistag ist das **oberste Organ des Landkreises**. Er trifft die **wichtigen Entscheidungen** und **überwacht die gesamte Verwaltung** des Landkreises (§§ 8 Abs. 1, 29 HKO). Der Kreistag kann Aufgaben an den Kreisausschuss oder einen Ausschuss übertragen (§ 29 HKO), soweit sie nicht in seine ausschließliche Zuständigkeit fallen (§ 30 HKO). Ein Finanzausschuss ist zu bilden (§ 33 HKO). Der Kreistag beschließt den Stellenplan und die allgemeinen Grundsätze, nach denen die Verwaltung geführt werden soll (§§ 46, 30 Nr. 1 HKO).

II. Der Kreisausschuss

Der Kreisausschuss ist die **Verwaltungsbehörde des Landkreises** (§§ 8, 41 HKO). Er besteht aus dem **Landrat als Vorsitzenden, dem Ersten und weiteren ehrenamtlichen Beigeordneten**. Die Hauptsatzung kann jedoch bestimmen, dass in Landkreisen mit nicht mehr als 120000 Einwohnern eine Stelle **hauptamtlich** zu verwalten ist, in Landkreisen mit mehr als 120.000 Einwohnern mit zwei hauptamtlichen Kreisbeigeordneten (§ 36 Abs. 1 HKO). Die Zahl der hauptamtlichen Beigeordneten darf diejenige der ehrenamtlichen Beigeordneten nicht übersteigen (§ 36 Abs. 1 HKO). Ist die Stelle eines Beigeordneten hauptamtlich zu verwalten, ist die **Wahl durch einen Ausschuss des Kreistages vorzubereiten**; die Stelle ist öffentlich auszuschreiben (§ 38 Abs. 2 HKO). Der Ausschuss hat die Bewerbungen zu sichten und über das Ergebnis seiner Arbeit in einer öffentlichen Sitzung des Kreistags zu berichten. Die Kreisbeigeordneten werden vom Kreistag (§ 37a HKO) gewählt, die **ehrenamtlichen** nach den **Grundsätzen der Verhältniswahl**, die **hauptamtlichen** in getrennten Wahlgängen nach den **Grundsätzen der Mehrheitswahl**. Die Amtszeit der hauptamtlichen Beigeordneten beträgt **sechs Jahre**; ehrenamtliche Beigeordnete werden für die **Dauer der Wahlzeit des Kreistages** gewählt. Eine Abberufung der hauptamtlichen Beigeordneten ist mit Zweidrittelmehrheit zulässig; innerhalb von sechs Monaten nach Beginn der Wahlzeit des Kreistags mit absoluter Mehrheit (§ 49 HKO). Mitglieder des Kreisausschusses dürfen nicht gleichzeitig Kreistagsabgeordnete sein (§ 36 Abs. 2 HKO). **633**

Der Kreisausschuss besorgt nach den Beschlüssen des Kreistages die **laufende Verwaltung** und **vertritt den Landkreis nach außen**. Für das Verfahren im Kreisausschuss gelten die Bestimmungen für das Verfahren im Gemeindevorstand entsprechend (§ 42 HKO). Seine Aufgaben sind insbesondere die **Ausführung der Ge-** **634** setze und Verordnungen sowie die im Rahmen der Gesetze erlassenen **Weisungen der Aufsichtsbehörde**, die Vorbereitung und Ausführung der **Beschlüsse des Kreistags**, die Erledigung der ihm nach dem Gesetz obliegenden oder vom Kreistag delegierten Angelegenheiten sowie die **Verwaltung der öffentlichen Einrichtungen**, der **wirtschaftlichen Betriebe** und des sonstigen **Kreisvermögens**. Ihm obliegen weiterhin die Beitreibung und **Verteilung der Kreisabgaben**, die **Aufstellung des Haushaltsplans und des Investitionsprogramms**, die **Überwachung des Kassen- und Rechnungswesens**. Der Kreisausschuss führt den Schriftwechsel und vollzieht die Kreisurkunden (§ 41 Abs. 1 S. 2 HKO). Er stellt die Kreisbediensteten an, befördert und entlässt sie (§ 46 Abs. 1 HKO). Verletzt ein **Beschluss des Kreistages** das Recht muss der Landrat **widersprechen**; bestätigt der Kreistag erneut diesen Beschluss muss der Landrat diesen **beanstanden** (§ 34 HKO); subsidiär treffen den Kreisausschuss entsprechende Pflichten. Gefährdet ein Beschluss des Kreistags das Wohl des Landkreises kann der Landrat, subsidiär der Kreisausschuss widersprechen.

III. Der Landrat

635 Die Aufgaben des Landrats beschränken sich nicht ausschließlich auf den **kommunalen Bereich des Kreises**, sondern erstrecken sich auch auf den Bereich der **Landesverwaltung**. Der Landrat in Hessen wurde vor der Einführung der Direktwahl und vor der Kommunalisierung der staatlichen Abteilungen im Jahr 2005 sowie einhergehender zahlreicher Änderungen der HKO auch als „Mittler zwischen Staatsverwaltung und kommunaler Selbstverwaltung" angesehen (*v.Unruh*, Der Landrat, 1966). Diese **Doppelfunktion des Landrates** (Januskopfigkeit) hatte ihre Wurzeln im preußischen Rechtskreis (*Borchmann/Breithaupt/Kaiser*, Kommunalrecht, S. 153).

1. Der Landrat als Vorsitzender des Kreisausschusses

636 Der **Landrat** wird von den **wahlberechtigten Kreisangehörigen** in allgemeiner, unmittelbarer, freier, gleicher und geheimer Wahl auf sechs Jahre **gewählt** (§ 37 HKO). Der Landrat ist **Vorsitzender des Kreisausschusses**. Rechtsstellung, Zuständigkeiten und Kompetenzen (§§ 36, 44 HKO) sind vergleichbar mit denen eines unmittelbar gewählten Bürgermeisters (vgl. Kapitel 6 B). Der **Erste Kreisbeigeordnete** ist der **allgemeine Vertreter des Landrats** (§ 44 Abs. 1 HKO). Im Unterschied zu den gemeindlichen Regelungen kann bei längerer Verhinderung des Landrats mit Zustimmung des Kreistags von der **Aufsichtsbehörde ein besonderer Vertreter** für den Landrat **bestellt** werden (§ 44 Abs. 4 HKO). Eine vorzeitige Abwahl richtet sich nach § 49 Abs. 4 HKO.

2. Der Landrat als untere Landesbehörde

637 Der **Landrat** ist neben seiner Eigenschaft als Vorsitzender des Kreisausschusses auch **untere Behörde der Landesverwaltung** (§§ 1 Abs. 2, 55 Abs. 2 HKO), deren Aufgaben der Landrat im Wege der **Organleihe** (vgl. Kapitel 2 C III) wahrnimmt. Im Verhinderungsfall wird er von dem Ersten Beigeordneten vertreten (§ 55 Abs. 6 S. 2 HKO). Als Behörde der Landesverwaltung **untersteht der Landrat** als Behörde der Landesverwaltung dem **Regierungspräsidenten** (§ 55 Abs. 6 S. 1 HKO) und ist an

Kapitel **8** Die Kreise 277

dessen Weisungen gebunden. Trotz der **Doppelfunktion** bleibt er **kommunaler Beamter**; er wird vom Kreis besoldet. Für **Amtspflichtverletzungen** des Landrats in seiner Funktion als Behörde der Landesverwaltung haftet der Landkreis als Anstellungsbehörde (ebenso Hermes/Reimer/Lange, Landesrecht Hessen, Rn. 161).

Mit dem Erlass des **Gesetzes zur Kommunalisierung des Landrats sowie des Oberbürgermeisters als Behörden der Landesverwaltung** vom 21.3.2005 (GVBl. I S. 230 und Änderungsgesetz vom 7.9.2009, Drs. 18/1053) nahm der Gesetzgeber einen sehr **grundlegenden Eingriff in die Doppelstellung des Landrats** vor. Mit dem Gesetz wurde nicht nur die in den Landratsämtern tätigen Landesbediensteten von den jeweiligen Landkreisen als Kommunalbedienstete übernommen, auch die Aufgaben des Landrats als Behörde der Landesverwaltung wurden reduziert. Sie wurden entweder zu Pflichtaufgaben nach Weisung oder zu Auftragsangelegenheiten (§ 4 HKO).

Bis 2005 nahm der Landrat die Aufgaben des **Staatlichen Veterinäramtes** (Staatl. Amt für Lebensmittelüberwachung, Tierschutz und Veterinärwesen) und die Aufgaben der unteren **Kataster- und Landesvermessungsbehörde** (Katasteramt) wahr. Er führte als Behörde der Landesverwaltung (§ 55 Abs. 2 HKO) die **Kommunalaufsicht** über die Städte und Gemeinden mit 50.000 und weniger Einwohnern (§ 136 Abs. 2, 3 HGO). Unter anderem gehörten hierzu die Aufgaben als allgemeine Ordnungsbehörde (§ 85 Abs. 1 Nr. 3 HSOG), als untere Polizeibehörde (§ 91 Abs. 3 Nr. 4a HSOG aF), als Straßenaufsichtsbehörde (§ 50 Abs. 2 HStrG aF) und als untere Wasserbehörde (§ 93 Abs. 3 HWG aF), nicht aber die Aufgaben als untere Bauaufsichtsbehörde (vgl. § 60 Abs. 3 HKO aF). Daneben nahm der Landrat als untere Behörde der Landesverwaltung Aufgaben des Katastrophenschutzes (§ 2 HKatSG aF), der Unterhaltssicherung (§ 17 USG) sowie die Aufsicht über das Personenstandswesen (§ 70a PStG aF) und die Zweckverbände (§ 35 Abs. 2 Nr. 1 KGG) wahr.

Auch nach der **Kommunalisierung der staatlichen Abteilungen** bleibt die Organisationsebene „Landrat als untere Behörde der Landesverwaltung" formalrechtlich bestehen, wird aber in der Aufgabenstellung auf die **Kommunal- und Fachaufsicht über die kreisangehörigen Gemeinden** (§ 55 Abs. 2 HKO) **sowie die Aufsicht über die Zweckverbände** nach Maßgabe des KGG und die Aufgaben des bei ihm nach § 7 Abs. 2 Nr. 2 HAGVwGO gebildeten **Anhörungsausschusses** beschränkt (§ 1 Abs. 1 Gesetz zur Neuordnung der Aufgaben des Landrats sowie des Oberbürgermeisters als Behörden der Landesverwaltung). Teile der Aufgaben des Landrates als Behörde der Landesverwaltung werden jeweils dem Landrat als **Auftragsangelegenheit** nach § 4 Abs. 2 HKO übertragen. Hierzu gehören insbesondere die Aufgaben, die bisher von dem Landrat als Behörde der Landesverwaltung als **allgemeine Ordnungsbehörde wahrgenommen wurden, Aufgaben in den Bereichen des Veterinärwesen und des Katastrophenschutzes, der Lebensmittelüberwachung und des Verbraucherschutzes, die Landwirtschaftliche Förderung und Regionalentwicklung** (§ 1 Abs. 1 Gesetz zur Neuordnung der Aufgaben des Landrats sowie des Oberbürgermeisters als Behörden der Landesverwaltung). Aufgaben als **Zentrale Ausländerbehörde** gehen nach § 2 der VO über die Zuständigkeit der Ausländerbehörden auf das **jeweilige Regierungspräsidium** über. Die **übrigen** von dem Landrat als Behörde der Landesverwaltung wahrgenommenen **Aufgaben wurden dem Kreisausschuss des jeweiligen Landkreises zur Erfüllung nach Weisung** übertragen (§ 1 Abs. 4 Gesetz zur Neuordnung der Aufgaben des Landrats sowie des Oberbürgermeisters als Behörden der Landesverwaltung).

638

Bei der Erfüllung der Aufgaben hat der Landrat die **Grundsätze und Richtlinien der Landesregierung** zu beachten. Bei seiner Tätigkeit benutzt er Briefkopf und Dienstsiegel des Landes Hessen, das aus einer Tätigkeit verpflichtet wird und nicht etwa der Landkreis. Klagen gegen Verwaltungsakte sind daher gegen das Land Hessen, vertreten durch den Landrat zu richten. Er hat der Landesregierung gegenüber ferner **Berichterstattungspflicht** über alle Vorgänge, die für die **Landesregierung** von Bedeutung sind (§ 55 Abs. 3 HKO). Für die Wahrnehmung der Aufgaben, die dem Landrat als Behörde der Landesverwaltung obliegen, hat ihm der **Landkreis die erforderlichen Kräfte** beizugeben § 56 Abs. 1 HKO). Den Landkreisen wird vom Land Hessen ein jährlicher Festbetrag als Kostenpauschale für die Auftragserledigung gezahlt (§ 5 Abs. 1 Gesetz zur Neuordnung der Aufgaben des Landrats sowie des Oberbürgermeisters als Behörden der Landesverwaltung).

Zur Verzahnung von kommunaler Kreisverwaltung und Landesverwaltung **soll** der Landrat den **Kreisausschuss in Angelegenheiten von besonderer Bedeutung unterrichten** und ihn vor wichtigen Entscheidungen bei der Aufsicht über die kreisangehörigen Gemeinden hören (§ 55 Abs. 4 HKO; kritisch hierzu *Borchmann/Breithaupt/Kaiser*, Kommunalrecht, S. 155).

Der **Landrat** hat auch die Bürgermeister der kreisangehörigen Gemeinden zu Dienstversammlungen zusammenzurufen (§ 55 Abs. 5 HKO). Die Bürgermeister haben an diesen Versammlungen teilzunehmen. Dies gilt auch für die Oberbürgermeister der Sonderstatusstädte (§ 4a HGO). Das Instrument der **Bürgermeisterdienstversammlung** bietet Gelegenheit zur Koordination der Arbeit und dient dem Erfahrungsaustausch zwischen Kreis und Gemeinden.

Literatur: *v.Unruh*, Der Landrat – Mittler zwischen Staatsverwaltung und kommunaler Selbstverwaltung, 1966.

Kapitel 9 Das Satzungsrecht der Gemeinden

A. Grundlagen

I. Satzungsbegriff

Satzungen enthalten **öffentlich-rechtliche Regelungen** mit **allgemeinen Inhalt**, die von **selbstständigen** in den Staat eingeordneten **juristischen Personen des öffentlichen Rechts** im Rahmen der ihnen verliehenen Autonomie im **Bereich ihrer eigenen Angelegenheiten** mit Wirksamkeit für die ihr angehörigen und unterworfenen Personen erlassen werden (BVerfGE 33, 125 [156]). **639**

Das kommunale Satzungsrecht ermöglicht den Gemeinden einerseits **örtlichen Verhältnissen und Bedürfnissen** Rechnung zu tragen, die dem Gesetzgeber nicht bekannt sind und ist zugleich Auftrag, die **eigenen Angelegenheiten** im Hinblick auf die örtlichen Gegebenheiten **eigenverantwortlich** zu erfüllen.

II. Satzungsautonomie und deren Grenzen

Art. 28 Abs. 2 GG und **Art. 137 Abs. 3 HV** gewährleisten den Gemeinden im Rahmen der Gesetze als Folge ihres institutionellen Selbstverwaltungsrechts die eigenverantwortliche Rechtsetzungsbefugnis in allen Angelegenheiten der örtlichen Gemeinschaft. Eine besondere Ausprägung ist die Satzungsautonomie (vgl. Kap. 1 D II). Die Satzungsautonomie gehört insoweit zum **Kernbereich der kommunalen Selbstverwaltung**, als es den Gemeinden in ihrem **eigenen Wirkungskreis** in Wahrnehmung ihrer Regelungskompetenz überhaupt gestattet sein muss, allgemeine Regelungen in Form von Satzungen zu erlassen. Im Übrigen gehört sie nur zum weiteren Bereich und unterliegt dem Gesetzesvorbehalt. Nach diesem Grundsatz ist es dem Gesetzgeber vorbehalten, die grundlegenden und wesentlichen staatlichen Entscheidungen in allen Lebensbereichen selbst zu treffen (Art. 20 Abs. 3 GG – „Wesentlichkeitstheorie", BVerfGE 47, 46 [78f.]). **640**

Aufgrund der verfassungsrechtlichen Gewähr hat die landesrechtliche Ermächtigung in **§ 5 HGO nur deklaratorische Bedeutung**. Die unmittelbar aus der Verfassung gewährleistete Satzungsautonomie ist auch ein Grund, warum das beim Erlass von Rechtsverordnungen zu beachtende Konkretisierungsgebot des Art. 80 Abs. 1 GG für den Erlass von kommunalen Satzungen im Rahmen ihrer Satzungsautonomie nicht gilt (BVerfGE 33, 125; 41, 251 [266]; 55, 207 [226]). Das hierin begründete Ermächtigungserfordernis mit seinen Bestimmtheitsmerkmalen (Inhalt, Zweck und Ausmaß) befasst sich bereits begrifflich nur mit Rechtsverordnungen. **641**

Die kommunale Satzungshoheit ist begrenzt auf die **Angelegenheiten der örtlichen Gemeinschaft**, also auf die Regelung kommunaler **Selbstverwaltungsaufgaben (sachlicher Geltungsbereich)**. Teilweise wird die Meinung vertreten, den Gemeinden stünde auch ein eigenes Satzungsrecht bei Weisungsaufgaben zu, wenn diese dafür Raum lassen (*Borchmann/Breithaupt/Kaiser*, Kommunalrecht, S. 56. Dies ist insofern zutreffend, als auch in Auftrags- und Weisungsangelegenheiten Satzungen nicht ausgeschlossen sind. Jedoch hat es in diesen Fällen der staatliche Gesetzgeber in der Hand, den Gemeinden den Erlass von Satzungen vorzuenthalten oder ihn an spezielle Voraussetzungen zu knüpfen (*Stober*, Kommunalrecht, S. 175). Die Satzungsbefugnis leitet sich insoweit nicht aus der kommunalen Satzungsbefugnis her, **642** sondern ist abgeleitetes Recht. Auch bei den sogenannten **Weisungsaufgaben im weisungsfreien Raum** handelt es sich daher um staatliche Angelegenheiten, die nicht zu den Angelegenheiten der örtlichen Gemeinschaft gehören (aA HessVGH ESVGH 17, 235; HessVGRspr. 1975, 67).

643 Weiterhin ist die Satzungsbefugnis auf das Gemeindegebiet (**räumlicher Geltungsbereich**) und die Einwohner bzw. Grundstückseigentümer oder Benutzer von öffentlichen Einrichtungen der Gemeinde (**personeller Geltungsbereich**) beschränkt. Bei **Gebietsänderungen** (§ 16 HGO) findet **keine automatische Erstreckung der bestehenden Satzungen** auf eingegliederte Gebietsteile statt (HessVGH OS IV 22/57 v. 22.9.1961; HessVGH DÖV 1976, 64 [65]); für die Erweiterung des Anwendungsbereichs genügt jedoch die Bezugnahme auf die bestehenden Satzungen in der erstreckenden Satzung (HessVGH DÖV 1976, 64). Eine Erstreckungssatzung scheidet aber bei einem neuen Gemeindezusammenschluss bereits begriffsnotwendig aus. In diesem Fall muss die neu gewählte Gemeindevertretung das Ortsrecht förmlich beschließen und bekannt machen (Bennemann/Unger, HGO, § 17 Rn. 8). Um plötzliche Rechtsänderungen zu vermeiden, besteht aber auch die Möglichkeit mit der Festlegung einer Gebietsänderung durch einen Grenzänderungsvertrag der Beteiligten oder durch Anordnung der Aufsichtsbehörde eine **Übergangsregelung für das Ortsrecht** zu treffen, wobei die Übergangszeit angemessen sein muss (Bennemann/Unger, HGO, § 17 Rn. 10). Seit der Gesetzesnovelle 2011 sind die beteiligten Gemeinden nunmehr verpflichtet, Regelungen über das Ortsrecht, die Verwaltung, die Rechtsnachfolge und die Auseinandersetzung sowie den Wahltag für eine Nachwahl nach dem KWG im Grenzänderungsvertrag zu treffen (§ 17 Abs. 1 HGO). Sind in Grenzänderungsverträgen Bestimmungen über die Fortgeltung von Satzungen der untergehenden Gemeinde vorhanden, bedürfen sie zu ihrer Wirksamkeit der öffentlichen Bekanntmachung (HessVGH ESVGH 31, 80).

644 Die allgemeine Satzungsbefugnis ermächtigt auch nicht zu Eingriffen in Grundrechte oder deren Ausgestaltung (**gegenständlicher Geltungsbereich**). Dazu bedarf es einer besonderen gesetzlichen Ermächtigung (BVerwG NJW 1993, 411 [412]; BVerfGE 9, 137 [147]). **Satzungen mit typischem Eingriffscharakter**, wie zB Satzungen, die einen Anschluss- und Benutzungszwang an gemeindlichen Einrichtungen festschreiben, finden deshalb in besonderen Bestimmungen der Gemeindeordnungen ihre gesetzliche Grundlage (§ 19 Abs. 2 HGO, § 2 KAG). Eine **Ausnahme** vom Erfordernis einer formal gesetzlichen Ermächtigung wird teilweise für **gewohnheitsrechtlich** legitimierte Satzungsregelungen gemacht. Hauptanwendungsfall ist die sog. **Anstaltsgewalt**. Sie soll den Erlass belastender Satzungsregelungen sowie auch – unmittelbar – Eingriffsmaßnahmen durch Verwaltungsakt rechtfertigen, soweit der Anstaltszweck derartige Eingriffe erfordert (HessVGH DVBl. 1994, 218 [220] – für Friedhofsnutzung). Teilweise werden auch **die – generellen – gemeinderechtlichen Vorschriften über die Schaffung öffentlicher Einrichtung (§ 19 Abs. 1 HGO) als unmittelbare Legitimation** belastender Satzungsregelungen zugelassen. Dies gelte insbesondere dann, wenn Eingriffsmaßnahmen den ordnungsgemäßen Betrieb und den Widmungszweck der Einrichtung sicherstellen sollen, wobei zur Durchsetzung dieser Befugnisse auch der Erlass belastender Verwaltungsakte zugelassen wird (OVG NW DÖV 1995, 515 – Ausschluss aus Musikchor; VGH Bad.-Württ. BWVPr 1975, 227 [229] – Bademützenzwang; OVG Schl.-Hol. DÖV 1986, 341). Vorgenannte Ausnahmen sind mit Blick auf den Grundsatz des Gesetzesvorbehalts und den Bestimmtheitsgrundsatz abzulehnen. Die Landeskommunalgesetzgeber sind in diesem Bereich vielmehr gehalten, in den Gemeinde- und Landkreisordnungen klare und eindeutige Ermächtigungen für den Betrieb und die Ausgestaltung für die Benutzung

öffentlicher Einrichtungen vorzusehen. Der Erlass solcher Regelungen ist dem Gesetzgeber möglich und zumutbar (aA *Waechter*, Kommunalrecht, Rn. 475). Wird diesen Erfordernissen Rechnung getragen, wird auch der Rückgriff auf die gewohnheitsrechtliche Anstaltsgewalt obsolet.

Im Übrigen unterliegen kommunale Satzungen dem **Vorrang des Gesetzes**. Sie können daher höherrangiges Recht weder modifizieren noch ausschließen. 645

Literatur: *Schoch*, Soll das kommunale Satzungsrecht gegenüber staatlicher und gerichtlicher Kontrolle gestärkt werden, NVwZ 1990, 801.

III. Abgrenzungen

1. Satzungen als Gesetze im formellen Sinn

Unter **Gesetzen im formellen Sinn** versteht man Gesetze, die in dem im Grundgesetz oder den Landesverfassungen vorgesehenen **formellen Verfahren** ergangen sind. Die Gemeinde ist – ebenso wie ihre Vertretungskörperschaft – Teil der **Exekutive** (BVerfGE 65, 283 [289]), auch wenn die Gemeindevertretungen und Kreistage durch Urwahl gewählt und daher in ähnlicher Weise wie die Gesetzgebungsorgane des Bundes oder der Länder legitimiert sind (vgl. Kap. 2 A). **Satzungen** sind daher **keine Gesetze im formellen Sinn**. Vielmehr handelt es sich bei der **Satzungsgebung** als administrative Normsetzung der Gemeindevertretung rechtssystematisch um **Verwaltungstätigkeit**. 646

2. Satzungen als Gesetze im materiellen Sinn

Ein **Gesetz im materiellen Sinn** ist jede **Regelung mit Außenwirkung**, die eine **abstrakt-generelle** rechtsverbindliche Anordnung trifft, unabhängig davon, ob ein formelles Gesetzgebungsverfahren stattgefunden hat. Satzungen sind daher **Gesetze im materiellen Sinn**. Sie erfassen im Gegensatz zum Verwaltungsakt eine Vielzahl gleich gelagerter Fälle. Wie bei sonstigen Gesetzen dominiert der **generell-abstrakte Regelungscharakter**. Eine Ausnahme stellt der Bebauungsplan dar, der als Satzung zu erlassen ist (§ 10 BauGB) und eine Mischung aus individuell-konkreten und abstrakt-generellen Festsetzungen aufweist. 647

3. Satzungen im Vergleich zu anderen Rechtsinstituten

Satzungen sind in der **Hierarchie der Rechtsnormen** nicht nur gegen **höherrangige Normen** (Vorrang des Gesetzes), sondern auch von **untergeordnetem Recht abzugrenzen**. Satzungen werden nämlich ihrerseits durch sonstige allgemeine Regelungen (Geschäftsordnungen, Richtlinien, Benutzungsordnungen) sowie durch Vollzugsakte der Verwaltung umgesetzt bzw. bedürfen, wie etwa der Bebauungsplan, der Ausfüllung durch den Adressaten. 648

3.1. Verwaltungsvorschriften

Bei den von Gemeinden erlassenen **Verwaltungsvorschriften** handelt es sich um **innerdienstliche Weisungen** an nachgeordnete Mitarbeiter und Instanzen zur Vereinheitlichung der Vollzugspraxis (vgl. Hess StGH DVBl.1970, 217). Verwaltungsvor- 649 schriften sind keine Rechtsvorschriften. Sie dienen lediglich der Ausgestaltung von Rechtsnormen und wirken intern. Es fehlt ihnen – im Vergleich zu Satzungen – an der Außenwirkung gegenüber Dritten; sie können allerdings durch ständige Verwaltungspraxis wegen des zu beachtenden **Gleichheitssatzes** (Art. 3 GG) zu rechtssatzähnlichen Wirkungen führen (**Grundsatz der Selbstbindung der Verwaltung**, vgl. BVerwGE 37, 57 [59]).

3.2. Kommunale Verordnungen

650 Außer der Satzungsbefugnis steht den Gemeinden im Bereich des **übertragenen Wirkungskreises** kraft besonderer gesetzlicher Ermächtigung die Rechtssetzungsbefugnis für **kommunale Verordnungen** zu. Da das Wesen der Rechtsverordnung in der **Regelung fremder Angelegenheiten** liegt, bedarf die Ermächtigungsgrundlage einer weit reichenden Begrenzung. **Inhalt, Zweck** und **Ausmaß** der Ermächtigung zum Erlass einer Rechtsverordnung **müssen im Gesetz bestimmt sein** (Art. 80 Abs. 1 GG). Die Satzung hingegen ist keine abgeleitete Rechtsquelle, sondern ein originäres Gestaltungsinstrument zur Regelung eigener Angelegenheiten. Rechtsverordnungen sind in der Hierarchie der Rechtsnormen höherrangige Normen als Satzungen. **Hauptfall** der kommunalen Verordnungen bilden die von den Gemeinden für ihr Gebiet zu erlassenden **Gefahrenabwehrverordnungen**, die von der Gemeindevertretung beschlossen werden (§§ 74ff. HSOG).

3.3. Geschäftsordnungen

651 **Geschäftsordnungen** sind **innerorganisatorische Rechtssätze** zur **Regelung der inneren Organisation der kommunalen Organe** und der **Konkretisierung der organschaftlichen (Mitgliedschafts-) Rechte** (BVerwG NVwZ 1988, 1119). Soweit sie – ausnahmsweise – Außenrechtssätze enthalten, sind sie als Satzung zu erlassen. Gesetzlich eingeräumte Rechte der Betroffenen können durch sie nicht eingeschränkt werden (vgl. Kap. 5 A V).

3.4. Ortsgewohnheitsrecht (Observanz)

652 Im Unterschied zu Satzungen handelt es sich bei dem Ortsgewohnheitsrecht um **ungeschriebenes Recht**, das durch **vom örtlichen Rechtsbewusstsein getragene, fortgesetzte** (in der Regel 30 Jahre), **häufige und gleichmäßige Übung** erzeugt wird (RGZ 2, 293; 102, 9; 11, 212; BGH VwRspr. 16, 151). Als originäre Rechtsquelle hat das Ortsgewohnheitsrecht den gleichen Rang wie das sonstige Ortsrecht.

Beispiele: örtlich begrenzte Feiertage, wie Kirchweihfest oder Wäldchestag; eine Gemeinde trägt seit dem 19. Jahrhundert die Kosten für die Unterhaltung einer Turmuhr der katholischen Kirche (vgl. BVerwGE 28, 179).

Das Ortsgewohnheitsrecht unterliegt den Grundsätzen der aus §§ 133, 157, 242 BGB hergeleiteten „clausula rebus sic stantibus", dem **Wegfall der Geschäftsgrundlage wegen umstürzenden Wandels der Verhältnisse** (BVerwGE 28, 179 [182]; DÖV 1972, 357). Die Folge des Wegfalls der Geschäftsgrundlage ist aufgrund des Treuegedankens jedoch grundsätzlich nicht die völlige Unwirksamkeit eines Rechtsgeschäfts, sondern nur die **Anpassung** an die veränderte Rechts- und Tatsachenlage.

IV. Satzungsbestandteile

Satzungen bestehen aus einer **Überschrift**, die die erlassende Gemeinde benennt und den Regelungsgegenstand bezeichnet, der **Einleitungsformel**, in der die Rechtsgrundlagen und das beschließende Organ sowie das Beschlussdatum genannt werden, dem eigentlichen **Normenteil**, dessen Regelungen untergliedert (Paragrafen, Artikel) werden und der **Ausfertigungsformel**, die das Ausfertigungsdatum und die Unterschrift des Ausfertigungsorgans (§§ 66, 71 HGO) enthält. **653**

B. Arten von Satzungen

Hauptanwendungsgebiete der kommunalen Satzungen sind die Regelung der **kommunalen Massenverwaltung** (Abgabesatzungen, Benutzungssatzungen von öffentlichen Einrichtungen und Satzungen über den Anschluss- und Benutzungszwang), der **kommunalen Planung** (Bebauungsplan, Haushaltssatzung) sowie die **kommunale Selbstorganisation** (Hauptsatzung, Eigenbetriebssatzung). **654**

Kommunale Satzungen lassen sich aber nicht nur nach dem Inhalt, sondern auch nach dem **Grad des gemeindlichen Handlungsspielraums** unterscheiden.

I. Unbedingte Pflichtsatzungen

Unbedingte Pflichtsatzungen (obligatorische Satzungen) **müssen von jeder Gemeinde erlassen** werden. Zu ihnen gehören die **Haushaltssatzung** (§ 94 Abs. 1 HGO), die **Hauptsatzung** (§ 6 Abs. 1 HGO) und die **Entschädigungssatzung** für den Verdienstausfall ehrenamtlich Tätiger (§ 27 Abs. 1 HGO). **655**

II. Bedingte Pflichtsatzungen

Bedingte Pflichtsatzungen sind solche, die von einer Gemeinde dann **zwingend** zu erlassen sind, **wenn** sie in einem **bestimmten Bereich** tätig wird. Es handelt sich hier also nicht um Wahrnehmung von Pflichtaufgaben, sondern um **Aufgaben und Bereiche** deren sich die Gemeinde im Rahmen der **kommunalen Selbstverwaltung freiwillig** annimmt. Hierzu gehören Satzungen zur Errichtung einer Anstalt des öffentlichen Rechts (§ 126a HGO), für **Eigenbetriebe** (§ 1 EigbG), der **Bebauungsplan** (§ 10 BauGB), **Abgabensatzungen** (§ 2 KAG), Satzungen zur Regelung des **Anschluss- und Benutzungszwangs** (§ 19 Abs. 2 HGO), die **Friedhofssatzung** (§ 2 Abs. 3 FBG) und die **Erschließungsbeitragssatzung** (§§ 127, 132 BauGB). **656**

III. Freiwillige Satzungen

Freiwillige Satzungen (fakultative Satzungen) sind solche Regelungen, die im Rahmen gemeindlicher Handlungsfreiheit sowohl in Satzungsform wie auch in eine andere Handlungsform (zB bloßer Sachbeschluss) gefasst werden können. Hierzu gehören insbesondere die **Benutzungsordnungen für öffentliche Einrichtungen** (vgl. Kap. 3 A II 5) und die **Geschäftsordnung der Gemeindevertretung** (vgl. Kap. 5 A V). **657**

IV. Beispiel Hauptsatzung

658 Die **Hauptsatzung** ist das **Verfassungsstatut der Gemeinde**, also das für die Gemeinde auf gewisse Dauer angelegte Fundament. Sie enthält an sich **organisatorische Vorschriften**, ist also Satzung im rein formellen Sinn. Da in der Hauptsatzung neben den ihr allein gesetzlich vorbehaltenen Vorschriften auch andere für die Verfassung der Gemeinde wesentliche Fragen geregelt werden können, kann sie auch materielles Recht setzen (zB Aufwandsentschädigung für ehrenamtlich Tätige). Ähnlich wie die Satzungen selbst lassen sich auch die **Satzungsinhalte** der Hauptsatzung nach notwendigen, bedingt notwendigen und freiwilligen Inhalten unterscheiden:

659 **Notwendige Bestandteile** müssen in jedem Fall und dürfen in keiner anderen als der **Hauptsatzung** geregelt werde. Hierzu gehören die Regelungen über die **öffentliche Bekanntmachung** (§ 7 Abs. 3 HGO) und über die **Zahl der Stellvertreter des Vorsitzenden der Gemeindevertretung** (§ 57 Abs. 1 S. 2 HGO) sowie die **Anzahl der Mitglieder des Ausländerbeirats** in Gemeinden mit mehr als 1000 ausländischen Einwohnern (§§ 84, 85 HGO).

660 **Bedingt notwendige Hauptsatzungsbestandteile** sind solche, die die Gemeinde zwar nicht regeln muss; entscheidet sie sich jedoch zu Regelungen derartiger Inhalte, muss sie sie in der Hauptsatzung festschreiben. Hierzu gehören die **ehrenamtliche Verwaltung der Bürgermeisterstelle** (§ 44 Abs. 1 S. 2 HGO), eine höhere **Beigeordnetenzahl** (§ 44 Abs. 2 S. 3 HGO), **hauptamtliche Beigeordnetenstellen** (§ 45 Abs. 2 S. 3 HGO), eine **Amtsbezeichnung der Beigeordneten** (§ 45 Abs. 3 HGO), die **Abgrenzung der Ortsbezirke**, die **Einrichtung der Ortsbeiräte** und die **Zahl der Mitglieder des Ortsbeirates** (§§ 81 Abs. 1 S. 3 und 82 Abs. 1 S. 3 HGO) sowie die **Einrichtung von Ausländerbeiräten** in Gemeinden mit geringem Anteil ausländischer Einwohner (§ 84 HGO) und die **Anzahl seiner Mitglieder** (§ 85 HGO). Bis spätestens zwölf Monate vor Ablauf der Wahlzeit der Gemeindevertretung kann gem. § 38 Abs. 2 HGO in der Hauptsatzung die **Anzahl der Gemeindevertreter** auf die für die nächstniedrigere Größenordnung nach § 38 Abs. 1 HGO geltende oder eine dazwischen liegende ungerade Zahl der Gemeindevertreter festgelegt werden. Ob zur Fristwahrung die rechtzeitige Beschlussfassung in der Gemeindevertretung ausreicht (so Bennemann, HGO, § 38 Rn..14) oder, ob die Hauptsatzungsänderung bereits in Kraft getreten sein muss, hat der Gesetzgeber nicht geregelt.

Literatur: *Görisch*, Unzulässige Magistratsunterbesetzung in der hessischen Kommunalpraxis, LKRZ 2012, 317.

661 **Freiwillige Hauptsatzungsbestandteile** können in dieser, aber auch in einer anderen Satzung oder auf andere Art und Weise geregelt werden. Beispiele hierfür sind die **Verleihung von Ehrenbürgerrechten** (§ 28 HGO), **Qualifikationserfordernisse für Beigeordnete**, die **Delegation von Aufgaben der Gemeindevertretung an den Gemeindevorstand** (§ 50 Abs. 1 HGO), die **Bestellung von wichtigen Ausschüssen** (§ 62 HGO) sowie **Amtstracht und Amtszeichen des Bürgermeisters** bei feierlichen Anlässen. In der Hauptsatzung sollen aber nur die für die Verfassung der Gemeinde **wesentlichen** Angelegenheiten geregelt werden. Regelungen, die **häufigen Veränderungen** ausgesetzt sind, sollten daher **nicht in die Hauptsatzung** aufgenommen werden. Insoweit ist auch zu bedenken, dass Änderungen der Hauptsatzung nur unter Beachtung des § 6 Abs. 2 HGO möglich sind.

C. Zustandekommen von Satzungen

Satzungen ergehen ebenso wie Gesetze in einem **formalisierten Verfahren**. Sie müssen formell und materiell rechtmäßig sein. 662

I. Formelle Rechtmäßigkeit

1. Zuständigkeit

1.1. Verbandskompetenz

Die Gemeinde muss zunächst **sachlich zuständig** sein. Es muss sich infolgedessen bei dem in der Satzung zu regelnden Sachverhalt um eine **Angelegenheit der Gemeinde** handeln. 663

1.2. Organkompetenz

Weiterhin muss das **funktionell zuständige Organ** handeln. Nach § 51 Nr. 6 HGO fällt der Erlass von Satzungen in die **ausschließliche Zuständigkeit der Gemeindevertretung**; der Erlass – wohl aber die Vorbereitung – von Satzungen ist daher nicht auf andere Gemeindeorgane übertragbar. 664

2. Ordnungsgemäßer Satzungsbeschluss

Damit der Satzungsbeschluss ordnungsgemäß zustande gekommen kann, ist die **ordnungsgemäße Ladung der Gemeindevertretung** (Tagesordnung, Frist, öffentliche Bekanntmachung § 58 Abs. 1, Abs. 3 und 6 HGO) zu beachten, die **Beschlussfähigkeit** der Gemeindevertretung (§ 53 HGO) festzustellen und ein wirksamer Satzungsbeschluss (Mehrheit §§ 54 Abs. 1, 6 Abs. 2 HGO; öffentliche Sitzung § 52 HGO) zu fassen. Weiterhin darf an der Abstimmung **kein befangenes Mitglied der Gemeindevertretung** teilnehmen (§§ 25, 5 Abs. 4 HGO) und es müssen **sonstige Beteiligungs- und Einwendungsrechte** (zB § 97 Abs. 2 HGO – Auslegung der Haushaltssatzung; §§ 3f. BauGB – Beteiligung der Bürger an Bauleitplänen) beachtet werden. 665

3. Form

Als geschriebene Rechtsquelle bedarf die Satzung der **Schriftform**. Außerdem ist sie zu **unterzeichnen** (vgl. Kap. 9 C I 5). Im Übrigen gelten für **bestimmte Satzungen besondere Formvorschriften**. So sind etwa die der Gemeindehaushaltsverordnung beigefügten **Muster für Haushaltssatzung, Nachtragshaushaltssatzung und deren Bekanntmachung verbindlich** (§ 60 GemHVO). Hingegen ist die **Bezeichnung als Satzung** für deren Rechtswirksamkeit **nicht erforderlich**, da sich der Satzungscharakter aus der Art und Weise der äußeren Form und des Zustandekommens sowie einer Auslegung des Normenteils ergibt (VGH Bad.-Württb. DÖV 1978, 569f.). Die fälschlicherweise gewählte **Bezeichnung einer Satzung als Ordnung** steht ihrer Wirksamkeit nicht entgegen. Unschädlich ist auch die **fehlende, falsche oder unvollständige Angabe der Ermächtigungsgrundlage** (vgl. BVerwG NJW 1974, 2301), da die Anführung einer Ermächtigungsgrundlage in einer Einleitungsfor- 666 mel nicht vorgeschrieben ist und daher ihre Richtigkeit auch **keine Gültigkeitsvoraussetzung** ist (HessVGH ESVGH 38, 164 [168]). Entscheidend ist vielmehr, dass die Satzung im Gesetz eine Stütze findet (OVG NW DVBl. 1953, 312). Aus Gründen der Rechtsstaatlichkeit und Bürgernähe empfiehlt es sich jedoch, die Ermächtigung für die Satzung zu zitieren, um den Bürgern die Möglichkeit der Kenntnisnahme derselben zu geben. Für eine Präambel iSd Grundgesetzes besteht in der Regel kein Anlass. Eine solche ist nicht üblich und schadet, wenn sie einen bestimmten Zweck festlegt, dieser Zweck sich aber später ändert oder wegfällt.

4. Anzeigepflicht und Genehmigung

4.1. Anzeigepflichten

667 **Grundsätzlich** bedürfen Satzungen keiner Genehmigung der Aufsichtsbehörde; sie müssen der Aufsichtsbehörde auch **nicht angezeigt** werden.

4.2. Genehmigung

668 Der **Genehmigung** bedürfen jedoch **Teile der Haushaltssatzung** (§§ 92 Abs. 5, 92a Abs. 3, 97a, 102 Abs. 4, 103 Abs. 2, 104 Abs. 2, 105 Abs. 2 HGO) und in gesetzlich **bestimmten Fällen die Bauleitpläne** (§§ 6 Abs. 1, 10 Abs. 2, 8 Abs. 2 S. 2, Abs. 3 S. 2 und Abs. 4 BauGB) sowie Satzungen zur Bildung von **Zweckverbänden** (§ 10 Abs. 1 KGG).

4.2.1. Grundsätzliches

669 Ist eine Satzung genehmigungspflichtig, so ist die **Genehmigung schriftlich** zu erteilen, die elektronische Form ist ausgeschlossen (§ 143 HGO). Die Genehmigung **gilt als erteilt** (gesetzliche Fiktion), wenn die **Aufsichtsbehörde nicht innerhalb von drei Monaten** nach Zugang des Antrags die Genehmigung erteilt oder schriftlich **mitteilt**, welche **Gründe** einer abschließenden **Entscheidung entgegenstehen**. Die Genehmigung wird grundsätzlich in dem Augenblick wirksam, in dem sie der Gemeinde zugeht. Mit diesem Zeitpunkt kann daher auch frühestens die Satzung als normativer Rechtsakt zustande kommen. Das Vorliegen der Genehmigung ist **Wirksamkeitsvoraussetzung**; die Satzung darf daher **vor Erteilung der Genehmigung nicht veröffentlicht** werden.

4.2.2. Arten der Genehmigung

670 Die Genehmigung kann **ohne Vorbehalt**, dh wie beantragt, oder **mit Maßgaben** erteilt werden. Unwesentliche Änderungen (Formulierungen stilistischer oder grammatikalischer Art) kann die Aufsichtsbehörde selbst vornehmen. Ist die **Aufsichtsbehörde** hingegen mit dem **Inhalt der Satzung** nicht einverstanden, kann sie die Satzung **nicht selbstständig ändern** (HessVGH DVBl 1968, 948 [950]), sondern lediglich ihre Genehmigung von der Vornahme der gewünschten Änderungen und Ergänzungen abhängig machen. Die **Genehmigung mit einer Maßgabe** ist eine **Ablehnung** verbunden mit der im Voraus erteilten Genehmigung bei Vornahme der entsprechenden Handlungen (HessVGH DVBl. 1968, 948 [949]; HessVGH VwRspr.30,

815). Die Maßgabe ist in einem solchen Fall durch **Satzungsänderungsbeschluss von der Gemeindevertretung** selbst herbeizuführen. Dieser sog. **Beitrittsbeschluss** der Gemeindevertretung ist öffentlich bekannt zu machen (Erlass HMdI StAnz 1977, 2140 v. 18.10.1977).

4.2.3. Rechtsanspruch auf Genehmigung

Ob eine Gemeinde einen **Rechtsanspruch auf Erteilung einer beantragten Ge-** 671 **nehmigung** hat, hängt von der **Rechtsnatur der Genehmigung** ab. Bei staatlichen Genehmigungen ist zwischen Mitwirkungsgenehmigungen und Rechtsaufsichtsgenehmigungen zu unterscheiden. Bei **Mitwirkungsgenehmigungen** wirken der Staat und die Gemeinde zusammen (sog. **Kondominium**). Der Staat wird in diesen Fällen tätig, um eigene, ihm zugewiesene Aufgaben zu verfolgen (OVG NW OVGE 19, 192 [196]; OVG Lüneburg 26, 350 [352]). Die aufsichtsbehördliche Prüfung erstreckt sich daher auf die Gesetzmäßigkeit und die Zweckmäßigkeit der Satzung. Die **Gesetzmäßigkeitsprüfung** zielt auf die **Förmlichkeit**, das **Verfahren** und die **Rechtmäßigkeit des Inhalts**; die **Zweckmäßigkeitsuntersuchung** stellt auf die **Notwendigkeit und Angemessenheit** ab. Infolgedessen hat die Aufsichtsbehörde im Rahmen der Zweckmäßigkeitsprüfung **eigenes Ermessen** auszuüben. Ein **Rechtsanspruch auf Genehmigung besteht nicht**; die Gemeinde ist lediglich durch das **Willkürverbot** geschützt. Dem Staat obliegt zudem die Pflicht zu „**gemeindefreundlichem Verhalten**" (OVG NW DVBl. 1965, 681; vgl. zu dem entsprechenden Zusammenwirken von Bund und Ländern, BVerfGE 12, 205 [254f.]). Ausdruck eines Kondominiums, und damit keine reine Unbedenklichkeitserklärung, ist die Genehmigung der genehmigungsbedürftigen Teile der **Haushaltssatzung** (*Müller* DVBl. 1986, 739 mwN; vgl. HessVGH NVwZ 1989, 585; OVG NW NVwZ 1988, 1156).

Grundsätzlich handelt es sich jedoch bei **kommunalen Satzungen** nur um Rechts- 672 aufsichtsgenehmigungen (BVerwG DVBl. 1963, 920; HessVGH DÖV 1976, 64 [65]). In diesen Fällen überprüft die Aufsichtsbehörde ausschließlich die Gesetzmäßigkeit der Satzung. Bei **Rechtsaufsichtsgenehmigungen** wird lediglich eine **Unbedenklichkeitserklärung** abgegeben. Entspricht die vorgelegte Satzung Recht und Gesetz hat die Gemeinde daher einen **Rechtsanspruch auf Erteilung der Genehmigung** (OVG NW OVGE 19, 192 [196]). Versagt die Aufsichtsbehörde die Genehmigung (Verwaltungsakt) kann die Gemeinde **Verpflichtungsklage** auf Erteilung der Genehmigung vor den Verwaltungsgerichten erheben (vgl. BVerwGE 27, 350; 34, 301).

Literatur: *Humpert*, Genehmigungsvorbehalte im Kommunalverfassungsrecht.

5. Ausfertigung

Die **Satzung** bedarf ebenso wie andere Rechtsnormen der **Ausfertigung**. Dies folgt 673 nicht aus Art. 82 Abs. 1 GG und Art. 120 HV, da diese Vorschriften nur auf die Ausfertigung von Gesetzen und Rechtsverordnungen des Bundes und der Länder Anwendung finden, sondern aus dem **Rechtsstaatsprinzip** (Art. 20 Abs. 3 GG). Sinn und Zweck der Ausfertigung ist zu bezeugen, dass der **Inhalt der Urkunde mit dem Willen des Satzungsgebers**, der Gemeindevertretung, übereinstimmt und das **Rechtssetzungsverfahren eingehalten** wurden. Die Ausfertigung ist die **Grundlage und Voraussetzung für die Bekanntmachung**; sie ist **Bestandteil des Rechtsetzungsverfahrens**.

Ausfertigungsorgan ist gem. § 66 Abs. 1 HGO der **Gemeindevorstand**, für den der Bürgermeister handelt (§ 70 Abs. 1 HGO). Die Ausfertigung darf erst erfolgen, wenn eine etwa erforderliche Genehmigung der Rechtsaufsichtsbehörde erteilt worden ist, und muss **vor der öffentlichen Bekanntmachung** liegen (HessVGH ESVGH 11, 111; BayVGH NVwZ 1994, 88). Sie erfolgt in der Regel durch die handschriftliche Unterzeichnung der Urkunde mit der Unterschrift des Bürgermeisters oder seines Vertreters unter Angabe des Ausfertigungsdatums. Mit der Ausfertigung bezeugt der Bürgermeister, dass der Inhalt der Urkunde mit dem Beschluss der Gemeindevertretung übereinstimmt (Authentizitätsnachweis). Bei Satzungen, die einen Textteil und einen Kartenteil enthalten (zB Bebauungspläne), bedürfen nach der Rechtsprechung des VGH Baden-Württemberg beide Teile der Ausfertigung; ein Verweis in der Satzung auf den Kartenteil sei unzureichend (NVwZ 1985, 206). Die **Verwendung eines Dienstsiegels ist nicht erforderlich**, führt jedoch dazu, dass eine **öffentliche Urkunde mit erhöhter Beweiskraft** entsteht (§ 415 ZPO). Ist eine Ausfertigung mit Mängeln behaftet, so werden diese nicht durch eine erneute Ausfertigung behoben. Vielmehr muss auch die erneute Ausfertigung öffentlich bekannt gemacht werden.

Beispiele für Ausfertigungsmängel: keine Ausfertigung, Ausfertigung ohne Ausfertigungsreife (vor Abschluss des Rechtsetzungsverfahrens ohne Bekanntmachung), Urkunde undatiert, unvollständige oder fehlende Unterschrift des Bürgermeisters oder seines Stellvertreters.

Literatur: *Ziegler*, Die Ausfertigung von Rechtsvorschriften, insbesondere von gemeindlichen Satzungen, DVBl. 1987, 280.

6. Öffentliche Bekanntmachung

674 Die ausgefertigte Satzung muss **öffentlich bekannt** gemacht werden (§ 5 Abs. 3 HGO), dh die Satzung muss der Öffentlichkeit in einer Weise zugänglich gemacht werden, die den Betroffenen die Möglichkeit gibt sich über den Inhalt verlässlich Kenntnis zu verschaffen. Die **Form der Bekanntmachung** regelt § 7 HGO iVm der VO über öffentliche Bekanntmachungen der Gemeinden und Landkreise. Die Gemeinden müssen die Form ihrer öffentlichen Bekanntmachung in ihrer **Hauptsatzung** (§ 7 Abs. 3 HGO) regeln (vgl. HessVGH, Gemeindetag 1977, 113 – zur Bekanntmachung der Änderung der Bekanntmachung).

6.1. Bekanntmachungsformen

675 In der Regel erfolgt die Bekanntmachung in einer örtlich verbreiteten, mindestens einmal wöchentlich erscheinenden Zeitung, in einem Amtsblatt oder im Internet (§ 7 Abs. 1 HGO). Grundsätzlich muss **eine** Bekanntmachungsform einheitlich für alle Bekanntmachungen einer Gemeinde gewählt werden (Ausnahme § 2 Abs. 1 S. 2 BekanntVO). Die Zeitungen oder das Amtsblatt sind namentlich zu benennen. **Zeitungen** in diesem Sinne sind alle **mindestens einmal wöchentlich erscheinenden periodischen Druckerzeugnisse** sowie alle anderen zur Verbreitung bestimmten Vervielfältigungen von Schriften und bildlichen Darstellungen (lokale Anzeiger, Rundschauen, Anzeigeblätter, Sonntagsmagazine). Entscheidend für die Eignung als gemeindliches Bekanntmachungsorgan ist die **hinreichende Publikationsdichte** („örtlich verbreitet") im Gemeindegebiet des Satzungsgebers (Erlass des HMdI StAnz 1987, 2294 v. 5.11.1987). Bei der Auswahl der Zeitung ist zu beachten, dass weder der Verleger noch der Herausgeber oder ein sonst presserechtlich Verantwortlicher

Kapitel 9 Das Satzungsrecht der Gemeinden

gegen Entgelt im Dienste der Gemeinde stehen darf; **hauptamtliche Beigeordnete** und **Bürgermeister** dürfen also **nicht Herausgeber** sein.

Amtsblätter dagegen sind nicht auf ein wöchentliches Erscheinen angewiesen; sie können auch in **größeren zeitlichen Abständen** erscheinen. **Herausgeber** des Amtsblatts muss der **Gemeindevorstand** sein. Es muss die Bezeichnung „Amtsblatt" tragen, den Ausgabetag angeben, fortlaufend nummeriert und einzeln beziehbar sein. Erscheinungsfolge, Bezugsquelle sowie Bezugsbedingungen müssen angegeben sein (zur wirksamen Veröffentlichung von Satzungen in einem Amtsblatt, vgl. HessVGH HessVGRspr. 1985, 23). Das Amtsblatt kann neben öffentlichen Bekanntmachungen und sonstigen amtlichen Mitteilungen auch kurze **Nachrichten aus dem Gemeindeleben** und **Hinweise auf Veranstaltungen** enthalten. Jedoch sind die **Grundsätze der Gleichbehandlung und der Neutralität** zu wahren. Eine Gemeinde kann ein kommunales Amtsblatt etwa nicht im gesamten Gemeindegebiet verteilen lassen, wenn es presseähnlich aufgemacht ist und redaktionelle Beiträge enthält, die das Gebot der „Staatsferne der Presse" verletzen (BGH NJW 2019, 763 m.Anm. Alexander). **Anzeigen** darf das Amtsblatt (§ 5 Abs. 3 S. 2 BekanntmachVO) **nicht enthalten** (vgl. zu weiteren Voraussetzungen an ein Amtsblatt, HessVGH ESVGH 35, 234; HessVGRspr. 1985, 23). Ein Verstoß gegen dieses Gebot begründet Unterlassungsansprüche der Mitbewerber wegen Wettbewerbsverletzung.

676

Bekanntmachungen des Ortsrechts im **Internet** können auf zwei verschiedene Arten erfolgen, entweder als serviceorientierte Information für Interessierte oder eine die tatsächliche Wirksamkeit der Satzung begründende konstitutive Bekanntmachung (§§ 5a, 6 BekanntmachungsVO). Werden die Internetveröffentlichungen nur zur allgemeinen Information vorgenommen, sind hierzu keine besonderen Formerfordernisse zu beachten. Soll hingegen die **Veröffentlichung einer amtlichen Bekanntmachung** im Internet erfolgen, hat der Gesetzgeber ein mehrstufiges formelles Bekanntmachungsverfahren vorgesehen, das sich durch hohe Komplexität auszeichnet und zu dem bisher keine Rechtsprechung existiert. Zunächst muss die Gemeinde die hierfür erforderlichen Angaben (Internetadresse) in ihre **Hauptsatzung** aufnehmen sowie auf die Bekanntmachung im Internet in einem Printmedium iSd § 1 BekanntmachungsVO (sog. Hinweisbekanntmachung) hinweisen. Die Internetseite soll zudem benutzerfreundlich und barrierefrei (zu den hiermit verbundenen umfänglichen Problemen, Bennemann HGO, § 7 Rn..75ff.) zugänglich sein; sie muss kostenfrei gelesen und ausgedruckt werden können. Das Bereitstellungsdatum der öffentlichen Bekanntmachung ist anzugeben, Die Bekanntmachung ist dauerhaft unter der in der Hinweisbekanntmachung angegebenen Adresse zugänglich zu halten, technisch und organisatorisch abzusichern. Die Bekanntmachung ist mit Ablauf des Bereitstellungstages im Internet vollendet (§ 6 Abs. 4 BekanntmachungsVO); unklar ist aber welchen Einfluss darauf die Hinweisbekanntmachung nach § 5a Abs. 1 S. 2 BekanntmachungsVO hat.

677

Literatur: *Bennemann*, Öffentliche Bekanntmachung im Internet, LKRZ 2012, 270; 1987, 280.

In **Gemeinden mit nicht mehr als 3000 Einwohnern** kann in der Hauptsatzung auch die öffentliche Bekanntmachung durch Aushängen in **Aushängekästen** festgeschrieben werden. In **größeren Gemeinden** kann diese Bekanntmachungsform nur für die Bekanntmachung von **öffentlichen Sitzungen der Gemeindevertretung, ihrer Ausschüsse und der Ortsbeiräte** gewählt werden. Der Standort der Bekanntmachungstafeln ist in der Hauptsatzung zu bestimmen. In **jedem Ortsbezirk** ist mindestens eine Bekanntmachungstafel zu errichten, die für die Öffentlichkeit jederzeit zugänglich ist (vgl. für eine Gemeinde mit 139 Einwohnern, HessVGH ESVGH 20, 46

678

[49]). Weiterhin ist zu beachten, dass immer **alle** in der Hauptsatzung festgelegten **Aushängekästen bestückt** werden. Die öffentliche Bekanntmachung von **Satzungen** ist mit dem Ablauf einer Woche nach Beginn des Aushanges vollendet (§ 6 Abs. 2 BekanntVO). Für die Berechnung der Wochenfrist gelten die Vorschriften der §§ 187ff. BGB mit Ausnahme des § 193 BGB, da es sich bei der Bekanntmachung um keine Willenserklärung handelt. Infolgedessen tritt eine Satzung unabhängig vom Wochentag in Kraft (HessVGH VwRspr. 18, 845 [847]; ESVGH 17, 142).

Sind **Karten, Pläne, Zeichnungen** Bestandteile einer Satzung (zB Bebauungsplan, Haushaltsplan) kann die öffentliche Bekanntmachung durch **Offenlegung** erfolgen, wobei die Auslegung öffentlich bekannt zu machen ist. **Ort und Dauer der Auslegung** sind in der **Hauptsatzung** zu regeln (HessVGH ESVGH 19, 215 [219]). Bei einer Auslegung ist die öffentliche Bekanntmachung mit dem Ablauf der Auslegungsfrist vollendet.

679 Die von der Gemeindevertretung beschlossenen **Satzungen** (§ 51 Nr. 6 HGO) sind vom Gemeindevorstand (§§ 66 Nr. 2, 71 Abs. 1 HGO) grundsätzlich mit ihrem **vollen Wortlaut** bekannt zu machen (eine Anpassung an höherrangiges Recht durch den Gemeindevorstand ist unzulässig, vgl. HessVGH DÖV 1973, 721). Ist eine **Genehmigung** erforderlich so ist dieselbe **zugleich mit der Satzung** in ihrem vollen Wortlaut unter Angabe der Genehmigungsbehörde, des Genehmigungsdatums und des Aktenzeichens der Genehmigungsbehörde zu veröffentlichen (Erlass HMdI StAnz 1987, 2294; vgl. HessVGH ESVGH 11, 111). Ist eine genehmigungspflichtige Satzung durch gesetzliche Fiktion genehmigt, ist zugleich mit der Veröffentlichung der Satzung ein **Hinweis auf die Fiktion** der Erteilung der Genehmigung nach § 143 HGO zu veröffentlichen (Erlass HMdI aaO). Abgeschlossen ist die Bekanntmachung in der Regel mit dem Ablauf des Erscheinungstags der Ausgabe der Zeitung oder des Amtsblatts, die die Bekanntmachung enthält (§ 6 BekanntVO); wird die Satzung ausgehängt mit dem Ablauf der in der Hauptsatzung festgelegten Aushängefrist.

6.2. Notbekanntmachungsrecht

680 Verhindern **außergewöhnliche Umstände** (zB Streik in der Druckindustrie, Naturkatastrophe) die Verkündung durch die satzungsmäßig festgelegte Bekanntmachungsform, so ist nach § 2 Abs. 2 BekanntmachungsVO **jede andere Art der Bekanntmachung möglich und erlaubt** (zB öffentlicher Ausruf durch Ausschellen oder Lautsprecherwagen, Anschläge an Hauswänden und Plakattafeln). Mit Wegfall des Hinderungsgrundes ist die öffentliche Bekanntmachung in der in der Hauptsatzung festgelegten Form unverzüglich nachzuholen, sofern sie nicht durch Zeitablauf gegenstandslos geworden ist.

6.3. Bekanntmachungsfehler

681 Die öffentliche Bekanntmachung ist Wirksamkeitsvoraussetzung. Die **Verkündung der Satzung** bedeutet zugleich den **Abschluss des Rechtssetzungsverfahrens**. Wird die Satzung oder auch nur Teile derselben **fehlerhaft** bekannt gemacht, ist die **gesamte Satzung nichtig** (BVerwG NVwZ-RR 1993, 262).

Literatur: *Stargardt*, Kommunalaufsichtliche Beanstandung der öffentlichen Bekanntmachung einer nicht wirksam zustande gekommenen Gemeindesatzung DVP 1994, 385 (Fallbearbeitung).

7. Inkrafttreten

Satzungen treten, wenn **kein anderer Zeitpunkt bestimmt** ist, mit dem **Tage nach der Bekanntmachung in Kraft** (§ 5 Abs. 3 HGO). Bebauungspläne treten mit der Bekanntmachung in Kraft (§ 12 BauGB); Haushaltssatzungen mit Beginn des Haushaltsjahres (§ 94 HGO). Der Zeitpunkt des Inkrafttretens gehört zu den unerlässlichen Bestandteilen einer Norm. Eine Satzung, die mit einer In-Kraft-Tretensregelung bekannt gemacht worden ist, die von der vom Satzungsgeber beschlossenen In-Kraft-Tretensregelung abweicht, ist nichtig (OVG NW HSGZ 1992, 286; BVerwG NVwZ-RR 1993, 262).

Kapitel 9 Das Satzungsrecht der Gemeinden

Schaubild 12: Zustandekommen einer Satzung

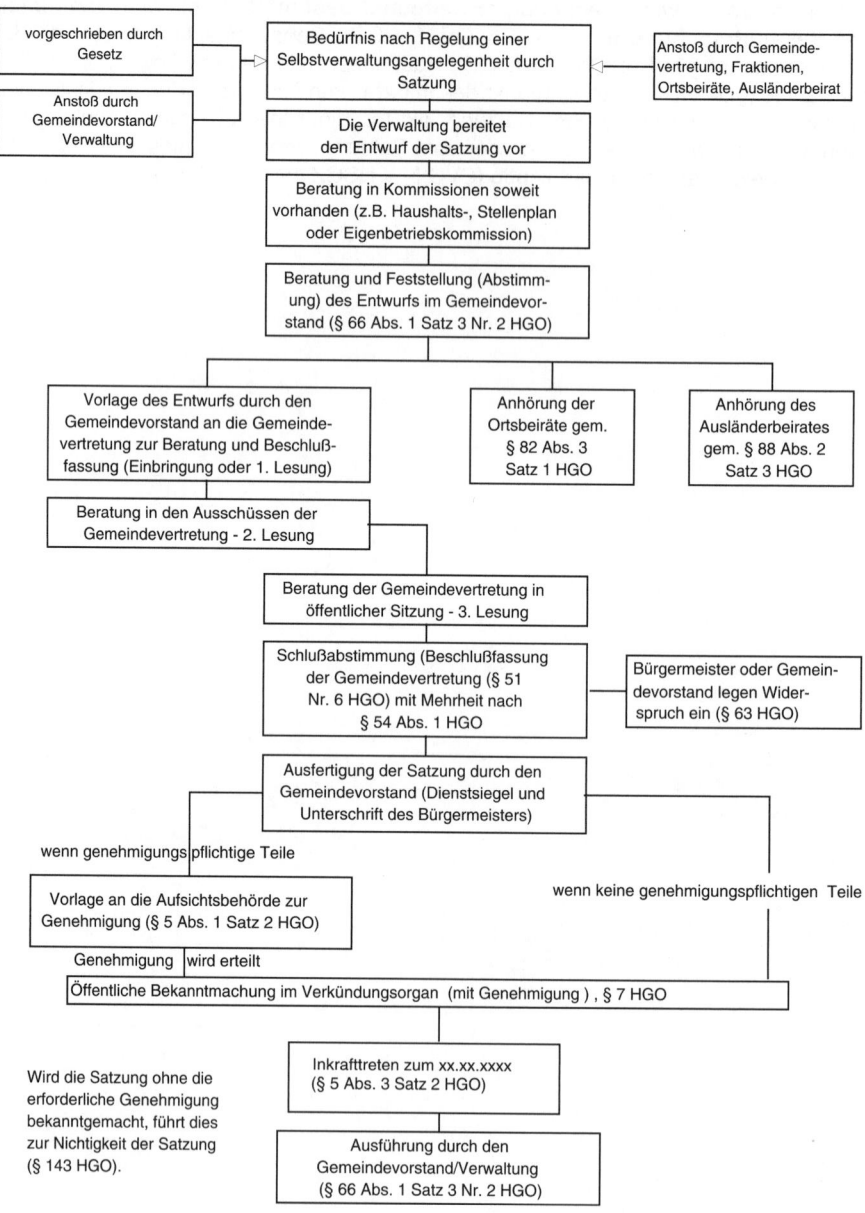

Kapitel **9** Das Satzungsrecht der Gemeinden

II. Materielle Rechtmäßigkeit

1. Ermächtigungsgrundlage

Ermächtigungsgrundlage für den Erlass von einer kommunalen Satzung kann entweder **Art. 28 Abs. 2 GG iVm § 5 HGO** oder eine besondere Ermächtigungsgrundlage sein. **Besondere Ermächtigungsgrundlagen gehen der Allgemeinen vor** (§§ 10, 25, 132 BauGB, § 2 KAG, §§ 6, 19 Abs. 2, 22, 94 HGO, § 2 Abs. 3 FBG, § 18 Abs. 2 HStrG). Je nach Ermächtigungsgrundlage können sich unterschiedliche gesetzliche Voraussetzungen für die Rechtmäßigkeit der Satzung ergeben. Einer besonderen Ermächtigungsgrundlage bedarf es bei Eingriffen in die grundrechtlich geschützten **Eigentums- und Freiheitsrechte** der Bürger (BVerwGE 6, 247 [250f.]). Dies ist insbesondere der Fall bei der Anordnung des Anschluss- und Benutzungszwangs (§ 19 Abs. 2 HGO), Regelungen des Bauplanungsrechts (§ 10 BauGB) sowie der Erhebung von Abgaben (§ 2 KAG; vgl. Kap. 9 A II, 9 C II 4). 683

2. Kein Verstoß gegen höherrangiges Recht

Satzungen sind stets auf die **Vereinbarkeit mit höherrangigem Recht** zu überprüfen, da das Satzungsrecht nur im Rahmen der Gesetze gewährleistet ist (Art. 28 Abs. 2 GG). Zu beachten sind bei der Vereinbarkeit mit dem Grundgesetz das **Persönlichkeitsrecht** (Art. 2 GG), der **Gleichheitsgrundsatz** (Art. 3 GG), die **Berufsfreiheit** (Art. 12 GG; vgl. zur Problematik der Erhebung einer kommunalen Verpackungssteuer, BVerfG NJW 1988, 2341) und das **Eigentumsrecht** (Art. 14 GG). Bei den allgemeinen Rechtsgrundsätzen ist vor allem der **Grundsatz der Verhältnismäßigkeit** zu beachten, dh eine Maßnahme, die als Mittel zur Erreichung eines bestimmten Zwecks eingesetzt wird, muss geeignet, notwendig und verhältnismäßig im engeren Sinne sein. 684

Wie bei Gesetzen im Allgemeinen hat der gemeindliche **Satzungsgeber** ein weites **Einschätzungs- und Gestaltungsermessen**. Wegen einer der Satzung zugrunde liegenden unzutreffenden oder unzweckmäßigen Beurteilung ist die Satzung noch nicht rechtswidrig, solange dadurch keine Rechte Dritter verletzt werden. Andererseits gilt auch für Satzungen das aus dem Rechtsstaatsprinzip herzuleitende **Willkürverbot** (VGH Bad.-Württ. DVBl. 1975, 552).

Literatur: *Laser*, Erlass einer Informationsfreiheitssatzung durch Kommunen, KP BY 4/2006.

3. Bestimmtheit

Satzungen müssen **inhaltlich bestimmt und aus sich heraus verständlich** sein (vgl. BVerfG NVwZ 1990, 751). Dem Bestimmtheitserfordernis ist genüge getan, wenn der Satzungspflichtige ohne weitere Hilfsmittel den Norminhalt erkennen kann (BVerfGE 5, 25 [31]; 22, 330 [346]). Die Verwendung **unbestimmter Rechtsbegriffe** ist jedoch grundsätzlich zulässig (vgl. HessVGH HessVGRspr. 1995, 73 [74]). Gegen ihre Verwendung bestehen keine Bedenken, soweit sich aufgrund der üblichen Auslegungsmethoden (grammatikalische, historische, systematische Auslegung) oder aufgrund jahrelanger Rechtsprechung eine zuverlässige Grundlage für die Auslegung entwickelt hat. 685

4. Zwangsbestimmungen und Strafbewehrung

686 Satzungen, die **Ge- und Verbote** enthalten sind häufig mit **Straf- oder Bußgeldandrohungen** bei Zuwiderhandlungen versehen, um die Durchsetzbarkeit der in der Satzung festgelegten Regelungen zu gewährleisten. Strafen und Geldbußen stellen **Eingriffe in die Grundrechte** dar, die im Hinblick auf den Gesetzesvorbehalt einer besonderen Ermächtigung bedürfen. Die notwendige Ermächtigung wird den Gemeinden durch § 5 Abs. 2 HGO eingeräumt, wonach die **vorsätzliche und fahrlässige Zuwiderhandlung gegen Ge- und Verbote mit Geldbuße** geahndet werden darf. Dabei ist der sich aus Art. 103 Abs. 2 GG ergebende Grundsatz „keine Ahndung ohne förmliches Gesetz" (nulla poena sine lege) zu beachten. Die Ahndung muss folglich in der Satzung angedroht werden. An das **Bestimmtheitserfordernis** sind in diesem Fall besonders **strenge Anforderungen** zu richten (BVerfG NVwZ 1990, 751). Ahndungsbehörde ist der Gemeindevorstand, der nach pflichtgemäßen Ermessen (Opportunitätsprinzip) entscheidet, ob ein Bußgeldverfahren eingeleitet wird. Verfahren und Festsetzung der Geldbuße richten sich soweit gesetzlich nichts anderes bestimmt ist (zB § 24a HGO) nach dem Gesetz über Ordnungswidrigkeiten (OWiG), eine etwaige Vollstreckung nach dem Hessischen Verwaltungsvollstreckungsgesetz (HVwVG). Eine Rückwirkung einer mit Geldbuße bewehrten Satzung ist allerdings aufgrund von Art. 103 Abs. 2 GG ausgeschlossen.

5. Haftungsregelungen

687 Satzungen konnten nach früherer Rechtsprechung der deutschen Gerichte im Rahmen der Ausgestaltung anstaltlicher Benutzungsverhältnisse die **vertragliche Haftung** oder die **Haftung aus öffentlich-rechtlichem Schuldverhältnis auf Vorsatz und grobe Fahrlässigkeit beschränken** (BGH NJW 1973, 1741; BayVGH NVwZ 1985, 844), soweit die **Haftungsbeschränkung sachlich gerechtfertigt** ist, nicht gegen das **Übermaßverbot** verstößt und nicht im Widerspruch zu bestehenden **Fürsorge- und Schadenverhütungspflichten der Gemeinde** steht oder Schäden betrifft, die auf **öffentlichen Missstände** beruhen. Weitere **Einschränkungen** ergaben sich aber aus **EU-Recht, etwa der Richtlinien über missbräuchliche Klauseln in Verbraucherverträgen** (RL 93/13/EWG und EG-Abl. v. 21.4.1993, L-95 S. 29). Diese Richtlinie gilt nach ihrem Art. 2 lit.c für alle Gewerbetreibenden im Rahmen ihrer gewerblichen Tätigkeit, auch wenn diese dem **öffentlich-rechtlichen Bereich** zuzuordnen ist. Die erwerbswirtschaftliche Tätigkeit der **Gemeinde** wird daher im Verhältnis zu **Verbrauchern** (Art. 2 lit.a der Richtlinie) von dieser Richtlinie erfasst, sofern sie der gewerblichen oder beruflichen Tätigkeit vergleichbar ist. Die Anforderungen dieser Richtlinie sind inzwischen durch § 309 Nr. 7 BGB umfassend umgesetzt und nicht allein auf Verbraucherverträge beschränkt (BeckOK BGB, Bamberger/Roth, § 309 Rn.. 53f.). Danach ist die **Freizeichnung oder Begrenzung** für Schäden aus der Verletzung des **Lebens, des Körpers oder der Gesundheit unwirksam**, die auf einer fahrlässigen Pflichtverletzung des Verwenders beruhen. Für sonstige Schäden ist ein Ausschluss oder eine Begrenzung der Haftung bei grober Fahrlässigkeit unwirksam.

Überdies ist die **Einschränkung gesetzlicher Haftung**, insbesondere der **Amtshaftung** (§ 839 BGB iVm Art. 34 GG) und der **Haftung nach dem Haftpflichtgesetz nicht möglich** (BGHZ 61, 7; BGH NVwZ 2008, 238 und HSGZ 1984, 71). Gerade aus § 2 HaftPflG können sich zahlreiche Ansprüche Dritter gegen die Gemeinde bzw. ihre Einrichtungen ergeben.

III. Rückwirkung von Satzungen

Satzungen können **grundsätzlich auch rückwirkend** in Kraft treten. Soweit Satzungen keine belastenden Regelungen enthalten, ist die Rückwirkung immer zulässig. **Rechtlich problematisch** ist hingegen die Zulässigkeit der Rückwirkung bei **belastenden Satzungsregelungen.** Nach der Rechtsprechung des BVerfG ist zwischen Satzungen mit echter Rückwirkung und solchen mit unechter Rückwirkung zu differenzieren (BVerfGE 72, 175 [196]; 72, 200 [242]). 688

Regelt eine Satzung einen Sachverhalt für die Zukunft neu, der zwar in der Vergangenheit begonnen hat, aber noch nicht seinen endgültigen Abschluss gefunden hat, handelt es sich um eine **Satzungen mit unechter (retrospektiver) Rückwirkung** (HessVGH ESVGH 25, 209 – zu den Begriffen echte und unechte Rückwirkung). Diese werden **grundsätzlich für zulässig** gehalten, sofern nicht eine Abwägung zwischen dem Interesse des Einzelnen und dem Interesse der Allgemeinheit zu einem anderen Ergebnis führt (BVerfGE 36, 73 [82]; 50, 384). 689

Unterwirft eine Satzung hingegen einen in der Vergangenheit bereits abgeschlossenen Sachverhalt einer neuen Regelung, handelt es sich um eine **echte (retroaktive) Rückwirkung.** In diesen Fällen **verbietet das Rechtsstaatsprinzip,** zu dessen wesentlichen Elementen die Rechtssicherheit gehört – also der Vertrauensschutz des Bürgers – **grundsätzlich eine Rückwirkung** (BVerfGE 31, 1 [2ff.]; 39, 156 [157ff.]). Die Rechtsprechung hat jedoch **ausnahmsweise** eine echte Rückwirkung für **zulässig** erklärt, wenn der **Vertrauensschutz objektiv nicht gegeben ist.** Dies ist dann der Fall, wenn der **Betroffene** in dem Zeitpunkt, auf den der Eintritt der Rechtsfolge von der Satzung bezogen wird, **mit einer solchen Regelung rechnen musste** (BVerfGE 8, 274; 13, 272), die **Rechtslage unklar und verworren oder lückenhaft** ist und der Bürger daher mit einer Neuregelung rechnen musste (BVerfGE 11, 64; 19, 197), durch die Rückwirkung **kein oder nur ganz unerheblicher Schaden** verursacht wird oder **zwingende Gründe des Allgemeinwohls,** die dem Gebot der Rechtssicherheit übergeordnet sind, eine Rückwirkung rechtfertigen (BVerfGE 2, 377 [380]; 30, 385; 72, 200 [258]). 690

Rückwirkende Satzungen gibt es vor allem im Bereich des **kommunalen Abgabenrechts** (BVerwG NJW 1976, 1115; NVwZ 1983, 612 und 741), wenn nichtige oder in ihrer Wirksamkeit zweifelhafte Satzungen durch eine neue Satzung ersetzt werden (vgl. zu den Voraussetzungen § 3 KAG). Zu beachten ist hierbei aber insbesondere das in § 3 Abs. 2 S. 3 KAG verankerte „Schlechterstellungsverbot". Damit einher geht das Erfordernis, dass in der Beitragssatzung selbst sichergestellt wird, dass es nicht zu Mehreinnahmen der Gemeinde für einen Rückwirkungszeitraum kommt. Die Gemeinde als Satzungsgeber kann dies nicht dadurch umgehen, dass sie die Schlechterstellung gegenüber dem Steuerpflichtigen vorher öffentlich bekannt macht (HessVGH LKRZ 2013, 196 (5) UE 953/90 vom 25.3.1993; vgl. auch Beschluss des VG Frankfurt 4 L 1773/10.F vom 13.8.2010).

Von großer **praktischer Relevanz** ist das Nachschieben einer gültigen Satzung im **Verwaltungsstreitverfahren.** Hebt etwa das Verwaltungsgericht im Rahmen eines konkreten Normenkontrollverfahrens (vgl. Kap. 9 C VI 2.1.) einen Verwaltungsakt wegen eines Satzungsfehlers auf, kann die Gemeinde spätestens im Berufungsverfahren vor dem Verwaltungsgerichtshof eine ordnungsgemäß beschlossene neue Satzung mit Rückwirkung vorlegen, die die in der ersten Instanz festgestellten Mängel nicht mehr enthält. Ein **Vertrauen** darauf, dass eine **Satzung gültig und eine ungültige Satzung nicht nachträglich durch eine gültige Satzung ersetzt** werden kann, ist **nicht schützenswert.** Der angefochtene Verwaltungsakt erhält in einem solchen 691

Fall über die rückwirkende Satzungsregelung eine wirksame Ermächtigungsgrundlage (BVerwGE 67, 129; BVerwG KStZ 1972, 111).

Eine Rückwirkung einer mit Geldbuße bewehrten Satzung ist allerdings aufgrund von Art. 103 Abs. 2 GG ausgeschlossen. Im Übrigen führt eine **unzulässige Rückwirkung** nicht zur Unwirksamkeit der Satzung, sondern **schließt nur deren Rückwirkung aus** (HessVGH HessVGRspr. 1969, 91).

IV. Änderung und Außer-Kraft-Treten

692 Kommunale Satzungen haben **grundsätzlich eine unbefristete Geltungsdauer**. Eine zeitliche **Befristung** ist jedoch rechtlich möglich und kann sich aus **gesetzlichen Bestimmungen** (zB § 94 HGO Haushaltssatzung) oder der **Satzung selbst** ergeben. Mit Ablauf der Frist tritt die Satzung automatisch außer Kraft.

693 Daneben besteht die Möglichkeit der **förmlichen Aufhebung** der Satzung durch eine **Änderungs- oder Aufhebungssatzung** unter Wahrung der für den Erlass von Satzungen geltenden Vorschriften. Ein Beschluss der Gemeindevertretung, eine Satzung nicht mehr anwenden zu wollen, reicht nicht aus (HessVGH ESVGH 12, 158 [162]). Die Aufhebung einer ursprünglich genehmigungspflichtigen Satzung bedarf nicht der Genehmigung der Aufsichtsbehörde. Da es den Gemeinden im Rahmen der Satzungsautonomie freisteht, Satzungen zu erlassen, muss es ihnen im Hinblick darauf auch möglich sein, diese wieder aufzuheben. Ist die Änderungs- oder Aufhebungssatzung wegen **formeller Fehler** unwirksam, so bleibt die **ursprüngliche Satzung** weiterhin **in Kraft**. Weist hingegen die – formell rechtmäßig zustande gekommene – Änderungs- oder Aufhebungssatzung **rechtswidrige Bestimmungen** auf, bleibt es bei der **endgültigen Änderung** oder **Aufhebung der ursprünglichen Satzung**.

Ausnahmsweise erkennt die Rechtsprechung an, dass Satzungen oder Satzungsteile ohne Änderungssatzung **gewohnheitsrechtlich außer Kraft treten** können (BVerwG NJW 1977, 2325). Voraussetzung hierfür ist zum einen deren **Funktionslosigkeit** und zum anderen muss die **Erkennbarkeit dieser Tatsache** einen Grad erreicht haben, der einem etwa dennoch in die Fortgeltung der Festsetzung gesetzten Vertrauen die Schutzwürdigkeit nimmt.

V. Rechtsfolgen bei Rechtsverstößen

1. Verletzung von Verfahrens- und Formvorschriften

694 Liegt einer Satzung ein **Verfahrens- oder Formfehler** zugrunde, ist zu unterscheiden, ob es sich um die Verletzung einer bloßen Ordnungsvorschrift oder um einen Verstoß gegen zwingende Verfahrens- oder Formvorschriften handelt. Während ein **Verstoß gegen bloße Ordnungsvorschriften keine Auswirkungen auf die Gültigkeit** der Satzung hat, ist eine Satzung die gegen **zwingende Vorschriften verstößt, immer ganz oder teilweise nichtig**.

Verfahrensfehler können von **jedermann** schriftlich gerügt werden. Die Verfahrensrüge muss allerdings bei der Gemeinde innerhalb der nach § 5 Abs. 4 HGO geltenden Frist bei der **Gemeinde** erhoben werden; Anhängigkeit bei Gericht ist weder erforderlich noch ausreichend.

Beispiele für bloße Ordnungsvorschriften: Veröffentlichung des falschen Beschlussdatums, fehlende oder falsche Wiedergabe der Ermächtigungsgrundlagen in der Einleitungsformel.

Beispiele für zwingendes Gesetzesrecht: Fehlende Verbands- oder Organkompetenz, Fehler bei der Beschlussfassung, fehlende Genehmigung, Fehler bei der Bekanntmachung oder der Ausfertigung, keine Ermächtigungsgrundlage, Widerspruch zu höherrangigem Recht, widersprüchliche Regelungen.

2. Unbeachtlichkeit wegen Fristablauf

Unter **Verletzung bestimmter Verfahrens- und Formvorschriften** zustande gekommene Satzungen gelten nach **§ 5 Abs. 4 HGO** jedoch als **von Anfang an gültig**, wenn die – in § 5 Abs. 4 HGO aufgezählten Verstöße – nicht innerhalb von sechs Monaten nach der öffentlichen Bekanntmachung der Satzung schriftlich unter Bezeichnung der Tatsachen, die eine solche Rechtsverletzung begründen können, gegenüber der Gemeinde geltend gemacht werden. Die **Rüge** kann von jeder **natürlichen oder juristischen Person** erhoben werden; eine besondere Rügebefugnis ist nicht erforderlich (zu den weiteren Erfordernissen: *Schneider/Dreßler*, HGO, Erl.7 zu § 5, Rn.. 34). 695

Zu den der **Heilung** unterliegenden Verfahrens- und Formvorschriften gehören die **Beschlussfähigkeit** (§ 53 HGO), die **Einberufung, Festsetzung und Bekanntmachung der Tagesordnung** (§§ 56, 58 HGO), die **Anhörung der Ortsbeiräte** (§ 82 Abs. 3 HGO) und **des Ausländerbeirates** (§ 88 Abs. 2 HGO). Eine Heilung **tritt nicht ein**, wenn der **Bürgermeister**, der **Gemeindevorstand** (§ 63 HGO) oder die **Aufsichtsbehörde** (§ 138 HGO) fristgemäß von ihren **Widerspruchs- und Beanstandungsrechten** Gebrauch machen. Entsprechendes gilt gegenüber demjenigen, der aufgrund der Verletzung von Befangenheitsvorschriften (§ 25 Abs. 6 HGO) bei der Beschlussfassung Rechtsmittel eingelegt oder ein gerichtliches Verfahren anhängig gemacht hat. 696

Mit der Regelung der Ausschlussfrist des § 5 Abs. 4 HGO hat der Gesetzgeber eine **verfassungsgemäße Güterabwägung** vorgenommen. Zwar nimmt die Einräumung von Heilungsvorschriften bewusst eine Verletzung des **Grundsatzes der Recht- und Gesetzmäßigkeit staatlichen Handelns** (Art. 20 Abs. 3 GG) und den **Ausschluss einer gerichtlichen Überprüfung** (Art. 19 Abs. 4 GG) in Kauf. Jedoch ist zu berücksichtigen, dass fehlende Heilungsvorschriften zu erheblicher **Rechtsunsicherheit** für die, im Vertrauen auf den Bestand der Satzung handelnden, Bürger führen würde. Da der Rechtsschutz durch das gemeindeinterne Beanstandungsverfahren und die aufsichtsbehördlichen Maßnahmen gewährleistet ist sowie die Heilung zeitlich beschränkt und wesentliche Verfahrensbestandteile (Zuständigkeit der Gemeindevertretung, öffentliche Bekanntmachung, Genehmigung) von der Heilungsmöglichkeit ausgeschlossen sind, ist der Rechtssicherheit ein höherer Stellenwert einzuräumen. Das aufsichtsbehördliche Beanstandungsrecht bezieht sich auch auf Satzungsbeschlüsse, bei denen die entsprechende Satzung durch öffentliche Bekanntmachung bereits zur Entstehung gelangt ist; für eine Anweisung nach § 139 HGO ist in solchen Fällen kein Raum (HessVGH LKRZ 2015, 415).

Zu beachten ist weiterhin, dass die **bundesrechtlichen Heilungsvorschriften der §§ 214f. BauGB** den Bestimmungen der HGO vorgehen.

Literatur: *Hill*, Zur Dogmatik sog. Heilungsvorschriften im Kommunalverfassungsrecht, DVBl. 1983, 1; *Ipsen*, Soll das kommunale Satzungsrecht gegenüber staatlicher und gerichtlicher Kontrolle gestärkt werden? JZ 1990, 789 [794];; *Schwerdtfeger*, Rechtsfolgen von Abwägungsdefiziten – BVerwGE 64, 33, JUS 1983, 270; *v.Mutius/Hill*, Die Behandlung fehlerhafter Bebauungspläne, 1983; *Maurer*, Bestandsschutz für Satzungen?, FS Bachof, 1984, 215; *Schmidt-Aßmann*, Unzulässige Sanktionierungen von Verfahrensfehlern beim Erlass von Satzungen, VR 1978, 85.

3. Nichtigkeit

697 **Materielle Rechtsfehler** bei der Satzungsgebung sind **nicht heilbar**. Hierunter fallen Kollisionen mit Verfassungsrecht, EU-Recht, Bundes- und Landesrecht (vgl. HessVGH HessVGRspr. 1965, 43). Rechtsfolge eines materiellen Fehlers ist die **Nichtigkeit**. Die Nichtigkeit einzelner Satzungsbestimmungen wegen Verstößen gegen materielles Recht hat jedoch **nicht zwangsläufig die Nichtigkeit der ganzen Satzung** zur Folge. Eine Aufrechterhaltung der an sich rechtmäßigen Satzungsbestimmungen ist aber dann ausgeschlossen, wenn im Verhältnis zur nichtigen Regelung keine **Teilbarkeit** möglich ist. Der an sich gültige Teil muss trotz Wegfalls des nichtigen Teils eine **sinnvolle normative Regelung** bleiben (BVerfGE 65, 283; BVerwG DVBl. 1976, 942 [943] und 1978, 536 [537]; HessVGH HessVGRspr. 1978, 25 [28]; *Schneider/Dreßler*, HGO, Erl.1 zu § 5, Rn..4) und dem **mutmaßlichen Willen des Satzungsgebers entsprechen** (BVerwG DVBl. 1989, 1103; NVwZ 1989, 664). Nichtige und teilnichtige Satzungen scheiden als Ermächtigungen für Verwaltungsakte aus.

Literatur: *v. Mutius*, Zur Teilnichtigkeit kommunaler Satzungen, VerwArch 1974, 91; *Skouris*, Zur Teilnichtigkeit kommunaler Bekanntmachungssatzungen, DÖV 1974, 592.

4. Behebung der Rechtsmängel

698 Ist eine Satzung aufgrund eines **Fehlers bei der Beschlussfassung** nichtig, muss das **Satzungsverfahren von Anfang an wiederholt** werden. Liegt der **Fehler**, der die Nichtigkeit der Satzung bewirkt hat, **nach der Beschlussfassung**, ist eine erneute Beschlussfassung nicht erforderlich. Das Satzungsverfahren ist **von diesem Zeitpunkt an zu wiederholen**. Liegt der Satzung etwa ein Ausfertigungsfehler zugrunde, so ist die Ausfertigung erneut vorzunehmen und anschließend öffentlich bekannt zu machen.

VI. Rechtskontrolle und Rechtsschutz

1. Rechtskontrolle

699 **Satzungsbeschlüsse** der Gemeindevertretung unterliegen der Beanstandung und damit der Rechtskontrolle durch den Bürgermeister, den Gemeindevorstand und die Aufsichtsbehörde. Ist hingegen eine Satzung öffentlich bekannt gemacht worden, ist es nicht möglich die Satzung allein dadurch aufzuheben, dass der ihr zugrunde liegende Beschluss aufgehoben wird (vgl. VG Darmstadt HSGZ 1998, 111 [112]). Die Aufsichtsbehörde, der Gemeindevorstand und der Bürgermeister haben **kein materielles Normverwerfungsrecht**. Mit **Aufhebung des Satzungsbeschlusses entbehren** allerdings alle **Maßnahmen**, die aufgrund der Satzung erfolgen, einer **Rechtsgrundlage**. Infolgedessen kann die **Aufsichtsbehörde** von der Gemeinde verlangen (§§ 138, 140 HGO), den infolge der öffentlichen Bekanntmachung bestehenden Rechtsschein in derselben Weise öffentlich bekannt zu machen und damit zu beseitigen, wie die Satzung selbst (HessVGH LKRZ 2015, 314). Die Gemeinde

selbst kann aber auch von sich aus eine **Aufhebungs- oder Änderungssatzung** erlassen, um den durch die rechtswidrige Satzung geschaffenen Rechtsschein zu beseitigen (Bennemann/Hagemeier, HGO, § 5 Rn. 133f.).

2. Rechtsschutz

2.1. Konkrete Normenkontrolle

Mit der **konkreten Normenkontrolle** wird die **Aufhebung oder der Erlass eines auf der in Streit stehenden Satzung beruhenden Verwaltungsakts** (Erschließungsbeitragsbescheid, Zugang zu einer öffentlichen Einrichtung, Baugenehmigung) mittels einer Anfechtungs- oder Verpflichtungsklage verfolgt. Klagebefugt ist demnach derjenige, der geltend macht in eigenen Rechten verletzt zu sein (§ 42 Abs. 2 VwGO). Im Rahmen der **Rechtmäßigkeitskontrolle prüft das Verwaltungsgericht** aufgrund seiner Bindung an Recht und Gesetz (Art. 20 Abs. 2 und 3 GG) **inzident**, ob die **Ermächtigungsgrundlage des Verwaltungsakts**, dh die Satzung, dem formellen und materiellen Recht entspricht oder es verletzt. Ist das Recht verletzt, mangelt es dem aufgrund der Satzung erlassenen Verwaltungsakt an einer Ermächtigungsgrundlage mit der Folge, dass er aufzuheben ist. Die Entscheidung des Verwaltungsgerichts bezieht sich aber nur auf den konkreten Rechtsstreit und **wirkt nur zwischen den beteiligten Parteien** (§ 121 VwGO). Eine generelle Nichtigkeitserklärung wird nicht ausgesprochen (BVerwGE 45, 309 [329]). Aus dem **Rechtsstaatsprinzip** (Art. 20 Abs. 3 GG) ergibt sich jedoch die Pflicht der Gemeinde, bis zum Erlass einer Änderungs- oder Aufhebungssatzung die fehlerhafte Satzung nicht mehr anzuwenden.

700

2.2. Abstrakte Normenkontrolle

Satzungen unterliegen weiterhin auf Antrag der **abstrakten Normenkontrolle** (§ 47 Abs. 1 VwGO) des Verwaltungsgerichtshofes. Dies gilt bundesgesetzlich zunächst nur für die nach den Vorschriften des Baugesetzbuches erlassenen Satzungen (§ 47 Abs. 1 Nr. 1 VwGO). In Hessen gilt dies jedoch auch für alle anderen Satzungen, da es sich bei ihnen um im Range unter dem Landesgesetz stehenden Rechtsvorschriften (§ 47 Abs. 1 Nr. 2 VwGO iVm § 15 Abs. 1 HAG VwGO) handelt. **Antragsbefugt** ist jede juristische oder natürliche Person, die geltend machen kann durch die Satzung oder deren Anwendung **in ihren Rechten** verletzt zu sein oder in absehbarer Zeit verletzt zu werden, sowie jede Behörde innerhalb von einem Jahr nach der Bekanntmachung der Satzung (§ 47 Abs. 2 VwGO).

701

Eine spezielle Ausformung der abstrakten Normenkontrolle ist die kommunalverfassungsrechtliche Normenkontrolle, bei der kommunale Organe und Organteile entsprechend § 47 Abs. 2 S. 1 VwGO antragsbefugt sind, wenn die angegriffene Vorschrift ein ihnen selbst zugewiesenes organschaftliches Recht zum Gegenstand hat und dies durch die Geltung der Norm oder deren Vollzug verkürzt wird.

Beispiel : Normenkontrolle einer kommunalen Fraktion wegen Ausschlusses von Fraktionszuwendungen durch eine Entschädigungssatzung (BverwG NVwZ 2018, 1656).

Jedenfalls für die Fälle nach § 47 Abs. 1 S. 2 VwGO gilt die Frist von einem Jahr nach Bekanntmachung der Rechtsvorschrift auch dann, wenn geltend gemacht wird, dass die Rechtsvorschrift erst nach ihrer Bekanntmachung infolge einer Änderung der tatsächlichen oder rechtlichen Verhältnisse rechtswidrig sei (BVerwG NVwZ 2013, 1547).

Kommt der **Verwaltungsgerichtshof** zu der Überzeugung, dass die Satzung ungültig ist, so erklärt er sie für unwirksam (§ 47 Abs. 5 VwGO). Im Gegensatz zu der konkreten Normenkontrolle stellt der Verwaltungsgerichtshof die Nichtigkeit **allgemein verbindlich** fest. Die **Entscheidung** des Gerichts ist so **zu veröffentlichen wie zuvor die Satzung** (§ 47 Abs. 5 VwGO).

Sowohl bei der **abstrakten als auch bei der konkreten Normenkontrolle** prüft das Gericht lediglich die **formelle und materielle Rechtmäßigkeit der Satzung**, nicht aber deren Zweckmäßigkeit, Notwendigkeit und Angemessenheit. Bei der Überprüfung von Ermessensentscheidungen darf das Gericht nur untersuchen, ob der Satzungsgeber die äußere Grenze seines Ermessens überschritten hat (vgl. HessVGH HessVGRspr. 1970, 9 [11]).

Die Gemeinde kann **nicht durch Klage zum Erlass eines Rechtssatzes** verurteilt werden. Dies gilt auch für Bebauungspläne (HessVGH ESVGH 22, 224). Folglich kann im Wege der Normenkontrolle kein Rechtsschutz mit dem Ziel des künftigen Erlasses einer Rechtsnorm erlangt werden (HessVGH HessVGRspr. 1983, 25).

2.3. Verfassungsbeschwerde

702 Weiterhin kann nach Art. 93 Abs. 1 Zif. 4a GG die **Verfassungsbeschwerde** vor dem Bundesverfassungsgericht mit der Behauptung erhoben werden, die Satzung verletze ein Grundrecht. Der Beschwerdeführer muss jedoch **selbst, gegenwärtig und unmittelbar durch die Satzung**, nicht erst durch einen Vollzugsakt, in seinen **Grundrechten** verletzt sein (BVerfG NJW 1985, 2315ff.). Die Erhebung der Verfassungsbeschwerde ist erst nach **Ausschöpfung des Rechtsweges** zulässig (§ 90 Abs. 2 BVerfGG). Wird der Verfassungsbeschwerde entsprochen, ist die Satzung nach § 95 BVerfGG für nichtig zu erklären.

2.4. Grundrechtsklage

703 Nach Art. 131 Abs. 1 und 3 HV kann jedermann vor dem Hessischen Staatsgerichtshof **Grundrechtsklage** mit der Behauptung erheben, die **Satzung verletze** ihn in einem von der **Verfassung des Landes Hessen gewährten Grundrecht**. Ebenso wie die Verfassungsbeschwerde ist die Grundrechtsklage erst nach **Ausschöpfung des Rechtsweges** zulässig (§ 44 Abs. 1 StGHG). Das Grundrechtsklagerecht besteht neben der Verfassungsbeschwerdemöglichkeit (§ 90 Abs. 3 BVerfGG).

Literatur: *Lajer*, Rechtsschutz und Haftung bei gemeindlichem Satzungsrecht.

Kapitel 9 Das Satzungsrecht der Gemeinden

Schaubild 13: Das Satzungsrecht der Gemeinden

Begriff der Satzung: Öffentlich-rechtliche Regelungen mit allgemeinen Inhalt, die von selbständigen in den Staat eingeordneten juristischen Personen des Öffentlichen Rechts im Rahmen der ihnen verliehenen Autonomie im Bereich ihrer eigenen Angelegenheiten mit Wirksamkeit für die ihr angehörigen und unterworfenen Personen erlassen werden.

Satzungen sind Gesetze im materiellen Sinn und unterliegen dem Vorrang des Gesetzes. Sie sind **keine** Verwaltungsvorschriften, Kommunale Verordnungen oder Geschäftsordnungen sowie keine privatrechtlichen Geschäftsbedingungen für öffentliche Einrichtungen.

Satzungsautonomie aus Art. 28 Abs. 2 GG und Art. 137 Abs. 3 HV, Gehört zum Kernbereich der kommunalen Selbstverwaltung. § 5 HGO hat nur deklaratorische Bedeutung. Beschränkt auf Angelegenheiten der örtlichen Gemeinschaft. Im Bereich Weisungsaufgaben nur ausnahmsweise auf gesetzlicher Grundlage. Beschränkung der Satzungsbefugnis auf räumlichen und personellen Geltungsbereich.

Arten von Satzungen:

- Unbedingte Pflichtsatzungen
  - Haushaltssatzung
  - Emschädigungssatzung
  - Hauptsatzung
  - Notwendige Bestandteile
  - Bedingt notwendige Bestandteile
  - Freiwillige Bestandteile
- Bedingte Pflichtsatzungen
  - Bebauungspläne
  - Abgabensatzungen
  - Eigenbetriebssatzung
- Freiwillige Satzungen
- Benutzungsordnungen für öffentliche Einrichtungen
- Geschäftsordnung für Gemeindevertretung

Rechtmäßigkeit und Wirksamkeit einer kommunalen Satzung:

I. Formelle Rechtmäßigkeit

1. Örtliche und sachliche Zuständigkeit der Gemeinde (Verbandskompetenz)
2. Funktionelle Zuständigkeit (Organkompetenz): Gemeindevertretung (§ 51 Nr. 6 HGO)
3. Ordnungsgemäßer Satzungsbeschluss (Zuständigkeit, ordnungsgemäße Einladung, Beschlussfähigkeit, Mehrheit, kein\ Verstoß gegen Mitwirkungsverbote, Beachtung besonderer Beteiligungsrechte; v.a. §§ 5 Abs. 4, 25, 52, 54 HGO).
4. Schriftform
5. Eventl. Genehmigung (§§ 92 Abs. 5, 92a Abs. 3, 97a, 102 Abs. 4, 103 Abs. 2, 104 Abs. 2, 105 Abs. 2 HGO, §§ 6 Abs. 2, 10 Abs. 2, 8 Abs. 2 BauGB)
6. Ausfertigung (§§ 66 Abs. 1, 70 Abs. 1 HGO)
7. Öffentliche Bekanntmachung (§ 5 Abs. 3, § 7 HGO i.V.m. BekVO)
8. Bei Verfahrens- und Formfehlern: ausnahmsweise unbeachtlich bei
Verstoß gegen bloße Ordnungsvorschriften, Heilung nach § 5 Abs. 4 HGO und §§ 214ff.. BauGB.

II. Materielle Rechtmäßigkeit

1. Liegt eine rechtmäßigen Ermächtigungsgrundlage (Spezialgesetz, allgemeine Satzungsautonomie) vor?
2. Sind die Satzungsbestimmungen vom Umfang der Ermächtigung gedeckt?
3. Vereinbarkeit! mit höherrangigen Recht (insbes. Grundrechte, allgemeine Rechtsgrundsätze wie Bestimmtheit und Verhältnismäßigkeit)?

Rückwirkung von Satzungen:

- keine belastende Regelung immer zulässig
- unechte Rückwirkung grundsätzlich mit Abwägung
- echte Rückwirkung grundsätzlich unzulässig, Ausnahmen möglich (z.B. § 3 KAG).

Rechtsfolgen bei Rechtsverstößen:

1. Verletzung von Verfahrens- und Formvorschriften
   - Ordnungsvorschriften: gültig
   - zwingende Vorschriften: ungültig
2. Unbeachtlichkeit wg. Fristablauf (§ 5 Abs. 4 HGO, §§ 214f. BauGB)
3. Nichtigkeit
4. Behebung der Rechtsmängel (Wiederholung des Verfahrens)

Rechtsschutz:

1. Konkrete Normenkontrolle (Inzidentkontrolle)
2. Abstrakte Normenkontrolle § 47 VwGO/§ 15 HAG/VwGO

---

3. Verfassungsbeschwerde Art. 93 Abs. 1 Nr. 4a GG
4. Grundrechtsklage Art. 131 HV. § 45 Abs. 2 StGHG

VII. Hilfen für die Praxis und Fallbearbeitung

704 Das mögliche hohe Fehlerpotential bei der Satzungsgestaltung löst die Praxis durch die freiwillige **Verwendung von Satzungsmustern**, die von den kommunalen Spitzenverbänden oder der Landesregierung entworfen werden (vgl. hierzu Mustersatzungen, Kap. 9 C I 3). Der Einfluss von Satzungsmustern auf das kommunale Ortsrecht ist umso größer, je spezieller und juristisch komplizierter die in der Satzung zu regelnde Materie und je kleiner die Gemeinde ist (vgl. Untersuchung von Schink, ZG 1986, 33). Satzungsmuster dienen zwar der Herstellung von **Rechtssicherheit**, wirken jedoch gleichzeitig der selbstverwaltungstypischen Ausschöpfung des satzungsgeberischen Gestaltungsspielraums entgegen.

VIII. Satzungsmuster

Satzung der Stadt S über die Benutzung der städtischen Schwimmbäder

Aufgrund der §§ 5, 19, 20, 51, 93 Abs. 1 HGO vom...i.d.F. vom... und der §§ 1 bis 5, 10 KAG vom...i.d.F. vom... hat die Stadtverordnetenversammlung der Stadt S, in der Sitzung am... die nachstehende Satzung beschlossen:

§ 1
....

§ 2
....

Stadt S, den...   Magistrat der Stadt S
                                        Unterschrift des Bürgermeisters
                                        (§§ 66 Abs. 1 Nr. 2, 71 HGO)

Bekanntmachungsvermerk:
Vorstehende Satzung ist in der durch die Satzung der Stadt S über öffentliche Bekanntmachungen vom...bestimmten Form durch Veröffentlichung in der Tageszeitung „X" in der Ausgabe vom... öffentlich bekannt gemacht worden.

Stadt S, den...   Magistrat der Stadt S
                                        Unterschrift des Bürgermeisters
                                        (§§ 66 Abs. 1 Nr. 2, 71 HGO)

Literatur: *Hill*, Soll das kommunale Satzungsrecht gegenüber staatlicher und gerichtlicher Kontrolle gestärkt werden?, Gutachten zum 58. Deutschen Juristentag 1990; *Ossenbühl*, Eine Fehlerlehre für untergesetzliche Normen, NJW 1986, 2805; *Schoch*, Soll das kommunale Selbstverwaltungsrecht gegenüber staatlicher und gerichtlicher Kontrolle gestärkt werden, NVwZ 1990, 801; *Waechter*, Kommunalrecht, S. 279f.

Kapitel 10 Die Staatsaufsicht

A. Allgemeine Rechtsgrundlagen

Die **Staatsaufsicht** über die Gemeinden steht nach dem Grundgesetz ausschließlich dem **Land** zu, insbesondere gibt es keine Bundeskommunalaufsicht (BVerfGE 8, 122 (137); 26, 172 (181). Die **Gemeinde** als Rechtsperson **unterliegt der staatlichen Aufsicht**, nicht also einzelne Organe oder Organteile der Gemeinde. Aufsichtsmaßnahmen sind daher an die Gemeinde zu richten, vertreten durch den Gemeindevorstand (HessVGH HSGZ 1988, 285; 1985, 431). **705**

I. Kommunalaufsicht als Korrelat zum Selbstverwaltungsrecht

Der Staat ist nach **Art. 20 Abs. 3 GG** verpflichtet die **Rechtmäßigkeit** des kommunalen Verwaltungshandelns sicherzustellen. Nach **Art. 137 Abs. 3 HV** beschränkt sich die Staatsaufsicht über die Gemeinden darauf, dass deren **Verwaltung im Einklang mit den Gesetzen** geführt wird. Infolgedessen unterliegen die Gemeinden der **allgemeinen Kommunalaufsicht**, die als **Rechtsaufsicht** notwendiges Korrelat zu der eigenverantwortlichen Selbstverwaltung der Gemeinden ist (vgl. BVerfGE 6, 104 [118]; NVwZ 1989, 45; HessVGH VwRspr. 14, 420). Die mit der Aufsicht verbundenen Einschränkungen des Selbstverwaltungsrechts werden durch den Gesetzesvorbehalt des Art. 28 Abs. 2 GG gedeckt. **706**

II. Allgemeine Grundsätze

Die **staatliche Aufsicht** ist so zu handhaben, dass sie die **Entschlusskraft und Verantwortungsfreude der Gemeinden nicht beeinträchtigt** (§§ 11, 135 HGO). **707**

1. Opportunitätsprinzip

Die **Kommunalaufsicht** hat grundsätzlich dem **Opportunitätsprinzip** zu folgen (aA Borcher DÖV 1978, 721). Dies ergibt sich aus dem **Wortlaut der §§ 135ff. HGO**, die der Aufsichtsbehörde ein Handlungsermessen eröffnen. Infolgedessen muss die Aufsichtsbehörde nicht immer einschreiten, wenn die gemeindlichen Organe und Organwalter ihre Aufgaben nicht gesetzmäßig erfüllen. Vielmehr kann die Aufsichtsbehörde in jedem Einzelfall nach **pflichtgemäßen Ermessen** entscheiden, **ob und wie** (Entschließungs- und Auswahlermessen) sie einschreiten möchte (HessVGH HessVGRspr. 1968, 54). Lediglich bei dauernder Beschlussunfähigkeit der Gemeindevertretung muss sie von Gesetzes wegen die Gemeindevertretung auflösen (§ 141a Abs. 1 HGO). Dem pflichtgemäßen Ermessen ist aber im Hinblick auf den **Grundsatz der Gesetzmäßigkeit** der Verwaltung von vorneherein ein enger Spielraum gesetzt. Je schwerer die Rechtsverletzung ist, je stärker verdichtet sich das Ermessen auf eine Pflicht zum Einschreiten (vgl. OVG Schl.-Hol. NVwZ 1988, 464). **708**

2. Verhältnismäßigkeitsgrundsatz

709 Grenzen der Ermessensausübung ergeben sich für die Aufsicht aus dem **Grundsatz der Verhältnismäßigkeit** (HessVGH HessVGRspr. 1986, 94 [95]). Folglich muss das aufsichtsbehördliche Einschreiten geeignet sein, das gewollte Ziel zu erreichen (Geeignetheit), und unter mehreren möglichen Maßnahmen dasjenige sein, dass die Eigenverantwortlichkeit der Gemeinde am wenigsten beeinträchtigt (Erforderlichkeit). Zudem darf der mit der erforderlich gehaltenen Aufsichtsmaßnahme für die gemeindliche Selbstverwaltung verbundene Nachteil nicht erkennbar außer Verhältnis zum beabsichtigten Erfolg stehen (Verhältnismäßigkeit im engeren Sinne).

3. Subsidiaritätsprinzip

710 Hingegen ist das aufsichtsbehördliche Einschreiten **nicht** am **Grundsatz der Subsidiarität** zu messen. Die Aufsichtsbehörde muss folglich nicht warten, ob das Widerspruchs- und Beanstandungsverfahren nach § 63 HGO erfolgreich beendet wird. Zwar ist die Befugnis zur Selbstberichtigung wesentlicher Bestandteil der verfassungsrechtlich verankerten Selbstverwaltungsgarantie der Gemeinden (Art. 28 Abs. 2 GG). Jedoch ist der Staat verpflichtet, die Rechtmäßigkeit kommunalen Verwaltungshandeln sicherzustellen (Art. 20 Abs. 3 GG). Aus diesem Grund muss die Kommunalaufsicht jederzeit befugt sein, einen Beschluss der Gemeindevertretung zu beanstanden (§ 138 HGO).
Literatur: *Hassel*, Subsidiaritätsprinzip und Kommunalaufsicht, DVBl. 1985, 697.

III. Arten der Aufsicht

711 **Staatsaufsicht** kann in Form der **Rechtsaufsicht** oder als **Fachaufsicht** ausgeübt werden. Bei der Rechtsaufsicht ist weiterhin zwischen der **Kommunalaufsicht** und der **Sonderaufsicht** zu unterscheiden. Die Aufsichtsarten orientieren sich an dem Charakter der von den Gemeinden wahrgenommenen Aufgabenbereiche.

B. Die Rechtsaufsicht

I. Kommunalaufsicht im engeren Sinn

712 Kommunalaufsicht im engeren Sinn ist die auf den **Bereich der Selbstverwaltungsangelegenheiten** bezogene und auf eine **Gesetzmäßigkeitskontrolle** beschränkte staatliche Aufsicht der Gemeinden; eine Überprüfung der Zweckmäßigkeit des gemeindlichen Handelns ist unzulässig. Wie sich aus § 135 HGO ergibt, betrifft die Rechtsaufsicht aber auch den Fall der **Weisungsbefolgungskontrolle** („im Rahmen der Gesetze erteilten Weisungen"). Die allgemeinen Kommunalaufsichtsbehörden werden daher auch zur Durchsetzung fachlicher Weisungen, und damit im Bereich der Weisungsaufgaben tätig. Es ist jedoch nicht Aufgabe der Kommunalaufsicht, die fachliche Weisung, deren Durchsetzung sie bezweckt, auf ihre Richtigkeit und Berechtigung zu untersuchen (HessVGH HSGZ 1982, 259).

Kapitel **10** Die Staatsaufsicht

1. Kommunale Aufsichtsbehörden

Die **Zuständigkeit der Aufsichtsbehörden** ergibt sich aus **§ 136 HGO**. Danach ist Aufsichtsbehörde von Gemeinden bis zu 50000 Einwohnern der Landrat, obere Aufsichtsbehörde der Regierungspräsident. Aufsichtsbehörde der Gemeinden mit mehr als 50000 Einwohnern ist der Regierungspräsident, obere Aufsichtsbehörde der Minister des Innern. Die aufsichtsbehördliche Zuständigkeit des Regierungspräsidenten bleibt erhalten, solange die Zahl von 45000 Einwohnern nicht unterschritten wird (§ 136 Abs. 2 S. 2 HGO). Oberste Aufsichtsbehörde für alle hessischen Gemeinden ist der Minister des Inneren, dem auch die Stadt Frankfurt und die Landeshauptstadt Wiesbaden unmittelbar zur Aufsicht unterstellt sind. Eine **Kollisionsregelung** enthält § 136 Abs. 5 HGO für den Fall, dass in einer vom Landrat als Aufsichtsbehörde zu entscheidenden Angelegenheit der Landkreis zugleich als Gemeindeverband beteiligt ist (zB Abschluss einer genehmigungspflichtigen öffentlich-rechtlichen Vereinbarung zwischen einer kreisangehörigen Gemeinde und dem Landkreis) sowie für Angelegenheiten, an denen zwei oder mehr Gemeinden beteiligt sind, die der Aufsicht unterschiedlicher Behörden unterliegen (Abschluss eines Grenzänderungsvertrages zwischen einer kreisfreien Stadt und einer kreisangehörigen Gemeinde). Im ersten Fall entscheidet die obere Aufsichtsbehörde, im letzteren die gemeinsame nächsthöhere oder die von dieser bestimmten Aufsichtsbehörde.

713

Das **Selbsteintrittsrecht der höheren Aufsichtsbehörde** garantiert die Durchsetzung der Weisungsbefugnis übergeordneter gegen nachgeordneten Aufsichtsbehörden (§ 141b HGO). Die höhere Aufsichtsbehörde kann anstelle der Aufsichtsbehörde die Befugnisse aus den §§ 137 bis 140 HGO ausüben, wenn diese eine Anweisung der höheren Aufsichtsbehörde nicht in einer bestimmten Frist befolgt. Da sie an die Stelle der an sich zuständigen Aufsichtsbehörde tritt, hat sie die gleichen Rechte und Pflichten gegenüber der Gemeinde wie die untere Aufsichtsbehörde, wenn diese tätig geworden wäre.

714

2. Mittel der allgemeinen Kommunalaufsicht

Die Kommunalaufsicht kann präventiv und repressiv ausgeübt werden.

2.1. Präventive Aufsicht

Staatliche Aufsicht ist in erster Linie **präventive Aufsicht**. Sie **schützt die Gemeinden in ihren Rechten** und **sichert die Erfüllung ihrer Pflichten** (§ 11 HGO). Die präventive Aufsicht richtet sich somit vorbeugend gegen eine mögliche rechtswidrige Tätigkeit der Gemeinde. Sie soll so gehandhabt werden, dass sie die **Entschlusskraft und Verantwortungsfreudigkeit** der Gemeinden nicht beeinträchtigt (§ 135 S. 2 HGO).

715

2.1.1. Informelle Aufsicht

Zu den wichtigsten Formen präventiver Aufsicht gehört die **Beratung und Betreuung** der Gemeinden bei der Wahrnehmung der öffentlichen Aufgaben. Bei der Beratungstätigkeit kann es sich im Einzelfall um schlichtende, koordinierende, vergleichende, rechtsauslegende oder fachliche Beratung handeln. Zwar ist diese Form der

716

präventiven Aufsicht **im Gesetz nicht geregelt**. Zulässigkeit und Verpflichtung ergeben sich jedoch aus der Stellung der Gemeinde als Teil des Landes (BVerfGE 58, 177 [195]). Eine optimale Aufgabenerfüllung setzt voraus, dass sich die Gemeinden Erfahrungen der übergeordneten Behörden zunutze machen können. Die Nutzung dieses für die Praxis wichtigen informellen Aufsichtsmittels verhindert einerseits in vielen Fällen den Einsatz förmlicher Aufsichtsmittel birgt aber auch gleichzeitig die **Gefahr der „Besserwisserei, Bevormundung und Gleichmacherei"** (vgl. auch BVerfG NVwZ 1989, 45). Insoweit kommt dem Grundsatz, die Aufsicht so zu handhaben, dass die Entschlusskraft und die Verantwortungsfreudigkeit der Gemeinden nicht beeinträchtigt werden (§ 135 S. 2 HGO), besondere Bedeutung zu.

2.1.2. Anzeige- und Vorlagepflichten

717 **Anzeige- und Vorlagepflichten** (vgl. § 10 BauGB, §§ 97 Abs. 4, 114 Abs. 2, 127a Abs. 1, 143 Abs. 2 HGO) sind die mildesten – gesetzlich verankerten Mittel – der präventiven Staatsaufsicht. Sie dienen der **Information der Aufsichtsbehörde** und erleichtern der Aufsichtsbehörde die Wahrnehmung der Rechtsaufsicht.

2.1.3. Genehmigungsvorbehalte

718 Auch bei **Genehmigungsvorbehalten** (§ 143 HGO) handelt es sich um präventive Aufsichtsmittel. Genehmigungsvorbehalte dienen der Rechtskontrolle von gemeindlichen Rechtsakten, die mit besonderen Risiken behaftet sind oder weit reichende rechtliche Folgen zeitigen. Auch gesetzliche Genehmigungsvorbehalte dienen dem Schutz der Gemeinden iSd § 11 HGO und können drittschützende Wirkung zugunsten der beaufsichtigten Kommune auslösen (BGHZ 153, 198).

Der **Genehmigung** bedürfen **die in der Haushaltssatzung** veranschlagten Kassen- und Investitionskredite (§§ 102 Abs. 4, 103 Abs. 2, 104 Abs. 2, § 105 Abs. 2 HGO) und in gesetzlich **bestimmten Fällen die Bauleitpläne** (§§ 6 Abs. 1, 10 Abs. 2, 8 Abs. 2 S. 2, Abs. 3 S. 2 und Abs. 4 BauGB) sowie Satzungen zur Bildung von **Zweckverbänden** (§ 10 Abs. 1 KGG). Die Genehmigung ist **schriftlich** zu erteilen. Lehnt die Aufsichtsbehörde nicht innerhalb von **drei Monaten** nach Eingang des Antrages die Genehmigung ab oder teilt der Gemeinde die Gründe mit, welcher einer abschließenden Entscheidung über den Genehmigungsantrag entgegenstehen, so gilt die Genehmigung als erteilt (sog. **Fiktion der Genehmigung**). Eine gemeinderechtlich erforderliche, aber fehlende Genehmigung der Kommunalaufsicht macht Geschäfte des bürgerlichen Rechtsverkehrs unwirksam (zu den verschiedenen Arten von Genehmigungsvorbehalten – Rechtsaufsichtsgenehmigung und Mitwirkungsgenehmigung – vgl. Kap. 9 C I 4).

Mit Genehmigung eines genehmigungsbedürftigen Rechtsgeschäfts tritt die Schutzfunktion der aufsichtsbehördlichen Kontrolle ein, mit der Folge, dass Amtshaftungsansprüche der Gemeinden nach Art. 34 GG iVm § 839 BGB gegen die aufsichtsführende Körperschaft entstehen können (BGHZ 153, 198 (202)).

Literatur: *Humpert*, Genehmigungsvorbehalte im Kommunalverfassungsrecht.

2.2. Repressive Aufsicht

Repressive Aufsicht ist die **zwangsweise eingreifende, korrigierende Kontrolle** **jedweden Verhaltens** der Gemeinde unter dem Maßstab der Gesetzmäßigkeit der Verwaltung. Lediglich mit der **Weisungsbefolgungsaufsicht** (§ 135 S. 1 HGO) nennt das Gesetz einen Fall, in dem eine bestimmte Situation, nämlich eine rechtmäßig erteilte Weisung in Weisungsangelegenheiten und ihre Nichtbefolgung durch die Gemeinde vorausgesetzt ist. Im Übrigen kann jedes Verhalten der Gemeinde, sei es ein **Tun** oder das **Unterlassen** eines gebotenen Tuns, Anlass repressiver Aufsicht sein. **719**

2.2.1. Informationsrecht

Die **Grundlage für jede Aufsichtstätigkeit** bildet eine hinreichende **Information**. § 137 HGO eröffnet der kommunalen Aufsicht daher die Möglichkeit, sich **jederzeit über Angelegenheiten der Gemeinde zu unterrichten**. Die Information kann im Wege der Prüfung und Besichtigung vor Ort, der Anforderung von schriftlichen oder mündlichen Berichten sowie durch Akteneinsicht stattfinden (vgl. zur Häufigkeit von Berichtsanträgen, *Dreßler* KP SW 1998, 231 [232]). Entgegen der unbeschränkten Formulierung des § 137 HGO („jederzeit") muss jedoch das Informationsersuchen nach **Anlass und Umfang im Rahmen der Rechtmäßigkeitskontrolle** (§ 135 HGO) liegen. Infolgedessen muss, wenn nicht eine Ermessensverletzung begangen werden soll, ein **konkreter Anlass**, die Rechtmäßigkeit gemeindlichen Handelns zu bezweifeln, das Informationsersuchen rechtfertigen. **720**

Das Informationsersuchen ist an den Gemeindevorstand (§ 66 Abs. 1 Nr. 1 HGO) zu richten, für den der Bürgermeister ausführend tätig wird (§ 70 HGO). Die Kosten für die Ausübung des Informationsrechts trägt der Staat; für die der Gemeinde obliegende Tätigkeit (Auskünfte, Berichte) hat sie selbst aufzukommen.

Literatur: *Gröpl/Sonntag*, Die Informationsbefugnis der Kommunalaufsicht und ihre Durchsetzung.

Das **Teilnahmerecht** der Aufsicht an Sitzungen der Gemeindevertretung, ihrer Ausschüsse, des Gemeindevorstandes und des Ortsbeirats schließt ein **Äußerungs- und Fragerecht** mit ein. Kann die Aufsichtsbehörde umfassend von ihrem Informationsrecht Gebrauch machen und in der Folge einen Beschluss der Vertretungskörperschaft aufheben (§ 138 HGO) muss es ihr erst Recht möglich sein sich an Ort und Stelle zu äußern (argumentum a maiore ad minus); über die Worterteilung entscheidet der Vorsitzende der Gemeindevertretung. Das Einberufungsverlangen der genannten Organe kann über eine Anweisung nach § 139 HGO im Konflikt durch Ersatzvornahme der Ladung nach § 140 HGO durchgesetzt werden (vgl. HessVGH ESVGH 25, 186 [190]). **721**

2.2.2. Beanstandung

Die **Beanstandung** ist das klassische Mittel der repressiven Aufsicht und richtet sich gegen ein **aktives Tun der Gemeinde**. § 138 HGO gibt der Aufsichtsbehörde die Möglichkeit zum Einschreiten in den Fällen, in denen eine Gemeinde eine belastende Maßnahme verfügt hat, die durch **bloße Aufhebung rückgängig** gemacht werden kann (HessVGH HSGZ 1982, 73). Innerhalb von sechs Monaten nach Beschlussfassung können alle **Sach- und Personalbeschlüsse** (§§ 54 und 55 HGO) sowie Anordnungen der Gemeindevertretung, ihrer Ausschüsse, des Gemeindevorstandes **722** und des Ortsbeirats aufgehoben werden. Von § 138 HGO nicht erfasst werden alle im Rahmen des Wahlprüfungsverfahrens gefassten Beschlüsse der Gemeindevertretung, da die spezialgesetzliche Regelung des § 27 KWG die des § 138 HGO verdrängt (HessVGH HessVGRpr. 1970, 70 [72]).

Die Aufsichtsbehörde kann verlangen, dass **Maßnahmen**, die **aufgrund des beanstandeten Beschlusses** getroffen worden sind, **rückgängig** gemacht werden. Sie kann daher auch zur Klarstellung und Beseitigung eines Rechtsscheins, der durch Veröffentlichung einer (beanstandeten) rechtswidrigen Satzungen entstanden ist und fortwirkt verlangen denselben nach §§ 138, 140 HGO durch öffentliche Bekanntmachung zu beseitigen (HessVGH LKRZ 2015, 415).

Wenn sich auch das Verlangen auf Rückgängigmachung auf alle Maßnahmen erstrecken kann, die im Zusammenhang mit dem aufgehobenen Beschluss stehen, so wird die Durchsetzung von den allgemeinen Rechtsvorschriften und den tatsächlichen Umständen begrenzt. Die Aufsichtsbehörde kann daher nicht verlangen, dass unzulässigerweise angeforderte Naturaldienste zurückzuerstatten sind. Des Weiteren sind die Regeln über die Zulässigkeit der Rücknahme rechtswidriger bzw. über den Widerruf rechtmäßiger Verwaltungsakte zu beachten (§§ 48, 49 HVwVfG). Wurden bereits **Rechte Dritter** begründet, kann die Aufsichtsbehörde lediglich verlangen, dass von bestehenden rechtlichen Möglichkeiten, zB fristgemäßer Kündigung oder Einleitung von Vertragsverhandlungen mit dem Ziel der Auflösung eines Vertrages, Gebrauch gemacht wird.

723 Da die Beanstandung nur bei Rechtsverletzungen möglich ist, handelt es sich lediglich um eine Rechtmäßigkeitskontrolle; Ermessens- und Zweckmäßigkeitsfragen sind daher von der aufsichtsbehördlichen Einflussnahme ausgeschlossen (HessVGH HessVGRpr. 1970, 44). Eine Rechtsverletzung liegt auch vor, wenn die Gemeinde die Grenzen des ihr eingeräumten Ermessens überschreitet, das Ermessen missbraucht oder nicht betätigt (HessVGH HessVGRspr. 1970, 44 [45]; 1986, 84 [85]).

Die **Beanstandung wirkt unmittelbar**, dh sie führt selbst die Aufhebung des Beschlusses herbei. Die Beanstandung ist **schriftlich** auszusprechen, zu begründen (§§ 37, 39 HVwVfG), mit einer Rechtsbehelfsbelehrung zu versehen (§ 58 VwGO) und hinreichend zu bestimmen (vgl. HessVGH ESVGH 4, 48 [50]). Da sie den Rechtsmitteln des § 142 HGO unterliegt, tritt ihre endgültige Wirkung gegebenenfalls erst mit Rechtskraft der Entscheidung ein.

2.2.3. Anweisung

724 Im Gegensatz zur Beanstandung setzt die **Anweisung** nach § 139 HGO einen **Gesetzesverstoß durch Unterlassen der Gemeinde** voraus. Mit der Anweisung kann der Gemeinde aufgegeben werden, einer ihr **gesetzlich auferlegten Pflicht oder Aufgabe nachzukommen**. Die Anweisung kommt nur dann in Betracht, wenn die Gemeinde trotz einer ihr obliegenden öffentlich-rechtlichen Handlungspflicht untätig bleibt und das Gesetz diese nach Inhalt, Zweck und Ausmaß konkret festlegt (VG Kassel HSGZ 1987, 155); dies gilt auch, soweit sie sich zur Durchführung ihrer Pflichten und Aufgaben der Mittel und Formen des Privatrechts bedient. **Adressat** der kommunalaufsichtlichen Anweisung nach § 139 HGO kann aber anders als die Beanstandung gem. § 138 HGO **nur die Gemeinde selbst als öffentlich-rechtliche Körperschaft** sein, da ein Unterlassen der Gemeinde im Verhältnis zu Dritten vorliegen muss (VG Gießen Urt. v. 10.3.2014 – 8 K 846/12.GI -).

Kapitel 10 Die Staatsaufsicht

Grundsätzlich nicht unter § 139 HGO fallen die rein zivilrechtlichen Verpflichtungen der Gemeinde, deren Durchsetzung nach den Regeln der ZPO erfolgen. Ist aber eine Herstellung eines rechtmäßigen Zustands mit den Mitteln des Zivilprozessrechts nicht möglich, kann ausnahmsweise bei Vorliegen eines entsprechenden öffentlichen Interesses, eine Anweisung auch bei Nichterfüllung privatrechtlicher Pflichten von der Aufsichtsbehörde dem Opportunitätsprinzip Rechnung tragen (ausdrücklich *Lange* in *Hermes/Reimer*, Landesrecht Hessen , Rn. 149).

Mit der **Anweisung** tritt die Pflichterfüllung **nicht unmittelbar** ein, sondern die Gemeinde muss selbst tätig werden.

Beispiele: Anweisung an eine Gemeinde mit defizitärer Haushaltslage zum Erlass einer Strassenbeitragssatzung (HessVGH BeckRS 2018, 3538; BverwG BeckRS 2017, 135879; Anweisung auf Erklärung des nach § 36 BauGB notwendigen Einvernehmens der Gemeinde bei Vorliegen der gesetzlichen Voraussetzungen für das Bauvorhaben (HessVGH HSGZ 1982, 73 [75]). Anweisung der Erhöhung der Kreisumlage (BVerwG Urt. v. 16.6.2015 – 10 C 13/14 zuvor HessVGH LKRZ 2013,250).

Wird eine Gemeinde etwa angewiesen eine Pflichtsatzung zu erlassen, so hat sie in Fragen der Ausgestaltung der Satzung eigenes Ermessen auszuüben. **725**

Zu den gesetzlichen Pflichten gehören alle unmittelbar oder mittelbar auf einer Rechtsnorm beruhenden Leistungen, sei es Bundes-, Landes- oder Ortsrecht. Die Befolgung der von Sonder- und Fachaufsichtsbehörden im Rahmen der Gesetze erteilten Weisungen gehört ebenfalls zu den der Gemeinde obliegenden Pflichten (§§ 4, 135 HGO). Die Sonder- und Fachaufsichtsbehörden sind aber gem. § 145 HGO grundsätzlich nicht selbst befugt, Aufsichtsmittel der §§ 137 bis 141a HGO zu ergreifen, sondern müssen sich, wenn ihre Sachweisungen nicht befolgt werden, an die allgemeine Kommunalaufsicht wenden.

An den **Inhalt einer Anweisung** sind im Hinblick auf deren Vollstreckbarkeit nach § 140 HGO Mindestanforderungen zu stellen. Zunächst muss die Anweisung die Feststellung der gesetzlich obliegenden, jedoch nicht erfüllten Pflicht enthalten. Weiterhin muss sie die **Anordnung** aussprechen **das Erforderliche zu tun**, eine **angemessene Frist** zur Erfüllung des angeordneten Tuns setzen und eine **Rechtsbehelfsbelehrung** enthalten. Zweckmäßigerweise sollten für den Fall der Nichterfüllung bereits weitere Aufsichtsmittel angedroht werden. Die Anweisung ist gegen die Gemeinde zu richten, deren Organe zu den erforderlichen Amtshandlungen verpflichtet sind.

2.2.4. Ersatzvornahme

Befolgt die Gemeinde eine Anweisung nicht innerhalb der ihr nach § 139 HGO gesetzten Frist, so unterliegt sie dem Aufsichtsmittel der Ersatzvornahme (§ 140 HGO). Voraussetzung für eine **Ersatzvornahme** ist daher eine **erfolglose und vollstreckbare Anweisung**. Im Wege der Ersatzvornahme kann die Aufsichtsbehörde nach § 140 HGO anstelle der Gemeinde das Erforderliche anordnen und auf deren Kosten selbst durchführen oder einen Dritten mit der Durchführung betrauen. Je nach der Art der mit der Ersatzvornahme bewirkten Maßnahme nimmt die Aufsichtsbehörde Funktionen einzelner Gemeindeorgane oder Organteile wahr. Weist die Aufsichtsbehörde eine Gemeinde an eine Satzung zu erlassen und kommt die Gemeinde dieser Anweisung nicht nach, dann kann die Kommunalaufsicht die Satzung im Wege der Ersatzvornahme erlassen (HessVGH, Urt.v. 12.1.2018 – 8A 1485/13 -, juris für Fall des Erlasses einer Strassenbeitragssatzung). **726**

Die Aufsichtsbehörde unterliegt bei Ersatzvornahmen den gleichen Verfahrens- und Formvorschriften, wie sie für die entsprechenden Amtshandlungen der insoweit ersetzten Gemeindeorgane gelten würden. Die über die Ersatzvornahme getroffene aufsichtsbehördliche Maßnahme muss erkennen lassen, dass die Aufsichtsbehörde **anstelle der Gemeinde** gehandelt hat. Im Rechtsverkehr ist das Handeln durch Ersatzvornahme kenntlich zu machen.

Beispiel:
Anstelle des..................gem. § 140 HGO
Der Landrat

727 Im Fall der Ersatzvornahme handelt die Aufsichtsbehörde mit **unmittelbarer Wirkung für und gegen die Gemeinde**. Erlässt beispielsweise die Kommunalaufsicht eine Pflichtsatzung, etwa eine Haushaltssatzung (OVG NW NVwZ 1990, 187; BVerwG DVBl. 1993, 886), so kann die Gemeinde diese unter den gleichen Voraussetzungen ändern und aufheben, wie eine von ihr selbst erlassene Satzung; einen von der Aufsichtsbehörde erlassenen Verwaltungsakt kann die Gemeinde nach den allgemeinen verwaltungsrechtlichen Regelungen zurücknehmen oder widerrufen (§§ 48, 49 HVwVfG). Rechtmäßig und verhältnismäßig ist aber auch der Erlass einer Strassenbeitragssatzung im Wege der Ersatzvornahme gem. § 140 HGO mit der die Kommunalaufsicht die Gemeinde zur Ausschöpfung von Einnahmemöglichkeiten anhält (VGH Kassel BeckRS 2018, 3538).

Will sich die Gemeinde gegen eine im Wege der Ersatzvornahme vollzogene Anweisung wenden, hat sie die Wahl, ob sie sich gegen die Grundverfügung oder gegen die Ersatzvornahme selbst wenden möchte. Eine Anfechtungsklage gegen die Ersatzvornahme kann sie aber nur auf Mängel stützen, die der Ersatzvornahme selbst anhaften (HessVGH HSGZ 1982, 186).

Überträgt die Aufsichtsbehörde einem **Dritten** die Ersatzvornahme, so erlangt er die Rechtstellung eines Beauftragten der Gemeinde. Er kann sich daher mit seinen Ansprüchen unmittelbar an die Gemeinde halten.

Die **Nichteinhaltung der Beanstandungsfrist** von sechs Monaten (§ 138 HGO) **schließt eine Ersatzvornahme** (§ 140 HGO) nach Ablauf der Beanstandungsfrist **nicht aus**, da die beiden Aufsichtsmittel der **Beanstandung** (§ 138 HGO) und der **Anweisung** (§ 139 HGO) nicht in einem kumulativen Verhältnis stehen, sondern es sich bei den beiden um **voneinander unabhängige Aufsichtsmittel** handelt (HessVGH DÖV 1996, 928).

2.2.5. Bestellung eines Beauftragten

728 Die **Bestellung eines Staatsbeauftragten** kann nur von der **oberen Aufsichtsbehörde** und auch nur dann eingesetzt werden, wenn der **ordnungsgemäße Gang der Verwaltung es erfordert und die Aufsichtsmittel der §§ 137 bis 140 HGO nicht ausreichen (ultima ratio)**. Um ein Einschreiten nach § 141 HGO zu rechtfertigen, müssen **ernste und nachhaltige Störungen** des Verwaltungsganges vorliegen oder bevorstehen, die die **Funktionsfähigkeit** des gemeindlichen Organs wesentlich beeinträchtigen oder beseitigen. Folglich ist die Einsetzung von Staatsbeauftragten bei nur vereinzelten Gesetzesverstößen, die mit den sonstigen Aufsichtsmitteln behoben werden können, nicht zulässig.

Zulässig ist aber nicht nur die **Bestellung eines Beauftragten für Organe**, sondern auch für **einzelne Amts- und Funktionsträger** (HessVGH ESVGH 7, 172 [178]). Fällt jedoch ein Amtsträger aus, kann nicht ohne Weiteres ein Beauftragter bestellt werden, da für ihn im **Regelfall gesetzliche Vertreter** vorhanden sind. Wegen des in der Hessischen Magistratsverfassung verankerten Grundsatzes der Unvereinbarkeit von Amt und Mandat ist es auch ausgeschlossen, dass ein Staatsbeauftragter als Mitglied der Gemeindevertretung und des Gemeindevorstands bestellt werden kann. Sofern mehrere Staatsbeauftragte bestellt werden, dürfen diese ihre Funktionen nur einheitlich wahrnehmen, da weisungsabhängige Staatsbeauftragte mehrheitlich über die Ausführung des staatlichen Auftrages beschließen dürfen (Erlass HMdI StAnz 1976, 936 v. 17.4.1976).

Mit der Ernennung durch die Aufsichtsbehörde tritt der Beauftragte in ein **öffentlich-rechtliches Amtsverhältnis zum Land Hessen** eigener Art und ist dessen **dienstlichen Weisungen unterworfen**. Dies gilt auch für Ermessensfragen bei Selbstverwaltungsangelegenheiten. Die Weisungen dürfen jedoch die Befugnisse des an sich zuständigen gemeindlichen Organs nicht überschreiten. Der Beauftragte ist einerseits **Träger staatlicher Gewalt** und nimmt andererseits **Aufgaben der Gemeinde oder eines Gemeindeorgans** wahr. Er wird aber nicht Amtsträger der Gemeinde oder selbst Gemeindeorgan; er nimmt lediglich die Aufgaben der Gemeinde wahr. Folglich handelt es sich bei ihm um ein Staatsorgan. Im **Schriftverkehr** ist das **Auftragsverhältnis kenntlich** zu machen.

Beispiel:

Der Bürgermeister
In Wahrnehmung der Aufgaben gemäß § 141 HGO
(Unterschrift)
Beauftragter des Regierungspräsidenten

Hinsichtlich der **Auswahl der Person** des zu bestellenden Staatsbeauftragten gibt das Gesetz keine Kriterien vor. Die **obere Aufsichtsbehörde** kann daher entscheiden, ob sie **Landesbedienstete** oder **Gemeindebedienstete, kommunale Mandatsträger** oder **sonstige geeignete Personen** zum Staatsbeauftragten bestellt. Für **Landesbeamte** ergibt sich eine **Verpflichtung** zur Annahme einer Beauftragtentätigkeit aus **§ 78 HBG**. Die Bestellung eines Staatsbeauftragten wird der Gemeinde durch schriftliche Verfügung unter genauer Bezeichnung der übertragenen Aufgaben und der Zeitdauer sowie Angabe der Gründe und einer Rechtsbehelfsbelehrung mitgeteilt. Der Beauftragte bekommt eine entsprechende Ernennungsurkunde (Bestallungsurkunde) ausgehändigt. Soweit der Staatsbeauftragte Verrichtungen in Erledigung gemeindlicher Aufgaben vornimmt, trifft die Gemeinde die **Amtshaftung** für den Beauftragten. Sie hat aber ein Rückgriffsrecht gegen den Staat, wenn der Schaden auf Verschulden der Aufsichtsbehörde bei der Auswahl des Beauftragten oder bei der Erteilung der Weisungen zurückzuführen ist.

2.2.6. Auflösung der Gemeindevertretung

Als letztes Aufsichtsmittel sieht § 141a HGO – neben der Bestellung eines Beauftragten – die **Auflösung der Gemeindevertretung (ultima ratio)** vor. Das Gesetz unterscheidet bei der Auflösung der Gemeindevertretung zwischen der Auflösung wegen dauernder Beschlussunfähigkeit (§ 141a Abs. 1 HGO) und der Auflösung wegen andauernder Funktionsunfähigkeit (§ 141a Abs. 2 HGO).

Die Auflösung wegen **dauernder Beschlussunfähigkeit** obliegt der **Aufsichtsbehörde**, die bei Vorliegen der Tatbestandsvoraussetzungen die Gemeindevertretung **auflösen muss**. Beschlussunfähig ist eine Gemeindevertretung, wenn **nicht mehr als die Hälfte der gesetzlichen Zahl der Gemeindevertreter anwesend** ist. Zu beachten ist hierbei insbesondere § 53 Abs. 3 HGO, der zur Überwindung **einmaliger oder gelegentlicher Beschlussunfähigkeit** die Anberaumung von unbedingt beschlussfähigen Zweitsitzungen zulässt. Eine dauernde Beschlussunfähigkeit kann sich durch ständige entschuldbare Abwesenheit (Krankheit) oder böswilliges Fernbleiben (Obstruktion) ergeben. Eine Auflösung ist aber nur zulässig, wenn der **Notstand nicht anders behebbar** ist und die **dauernde Beschlussunfähigkeit tatsächlich oder mit an Sicherheit grenzender Wahrscheinlichkeit** festgestellt wird (HessVGH ESVGH 7, 172 – Schlangenbad). Somit etwa ist zur Brechung einer Obstruktion zunächst ein Beauftragter einzusetzen, der die Aufgaben des Vorsitzenden der Gemeindevertretung (Einberufung und Leitung einer Sitzung der Gemeindevertretung) wahrzunehmen hat, bevor die Gemeindevertretung aufgelöst wird.

731 Hingegen steht die **Auflösung der Gemeindevertretung wegen Funktionsunfähigkeit im Ermessen der oberen Aufsichtsbehörde**. Funktionsunfähigkeit ist gegeben, wenn die Gemeindevertreter trotz Bereitschaft ihre Aufgaben nicht erfüllen können, beispielsweise aufgrund einer **andauernden Patt-Situation**. Eine Wiederherstellung der Funktionsfähigkeit wäre zwar in einem solchen Fall durch Einsetzung eines Beauftragten möglich, entspräche jedoch nicht dem Grundsatz parlamentarischer Demokratie.

Mit der rechtswirksamen Auflösung der Gemeindevertretung endet ihre Wahlzeit vorzeitig. **Binnen vier Monaten nach Auflösung** der Gemeindevertretung ist eine **Nachwahl** anzuberaumen, die wegen der entsprechenden Anwendung der Regeln über die Wiederholungswahl (§§ 32 Abs. 1 Nr. 2, III, V, 30 KWG) nur für den **Rest der Wahlperiode** stattfindet. Mit der Auflösung der Gemeindevertretung endet auch die Amtszeit (§ 39a Abs. 2 HGO) der von ihr gewählten ehrenamtlichen Gemeindevorstandsmitglieder (HessVGH DÖV 1958, 743). Soweit der ordnungsgemäße Gang der Verwaltung es erfordert (§ 44 Abs. 2 S. 3 HGO), sind zwischen Auflösung und Neuwahl der Gemeindevertretung Beauftragte als ehrenamtliche Beigeordnete nach § 141 HGO zu bestellen.

3. Kostentragung

732 Die **Kosten der Staatsaufsicht** trägt **grundsätzlich der Staat**, soweit nicht das Gesetz (vgl. §§ 140, 141 HGO) eine andere Regelung trifft. Die Aufsichtsbehörden haben daher für die Kosten des allgemeinen Personal- und Sachaufwands, der Verfügungen und Informationsersuchen, der von ihnen bestellten Gutachten und der örtlichen Prüfungen und Besichtigungen aufzukommen. Hiervon zu unterscheiden sind die Kosten, die dadurch entstehen, dass bei der Durchführung der Staatsaufsicht vielfach **Amtshandlungen der beaufsichtigten Verwaltung** ausgelöst werden. Diese **Kosten** haben die **Gemeinden** selbst zu tragen.

4. Subjektives Recht auf Einschreiten

733 Ein **Rechtsanspruch Dritter auf Einschreiten der Aufsicht besteht grundsätzlich nicht**, und zwar auch dann nicht, wenn die Gemeinde den Dritten in öffentlichen

oder privaten Rechten verletzt hat (BVerwG DVBl. 1993, 886; DÖV 1977, 366; BGH DÖV 1979, 867]. Andernfalls bestünde bei der Eröffnung zweier Rechtswege die Gefahr sich widersprechender Entscheidungen (OVG NW VerwRspr. 16, 80 [82]). Die Staatsaufsicht dient öffentlichen Interessen. Folglich kann die **Staatsaufsicht nur im Interesse des öffentlichen Wohls**, grundsätzlich aber nicht zum Schutz eines Einzelnen eingreifen. Auch stellt ein das Einschreiten im Aufsichtswege ablehnendes Schreiben der Aufsichtsbehörde grundsätzlich keinen (anfechtbaren) Verwaltungsakt dar (BVerwG DÖV 1977, 366). Nach der Rechtsprechung des Hessischen Verwaltungsgerichtshofs kann dem Bürger jedoch ausnahmsweise ein Recht auf Tätigwerden dann zustehen, wenn ein Eingreifen durch das öffentliche Wohl geboten ist (HessVGH HessVGRpr. 1968, 54). Dies könne dann der Fall sein, wenn das der Aufsichtsbehörde eingeräumte Ermessen so eingeengt sei, dass es fehlerfrei nur noch in eine Richtung ausgeübt werden könne. Dem steht allerdings entgegen, dass auch bei Vorliegen einer sog. „Ermessensreduzierung auf Null" der Rechtsanspruch nur von dem Anspruchsinhaber geltend gemacht werden kann. Dem einzelnen Bürger stehen aber gerade nicht die Rechte aus den die Kommunalaufsicht regelnden Vorschriften zu. Folglich hat der einzelne Bürger keinen Rechtsanspruch auf Tätigwerden der Aufsicht.

Trotzdem ist der **einzelne Bürger** aber nicht rechtlos; dem in seinen Rechten verletzten Dritten stehen nämlich zur Verfolgung seiner Rechte der **ordentliche und der öffentliche Rechtsweg** offen.

5. Rechtsschutz

Gegen Maßnahmen der Aufsichtsbehörde auf dem Gebiet der Rechtsaufsicht kann die Gemeinde nach **§ 142 HGO eine Anfechtungsklage** (§ 42 Abs. 1 VwGO) erheben. Andere Klagearten wie etwa die Verpflichtungsklage (§ 42 Abs. 1 VwGO) und die Feststellungsklage (§ 43 VwGO) werden durch § 142 HGO jedoch nicht ausgeschlossen. Alle Maßnahmen der Aufsichtsbehörde nach den §§ 137ff. HGO sind gegenüber der Gemeinde **Verwaltungsakte** (BVerwGE 34, 301 [303]). Sie erfüllen die Voraussetzungen, die § 35 HVwVfG an einen Verwaltungsakt stellt. Vor allem liegt im Gegensatz zu den Weisungen innerhalb eines Weisungsverhältnisses eine intendierte Außenwirkung vor. Staat und Gemeinde stehen sich nämlich als selbstständige Rechtsträger gegenüber. § 142 HGO hat im Hinblick darauf, dass der Bund mit Erlass der VwGO die Statthaftigkeit der Klagearten abschließend geregelt hat (Art. 74 Nr. 1 GG), nur deklaratorische Bedeutung. **Anfechtungsberechtigt ist die Gemeinde** als Körperschaft, nicht etwa eines ihrer Organe, und zwar auch dann nicht, wenn von der Aufsicht unmittelbar ein Rechtsakt eines Organs aufgehoben wird (vgl. OVG NW DVBl. 1981, 227; HessVGH HSGZ 1988, 285; 1985, 431). Da der Anfechtungsklage ein **Vorverfahren** vorgeschaltet ist (§§ 68ff. VwGO), muss die Gemeinde zunächst innerhalb eines Monats nach Zugang der Anordnung Widerspruch bei der Aufsichtsbehörde einlegen, es sei denn, die angegriffene Maßnahme ist von der obersten Landesbehörde, dem Minister des Innern (§ 136 HGO) getroffen worden (§ 68 Abs. 1 Nr. 1 VwGO). Ein **Verfahren vor dem Anhörungsausschuss findet jedoch nicht statt** (§ 7 Abs. 5 HAG VwGO).

Die Klagebefugnis nach § 42 Abs. 2 VwGO kann sich aus der **Möglichkeit der Verletzung des Art. 28 Abs. 2 GG** oder aus einfachrechtlichen Positionen ergeben. Bloße Rechtsreflexe, die zwar die Interessensphäre der Gemeinde beeinflussen, nicht aber ihre Rechtsstellung beeinträchtigen, können die Möglichkeit einer Verletzung

734

des Selbstverwaltungsrechts grundsätzlich nicht begründen. **Ausnahmsweise** kann ein Eingriff vorliegen, wenn die belastenden **Rechtsreflexe** ein solches Gewicht haben, dass der Gemeinde die Erfüllung ihrer eigenen Aufgaben unmöglich gemacht oder zumindest in konkreter Weise ganz erheblich erschwert wird (BVerwG NVwZ 1983, 610 [611]; NJW 1976, 2175; DVBl. 1970, 582).

II. Sonderaufsicht

735 Unter **Sonderaufsicht** in Hessen wird die in besonderen Gesetzen geregelte staatliche Einflussnahme auf die Gemeinden in Selbstverwaltungsangelegenheiten verstanden, die nicht den allgemeinen Kommunalaufsichtsbehörden zugewiesen ist. Es handelt sich hierbei um **Sonderbereiche kommunaler Selbstverwaltung**, bei denen eine **unmittelbare Einwirkung der Fachressorts** unentbehrlich erscheint (HessVGH NVwZ 1984, 666). Die **Aufsichtsbefugnisse** der Sonderaufsichtsbehörden bestimmen sich nach den die jeweiligen Aufgabenbereiche regelnden **Sondergesetzen**. Dies gilt zB für das Straßenwesen (§ 49 HStrG) und das Schulwesen (§ 92 Abs. 3 Nr. 3 HSchG).

736 Die Sonderaufsichtsbehörden sind zu **Eingriffen nach §§ 137 bis 141a HGO nicht befugt**. Der in § 145 HGO enthaltene **Grundsatz der Einheit der Aufsicht** bei Zwangseingriffen soll gewährleisten, dass die Gemeinden nicht von einer Vielzahl von Fachbehörden in die Pflicht genommen werden. Die Sonderaufsichtsbehörden dürfen sich jedoch – allerdings nur, falls und soweit dies in anderen Gesetzen vorgesehen ist – **im Benehmen mit der allgemeinen Aufsichtsbehörde** unterrichten und Berichte anfordern, an Ort und Stelle prüfen und besichtigen (§ 145 HGO). Im Übrigen können die Sonderaufsichtsbehörden die Anwendung der Eingriffsmittel nach §§ 137 bis 141a HGO nur durch **Ersuchen an die Kommunalaufsichtsbehörde** erwirken. Bei Eingriffsersuchen hat die Kommunalaufsichtsbehörde nur ein **begrenztes Prüfungsrecht**. Sie ist **nicht** etwa den übrigen Aufsichtsbehörden als Kontrollinstanz **übergeordnet**. Ihre Stellung entspricht vielmehr dem allgemeinen Verhältnis zwischen ersuchender und ersuchter Behörde bei Amtshilfe (Mitwirkungspflicht der ersuchten Behörde). Demnach ist es grundsätzlich nicht die Aufgabe der Kommunalaufsichtsbehörde, bei Eingriffsersuchen Sachweisungen auf ihre fachliche Richtigkeit und Berechtigung zu untersuchen. Andererseits hat die Kommunalaufsichtsbehörde jedoch darauf **hinzuwirken**, dass die **Weisungen der Sonderaufsichtsbehörden** mit den **administrativen und wirtschaftlichen Verhältnissen** der Gemeinden im Einklang stehen (Schutzfunktion der Kommunalaufsicht §§ 11, 135, 145 HGO). Eine Prüfung, ob die fachliche Weisung den **Grundsatz der Verhältnismäßigkeit** der Mittel berücksichtigt und ob die Gemeinde die ihr angesonnene Handlung finanziell tragen kann, muss daher zulässig sein. Wie allgemein im Verwaltungsrecht bilden jedoch die wegen schwerer Verfahrens-, Form- oder Inhaltsmängel nichtigen Weisungen keine Rechtsgrundlage für ein Einschreiten der Kommunalaufsicht.

Literatur: *Lübking/Vogelsang,* Die Kommunalaufsicht; *Lohse,* Durchsetzung von Unionsrecht durch Kommunalaufsichtsbehörden, NVwZ 2016, 102ff.; *Schmidt,* Kommunalaufsicht in Hessen – eine dogmatische und empirische Untersuchung der §§ 135ff. HGO.

C. Die Fachaufsicht

I. Begriff und Grundlagen

Die **Fachaufsicht** verfolgt den Zweck, die Gemeinde im **Bereich der übertragenen Aufgaben** (Weisungsaufgaben) in die allgemeine Staatsverwaltung einzubinden. Sie unterscheidet sich sowohl im Umfang als auch in den zuständigen Aufsichtsbehörden von der Rechtsaufsicht. Im Gegensatz zur Rechtsaufsicht schließt staatliche Fachaufsicht auch eine **Zweckmäßigkeitskontrolle** mit ein. Das für die Fachaufsicht **typische Aufsichtsmittel ist die Weisung.** Weisungen können von den Fachaufsichtsbehörden allgemein (abstrakt-generell) oder für den Einzelfall (konkret-individuell) aufgrund einer gesetzlichen Ermächtigung erlassen werden. **737**

Die **Fachaufsichtsbehörden** sind jedoch grundsätzlich zur Durchsetzung ihrer Weisungen selbst **genauso wenig** wie die **Sonderaufsichtsbehörden** zu **Eingriffen** in die Kommunalverwaltung mit den **Mitteln der §§ 137 bis 141a HGO** befugt. Diese Rechte stehen grundsätzlich nur den Kommunalaufsichtsbehörden zu (§ 145 HGO). Ausnahmsweise kann die Fachaufsicht aufgrund einer besonderen Ermächtigung im Benehmen mit der Kommunalaufsicht von dem Recht auf Unterrichtung über Gemeindeangelegenheiten und dem örtlichen Prüfungs- und Besichtigungsrecht Gebrauch machen. Im Übrigen muss sich die Fachaufsicht, wenn ihrer Sachweisung nicht Folge geleistet wird, an die Kommunalaufsicht wenden, die ihrerseits von den Aufsichtsmitteln der Hessischen Gemeindeordnung Gebrauch machen muss. Die **Befolgung von Weisungen** der Fachaufsichtsbehörden kann daher nur mithilfe von **Anweisungen durch die Kommunalaufsichtsbehörden** durchgesetzt werden, soweit nicht einzelgesetzliche Bestimmungen die Fachaufsichtsbehörden dazu besonders ermächtigen. Grund für die somit in § 145 HGO verankerte **Einheit der Aufsicht** ist der umfassende Überblick der Kommunalaufsichtsbehörden über die kommunalen Verhältnisse (vgl. HessVGH NVwZ 1997, 304; HessVGRspr. 1997, 95) und der aber auch im Gesetz zum Ausdruck gebrachte Wille die Eigenverantwortlichkeit der Gemeinden fördern und stärken zu wollen. **738**

Beispiele: Bauordnungsrechtliche Aufsicht (§ 52f. HBO), Wasserschutzrechtliche Aufsicht (§§ 63f. HWG), Aufsicht über die Gefahrenabwehr (§ 83 HSOG), Schulfachaufsicht (§ 93 HSchulG).

Literatur: *Dreßler*, Eingriffs- und Vollstreckungsmonopol der Kommunalaufsicht, KP SW 1997, 80; *Lübking/Vogelsang*, Die Kommunalaufsicht.

II. Rechtsfolgen bei fehlerhafter Aufsicht

Wird die **Aufsichtsfunktion** von den mit der Aufsicht betrauten Beamten **nicht rechtmäßig** ausgeübt, verletzen sie die ihnen gegenüber den Gemeinden obliegende Amtspflicht mit der Folge der **Haftung des Landes** unter den Voraussetzungen des **Art. 34 GG iVm § 839 BGB**. **739**

III. Rechtsschutz

1. Förmliche Rechtsbehelfe

Gegen die im Rahmen des gesetzlichen Weisungsrechts erlassenen Anordnungen der Fachaufsichtsbehörden können die **Gemeinden keinen Rechtsschutz vor den Verwaltungsgerichten** erlangen, da diese in der Regel **subjektive Rechtspositio-** **740** nen der Gemeinde **nicht berühren**. Bei der Erledigung des übertragenen Aufgabenbereichs befindet sich die Gemeinde in der Situation einer **funktionell nachgeordneten** Behörde, die in den Verwaltungsaufbau hierarchisch eingeordnet ist (OVG Schl.-Hol. NVwZ 1982, 385 [386]). Bei Weisungsaufgaben handelt die Gemeinde daher als verlängerter Arm des Staates (BVerwG DVBl. 1995, 744; NVwZ 1983, 610; DÖV 1982, 826; NJW 1974, 1836; NJW 1965, 317).

Bei **Maßnahmen der Fachaufsicht** handelt es sich **nicht** um **Verwaltungsakte** iSd § 35 HVwVfG, da es den **verwaltungsinternen Weisungen** an der hierfür erforderlichen **Außenwirkung mangelt**. Folglich können sie auch **nicht mit einer Anfechtungsklage** (§ 42 Abs. 1 VwGO) angefochten werden. **Ausnahmsweise** hat die Rechtsprechung eine Anfechtungsklage für den Fall zugelassen, dass die Weisung **Auswirkungen auf den Selbstverwaltungsbereich** zeitigt (zB Ausfälle an gemeindlichen Grundsteuern, BayVGH BayVBl. 1963, 216 [217]). Mit dem Fehlen einer Außenwirkung können allerdings zunächst nur die gegen Verwaltungsakte zulässigen Rechtsmittel ausgeschlossen werden. Jedoch verbietet sich im Regelfall auch eine **allgemeine Leistungsklage** oder eine **Feststellungsklage** der Gemeinde. Da die Gemeinden im Weisungsbereich fremde Aufgaben wahrnehmen, werden sie durch eine von ihren Vorstellungen und Wünschen abweichende Entscheidung des Staates **im Allgemeinen nicht in ihren Rechten verletzt**. Es mangelt ihnen daher in der Regel an der für die allgemeine Leistungsklage erforderlichen Klagebefugnis (§ 42 Abs. 2 VwGO analog). Ist die Gemeinde bei Wahrnehmung der Weisungsaufgaben nicht Träger eigener Rechte, kann sie auch **nicht Beteiligte eines Rechtsverhältnisses** sein. Da demnach auch kein Rechtsschutzbedürfnis (§ 43 VwGO) besteht, scheidet auch eine Feststellungsklage aus.

741 Ausnahmsweise kann eine Gemeinde die **Verletzung eigener Rechte** mit der Behauptung geltend machen, eine Maßnahme der Fachaufsicht greife zu Unrecht in die durch **Art. 28 Abs. 2 GG** geschützte Selbstverwaltungsgarantie ein. Dies kommt zum einen dann in Betracht, wenn die tatbestandlichen **Voraussetzungen für eine Weisung überhaupt nicht vorliegen**. Die Verletzung eigener Rechte kommt aber auch dann in Betracht, wenn die Fachaufsicht zwar von einer ihr eingeräumten Kompetenz Gebrauch macht, sie aber mit der Maßnahme die **gesetzlichen Grenzen der Weisungsbefugnis überschreitet**, so dass die Maßnahme der Fachaufsicht unter Berücksichtigung des zugrunde liegenden materiellen Rechts nicht im staatlichen Innenbereich ergeht, sondern auf den rechtlich geschützten Bereich der Gemeinde in Selbstverwaltungsangelegenheiten übergreift und damit Außenwirkung zeitigt. Zu Recht ist in einem solchen Fall von dem Vorliegen eines **Verwaltungsakt** auszugehen und damit als richtige Klageart die **Anfechtungsklage** statthaft (Spannowsky/Uechtritz, BeckOK BauGB, § 36 .41).

Beispiele: Weisung der Aufsichtsbehörde benannte Straßen aus einer Anordnung zur Einrichtung einer geschwindigkeitsbeschränkter Zone herauszunehmen (BVerwG NVwZ 1995, 910); Weisung bestimmtes Personal für eine Weisungsaufgabe einzusetzen kann unrechtmäßig in die Personal- und Organisationshoheit eingreifen (BVerwG NVwZ 1982, 310 [311]); vgl. zum Eingriff in die Planungshoheit der Gemeinden BVerwG NuR 1984, 308; BauR 1986, 425. Zulässigkeit einer kommunalaufsichtlichen Anweisung zur Erhöhung der Kreisumlage (BVerwG Urt. v. 16.6.2015 – 10 C 13/14 zuvor HessVGH LKRZ 2013,250).

2. Formlose Rechtsbehelfe

742 Der Gemeinde stehen aber in jedem Fall die **formlosen Rechtsbehelfe** der Gegenvorstellung und der Aufsichtsbeschwerde offen. Zunächst besteht für die Gemeinde

Kapitel **10** Die Staatsaufsicht

die Möglichkeit sich mit einer **Gegenvorstellung** an die **Behörde** zu wenden, welche die **Entscheidung getroffen** hat. Sie enthält den Antrag, die Entscheidung zu ändern bzw. aufzuheben. Daneben kommt weiterhin eine **Dienstaufsichtsbeschwerde** in Betracht, mit der die Gemeinde das persönliche Verhalten eines Beamten rügt und das Einschreiten der Dienstaufsichtsbehörde verlangt bzw. eine **Sachaufsichtsbeschwerde**, mit der die Gemeinde die Sachentscheidung der Behörde beanstandet und mit der sie die Aufhebung oder Änderung der Maßnahme von der Dienstaufsichtsbehörde verlangt. Der auf eine Aufsichtsbehörde ergehende Bescheid, in dem der Gemeinde mitgeteilt wird, die Beschwerde sei unbegründet, ist nach überwiegender Meinung in Rechtsprechung und Literatur **kein Verwaltungsakt**, jedoch ist die in einem solchen Bescheid erfolgte Festsetzung einer Gebühr ein vor dem Verwaltungsgericht anfechtbarer Verwaltungsakt (VGH Bad.-Württb. ESVGH 18, 90). **Gegenvorstellungen** und **Sachaufsichtsbeschwerden** werden häufig miteinander verbunden, in dem die antragstellende Gemeinde sich an die erlassende Behörde wendet und beantragt, bei einer Ablehnung durch die angerufene Behörde eine Entscheidung der Aufsichtsbehörde herbeizuführen.

Soweit **juristische Personen des öffentlichen Rechts** in den allgemeinen Staatsorganismus eingebaut sind, ist ein selbstständiges **Petitionsrecht** nach **Art. 17 GG** und **Art. 16 HV** nicht gegeben (*Maunz/Dürig/Klein*, GG, Art. 17, Anm. 72; *Epping/Hillgruber/Brocker*, BeckOK, GG, Art. 17, Rn. 4). Dies gilt jedoch nicht für **Gemeinden als Selbstverwaltungskörperschaften**. Sie können sich mit den ihnen zur Verfügung stehenden und angemessen erscheinenden Mittel an das Parlament wenden (BVerfGE 8, 41 [45]). Grundsätzlich zuständig für die Behandlung von Petitionen ist der **Petitionsausschuss des Landtags**. Die Gemeinde hat – wie jeder Petent – ein **subjektives Recht auf ordnungsgemäße Behandlung der Bitte oder der Beschwerde**. Die Petition bedarf der Schriftform. Ein ablehnender Petitionsbescheid ist **kein Verwaltungsakt** (BVerwG NJW 1977, 118 mAnm *Weber* NJW 1977, 594). Eine Anfechtungsklage ist daher unzulässig. Will die Gemeinde die inhaltliche Befassung oder die Bescheidung durchsetzen muss sie eine allgemeine Leistungsklage erheben. Art. 19 Abs. 4 GG garantiert diese Rechtsschutzmöglichkeit auch bei Petitionen (vgl. BVerwG NJW 1976, 637).

743

Alle formlosen Rechtsbehelfe können auch **nebeneinander** genutzt werden.

Literatur: *Dreßler*, Staatliche Kommunalaufsicht im Wandel KP SW 1998, 231; *Krings*, Die Petitionsfreiheit nach Art. 17 GG, JUS 2004, 474; *Knemeyer*, Die Staatsaufsicht über die Gemeinden und Kreise, HdKWP, Bd. 1, S. 265; *Lübking/Vogelsang*, Die Kommunalaufsicht.

D. Zwangsvollstreckung gegen Gemeinden und Insolvenz

Ein **Insolvenzverfahren** über das Vermögen der Gemeinde findet im Interesse ihrer Funktionsfähigkeit als Träger öffentlicher Aufgaben **nicht statt**. § 146 HGO dient insoweit wie § 145 HGO dem Bestandsschutz der Gemeinden.

744

Vollstreckungsmaßnahmen gegen Gemeinden sind nach § 26 HVwVG und § 882a ZPO insoweit statthaft, soweit diese hierdurch nicht an der Erfüllung ihrer öffentlichen Aufgaben gehindert werden. Einer Zulassungsverfügung der Aufsichtsbehörde bedarf es nicht.

Literatur: *Schwarz*, Kyrill-Alexander, Staatsgarantie für kommunale Verbindlichkeiten bei "faktischem Konkurs von Kommunen?

Schaubild 14: Die Staatsaufsicht

Die Staatsaufsicht durch das Land über die Gemeinden ist das notwendige Gegenstück zur kommunalen Selbstverwaltung (Art. 20 Abs. 3 GG, Art. 137 Abs. 3 HV).

Allgemeine Grundsätze der Kommunalaufsicht sind: §§ 11, 135 HGO

- Opportunitätsgrundsatz
- Verhältnismäßigkeitsgrundsatz
- **nicht:** Subsidiaritätsgrundsatz (Verfahren nach § 63 HGO **neben** der Kommunalaufsicht)

Arten der Aufsicht

Rechtsaufsicht bei Selbstverwaltungsangelegenheiten (Art. 28 GG, Art. 137 Abs. 1, 3 HV)

Sonderaufsicht

Fachaufsicht bei übertragenen Aufgaben (Art. 28 GG, Art. 137 Abs. 1, 4 HV, §§ 4, 135, 145 HGO)

Kommunalaufsicht im engeren Sinn (§§ 2, 11, 135, 137ff. HGO)

Definition:
...ist die auf den Bereich der Selbstverwaltungsaufgaben bezogene und auf eine Gesetzmäßigkeitskontrolle beschränkte staatliche Aufsicht (allgemeine Kommunalaufsicht).

Zuständigkeit für die allgemeine Kommunalaufsicht (§ 136 HGO):
- Frankfurt a.M. und Wiesbaden: Hess. Minister des Innern
- Gemeinden mit über 50.000 Einwohnern: Regierungspräsident
- übrige Gemeinden: Landrat

Sonderaufsicht

Definition:
...ist die in besonderen Gesetzen geregelte Aufsicht in Selbstverwaltungsangelegenheiten, die nicht den allgemeinen Kommunalaufsichtsbehörden zugewiesen ist (besondere Aufsichtsbehörden).

Beispiele:
Straßenwesen, Schulwesen

Fachaufsicht

Definition:
...ist die Rechts- und Zweckmäßigkeitskontrolle im Bereich der Weisungsaufgaben (pflichtaufgaben nach Weisung, Auftragsangelegenheiten, Organleihe) durch besondere staatliche Fachbehörden.

Aufgabenerfüllung:
- präventiv ohne Regelungscharakter (Verwaltungsvorschriften)
- repressiv in Gestalt von Fachweisungen

Zwangsweise Durchsetzung von Weisungen nur durch die allgemeine Kommunalaufsicht (§ 145 HGO).

Kapitel **10** Die Staatsaufsicht 319

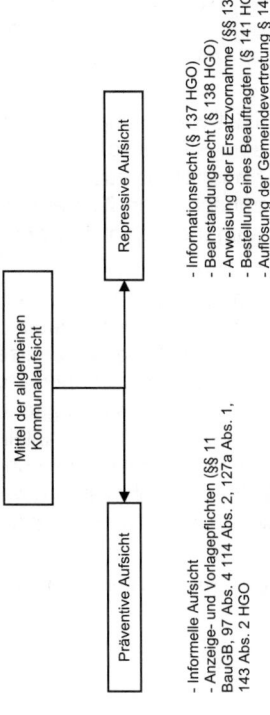

Mittel der allgemeinen Kommunalaufsicht

Präventive Aufsicht

- Informelle Aufsicht
- Anzeige- und Vorlagepflichten (§§ 11 BauGB, 97 Abs. 4 114 Abs. 2, 127a Abs. 1, 143 Abs. 2 HGO)
- Genehmigungsvorbehalte (§§ 92 Abs. 5, 92a Abs. 3, 97a.102 Abs. 4, 103 Abs. 2, 104 Abs. 2, 105 Abs. 2 HGO, §§ 6 Abs. 1, 10 Abs. 2 und 8 Abs. 2 BauBG)

Repressive Aufsicht

- Informationsrecht (§ 137 HGO)
- Beanstandungsrecht (§ 138 HGO)
- Anweisung oder Ersatzvornahme (§§ 139, 140 HGO)
- Bestellung eines Beauftragten (§ 141 HGO) – nur ultima ratio!
- Auflösung der Gemeindevertretung (§ 141a HGO) – nur ultima ratio!

Rechtsschutz gegen aufsichtsbehördliche Maßnahmen:

Gegen Maßnahmen der Aufsichtsbehörde auf dem Gebiet der Selbstverwaltungsangelegenheiten (Rechtsaufsicht) kann die Gemeinde nach § 142 HGO Anfechtungsklage (§ 42 Abs.1 VwGO) erheben, da alle Maßnahmen der Aufsichtsbehörde nach den §§ 137ff. HGO Verwaltungsakte sind.

In der Regel kein Rechtsschutz der Gemeinde gegen Weisungen der Fachaufsichtsbehörden.
Begründung:
- Weisungen sind mangels Außenwirkung keine Verwaltungsakte; damit scheidet die Anfechtungsklage aus.
oder:
- Gemeinden haben keine Klagebefugnis nach § 42 Abs.2 VwGO analog; damit scheidet auch die Leistungsklage und die Feststellungsklage aus.
Ausnahmen: Gleichzeitige Verletzung des Selbstverwaltungsrechts (z.B. Planungshoheit) durch eine fachliche Weisung.

Nur möglich:
Formlose Rechtsbehelfe (Gegenvorstellung, Aufsichtsbeschwerde).

Das Einschreiten der Kommunalaufsicht steht in ihrem Ermessen, allerdings setzt der Grundsatz der Gesetzmäßigkeit der Verwaltung enge Grenzen. Ein Rechtsanspruch Dritter auf Einschreiten der Aufsicht besteht grundsätzlich nicht. Die Kommunalaufsicht wird nur im öffentlichen Interesse tätig. Dritten steht zur Durchsetzung ihrer Rechte gegenüber der Gemeinde der ordentliche und der öffentliche Rechtsweg grundsätzlich offen.

Kapitel 11 Gemeindeverbände und andere Formen kommunaler Zusammenarbeit

A. Notwendigkeit und Bedeutung

745 Auch nach dem mit der Gebiets- und Verwaltungsreform durchgeführten Zusammenschluss von Gemeinden gibt es im Zuge der fortschreitenden ökonomisch-technischen Entwicklung und der knapper werdenden natürlichen Ressourcen und Finanzmittel Aufgaben der Gemeinden, die die **Leistungsfähigkeit einzelner Gemeinden übersteigen**, aber entweder das Gewicht von Kreisaufgaben nicht erreichen oder in den bestehenden Kreisgrenzen nicht gelöst werden können. Kommunale Zusammenarbeit ist aber nicht nur ein Ergebnis von Notwendigkeiten, sondern ist auch geprägt von dem Wunsch dadurch entstehende Synergieeffekte zu nutzen. So erleichtert **Gemeinschaftsarbeit** die Koordination örtlicher und überörtlicher Planung, verteilt finanzielle Risiken auf mehr Beteiligte, mindert oder bremst die Unterschiede zwischen finanzarmen und finanzstarken Gemeinden, stärkt die Infrastruktur durch Absprachen, verbessert das Umweltbewusstsein durch regionales Denken und ermöglicht den Einsatz aufwendiger neuer Technologien (zB Breitbandverkabelung, IT-Ausstattung, Abfallverwertung).

Das Recht der Kommunen auf überörtliche Zusammenarbeit ist verfassungsrechtlich durch die **Selbstverwaltungsgarantie** geschützt, wobei es systematisch der zum Kernbereich der Selbstverwaltung gehörenden **Organisationshoheit** zuzurechnen ist. Voraussetzung der kommunalen Zusammenarbeit ist zunächst die **Zuständigkeit der beteiligten Gemeinden oder Landkreise** für die Aufgabe als solche, wenn sie nur für ihr Gebiet zu erfüllen wäre.

Mit der interkommunalen Zusammenarbeit hat sich inzwischen jedoch auch mehrfach der **Europäische Gerichtshof** beschäftigt. Mit seiner ASL-Entscheidung (NVwZ 2013, 710 mAnm Schrotz/Alhaus) hat der EuGH klargestellt, dass Gesetze über schrankenlose kommunale Zusammenarbeit mit Europäischen Vergaberecht unvereinbar sind, da sie die Kooperation nicht auf im öffentlichen Interesse liegende Aufgaben beschränkt und die Beteiligung Privater zulässt. Da der EuGH aber allein auf materiellrechtliche Kriterien für die Vergaberechtsfreiheit abstellt, obliegt es nunmehr dem Landesgesetzgeber die Rechtsprechung des EuGH aufzunehmen und bei einer Novellierung des Gesetzes über kommunale Gemeinschaftsarbeit (KGG) umzusetzen.

Literatur: *Geitel*, EuGH präzisiert Anforderungen an interkommunale Zusammenarbeit, NVwZ 2013, 765.

B. Arten kommunaler Gemeinschaftsarbeit

746 Das **Gesetz über die kommunale Zusammenarbeit** (KGG) hat dem Bedürfnis der kommunalen Gebietskörperschaften durch das Angebot von sechs Formen kommunaler Gemeinschaftsarbeit Rechnung getragen: Zweckverband, kommunale Arbeitsgemeinschaft, öffentlich-rechtliche Vereinbarung, Gemeinsame kommunale Anstalt, Gemeindeverwaltungsverband und Verwaltungsgemeinschaft.

Neben den öffentlich-rechtlichen Formen können sich die Gemeinden auch **privatrechtlicher Formen** der Zusammenarbeit bedienen (§ 2 Abs. 2 KGG). Sie können Aktiengesellschaften und Gesellschaften mit beschränkter Haftung oder eingetragene Vereine gründen oder ihnen beitreten sowie privatrechtliche Verträge schließen.

Beispiele: Rhein-Main Verkehrsverbund GmbH (RMV), Wirtschaftsförderung Region Frankfurt RheinMain eV, KulturRegion FrankfurtRheinMain gGmbH.

Privatrechtliche Rechtsformen kommen aber in den Fällen nicht in Betracht, in denen mit der Wahrnehmung der Aufgabe die Ausübung von Hoheitsbefugnissen oder die Erteilung staatlicher Weisungen verbunden sind.

I. Der Zweckverband

Der **Zweckverband** ist die **bindungsstärkste Form** der kommunalen Zusammenarbeit. Er ist eine **Körperschaft des öffentlichen Rechts** (§ 6 KGG), die ihre Angelegenheiten in eigener Verantwortung im Rahmen der Gesetze, insbesondere nach dem KGG, der Verbandssatzung und subsidiär nach dem Recht der Gemeinden verwaltet (§ 7 KGG). Der Zweckverband erfüllt jedoch nicht die Voraussetzungen einer Gebietskörperschaft, da ihm die Gebietshoheit fehlt. Da der Zweckverband auch **kein Gemeindeverband iSd Art. 28 Abs. 2 und Art. 137 Abs. 2 und 3 HV** ist wird er auch nicht durch die Selbstverwaltungsgarantien des Grundgesetzes und der Hessischen Verfassung geschützt. 747

Mit seiner auf das Land Hessen begrenzten Geltung beschränkt das KGG die Mitgliedschaft in Zweckverbänden auf hessische Kommunen. Um aber **kommunale Aufgaben auch länderübergreifend** wahrnehmen zu können, hat das Land Hessen **Staatsverträge mit angrenzenden Bundesländern** (Baden-Württemberg GVBl. 1975 I S. 308; Bayern GVBl. -Pfalz GVBl. 1974 I S. 276) abgeschlossen. Werden hiernach Zweckverbände zwischen 1979 I S. 71; Niedersachsen GVBl. 1975 I S. 305; Nordrhein-Westfalen GVBl. 1974 I S. 273; Rheinland hessischen Gemeinden und Gemeindeverbänden und solchen der genannten Bundesländer gebildet, gilt das Landesrecht desjenigen Bundeslandes, in dem der Zweckverband seinen Sitz hat bzw. erhält.

1. Mitglieder und Entstehung

Verbandsmitglieder können neben Gemeinden und Gemeindeverbänden auch andere Körperschaften, Anstalten und Stiftungen des öffentlichen Rechts sein, soweit keine gesetzlichen Bestimmungen entgegenstehen, sowie natürliche und juristische Personen des Privatrechts, wenn es zur Erfüllung der Aufgaben notwendig erscheint und das öffentliche Wohl nicht gefährdet. 748

Es gibt drei Arten von Zweckverbänden: Freiverband, Pflichtverband und gesetzlicher Zweckverband. Bei einem **Freiverband** schließen sich die Gemeinden und Gemeindeverbände freiwillig zusammen, bei einem **Pflichtverband** bzw. einem **Pflichtanschluss** an einen bereits bestehenden Zweckverband erfolgt der Zusammenschluss aufgrund einer aufsichtsbehördlichen Verfügung (§§ 13, 21 Abs. 4 KGG) und bei einem **gesetzlichen Zweckverband** aufgrund eines vom Hessischen Landtag beschlossenen Gesetzes. Während ein Freiverband mit der aufsichtsbehördlichen Genehmigung einer von den Beteiligten vereinbarten Verbandssatzung nach deren öffentlichen Bekanntmachung entsteht (§§ 5 Abs. 1, 9 bis 12 KGG), wird der **Pflicht-**

verband von der oberen Aufsichtsbehörde verfügt, wenn die Verbandsbildung aus **Gründen des öffentlichen Wohls dringend geboten** ist, die Beteiligten trotz Fristsetzung sich nicht auf Bildung eines Freiverbandes einigen konnten und eine Pflichtregelung nach § 29 KGG nicht ausreicht.

Bei den **gesetzlichen Zweckverbänden und den Pflichtverbänden** ist zu berücksichtigen, dass aus der **Garantie der gemeindlichen Selbstverwaltung** der Vorrang freiwilliger Lösungen vor Zwangszusammenschlüssen folgt. Im Allgemeinen verstößt aber der Zusammenschluss von Gemeinden und Kreisen zu gesetzlichen Zweckverbänden oder Pflichtverbänden nicht gegen das Selbstverwaltungsrecht, weil nur einzelne Aufgaben betroffen sind und die effektive Wahrnehmung der Aufgaben im Interesse des Gemeinwohls liegt. Jedoch kommt eine Zweckverbands- oder Pflichtverbandsbildung nur für die Wahrnehmung von Aufgaben in Betracht, die den Kommunen gesetzlich auferlegt sind, **nicht** hingegen für die **Wahrnehmung freiwilliger Selbstverwaltungsaufgaben**, da es in diesen Fällen an einem berechtigten Interesse des Staates fehlt, die Aufgabenwahrnehmung sicherzustellen. Zudem ist bei einer Pflichtverbandsbildung stets der **Grundsatz der Verhältnismäßigkeit** zu beachten.

2. Zuständigkeiten und Rechtsstellung

749 Einem **Zweckverband** kann eine einzige Aufgabe oder ein genau bestimmtes Aufgabenbündel (Mehrzweckverband) übertragen werden. Der Zweckverband kann aber nur solche **Aufgaben** wahrnehmen, zu denen die **beteiligten Körperschaften selbst berechtigt und verpflichtet** sind. Soweit es sich um einen **Freiverband** handelt kann es sich bei der Aufgabenwahrnehmung um solche des eigenen oder des übertragenen Aufgabenbereichs handeln.

Beispiele: Trink- und Brauchwasserbeschaffung, Abwasserbeseitigung, Wirtschaftsförderung, Abfallbeseitigung, Bau und Betrieb von Hallenbädern.

Die einzelnen **Aufgaben**, die der Zweckverband zu erfüllen hat, werden in einer **Verbandssatzung** festgelegt, deren Mindestinhalt sich aus § 9 Abs. 2 Nr. 1-7 KGG ergibt. Die **Verbandssatzung** unterliegt der **Genehmigung** der zuständigen **Aufsichtsbehörde** (§§ 10 Abs. 1, 35 KGG); der Umfang der Aufsicht und ihre Aufsichtsmittel richten sich nach §§ 135, 137 bis 146 HGO.

Mit Bildung des Zweckverbandes gehen die **Rechte und Pflichten der beteiligten Körperschaften** zur Aufgabenwahrnehmung **auf den Zweckverband** über. Zugleich stehen dem Zweckverband alle Rechte gegenüber Dritten, die mit der Aufgabenerfüllung verbunden sind, zu. Der Zweckverband kann daher die zur Erfüllung seiner Aufgaben notwendigen Verwaltungsakte erlassen, öffentlich-rechtliche Verträge abschließen, Anschluss- und Benutzungszwang vorsehen und Satzungen erlassen, falls nicht eine der Befugnisse ausdrücklich ausgeschlossen ist (§ 8 KGG). Da der Zweckverband alle **Hoheitsrechte** mit Ausnahme der Steuererhebung (HessVGH HessVGRpr. 1983, 10) erhält, kann er auch **Gebühren und Beiträge** erheben, wenn sie nach den allgemeinen Regeln für die von ihm übernommene Aufgabe erhoben werden dürfen (§ 20 KGG). Die **Finanzierung des Zweckverbandes** erfolgt im Wesentlichen durch **Umlagen** (§ 19 KGG).

3. Organe

Die Organe des Zweckverbandes sind die Verbandsversammlung und der Verbands- **750**
vorstand. Die **Verbandsversammlung** (§§ 15, 17 KGG) ist das oberste Organ des Zweckverbandes. Sie entscheidet über **alle wichtigen Angelegenheiten** des Zweckverbandes und der ihr durch Gesetz und Verbandssatzung zugewiesenen Aufgaben. Ihre **Mitglieder** sind ehrenamtlich tätig und werden nach den in § 55 HGO festgelegten **Grundsätzen der Verhältniswahl** von den **Vertretungskörperschaften der Mitglieder für die Dauer deren Wahlzeit** gewählt. Die Verbandsmitglieder können ihre Vertreter anweisen, wie sie in der Verbandsversammlung abzustimmen haben. Eine Abstimmung entgegen der Weisung berührt die Gültigkeit des Beschlusses der Verbandsversammlung nicht (§ 15 Abs. 2a KGG). Bei Verbandsversammlungen mit mehr als 30 Vertretern der Verbandsmitglieder können Fraktionen gebildet werden (§ 15 Abs. 2a KGG). Der **Verbandsvorstand** ist die **Verwaltungsbehörde** des Verbandes (§§ 16, 17 KGG) und vertritt ihn nach außen. Der Vorstand besteht aus mindestens drei Mitgliedern, die ehrenamtlich tätig sind, jedoch auch hauptamtlich beschäftigt werden können. Wie sie gewählt werden, regelt die Verbandssatzung. Die **Aufsicht** (§ 35 KGG) über die Zweckverbände ist im Hinblick auf das durch § 6 KGG eingeräumte Selbstverwaltungsrecht auf eine **Rechtmäßigkeitsprüfung** und auf die Kontrolle der **Beachtung staatlicher Weisungen** beschränkt.

II. Die kommunale Arbeitsgemeinschaft

Die **kommunale Arbeitsgemeinschaft** (§§ 3, 4 KGG) ist ein Zusammenschluss von **751**
Gemeinden und Landkreisen, sonstigen Körperschaften, Anstalten und Stiftungen des öffentlichen Rechts und natürlichen und juristischen Personen des Privatrechts. Eine kommunale Arbeitsgemeinschaft wird aufgrund einer **öffentlich-rechtlichen Vereinbarung** iSd § 54 HVwVfG gegründet, die den Gegenstand der Zusammenarbeit festlegt, sowie deren Organisation und Finanzierung bestimmt. Sie dient lediglich der **Planung und Abstimmung gemeinsam interessierender Aufgaben**. Im Gegensatz zum Zweckverband führt sie nicht zur Bildung einer juristischen Person, und die **Zuständigkeiten der einzelnen Beteiligten** als öffentliche Aufgabenträger **bleiben unberührt**. Eine Bindung der Beteiligten an gemeinschaftliche Entscheidungen ist nur über die Zustimmung der zuständigen Organe aller Beteiligten möglich.

III. Die öffentlich-rechtliche Vereinbarung

Gegenstand einer **öffentlich-rechtlichen Vereinbarung** (§ 24 KGG) ist die **Über-** **752**
nahme einzelner Aufgaben durch einen Beteiligten für die übrigen Beteiligten. Die Folge ist der **Übergang aller mit der Aufgabenerfüllung verbundenen Rechte und Pflichten**. Soweit die Vereinbarung eine entsprechende Regelung enthält, kann die ausführende Körperschaft Satzungen für die anderen Beteiligten erlassen, einen Anschluss- und Benutzungszwang einführen und die notwendigen Verwaltungsvollstreckungsmaßnahmen einleiten. Die öffentlich-rechtliche Vereinbarung muss von der **Aufsichtsbehörde genehmigt** werden (§ 26 KGG). Sie nimmt eine Mittlerrolle zwischen Zweckverband und kommunaler Arbeitsgemeinschaft ein. Einerseits kann die Aufgabenerfüllung aufgrund der verbindlichen Außenwirkung der öffentlich-rechtlichen Vereinbarung intensiver erfolgen als durch eine kommunale Arbeitsgemeinschaft, andererseits ist diese Art der Zusammenarbeit weniger aufwendig als ein

Zweckverband. Im Gegensatz zu diesem entsteht kein neues Rechtssubjekt, und es müssen auch keine neuen Organe gebildet werden. Die obere **Aufsichtsbehörde** kann – ähnlich wie bei einem Zweckverband – die **Beteiligten verpflichten, eine öffentlich-rechtliche Vereinbarung** zu schließen und nach Fristablauf, die erforderlichen Regelungen selbst treffen (§ 29 KGG).

IV. Die Gemeinsame kommunale Anstalt

753 Gemeinden und Landkreise können zur gemeinsamen Aufgabenerfüllung Unternehmen und Einrichtungen auch unter ihrer gemeinsamen Trägerschaft als – rechtsfähige - **Gemeinsame kommunale Anstalt** errichten, an denen sich auch Zweckverbände und kommunale Versorgungskassen beteiligen können. Auch bestehende **Regie- und Eigenbetriebe** können im Wege der Gesamtrechtsnachfolge in eine solche umgewandelt werden können (§ 29a f. KGG). Soweit nichts Abweichendes bestimmt ist, gilt für die Gemeinsame kommunale Einrichtung § 126a HGO entsprechend. Die Satzung bedarf der Genehmigung der Aufsichtsbehörde (§ 29a Abs. 4, 10 Abs. 1 KGG).

V. Gemeindeverwaltungsverband und Verwaltungsgemeinschaft

754 Der **Gemeindeverwaltungsverband** und die **Verwaltungsgemeinschaft** (§§ 30 bis 34 KGG) galten nach der kommunalen Neuordnung Hessens als Modell kommunaler Zusammenarbeit als weitgehend ausgedient. Die schwierige Finanzlage der Kommunen und der demographische Wandel haben nunmehr aber mancherorts eine neue Qualität der althergebrachten kommunalen Zusammenarbeit entdecken lassen. So kann diese Form der kommunalen Zusammenarbeit zu finanziellen Synergieeffekten führen, aber auch zu einer fachlich durchaus versierteren Sachbearbeitung.

Zweck beider Formen ist die **Übernahme und Erledigung anfallender Verwaltungstätigkeit der Beteiligten.** Beteiligte können nur Gemeinden sein.

Der **Gemeindeverwaltungsverband** ist eine **Körperschaft des öffentlichen Rechts**, auf den die Vorschriften über den Zweckverband entsprechende Anwendung finden. Auch er kann als Frei- oder Pflichtverband gebildet werden. Organe sind die Verbandsversammlung und der Verbandsvorstand. Der Gemeindeverwaltungsverband kann seine Aufgaben mit Bediensteten der Mitgliedsgemeinden wahrnehmen (§ 30 Abs. 3 S. 2 KGG).

Bei der **Verwaltungsgemeinschaft** vereinbaren die Beteiligten hingegen, dass einer der Beteiligten mit ihren Bediensteten und Einrichtungen die Verwaltungsaufgaben für die anderen miterledigt; die Bildung eigener Organe entfällt. Die Verwaltungsgemeinschaft stellt somit einen **Sonderfall der öffentlich-rechtlichen Vereinbarung** dar.

VI. Sonstige Formen kommunaler Zusammenarbeit

755 Neben den genannten Formen der kommunalen Zusammenarbeit nach dem KGG bestehen noch weitere Sonderformen der kommunalen Zusammenarbeit. Zu nennen sind insbesondere die **Wasser- und Bodenverbände** nach § 1 Gesetz über Wasser-

Kapitel 11 Gemeindeverbände

und Bodenverbände – **Wasserverbandsgesetz (WVG)** und die **Planungsverbände** nach § 205 BauGB.

Die Interessen der Städte und Gemeinden Europas werden von dem internationalen **Rat der Regionen Europas** (RGRE) vertreten, dessen Einflussmöglichkeiten derzeit allerdings beschränkt sind. Er bietet jedoch einerseits ein Forum für die Diskussion der Regionen Europas untereinander und ermöglicht andererseits das Gespräch regionaler Vertreter mit der EU über grundlegende Fragen der Regionalpolitik auf europäischer Ebene. Mehr dem Erfahrungs- und Meinungsaustausch dienen die zahlreichen **Städtepartnerschaften**, denen vor allem politische Bedeutung zukommt (vgl. BVerwG NVwZ 1991, 685 – Städtepartnerschaft Fürth-Hiroshima).

Literatur: *Adrian/Coburger-Becker* u.a., Leitfaden für die kommunalpolitische Arbeit in Hessen, S. 181 ff.; *Bennemann*, Kommunalverfassungsrecht Hessen, KGG; *Gahlen*, Die öffentlich-rechtliche Vereinbarung als Rechtsform übergemeindlicher Zusammenarbeit; *Gern*, Zu den Grenzen der kommunalen Verbandskompetenz, NVwZ 1991, 1147; *Oebbecke*, Zweckverbandsbildung und Selbstverwaltungsgarantie, *ders.*, kommunale Gemeinschaftsarbeit, HdKWP, Bd. 1, S. 843; *Schick*, Formen und Grenzen interkommunaler Zusammenarbeit durch öffentlich-rechtliche Vereinbarungen, DVBl. 1982, 769; *Stargardt*, Gemeinde- und Kommunalverbände in der Bundesrepublik Deutschland, DVP 1993, 306 u. 342; *Waechter*, Kommunalrecht, S. 44 ff.; *Zielke*, Zwischengemeindliche Zusammenarbeit – Rechtliche, organisatorische und finanzielle Gestaltungsmöglichkeiten.

C. Kommunalverbände in Hessen

I. Landeswohlfahrtsverband

Der **Landeswohlfahrtsverband Hessen** ist eine **Körperschaft des öffentlichen Rechts** mit Sitz in Kassel und Zweigstellen in Wiesbaden und Darmstadt. In ihm sind **alle kreisfreien Städte und Landkreise Hessens** zusammengeschlossen. Bei ihm ist das **Integrationsamt für schwerbehinderte Menschen im Beruf** angesiedelt. Er ist **überörtlicher Träger der Sozialhilfe**, der **Kriegsopferfürsorge** (Hauptfürsorgestelle), **Träger von überregionalen Förderschulen und Frühförderstellen** für Kinder und Jugendliche mit behinderungsbedingten Nachteilen und ist Alleingesellschafter der Vitos GmbH, Hessens größtem **Krankenhausträger** zur ambulanten, teilstationären und vollstationären Behandlung psychisch kranker Menschen. Der Landeswohlfahrtsverband **finanziert** sich durch **Schlüssel- und Sonderzuweisungen** sowie einer **Verbandsumlage** (§ 20 FAG, § 14 LandeswohlfahrtsverbG).

Seine Organe sind die **Verbandsversammlung** und der **Verbandsausschuss**. Die für alle Entscheidungen des Verbandes zuständige Verbandsversammlung wird von den Stadtverordneten und Kreistagsabgeordneten in speziell gebildeten fünf Wahlkreisen gewählt und setzt sich aus 75 Mitgliedern zusammen. Der Verbandsausschuss ist die Verwaltungsbehörde des Verbandes, der sich aus ehrenamtlichen und hauptamtlichen Beigeordneten und dem Landesdirektor als Vorsitzenden zusammensetzt. Seine Angelegenheiten regelt der Landeswohlfahrtsverband durch eine Satzung (§ 3 LandeswohlfahrtsverbG) soweit gesetzlich nichts anderes bestimmt ist. Die **Rechtsaufsicht** obliegt dem **Hessischen Ministern des Innern**, die **Fachaufsicht dem Minister für Soziales**.

Literatur: *Gutsfeld*, Höhere Kommunalverbände in der Bundesrepublik Deutschland; *Pünder*, Der Landeswohlfahrtsverband Hessen und seine Probleme, HSGZ 1985, 462; *Stargardt*, Gemeinde- und Kommunalverbände in der Bundesrepublik Deutschland, Teil 2, DVP 1993, 342 [346].

II. Metropolregion Frankfurt/Rhein-Main

757 Mit dem Gesetz zur Stärkung der kommunalen Zusammenarbeit im Ballungsraum Frankfurt/Rhein-Main (BallrG) im Jahr 1999 wurde die Wahrnehmung der Aufgaben von überörtlicher Bedeutung im Verdichtungsraums Frankfurt neu organisiert. Das Gebiet des neu gefassten Ballungsraums umfasst einschließlich der beiden kreisfreien Städte Frankfurt und Offenbach 75 Kommunen, drei Landkreise (Hochtaunus, Main-Taunus, Offenbach) und drei weitere Landkreise (Groß-Gerau, Main-Kinzig, Wetterau) mit jeweils einem Teil ihres Gebietes. Die Neuorganisation des Ballungsraums Frankfurt wurde zunächst auf drei Säulen gestützt: dem **Planungsverband Ballungsraum Frankfurt/Rhein-Main**, dem **Rat der Regionen** und der **Interkommunalen Zusammenarbeit**. Eine von 24 Gemeinden, Städten und Landkreisen erhobene kommunale Grundrechtsklage gegen das Ballungsraumgesetz hat der Staatsgerichtshof (StAnz. 2004, 2097) teilweise wegen Unzulässigkeit, teilweise wegen Unbegründetheit abgewiesen.

Mit dem Gesetz über die **Metropolregion Frankfurt/Rhein-Main** (MetropolG) im Jahr 2011 wurden das Ballungsraumgesetz und das Planungsverbandsgesetz zusammengefasst. Der Planungsverband besteht fort und führt den Namen **Regionalverband FrankfurtRheinMain**.

1. Regionalverband FrankfurtRheinMain

758 Der **Regionalverband FrankfurtRheinMain** ist ein **Planungsverband** iSd § 205 BauGB in Form einer Körperschaft des öffentlichen Rechts (§ 7 MetropolG) mit Sitz in Frankfurt am Main. Seine Hauptaufgabe ist die Erstellung eines **Regionalen Flächennutzungsplans** im Zusammenwirken mit der Regionalversammlung Südhessen (§ 8 MetropolG). Dieser soll zugleich die Funktion eines Regionalplans und eines gemeinsamen Flächennutzungsplans erfüllen (§ 8 Abs. 4 ROG, § 9 Abs. 1 HLPG). Dem Planungsverband obliegt weiterhin die Aufstellung des Landschaftsplans für den Ballungsraum Frankfurt/Rhein-Main (§ 6 HAGBNatSchG).

Organe des Regionalverbandes sind die **Verbandskammer** und der **Regionalvorstand**. Die **Verbandskammer** trifft die wichtigen Entscheidungen und überwacht die gesamte Verwaltung (§ 10 Abs. 1 MetropolG). Die 75 Mitglieder der Verbandskammer werden von den Vertretungskörperschaften seiner Verbandsmitglieder, also mittelbar, gewählt. In der Verbandskammer sind die Stimmen gewichtet. Von den insgesamt 93 Stimmen kann die Stadt Frankfurt am Main 12 Stimmen, die Stadt Offenbach am Main 4 Stimmen, die Stadt Hanau 3 Stimmen, die Städte mit mehr als 50.000 Einwohnern 2 Stimmen und die anderen Städte und Gemeinden je 1 Stimme ausüben (§ 11 Abs. 2 MetropolG). Eine **kommunale Gebietskörperschaft**, die unmittelbar an das Gebiet des Ballungsraums angrenzt, **kann dem Regionalverband jeweils zu Beginn der Wahlzeit der Verbandskammer** nach Maßgabe des § 7 Abs. 4 MetropolG beitreten. Im Falle eines Beitritts erhöht sich die Zahl der Stimmen in der Verbandskammer entsprechend (§ 11 Abs. 2 iVm § 7 Abs. 4 MetropolG).

759 Der **Regionalvorstand** ist die **Verwaltungsbehörde** des Regionalverbands, vertritt den Regionalverband und besorgt die laufenden Geschäfte. Er besteht aus der oder dem hauptamtlichen Vorsitzenden (Verbandsdirektor/in), bis zu zwei hauptamtlichen Beigeordneten und bis zu acht weiteren ehrenamtlichen Beigeordneten sowie den Landräten bzw. Landrätinnen der angehörenden Landkreise und den Oberbürgermeister/innen der kreisfreien Städte im Ballungsraum Frankfurt/Rhein-Main (§ 14

Kapitel 11 Gemeindeverbände 327

Abs. 1 MetropolG). Der Regionalvorstand kann daher bis zu 19 Mitglieder haben. Der Regionalvorstand soll die regionalen Gesellschaften koordinieren und sich, wenn nötig auf neue regionale Kooperationen verständigen. Ihm wird das Recht eingeräumt Organe der Städte, Gemeinden und Kreise des Ballungsraums Frankfurt/Rhein-Main zur Behandlung einer bestimmten regionalbedeutsamen Angelegenheit einzuberufen (§ 15 Nr. 9 MetropolG).

2. Interkommunale Zusammenarbeit

Zur Förderung einer geordneten Entwicklung und zur Stärkung der kommunalen Zusammenarbeit sollen sich Städte, Gemeinden und Landkreise **freiwillig** zusammenschließen. Der mögliche Aufgabenkatalog umfasst die überörtlichen Sport-, Freizeit und Erholungsanlagen, überörtliche kulturelle Einrichtungen, Standortmarketing, den Regionalpark RheinMain und das regionale Verkehrsmanagement (§ 1 MetropolG). So hat sich 2005 die KulturRegion FrankfurtRheinMain (gGmbH) zu einem freiwilligen, Bundesländer übergreifenden Netzwerk von 43 Städten, Kreisen und dem Regionalverband in der Metropolregion FrankfurtRheinMain zusammengeschlossen. **760**

Das Gesetz sieht allerdings auch vor, die grundsätzlich freiwilligen Zusammenschlüsse, im Ausnahmefall durch die **Anordnung von Pflichtverbänden** zu erzwingen (§ 5 MetropolG), wenn diese Aufgabe aus Gründen des öffentlichen Wohls dringend geboten ist und ohne den Zusammenschluss nicht wirksam oder zweckmäßig erfolgen kann.

III. Zweckverband Raum Kassel

Der **Zweckverband Raum Kassel** wurde 1974 aufgrund der gesetzlichen Neugliederung der Landkreise Hofgeismar, Kassel und Wolfhagen geschaffen. Der Zweckverband ist eine **Körperschaft des öffentlichen Rechts**. Aufgabe des Zweckverbandes ist die Aufstellung und Fortschreibung eines **gemeinsamen kommunalen Entwicklungsplanes** sowie des **Flächennutzungsplanes** für die in ihm zusammengeschlossenen Städte und Gemeinden der ehemaligen selbstständigen Landkreise und der Stadt Kassel. Organe des Zweckverbandes sind die **Verbandsversammlung** und der **Verbandsvorstand**. **761**

IV. Kommunale Spitzenverbände

Die Gemeinden, Städte und Landkreise in der Bundesrepublik Deutschland haben sich **freiwillig** zu **kommunalen Spitzenverbänden** zusammengeschlossen. Der **Deutsche Städte- und Gemeindebund** ist eine Vereinigung der kreisangehörigen Städte und Gemeinden, im **Deutschen Städtetag** haben sich die kreisfreien und größeren kreisangehörigen sowie die Stadtstaaten zusammengeschlossen und der **Deutsche Landkreistag** vertritt die Interessen der Landkreise. Soweit gemeinsame Interessen bestehen, arbeiten die kommunalen Spitzenverbände auf Bundes- und Landesebene in Arbeitsgemeinschaften zusammen. Anliegen der kommunalen Spitzenverbände ist vor allem die **Sicherung und Förderung** der im Grundgesetz verankerten **Garantie der kommunalen Selbstverwaltung**, die **Beratung und Unterstützung ihrer Mitglieder** bei der Erfüllung ihrer Aufgaben (interne Verbandstätig- **762** keit) und die **Vertretung ihrer gemeinsamen Interessen gegenüber dem Staat und der Öffentlichkeit** (externe Verbandstätigkeit).

Um eine hinreichende Vertretung zu gewährleisten, ist den kommunalen Spitzenverbänden auf **Bundesebene ein Mitspracherecht bei der Gesetzgebung** insoweit eingeräumt, als die Bundesministerien vorbereitende Entwürfe zu kommunalbedeutsamen Gesetzen den kommunalen Spitzenverbänden zuleiten müssen und deren eventuell abweichende Meinung in der Kabinettsvorlage darzulegen haben. Außerdem sind die Ausschüsse des Deutschen Bundestages verpflichtet, bei kommunalbedeutsamen Angelegenheiten den kommunalen Spitzenverbänden vor Beschlussfassung im Ausschuss Gelegenheit zur Stellungnahme zu geben (§ 69 Abs. 5 GeschO BT).

Entsprechend dem föderativen Aufbau der Bundesrepublik Deutschland haben alle kommunalen Spitzenverbände auch auf Landesebene Vereinigungen gebildet: **Hessischer Städte- und Gemeindebund** (Sitz Mühlheim am Main), **Hessischer Städtetag** und **Hessischer Landkreistag** (Sitz Wiesbaden). Für die Landesebene sieht **§ 147 Abs. 1 HGO** vor, dass die kommunalen Spitzenverbände den **Landtag und die Landesregierung** in allen Angelegenheiten, die die **Belange der Gemeinden und Gemeindeverbände** berühren, **beraten**. Zudem steht den kommunalen Spitzenverbänden in solchen Angelegenheiten ein **Vorschlagsrecht gegenüber der Landesregierung** zu. Damit in einem möglichst frühen Stadium der kommunale Sachverstand der Verbände eingebracht werden kann, sind sie bei der Vorbereitung von Rechtsvorschriften des Landes, durch die die Belange der Gemeinden und Gemeindeverbände berührt werden, nach Maßgabe des Gesetzes über die Sicherung der kommunalen Selbstverwaltung bei der Gesetzgebung in Hessen zu beteiligen (§ 147 Abs. 2 HGO, § 2 Beteiligungsgesetz).

Die kommunalen Spitzenverbände wirken weiterhin beratend oder beschließend in verschiedenen staatlichen oder öffentlichen Einrichtungen mit. Ihnen steht etwa das Recht zu Vertreter für den bei der Bundesregierung zu bildenden Unabhängigen Beirat des Stabilitätsrats (§ 7 Abs. 2 StabiRatG) und den Konjunkturrat (§ 18 Abs. 1 Nr. 3 StGW) zu benennen, sie wirken bei der Berufung der Vertreter der kommunalen Selbstverwaltung in den Beirat für Raumentwicklung (§ 24 Abs. 2 ROG) mit und nehmen Stellung zum Landesentwicklungsplan (§ 4 Abs. 3 Nr. 2 HLPG) mit.

Obwohl die kommunalen Spitzenverbände auch öffentliche Aufgaben wahrnehmen, sind sie **privatrechtlich organisiert** (eingetragene Vereine) und unterliegen nicht der staatlichen Kontrolle. Die Finanzierung erfolgt durch jährliche Beitragsumlagen, deren Höhe sich an der Einwohnerzahl der jeweiligen Mitgliedskörperschaft orientiert.

Literatur: *Articus*, Der Deutsche Städtetag, in: HdKWP, Bd.1, S. 937; *Henneke*, Der Deutsche Landkreistag, HdKWP, Bd. 1, S. 945;.; *Landsberg*, Der Deutsche Städte- und Gemeindebund, HdKWP, Bd. 1, S. 963; *Roters*, Kommunale Spitzenverbände und funktionales Selbstverwaltungsverständnis, DVBl. 1976, 359.

Kapitel **11** Gemeindeverbände

Schaubild 15: Metropolregion Frankfurt/Rhein-Main

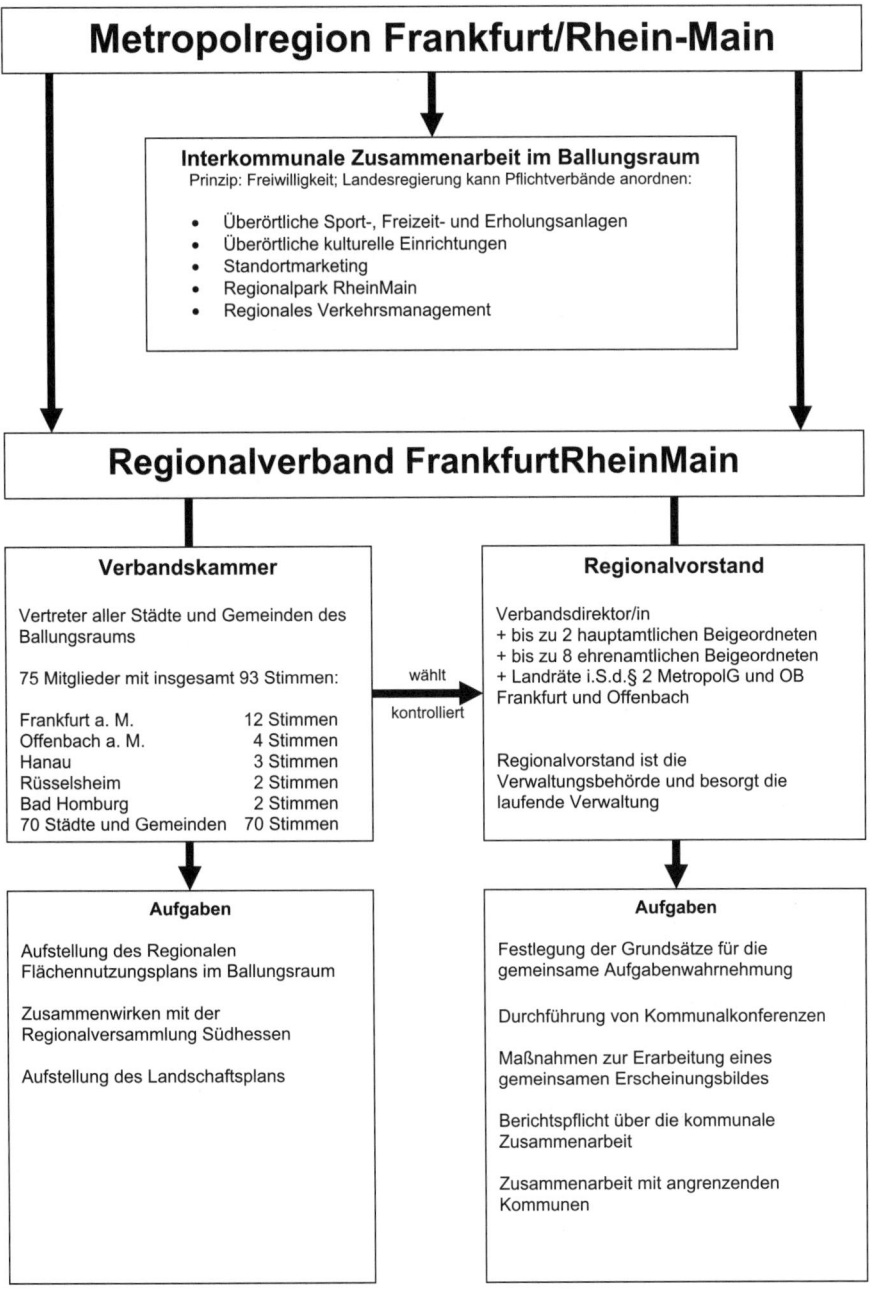

Literaturverzeichnis

ADRIAN, Ulrike/COBURGER-BECKER, Claudia/HEGER, Johannes/PFALZGRAF, Klaus/PÖHLKER, Johannes-Ulrich/RICHARD, Sabine/SUPPES, Rainer, Handbuch Kommunalpolitik, 2006
ADRIAN, Ulrike/HEGER, Johannes, Interessenwiderstreit bei kommunalen Entscheidungen gem. § 25 HGO – eine Übersicht über die Rechtsprechung anhand von Fallgruppen, HSGZ 2014, 91
ADRIAN, Ulrike/RICHARD, Sabine, Die Mitwirkungsverbote wegen Interessenwiderstreits bei baurechtlichen Entscheidungen, HSGZ 2000, 126
AMELN, Ralf, Auswirkungen des Europäischen Binnenmarktes auf Kommunalpolitik und Kommunalrecht der EG-Staaten, DVBl. 1992, 477
ARTICUS, Stephan, Der Deutsche Städtetag, in: Handbuch der kommunalen Wissenschaft und Praxis, hrsg. von Günter Püttner, Bd. 1, S. 937, 3. Aufl., 2007
AXER, Peter, Die Widmung als Grundlage der Nutzung kommunaler öffentlicher Einrichtungen, NVwZ 1996, 114
BACKHAUS, Diedrich, Konnexitätsprinzip, KP SW 1998, 303
BANNER, Gerhard, Von der Behörde zum Dienstleistungsunternehmen: Die Kommunen brauchen ein neues Steuerungsmodell, VOP 1991, 6
ders., Neue Trends im kommunalen Management, VOP 1994, 5
Barczak, Tristan, Die parteipolitische Äußerungsbefugnis von Amtsträgern, Eine Gratwanderung zwischen Neutralitätsgebot und politischem Wettbewerb, NVwZ 2015, 1014
BARTELS, Ina, Die rechtliche Ordnung der Benutzung öffentlicher Einrichtungen, 2000
BECKMANN, Martin, Die Wahrnehmung von Ausgleichs- und Ergänzungsaufgaben durch die Kreise und ihre Finanzierung über die Kreisumlage, DVBl. 1990, 1193
BeckOK Kommunalrecht Hessen, beck-online, Stand Juli 2019
BEHNKE, Bernd, Formen unmittelbarer Teilhabe an Entscheidungsprozessen, insbesondere der Bürgerentscheid, VR 1996, 113
BELLGARDT, Peter, Die Konkurrentenklage des Beamtenrechts – Der Rechtsschutz des unterlegenen Bewerbers auf Einstellung und Beförderung, 1980
BENNEMANN, Gerhard, Voraussetzungen für die Berufung eines ehrenamtlichen Beigeordneten in den Gemeindevorstand, NVwZ 2016,1286
ders. , Datenschutz versus rechtmäßige Entscheidungen kommunaler Vertretungsorgane, NVwZ 2015, 490
ders., Probleme nach der Zulassung eines rechtswidrigen Bürgerentscheids, LKRZ 2014, 487
ders., Öffentliche Bekanntmachung im Internet, LKRZ 2012, 270
ders., Berichtsbeschlüsse, Kommunalpraxis SW 1998, 117
BENNEMANN, Gerhard /DANEKE, Uwe /HILLIGARDT, Jan /MEISS, Ernst/RUDER, Tim / SCHMIDT, Helmut, SIMON, Arnulf/STEISS, Alexander/TESCHKE, Sven, UNGER, Walter/ZABEL, Lorenz/ZAHRADNIK, Stefan, Kommunalverfassungsrecht, Stand Juli 2019
BERGHÄUSER, Klaus, Eine Frage der Wahrheit? – Zur Oberbürgermeisterwahl in Bad Homburg, NVwZ 2003, 1085
ders., Neutralitätsgebot und Chancengleichheit in der kommunalen Direktwahl – ein Verwaltungsgericht verirrt sich, HSGZ 2001, 419
BERKENHOFF, Die staatliche Dotierung der gemeindlichen Auftragsangelegenheiten, DVBl. 1955, 347
BETHGE, Herbert, Der Kommunalverfassungsstreit, in: Handbuch der kommunalen Wissenschaft und Praxis, hrsg. von Günter Püttner und Thomas Mann, Bd. 1, S. 817, 3. Aufl., 2007
BIRKENFELD-PFEIFFER, Daniela, Aktive Bürger = Starke Kommunen, HSGZ 2000, 355
dies., Ehegattendiskriminierung bei der Vergabe kommunaler Mandate auf dem Prüfstand, DÖV 1992, 813
BLAIR, Philip, Die Gestaltung der kommunalen Selbstverwaltung in den europäischen Staaten, DÖV 1988, 1002
BLANKE, Herman-Josef/HUFSCHLAG, Hans-Peter, Kommunale Selbstverwaltung im Spannungsfeld zwischen Partizipation und Effizienz JZ 1998, 653
BLECKMANN, Albert, Die kommunale Leistungsverwaltung, insbesondere die Subventionsvergabe im europäischen Binnenmarkt, NVwZ 1990, 820
BLÜMEL, Willi, Das verfassungsrechtliche Verhältnis der kreisangehörigen Gemeinden zu den Kreisen, VerwArch 1984, 197 und 297
BÖCHER, Hermann/SCHARDT, Reinhold, Der Ortsbeirat, 8.Aufl., 1997

BÖHME, Doris, Die direkte Abwahl von Bürgermeistern DÖV 2012, 55
BORCHMANN, Michael, Der Ausschluss aus der Gemeinderatsfraktion, VR 2002, 11
ders., Der Fraktionsausschluss im Gemeinderecht, HSGZ 2000, 360
ders., Das Kommunalverfassungsstreitverfahren, HSGZ 1985, 424
ders., Die Entwicklung der Gemeinde- und Kreisverfassung in Hessen, DVBl. 1982, 1033
ders., Kommunales Vertretungsgebot und Anwaltssozietäten, Der Städtetag 1982, 700
ders., Die Geschäftsverteilung unter die Mitglieder des Gemeindevorstandes, HSGZ 1984, 247
ders., Zum Rechtsschutz von Wahlbeamten gegen Dezernatsverteilungsmaßnahmen, Der Städtetag 1983, 710
ders., Die repräsentative Vertretung der Städte und Gemeinden, VR 1980, 391
ders., Der Umlandverband Frankfurt, AfK 1977, 23
BORCHMANN, Michael/ BREITHAUPT, Dankwart/ KAISER, Gerrit, Kommunalrecht in Hessen, 3. Aufl., 2006
BORCHMANN, Michael/ VIOLA, Alfred, Der Kreistagsabgeordnete in Hessen, 1985
BOTHE, Friedrich, Geschichte der Stadt Frankfurt, 1913, Nachdruck 1966
BREUSTEDT, Volker, Berichtspflicht nach der Hessischen Gemeindeordnung – Gemeindevorstand zum Rapport?, HSGZ 1996, 190
BRÜNING, Christof, Bindungswirkung von Bürgerentscheiden in der Bauleitplanung, NVwZ 2018, 299
BUNDSCHUH, Matthias, Der Querverbund kommunaler Unternehmen unter besonderer Berücksichtigung verfassungs- und europarechtlicher Vorgaben, 2014
BURGI, Martin, Kommunalrecht, 6. Aufl., 2019
ders., Öffentlichkeit von Ratssitzungen bei Angelegenheiten kommunaler Unternehmen?, NVwZ 2014, 609
DACH, Peter, Die Fraktionsmindeststärke, DVBl. 1982, 1080
DAMRAU, Jürgen, Das Tonband in Sitzungen der Gemeindevertretungen, DÖV 1965, 87
DANEKE, Uwe/Eimer, Angelika, EMDE, Karl.-F/Bernhardt, Horst/MUTSCHLER, Klaus/ STOCKEL-VELTMANN, Christoph, Finanzwirtschaft und doppisches Haushaltsrecht der Gemeinden in Hessen, 2014
DAUSES, Manfred, Empfiehlt es sich, das System des Rechtsschutzes und der Gerichtsbarkeit in der Europäischen Gemeinschaft insbesondere die Aufgaben der Gemeinschaftsgerichte und der nationalen Gerichte, weiterzuentwickeln?, Gutachten zum 60. Deutschen Juristentag, 1994
DEHN, Klaus-Dieter, Grundlagen des Kommunalverfassungsrechts in Schleswig-Holstein, 13. Aufl., 2017
Deutscher Bundestag, Bericht der Gemeinsamen Verfassungskommission, in: Zur Sache, Themen parlamentarischer Beratung, 1993
ders., Dokumentation zur Anhörung des Innenausschusses, Strukturfragen zur finanziellen Sicherung der kommunalen Selbstverwaltung, Der Städtetag 1996, 517
DIECKMANN, Jochen, Kommunale Selbstverwaltung am Ende?, Der Städtetag 1996, 515
DIETER, Jürgen, Finanzlage der hessischen Kommunen bietet keinen Anlass zu Euphorie, Inf.HStT 2019, 5-6 (4)
DIPPEL, Martin, Das gemeindliche Einvernehmen gem. § 36 BauGB in der jüngeren Rechtsprechung – alle Fragen schon geklärt?, NVwZ 2011, 769
DREßLER, Ulrich, Wahlwiederholung wegen amtlicher Täuschung der Öffentlichkeit im Vorfeld der Wahl, HSGZ 2003, 198
ders., Besoldung und Aufwandsentschädigung der hessischen Bürgermeister, HSGZ 2002, 94
ders., 50 Jahre Hessische Gemeindeordnung, Inf.HStT 2002, 48
ders., Staatliche Kommunalaufsicht im Wandel, KP SW 1998, 231
ders., Eingriffs- und Vollstreckungsmonopol der Kommunalaufsicht, KP SW 1997, 80
DUSTMANN, Ulrike, Die Regelung von Bürgerbegehren und Bürgerentscheid in den Kommunalverfassungen der Flächenstaaten der Bundesrepublik Deutschland, 2000
DZIALLAS Olaf/ JÄGER, Johannes, Der Bürgerentscheid in der kommunalen Praxis, KomJur 2016, 6
EHLERS, Dirk, Die Klagearten und besonderen Sachentscheidungsvoraussetzungen im Kommunalverfassungsstreitverfahren, NVwZ 1990, 105
ders., Das Wirtschaftsverwaltungsrecht im europäischen Binnenmarkt, NVwZ 1990, 810
ders., Die Entscheidung der Kommunen für eine öffentlich-rechtliche oder privatrechtliche Organisation ihrer Einrichtungen und Unternehmen, DÖV 1986, 897
EHLERS, Rolf, Benennung von Straßen und Grundstücken, zugleich ein Beitrag zum Begriff des sachbezogenen Verwaltungsaktes, DVBl. 1970, 492
EIERMANN, Heinrich, Akteneinsicht durch kommunale Mandatsträger, NVwZ 2005, 43
ENGEL, Rüdiger/HEILSHORN, Torsten, Kommunalrecht Baden-Württemberg, 11. Aufl., 2018

ENGELKEN, Klaas, Konnexitätsansprüche der Kommunen gegen die Länder eventuell weit über den Kita-Ausbau hinaus, NVwZ 2013, 1529
EPPING, Volker/HILLGRUBER, Christian, BeckOK, Grundgesetz-Kommentar, Stand: Juni 2019
ERBGUTH, Wilfried, Verstärkung der Elemente unmittelbarer Bürgerbeteiligung auf kommunaler Ebene, DÖV 1995, 793
ERLENKÄMPER, Friedel, Entwicklungen im Kommunalrecht, NVwZ 1991, 325; 1993, 427; 1994, 440; 1995, 649; 1996, 534; 1997, 546; 1998, 354; 1999,1295
ERICHSEN, Hans-Uwe, Die kommunalen öffentlichen Einrichtungen, JURA 1986, 149 und 197
FABER, Angela, Die Zukunft kommunaler Selbstverwaltung und der Gedanke der Subsidiarität in den Europäischen Gemeinschaften, DVBl. 1991, 1126
FAUST, Alfons, Die Zukunft der Umlandverbände, KP SW 1999, 17
FEHRMANN, Wilderich, Kommunalverwaltung und Verwaltungsgerichtsbarkeit, DÖV 1983, 311
FISAHN, Andreas,/CIFTCI, Ridvan, Hierarchie oder Netzwerk – zum Verhältnis nationaler zur europäischen Rechtsordnung, JA 2016, 364
FISCHER, Hans Georg, Europarecht, 3.Aufl., 2001
ders., Europarecht in der öffentlichen Verwaltung, 1997
ders., Kommunalwahlrecht für Unionsbürger, NVwZ 1995, 455
FISCHER, Roman, Frankfurts Beitrag für das heutige Hessen, Hessen: Einheit aus der Vielfalt, Bd.1, 1990
FLECK, Peter, Die Verfassung des Großherzogtums Hessen (1820-1918), in: Schriftenreihe zur politischen Landeskunde Hessens, Verfassung und Politik, hrsg. von Bernd Heidenreich/ Klaus Böhme, Band 4, 1997
FOERSTEMANN, Friedhelm, Regelt § 47 HGO die Vertretung des Bürgermeisters noch zeitgemäß?, LKRZ 2011, 93
ders., Akteneinsichtsausschuss nach § 50 HGO parallel zu laufenden Verwaltungsvorgängen?, LKRZ 2011, 5
ders., Die Gemeindeorgane in Hessen, 6.Aufl., 2002
ders., Geschäftsordnungen für Gemeindevertretung, Ausschüsse und Ortsbeiräte, 2.Aufl., 1993
FRANKE, Edgar, Die hessischen kommunalen Ausschüsse zwischen kommunalverfassungsrechtlicher Stellung und kommunaler Praxis, 1995
Franz, Eckhart, Vom Hessengau und Terra Hassia zum heutigen Hessen, Hessen: Einheit aus der Vielfalt, Bd.6, 2002
FRENZ, Walter, Der Schutz der kommunalen Organisationshoheit, VerwArch 1995, 378
FRÖHLINGER, Margot, Die Festsetzung der Fraktionsmindeststärke im Gemeinderat, DVBl. 1982, 682
FROTSCHER, Werner/KNECHT, Ingo, Bürgerbegehren zur Feststellung der Zahl hauptamtlicher Beigeordneter, DÖV 2005, 797
dies., Die vorzeitige Abberufung kommunaler Beigeordneter – Kritische Anmerkungen zu einem hessischen Sonderweg, DÖV 2003, 620
FROWEIN, Jochen, Das freie Mandat der Gemeindevertreter, DÖV 1976, 44
GAHLEN, Hans-Georg, Die öffentlich-rechtliche Vereinbarung als Rechtsform übergemeindlicher Zusammenarbeit, 1965
GEITEL, Oskar Maria, EuGH präzesiert Anforderungen an interkommunale Kooperationen, NVwZ 2013, 765
GELZER, Echte und unechte Selbstverwaltung, DVBl. 1958, 87
GERN, Alfons, Umstellung der kommunalen Rechtsvorschriften auf den Euro, NVwZ 1998, 350
ders., Rechtsschutz der Kommunen in der Europäischen Union
ders., Zu den Grenzen der kommunalen Verbandskompetenz, NVwZ 1991, 1147
GERN, Alfons/ BRÜNING, Christof, Deutsches Kommunalrecht, 4.Aufl., 2019
GÖRISCH, Christoph, Unzulässige Magistratsunterbesetzung in der hessischen Kommunalpraxis, LKRZ 2012, 317
GÖTZ, Franz, Outsourcing – eine kostengünstige Alternative?, KP SW 1998, 310
GOLLAN, Lutz, Individuelle Akteneinsicht nach § 55 Abs. 5 Gemeindeordnung NRW, VR 2008, 78
GRÖPL, Christoph/ SONNTAG, Arnold, Die Informationsbefugnis der Kommunalaufsicht und ihre Durchsetzung, LKRZ 2009, 326
GROH, Christian, Neuanfänge der Selbstverwaltung nach 1945, in: Handbuch der kommunalen Wissenschaft und Praxis, hrsg. von Günter Püttner und Thomas Mann, Bd. 1, S. 133, 3.Aufl., 2007
GROSS, Helmut/ HOFMANN, Wolfgang/ UNRUH, Georg-Christoph, Kommunale Selbstverwaltung im Zeitalter der Industrialisierung, Schriftenreihe des Vereins für Kommunalwissenschaften, Bd.33, 1971
GUTSFELD, Max, Höhere Kommunalverbände in der Bundesrepublik Deutschland, 1999

HAGER, Gerd, Effektiver Rechtsschutz oder richterliche Rechtssetzung? Zum Vollzugsverbot für Gemeinderatsbeschlüsse bei Bürgerbegehren, NVwZ 1994, 766
ders., Grundfragen zur Befangenheit von Gemeinderäten, VBlBW 1994, 263
HAILBRONNER, Kay, Öffentliche Unternehmen im Binnenmarkt – Dienstleistungsmonopole und Gemeinschaftrecht, NJW 1991, 593
HAILBRONNER, Kay/NACHBAUR, Andreas, Niederlassungsfreiheit und Dienstleistungsfreiheit, WiVW 1992, 57
HANAU, Peter/ADOMEIT, Klaus, Arbeitsrecht, 14.Aufl., 2006
HANNAPPEL, Wolfgang/DRESSLER, Ulrich, Leitfaden Kommunalwahlen im Lande Hessen, 2016
HANNAPPEL, Wolfgang/DRESSLER, Ulrich, Leitfaden Bürgerbegehren und Bürgerentscheid, 2017
HARTMANN, Richard/PETERS, Detlev, Beteiligung von Kindern und Jugendlichen in der Kommune, KP SW 1999, 279
HASSEL, Volker, Die Bedeutung des Unmittelbarkeitskriteriums für eine interessengerechte Anwendung der kommunalen Befangenheitsvorschrift, DVBl. 1988, 711
ders., Subsidiaritätsprinzip und Kommunalaufsicht, DVBl. 1985, 697
HAUENSCHILD, Wolf Dieter, Wesen und Rechtsnatur der parlamentarischen Fraktionen, 1968
HAUSER, Werner, Die Wahl der Organisationsform kommunaler Einrichtungen, 1987
HEBERLEIN, Horst, Subsidiarität und kommunale Selbstverwaltung, NVwZ 1995, 1053
HECKER, Wolfgang, Verweigerung von Fraktionszuschüssen an kommunale Fraktion im Gemeinderat wegen Verfassungsfeindlichkeit, NVwZ 2018, 1613
ders., Verweigerung der Stadthallennutzung gegenüber der NPD, NVwZ 2018. 787
HEGELE, Dorothea/EWERT, Klaus, Kommunale Selbstverwaltung in Sachsen, 3.Aufl., 2004
HEINZ, Christian, Bürgerbegehren und Bürgerentscheid in bauplanungsrechtlichen Fragen in Hessen, LKRZ 2011, 246
HENNECKE, Hans-Günter, Die Kommunen in der Finanzverfassung des Bundes und der Länder, 5.Aufl., 2012
ders., Der Deutsche Landkreistag, in: Handbuch der kommunalen Wissenschaft und Praxis, hrsg. von Günter Püttner und Thomas Mann, Bd. 1, S. 945, 3. Aufl., 2007
ders., Begrenzt die finanzielle Leistungsfähigkeit des Landes den Anspruch der Kommunen auf eine aufgabenangemessene Finanzausstattung?, DÖV 1998, 334
ders., Finanzierungsverantwortung im Bundesstaat, DÖV 1996, 713
ders., Die Steuerung der kommunalen Aufgabenerfüllung durch Finanz- und Haushaltsrecht, DVBl. 1996, 791
ders., Haftung kommunaler Mandatsträger für rechtswidrige Beschlüsse?, JURA 1992, 125
HERMES, Georg/REIMER, Franz, Landesrecht Hessen, 9.Aufl., 2018
HEUN, Werner, Die Zusammenführung der Aufgaben- und Ausgabenverantwortung von Bund, Ländern und Gemeinden als Aufgabe einer Reform der Finanzverfassung – Probleme und
HEUSCH, Andreas, Demokratischer Wettbewerb auf kommunaler Ebene, NVwZ 2017, 1325
HEUSCH, Andreas/DICKTEN, Franziska, Neue Rechtsprechung zum Kommunalrecht, NVwZ 2019, 1238
HIDIEN, Jürgen, Zur Auslegung des Begriffs der Unmittelbarkeit in den kommunalen Befangenheitsvorschriften, VR 1983, 128
HILL, Hermann, Zur Dogmatik sog. Heilungsvorschriften im Kommunalverfassungsrecht, DVBl. 1983, 1
ders., Soll das kommunale Satzungsrecht gegenüber staatlicher und gerichtlicher Kontrolle gestärkt werden?, Gutachten zum 58. Deutschen Juristentag 1990, S. 112, 1990
HOFMANN, Gert, Die Abwahl kommunaler Wahlbeamter als Konsequenz ihrer Einbindung in die Politik, DÖV 1990, 320
HOFMANN, Harald, Zur Abschaffung der Quoren bei Bürgerentscheiden, NVwZ 2015, 715
HOFMANN, Wolfgang, Die Entwicklung der kommunalen Selbstverwaltung von 1848 bis 1918, in: Handbuch der kommunalen Wissenschaft und Praxis, hrsg. von Günter Püttner und Thomas Mann, Bd. 1, S. 73ff., 2007
HOLLMANN, Michael/WETTENGEL, Michael, Nassaus Beitrag für das heutige Hessen, Hessen: Einheit aus der Vielfalt, Bd.2, 1992
HOPPE, Bernd/KLEINDIEK, Ralf, Der kommunale Untersuchungsausschuss in Hessen, VR 1992, 82
HOPPE, Werner, Organstreitigkeiten und organisationsrechtliche subjektiv-öffentliche Rechte, DVBl. 1970, 845
HORN, Robert, Moderne Medien in Ratssitzungen und Gerichtsverhandlung, ZJS 2012, 340
HUBATSCH, Walther, Der Freiherr vom Stein und die preußische Verwaltung, DVP 1981, 181
HÜLLEN, Georg, Rechtsschutzprobleme beim Bürgerbegehren, 1999

Literaturverzeichnis

HUMPERT, Paul-Peter, Genehmigungsvorbehalte im Kommunalverfassungsrecht, 1990
IHNEN, Hans-Jürgen, Kommunalrecht Niedersachsen, 6.Aufl., 2003
IPSEN, Jörn, Die Entwicklung der Kommunalverfassung in Deutschland in: Handbuch der kommunalen Wissenschaft und Praxis, hrsg. von Günter Püttner und Thomas Mann, Bd. 1, S. 119, 3. Aufl., 2007
ders., Soll das kommunale Satzungsrecht gegenüber staatlicher und gerichtlicher Kontrolle gestärkt werden?, JZ 1990, 789
JAHNDEL, Katrin, Kommunale Fraktionen, 1990
JANITSCHEK, Franz, Gemeindevertreter, Fraktionsassistent (Ein-Mann-Fraktion) und Akteneinsichtsrecht nach der HGO, Gemeindetag 1975, 307
JARASS, Hans, Konflikte zwischen EG-Recht und nationalem Recht vor den Gerichten der Mitgliedsstaaten, DVBl 1995, 954
JARASS, Hans/PIEROTH, Bodo, Grundgesetz für die Bundesrepublik Deutschland, Kommentar, 15.Aufl., 2018
JESCH, Dietrich, Rechtsstellung und Rechtsschutz der Gemeinden bei der Wahrnehmung staatlicher Aufgaben, DÖV 1960, 739
KAHL, Wolfgang, Kommunale Selbstverwaltungspflicht und Verbot materieller Privatisierung kraft Richterrechts?, LKRZ 2010, 81
KATZ, Alfred, Demokratische Legitimationsbedürftigkeit kommunaler Unternehmen, NVwZ 2018, 1091
KLEERBAUM, Klaus-Victor, Zum Anspruch auf Zahlung von Aufwandsentschädigungen für kommunale Vertretungsmitglieder, KOPO 2019, 9 (III)
ders., Ordnungsgemäße Ladung zu Rats- und Ausschusssitzungen per E-Mail im Ratsinformationssystem – Heilung von Ladungsmängeln, KOPO 2019, 6 (I)
ders., Kommunales Akteneinsichtsrecht im Lichte der Neuregelung des § 30 AO – Ratsfraktion erhält keine Einsicht in Gewerbesteuerakten -, KOPO 2019, 1 (I)
ders., Kürzung des Ruhegehalts eines Bürgermeisters wegen inkorrekter Fahrtkostenabrechnung, KOPO 2018, 9 (I)
ders., Zum Fraktionsausschluss von Gemeinderatsmitgliedern – Rechtliche Rahmenbedingungen eines Ausschlussgrundes, KOPO 2018, 6 (I)
ders., Grenzen zulässiger amtlicher Äußerungen von (Ober-) Bürgermeistern und Landräten im politischen Meinungskampf, KOPO 2018, 4 (I)
ders., Zum Mitwirkungsverbot von Mandatsträgern in Bauleitverfahren, KOPO 2018, 3 (I)
ders., 2,5 Prozent-Sperrklausel für die Wahlen der Gemeinderäte und Kreistage in Nordrhein-Westfalen verfassungswidrig, KOPO 2018, 1 (I)
ders., Ordnungsruf und Rederecht in kommunalen Vertretungen, KOPO 2017, 11 (III)
ders., Amtliche Wahlbeeinflussung durch Unterlassen kommunalrelevanter Informationen 2017, 7/8 (III)
ders. Zwischen politischem Meinungskampf und Neutralitätspflicht, KOPO 2017, 6 (VI)
ders., Zur Nutzung kommunaler Einrichtungen von politischen Parteien, KOPO 2017, 6 (I)
ders. Kein Geld für verfassungsfeindliche Parteien?, KOPO 2017, 5 (I)
ders., Kommunalwahlrecht für Nicht-EU-Bürger gescheitert, KOPO 2017, 4 (I)
ders., In sozialen Netzwerken gilt die Neutralitätspflicht, KOPO 2016, 11 (I)
ders., Drei-Prozent-Hürde in Hamburg zulässig, KOPO 2016, 1 (I)
ders., Zuwendung von Haushaltsmitteln an Fraktionen, KOPO 2014, 3 (I)
ders., Begrenzung des Rederechts einzelner Ratsmitglieder, KOPO 2014, 3 (V)
ders., Gemeindefinanzierungsgesetze rechtswidrig?, KOPO 2013, 2 (I)
ders., Fraktionszuwendungen nach Bedarf verteilen, KOPO 2012, 12 (I)
KLEIN, Eckart, Zur Gleichgestimmtheit zwischen Gemeindevertretung und kommunalen Wahlbeamten, DÖV 1980, 853
KNEMEYER, Franz-Ludwig, Die Staatsaufsicht über die Gemeinden und Kreise (Kommunalaufsicht), in: Handbuch der kommunalen Wissenschaft und Praxis, hrsg. von Günter Püttner und Thomas Mann, Bd. 1, S. 217, 3.Aufl., 2007
ders., Bayerisches Kommunalrecht, 12.Aufl., 2007
ders., Erhebung der Kreisumlage zu OVG Schleswig (NVwZ-RR 1995, 690), NVwZ 1996, 29
ders., Bürgerbeteiligung und Kommunalpolitik, 1995
ders., Europa der Regionen – Europa der Kommunen, 1994
ders., Die Europäische Charta der Selbstverwaltung, 1989
ders., Die Europäische Charta der Selbstverwaltung, DÖV 1988, 997
ders., Aufgabenkategorien im öffentlichen Bereich, DÖV 1988, 397
ders., Gemeinden und Kreise, 1984
KNEMEYER, Franz-Ludwig/HOFMANN, Jochen, Gemeinden und Kreise, 1984
KOPP, Ferdinand/SCHENKE, Wolf-Rüdiger, Verwaltungsgerichtsordnung, 25. Aufl., 2019

KOST, Andreas/WEHLING, Hans-Georg, Kommunalpolitik in den deutschen Ländern, 2003
KRINGS, Günter, Die Petitionsfreiheit nach Art. 17 GG, JuS 2004, 474
KRÖNINGER, Holger, Das gemeindliche Einvernehmen nach § 36 BauGB und die Verhinderung von Windkraftanlagen, NVwZ 2017, 826
KÜMPEL, André, Ausschusspartizipation von kommunalen Fraktionen, KomJur 2017, 325
KUNKEL, W./ LERCHE, P./ MIETH, W./ VOGT, W., Enzyklopädie der Rechts- und Staatswissenschaft, hrsg. v. LISZT/ KASKEL, Enzyklopädie der Rechts- und Staatswissenschaft, 1977
LANDSBERG, Gerd, Der Deutsche Städte- und Gemeindebund, in: Handbuch der kommunalen Wissenschaft und Praxis, hrsg. von Günter Püttner und Thomas Mann, Bd. 1, S. 963, 3. Aufl., 2007
LÄSSIG, Curt Lutz, Die Vergabe von Stellplätzen auf kommunalen Volksfesten, NVwZ 1983, 18
LAJER, Zsolt, Rechtsschutz und Haftung bei gemeindlichem Satzungsrecht, 1996
LANGE, Klaus, Verfassungswidrige Scheinkandidaturen, DÖV 2018,457
ders., Kommunale öffentliche Einrichtungen im Licht der neueren Rechtsprechung, DVBl. 2014, 754
ders., Fraktionsausschluss kommunaler Mandatsträger und vorläufiger Rechtsschutz – VGH Kassel, NVwZ 1992, 506 und OVG Münster, NVwZ 1993, 399, JuS 1994, 296
LANGE, Thomas, Hessen-Darmstadts Beitrag für das heutige Hessen, Hessen: Einheit aus der Vielfalt, Bd.3, 1993
LASER, Hans-Dieter, Erlass einer Informationsfreiheitssatzung durch Kommunen, Kommunal-Praxis BY 4/2006
LINCK, Joachim, Fraktionsstatus als geschäftsordnungsmäßige Voraussetzung für die Ausübung parlamentarischer Rechte, DÖV 1975, 689
LOHMANN, Hans Henning, Die Neuregelung der Erhebung der Straßenbeiträge in Hessen, ZKf 2019, 58
LOHSE, Eva Julia, Durchsetzung von Unionsrecht durch Kommunalaufsichtsbehörden, NVwZ 2016, 102
LÖWER, Wolfgang, Der Gemeinderat als Petitionsadressat?, Städte- und Gemeindebund 1979, 29
LÖSKRUG, Ulrich, Petitionen an Gemeinderäte, Niedersächsische Gemeinde 1979, 7
LUDWIGS, Markus/SIKORA, Patrick, Grundrechtsschutz im Spannungsfeld von Grundgesetz, EMRK und Grundrechtscharta, JuS 2017, 385
dies., Der Vorrang des Unionsrechts unter Kontrollvorbehalt des BverfG, EWS 2016, 121
LÜBKING, Uwe/VOGELSANG, Klaus, Die Kommunalaufsicht, 1998
MALY, Karl, Die Macht der Honoratioren, Geschichte der Stadtverordnetenversammlung, Bd. I, 1768 – 1900, 1992
ders., Das Regiment der Parteien, Geschichte der Frankfurter Stadtverordnetenversammlung, Bd. II, 1901 – 1933, 1995
MARTENSEN, Jürgen, Grundfälle zum Kommunalverfassungsstreit, JuS 1995, 989
MATJEKA, Manfred, PEETZ, Cornelius, WELZ, Christian, Vorschriftensammlung Europarecht, 8.Aufl., 2018
MATZERATH, Horst, Die Zeit des Nationalsozialismus, in: Handbuch der kommunalen Wissenschaft und Praxis, hrsg. von Günter Püttner und Thomas Mann, Bd. 1, S. 119, 3. Aufl., 2007
ders., Nationalsozialismus und kommunale Selbstverwaltung, in: Schriftenreihe des Vereins für Kommunalwissenschaften, Bd. 29, 1970
MAURER, Hartmut, Bestandskraft für Satzungen, in: Festschrift für Bachof, S. 215, 1984
MEIREIS, Rolf/DREßLER, Ulrich, Der Regierungsentwurf der hessischen Kommunalverfassungsnovelle 1999, HSGZ 1999, 358
dies., Das Gesetz zur Stärkung der Bürgerbeteiligung und kommunalen Selbstverwaltung vom 23. Dezember 1999, HSGZ 2000, 47
MENK, Gerhard, Staat und Stände in Waldeck, S. 126 in: Schriftenreihe zur politischen Landeskunde Hessens, Verfassung und Politik, hrsg. von Bernd Heidenreich/Klaus Böhme, Band 4, 1997
ders., Waldecks Beitrag für das heutige Hessen, Hessen: Einheit aus der Vielfalt, Bd.4, 2.Aufl., 2002
MEYER, Hans, Kommunalwahlrecht, in: Handbuch der kommunalen Wissenschaft und Praxis, hrsg. von Günter Püttner und Thomas Mann, Bd. 1, S. 391, 3. Aufl., 2007
ders., Grundlagen der Verwaltungsorganisation und des Verwaltungshandelns, in: Meyer/Stolleis, Staats- und Verwaltungsrecht in Hessen, S. 71, 5. Aufl., 2000
ders., Kommunalrecht, in: Meyer/Stolleis, Staats- und Verwaltungsrecht für Hessen, S. 169, 5.Aufl., 2000
MEYER, Hubert, Grundgesetz und Kreisumlage, NVwZ 2019, 1254

ders., Die Entwicklung der Kreisverfassungssysteme, in: Handbuch der kommunalen Wissenschaft und Praxis, hrsg. von Günter Püttner und Thomas Mann, Bd. 1, S. 661, 3.Aufl., 2007
ders., Kommunales Parteien- und Fraktionsrecht, 1990
MEYER, Ulli, Grundfragen der Haftung kommunaler Vertreter in Aufsichtsräten einer kommunalen GmbH, LKRZ 2014, 270
MICHAELIS, Rüdiger, Verantwortung ohne Verantwortlichkeit – zur Unvereinbarkeit der unbeschränkten Handlungsfreistellung kommunaler Mandatsträger mit dem Selbstverwaltungsrecht gemäß Art. 28 Abs. 2 GG -, DVBl. 1978, 125
MÖECKE, Hans-Jürgen, Die verfassungsmäßige Stellung der Fraktionen, DÖV 1966, 162
ders., Die Rechtsnatur der parlamentarischen Fraktionen, NJW 1965, 276
ders., Die parlamentarischen Fraktionen als Vereine des öffentlichen Rechts, NJW 1965, 567
MOHL, Helmut, Dürfen Kreise eigene Haushaltsdefizite auf ihre Gemeinden "umlegen"?, VR 1992, 394
MOMBAUR, Peter Michael/ v. LENNEP, Hans Gerd, Die deutsche kommunale Selbstverwaltung und das Europarecht, DÖV 1988, 988
MUCKEL, Stefan, Bürgerbegehren und Bürgerentscheid – wirksame Instrumente unmittelbarer Demokratie in den Gemeinden?, NVwZ 1997, 223
MÜLLER, Jürgen, Zu den Abwehrrechten des Ratsmitglieds gegenüber organisationswidrigen Eingriffen in seine Mitwirkungsrechte, NVwZ 1994, 120
ders., Anmerkung zu VG Köln (DVBl. 1986, 737; "Kondominium"), DVBl. 1986, 739
MUNTZKE, Hans/FOERSTEMANN, Friedhelm, Der Umlandverband Frankfurt, 1974
v. MUTIUS, Albert, Kommunalrecht, 1995
ders., Grundstrukturen der Kommunalverfassungen, Jura 1981, 126
ders., Anm. zu OVG Münster (DVBl. 1978, 895) VerwArch 1979, 165
ders., Zur Teilnichtigkeit kommunaler Satzungen, VerwArch 1974, 91
v.MUTIUS, Albert/Hill, Hermann, Die Behandlung fehlerhafter Bebauungspläne durch die Gemeinden, 1983
NEUMANN, Peter, Bürgerbegehren und Bürgerentscheid, in: Handbuch der kommunalen Wissenschaft und Praxis, hrsg. von Günter Püttner und Thomas Mann, Bd. 1, S. 353, 3. Aufl., 2007
NIEDZWICKI, Matthias, Das Prinzip des grundlegenden, demokratischen Gehalts nach den sog. Maastricht- und Lissabon-Urteilen des BVerfG im Anwendungsbereich der Garantie der kommunalen Selbstverwaltung – Ein subjektiv-öffentliches Recht auch gegen die materielle Privatisierung kommunaler Aufgaben?, KomJur 2011, 450
NIERHAUS, Michael, Selbstverwaltungsgarantie und wirtschaftliche Betätigung der Kommunen, in: Handbuch der kommunalen Wissenschaft und Praxis, hrsg. von Günter Püttner und Thomas Mann, Bd.2 S. 35, 3.Aufl., 2011
OEBBECKE, Janbernd, Kommunale Gemeinschaftsarbeit, in: Handbuch der kommunalen Wissenschaft und Praxis, hrsg. von Günter Püttner und Thomas Mann, Bd. 1, S. 843, 3.Aufl., 2007
ders., Zweckverbandsbildung und Selbstverwaltungsgarantie, 1982
OELSNER, Gerd, Einstieg in die Lokale Agenda 21, KP SW 1999, 13
OSSENBÜHL, Fritz, Rechtliche Probleme der Zulassung zu öffentlichen Stadthallen, DVBl. 1973, 289
ders., Eine Fehlerlehre für untergesetzliche Normen, NJW 1986, 2805
OTTENS, Wolfgang, Gemeinderecht in Schleswig-Holstein, Herford 1980
OTTO, Franz, Vereinsanspruch auf Zulassung zum Hallenfreibad, DVP 1998, 259
OPPERMANN, Thomas, Eine Verfassung für die Europäische Union, DVBl. 2003, 1165 und 1234
ders., Vom Nizza-Vertrag 2001 zum Europäischen Verfassungskonvent, DVBl. 2003, 1
PAPIER, Kommunale Daseinsvorsorge im Spannungsverhältnis zwischen nationalem Recht und Gemeinschaftsrecht, DVBl. 2003, 686
PAPPERMANN, Ernst, Chancen und Gefährdungen der kommunalen Selbstverwaltung, VR 1987, 222
PESTALOZZA, Christian, Verfassungsprozessrecht, 3. Aufl., 1991
PETERS, Hans, Buchbesprechung: Wilhelm Loschelder/ Jürgen Salzwedel, Verfassungs- und Verwaltungsrecht des Landes Nordrhein-Westfalen, DÖV 1964, 754
PETRI, Marion, Gemeindevertretung contra Gemeindevorstand: Auskunft und Akteneinsicht bei personenbezogenen Daten, NVwZ 2005, 399
PETZOLD, Siegfried, Zur neuen Kommunalverfassung in der DDR, DÖV 1990, 816
PLATE, Klaus/SCHULZE, Charlotte, Kommunalrecht Baden-Württemberg, 2018
PREUSCHE, Burkhard, Zu den Klagearten für kommunalverfassungs-rechtliche Organstreitigkeiten, NVwZ 1987, 854

PÜNDER, Tilmann, Der Landeswohlfahrtsverband Hessen und seine Probleme, HSGZ 1984, 462
PÜTTNER, Günter, Kommunale Aufgaben, Aufgabenwandel und Selbstverwaltungsprinzipien, DfK 2002, 52
ders., Die Einwirkungspflicht – Zur Problematik öffentlicher Einrichtungen in Privatrechtsform, DVBl. 1975, 353
PÜTTNER, Günter/GERBER, Jürgen, Zur kommunalen Selbstverwaltung in Preußen, DVP 1981, 202
PÜTTNER, Günter/ MANN, Thomas, Handbuch der kommunalen Wissenschaft und Praxis (HdKWP), Bd.1, 3. Aufl., 2007 und Bd. 2, 2011
RABELING, Esther, Die Öffentlichkeit von Gemeinderatssitzungen in der Rechtsprechung, NVwZ 2010, 411
RAUBER, David, Kommunale Entschuldung und Haushaltsrecht, DÖV 2019, 352
RAUBER, David/RUPP, Matthias/STEIN, Katrin/SCHMIDT, Helmut/BENNEMANN, Gerhard/ EULER, Thomas/RUDER, Tim/STÖHR, Andreas, Hessische Gemeindeordnung, Kommentar, 2.Aufl., 2014
RAUM, Bertram, Das Prüfungsrecht des Vorsitzenden der Gemeindevertretung bei der Erstellung der Tagesordnung, DÖV 1985, 820
RAUSCH, Jan-Dirk, Beteiligtenfähigkeit und Passivlegitimation bei der Kommunalverfassungsstreitigkeit, JZ 1994, 696
REBENTISCH, Dieter, Kommunalpolitik, Konjunktur und Arbeitsmarkt in der Endphase der Weimarer Republik, in: Morsey, Rudolf, Verwaltungsgeschichte – Aufgaben, Zielsetzungen, Beispiele, S. 107, 1977.
ders., Europäische Normengebung und ihre Umsetzung in nationales Recht, DVBl. 1995, 943
REULECKE, Die deutsche Stadt im Industriezeitalter, 2. Aufl., 1980
REUTER, Richard, Überplanmäßige Ausgaben muss ausnahmslos der Gemeinderat beschließen – Ein Erlass des Landes Hessen aus kameralistischer Zeit trotz Doppik -, DVBl 2018, 634
RIETORF, Fritz, Die Grundsätze des nordrhein-westfälischen Ordnungsbehördengesetzes, DÖV 1957, 7
RITGEN, Klaus, Das Recht der kommunalen Selbstverwaltung in den Verfassungsräumen von Bund und Ländern, NVwZ 2018, 114
RÖHL, Hans Christian, Das kommunale Mitwirkungsverbot, JURA 2006, 725
ROTERMUND, Carsten, Haftungsrecht in der kommunalen Praxis, 1996
ROTERS, Wolfgang, Kommunale Spitzenverbände und funktionales Selbstverwaltungsverständnis, DVBl. 1976, 359
ROTH, Helmut Die kommunalen öffentlichen Einrichtungen, 1998
ROTHE, Karl-Heinz, Rechtsnatur und strittige Regelungen der Geschäftsordnungen kommunaler Vertretungskörperschaften, DÖV 1991, 486
ders., Die Fraktionen in kommunalen Vertretungskörperschaften, 1989
RUDLOFF, Wilfried, Die kommunale Selbstverwaltung in der Weimarer Zeit, in: Handbuch der kommunalen Wissenschaft und Praxis, hrsg. von Günter Püttner und Thomas Mann, Bd. 1, S. 93, 3.Aufl., 2007
RÜFNER, Wolfgang, Verwaltungsrechtsschutz bei erfolgreicher Bewerbung um kommunale Wahlämter, DÖV 1962, 801
RUNZHEIMER, Anna Elisabeth, Die rechtliche Stellung des Vorsitzenden der Gemeindevertretung in Hessen, 1992
SCHÄFER, Helmut/GOMES, Julius, Handbuch für Ausländerbeiräte in Hessen, Hessische Landeszentrale für politische Bildung, 2002
SCHÄFER, Ingeborg, Umlandverband Frankfurt/M., 1979
SCHÄFER, Thomas, Auswirkungen erweiterter Bürgerbeteiligung auf die hessische Gemeindeverfassung, 1999
SCHELZKE, Karl-Christian, Das Urteil des Hessischen Staatsgerichtshofes vom 21. Mai 2013 und seine Bedeutung für die hessischen Kommunen, HSGZ 2014, 194
SCHICK, Walter, Die "Konkurrentenklage" des Europäischen Beamtenrechts – Vorbild für das deutsche Recht, DVBl. 1975, 741
SCHIFFER, Tassilo/WURZEL, Gabriele, Weisungsrecht des Stadtrats gegenüber seinen Vertretern im Aufsichtsrat eines kommunalen Versorgungsbetriebs, KomJur 2012, 52
SCHILLER, Theo/MITTENDORF, Volker/REHMET, Frank, Bürgerbegehren und Bürgerentscheide in Hessen – Eine Zwischenbilanz nach vierjähriger Praxis (1993 – 1997), Forschungsstelle Direkte Demokratie, Universität Marburg
SCHINCK, Alexander, Grenzen der Störerhaftung bei der Sanierung von Altlasten, Verw.Arch. 1991, 385

ders., Formen und Grenzen interkommunaler Zusammenarbeit durch öffentlich-rechtliche Vereinbarungen, DVBl. 1982, 769
ders., Mustersatzungen, ihre Entstehung und Umsetzung in der Kommunalverwaltung, ZG, 1986, 33
SCHMEHL, Arndt, Die Auslegungs- und Heilregeln des Kommunalwahlrechts in der Kritik, Die Verwaltung 2001, 235
ders., Der Widerspruch gegen die Gültigkeit von Wahlen in den hessischen Kommunalvertretungen, VR 2003, 276
SCHMIDT, Eva, Kommunalaufsicht in Hessen – eine dogmatische und empirische Untersuchung der §§ 135ff. HGO, 1990
SCHMIDT, Walter, Verfassungsrecht, in: Meyer/Stolleis, Staats- und Verfassungsrecht in Hessen, S. 35, 5.Aufl., 2000
SCHMIDT-AßMANN, Eberhard, Kommunalrecht, in: Besonderes Verwaltungsrecht, 12. Aufl., 2003
ders., Unzulässige Sanktionierungen von Verfahrensfehlern beim Erlass von Satzungen, VR 1978, 85
SCHMIDT-DE CALUWE, Reimund, Die Novellierung des Kommunalrechts in Hessen, NVwZ 2001, 270
ders., Die kommunale Grundrechtsklage in Hessen, 1996
SCHMIDT-EICHSTAEDT, Gerd, Kommunale Selbstverwaltung in der Europäischen Union: Wie kann die Position der Kommunen in der EU gestärkt werden?, KomJur 2009, 249
ders., Das Bau- und Planungsrecht in der Europäischen Union, DÖV 1995, 969
ders., Das Gesetz über die Selbstverwaltung der Gemeinden und Landkreise in der Deutschen Demokratischen Republik vom 17. Mai 1990, DVBl. 1990, 848
ders., Bundesgesetze und Gemeinden, 1981
v.SCHMIDT-JORTZIG, Edzard, Gemeindeverfassungstypen in der Bundesrepublik Deutschland, DÖV 1987, 281
ders., Die Selbstverwaltungsbereiche von Kreisen und kreisangehörigen Gemeinden nach der Verfassung, DÖV 1984, 821
ders., Anmerkung zu BVerfG (DVBl. 1978, 436), DVBl. 1978, 796
ders., Kommunalrecht, Stuttgart 1982
SCHMIDT, Fritz/KNEIP, Hans-Otto, Hessische Gemeindeordnung, Kommentar, 2.Aufl., 2008
SCHMIDT, Helmut, Rechtsschutz des Gemeindevorstands gegenüber einer von dem Bürgermeister ausgesprochenen Beanstandung, HStGZ 2013, 375
SCHMITZ, Michael, Der Ausschluss von der Sitzung des Gemeinderates – Ultima Ratio zur Erhaltung der Funktionsfähigkeit, VR 2007, 372
SCHMITZ-HERSCHEIDT, Friedhelm, Zur Problematik der Errichtung von Beschwerdeausschüssen auf kommunaler Ebene, Der Städtetag 1979, 13
SCHNEIDER, Gerhard/DREßLER, Ulrich, RAUBER, David/RISCH, Ben Michael Hessische Gemeindeordnung, Kommentar, Stand März 2017
SCHOCH, Friedrich, Rechtsprechungsentwicklung – Zugang zu kommunalen öffentlichen Einrichtungen, NVwZ 2016, 257
ders., Verfassungsrechtlicher Schutz der kommunalen Finanzautonomie, 1997
ders., Erklärung des Gemeindegebiets zur "atomwaffenfreie Zone" – BVerwG NVwZ 1991, 682, JuS 1991, 728
ders., Zur Situation der kommunalen Selbstverwaltung nach der Rastede-Entscheidung des BVerfG, VerwArch 1990, 18
ders., Soll das kommunale Satzungsrecht gegenüber staatlicher und gerichtlicher Kontrolle gestärkt werden?, NVwZ 1990, 801
SCHÖNFELDER, Hermann, Kommunale Wahlbeamte im aktiven Ruhestand, DÖV 1985, 656
SCHOLTIS, Norbert, Minderheitenschutz in kommunalen Vertretungskörperschaften, 1986
SCHOLZ, Rupert, Wie lange bis "Solange III"?, NJW 1990, 941
SCHRÖDER, Meinhard, Die Geltendmachung von Mitgliedschaftsrechten im Kommunalverfassungsstreit, NVwZ 1985, 246
SCHUMACHER, Hermann, Die Kommunalhaftung, 5.Aufl., 2015
SCHWAB, Dieter, Die Selbstverwaltungsidee des Freiherrn von Stein und ihre geistigen Grundlagen, 1971
v. SCHWANENFLUG, Noreen/ANDRE, Tobias, „Einzelkämpfer" in der kommunalpolitischen Arena – Zur Rechtstellung fraktionsloser Mandatsträger am Beispiel der Hessischen Gemeindeordnung, KomJur 2013, 441
SCHWARZ, Kyrill-Alexander, Staatsgarantie für kommunale Verbindlichkeiten bei "faktischem Konkurs von Kommunen?, 1998

SCHWEER, Dieter, Die Pflichtaufgaben nach Weisung nach der Gemeindeordnung von Nordrhein-Westfalen, DVBl. 1956, 703
SCHWERDTFEGER, Gunther, Rechtsfolgen von Abwägungsdefiziten – BVerwGE 64, 33, JuS 1983, 270
SEEWALD, Otfried, Kommunalrecht in: Steiner, Udo Besonderes Verwaltungsrecht, 8.Aufl., 2006
SIEDENTOPF, Heinrich, Europäische Gemeinschaft und kommunale Beteiligung, DÖV 1988, 981
SIMON, Arnulf, Zehn Jahre Umlandverband Frankfurt, DÖV 1985, 345
SKOURIS, Wassilios, Zur Teilnichtigkeit kommunaler Bekanntmachungssatzungen, DÖV 1974, 592
SORIA, José Martinez, Kommunale Selbstverwaltung im europäischen Vergleich in: Handbuch der kommunalen Wissenschaft und Praxis, hrsg. von Günter Püttner und Thomas Mann, Bd. 1, S. 1015, 3. Aufl., 2007
SPANNOWSKY, Willy/UECHTRITZ, Michael, BeckOK BauGB, Stand Januar 2017
STAHL, Rainer, Die Zulässigkeit der Feststellungsklage im Kommunalverfassungsstreit, NJW 1972, 2030
STAPELFELDT, Alfred/ SIEMKO, Sabrina, Vollzug rechtswidriger oder überholter Bürgerentscheide, NVwZ 2010, 419
STARGARDT, Hans-Joachim, Kommunalverfassungen in Deutschland, VR 1995, 118 und 145
ders., Europäisierung und Regionalisierung der kommunalen Selbstverwaltung, DVP 1995, 62
ders., Die neue kommunale Verfassungslandschaft in Deutschland, DVP 1994, 271
ders., Bürgerbegehren gegen den Verkauf der städtischen Elektrizitätswerke (Fallbearbeitung), DVP 1994, 387
ders., Mittelbare und unmittelbare Formen der Bürgerbeteiligung in den Gemeinden und Kreisen, DVP 1994, 407
ders., Kommunalaufsichtliche Beanstandung der öffentlichen Bekanntmachung einer nicht wirksam zustande gekommenen Gemeindesatzung, DVP 1994, 385
ders., Gemeinde- und Kommunalverbände in der Bundesrepublik Deutschland, DVP 1993, 306 und 342
STEINGER, Hans-Martin, Amtsverfassung und Demokratieprinzip, 1997
STERN, Klaus, Das Staatsrecht der Bundesrepublik Deutschland, Bd. I, 2. Aufl., 1984
STIRN, Isabel, Kommunen sind unverzichtbare Gestalter der Einigung Europas!, KomJur 2012, 251
STOBER, Rolf, Kommunalrecht in der Bundesrepublik Deutschland, 3. Aufl., 1996
STOCK, Heinz-Hermann, Der hauptamtliche Bürgermeister in Nordrhein-Westfalen – ein umbenannter Gemeindedirektor?, VR 1995, 113
STOLLEIS, Michael, Die Entstehung des Landes Hessen und seiner Verfassung, in: Meyer/Stolleis, Staats- und Verwaltungsrecht für Hessen, S. 17, 4.Aufl., 1996
SUCKOW, Horst/SCHWIRZKE, Werner, Allgemeines Niedersächsisches Kommunalrecht, 11. Aufl., 1991
SUERBAUM, Die Fraktionen in den kommunalen Vertretungskörperschaften, in: Handbuch der kommunalen Wissenschaft und Praxis, hrsg. Günter Püttner und Thomas Mann, Bd.1, S. 535, 3.Aufl., 2007
SUNDERMANN, Welf, Kommunalverfassung in Nordrhein-Westfalen, 7.Aufl., 2015
SUNDERMANN, Welf/MILTKAU, Thomas, Fraktionen in der Gemeindevertretung, DVP 1994, 491
dies., Kommunalrecht Brandenburg, 2. Aufl., 2010
TAURUS, Olaf, Der Ausschuss der Regionen, Institutionalisierte Mitwirkung der Regionen in der EU, Agenda Resultata, Bd.3
THEIS, Christoph, Das Ende der Fünf-Prozent-Sperrklausel im Kommunalwahlrecht, KomJur 2010, 168
THIELE, Willi, Allzuständigkeit im örtlichen Wirkungskreis – ein politisch hochstilisiertes, praktisch unbrauchbares Dogma?, DVBl. 1980, 10
v.UNRUH, Georg-Christoph, Steins Staatsverständnis und die Eigenart seiner Reformziele, DVP 1981, 235
ders., Der Landrat – Mittler zwischen Staatsverwaltung und kommunaler Selbstverwaltung, 1966
v.UNGERN-STERNBERG, Antje, Gemeinderat als „Kommunalparlament", JURA 2007, 256
VAHLE, Jürgen, Grundzüge des Amtshaftungsrechts – ein Problemüberblick unter besonderer Berücksichtigung der Rechtsprechung des BGH, DVP 1996, 267
VOGELSANG, Klaus/ LÜBKING, Uwe/ ULBRICH, Ina-Maria, Kommunale Selbstverwaltung, 3. Aufl., 2005

WAECHTER, Kay, Kommunalrecht, 2.Aufl., 1995
WALDHOFF, Christian, Kommunal- und Verwaltungsprozessrecht: Ausschluss von Kommunalfraktionen von der Finanzierung, JuS 2019, 286
ders., Kommunalrecht: Befangenheit von Gemeinderatsvertretern, JuS 2014, 1150
WEBER, Hermann, Benutzungszwang für Trauerhallen (Friedhofskapellen) und friedhofseigene Leichenkammern auf kommunalen Friedhöfen, NVwZ 1987, 641
WEGNER, Karl-Hermann, Kurhessens Beitrag für das heutige Hessen, Hessen: Einheit aus der Vielfalt, Bd.5, 1999
WEHOWSKY, Christian, Amtshaftung bei der Verweigerung des gemeindlichen Einvernehmens in der jüngeren Rechtsprechung des BGH, NVwZ 2013, 1525
WEIDES, Peter, Das Verhältnis zwischen Gemeinden und Kreisen gem. Art. 28 II GG, NVwZ 1984, 155
WEITZ, Tobias, Zu den verfahrensrechtlichen und formellen Tücken der Beanstandung von Gemeindevertretungsbeschlüssen, LKRZ 2013, 330
WICHARDT, Hans-Jürgen, Anschluss- und Benutzungszwang für Fernwärme allein aus Gründen der Volksgesundheit, DVBl. 1980, 31
WIEGELMANN, Rafael, Handbuch des Hessischen Kommunalverfassungsrechts, Bd. 1 und 2, 1988
WILL, Martin, Wahlcomputer und der verfassungsrechtliche Grundsatz der Öffentlichkeit der Wahl, NVwZ 2009, 700.
WINKELMANN, Helmut, Das Recht der öffentlich-rechtlichen Namen und Bezeichnungen – insbesondere der Gemeinden, Straßen und Schulen, Neue Schriften des Deutschen Städtetages, Bd.51, 1984
WITTE, Gertrud, Konnexität – oder: Kostenlast dem Kostenverursacher, Der Städtetag 1996, 604.
WOHLFARTH, Jürgen, Saarländisches Landesrecht, Kommunalrecht, Baden-Baden 1995
WOLFF, H.J./ BACHOF, Otto/ STOBER, Rolf, Verwaltungsrecht II, 13. Aufl., 2017
WOLLMANN, Hellmut, Die traditionelle deutsche kommunale Selbstverwaltung – ein „Auslaufmodell"?, DfK 2002, 24
v.ZEZSCHWITZ, Friedrich, Grundrechtsklagen ohne Grenzen nun auch in Hessen, NJW 1999, 17
ZEILER, Horst, Das Hausrecht an Verwaltungsgebäuden, DVBl. 1981, 1000
ZIEGLER, Wolfgang, Die Ausfertigung von Rechtsvorschriften, insbesondere von gemeindlichen Satzungen, DVBl. 1987, 280
ZIEGLMEIER, Christian, Die Reichweite des landesverfassungsrechtlichen Konnexitätsprinzips am Beispiel der Umsetzung der EU-Dienstleistungsrichtlinie, NVwZ 2009, 1455
ZIELKE, Beate, Zwischengemeindliche Zusammenarbeit – Rechtliche, organisatorische und finanzielle Gestaltungsmöglichkeiten, 1983
ZIPPELIUS, Reinhold, Allgemeine Staatslehre, 17. Auflage, 2017
ZICHE, Christian/HERRMANN, Daniel, Weisungsrechte gegenüber Aufsichtsratsmitgliedern in Satzungen kommunaler Eigengesellschaften in der Rechtsform der GmbH, DÖV 2014, 111
ZÖLLER, Thomas, Das Kommunalverfassungsstreitverfahren, DVP 1995, 95
ZULEEG, Manfred, Selbstverwaltung und Europäisches Gemeinschaftsrecht, in: v. Mutius, Selbstverwaltung im Staat der Industriegesellschaft, Festgabe für v. Unruh, S. 92, 1983

Stichwortverzeichnis

Die Angaben verweisen auf die Randnummern des Buches.

Abgabenhoheit, 97
Absolutismus, 12 ff.
Abstrakte Normenkontrolle, 701
Akteneinsichtsausschuss, 426, 468, 489 f.
Allgemeines Preußisches Landrecht, 13
Allmende, 2
Allzuständigkeit, 74
Amtsblatt, 676
Anschluss- und Benutzungszwang, 216 ff.
Anstalt des öffentlichen Rechts, 197
Anzeigepflicht, 269
Aufklärung, 14
Auftragsangelegenheiten, 179 ff., 182
Aufwandsentschädigung, 270
Ausländerbeirat, 190, 526 ff.
- Anhörungsrecht, 533 ff.
- Aufgaben, 531 ff.
- Finanzierung, 538
- Geschäftsordnung, 537
- Mitglieder, 530
- Schaffung, 527
- Unterrichtungsrecht, 532
- Verfahren, 537
- Vorschlagsrecht, 536
- Wahl, 528 f.
- Zuständigkeiten, 531 ff.
Ausschuss der Regionen, 105
Ausschüsse, 233, 483 ff.
- Akteneinsichtsausschuss, 489
- Arten, 484 ff.
- Benennungsverfahren, 490 ff.
- Einheitsliste, 490 ff.
- Finanzausschuss, 485
- kontinuierliche, 485
- Pflichtausschuss, 485
- Teilnahmeberechtigte, 499 ff.
- temporäre, 486 ff.
- Verfahren, 498
- Verhältniswahl, 490 ff.
- Vorsitz, 495
- Wahlvorbereitungsausschuss, 487 f.
- Zusammensetzung, 490 ff.
- Zuständigkeiten, 496 f.

Beanstandung, 722 f.

Befangenheit, 253 ff., 410
- Ausnahmen, 259 f.
Befassungskompetenz, 76 f.
Beigeordnete, 375, 540 ff.
- Abberufung, 564 ff.
- Amtszeit, 547
- Anzahl, 375 f.
- Ausschließungsgründe, 560
- Dienstanweisung, 588
- Dienstvorgesetzte, 543
- Disziplianarverfahren, 563
- ehrenamtlich, 544 ff.
- Erster, 561 f.
- hauptamtlich, 551 ff.
- Losentscheid, 551 f.
- Mehrheitswahl, 551 ff.
- Neuberechnung, 546
- Neuwahl, 553
- Rechtsstellung, 540 ff.
- Ruhestand, 556
- Stellenausschreibung, 553
- Stichwahl, 551 f.
- Verhältniswahl, 545
- Versorgungsbezüge, 566
- Wahl, 544 ff.
- Wahlanfechtung, 558
- Wahlzeit, 541
- Weiterführung der Geschäfte, 547, 556
- Wiederwahl, 554 f.
Benennungsverfahren, 493
Beteiligungsbericht, 597
Beteiligungsmöglichkeiten, 32
Briefwahl, 307
Bürger, 188 ff., 241 ff., 274 ff.
- Bürgerbeteiligung, 274 ff.
- Ehrenamtliche Tätigkeit, 245 ff.
- Unterrichtungspflicht, 276
- Wahlrecht, 243 f.
Bürgerbegehren, 32, 279 ff.
- Antragsgegenstand, 280
- Begründung, 285
- Einreichungsfrist, 289
- Form, 283
- Fragestellung, 284
- Kostendeckungsvorschlag, 286
- Negativkatalog, 281
- Rechtsmittel, 293 ff.

- Unterstützungsunterschriften, 288
- Vertrauenspersonen, 287
- Widerspruch und Beanstandung, 292
- Wirkung, 291

Bürgerbeteiligung
- Bürgerbegehren, 279 ff.
- Bürgerversammlung, 275 ff.

Bürgerentscheid, 32, 296 ff.
- Entscheidungsquorum, 298
- Wirkung, 299

Bürgerfragestunde, 385, 395

Bürgermeister, 32, 354, 582 ff.
- Abberufung, 367
- Amtszeit, 355
- Antrags- und Rederecht, 598
- Ausschließungsgründe, 356
- Dienstanweisung, 585 ff., 588
- Dienstvorgesetzter, 591
- Direktwahl, 32
- Disziplinarverfahren, 563
- Eilentscheidungsrecht, 592
- Geschäftsverteilungskompetenz, 589 f.
- Geschäftsverteilungspläne, 587 ff.
- Kommunalisierung, 185
- Örtliche Ordnungsbehörde, 602
- Rechtsstellung, 583 ff.
- Ruhestand, 367, 567
- Untere Landesbehörde, 603
- Verpflichtungserklärung, 593 ff.
- Vertretung, 561 f.
- Vertretungsbefugnis, 593 ff.
- Vorbereitungskompetenz, 584
- Wahl, 354, 357 ff.
- Wählbarkeit, 355
- Wahlverfahren, 361
- Widerspruch und Beanstandung, 599 ff.
- Zuständigkeiten, 583 ff.

Bürgermeisterdienstversammlung, 638
Bürgermeisterverfassung, 29, 42 ff.
Bürgerversammlung, 237, 275 ff., 445

DDR, 24
Demokratieprinzip, 125
Deutsche Gemeindeordnung, 23 f., 30
Deutscher Bund, 10
Dienstanweisung, 588
Dienstaufsichtsbeschwerde, 742
Disziplinarverfahren, 563, 591
Dorf, 1 ff.
Dreiklassenwahlrecht, 20 f., 26 ff.

Ehrenamtliche Tätigkeit, 245 ff., 251
- Anzeigepflicht, 269
- Aufwandsentschädigung, 270 ff.
- Mitwirkungsverbot, 253 ff.
- Rechte und Pflichten, 251 ff.
- Treuepflicht, 267 f.
- Verschwiegenheitspflicht, 252
- Widerstreit der Interessen, 253 ff.

Ehrenbeamte, 250, 542
Ehrenbezeichnung, 272
Ehrenbürgerrecht, 272
Einheitsliste, 409, 492
Einwohner, 188 ff., 241
Einwohnerbeteiligung, 231 ff.
- Ausschüsse, 233
- Bürgerversammlung, 237
- Gemeindelasten, 239
- Hand- und Spanndienste, 240
- Kinder und Jugendliche, 236, 432, 501, 523, 580
- Kommissionen, 232
- Ortsbeiräte, 234
- Persönliche Dienste, 239

Enteignungsgleicher Eingriff, 165
Entschuldungsfond, 61
Ernennungsurkunde, 542, 554, 559
Europäische Charta der kommunalen Selbstverwaltung, 107
Europäischer Gerichtshof, 69, 108 ff., 111
Europäische Union, 67 ff., 69, 102 ff.
- AEU-Vertrag, 67
- Ausschuss der Regionen, 69, 105
- EU-Recht, 112
- EU-Vertrag, 67 ff.
- Kooperationsverfahren, 121
- Lissabon-Urteil, 108
- Maastricht-Urteil, 108
- Recht, 230
- Solange I und II, 114 f.
- Subsidiaritätsprinzip, 69
- Ultra-Vires-Kontrolle, 108
- Vorrang EU-Recht, 111

EU-Verträge, 111

Fachaufsicht, 737 ff.
- Rechtsschutz, 739 ff.
- Zweckmäßigkeitskontrolle, 737

Finanzausgleich, 61

Stichwortverzeichnis

Finanzausstattung, 95, 139
- freie Spitzen, 186
- Garantie, 93

Finanzhoheit, 92 ff.

Flächenstaaten, 150

Föderalismusreform, 55

Fraktionen, 412, 457 ff.
- Akteneinsichtsausschuss, 468
- Ausschluss, 478 ff.
- Bildung und Zweck, 458 ff.
- Ein-Personen-Fraktion, 464 f.
- Fraktionsstatus, 464 f.
- Fraktionszwang, 462 f.
- Freies Mandat, 462 f.
- Geschäftsordnung, 476 ff.
- Haftung, 481
- Haushaltsmittel, 469 ff.
- Hospitanten, 474
- Innere Ordnung, 475 ff.
- Minderheitenschutz, 460
- Mindeststärke, 460
- Rechte und Pflichten, 467 ff.
- Rechtsschutz, 481

Frankfurt am Main, 26 ff.

Französische Revolution, 14

Gebietshoheit, 85

Gebot der Verteilungssymmetrie, 95

Gefahrenabwehrverordnung, 64

Gegenvorstellung, 742

Gemeinde, 145 ff.
- Aufgaben, 173 ff.
- Aufgabenentzug, 623 f.
- Auftragsangelegenheiten, 182
- Beteiligtenfähigkeit, 159
- Deliktsfähigkeit, 160, 170
- Dienstherrenfähigkeit, 172
- Finanzausstattung, 186
- Geschäftsfähigkeit, 158
- Haftung, 161 ff.
- Haftung für Mitarbeiter, 166 ff.
- Haftungsfähigkeit, 160
- Handlungsfähigkeit, 158
- Insolvenzverfahren, 744
- Keimzelle der Demokratie, 147
- Leistungsfähigkeit, 622 f.
- Namensrecht, 156
- Öffentlich-rechtliche Haftung, 164 f.
- Organleihe, 183 f.
- Parteifähigkeit, 159
- Privatrechtliche Haftung, 161 ff.
- Prozessfähigkeit, 160
- Rechtsfähigkeit, 154 ff.
- Rechtsstellung, 153 ff.
- Selbstverwaltungsaufgaben, 175 ff.
- Stellung im Staatsaufbau, 145 ff.
- Wappen, Siegel und Flaggen, 157
- Weisungsaufgaben, 180 f.
- Zwangsvollstreckung, 744

Gemeindelasten, 239
- Steuern, Gebühren und Beiträge, 239

Gemeindeverbände, 745 ff.

Gemeindevertreter, 439 ff.
- Fraktionslose, 473
- Kündigungsschutz, 440
- Mitwirkungsrechte, 442 f.
- Mitwirkungsverbote, 444
- Rechtsstellung, 439 ff.
- Regress, 168 f.
- Sitzungsausschluss, 453
- Verdienstausfall, 441

Gemeindevertretung, 309 ff., 368 ff.
- Abstimmungsmodus, 402
- Aufgaben, 429 ff.
- Auflösung, 730 f.
- Bekanntmachung, 386
- Beschlussfähigkeit, 388 ff.
- Beschlussfassung, 399 ff.
- Beschlussunfähigkeit, 730 f.
- Bürgerfragestunde, 395, 432
- Einberufung, 378 ff.
- Einladung, 370
- Ergebnisniederschriften, 425
- Fragerecht, 425
- Funktionsfähigkeit, 433
- Funktionsunfähigkeit, 731
- Generalklausel, 421 ff.
- Geschäftsordnung, 373, 431, 438
- Hausrecht, 451
- Hausverbot, 454 f.
- Informationskompetenz, 428
- Konstituierung, 369, 377
- Ladungsfristen, 383
- Livestream, 420
- Mehrheitswahl, 372
- Nachrückverfahren, 408
- Neutralitätsgebot, 446
- Nichtöffentlichkeit, 398
- Niederschrift, 415 ff.
- öffentliche Sitzung, 393 ff.
- Patt-Situation, 731
- Personalbeschlüsse, 399
- Persönliche Erklärung, 433

- Redezeit, 433
- Sachbeschlüsse, 399
- Schriftliche Anfragen, 425
- Sitzung, 378 ff.
- Sitzungsleitung, 371, 446
- Sitzungsordnung, 451
- Sitzungsunterbrechung, 391
- Sitzverteilung, 326
- Sonderwahlbezirk, 315
- Tagesordnung, 370, 377, 384 ff., 386, 396, 447
- Tonaufzeichnung, 420
- Überwachungskompetenz, 425 ff.
- Vorsitzender, 371 ff., 445
- Wahlausschuss, 313
- Wahlbezirk, Wahlvorsteher, Wahlvorstand, 312 ff., 314 ff.
- Wahlen, 403 ff.
- Wahlgebiet, Wahlorgane, 310 ff.
- Wahlkreis, Wahlleiter, Wahlausschuss, 311 ff.
- Wahlverfahren, 317 ff.
- Wahlvorschläge, 320
- Wahlzeit, 309
- Willensbildungskompetenz, 422 ff.
- Zuschauer, 395
- Zuständigkeit, 421 ff.

Gemeindevertretungsvorsitzender, 448
- Abwahl, 456
- Materielles Prüfungsrecht, 448
- Organkompetenz, 448
- Verbandskompetenz, 448

Gemeindevorstand, 539 ff.
- Außenvertretung, 577
- Einzelzuständigkeiten, 571
- Generalklausel, 570
- Geschäftsordnung, 579 ff.
- Geschäftsverteilungskompetenz, 586 ff.
- Innere Ordnung, 579 ff.
- Kollegialorgan, 569, 581
- Kommissionen, 573 ff.
- Personalangelegenheiten, 572
- Umlaufverfahren, 581
- Widerspruch und Beanstandung, 578
- Zuständigkeit, 568 ff.

Genehmigung, 718
- Arten, 670 ff.
- Fiktion, 718

Generalklausel, 570
- Laufende Verwaltung, 422, 570
- wichtige Angelegenheit, 421 ff.
- Zuständigkeit, 570

Geschäftsordnung, 373, 651

Gesellschaften, 597
- Beteiligungsrecht, 597
- Vertraulichkeit, 597
- Vertretung der Gemeinde, 597
- Weisungsrecht, 597

Gesetzesvorbehalt, 78

Gewohnheitsrecht, 65

Goldene Zügel, 139

Grundrechtsklage, 94 f., 123, 128 ff., 703

Grundsatz
- Chancengleichheit, 205

Grundsätze, 125
- Bestimmtheitsgrundsatz, 125
- formelle Diskontinuität, 614
- Geheime Wahl, 404
- Gesetzmäßigkeitsgrundsatz, 708
- Öffentlichkeitsgrundsatz, 393 ff., 396 f., 454
- Opportunitätsprinzip, 606, 613, 708
- Recht- und Gesetzmäßigkeitsgrundsatz, 696
- Subsidiaritätsprinzip, 103 f., 105 f., 108, 123, 627, 710
- Treu und Glauben, 596
- Unvereinbarkeit von Amt und Mandat, 539
- Verhältnismäßigkeitsgrundsatz, 103, 105 f., 404, 633, 709, 736

Haftung Innenverhältnis
- Angestellte und Arbeiter, 167

Hare-Niemeyer-Verfahren, 328, 493

Hauptsatzung, 394, 490, 503 ff., 541, 658 ff., 677
- Beigeordnete, 374, 375 f.
- Bestandteile, 659 ff.
- Satzungsinhalte, 658 ff.

Haushalts- und Rechnungswesen, 144
- Doppik, 144
- Kameralistik, 144

Hausverbot, 454 f.

Hessen, 25 ff.
- Bürgermeisterverfassung, 29
- Flächenstaat, 150
- Hessische Gemeindeordnung, 31
- Nationalsozialismus, 30
- Weimarer Republik, 30

Hessenkasse, 61, 139

Hessische Landkreisordnung, 31

Stichwortverzeichnis

Hierarchie der Normen, 63, 648
Hoheitsrechte, 80 ff., 84 ff.
– Abgabenhoheit, 97
– Finanzhoheit, 92 ff.
– Gebietshoheit, 85
– Kulturhoheit, 101
– Organisationshoheit, 88 ff., 91
– Personalhoheit, 86, 91
– Planungshoheit, 99

Industralisierung, 19 f.

Informationsanspruch, 273 ff.

Informationskompetenz, 428

Insolvenzverfahren, 744

Interkommunale Zusammenarbeit, 760

Internet, 677

Jugendhilfeausschuss, 575

Kernbereich der Selbstverwaltung, 640

Kinder und Jugendliche, 236, 432, 501, 523, 580

Kommissionen, 232, 573 ff.

Kommunalaufsicht, 706 ff., 713 ff.
– Anweisung, 724 f.
– Anzeige- und Vorlagepflicht, 717
– Beanstandung, 722 f.
– Bestellung eines Beauftragten, 728 f.
– Ersatzvornahme, 726 f.
– Genehmigungsvorbehalte, 718
– Informationsrecht, 720 f.
– informell, 716
– Kostentragung, 732
– präventiv, 715
– Recht auf Einschreiten, 733
– Rechtsschutz, 734
– repressiv, 719 ff.

Kommunale Anstalt, 753

Kommunale Arbeitsgemeinschaft, 751

Kommunale Selbstverwaltung, 70 ff., 95
– Abgabenhoheit, 97 f.
– Allzuständigkeit, 74
– Befassungskompetenz, 76 f.
– Bundesverfassungsgericht, 108
– Europäische Union, 103 ff.
– Garantie, 21, 72 ff., 102 ff., 112, 124
– Gemeinwohl, 82
– Grundgesetz, 71 ff.
– Hochzonung, 82
– Hoheitsrechte, 80 ff., 84 ff.
– Institutionelle Rechtssubjektsgarantie, 73
– Kernbereich, 79 ff., 95, 110, 118

– Kulturhoheit, 101
– Objektive Rechtsinstitutionsgarantie, 74
– Planungshoheit, 99
– Querzonung, 82
– Satzungshoheit, 100
– Subjektive Rechtsstellungsgarantie, 83 ff.
– Verbandskompetenz, 74
– Wesensgehalt, 79

Kommunale Spitzenverbände, 762

Kommunale Verfassungsbeschwerde, 123

Kommunale Verfassungssysteme, 35 ff.
– Bürgermeisterverfassung, 42 ff.
– Magistratsverfassung, 45 f.
– Mischformen, 50 ff.
– Neue Bundesländer, 47 ff.
– Norddeutsche Ratsverfassung, 37 ff.
– Süddeutsche Ratsverfassung, 40 f.

Kommunale Verordnungen, 650

Kommunale Zusammenarbeit, 745 ff.
– Arten, 746 ff.
– Gemeindeverwaltungsverband, 754
– Kommunale Anstalt, 753
– Kommunale Arbeitsgemeinschaft, 751
– Öffentlich-rechtliche Vereinbarung, 752
– Verwaltungsgemeinschaft, 754
– Wasser- und Bodenverbände, 755
– Zweckverband, 747 ff.

Kommunalrecht
– Rechtsquellen, 53 ff., 61 f.

Kommunalverfassungsbeschwerde, 112

Kommunalverfassungsstreitverfahren, 481, 548, 590, 604 ff.
– Begründetheit, 615
– Einstweiliger Rechtsschutz, 616
– Interorganstreit, 604
– Intraorganstreit, 604
– Klageart, 608
– Kostentragung, 617
– Verbot des Insichprozesses, 605
– Zulässigkeit, 607 ff.

Kommunalwahlen
– Nachwahl, 353
– Rechtsmittel, 352
– Rechtsschutz, 343
– Unregelmäßigkeiten, 347 ff., 366
– Wahlprüfungsverfahren, 343

Konkrete Normenkontrolle, 700

Konnexitätsgebot, 60, 94 f.

Kreisausschuss, 633 ff.

Kreistag, 632

Kulturhoheit, 101
Kumulieren, 32

Landeswohlfahrtsverband Hessen, 756
Landkreise, 618 ff., 636
- Aufgaben, 620 ff., 626 ff.
- Finanzierung, 630
- Grundsatz der Subsidiarität, 627
- Hochzonung, 623 ff.
- Kreisausschuss, 633 ff.
- Kreistag, 632
- Landrat, 635 ff.
- Rechtsinstitutionsgarantie, 621
- Rechtsstellung, 619
- Rechtssubjektsgarantie, 620
- Selbstverwaltungsgarantie, 620 ff.
- Umlagen, 630

Landrat, 635 ff.
- Organleihe, 637
- Untere Landesbehörde, 637 f.

Livestream, 394, 420

Lokale Agenda 21, 140

Magistratsverfassung, 15 ff., 16, 18, 27 f., 29, 31, 45 f.
- echte, 18, 27 f.
- unechte, 16, 31, 45 f.

Metropolregion Frankfurt/Rhein-Main, 62, 757 ff.

Mittelalter, 5 ff., 7

Mitwirkungsverbot, 410

Nachkriegszeit, 24

Namensrecht, 155 ff.

Nationalsozialismus, 23, 30

Neue Bundesländer, 47 ff.

Neutralitätsgebot, 273, 305, 365, 596

Nichtigkeitsklage, 111

Niederschrift, 415 ff.
- Urkunde, 417

Norddeutsche Ratsverfassung, 37 ff., 52

Normenkontrollklage, 126, 131 ff.

Observanz, 65, 652

Öffentliche Einrichtung, 191 ff.
- Anschluss- und Benutzungszwang, 210 f., 216 ff.
- Aufnahmefähigkeit, 204
- Ausschließungsgründe, 207
- Benutzungsentgelt, 213
- Benutzungsgebühren, 210 f.
- Benutzungsordnung, 210 f.
- Benutzungsverhältnis, 210 f.
- Beschädigung, 207
- Haftpflichtversicherung, 207
- Haftungsbeschränkung, 211
- Kaution, 207
- Ordnungswidrigkeiten, Straftaten, 208
- Organisationshoheit, 197
- Ortsfremde, 200, 206
- Rechtsschutz, 215
- Satzung, 210 f.
- Verfassungsfeindlichkeit einer Partei, 208
- Versagung, 207
- Verschaffungs- und Einwirkungsanspruch, 202
- Widmung, 192 f., 203 f.
- Zulassung, 198 ff.
- Zulassungsanspruch, 203
- Zweckveranlasser, 207
- Zweistufentheorie, 212 f.

Öffentliche Sachen, 195

Öffentlich-rechtliche Vereinbarung, 752

Organisationshoheit, 88 ff., 91

Organleihe, 183, 637

Ortsbeirat, 502 ff.
- Anhörung, 510 ff.
- Aufgaben, 509
- Aufgabendelegation, 518 f.
- Finanzierung, 525
- Gemeindevertreter, 522
- Geschäftsordnung, 520 ff.
- Hauptsatzung, 503 ff.
- Kinder und Jugendliche, 523
- Leitung Außenstelle, 524
- Mitglieder, 508
- Ortsbezirke, 503
- Ortsvorsteher, 520 ff.
- Pflicht zur Stellungnahme, 517
- Sachverständige, 522
- Vorschlagsrecht, 515 f.
- Wahl, 506 f.
- Zuständigkeiten, 509

Ortsgewohnheitsrecht, 652

Ortsrecht, 63 ff., 643

Panaschieren, 32

Personalangelegenheiten, 572

Personalhoheit, 86, 91

Persönliche Dienste, 239

Persönliche Erklärung, 433

Petitionsrecht, 238

Stichwortverzeichnis 349

Planungshoheit, 99
Politische Erklärungen, 273, 596
Rat der Regionen Europas, 755
Rechnungsprüfungsamt, 585
Rechtsaufsicht, 712 ff.
– Kommunalaufsicht, 712 ff.
– Sonderaufsicht, 735 f.
Rechtsetzungszuständigkeiten, 35
Rechtsfähigkeit, 154 ff.
Rechtsstaatsprinzip, 125, 690
Rechtsverordnung, 64
Regiebetrieb, 197
Regionalverband FrankfurtRheinMain, 758 f.
Richtlinien, 66

Sachen im Gemeingebrauch, 195
Sachen im Verwaltungsgebrauch, 195
Satzungen, 639 ff., 646
– Abstrakte Normenkontrolle, 701
– Änderung, 692 f.
– Anzeigepflicht, 667
– Arten, 654 ff.
– Aufhebung, 693
– Ausfertigung, 673
– Aushängekästen, 678
– Außer-Kraft-Treten, 692 f.
– bedingte, 656
– Bekanntmachungsfehler, 681
– Bekanntmachungsformen, 675 ff.
– Beschluss, 665
– Bestandteile, 653
– Bestimmtheit, 685
– Ermächtigungsgrundlage, 683
– Fiktion, 679
– Form, 666
– formell, 646
– freiwillige, 657
– Geltungsbereich, 643 f.
– Genehmigung, 667 ff.
– Geschäftsordnungen, 651
– Grundrechtsklage, 703
– Grundsatz der Recht- und Gesetzmäßigkeit, 696
– Haftungsregelungen, 687
– Höherrangiges Recht, 684
– Inkrafttreten, 682
– Kommunale Verordnungen, 650
– Kondominium, 671
– Konkrete Normenkontrolle, 700
– materiell, 647

– Mitwirkungsgenehmigung, 671
– Nichtigkeit, 697
– Notbekanntmachung, 680
– öffentliche Bekanntmachung, 674 f.
– Organkompetenz, 664
– Ortsgewohnheitsrecht, 652
– Ortsrecht, 643
– Rechtsaufsichtsgenehmigung, 672
– Rechtskontrolle, 699 ff.
– Rechtsschutz, 700 ff.
– Rechtsverstöße, 694 ff.
– Rückwirkung, 688 ff.
– Selbstverwaltungsaufgaben, 642
– unbedingte, 655
– Verbandskompetenz, 663
– Verfahrensfehler, 694 ff.
– Verfassungsbeschwerde, 702
– Verwaltungsvorschriften, 649
– Vorrang des Gesetzes, 645
– Weisungsaufgaben, 642
– Zustandekommen, 662 ff.
– Zwangsbestimmungen, 686
Satzungsautonomie, 640
Satzungshoheit, 63, 100
Satzungsmuster, 704
Schmähkritik, 453
Schutzschirm, 61, 139
Selbstverwaltungsaufgaben, 173 ff., 175 ff.
– freiwillige, 176
– pflichtige, 177
Sonderwahlbezirke, 315
Sperrklausel, 306, 328
Staatsaufsicht, 705 ff.
– Arten, 711 ff.
– Fachaufsicht, 737 ff.
– Grundsätze, 707 ff.
– Kommunalaufsicht, 706 ff.
– Kommunale Aufsichtsbehörden, 713
– Rechtsaufsicht, 712 ff.
Staatsbeauftragter, 728 f.
Stadt, 1 ff., 7
– Freie Reichsstädte, 10
– Stadtluft macht frei, 7
Städte mit Sonderstatus, 190, 629
Städtepatnerschaften, 755
Stadtverordnetenversammlung, 16
Stadtverordnetenvorsteher, 445
Steinsche Städteordnung, 15 ff.
Steuererfindungsrecht, 97

Steuerungsmodelle, 141 ff.
Süddeutsche Ratsverfassung, 40 f., 52
t, 305
Tilburger Modell, 141
Tonaufzeichnungen, 420
Treuepflicht, 267 f.

Ultima-Ratio-Regel, 730
Umlandverband Frankfurt, 62
Untersuchungsausschuss, 426

Verbandskompetenz, 74
Verfassungsbeschwerde, 702
Verpflichtungsgeschäfte, 593 ff.
Verschwiegenheitspflicht, 252
Vertreterbegehren, 34, 279
Verwaltungsvorschriften, 66, 649

Wählbarkeitsbeschränkungen, 330
- Hinderungsgründe, 331 ff.
- Rechtsfolge, 339 ff.

Wahlgrundsätze, 303 ff.
- Allgemeinheit der Wahl, 304
- Freiheit der Wahl, 305 f.
- Geheime Wahl, 307
- Gleichheit der Wahl, 306
- Unmittelbarkeit der Wahl, 308

Wahlprüfungsverfahren, 343, 345
Wahlrecht, 243 f., 302 ff.
- aktives und passives, 243 f.

Wahlverfahren, 317 ff., 318 ff.
- Einheitsliste, 409

- Mehrheitswahl, 327, 372
- Rechtsschutz, 363
- Unregelmäßigkeiten, 366
- Verhältniswahl, 328
- Wahlergebnis, 325
- Wählerverzeichnis, 322
- Wahlhandlung, 324
- Wahlschein, 323
- Wahlvorschläge, 318 ff.

Wahlvorbereitungsausschuss, 553, 562
Wahlvorschläge, 319 ff.
Weimarer Republik, 21 f., 30
Weinheimer Entwurf, 173
Weisungsaufgaben, 179 ff., 180
Westfälischer Friede, 10
Widerspruch und Beanstandung, 578, 600
- Aufschiebende Wirkung, 600
- Gemeinwohlgefährdung, 600
- Rechtsverletzung, 600
- Vorverfahren, 600

Widerstreit der Interessen, 253 ff.
- Ausnahmen, 259 f.
- Befangenheit, 253

Wiederholungswahl, 347
Willensbildungskompetenz, 422 ff.

Zwangsvollstreckung, 744
Zweckverband, 747
- Mitglieder, 748
- Organe, 750
- Zuständigkeit, 749

Zweckverband Kassel, 761